Los hechos que cambiaron la historia argentina en el siglo XX

RICARDO DE TITTO

Los hechos
que cambiaron
la historia argentina
en el siglo XX

Prólogo de Félix Luna

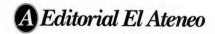

Editorial El Ateneo

Titto, Ricardo de
    Los hechos que cambiaron la historia argentina en el siglo XX.
    1º ed. Buenos Aires: El Ateneo, 2004.
    512 p.; 24 x 18 cm.

    ISBN 950-02-6385-8

    1. Historia Argentina I. Título
    CDD 982

Diseño de cubierta: Departamento de Arte de
                      Editorial El Ateneo

Diseño de interiores: Mónica Deleis

Primera edición de Editorial El Ateneo
© Grupo ILHSA S.A., 2004
Patagones 2463 - (C1282ACA) Buenos Aires - Argentina
Tel.: (54 11) 4943 8200 - Fax: (54 11) 4308 4199
E-mail: editorial@elateneo.com

Derechos mundiales de edición en castellano.

Queda hecho el depósito que establece la ley 11.723

Impreso en Talleres Verlap S.A.
Comandante Spurr 653, Avellaneda,
Provincia de Buenos Aires,
en el mes de septiembre de 2004.

IMPRESO EN LA ARGENTINA

ÍNDICE

PRÓLOGO

Es como si la historia transcurriera plácidamente durante algunos años, hasta que de pronto se encrespa, se desmadra, se llena de pasión y a veces de violencia. Entonces, aquella pacífica línea de sucesos cotidianos se quiebra y adquiere otro ritmo y otro rumbo, una dirección imprevista y diferente. Ha ocurrido una de esas fracturas que, al lado de las continuidades, forman el entramado permanente de la historia.

Existen, naturalmente, tendencias o corrientes que avanzan en un sentido determinado. Por ejemplo, esa moción en pos del progreso que caracteriza la historia de nuestro país desde el último tercio del siglo XIX hasta algún momento de mediados del siglo XX. Pero también existen imprevistos, azares, situaciones imposibles de prever, que tuercen o detienen aquellas tendencias. Y esto es lo que hace fascinante el estudio de la historia, y hasta permite ese juego intelectual que es la *contrafactual history*, una especulación gratuita y divertida sobre lo que habría ocurrido si no hubieran existido determinados factores: por caso, cómo se habría dado el progreso argentino si no hubieran existido los ferrocarriles. Del mismo modo y con el mismo sentido lúdico podría uno preguntarse qué habría pasado si Santos Pérez, al detener la galera de Quiroga en Barranca Yaco, hubiera aflojado ante el caudillo en vez de matarlo...

Ricardo J. de Titto selecciona en esta obra algunos de esos momentos que cambiaron la historia, y lo hace con solvencia. ¿Quién puede dudar que el rechazo de las Invasiones Inglesas por Buenos Aires marcó para siempre la hegemonía de la ciudad porteña? ¿Cómo disminuir el significado y la influencia del fusilamiento de Dorrego en nuestras guerras civiles? O en nuestra contemporaneidad, la jornada del 17 de octubre de 1945 o el derrocamiento de Frondizi, ¿no fueron sucesos que, a lo mejor, pudieron triunfar por causas que pudieron no haberse dado? ¿Cómo habría sido nuestra historia en la segunda mitad del siglo XX si el 17 de octubre hubiera fracasado o si Frondizi hubiera completado su mandato?

La obra que tengo el gusto de prologar se refiere a estos y otros sucesos que fueron, sin duda, bisagras de nuestra historia. Es, en realidad, una historia general de nuestro país, bien escrita y bien documentada. Su lectura será provechosa, entre otras cosas, porque demuestra que la historia muchas veces no tiene lógica sino que transcurre por vericuetos y meandros cuyo análisis es, justamente, uno de los mayores atractivos de su estudio.

FÉLIX LUNA

EL CENTENARIO DE LA REVOLUCIÓN DE MAYO

La Argentina que todo lo puede

La de 1910 es una fecha con "magia": el gran evento, un cenit, la exhibición de un país que goza de estar en la cumbre. El Centenario es la expresión de una Argentina que se permite el derroche, una vidriera que amontona individuos pagados de sí mismos, capaces de referirse a los Estados Unidos con indiferencia y de contemplar al resto de América directamente con desprecio.

Buenos Aires se autoproclama la imagen oficial de un país inmenso, y puede hacerlo porque usufructúa de él, como un cuerpo con una cabeza hipertrofiada. Es el cerebro y el rostro de la Argentina, piensa por ella mientras se maquilla y esconde sus imperfecciones para modelar en la pasarela internacional con su doble identidad: París, en lo cultural, en aquel presente, y también Nueva York, como parte del futuro pretendido.

Los festejos del Centenario, aunque la crítica se viera amortiguada por la euforia triunfalista, permitieron descubrir muchos de los males nacionales: la indolencia generada en parte por la riqueza fácil, la soberbia, una autoestima sobredimensionada, la corrupción instalada en el mundillo político y económico.

Argentina, 1910

Luces que se encienden

En el Buenos Aires de la primera década del siglo XX Carlos Gardel todavía no es famoso pero las luces de la Reina del Plata ya comienzan a destellar. Jorge Newbery, un joven ingeniero que estudió en los Estados Unidos con Thomas Alva Edison, y director de Alumbrado Público de la ciudad, deja atónitos al presidente brasileño Manuel Ferraz de Campos Salles y su amplia comitiva cuando, de pronto, la noche de la Avenida de Mayo es iluminada con setenta mil lamparitas eléctricas.

Es el 24 de octubre de 1900 y el presidente Roca se hincha de orgullo ante el imprevisto espectáculo que se corona con el encendido de cientos de pequeños focos que ornamentan el frente de la Casa de Gobierno y que combinan los colores de las banderas argentina y brasileña. Por si ello fuera poco, también se encienden veinte mil antorchas de luces verdes y rojas que simbolizan el coraje y la esperanza. El desfile de carruajes, el agasajo en el Jockey Club, también iluminado por Newbery, culminan una jornada de excepción. Toda "ciudad del porvenir", dice *Caras y Caretas*, como Nueva York, se distingue por su energía eléctrica.

La Argentina de Roca le ha demostrado a su vecino que está al tope de la modernidad. La Argentina es un país en construcción y Buenos Aires constituye su vanguardia. Diez años después un corresponsal de París –la Ciudad Luz– reconocía que las calles de la capital argentina estaban iluminadas "mucho mejor que las de París [por la] abundancia de focos eléctricos".

Aires de cambio

El gobierno del presidente Manuel Quintana, que asume el 12 de octubre de 1904, coincide con un nuevo período de auge económico que se extiende hasta 1912, años en los que se vigoriza nuevamente el aluvión inmigratorio. En nueve años ingresan en el país 1,5 millón de europeos y, hacia 1914, los extranjeros constituyen una tercera parte de los 8 millones de habitantes censados.

Atento a la cuestión educativa, el gobierno, con la gestión del ministro de Justicia e Instrucción Pública, el catamarqueño Joaquín V. González, conviene con la provincia de Buenos Aires la edificación de la Universidad de La Plata, que introduce modernos conceptos educativos, tanto en aspectos organizativos como programáticos, orientada a la excelencia académica, la investigación y el servicio comunitario. Quintana también impulsa obras trascendentales, como la construcción de los puertos de Quequén y Bahía Blanca, decisivos para la exportación de cereales, y resuelve edificar el de Mar del Plata.

En febrero de 1905 un levantamiento radical se extiende por el país pero Quintana, secundado por el mayor José Félix Uriburu, responde con intransigencia y se opone a negociar con los sublevados, que en Córdoba han secuestrado al vicepresidente Figueroa Alcorta, a Julio Roca (h) y otros personajes rutilantes del "régimen". La dureza de Quintana desconcierta a los alzados y el movimiento, largamente preparado, se desarticula con rapidez. El Presidente impone el estado de sitio y, en agosto, salva su vida milagrosamente tras un atentado anarquista. Sin embargo, muere enfermo el 12 de marzo de 1906, a los setenta años. Ese mismo año fallecen también Bartolomé Mitre y Carlos Pellegrini.

José Figueroa Alcorta asume la primera magistratura y conforma un gabinete que reúne hombres de Pellegrini y de Mitre, miembros de los partidos Autonomista y Republicano, y busca un acercamiento con el radicalismo entrevistándose con Hipólito Yrigoyen. La integración de los autonomistas al gobierno expresa la voluntad de Figueroa Alcorta por impulsar una democratización en los mecanismos electorales. La célebre autocrítica del senador Pellegrini, poco antes de morir, mientras se discute en el parlamento la ley de amnistía para los revolucionarios de 1905, ha dejado la tarea planteada:

"¿Cuál es la autoridad que podríamos invocar para dar estas leyes de perdón? ¿Quién perdona a quién? ¿Quién nos perdonará a nosotros? ¿Es acaso cobijando todas las oligarquías y aprobando todos los fraudes y todas las violencias? ¿Es acaso arrebatando al pueblo sus derechos y cerrando las puertas a toda reclamación?"

La desaparición de los "notables" –el círculo de muy pocos que gobierna por todos– resta apoyo al presidente, acosado por el roquismo que domina la trama oligárquica atrincherada en los gobiernos provinciales y por la oposición que traba sus proyectos en el Congreso. Figueroa Alcorta es drástico y apuesta fuerte: cuando los parlamentarios boicotean la sanción del presupuesto para 1908, clausura las sesiones, ordena al jefe de policía Ramón L. Falcón ocupar el Congreso y lanza una exitosa ofensiva política sobre las provincias.

Economía saludable

El telón de fondo que en buena medida permite el fortalecimiento de Figueroa Alcorta es la próspera situación económica, que se apoya en un sostenido incremento de los saldos agropecuarios exportables, el crecimiento de la producción industrial y una moneda saneada. El motor era la revolución agrícola argentina, notable y constante. Si en 1870 aún se importaba la mayoría de los cereales, en 1914 las pampas –con brazos europeos de inmigrantes– se convierten en el mayor productor mundial de maíz y lino, y en el segundo exportador de trigo. El listado de progresos que enorgullecen al país es resumido por Clemente Onelli en un número extraordinario de *La Nación* que se publica en ocasión del centenario:

"Se mensuran todas las tierras fiscales, se dicta la progresista y deseada Ley de Tierras, se reconquistan las abandonadas por antiguos concesionarios y hoy, apenas diez años después, esos mapas de los territorios que eran geográficos, se han trocado en verdaderos planes catastrales, subdivididos y negreados por millares de nombres de trabajadores que buscando su bienestar, acrecientan la fortuna del país. En 1900 el telégrafo corre por la costa hasta el extremo del continente. [...]
"Y la ganadería que cubre ya todas las zonas y que debe ir a buscar mercado al exterior, necesitaba una ley sanitaria que fue dictada en 1900. [...] Desde ese mismo año se empieza a notar un hecho halagador: la [...] importación aumenta en millones y millones, pero lo que llega es carbón, son máquinas, son materias primas que el país no posee y que necesita para la manufactura local que empieza a no necesitar del extranjero. La pobre aldea de 1810, la de los terrenos y callejones, la de las paredes de adobe, de los techos de paja y teja, se alisa en sus calles como un billar, se adorna de palacios, de escuelas suntuosas y llegan a su puerto los frutos de toda la república."

¿Obras? También son múltiples: el ferrocarril Pacífico llega a Chile; se conecta el cable telegráfico con el sistema internacional de comunicaciones; se impulsa la exploración petrolífera; en Córdoba comienzan las obras de salubridad y de desagües, y en el valle del Río Negro se inician obras de irrigación, en el marco de un plan nacional de provisión de agua potable para provincias y territorios.

La bonanza argentina es cantada por el poeta oficial Leopoldo Lugones en su extensa *Oda a los ganados y las mieses*. Pero, lejos de toda grandilocuencia romántica, la sociedad es conquistada por un desmesurado afán de lucro que distingue a los pudientes y también enerva a los inmigrantes, quienes sueñan con "hacer la América".

Los argentinos velan por su futuro, tratando de integrar el flujo migratorio a principios "nacionales"; se sienten, con algún rasgo mesiánico, hombres con una misión superior hacia el conjunto de la humanidad: "dar vida al orbe" pero no sólo como "granero del mundo" sino también como faro cultural.

El "modernismo" político

La cercanía de los festejos por el Centenario de la Revolución de Mayo ofrece una oportunidad inmejorable para mostrar a propios y extraños ese milagro de los argentinos que construyen un país "europeo" en un rincón alejado del planeta.

Los meticulosos preparativos, que involucran a toda la burguesía y la intelectualidad del país, no se hacen, sin embargo, en un clima apacible: durante 1909 hay fuertes luchas obreras y enfrentamientos sociales y durísimas confrontaciones en vistas a la próxima sucesión presidencial.

Figueroa Alcorta, en su juventud, ha tenido simpatías con el "modernismo", la corriente que conduce Roque Sáenz Peña y que es proclive a una reforma electoral democratizante. La muerte de Emilio Mitre descabeza las pretensiones del Partido Republicano y abre el camino a la candidatura de Sáenz Peña, quien estructura a su alrededor un nuevo partido, la Unión Nacional. Victorino de la Plaza, que exhibe una sólida ligazón con empresas y bancos ingleses, lo acompaña en la fórmula.

Guillermo Udaondo, ex gobernador de la provincia de Buenos Aires, intenta articular su candidatura con la Unión Cívica, pero naufraga, huérfano de apoyo en el interior. Los radicales, derrotados en 1905, optan por la abstención. Bajo la conducción de Yrigoyen, y haciendo honor a su mote de "El Peludo", esconden sus fuerzas amparándose en el hecho de que el régimen negó la reforma electoral. Un nuevo partido, la Liga del Sur, fundado por Lisandro de la Torre y separado del radicalismo desde 1897, se impone en los comicios rosarinos de 1909 pero no incide en los nacionales.

JUGUETERIA

La Avenida de Mayo, una síntesis de los anhelos del Centenario.

Una semana antes de la elección presidencial, el 6 de marzo de 1910, hay elecciones de senador. Denunciando fraude, la UC se retira. Curiosamente, el presidente que dará su nombre a la ley de sufragio universal y obligatorio, Sáenz Peña, accede a la presidencia en unos comicios en los que sólo hay una fórmula, la suya. La transición iniciada por Figueroa Alcorta concluye así de modo feliz, entregando el gobierno al hombre indicado para orientar la reforma del régimen político. La Argentina "de los notables" debía dar paso ya a la Argentina "de los partidos".

El *tout* Buenos Aires

Crecimiento y confort

"El Centenario", dice Tulio Halperin Donghi, "parece imponer un plazo para esa transfiguración final de Buenos Aires. Hacia ella ha orientado su acción la elite gobernante que, desde 1880, dirige la transformación urbana". La ciudad, que en cuanto a tamaño es la quinta urbe más grande de Occidente (después de Londres, Nueva York, Chicago y Berlín), y disputa con París la primacía entre las "latinas". Sin embargo, las autoridades municipales opinan que es "irremediablemente fea" y se proponen embellecerla. Disponen la construcción de gran cantidad de plazas y parques (de los Patricios, Chacabuco y Centenario) ornados por estatuas y monumentos que se encargan a artistas nacionales y extranjeros.

La ciudad se desarrolla tanto por iniciativa oficial como a consecuencia del crecimiento poblacional. Datos de la *Memoria municipal* de 1912 indican que, entre 1905 y 1908, los permisos a particulares concedidos por la Municipalidad para edificación superan el millón de metros cuadrados anuales, y en 1910 llegan a los 2.850.000 m^2, cifra que no se repetirá hasta 1930. La red tranviaria, que se electrifica en 1899, se extiende de tal modo que Buenos Aires conquista el título de "la ciudad de los tranvías".

El puerto, terminado en etapas entre 1897 y 1905, es el símbolo del éxito del modelo agroexportador, y al Mercado de Frutos –con un edificio "monstruosamente enorme", según Vicente Blasco Ibáñez– "lo reputan como el mercado mayor del mundo".

En menos de veinte años la ciudad ha inaugurado varias obras majestuosas que le dan prestigio y brillo: el nuevo Teatro Colón, el Palacio de Aguas Corrientes, el Palacio del Congreso –en etapa de finalización–, el Palacio de Justicia, y colegios, como el Roca, el Avellaneda y el Sarmiento, de "suntuosas fachadas" que, según el jurista español Adolfo Posada, "dice mucho de la psicología del argentino, rumboso, andaluz, que nada en la abundancia, se derrama con audacia, dando importancia extraordinaria al aparato exterior". Blasco Ibáñez, autor español de *Argentina y sus grandezas*, hará suya una idea que flota en el ambiente: Buenos Aires es la París de Sudamérica. Progresista, rica, culta y con sus dosis de bohemia y desorden y un "gustito" irreverente, desprejuiciado. El desafío no es, sin embargo, "parecer" París, sino "ser" París.

El confort alcanza a buena parte de la población. Los barrios céntricos tienen luz eléctrica, agua corriente, cloacas y calles asfaltadas o adoquinadas con bloques de quebracho, y miles de familias disponen de teléfono. No obstante, la tradicional estructura en damero de Buenos Aires comienza a ser distorsionada por su crecimiento caótico: surgen barrios alrededor de los recorridos del tranvía y el ferrocarril hasta que parece, más que una ciudad, "un conjunto de ciudades yuxtapuestas".

El suburbio es áspero, denso, pendenciero. Algunos barrios, como la Boca, gozan de mala fama por la violencia que impera en ellos; otros, como el de "Las Ranas", son pantanosos, cruzados por riachos, inaccesibles o intransitables ante la menor tormenta.

El progreso comienza a enfrentar, cada vez con más crudeza, las dos caras de la pujante Argentina.

"La Avenida"

Un ámbito especial lo constituye la Avenida de Mayo. Se le dice "La Avenida": "Espérame en la Avenida", "estuvimos en la Avenida", son frases corrientes. Su apertura, iniciada entre 1888 y 1889, significa pérdida de terrenos para algunos propietarios, pero una fuerte valorización de los inmuebles que logran perdurar, como el Café Tortoni y el Club del Plata. Las familias que poseen residencias son, en su gran mayoría, del patriciado porteño: Zuberbühler, Obligado, Mariano Acosta, Victorica, Riglos, Díaz Vélez, Lezica, Juan A. García, Marcó del Pont, Carranza, Viamonte, Vélez Sarsfield, entre otros. Ellos, junto con las familias Unzué, Martínez de Hoz, Anchorena, Álzaga, Alvear, Williams y Sáenz Valiente, constituyen, como bien define José Moya, "una plutocracia agropecuaria imbuida con nociones de pedigrí e impermeable a los nuevos ricos nacidos en el extranjero".

La Avenida de Mayo nace de un cercenamiento muy cuestionado al Cabildo (de los tres últimos arcos de la izquierda) y por eso, en 1910, se trata de redimir culpas y recuperar parte del patriotismo mutilado trasladando la Pirámide de Mayo hacia el centro de la plaza.

José María Salaverría en *Tierra Argentina*, publicado en Madrid en 1910, dice: "La Avenida de Mayo es la arteria principal. Tiene el corte de un bulevar parisino, casas altas, tejados y torrecillas de pizarra, hoteles y cafés lujosos, muchos coches y transeúntes". Cuando hay una fecha conmemorativa sus luces se encienden a pleno y la gente sale a recorrerla: "Vamos a ver la iluminación de la Avenida". Los paseantes se solazan elevando la mirada ante cada nuevo edificio. La Avenida de Mayo encarna, sin duda, la ficción del sueño argentino. Sin embargo, Rafael Barret describe así su contracara:

"Chiquillos extenuados, descalzos, medio desnudos, con el hambre y la ciencia de la vida retratados en sus rostros graves, corren sin aliento, cargados de prensas, corren, débiles bestias espoleadas, a distribuir por la ciudad del egoísmo la palabra hipócrita de la democracia y del progreso, alimentada con anuncios de rematadores... La mañana se empina poco a poco... Una población harapienta surge del abismo, y vaga y roe al pie de los palacios."

El trabajo infantil callejero ha comenzado a convertirse en un grave problema. Chicos andrajosos, muchos de ellos menores de diez años, deambulan por la ciudad ofreciendo servicios varios; canillitas, lustrabotas, changarines o mensajeros, tareas con las que apenas acercan a la familia un jornal miserable. *La Prensa* había advertido, ya en 1901, que las familias pobres no pueden subsistir con el salario del hombre de la casa y que "la sobrevivencia, por supuesto, consiste en poner a la mujer y a los hijos a trabajar y en recortar los *standars* de vida". Dos realidades simultáneas golpean, entre luces y sombras, las puertas de la suntuosa avenida. Las estadísticas ayudan: la tasa de mortalidad infantil de Buenos Aires, del 8,8 por ciento por cada cien nacimientos, es inferior a la de Nueva York y París, al 11 por ciento de Londres y notoriamente mejor que el 21 por ciento de Madrid.

Los "forrados"

Entre todos los visitantes extranjeros que dejaron su testimonio del Centenario, los de Georges Clemenceau, político radical socialista francés, y Jules Huret se caracterizan por su perspicacia. Este último analiza la elite gobernante:

> "Una minoría inteligente se agita en el Jockey Club y el Círculo del Progreso [...] Esa minoría tiene puesta la mirada en las buenas ocasiones de compra y venta de tierras; está al corriente de la marcha de la Bolsa y de las probabilidades de ganar en las carreras [de caballos]; sabe qué grandes empresas van a crearse, las concesiones forestales que quedan por conceder, los proyectos de construcción de fábricas, de cámaras frigoríficas, de molinos, de centros de fabricación de azúcar, de concesiones de ferrocarriles y de puertos; los contratos en proyecto de suministros de toda especie y los grandes trabajos que han de realizarse."

El ex primer ministro francés, con similares impresiones, los bautiza "los forrados":

> "El creciente interés de todos los trabajos de la tierra, al mismo tiempo que la necesidad de perfeccionar los tipos de ganado para la cría y la carnicería, han impulsado la reunión de los propietarios en un círculo denominado *Jockey Club*. [...] Para explicar tanto dinero amontonado y hasta arrojado por las ventanas, es preciso saber que todos los ingresos de los hipódromos [...] vienen al Jockey Club, que los emplea con toda libertad [...] ya ven ustedes que los ganaderos argentinos están bien forrados, y que les va muy bien."

El Jockey Club es uno de los símbolos intocables para la elite porteña. "Su sede, situada en la calle Florida, es de una amplitud difícilmente encontrable en cualquier otro club del mundo entero; su escalera justifica su reputación, y la disposición, como la decoración de sus salones, son de lo más fastuoso", describe Koebel. "Es casi un pequeño Estado dentro del Estado", caracteriza Blasco Ibáñez: "Ocupar su presidencia equivale a tener una alta investidura semioficial". Todos actúan allí como si fueran parte de una gran familia. En el interior de su biblioteca se suavizan las discrepancias políticas públicas con el uso de un tono cordial e intimista, en sus mesas se habla de precios del campo, de inversiones y negocios, de viajes y veraneos, en sus salones se juega al *whist*, al *baccarat* o al póker o se practica esgrima. Los *dandys* constituyen el modelo más acabado de aquella opulencia y de un refinamiento extremo. Todos ellos –y sus esposas, relegadas a un categórico segundo plano– viven ocupados por el mundo de las apariencias y atentos a su figuración sistemática en las notas sociales de los diarios.

Suntuosas construcciones comienzan a localizarse en la zona norte de la ciudad, alrededor de la plaza San Martín y del cementerio de la Recoleta. Las avenidas Alvear, Callao y Quintana concentran los más espléndidos trasplantes locales de arquitectura francesa; el Hotel Plaza, que se inaugura en 1908, está a la altura de los más refinados del mundo; el palacio Ortiz Basualdo gana el premio municipal de arquitectura de 1904; la mansión de Mercedes Castellanos de Anchorena (conocida después como Palacio San Martín, sede del Ministerio de Relaciones Exteriores desde 1936) es inaugurada en 1909; el Centro Naval, uno de los mejores exponentes del estilo *beaux arts*, en 1914; el inmenso Palacio Paz, construido en 1914 por José C. Paz, director del diario *La Prensa*, tiene 12 mil m^2 de superficie y es sede del Círculo Militar desde 1939. Como señala Félix Luna: "Los estancieros acaudalados que gastaban su renta en las grandes mansiones del Barrio Norte estaban empeñados en señalar al mundo exterior el sólido estado de sus fortunas".

Las multitudes, la moda y la imagen

El rasgo esencial de la población de Buenos Aires es su acendrado laicismo, aunque la concurrencia dominguera a las iglesias y la relación estrecha con curas y pastores mantengan, ritualmente, una arraigada vigencia. Los inmigrantes se asocian a ese espíritu laicista y repiten el rito de construir sus templos y asociarse a comunidades religiosas que, en el desarraigo, los ayuda a preservar la pertenencia a su cultura y transmitir sus tradiciones a las generaciones futuras.

La escasa religiosidad no implica que el ciudadano común no busque formas de integración social. La presencia de multitudes en los eventos da un perfecto *plafond* a la organización de los festejos de 1910. Las cifras que se registran testimonian esta aseveración: en 1909 el Jardín Zoológico, conceptuado como uno de los mejores del mundo, fue visitado por 1.260.000 personas. El circo de Frank Brown, con su compañía ecuestre y acrobática, logra también una masiva concurrencia, pero el teatro, las comedias y la ópera son la salida favorita. Santiago Rusiñol destaca que, entre los actores, Parravicini "no puede compararse con ninguno, ni con nada". Entre los autores sobresalen Florencio Sánchez, Gregorio de Laferrère y Roberto Payró. Los músicos y cantores, especialmente los del *bel canto* como Enrico Caruso, provocan devoción.

En 1909 el cine mudo se presenta como un espectáculo llamado "chronome gaphon Gaumont", o sea, fotografía animada y parlante, y es visto como una curiosidad. El séptimo arte, llamado biógrafo, conquista público con la velocidad del rayo.

Los prejuicios también quedan registrados para la posteridad. El censo de 1909 aporta algunas fotografías de Buenos Aires y su gente. Ningún pobre, ningún canillita, ninguna mujer "de vida airada", pese a que la prostitución era legal en la ciudad desde 1875 y, además, una de sus notas distintivas, por la cantidad de "casas de citas". Más aún: en las fotos del Centenario pocas veces se ven mujeres y en el álbum que acompaña la edición del Censo, donde abundan los retratos de los personajes políticos, imágenes de próceres, eventos oficiales, desfiles, monumentos, obras de arte y hasta delincuentes, casi ninguna mujer se deja ver. Sólo se exhibe el *tout* Buenos Aires de la aristocracia.

Argentinización de la cultura

Las dos primeras décadas del siglo XX asisten a un importante giro en la creación intelectual. Después de la "Generación del 80" los pensadores, filósofos y estrategas dejan su lugar a hombres que aspiran a formar un movimiento de literatura profesional alejado de los escritores-periodistas-políticos-pedagogos característicos de la Argentina del siglo XIX, como Mariano Moreno, Echeverría, Gutiérrez, Mármol, Sarmiento, Alberdi o Hernández.

Los literatos pretenden aproximarse a las formas narrativas que abordan la crítica social como Tolstoi, Dostoievsky, Stendhal, Balzac o Dickens. La huella modernista de Rubén Darío –visitante de la Argentina en 1893, 1906 y 1912–, que autoriza nuevas formas como los arcaísmos y neologismos, que ama lo impreciso, que sondea en las fuerzas humanas que fluctúan entre lo demoníaco y las deidades, deja una profunda impronta: Lugones, Payró, Ghiraldo, Ingenieros, Leopoldo Díaz, buscan acercarse a una literatura más sistemática.

La búsqueda de ese lenguaje propio produce también una reacción "argentinista". Ricardo Rojas presenta su *Restauración nacionalista*, y en 1913 –al crearse en la facultad de Filosofía y Letras la materia Literatura Argentina– se lo designa para ocupar la cátedra "precisamente porque se trata de restaurar el alma argentina en su amplia vibración". La literatura nacional se renueva: Payró presenta *Divertidas aventuras del nieto de Juan Moreira*; Manuel Gálvez, con un sesgo americanista elabora obras de ambiente y crítica social, como *Nacha Regules* y *La maestra normal*; Carlos Octavio Bunge y Juan Agustín García aportan trabajos que mueven a reflexionar sobre la realidad argentina; Ricardo Güiraldes es severamente criticado por "adjetivar" con "originalidad y usar un estilo plagado de figuras rebuscadas, vulgares o groseras", y Lugones, en la cima de su generación, es felicitado calurosamente por *El Payador*, donde pondera al gaucho como un celoso amante y custodio de la libertad.

En el campo musical se asiste a un fenómeno paralelo. Carlos López Buchardo, Alberto Williams y Julián Aguirre componen buscando un lenguaje que nacionalice la música "culta", trabajando sobre bases del folklore y rastreando melodías telúricas. La cultura busca temas y lenguajes que la doten de personalidad propia.

Tango, caballos, football y otras yerbas

Pocas cosas provienen de los barrios y copan el centro. El tango, que nació en los arrabales, aún en 1910 no es aceptado en los salones distinguidos. A fines de 1912 *El Hogar* recoge un reporte de la revista parisina *Femina*: "Los salones aristocráticos de la gran capital

[París], acogen con gran entusiasmo un baile de aquí, que por su pésima tradición, no es ni siquiera nombrado en los salones, donde los bailes nacionales no han gozado nunca de favor alguno". Y se pregunta: "París, que todo lo impone, ¿acabará por hacer aceptar en nuestra buena sociedad el tango argentino? [...] Y por cierto que no tendría poca gracia esa 'aclimatación' del tango en su patria". De hecho, el tango se legitima socialmente —deja de ser un mal orillero— después de recorrer ese extraño periplo de ida y vuelta hacia Europa.

De los círculos de la elite, de la comunidad británica en particular, se irradia una nueva pasión, el *football*. Los años de preeminencia del Alumni de los hermanos Brown dan paso a la fundación de innumerables equipos surgidos de los barrios y de una nueva sensación, el Racing Club, originado en Barracas al Sud (Avellaneda), que es el campeón indiscutido durante la década del 10 —obtiene siete campeonatos consecutivos— con una formación "criolla" y, como ha quedado en la historia, creando "la nuestra", un estilo basado en la habilidad y la gambeta en lugar de los pases largos y los centros propios de los ingleses.

En 1904 se funda el Automóvil Club Argentino, cuyo primer presidente es Dalmiro Varela Castex, justamente el argentino que importó, en 1892, el primer vehículo no tirado por caballos. Junto al automovilismo, ganan espacio el ciclismo, la esgrima, el remo, el *tennis*, el rugby, el turf, el tiro, la natación, el lanzamiento de bala, el box, el *savate* (o box francés, que permite golpes con las piernas), los "deportes racionales"... En fin, una multiplicidad de disciplinas. En todas ellas hay técnicas para desarrollar y *records* para superar.

Jorge Newbery, el modelo de perfecto *sportsman*, admirado y endiosado por las multitudes, impulsa también la actividad que concita mayor interés durante los días del Centenario: la ascensión en globos aerostáticos –"más livianos que el aire"– y los primeros vuelos en avión. En 1910 se crea la Escuela Aérea Argentina en El Palomar y Newbery –que

Los deportes aéreos, una nueva actividad. Jorge Newbery se convirtió en un ídolo popular.

establece un récord de ascensión en globo– y Florencio Parravicini reciben los primeros *brevets* de pilotos. Con motivo del festejo patriótico visitan el país varios aviadores extranjeros y se realizan exhibiciones en Campo de Mayo. El francés Alfred Valleton establece una nueva plusmarca cuando recorre 86 kilómetros a una velocidad de 63 km/h y logra elevarse a 230 metros. Hacia fines de año el italiano Bartolomé Cattaneo cruza en aeroplano el Río de la Plata.

La prensa

Los sueños de los años del Centenario quedan delineados en los periódicos y revistas de la época. Buenos Aires tiene avidez de información y para ello existen diarios de gran circulación como *La Prensa*, que llega a tirar 100 mil ejemplares; *La Nación*, que cuenta con una importante red de corresponsales en el extranjero, y *La Razón*, a los que desde 1915 se agrega *Crítica*. Los "periódicos fotográficos" *PBT* y *Caras y Caretas*, que reemplazan la palabra escrita por la imagen, constituyen una verdadera avanzada para el periodismo mundial.

En *La Prensa*, "que los argentinos llaman modestamente 'el Coloso de América del Sur'" reporta Crastre, "funcionan regularmente: un consultorio médico, consultorios de electroterapia, jurídico, químico, industrial y agrícola; un observatorio meteorológico; escuelas de música, bellas artes y lenguas vivas; una farmacia; exposición permanente de productos nacionales, etc. Todo es gratuito". Pero nada podrá ser tan "colosal" como la impresionante publicación especial de *La Nación* del 25 de mayo de 1910. El número fue pantagruélico: con casi ochocientas páginas a cuatro columnas e ilustrado, conquistó el tilde de "wagneriano".

Esta prensa dinámica y multifacética, entusiasmada con su labor y con el país, da cuenta de los sucesos y apasiona a las multitudes, tanto como después lo harán la radio y la televisión.

Las noticias reflejan, una vez más, las múltiples realidades –nada unívocas–, que se entremezclan en la Argentina del Centenario y que generan inquietudes y polémicas, como el proyecto del diputado Luis Agote –el mismo que descubre el método para evitar la coagulación de la sangre–, quien propone enviar al Lazareto de la isla Martín García a unos "diez mil niños vagabundos que hoy están en las calles de Buenos Aires y que constituyen un contingente admirable para cualquier desorden social".

Huelgas y conventillos

Inmigrantes y obreros

Desde 1905 comienza la segunda avalancha inmigratoria. La curva es ascendente hasta 1913. Mientras que en 1899 el saldo migratorio es de 50.485 personas, en 1906 la cifra se acerca a los 200 mil inmigrantes y el año del Centenario arroja un aumento neto de

208.870 individuos. Luego, el estallido de la Primera Guerra Mundial abrirá un paréntesis con saldo negativo –muchos europeos regresan para combatir–, para retomar impulso en la década del 20.

La inmigración española se incrementa notablemente, supera a la italiana en 1912 y la desplaza del primer lugar. Entre los que llegan se distinguen los "empresarios" (así inscriptos) de comercio e industria de origen gallego, los catalanes y aquellos que provienen de las islas Baleares, que son, en su mayoría, trabajadores con alguna capacitación, y una importante cantidad de jornaleros no calificados. También aumenta de modo considerable la afluencia de árabes y judíos y disminuye notablemente el arribo de europeos del norte.

La conmemoración de Mayo será una ocasión excepcional para integrar a las colectividades. Las banderas italianas y españolas lucen en los balcones de todo el país; en una colonia entrerriana también se festeja la celebración patria aunque con algunas particularidades. Alberto Gerchunoff, uno de los destacados escritores de la nueva generación, dejará un testimonio extraordinario en su relato "El himno" inserto en *Los gauchos judíos*:

> "La conmemoración del 25 de Mayo quedó decidida y se designó al alcalde y al matarife para organizar la fiesta. Se resolvió, desde luego, no trabajar el día patrio, embanderar los portones de las casas y reunirse en el potrero común donde rabí Israel Kelner pronunciaría una arenga. [...] Surgió una grave dificultad. Se ignoraba el color de la bandera argentina."

Los inmigrantes de la primera década del siglo XX tienen menos expectativas que los de la década de 1880; son más prudentes, y muchos de ellos ya vienen en condición de obreros, aunque ello no niega que el principal motor que los anima es el progreso individual. Por eso se presentan situaciones contradictorias entre sus aspiraciones personales o familiares y su pertenencia social.

Este nuevo inmigrante extranjero prefiere vivir en las ciudades; el campo no ofrece perspectivas. Se apretuja en los conventillos –en el de Piedras 1268, por ejemplo, viven más de quinientas personas en 104 piezas– y muchas veces, además de dormir y comer, la habitación sirve para trabajar. La mamá costurera, el papá zapatero remendón complican aún más la convivencia.

Todavía en 1904 una quinta parte de los conventillos carece de agua. En muchos de ellos, unas pocas canillas y escasas y sucias letrinas son de uso comunitario: la fiebre tifoidea y otras enfermedades gastrointestinales provienen, justamente, del consumo de agua contaminada. Los servicios para atender a la salud de la población son deficitarios y las enfermedades infectocontagiosas no encuentran límites para su propagación. La escarlatina, el sarampión, la difteria, el coqueluche y, sobre todo, la viruela azotan periódicamente la ciudad y cobran vidas, particularmente, en la población más indefensa, los niños.

La reacción contra esa situación tiene expresión en el aumento de las luchas obreras que se producen desde 1905. En 1907 estalla una gran huelga de conventillos contra los alquileres abusivos y los precios del pan y la carne. Varios militantes socialistas y feministas, como Alicia Moreau, Enrique del Valle Iberlucea y Antonio De Tomaso, organizan las manifestaciones de protesta. Las mujeres impulsan una masiva y combativa "marcha de las escobas" por las calles de los barrios populares.

Sin embargo, no todo es protesta. En los pobres conventillos tampoco faltan los que viven la "fiebre del peso". Luis Pascarella, que los describe allá por 1918, testimonia:

"Su mente libre de recuerdos del pasado, se llenaba ahora con una sola frase, ganar, ganar dinero. [...] A ese sentimiento colectivo obedecía la actividad del conventillo. A él se subordinaba toda la existencia. La salud, la estrechez, las privaciones, las satisfacciones de otras necesidades que no fueran las más indispensables, desaparecían ante la idea obsesionante de ganar y ganar plata y más plata."

El conventillo, además, viene a jugar una función social integradora, que destaca con acierto Arturo Jauretche:

"La población extranjera en Buenos Aires excedió al 50 % y no hay que olvidar que en casi su totalidad era adulta y masculina, es decir, la que trabajaba, andaba por la calle y los sitios públicos; a la vez gran parte de los argentinos que formaban el otro 50 % eran hijos de inmigrantes en primera generación. Sólo el que vivió en medio de esa multitud y llenó sus ojos con la variopinta de sus ropas, y sus oídos con el ruido de cascada de todos los idiomas cayendo al mismo tiempo sobre el español o el lunfardo, puede medir la

La estación central del Ferrocarril del Sud. Buenos Aires está en camino a ser la "Reina del Plata".

magnitud del milagro de asimilación que se realizó en Buenos Aires, en el vértigo de unos pocos decenios. Y tiene que partir del conventillo para aproximar un poco la imagen."

El Centenario es la oportunidad de generar y fomentar una "conciencia nacional" en el aluvión extranjero, pero esa necesidad se tiñe de chauvinismo, como un modo de reafirmación de la alcurnia "aristocrática" de la elite porteña: sectores del antiguo patriciado argentino se aferran a su herencia hispanocriolla. Joaquín V. González por ejemplo, que ha sido tildado como "progresista" por su gestión como ministro de Justicia e Instrucción Pública en las presidencias de Roca y Quintana, asume al respecto una posición reaccionaria. En *El juicio del siglo* afirma que los inmigrantes constituyen una amenaza porque "no sólo tienden a destruir y borrar los últimos vestigios de la educación –hispano-argentina, aclara– sino que llevando los vacíos de ésta, se han infiltrado en la conciencia de la multitud de las grandes ciudades". Manuel Gálvez, tal vez el más fervoroso y elocuente de los nuevos "hispanistas", acusa a los inmigrantes de introducir el mercantilismo e, identificándose con uno de sus personajes, remarca que "sus antepasados le transmitieron, sin saberlo, ese ¡tan criollo! rencor atávico al extranjero". La teoría del "crisol de razas", como se ve, admite sus bemoles.

 ### Cané y González: los límites del liberalismo progresista

Quizá, donde aparezca la utilización [del lunfardo], no ya del tuteo ni del voseo ni del tratamiento de usted (mucho más distante: como en la escuela primaria "tomar distancia"), es en el teatro popular de este momento, al que habría que vincular en este entramado óptico que vamos tratando de descifrar. Es una década económicamente en alza, previa a la Primera Guerra Mundial. Aparición, esto es tópico, de emergencias de clases, de partidos y movimientos políticos. Desde ya el radicalismo consabido, el socialismo y la anarquía que siempre quedan al margen. Hay una figura allí, Joaquín V. González, que aparece como una especie de "místico" cuando es una gran muñeca política. ¿Qué es Joaquín V. González? Es riojano, primero; nació en Chilecito, segundo. Es decir, es el modelo anti Facundo que pone en circulación la oligarquía en 1900. Esto es Joaquín V. González: el ala más modernista, que conoce la política europea y qué está pasando en Europa y en el mundo. [...]

El doctor Eduardo Zimmerman [...] habla de los *liberales progresistas*, pero lo que no hace es preguntarse: ¿por qué es progresismo? Es decir, por qué la propuesta de Joaquín V. González del código de trabajo, la convocatoria a los jóvenes intelectuales Lugones, Ingenieros, Augusto Bunge y así siguiendo. Porque hace maniobras políticas, porque representa la zona negociadora de la oligarquía en ese momento.

Y en ese momento del que estamos hablando, enfrente de Joaquín V. González está Cané, que, paradigmáticamente, es de una coherencia fenomenal. No sólo es el más reaccionario de los *gentlemen* que viajan a Estados Unidos sobre el 1900 (y que se "enferma" frente a los negros liberados después de la Guerra Civil), sino que es el redactor que pone en movimiento la 4144, la Ley de Residencia. Es un síntoma. Y es otra mirada sobre la ciudad. La 4144 es la primera –Sánchez Viamonte mediante– ley antiliberal que se superpone con

Anarquistas y socialistas

Una manifestación de las prevenciones hacia los inmigrantes es el dictado, en 1902, de la Ley 4144, "de residencia", que faculta al gobierno a expulsar del país a los extranjeros indeseables. El proyecto ha sido elaborado por Miguel Cané en 1899. Aunque el ministro Joaquín González anuncia que sólo se dirige contra los agitadores "que perturben el orden público" y anticipa una ley de Trabajo más amplia, ésta no se concretará. Hacia fines de 1902 unas sesenta familias de anarquistas son expulsadas con destino a Génova y Barcelona.

En el medio social y político crece ese ambiente de afirmación nacionalista que linda con la xenofobia: se desconfía del extranjero, se duda de sus intenciones, se multiplican las burlas a las deformaciones idiomáticas como el "cocoliche", se comienzan a generar estereotipos del "tano", el "gallego", el "turco" o el "ruso", nombre que identifica a todos los judíos. La cuestión se agudiza porque muchos de ellos se suman a la clase obrera y se organizan en sindicatos de reconocida filiación anarquista o socialista.

En 1904 el médico y jurisconsulto Juan Bialet Massé, colaborador del ingeniero

---

otra ley –que no sale en 1902– que es la Ley de Divorcio. La 4144: es decir, no a "los hombres de buena voluntad del mundo". En cincuenta años, de 1853 hasta 1902, el circuito progresivo del liberalismo clásico victoriano muestra sus límites y la inversión de la dicotomía de Sarmiento. [...]

Joaquín V. González como ala negociadora y Cané como ala dura y la 4144. Y la Facultad de Filosofía y Letras desde el '96, es decir, Cané como el primer decano de mi facultad. ¿Por qué se funda la Facultad de Filosofía y Letras y se enseña griego y latín? Para conjurar el "virus lingüístico" que portan la mayoría de nuestros abuelos. 4144, Facultad de Filosofía y Letras. Dos formas políticas, dos estrategias políticas, y una sola mirada con dos ojos: Cané y Joaquín V. González.

Pero decimos del lunfardo. Digo, para entendernos: la Facultad de Filosofía y Letras se funda en 1896 y entre los fundamentos está, precisamente, ese ademán del "virus lingüístico" que portan los *grévanos*. Y en la prolongación de esas miradas se funda la Academia Argentina de Letras en el año 1931. Significa-

tivamente, el primer presidente académico es un primo del general Uriburu. Pero hay que leer los fundamentos de la creación de la Academia Argentina de Letras. Son prácticamente una declaración de guerra; es el conjuro contra las novelas de Arlt y el tango. Esto lo vivimos nosotros: no ya en el '30, pero sí en el '43 cuando se empezaron a modificar los títulos de los tangos, es decir, "rea" y otras cosas por el estilo: "¡No lunfardo!", "Nos está invadiendo el lunfardo". De la Facultad de Filosofía y Letras y de la Ley de Residencia a la Semana Trágica y a la fundación de la Academia Argentina de Letras. Buena vida/mala vida y diversas maneras contradictorias de mirar a Buenos Aires. Ésas son inflexiones de toda una política que hace a [...] lo que el Dr. Zimmerman llama "liberales progresistas". No eran príncipes de Lampedusa pero algunos trataban de modificar para salvar lo que querían seguir viendo.

DAVID VIÑAS,
La buena vida y la mala vida

Carlos Cassafousth en la construcción del dique San Roque de Córdoba, da a conocer su informe "El estado de las clases obreras argentinas en el Interior de la República", un texto que alcanza especial notoriedad por la sinceridad con que describe los problemas de la familia trabajadora de principios de siglo.

> "Había dicho [...] que la indolencia, la rutina, el mal trato que, en general, se daba al obrero en Tucumán, habían de producir algunas huelgas que sacudieran la indiferencia de la mayoría de los patrones. La primera ya se ha producido [...] O viene la ley reglamentando la jornada, los descansos y estableciendo el arbitraje, o los patrones organizan el trabajo racionalmente y hacen conocer por todos los medios de publicidad esa organización y las garantías que ofrecen, o los obreros no irán. [...]
> "El trabajo de la mujer y del niño se explotan con igual intensidad en Cuyo que en el resto de la República, y acaso más en la época de las cosechas. El descanso dominical es un anhelo en esas provincias; aquellas manifestaciones de los panaderos del Paraná, del comercio de todas partes de que se sienten esclavos del negocio de que no pueden entenderse entre sí, se repiten en San Luis, Mendoza y San Juan; en todas partes. [...]
> "De seguro las concesiones van a reducirse a los salarios, y acaso algún poco en la jornada; las demás se acallarán por lo pronto; la mujer y el niño seguirán siendo víctimas de la codicia, muchos accidentes no serán indemnizados, pero volverán con más fuerza luego, para demostrar que no basta ni la buena voluntad de obreros y patrones, que es necesaria la legislación total y los medios de hacerla efectiva."

Los planteos de Bialet Massé son desoídos. Sin una legislación que la protegiera de los abusos constantes, la clase obrera no tiene otro camino que la acción directa. La Federación Obrera Regional Argentina (FORA) es la principal central sindical. Expresamente, desde su V Congreso, se convierte en una organización política revolucionaria. Desnaturalizando el sentido reivindicativo, democrático y unitario de los sindicatos, la FORA determina, en agosto de 1905, que es tarea de los gremios adheridos "inculcar a los obreros los principios económicos y filosóficos del comunismo anárquico". A la par de encabezar luchas de corte heroico, un acendrado sectarismo aísla a los foristas del resto del movimiento sindical y también del radicalismo, que juega un progresivo rol movilizador por la democracia política.

Los reclamos salariales trascienden los límites clásicos. El teniente coronel Augusto Maligne afirma que las asignaciones militares "son inferiores a lo que exige la importancia de la misión de éstos, comparados con los de los funcionarios civiles". Los docentes, por su parte, gozan de un prestigio social sólido aunque, como informa Carlos O. Bunge: "la remuneración de la enseñanza, sobre todo de la secundaria y superior, es más bien escasa, en un país donde se han asignado los diputados y senadores nacionales la escandalosa e irritante dieta anual de $ m/n 18.000".

Como se aprecia, hay problemas que no son nuevos; ya parecen moneda corriente en aquellos días, en los que se gesta la nueva identidad nacional.

El trágico 1º de mayo de 1909

Como consecuencia de sus posiciones sectarias, la influencia de FORA se debilita. En 1908 convoca a una huelga contra la Ley 4144, pero logra escasa repercusión. Al año siguiente, una represión salvaje del acto del 1º de Mayo promueve la acción unitaria con la UGT (Unión General de Trabajadores) y su continuadora, la CORA, que agrupa a sindicalistas y socialistas. Enrique Dickmann, dirigente del Partido Socialista, relata las incidencias de aquella jornada en *Recuerdos de un militante socialista*:

"Dos manifestaciones públicas debían realizarse en la tarde del 1º de mayo; una organizada por el Partido Socialista en la plaza Constitución para ir hasta la plaza Colón, y la otra organizada por la Federación Regional Argentina. [...] Un centenar de soldados de la guardia de seguridad, montados en sus cabalgaduras, armados de sable y fusil, tenían aspecto y expresión imperturbable y firme, cual la máscara de la fatalidad. Otros tantos agentes de policía de a pie. Algo más lejos, el jefe de policía, coronel Falcón en persona y su estado mayor contemplaba aquella reunión singular. A los pocos minutos el orador descendió del farol y la manifestación se dispuso a ponerse en marcha. En aquel mismo instante se me acercó un funcionario policial y me invitó a que me retirara. Esta invitación no dejó de sorprenderme y extrañarme. La columna de pueblo se puso en marcha por la Avenida de Mayo hacia el este, con una gran bandera roja a la cabeza, sin música y sin cantos, solemne y muda como el Destino. Detrás de ella se movió el escuadrón de la muerte.
"Me dirigí por la misma avenida hacia el este, para reunirme a la manifestación socialista. Apenas había dado un centenar de pasos cuando fui sorprendido por el ruido de una descarga cerrada y el grito de horror y de espanto de la muchedumbre [...] sobre el pavimento de la Avenida quedó, entre charcos de sangre humana, un tendal de catorce muertos y ochenta heridos, algunos muy graves, que fallecieron a los pocos días."

La noticia de la masacre corre como un reguero de pólvora por toda la ciudad. La marcha socialista se convierte, de pronto, en una procesión fúnebre de veinte mil personas y cambia su rumbo enfilando para la Plaza de Mayo: "Al instante todas las banderas y estandartes, que sumaban muchas docenas, se enlutaron con grandes crespones negros. Las diez bandas de música distribuidas a lo largo de las diez cuadras que ocupaba la manifestación, tocaron marchas fúnebres".

En la plaza Colón, frente a la Casa de Gobierno, en cuyas ventanas se habían dispuesto francotiradores, surge la convocatoria: "Trabajadores y ciudadanos: como respuesta única al salvajismo gubernamental, debemos declarar la huelga general y exigir la renuncia del jefe de los asesinos, coronel Falcón. ¡Viva la huelga general! [...] El proletariado de Buenos Aires respondió como un solo hombre esta exhortación. El lunes 3 de mayo el trabajo se paralizó completamente. Fue la huelga general más intensa y extensa y de mayor duración que se registra en los anales del movimiento obrero de la Argentina. Duró ocho días, paralizando totalmente la vida industrial y comercial de la gran ciudad".

· La denominada "Semana Roja" culmina con una detención masiva de activistas y cierre de locales. Hay bombas, tiroteos y manifestaciones todos los días, que se extienden a varias ciudades del interior. Al cabo de una semana, el gobierno inicia negociaciones, libera a los presos y permite la reapertura de las sedes gremiales y políticas. El clima, sin embargo, continúa tenso. En octubre, el fusilamiento en Barcelona de Francisco Ferrer, un dirigente anarquista, provoca un paro general.

El 14 de noviembre un joven anarquista de dieciocho años, de origen polaco, Simón Radowitzky, intercepta el auto en el que viajan el jefe de policía Ramón L. Falcón y su asistente Alberto Lartigau en la esquina de Junín y Quintana y los mata arrojando una bomba. El gobierno declara el estado de sitio, clausura los periódicos obreros, realiza detenciones y deportaciones en masa, declara la "Ley de Emergencia" y permite el accionar impune de grupos "patrióticos" de civiles armados, los "indios bien".

Reacción oficial y terror blanco

Al acercarse la conmemoración del Centenario, las organizaciones obreras ven la oportunidad de publicitar sus reclamos laborales y, en particular, de redoblar la campaña por la derogación de la Ley de Residencia.

 ### El asesinato de Ramón Falcón

El asesinato del coronel Falcón es presentado como la protesta sangrienta de un grupo de extraviados, contra todo principio de autoridad moral, legal, religiosa, civil, política o militar. Hay, en efecto, en el mundo un grupo de hombres que hace gala de no tener Dios, ni Patria, ni Ley, y que lógicamente no respeta influencia alguna divina o humana. Su principio y su fin están en el ejercicio de la violencia y del crimen. Éstas son fuerzas perdidas para la sociedad, como las causas cósmicas del centro de la tierra, que solamente producen cataclismos.

[...] Se requiere que el remedio tenga la amplitud de la prevención permanente, que hiera las causas mismas, que modifique el ambiente de donde surgen directa o remotamente estos delitos. Esas causas afectan, para decirlo de una vez, toda la economía argentina en nuestra época.

[...] En este país tan rico y tan orgulloso de su civilización, se puede impunemente traicionar a la Patria por la prensa, aconsejar la revolución, el asesinato político e injuriar ferozmente a todo el mundo, porque viven los fiscales y los jueces entregados a extraña beatitud.

Es prudente retocar los códigos y las leyes excelentes de inmigración, para conservar la limpieza de la población del país, combatiendo el error de los gobernantes empíricos y de los funcionarios sin criterio, que se vanaglorian al presentar estadísticas abultadas, olvidando que vale más en una República un inmigrante instruido y bueno, que diez inmigrantes analfabetos e inmorales. Debemos estudiar las cuestiones que se refieren a los anarquistas y a los socialistas, porque ellas comportan nuevos problemas humanos, comunes a todos los países. [...] En fin, para decirlo en una palabra, es necesario tornar a esta sociedad la vieja disciplina que han rela-

En abril de 1910 la CORA convoca a una huelga general, que debe iniciarse en la víspera del 25 de Mayo. El 8 de mayo la FORA organiza una multitudinaria manifestación (entre 40 mil y 100 mil personas, según las diversas estimaciones). El periódico anarquista *La Protesta* alienta a que se cometa algún gran atentado o magnicidio –matar al presidente Figueroa Alcorta o al electo, Roque Sáenz Peña, por ejemplo– y lanza un editorial amenazante: "Si no quieren guerra el día del Centenario, hemos de conseguir la supresión de la Ley, o habrá agua en la fiesta".

El 13 de mayo de 1910 el Congreso realiza una sesión especial que, rápidamente, vota el estado de sitio. Esa misma noche patotas de jóvenes universitarios y "niños bien" tienen "piedra libre" para realizar todo tipo de desmanes, con la anuencia policial: atacan e incendian locales sindicales y las redacciones de *La Vanguardia*, periódico socialista, y *La Batalla* y *La Protesta*, anarquistas. Al grito de "¡mueran los rusos!" violentan comercios y viviendas del barrio de Once. Dos muchachas judías son brutalmente violadas por los *pogromistas*.

Unos días antes, un grupo salido del Jockey Club había incendiado la carpa donde se presentaba el famoso payaso Frank Brown, todo un símbolo de la cultura popular. El circo, ubicado en pleno centro (Córdoba y Florida), goza para ellos de poco prestigio por ser una edificación de baja categoría que impresionaría mal a los visitantes extranjeros.

---

jado a designio y pacientemente *–corrompuit ut impera–* la licencia y el sensualismo de los últimos treinta años. ¡Cuando gocemos de esa disciplina, nos explicaremos por qué, en Inglaterra, en Alemania y en los Estados Unidos, donde abundan los anarquistas y socialistas, no se producen crímenes nefandos como los ocurridos en Buenos Aires!

[...] Las observaciones precedentes determinan dos acciones, una social y otra oficial. La acción social será lenta, porque desgraciadamente donde existe mayor desmoralización, falta de respeto a todo, de disciplina y de seriedad, es en las clases dirigentes del país. Nuestra esperanza de un futuro mejor se refugia precisamente en lo que grupos menores y de conceptos extraviados, que una prensa frívola fomenta en daño común, llama gente "no conocida". De ésta ha de salir la reacción, porque hay en su seno elementos robustos, buenos y sinceros, que trabajan, que estudian, que se educan, mientras que por excepción se trabaja y se estudia en los otros grupos entregados a la disipación y a las vanidades mundanas. Es sugerente observar que en los últimos diez años no ha salido de nuestras universidades, un dos por ciento de jóvenes pertenecientes a las casas más favorecidas por el abolengo de buena cepa o por la pretensión de tenerlo. Los laureados, las medallas de oro, los estudiantes más distinguidos, pertenecen generalmente a esa gente "no conocida", desdeñada por los otros sin razón alguna y que pronto será la dueña del país.

La reacción social es urgente, porque este prurito ridículo de aristocracia que nos domina y que nos lleva a establecer divisiones sociales intolerables, fuera de las distinciones modestas que imponen el talento, la belleza, la fortuna y la cultura personal, están irritando al pueblo, con los abusos de las ostentaciones que sugestionan y arrastran a los que no pueden costearlas, y se malgastan las fortunas, los haberes y se encarece absurdamente la vida.

ESTANISLAO ZEBALLOS,
"El asesinato del Jefe de Policía de Buenos Aires", en *Revista de Derecho, Historia y Letras*

Estos hechos son silenciados por la gran prensa, que cumple con las "sugerencias" gubernamentales, pero algunos de aquellos patoteros-petiteros, como Felipe Amadeo Lastra, son capaces de mostrarse orgullosos de sus fechorías:

> "Al conmemorarse el Centenario se recurrió a los 'indios bien' para evitar la acción de los extremistas, quienes pretendían hacer fracasar los festejos patrios que iban a realizarse. Se averiguó en forma sigilosa dónde se hallaban las madrigueras de estos extremistas y fueron justamente las 'patotas', tan equivocadamente vilipendiadas por los reporteros, las que hicieron abortar los atentados preconcebidos. La policía no tuvo necesidad de actuar y las autoridades quedaron reconocidas por la actitud decidida y valiente de estos jóvenes."

A pesar de estas acciones "preventivas", el temor a que se produzca algún serio atentado durante los festejos subsiste. Una forma de evitar problemas graves es aislar al máximo a las visitas y crear un circuito acotado que los mantenga suficientemente alejados de los sectores "peligrosos".

Los fastos del Centenario

El cianógeno del Halley

La Prensa logra mantener en vilo a sus lectores. Reproduce los artículos del astrónomo francés Camille Flammarion que generan inquietud mundial: la próxima visita del cometa Halley, según sus cálculos, no chocaría contra la Tierra, pero los gases mefíticos de su cola bien podían envenenar la atmósfera. El cianógeno del Halley, un gas incoloro pero de veneno potente y activo, según Domingo Barisane, producirá "la fin del mundo", como anuncia en una serie de cuadernillos semanales. En el globo se produce una ola de suicidios. En la Argentina se contabiliza cerca de una docena, pero se le adjudican al Halley muchas muertes accidentales y absolutamente todos los suicidios: sólo los de un par de mujeres y un matrimonio son muertes explícitas.

La noche anterior a la llegada de la comitiva monárquica española la gente no duerme. Se congrega en parques, azoteas y en el Hotel Majestic, que tiene una terraza vidriada, y observa el paso del fenómeno. El cometa ilumina la madrugada. Horas después la ansiedad da paso al fervor. César Viale cuenta:

> "Tres sucesos se acumulan en la misma fecha; la llegada de la infanta Isabel, el paso del cometa Halley y el estallido de la 'huelga revolucionaria'. Esta huelga se avizoraba ya en el acto que el 1º de mayo realizaron los socialistas en plaza Constitución. Los discursos fueron terriblemente violentos; uno de los oradores terminó diciendo que había que prender fuego a la ciudad por los cuatro costados. Hasta un niño de nueve años recitó un verso destructor."

El verdadero cianógeno está, entonces, en la Tierra y es el clima enrarecido por las huelgas, las amenazas de atentados y las acciones vandálicas de los "indios bien".

La fiesta inolvidable

La Comisión del Centenario atiende hasta los menores detalles para que los festejos resulten impecables. El lugar de relevancia lo ocupan los símbolos patrios: el himno, las banderas, las escarapelas, el escudo, los retratos de los próceres están por todas partes y en todos los rincones del país. El gobierno manda imprimir 50 mil tarjetas postales con una reproducción del Cabildo antiguo tomada del famoso cuadro de Carlos Enrique Pellegrini y otras tantas copias del acta de la Primera Junta, que se distribuyen entre la población.

Las colectividades extranjeras se hacen presentes con obsequios especiales tales como el Monumento de los Españoles, el de Francia, la estatua a Colón donada por los italianos y la gran Torre de los Ingleses con su portentoso reloj. Los austro-húngaros regalan una "columna meteorológica". El gobierno, motivado por esa ola monumentalista, inaugura obras en la Basílica de Luján.

Los comercios se suman a la gran fiesta nacional. Las banderas argentinas y de las naciones con colectividades más numerosas se ofertan en la tienda "A la ciudad de Londres", mientras que en Casa Peuser y Gath y Chaves se venden por miles las reproducciones y litografías del Cabildo, allí donde los patriotas dieron el grito de libertad.

La historia nacional, siguiendo la versión clásicamente liberal de Mitre y Vicente F. López y sintetizada después en los manuales de Grosso, es repetida una y otra vez en clase. El endiosamiento del pasado permite la publicación de los doce tomos de documentos del archivo de José de San Martín y autobiografías de otros próceres. Los alumnos aprenden por fonética himnos de países invitados a la celebración y sorprenden a las embajadas visitantes, cuando las reciben, con sus almidonados guardapolvos blancos, cantando en alemán, inglés, italiano, francés o japonés.

Variados congresos intentan cubrir los flancos profesional, científico, cultural, intelectual y humanístico de la celebración. La Cuarta Conferencia Panamericana aborda cuestiones internacionales; el Congreso Científico Americano, en el que Teodoro Stuckert presenta un *Índice de la flora argentina*; el Congreso Internacional de Medicina; el Congreso Arqueológico Americanista, donde Juan B. Ambrosetti informa su reciente descubrimiento de ruinas en Tilcara, y el Congreso Internacional sobre la Infancia. Párrafo aparte merece el Congreso Feminista Internacional, que organiza la Asociación de Universitarias Argentinas, en la que militan Cecilia Grierson, la primera médica latinoamericana; Alicia Moreau, Julieta Lanteri y Elvira Rawson, entre otras pioneras del feminismo local. Constituye un hito en los reclamos de género y sorprende a nivel mundial por la calidad y la profundidad de sus ponencias.

Las exposiciones realizadas, algunas un tanto improvisadas y otras con retraso en los trabajos a causa de las huelgas, animan los festejos con desigual repercusión: la Internacional de Ganadería y Agricultura, la de Higiene, la Ferroviaria, la Industrial y la de

Bellas Artes, que presenta más de 2.000 obras de 18 países en un bello pabellón de hierro, mayólica y vidrio.

El 24 de mayo se corre en el hipódromo el Gran Premio Centenario. El 25 hay *Tedeum* en la Catedral y un desfile que recorre Florida desde Plaza de Mayo a plaza San Martín moviliza 20 mil efectivos argentinos y grupos de marineros extranjeros, y del que participan, además, delegaciones provenientes de Francia, Japón, España, Italia, Uruguay, Chile, Holanda, Estados Unidos y Alemania. El Reino Unido, de luto por el fallecimiento del rey Eduardo VII, se abstiene de concurrir. Por la noche la ciudad se ilumina especialmente y, en función de gala, se presenta *Rigoletto* en el Colón, con las famosas voces de Anselmi en el papel de duque de Mantua y de Titta Ruffo en el de Rigoletto, mientras que el Ópera anuncia *Otello*.

En los días de Mayo se ofrecen grandes saraos. Entre los oficiales llama la atención el organizado por el intendente de Buenos Aires, Manuel Güiraldes, en el Colón, y entre los privados se destacan los que llevan a cabo Felipe Llavallol y Ernestina Ortiz Basualdo en la residencia del palacio Miró.

Todos los eventos, sin embargo, tienen un punto de mira: los invitados internacionales.

La infanta Isabel de Borbón "hizo de Madre Patria" durante los festejos del Centenario.

La Infanta y otras visitas

Un verdadero acontecimiento especial lo constituye la presencia de la infanta Isabel de Borbón, hermana del ex rey de España, Alfonso XII, y tía del joven soberano Alfonso XIII. Cuenta el historiador Luis A. Romero que fue "la reina de la fiesta":

"Baja, gorda y 'muy maja', llegó el 19 de mayo, el día memorable del Halley y de la huelga general. No importó: 300.000 personas salieron a recibirla. Pasó tres semanas disfrutando de todo, comiendo, bebiendo, jaraneando y, como dice Félix Luna, 'haciendo de Madre patria'. Habló en un español castizo y lleno de ajos, tuteó a todo el mundo, empezando por el Presidente, y se ganó la simpatía general."

El recibimiento es apoteósico. Una multitud espera al buque *Alfonso XII*, que es flanqueado por la fragata *Sarmiento* "totalmente empavesada con su tripulación en los mástiles y enarbolando el pabellón de Castilla", según cuenta *La Razón*. En *La Prensa* del 19 de mayo, calculando la multitud allí reunida, se dice que "lo mismo pudiéramos estimarla en 300.000 que en medio millón [...] la manifestación ha sido colosal". Otra muchedumbre participa del desfile de la colectividad española frente a la casa donde se aloja la infanta Isabel.

En su honor se presenta en el teatro Avenida *La Gran Vía*, una zarzuela que dirige su autor Tomás Bretón y en el que actúan los hermanos Podestá, Florencio Parravicini y Roberto Casaux. La Infanta –que luce ese título pero es una mujer ya entrada en años– visita varias estancias, como la de los Pereyra Iraola, donde es homenajeada con asados y exhibiciones de danzas y destrezas criollas. Los agasajos a la corpulenta princesa sirven para limar algunas asperezas que todavía subsisten en el ánimo de ciertos grupos de intelectuales argentinos, y ayudan a impulsar el hispanismo. Pocos años después, Yrigoyen instituirá el 12 de octubre como Día de la Raza.

El único presidente de otro país que asiste a los festejos es el chileno Pedro Montt, quien, junto al embajador de los Estados Unidos Leonard Wood, presencia la inauguración del monumento al Ejército de los Andes, en el monumento al General San Martín. Otros visitantes ilustres son el vicepresidente del Perú Eugenio Larraburu y Unanue, el canciller paraguayo Adolfo Riquelme –que se suma al desfile de soldados paraguayos–; Eki Mocki, de la familia imperial japonesa; el dirigente socialista francés Jean Jaurès y el general prusiano conde Colmar von der Goltz.

Entre las figuras descollantes de la cultura merecen especial mención Georges Clemenceau, que asiste como corresponsal de *L'Illustration de Paris*; el escritor español Ramón María del Valle Inclán, dos futuros premios Nobel de Literatura, Jacinto Benavente y Anatole France, y Vicente Blasco Ibáñez. En septiembre llega al país el inventor Guglielmo Marconi, destacado por sus aportes en la telegrafía sin hilos y precursor de la radio. Para interesar a estos concurrentes se ha comisionado a Europa a Juan Pablo Echagüe, más conocido como Jean Paul.

Es necesario destacar, sin embargo, que el festejo es una inmensa exhibición. Los invitados se alojan en las mansiones de la oligarquía. ¿Qué ven, qué recorren? Una ciudad cuyo casco céntrico es, además de pituco, higiénico y ordenado; parques y plazas bien arboladas, Palermo convertido en un símil del parisino *Bois de Boulogne*, un hipódromo donde corren excelentes caballos y jinetes, *sportsmen* actualizados en las más diversas disciplinas olímpicas –cuyo paradigma es el polifacético Jorge Newbery–, estancias lujosas preparadas especialmente para la ocasión y concordia entre las clases sociales unidas por un acendrado patriotismo.

La vidriera porteña, con sabor a espejismo, se completa, además, con un despilfarro sin precedentes que provoca situaciones realmente insólitas, como permitir que varios de los invitados puedan elegirse alhajas, relojes y joyas... a cuenta del Estado argentino.

Es, ni más ni menos, lo que el escritor Horacio Salas designa como la "capital de la euforia". Y si bien la euforia denota una sensación de bienestar y alegría, muchas veces, al estar sobredimensionada, se convierte en síntoma de una enfermedad encubierta.

Bomba en el Colón

Los anarquistas no logran empañar los principales festejos con sus atentados y las huelgas obreras no alcanzan a perturbar la fiesta. Pero el 26 de junio a las 9.50, mientras se presenta *Manon* de Jules Massenet en el Teatro Colón, estalla una bomba arrojada desde las galerías altas.

El centenario en La Prensa

Pocas veces en las calles de Buenos Aires se ha visto una pléyade más numerosa, más distinguida, más entusiasta [...] que la representada ayer por la juventud intelectual de la capital. [...] Los estudiantes de Derecho partieron en corporación a las nueve de la mañana y se dirigieron a la Facultad de Ingeniería, donde los alumnos de ésta y de los colegios nacionales se encontraban ya reunidos.

La columna se organizó inmediatamente y se dirigió por Perú y Avenida de Mayo en dirección a la plaza del Congreso. Al llegar a Callao los manifestantes siguieron por esta calle, luego Viamonte y Andes hasta la Facultad de Medicina, donde se incorporaron los alumnos de este instituto. Engrosada con este contingente la columna, abarcó una extensión de diez cuadras. [...]

Desde la Facultad de Medicina la manifes-

tación se dirigió por Córdoba hasta Callao.

Al pasar frente a la Escuela Normal N° I de Profesoras, las alumnas y el personal docente de este instituto desde los balcones y portadas del edificio tributaron nutridos aplausos y aclamaciones a la columna, que fueron estruendosamente contestados.

La manifestación, siempre aplaudida a su paso, siguió por Callao, Viamonte, Florida, Avenida de Mayo hasta la misma Plaza de Mayo. [...]

Frente a la Municipalidad, la cabeza de la columna se detuvo y escuchó algunas palabras de aliento que dirigió a la juventud el intendente señor Güiraldes.

Durante la noche de ayer continuaron en las calles de la ciudad las manifestaciones patrióticas organizadas por la juventud estudiantil.

***

La explosión se produce a pocos metros de la platea. Al instante, gritos, voces de auxilio y órdenes múltiples crean un caos. La orquesta suspende la ejecución y comienza a tocar, imprevistamente, los acordes del Himno Nacional. Quince minutos después, desalojada la sala, se comprueba que los daños han sido menores y pocos los espectadores heridos. Los empleados del Teatro recogen meticulosamente "tapados de piel, bomboneras, sombreros, mantos, gemelos, abanicos y mil otros objetos abandonados por el público en su precipitación", según la crónica de *La Prensa*.

Otro atentado dinamitero tiene lugar en la capilla del Carmen, con menores consecuencias. Estos hechos, según Ángel Carrasco, "trajeron una reacción tal en el sentimiento argentino [...] que las masas de la oscuridad habían de retroceder en derrota". El Congreso aprueba una "Ley de Defensa Social" que amplía los recursos del Estado ante los anarquistas con respecto a la Ley de Residencia. La legislación reprime a quien niegue al gobierno, la religión, la familia, la propiedad, la sociedad y el orden constituido e incluye a los nativos. El diputado Manuel Carlés, posterior fundador de la Liga Patriótica, exhibe sin pudor toda su vena xenófoba, esa que la oligarquía se esmera en disimular:

"Es una mente extranjera bastarda, ignominiosa y cruel, la que inspiró el crimen. [...] El anarquismo, el terrorismo, la obsesión, la cobardía, la bomba y la traición, son sinónimos ante la consideración de nuestras leyes de seguridad social. [...] Si hay extranjeros que abusando de la condescendencia social ultrajan el hogar de la patria, hay caballeros patriotas capaces de presentar su vida en holocausto para salvar la civilización."

En la imposibilidad de fijar un cálculo respecto de la cantidad de personas que han hecho acto de presencia en el recibimiento de la princesa Isabel de Borbón, pues lo mismo pudiéramos estimarla en 300.000 que en medio millón, nos limitaremos a decir que la manifestación ha sido colosal.

El puerto, las plazas y principales avenidas, hasta el palacio de la princesa hormigueaban de gente, lo mismo que los balcones y azoteas. Sus vivas y aclamaciones incesantes, unánimes atronaban el espacio, y el rumor de la multitud semejaba el de las olas oceánicas. Favorecida por un día primaveral, con la mayoría de los edificios cubiertos de banderas de todos los países pero predominando entre ellas los colores argentinos y españoles, la ciudad de Buenos Aires ha debido presentarse a las miradas de la real embajadora y sus ilustres acompañantes, como un pueblo fantástico, más parecido a leyenda de poetas que a la realidad física viviente. El ceremonial diplomático severamente cumplido, las tropas con sus bellos uniformes y sus armas relucientes, el puerto con sus millares de buques de todas las banderas vestidos de gala, las flores cayendo en lluvia perfumada sobre los bien atajalados coches, las calles y paseos casi listos para la profunda iluminación de las grandes noches de Mayo, los balcones adornados por incalculable número de damas, y sobre todo eso, el entusiasmo popular indecible de afectuosa espontaneidad, culto, respetuoso en medio de las tempestuosas aclamaciones. Tal es, someramente referida, nuestra impresión del conjunto.

La Prensa, 15 y 19 de mayo de 1910

Otras voces en el parlamento proponen abrir un registro de militantes de las organizaciones de izquierda y establecer una condena de quince años de prisión en Ushuaia por el solo hecho de no empadronarse. Un exaltado diputado llega a plantear que cualquier argentino esté autorizado a ejecutar a un anarquista allí donde lo encuentre. Por aplicación de la Ley de Defensa, muchos militantes son deportados; entre ellos, el dirigente anarquista Eduardo Gilimón, lo que provoca una campaña internacional de rechazo en América y Europa.

El mandatario que ha presidido los festejos es José Figueroa Alcorta. En los comicios de abril de 1910 ha sido elegido un nuevo presidente, Roque Sáenz Peña, pero el colegio electoral que lo consagra –por una abrumadora mayoría de 264 sobre 265 electores– recién se reúne el 15 de julio. Su vicepresidente, que conquista 259 voluntades, es el salteño Victorino de la Plaza. Asumen el 12 de octubre y hay sólidas promesas de reformas.

"¡Abra las urnas al pueblo!"

La Ley Sáenz Peña

En 1912 Sáenz Peña concreta la reforma política inspirada por su maestro, Carlos Pellegrini, y sanciona la ley de sufragio universal. El nuevo sistema se propone dejar en el pasado los vicios de la "era de los notables", cuando el régimen era manejado por la digitación de un pequeño grupo de políticos sumidos en la corrupción y el manejo autocrático de los negocios del Estado.

La nueva ley electoral establece el sufragio universal, obligatorio y secreto, basado en el empadronamiento militar, lo que impide, explícitamente, la participación femenina. También se resuelve que los comicios sean por "lista incompleta": la primera minoría se asegura así un tercio de los representantes electos. Esta medida es todo un síntoma de que la oligarquía desea gobernar desde un sistema democrático parlamentario y "permitir" el acceso al gobierno de los sectores sociales representados por el radicalismo.

Sáenz Peña ha invitado ya al líder de la UCR, Hipólito Yrigoyen, a colaborar en su gobierno. Como respuesta sólo obtuvo la perentoria exigencia de cambiar el régimen político y no pretender maquillarlo "desde arriba" cooptando dirigentes opositores. Será entonces cuando el "Peludo" inmortalice la frase: "¡Abra las urnas al pueblo!". Sáenz Peña, que no puede desprenderse del todo de su formación oligárquica, también declara en tono imperativo: "Quiera mi país escuchar la palabra y el consejo de su primer mandatario. Quiera votar".

Los primeros resultados electorales donde se aplica la nueva ley demuestran que la caldera exigía descompresión: los radicales ganan en la Capital y en Santa Fe, seguidos por el Partido Socialista y la Liga del Sur, dirigida por el ex radical Lisandro de la Torre. Los partidos afines al antiguo régimen se imponen en la mayoría de las provincias y logran 48 diputados mientras que las diversas manifestaciones de la oposición totalizan 15 diputados. Están entre ellos notorias personalidades políticas: Juan B. Justo y Alfredo Palacios del PS, Marcelo T. de Alvear y Vicente Gallo de la UCR y Lisandro de la Torre de la Liga del Sur.

Las elecciones para gobernador que se realizan en Córdoba, Salta y Tucumán a fines de 1912 otorgan el triunfo por escaso margen a los oficialistas Ramón Cárcano, el millonario Robustiano Patrón Costas y Ernesto Padilla. Las denuncias de fraude se multiplican y nublan el horizonte electoral para las presidenciales de 1916.

Reclamos agrarios: el Grito de Alcorta

Otro frente de tormenta para el gobierno es el campo. Los grandes terratenientes y las cerealeras, como Luis Dreyfus y Compañía, Bunge & Born y Weil Hermanos, controlan casi el 80 por ciento del negocio cerealero. La pésima cosecha de 1910 y el derrumbe de los precios generan una grave situación para los chacareros y colonos, que ven reducidas sus ventas, deben costear altos arriendos y, además, dependen de los acopiadores y "almaceneros", intermediarios que manejan los créditos o "adelantos" gravados con intereses usurarios del orden del 40 o 50 por ciento.

Como otra manifestación del avance de los reclamos democráticos en el conjunto de la sociedad, el 10 de junio de 1912, en la localidad santafesina de Alcorta, se declara una huelga cuyo objetivo es lograr la reducción de los precios de arrendamiento de la tierra y contratos de mayor duración. El movimiento, que nuclea a miles de pequeños empresarios familiares, se generaliza por toda la "pampa gringa". Se funda la Federación Agraria Argentina, que edita un boletín llamado *La Tierra*, donde también se reclama libertad para criar animales domésticos y contratar maquinaria para la cosecha.

Inicialmente el gobierno opta por la represión, pero la buena cosecha de 1913 suaviza el enfrentamiento y, aunque no se satisfacen por completo los reclamos de la Federación, hay negociaciones que encarrilan el conflicto.

El "Grito de Alcorta" incorpora un nuevo sector social a la lucha. La movilización de los chacareros buscará vías de representación y tendrá también consecuencias políticas.

Hacia el gobierno radical

La ascensión de dos nuevas clases –la obrera y la genéricamente llamada "media"–, la asimilación al cuerpo social de millones de extranjeros y la concentración urbana de la población son cambios sustanciales en la estructura económica, social y política del país. El régimen electoral es un reflejo de ese cambio a pesar de que muchos inmigrantes tardan años en pedir nueva nacionalidad. "La hipótesis generalmente aceptada –señalan Floria y García Belsunce, quienes rescatan ideas de Gino Germani– es que una alta tasa de movilidad, en especial desde los estratos manuales, tiende a favorecer la integración de estos estratos en el orden social existente. [...] En la Argentina del Centenario sólo el 9 % de la población de más de veinte años participaba en elecciones. En 1916 la participación electoral llegó al 30 % y en 1928 al 41 %. Pero si en lugar de tomarse la población total se considera el total de los 'argentinos nativos', las diferencias son más notables: en 1910 votaban 20 de cada 100 adultos; en 1916 lo harían 64 y en 1928, 77 de cada 100"; siempre ceñidos al universo masculino. Estos niveles de participación, obviamente, tienen íntima relación con el carácter obligatorio del voto, pero más aún con el crecimiento de lo que se podría llamar "conciencia de pertenencia" a un país, formación de una ciudadanía.

Cuando se reforma la Ley Electoral, la revista *Nosotros* de marzo de 1912 se permite comentar:

> "En el reciente manifiesto el Presidente ha expresado al pueblo sus temores, sus anhelos y sus esperanzas acerca de la elevada acción política que ha resuelto firmemente desarrollar. [...] Se diría que ese manifiesto, antes que una voz de estímulo para la lucha, es el testamento político de uno que abandona la batalla diciendo [...] 'ahí queda eso; es mi obra: proseguidla.'"

Aunque no haya sido la intención del redactor, su observación resulta premonitoria. Gravemente enfermo, Sáenz Peña delega el gobierno a su vicepresidente Victorino de

Elogio a Sáenz Peña

El país había realizado las etapas difíciles: anarquía, tiranía, "régimen". El "régimen" era el país. Pero eso no podía seguir. El mal estaba confesado por todos. Pellegrini: "Esto ya no puede seguir así; hay que abrir las compuertas". "La generación que logre sacar al país de su sopor y encaminarlo a las urnas, le habrá prestado servicios tan trascendentales como el de su independencia". Joaquín González: "Somos un organismo político roído por el fraude y la mentira".

Estaba próximo el día en que Inglaterra iba a ser gobernada por los obreros y en que algunos de éstos iban a sentarse en la Cámara de los Lores, al lado de los más antiguos "baronets". En sus viajes, Sáenz Peña se sintió herido al escuchar con reiteración el concepto despectivo que acusaba a su patria entre los países sin libertad política.

Para tener autoridad e infundir respeto en su justicia era necesario colocarse afuera y arriba de los partidos. "Declaro no tener más compromisos con los hombres y los partidos que los que en este momento contraigo con mi país." Lo declaraba lealmente antes de la elección. "Mi partido será el país y mi libro, la Constitución." "Temer la legalidad del voto es mostrarse amedrentado por la democracia."

El presidente apremiaba. Luchaba contra los ocupantes y contra el derrotismo de brazos caídos de los mismos beneficiarios. Agarró al toro de las astas y lo metió en la plaza. Quiso mover al "sufragante", traer de las orejas al comicio al "eterno ausente". Fue innecesaria la compulsión, bastó la verdad. "Hay que inspirar la repulsión por el delito electoral. Estoy resuelto a no acordar ningún indulto a los delincuentes de esta estirpe." Sacó el bisturí y abrió el absceso.

La tarea era larga. "Estas ideas no germinan con la rapidez del maíz de cuarenta días." Este hombre fue en nuestra política un revulsivo necesario. El innovador es traidor a su clan, repudiado por él. Pero en 21 años nadie se

la Plaza en 1913, y al año siguiente muere, a los sesenta y tres años. La ley electoral que impulsó quedará en la historia asociada con su nombre.

El triunfo del radicalismo

Radicales y socialistas predominan en las elecciones de la Capital, que se transforman en un termómetro político para el país. El 7 de abril de 1912 el PS cosecha 35 mil votos y 23 mil la UCR. Al año siguiente, los socialistas alcanzan 48 mil votos y 30 mil los radicales. El PS logra dos nuevos diputados, Nicolás Repetto y Mario Bravo, y un senador, Del Valle Iberlucea, que totaliza 42 mil votos. En 1914, nuevamente el PS supera a la UCR, y conquistan seis y tres escaños parlamentarios respectivamente. Ambos partidos mantienen fuertes polémicas públicas, que se acentuarán en 1916, cuando Hipólito Yrigoyen acceda a la presidencia de la Nación.

Las prácticas políticas de Yrigoyen son para los cultos "doctores" socialistas, formas paternalistas e "incivilizadas". A pesar de las prevenciones de este sector de la *inteligentzia*, que se siente más cómodo en la cercanía de los conservadores ilustrados que de los proletarios no calificados o los peones rurales, lo cierto es que el radicalismo introduce en la

---

ha atrevido a atacar públicamente su obra. "Yo he contado con el pueblo." El pueblo escuchó, poco acostumbrado a esa sinceridad. "Quiera votar." Votó, aprendió a votar. Le dio el arma de su liberación, superior a la abstención y a la revolución. Aristócrata, como Mirabeau, nacido en la tiranía, en cuna blanda, educado en el club y las embajadas, este hombre de clase, que ignoraba al pueblo, antípoda de un demócrata, debía ser —por increíble paradoja— el animador de la democracia argentina.

Dignificó la ciudadanía, curó con su mano la parálisis de la abstención. Oyó la hora del sufragio. Sabía que no era un fin, pero que no se llega si no se puede pasar. Hizo la revolución contra la revolución, la desarmó y la avergonzó. Vino a conducir, no a seducir. Venció la duda. "A veces me parece percibir la duda en los ojos de mis propios ministros." Metió su fe como una espada. El pueblo estaba oxidado y apolillado; lo sacudió y lo sacó al sol. "Siento el coraje de la justicia." Sólo podrán comprenderlo los que hayan sentido alguna vez en su corazón "el coraje de la justicia".

La nueva Argentina lo consagrará: comprendió las virtudes y el destino de su pueblo. Al sancionarse la ley, pareció que otros tiempos comenzaban. La compuerta se abrió y pasó la multitud con su grandeza y sus miserias.

[...] Era Sáenz Peña el hombre destinado a realizar, quince años después, el sueño vago del suicida, Leandro Alem. En el invierno de 1912 la Obra estaba consumada, y la "carcasse" empezaba a temblar. Era justo que el Fuerte de los Virreyes se engalanara ante el ilustre embajador para sellar la paz. Debió sentir una emoción profunda el ex presidente del Brasil cuando subía sobre el esmirna rojo de la escalera de mármol, entre dos filas de jóvenes granaderos inmóviles, erguidos, casi insolentes, que le rendían las armas. Por un camino de begonias y crisantemos pasaba el embajador, deslumbrado por las hebillas de brillantes que sostenían los encajes de Venecia, por los collares y las diademas, los brocatos y los satines. La Nación se había enriquecido; pero la raza se había afinado.

OCTAVIO R. AMADEO,
Vidas argentinas

política argentina métodos propios de las democracias más avanzadas del mundo, como la norteamericana, y que, además, logra "acriollar" esos mecanismos en vez de aferrarlos a su modelo europeo, como pretendió hacerlo el viejo tronco socialista.

El triunfo de Yrigoyen abre un período de catorce años consecutivos de gobiernos radicales, hasta que el mismo "Peludo" es derrocado por un golpe, en 1930. La política argentina, a partir de 1916, nunca más sería la misma.

El centenario de la Independencia

Con el nuevo presidente ya electo y Europa inmersa en plena Guerra Mundial, tanto los preparativos como el ánimo para festejar el centenario de la declaración de la independencia son más bien sombríos. Dos años de guerra en Europa impiden la presencia de importantes delegaciones del viejo continente y los problemas internos, cruzados por la renovación de los poderes nacionales, conspiran contra la realización de una fiesta que unifique al país.

"El nuevo centenario está a muy poco trecho de este presente [...] Las noticias no son todavía el eco de una gran palpitación, de una gran vibración del espíritu, como cuando el otro centenario [...] El espíritu y el espectáculo de los días preparatorios no es el mismo. No podría serlo [...] en 1910 [...] el mundo gozaba paz y cordialidad; el comercio, las industrias, las actividades todas que crean la riqueza florecían gloriosamente.
"Y nosotros éramos ricos. El país gozaba del delicioso vértigo de una audaz ascensión de prosperidad. Y ahora estamos pobres. Ya no hace oleaje el oro abundante y fácil que distendía los cintos de los estancieros y prodigaban los dueños de las fábricas."

El comentario de Arturo Giménez Pastor en *Plus Ultra* es elocuente. En sólo seis años muchas cosas cambiaron en el país. Los festejos carecen de brillo y se inauguran pocas obras de magnitud como la Torre de los Ingleses en Retiro y el primer ferrocarril eléctrico que sale hacia Tigre. Los festejos en Tucumán incluyen la habilitación de un tranvía rural a San Javier, en la zona "paqueta" de San Miguel, y se ordena la restauración de la antigua casa del obispo José Eusebio Colombres, uno de los signatarios de la Declaración de la Independencia y fundador de la industria azucarera. En Córdoba se construye el Museo provincial de Bellas Artes y en Mar del Plata se habilita el bulevar Pueyrredón.

Los países americanos brillan esta vez en la rada del puerto de la Capital con sendas flotas brasileñas y uruguayas, que se presentan el 8 de julio. Dos columnas con veinte buques se ordenan detrás de los acorazados *Rivadavia* y *Moreno* y sirven de calle para que pase la revista presidencial a bordo del crucero *Buenos Aires*, en el que viajan las embajadas extranjeras y un sector de lo más granado de la sociedad local. Ese mismo día se inaugura una exposición de Artes Gráficas y la jornada se completa con una recepción en la Casa Rosada.

En Tucumán, los festejos presentan nuevamente al tenor Titta Ruffo, que canta *Andrea Chenier* en el teatro Odeón, luego de un importante desfile que pasa frente a la Casa Histórica.

Todas las campanas de las iglesias de Buenos Aires dan la bienvenida al sol del 9 de julio, mientras se disparan los 101 cañonazos. Luego de una serie de actos tradicionales –el *Tedeum* y el desfile militar– la Plaza de Mayo se colma de gente, que se suma a la parada tras el paso de los *boy-scouts*. Esta vez, el festejo es opacado por un súbito atentado perpetrado por Juan Mandrini, quien dispara hacia el balcón presidencial. Sin consecuencias, De la Plaza decide perdonar al ácrata, restarle importancia al incidente y continuar con el programa oficial de festejos: honores militares, reuniones cívicas para "cantar el himno nacional", sendos *Tedeum* en Flores y en la Catedral, desfiles y recepciones, fiesta en el Círculo Militar, "música y biógrafo en Liniers con procesión de antorchas", la infaltable función de gala en el Teatro Colón, y fiestas populares y fuegos artificiales en varios parques.

El inefable Santiago Rusiñol patentiza el patrioterismo que suplanta la sana emoción de seis años antes:

> "Aquí estáis comiendo: coméis sopa, y detrás de la sopa va el himno, y os tenéis que poner en pie mientras lo tocan; sacan el principio y un poco más de himno, y a los postres himno de gracia. Salís a la calle y por todas partes pasan grupos cantando el himno, y al que no se quita el sombrero se lo quitan de un garrotazo [...] en los entreactos y en los cafés, y donde están de broma y donde están serios, llega siempre alguien a himnetizar. El delirio de la himnomanía patriotiza a todo el mundo, y no nos extrañaría que llegase el momento capital en que el argentino pidiese a su gobierno sus ocho horas de himno."

La situación general no es la indicada para realizar grandes festejos, pero el chauvinismo insuflado puede ocupar ese vacío. Es, en efecto, una de las prioridades funcionales de ambos centenarios.

Sueños de juventud

Un gran evento –como, por ejemplo, un Mundial de fútbol en la actualidad– suele empujar hacia ciertos exitismos colectivos, pero la distancia permite evaluar los acontecimientos y apreciar el valor de los distintos matices de una situación. Durante los fastos del Centenario la clase dirigente argentina "vendió" un modelo de país que le resultaba convincente y conveniente. Y cientos de escribas –muchos de ellos hombres inteligentes, sin duda– alentaron estilos de vida, gestos discriminatorios y políticas opresivas que sólo ensalzaron la rutilante vida de una minoría, aunque, de algún modo, reflejaran las expectativas y aspiraciones de un sector importante del resto de la sociedad.

Pero los festejos del Centenario no fueron sólo "fastos". La burguesía argentina aprovechó la oportunidad para actuar en varios frentes. Las reformas en el régimen político concretadas en la Ley Sáenz Peña le dieron al país el perfil de una moderna democracia parlamentaria, y abrieron las puertas para que la movilidad social de los sectores que conformaban la moderna clase media encontrara formas políticas de expresión en los partidos. Otra consecuencia fundamental del Centenario, fundamental porque facilitó el dominio de la situación, es que abrió un período de retroceso en las luchas obreras y de reacomodamiento político de los trabajadores, que durará hasta 1916, año en que asume la presidencia Hipólito Yrigoyen. La Ley de Defensa Social, que complementa a la de Residencia, permitió la persecución oficial de activistas obreros, la prohibición de propaganda anarquista y obligó a muchas organizaciones a pasar a la clandestinidad. Al amparo de esta ofensiva hacen su aparición grupos parapoliciales, por entonces de vida episódica.

Sobre la base de esa legislación represiva hacia los trabajadores, aplicada en particular a los inmigrantes, se desarrolló una brusca ofensiva de "argentinización" de la sociedad y se nutrió el imaginario colectivo con la idea de "una nación con destino de grandeza", que nada tenía que envidiarle a las grandes potencias mundiales. Si es cierto aquello de que "la ideología que prima en la sociedad es la de su clase dominante", no hay duda de que los festejos de 1910 tienen mucho que ver con el espíritu autolaudatorio y de exagerada autoestima, que muchos reconocen al modelo del porteño clásico. Y esto es así aun cuando se acepte que es imposible construir mitos sin que existan, en la realidad, elementos que de algún modo los animen.

"¿Cómo encuentra a la Argentina?" "¿Cómo nos ven en Europa?" Esas insistentes preguntas que los periodistas realizaron durante aquellos días, ritualmente, a todo visitante que proviniera del Viejo Continente, importaban especialmente a la conciencia colectiva. La imagen del país era tan importante como su realidad. "No sólo hay que ser, sino también parecer", reza el dicho, y el Centenario fue vital en la construcción de ese ser y ese parecer, como dos caras del argentino del siglo XX.

¿El Centenario fue un hecho que cambió la historia argentina? En un sentido fáctico, no. Pero desde el punto de vista ideológico y cultural constituyó un hito decisivo para la construcción de determinadas imágenes colectivas. Es interesante retomar las valiosas conclusiones de Miguel A. Scenna hechas hace más de veinte años en *Todo es Historia*, al comentar un artículo de K. McHanna:

"Referente a la ciudad de Buenos Aires el inglés es implacable. No es sino una aldea grande que juega a la gran ciudad. Sólo puede ser comparada con París por quienes nunca vieron París. Los edificios son malos, por poco no afirma que de adobe, sus calles estrechas, antifuncionales, no hay espacios verdes, permanentemente congestionada por coches y peatones que andan a los empujones. Tampoco se salvan las ciudades del interior; son aldehuelas aburridas, construidas todas con el mismo plano y de la que alguna se redime por la belleza del paisaje circundante. [...] Tal el diagnóstico de un inglés que nos supo mirar sin concesiones ni contemplaciones. La Argentina de 1910 no era la gran potencia en ciernes que entonces se creía. Eso ya lo sabemos. Lo importante es [...] preguntarnos: ¿hemos progresado desde 1910?"

Clemenceau, el estadista francés que presenció los festejos, descubrió en Buenos Aires una ciudad de extranjeros, "esa multitud abigarrada que no cesa de llegar de todos los rincones de Europa", aunque, por otro lado, pudo observar "la presencia de una conciencia nacional muy vivaz y muy poco alarmada por una invasión que se sabe capaz de absorber".

El festejo del Centenario cumplió así un papel: "convertir" una multitud ultramarina en una "sociedad nacional". La educación, por supuesto, sirvió a estos fines, al inculcar la geografía y la historia argentinas en los hijos de inmigrantes. Una y sólo una historia argentina, hecha de íconos: la de los héroes que observan a los alumnos y al país desde las estatuas, la de los hombres probos y sin flaquezas, que durante años sólo viven para el sacrificio patriótico. La escuela en la que los himnos a Sarmiento, a San Martín, y las canciones y oraciones patrias como "Aurora" brindan una identidad y glorias comunes; la escuela que tiene un grupo selecto de próceres (Rivadavia, San Martín, Belgrano, Sarmiento), esa escuela que esconde debajo del guardapolvo blanco las desigualdades, los matices, las personalidades, siguiendo el lema de que "aquí somos todos iguales", porque la Argentina es un crisol de razas donde "no hay diferencias por cuestiones de color de piel, religión o nacionalidad". Una escuela que aún repite que "aquí no hubo guerras" (¿es necesario enumerarlas?) porque ésta "es una tierra de paz". Una escuela que, reflejando la sociedad propuesta, ordenará a sus alumnos "tomar distancia" para que la maestra pueda "ver una sola cabeza", y caminar en fila, niños de un lado y niñas del otro. Esa escuela que se autoproclamó estructura redentora de la humanidad tuvo su definitiva fragua en los días del Centenario. Las generaciones argentinas que alcanzan la madurez durante el siglo XX serán formadas en ese modelo.

El Centenario, en síntesis, fortalece modelos sociales argentinos con la luz del gran faro porteño y regimenta la obligatoriedad de su cumplimiento. Buena parte de aquel "somos los mejores, los más inteligentes, los más cultos, los más cosmopolitas, los más vivos y –además– tenemos las mujeres más bonitas del mundo", encuentra una fuerte raíz en las pretensiones exhibidas durante el *pandemonium* porteño de 1910.

El sueño del Centenario se desvaneció hace mucho, como el del "barrilete" de la porteñísima Eladia Blázquez que no atina a responder si "le falló la fe, la voluntad o [porque] le faltó piolín".

La estructura damero todavía predominará en el Buenos Aires del 2010; sólo interrumpida hoy en las villas miseria del sur, igual que cien años antes en el "barrio de las ranas". Reaparecen tímidamente las murgas, el carnaval trata de presentarse con alguna espontaneidad y la proliferación de puestos callejeros permite el rebrote de la economía informal propia de la subocupación. Pero la inseguridad acota las expresiones espontáneas. Desde la larga noche de la dictadura de los años 70, las luces de Corrientes se fueron apagando cada vez más temprano.

Los hombres del Centenario apostaron a un futuro infinito, pensando sólo en asegurar su presente y a lo sumo el de un par de generaciones herederas. Apagados los ecos del Centenario, los argentinos se enfrentan, cada día más duramente, con la realidad.

Roque Sáenz Peña

El presidente que concretó la reforma electoral

Nació en Buenos Aires el 19 de marzo de 1851. En 1863 es uno de los primeros alumnos del Colegio Nacional; inicia estudios de Derecho, que interrumpe en 1874 para incorporarse como capitán de guardias nacionales en la represión al intento revolucionario de Mitre y es ascendido a teniente coronel; al año siguiente, se recibe de doctor en jurisprudencia; ingresa en la vida política como autonomista y, desde agosto, se desempeña por un breve período en la Cámara de Diputados de la provincia de Buenos Aires, a la que preside durante el año siguiente.

En 1879 comienza la guerra del Pacífico entre Chile, Perú y Bolivia. Sáenz Peña se incorpora a las filas peruanas como teniente coronel. Participa en varias acciones; herido en la toma del Morro de Arica, lo trasladan prisionero a Chile.

En la presidencia de Roca, durante un breve período, es subsecretario del ministro de Relaciones Exteriores Bernardo de Irigoyen; luego pasea por Europa con sus amigos E. Ramos Mejía, Paul Groussac y Carlos Pellegrini; en 1882 es director del Registro de Propiedad y dos años después, junto a Pellegrini, Delfín Gallo, Lucio López y Groussac funda el diario *Sud América*, desde donde se convierte en uno de los líderes de la Generación del 80.

En 1887 y 1888 es ministro plenipotenciario ante el Uruguay y uno de los representantes argentinos en el Congreso de Derecho Internacional Privado que se realiza en Montevideo; en 1889 se destaca en el Primera Conferencia Panamericana realizada en Washington, donde pronuncia su célebre frase: "¡Sea la América para la humanidad!". Es ministro de Relaciones Exteriores en 1890 y frustrado candidato presidencial por los modernistas, en 1892, cuando renuncia a raíz del acuerdo Mitre-Roca que impone a su padre Luis Sáenz Peña. Roque se retira a la vida privada mientras su padre permanece en el poder, hasta 1895.

En 1905 participa de un homenaje militar en el Perú y revista tropas como general de brigada del ejército peruano; en 1906 es ministro plenipotenciario ante España y Portugal; al año siguiente es diplomático en Roma y, en La Haya, participa de la creación de la Corte Permanente de Arbitraje. En octubre de 1910 asume como presidente de la República.

En 1911 se sancionan las leyes de enrolamiento militar y padrón electoral, y el 10 de febrero de 1912 la Ley Sáenz Peña; en las elecciones de ese año la UCR pone fin al abstencionismo y participa con éxito en los comicios provinciales. Enfermo, delega el mando en Victorino de la Plaza en 1913 y muere el 9 de agosto de 1914.

Jorge A. Newbery

Ingeniero y prototipo del sportsman

Nace en la ciudad de Buenos Aires el 27 de mayo de 1875; se cría en el barrio de Belgrano y estudia en el Instituto Europeo y en la Escuela Escocesa San Andrés, de Olivos. En 1883 viaja a Nueva York a conocer a sus abuelos; cinco años después ingresa en el Colegio Nacional de Buenos Aires, se recibe de bachiller en 1890 y, en los Estados Unidos, estudia dos años en la universidad de Cornell. En 1893 concurre al Instituto Drexel de Tecnología en Filadelfia, donde tiene como profesor al inventor Thomas Alva Edison, y en 1895 se gradúa de ingeniero electricista.

En 1896 es jefe en la Compañía de Luz y Tracción del Río de la Plata; se incorpora a la Armada Argentina y es capitán de corbeta en el crucero *Buenos Aires*. Atraído por la práctica deportiva se convertirá en ídolo popular; en 1898 participa de la fundación del club Gimnasia y Esgrima de Belgrano; en 1899 es campeón de box; en 1901, campeón sudamericano de florete y triunfa en remo, box y lucha grecorromana. En 1902 establece récords en natación (100 metros bajo el agua) y en remo (bote de cuatro remos). En 1904 se suma a la práctica del fútbol y es elegido mejor rugbier del año.

Solicita la baja en la Armada y, desde 1900, es director general de Alumbrado de la Municipalidad de Buenos Aires. En 1904 es docente en la Escuela Industrial de la Nación; propugna la nacionalización de los servicios eléctricos y al año siguiente realiza experimentos de iluminación en París. Miembro del Jockey Club, es fundador del Touring Club en 1907, año en que realiza en la región el primer viaje en globo, el día de Navidad: junto con Aarón de Anchorena llega al Uruguay con el *Pampero*.

En 1908 funda y es presidente del Aero Club Argentino; su hermano Eduardo desaparece a bordo del *Pampero* en octubre y, en noviembre, se casa con Sarah Escalante.

En la apoteosis del Centenario es responsable de la iluminación de la Avenida de Mayo, y en el Congreso Científico Internacional presenta un libro, *El petróleo*, donde propone crear reservas estatales de hidrocarburos. Realiza su bautismo de vuelo en avión; es piloto aeronauta y piloto aviador y une Buenos Aires con Rio Grande do Sul (Brasil). En 1912 inaugura la Escuela de Aviación Militar; vuela en monoplano con el alemán Enrique Lubbe hasta Colonia (Uruguay) y establecen un récord mundial sobre el agua. En febrero de 1915 supera el récord mundial de altura en globo cuando alcanza 6.225 metros a bordo del *Buenos Aires*. Muere el 1º de marzo de 1914 en El Plumerillo (Mendoza) durante un vuelo de práctica.

José Figueroa Alcorta

El último presidente del viejo régimen

Nació en Córdoba el 20 de noviembre de 1860. Durante un cuarto de siglo integró –como destacan sus biógrafos más connotados– "la escuela que infundió elegante prestancia al escenario y las figuras de la política argentina". Se forma en las aulas de la escuela de Monserrat y estudia Derecho en la Universidad Mayor de San Carlos, donde demuestra ser un alumno aventajado. Egresa como doctor en Derecho a los veintiún años y comienza su carrera como profesor de Derecho Internacional; es abogado consultor de la Municipalidad de Córdoba e interventor en el Ferrocarril Central Norte. A los veinticinco es elegido senador provincial y, después, diputado, pero no concluye su período porque el gobernador de Córdoba, Marcos Juárez, lo designa ministro de Gobierno. Entre 1889 y 1892, en la gobernación de Eleazar Garzón, es ministro de Hacienda, hasta que ocupa una banca en Buenos Aires como diputado nacional. Su creciente prestigio le facilita en 1895 ser electo gobernador de Córdoba por tres años, cuando retorna a la Capital Federal como senador nacional.

En 1904 acompaña a Manuel Quintana en la fórmula presidencial elegida por la "Asamblea de notables" y se muestra como un criterioso colaborador del presidente. En 1905 es secuestrado por revolucionarios radicales y, rápidamente liberado, el 12 de marzo de 1906 asume la presidencia de la Nación tras la muerte de Quintana.

Encabeza un período de transición entre gobiernos oligárquicos y un nuevo régimen democrático que alumbra, plagado de luchas obreras y conflictos sociales, aunque en el marco de una bonanza económica. Ante la resistencia política, a principios de 1908 disuelve el Congreso y, en adelante, gobierna por decreto. En 1910 se promulga la Ley de Defensa Social, mediante la cual se le confieren facultades para intervenir directamente y hasta deportar a los líderes laborales de procedencia extranjera que fomenten disturbios.

Preside los festejos del Centenario de la Revolución de Mayo en 1910 y, en octubre, entrega los atributos presidenciales a su sucesor, Roque Sáenz Peña. Continúa desempeñándose como profesor de Derecho y estudioso de la Historia; en 1912 es embajador en España y representante ante el centenario de la junta de Cádiz; en 1915 ingresa en la Corte Suprema de Justicia y en 1929 asume su presidencia. El único argentino que presidió los tres poderes constitucionales muere en Buenos Aires el 27 de diciembre de 1931.

Juan B. Justo

El fundador del socialismo argentino

Nació en Buenos Aires el 28 de junio de 1865. A los diecisiete años ingresa en la facultad de Ciencias Médicas de la
UBA y en 1887 es voluntario en Tucumán ante una epidemia de cólera. Al año siguiente se gradúa con medalla de
oro. En 1889 hace un viaje de perfeccionamiento profesional; se suma a la Unión Cívica de la Juventud y en 1890
auxilia a los heridos de la Revolución del Parque; alejado
de los cívicos, es jefe de sala del Hospital Ramos Mejía y
profesor universitario.

Difunde ideas socialistas desde el periódico *El Obrero*, fundado por Germán Ave La-
llemant. En 1893 se suma a la Agrupación Socialista y en 1894 funda el periódico *La Vanguardia*, que en 1907 se convierte en diario. Un año después viaja a Europa y Estados Unidos; se contacta con dirigentes de la II Internacional Socialista y completa la traducción al
español de *El Capital* de Karl Marx. En 1896 es fundador del Partido Socialista Obrero Internacional, redacta su "Declaración de Principios", que es corregida por Friedrich Engels.
Cuando se realiza el primer congreso de la agrupación, Justo encabeza la lista de candidatos a diputados nacionales.

Se casa con Mariana Chertkoff en 1899 y se traslada a Junín. Regresa en 1904, cuando
Alfredo Palacios es elegido primer diputado socialista de América. Tres años después funda
la cooperativa El Hogar Obrero; en 1909 publica su principal trabajo, *Teoría y práctica de la
historia*, y al año siguiente participa en Copenhague de la reunión de la II Internacional. En
1912 se sanciona la ley de voto secreto, universal y obligatorio y es electo diputado nacional;
presidirá el bloque socialista hasta 1924.

En 1918 se separa del partido el grupo internacionalista que simpatiza con el leninismo
y la Revolución Rusa, y que dará origen al Partido Comunista. Justo se mantiene fiel a las tesis reformistas y concurre a las reuniones socialistas de Berna y Amsterdam de 1919. En 1922
se une a Alicia Moreau –su esposa había muerto diez años antes–, con quien tendrá tres hijos. En 1924 logra una excelente elección y, con más de 80 mil votos, es electo senador nacional. Cumple un viejo sueño cuando, en enero de 1927, se inaugura la Casa del Pueblo, un
edificio para el funcionamiento central del partido y la instalación de una gran biblioteca. El
socialismo sufre una nueva escisión, esta vez, por la derecha: el Partido Socialista Independiente. Por una descompensación cardíaca, Justo muere el 8 de enero de 1928 en su quinta de Los
Cardales, provincia de Buenos Aires.

LA SEMANA TRÁGICA

Los términos de la nueva democracia

Los efectos combinados de la Primera Guerra Mundial y de la Revolución Rusa se hicieron sentir en los rincones más alejados del planeta. Muchos creyeron entonces que la hora del socialismo había llegado. Pero esa perspectiva de ningún modo implicaba que la nueva sociedad alumbraría por mero desarrollo de la crisis del capitalismo. Aunque no deseable, la lucha sería inevitable.

Un estado de máxima tensión se apodera de las fuerzas sociales y políticas; detrás de los ideales se manifiestan los intereses opuestos e intransigentes. En nuestro país, desde 1916, se produce un incremento de las luchas obreras, que culminará en el verano de 1919, con una serie de combates callejeros entre trabajadores armados precariamente y fuerzas de represión policiales, militares y civiles. La historia nacional no registra otro enfrentamiento de semejante dimensión. Según algunos informes, la Semana Trágica cobró tantas vidas como las Invasiones Inglesas y más que la guerra de las Malvinas. Un episodio de tal magnitud –y al que debieran agregarse los fusilamientos realizados en la Patagonia en 1922– no ha quedado, sin embargo, debidamente registrado en la conciencia colectiva argentina.

La Primera Guerra Mundial

Europa en llamas: la Gran Guerra

El asesinato a manos de un nacionalista serbio del archiduque Francisco Fernando, heredero al trono del imperio austro-húngaro, y de su esposa, el 28 de junio de 1914, provoca el inicio de la Primera Guerra Mundial o Gran Guerra. La lucha por el reparto del mundo entre las principales potencias venía incubando el conflicto que encontró en el incidente de Sarajevo el pretexto para estallar. La Alemania, dirigida por el Káiser Guillermo II, relegada en el reparto colonial por su tardía revolución burguesa, se alía con los austro-húngaros construyendo un núcleo en Europa central que avanzará sobre Rusia al este y Bélgica y Francia hacia el oeste, para tratar de dominar todo el continente.

El 27 de julio Austria-Hungría le declara la guerra a Serbia y en los días siguientes entran también en el conflicto Rusia, Alemania y Francia. En poco tiempo, Alemania invade Luxemburgo y Bélgica, y a principios de septiembre Francia detiene la invasión alemana en la sangrienta batalla del río Marne, en la que intervienen dos millones de soldados.

Por primera vez, una guerra excede el marco de los ejércitos profesionales e incorpora masivamente reclutas civiles. El símbolo de la Gran Guerra serán las trincheras, donde morirán millones de hombres. Además, se extiende por los mares del globo. El hundimiento del vapor norteamericano *Lusitania* por un submarino alemán, el 7 de mayo de 1915, provoca el ingreso de los Estados Unidos en la guerra. En total, los imperios centrales (Alemania, Austria-Hungría, Bulgaria y el Imperio Otomano [Turco]) suman 19 millones de efectivos; los aliados (Inglaterra, Francia, Italia, Rusia, Bélgica, Estados Unidos, Rumania, Serbia y Japón) reúnen una colosal fuerza de casi 40 millones de hombres.

En la Argentina, *Caras y Caretas* afirma: "Ocupar Francia, como ha hecho con Bélgica, no representa objetivo ni finalidad para Alemania que, aun vencedora, se encontrará envuelta en una guerra larga y costosa con Inglaterra al frente y Rusia a la espalda, sin esperanza de poder hacer la paz". Carlos Ibarguren, en *La historia que he vivido*, arriesga un análisis de las motivaciones de la conflagración y ofrece una lúcida síntesis: "Esta guerra no tuvo en su origen, para los gobiernos, carácter religioso, ni ideológico, ni revolucionario, sino el burgués de defender situaciones creadas y de obtener mayores ventajas imperialistas o mercantiles".

La guerra en la Argentina

El desarrollo de los acontecimientos moviliza la opinión pública. Una vez declarada la guerra, las manifestaciones –frente a *La Prensa*, por ejemplo– se hacen cotidianas. Espontáneamente se corea "La Marsellesa"; es evidente que las simpatías están con Francia, una especie de segundo hogar para la intelectualidad porteña. Leopoldo Lugones expresa esa angustia cuando afirma que "amar a Francia es ya una obra de belleza. [...] la justicia de la humanidad es la justicia de Francia. En el peligro de Francia fermenta en sangre la barbarie de Europa". Entretanto, el escritor Ricardo Güiraldes desde sus *Notas sobre la guerra* alerta: "¿Y la Inglaterra? ¿Qué hace la Inglaterra conquistadora del mundo como lo es la lepra del mundo humano? ¡Espera como un buitre!".

El presidente Victorino de la Plaza, que ha llegado al poder en octubre de 1913 por la enfermedad y muerte de Roque Sáenz Peña, es un hombre de experiencia en las lides internacionales porque ha sido canciller. Durante su gestión mantiene firme la posición de neutralidad argentina, la que reafirma ocho veces por medio del canciller José Luis Murature resistiendo las presiones internacionales –muchos países latinoamericanos se alinean con los aliados– e internas, que se intensifican cuando, en septiembre de 1914, los alemanes fusilan a Remy Himmer, un ciudadano francés que ejerce como vicecónsul argentino en Dinant (Bélgica).

El apresamiento del buque mercante *Presidente Mitre*, el 28 de noviembre de 1915, tensa los ánimos y fortalece momentáneamente la posición de los neutralistas. El buque, que iba en viaje de Buenos Aires a los puertos patagónicos, es detenido por el crucero británico *Orama*, con el argumento de que, a pesar de enarbolar bandera argentina, pertenece a la compañía alemana Hamburgo Sudamericana. En el momento de su apresamiento transportaba más de 200 pasajeros y 21 de ellos, de nacionalidad alemana, fueron separados, declarados prisioneros de guerra y obligados a firmar un documento que decía: "Yo, súbdito alemán, tripulante pasajero del vapor alemán *Presidente Mitre* [...] me comprometo a no intervenir en ningún acto que se relacione con las operaciones de guerra mientras duren las hostilidades". Los británicos no reconocen la bandera de los buques mercantes sino la nacionalidad de sus propietarios. Luego de una intensa gestión diplomática el gobierno británico devuelve el barco; en palabras de *La Nación*, el hecho "constituye un nuevo y elocuente testimonio de la solidez de nuestras relaciones con la Gran Bretaña". No todos piensan lo mismo; el diputado Estanislao Zeballos denuncia en el Congreso los intereses puramente comerciales de los británicos: "La Gran Bretaña sospechó que por ahí podían pasar [mercancías] a Alemania, y creo honradamente que lo sospechó con fundamento".

La escasez de ciertos insumos básicos, que por entonces se importaban, obligó a la industria nacional a buscar otras alternativas y a procurar algún nivel de autoabastecimiento. Pero esas carencias se hacían sentir gravemente en los sectores más pobres, que, amenazados por la escasez y la especulación, deben pagar cada vez más caros algunos productos básicos.

Yrigoyen y la "tozuda" neutralidad

El 2 de abril de 1916 se realizan elecciones nacionales, las primeras bajo la Ley Sáenz Peña. Hipólito Yrigoyen se impone reuniendo 370 mil votos contra 340 mil de la suma de sus oponentes, los conservadores, la democracia progresista y el socialismo. "El Peludo" asume en octubre y continúa la política de neutralidad, aun cuando buques argentinos sean atacados, ahora, por submarinos alemanes.

En esa política el gobierno cuenta con el consenso de la burguesía argentina, a pesar de que la personalidad de Yrigoyen es resistida. El acuerdo sobre la posición oficial, sin embargo, no oculta, sin embargo, que las simpatías de amplios sectores de la "opinión pública", identificados con la "elite pensante", están con los aliados. Félix Luna sostiene que el mérito de Yrigoyen fue, precisamente, su tozudez:

"La conducta de Yrigoyen frente a la guerra fue la afirmación argentina de su independencia espiritual, de su anhelo de servir mejor, sin compromisos para nadie, pero también sin temor a nadie. De nada valió que la presión para que abandonara esa línea se hiciera por momentos asfixiante. Formidablemente tozudo, Yrigoyen fue auténtico hasta el final. Por encima de la grita de los plumíferos, por encima de los editoriales agraviantes, por encima de las pobladas irresponsables, sintió Yrigoyen el mensaje oscuro de la tierra."

Nuevos incidentes de guerra –los casos de los buques *Monte Protegido* y *Toro*– involucran al país durante el conflicto en 1917 y la neutralidad de Yrigoyen pasa por una durísima prueba. La entrada de los Estados Unidos en la contienda define a muchos países americanos, que declaran la guerra a Alemania. Las posiciones aliadófilas se fortalecen con nuevos y graves incidentes: Alemania declara que sus submarinos tendrán una actividad "sin restricciones" y hunde la goleta *Monte Protegido*, de 300 toneladas de desplazamiento, en el norte del Atlántico.

La noticia provoca una inmediata movilización callejera. Más de 4.000 aliadófilos ganan las calles y recorren Florida cantando el Himno y flameando banderas argentinas, y atacan diarios y comercios identificados como pro alemanes. Los neutralistas, "obreros de ideas avanzadas" según *La Nación*, replican con un gran acto en el que se entona "La Internacional" y se observan banderas argentinas mezcladas con banderas rojas. El intercambio diplomático culmina cuando el gobierno acepta las disculpas ofrecidas por el Imperio Alemán.

Meses después el problema se repite. En junio es hundido el velero *Oriana* en el Mediterráneo, aunque se establece que el uso que hacía esa nave de la bandera argentina

---

La UCR, entre la clase media y la oligarquía

La UCR es por definición y en los hechos un movimiento político socialmente heterogéneo, un partido de masas que reagrupa a la mayoría de los que no aceptan el monopolio político del grupo dominante de las grandes familias. Es un partido fuertemente arraigado en las capas medias, particularmente en la pequeño burguesía urbana. El partido radical está apoyado "por multitud de modestos empleados de comercio y de la administración, por casi todo el magisterio, por innumerable cantidad de personas dedicadas a profesiones liberales, por millares de jóvenes egresados de las universidades, y por la gran masa de hijos de los inmigrantes...". Se insinúa también en las clases populares y tiene una audiencia cierta en sectores sociales que podrían llamarse la "gente humilde" más que la clase obrera propiamente dicha. Pero no es, ni mucho menos, un fenómeno exclusivamente urbano. Por lo demás, la Unión Cívica Radical no es el partido de las clases medias. Los

observadores más perspicaces ya lo señalaban antes de su llegada al poder. Leopoldo Maupas escribía en 1912: "muchos de sus dirigentes, por su origen, por su condición social y por su temperamento, tienen intereses contrarios al de la clase media".

En efecto, numerosos dirigentes nacionales del partido radical estaban relacionados con las familias tradicionales de la oligarquía. Se bautizó como "grupo azul" en alusión al color del Gotha argentino, al círculo de hijos de buena familia radicales. Se llamaban Alvear, Saguier, Pereyra Iraola, Herrera Vegas, Castillo, Melo, Pueyrredón... Se puede creer que fueron auténticos demócratas atraídos por la "causa". Algunos sospechan, sin embargo, que fueron el caballo de Troya de la elite establecida en el Interior del partido popular. Sea lo que fuere, formaban el núcleo de la oposición interna a Yrigoyen.

Al lado de ellos, los dirigentes de menor importancia, el grueso de las personalidades

era ilegal. El *Toro*, otra nave argentina, es hundida cerca de Gibraltar. Alemania propone indemnizar al gobierno argentino y comprometerse a asegurar la libertad de navegación argentina pero recomienda que no salgan buques a través de las zonas de guerra. El gobierno rechaza el protocolo y recibe fuerte presión cuando, en julio de 1917, llega la escuadra norteamericana a Buenos Aires. Ambos bandos vuelven a manifestarse en las calles, pero Yrigoyen se mantiene firme.

La situación llega a un punto de máxima tensión cuando, interceptados por la inteligencia de los Estados Unidos, se conocen telegramas secretos del representante alemán en la Argentina, conde Karl von Luxburg, donde recomienda hundir nuestros buques sin dejar rastros y se refiere con términos ofensivos al ministro de Relaciones Exteriores, Honorio Pueyrredón, a quien califica de "notorio asno y anglófilo".

El incidente promueve una virulenta reacción antialemana. Son atacados el Club Alemán; la empresa eléctrica CATE, de capital germano; los restaurantes Bismark y Awe Keller y hasta un monumento, el de la "Riqueza Agropecuaria", ubicado en Palermo, que ha sido donado por la colectividad alemana. Las exigencias por la ruptura de relaciones se hacen fortísimas, incluso en el círculo cercano a Yrigoyen. Desde París, Marcelo de Alvear envía un telegrama intimando, prácticamente, al Presidente a definir la cuestión: "Al no ha-

radicales de 1916 (candidatos a las funciones electivas provinciales y nacionales), no diferían fundamentalmente de los miembros del grupo dominante, ni por su educación, ni por su situación económica. Esos cuadros del radicalismo en ascenso fueron en su mayoría hombres prósperos consagrados a las actividades agropastoriles. [...]

El mismo Hipólito Yrigoyen era un estanciero acomodado de la provincia de Buenos Aires. Descendía de una familia honorable y relativamente antigua. Únicamente la leyenda dorada del populismo radical –o la leyenda negra de la polémica antiyrigoyenista– pudo hacer de él el hijo de un peón. Uno de sus partidarios nos relata con admiración que no dudó en vender uno de sus campos para financiar la causa radical: ¡es así como negoció sucesivamente dos estancias de un millón de pesos cada una y una tercera propiedad de 250.000 pesos! Profesor de filosofía, donó todos sus sueldos a la Sociedad de Beneficencia de Buenos Aires. Haría lo mismo cuando estuviese en la Casa Rosada. Nobleza obliga: la función pública es un honor o un deber, no una profe-

sión; una práctica aristocrática que muestra bastante bien la corta distancia que separa a este "revolucionario", miembro del Club del Progreso y del Círculo de Armas, de sus adversarios conservadores.

[...] Yrigoyen fue "el amigo del pueblo": fue escuchado por los humildes y fue accesible a todos. Su vestimenta modesta de patrón de comité contrastaba con la distinción severa y el porte acompasado de los "personajes" del antiguo régimen. Por ello parecía del pueblo. La pose plebeya de las elites radicales respondía así a la afectación aristocrática de sus adversarios. Pero no hay que dejarse engañar; sólo los separaban algunos matices sociales.

En definitiva, al exaltar los valores criollos y populares tradicionales, la Unión Cívica Radical se encontraba muy próxima ideológicamente de instituciones tales como la Iglesia y el ejército, las que, en la Argentina cosmopolita de la marea inmigratoria, se presentaban como verdaderos "conservatorios" del espíritu nacional.

ALAIN ROUQUIÉ,
Poder militar y sociedad política en la Argentina

cerlo la Argentina pierde la ocasión de mostrarse, no sólo en su influencia decisiva en América, sino también compromete su situación para tomar parte, después de la guerra, en el congreso de la paz, donde se discutirán intereses vitales". Luxburg es expulsado del país y la posición neutralista se sostiene: la Argentina no rompe relaciones con el Imperio ni declara la guerra.

Entretanto, en febrero de 1917 el pueblo ruso da inicio a una revolución trascendental: derroca al zar y abre un período de crisis política que culmina, en octubre (7 de noviembre para nuestro calendario), con la toma del poder por los soviets conducidos por el Partido Bolchevique.

El nuevo gobierno ruso, que ha denunciado la guerra como "interimperialista", firma la paz de Brest-Litovsk con Alemania, con el amplio apoyo de una población harta de guerra, y proclama la revolución socialista internacional. Finalmente, el 11 de noviembre de 1918 la noticia de la firma del armisticio de paz llega a Buenos Aires y causa un estallido de alegría popular. El imperio austro-húngaro se fragmenta y, en 1919, tras el Tratado de Versailles, Alemania cede territorio y sus colonias y es condenada a pagar una fuerte indemnización.

La posición neutralista sostenida por el gobierno, que le permitió hacer importantes negocios con los países beligerantes (como Alemania, Inglaterra y Estados Unidos), tiene su continuidad en la actitud impulsada por Yrigoyen en la Liga de las Naciones. A pesar de las objeciones, Honorio Pueyrredón y Alvear deben cumplir con las instrucciones del Presidente y "admitir a todos los Estados soberanos sobre la base de la igualdad".

La Gran Guerra desató revoluciones obreras en Europa.

La democracia parlamentaria: socialistas y demoprogresistas

La vigencia de la Ley Sáenz Peña modifica el régimen político argentino instaurando una democracia parlamentaria basada en partidos políticos modernos. El radicalismo accede al poder por el voto mayoritario pero su "estilo" es resistido por quienes abrevan, esencialmente, en el positivismo y el iluminismo. *La Vanguardia* del 12 de octubre de 1916, día en que asume Yrigoyen, afirma:

> "Asistimos al triunfo de un partido cuyos hombres habían fracasado en el parlamento y en el gobierno de una provincia, al triunfo de un partido sin programa ni ideas definidas, a la victoria de un candidato que durante toda la campaña electoral no se presentó ni una sola vez ante sus partidarios y no se dignó a exponer, ni por escrito ni de palabra, ante sus electores, sus vistas políticas, sus aspiraciones sociales, sus principios económicos, en una palabra, su plataforma de gobierno.
> "[...] Los elementos reaccionarios se congregaron alrededor de los candidatos radicales que para ellos significaban la conservación de los intereses de la sociedad capitalista. [...] El pueblo trabajador sabe únicamente que en este día sube al poder un partido popular, pero de origen y de carácter burgués, un partido apoyado por grandes terratenientes y capitalistas."

Si la misión de la UCR era representar electoralmente a las masas medias, a pesar de sus corruptas formas parroquiales, se debe reconocer que logra mejor su objetivo que la pretendida y enunciada representación clasista del socialismo, que sólo tuvo vigencia a lo largo del tiempo en su "Declaración de Principios", de carácter marxista, pero muy alejada de su práctica real.

Otro partido que surge por entonces es la Democracia Progresista, que aparece como un intento de agrupar fuerzas conservadoras disgregadas en una estructura nacional que se presente como alternativa electoral ante el avance de radicales y socialistas. Con la participación de Mariano Demaría (padre), el senador tucumano Brígido Terán, Lisandro de la Torre, Indalecio Gómez, Alejandro Carbó y Joaquín V. González, entre otros, el partido se constituye el 14 de diciembre, en el Savoy Hotel, y De la Torre es elegido presidente de la Junta Directiva Provisional.

La personalidad del líder santafesino siempre motivó polémicas. Ibarguren, que fue su compañero durante años, lo pinta de cuerpo completo:

> "Era implacable e irreconciliable con lo que chocaba a su simpatía y a su irritable sensibilidad. En muchos aspectos parecía fanático y sectario —en esto, como en otros rasgos, notábase una afinidad espiritual con Juan B. Justo—. Crudamente materialista y ateo, detestaba la religión y la iglesia, sobre todo la católica. [...] Su ideología era la de un acérrimo liberal individualista del siglo pasado: no pudo comprender las evoluciones y las revoluciones político-sociales dominantes. [...]

"Nunca triunfó en los comicios: faltole esa atracción personal de simpatía, grata al pueblo; esa irradiación cordial de benevolencia a las masas pobres, en la que superábase como maestro Hipólito Yrigoyen."

En medio del intenso fuego verbal propio de los debates parlamentarios de la época, dos revoluciones sacuden América y el Mundo y repercuten directamente en el estado de ánimo de los trabajadores argentinos; la mayoría de ellos guiados por las ideas socialistas y anarquistas, mayoritarias en el movimiento obrero europeo. La revolución mexicana, agraria y democrática, influye de modo más atenuado; la toma del poder por los bolcheviques en Rusia, en cambio, introduce un debate fundamental en el seno de la izquierda y divide tajantemente a reformistas y revolucionarios. Pero no será la tribuna parlamentaria el ámbito donde se desarrollarán los acontecimientos decisivos.

Los diez días que conmueven a la Argentina

Vida y organización obreras

Hasta los festejos del Centenario las luchas obreras habían tenido un sostenido *in crescendo* que se manifiesta en sus organizaciones gremiales. Desde 1915, miles de trabajadores se afiliarán a las tres centrales principales: la FORA del IX Congreso y la CORA, que reúnen a socialistas, sindicalistas y anarquistas y trabajan en forma coordinada, y la FORA del V Congreso o "quintistas", de orientación anarquista revolucionaria, y posiciones sectarias. Todavía en 1911 los portuarios (estibadores, marineros, fogoneros y carreros) y los ferroviarios libraban importantes luchas, aunque ceñidos a reivindicaciones laborales. Hugo del Campo, en *De la FORA a la CGT*, destaca esa situación:

"Después de las grandes movilizaciones de 1909 y 1910, el movimiento obrero argentino entró en un período de pronunciado reflujo, provocado por la combinación de dos factores: la represión y la crisis económica. Armado con la nueva ley de Defensa Social –que venía a complementar a la Ley de Residencia– el Estado oligárquico descargó sobre el movimiento obrero todo el peso de su poder. Expulsados del país muchos militantes, presos otros, amenazados todos con perspectivas similares, los cuadros sindicales quedaron diezmados. Prohibidas la propaganda anarquista y las asociaciones de esa tendencia, no sólo los grupos ideológicos sino también muchas organizaciones debieron pasar a la clandestinidad."

La guerra mundial provoca alzas de precios en los productos de consumo popular y creciente desocupación. Según la *Revista de Economía Argentina* de 1920, el costo de la vida, tomado a valor 100 en 1910, había ascendido a 146 en 1917 y a 173 en 1918, mientras que los sueldos sufren una leve depreciación. En 1914 el salario diario promedio de un varón es de 3,81 pesos y el de la mujer de 2,38 pesos, y en 1918, según datos del Departamento Nacional del Trabajo, han bajado a 3,70 y 2,26 respectivamente, con una elevada pérdida nominal en relación con el poder adquisitivo.

Otro índice significativo es el relativo al trabajo infantil, que se incrementa año tras año. El Departamento de Trabajo informa que en 1918 expidió 9.767 libretas de trabajo a menores de dieciséis años, mientras que en 1916 hubo 5.215 y en 1917, 6.625. El organismo juzga que las causas del aumento están "en el perfeccionamiento en el servicio de inspección de fábricas y talleres, a un mayor grado de incorporación del menor a la industria, y a la fecha anticipada en que, como consecuencia de la epidemia de gripe, fueron clausuradas las escuelas en 1918".

En este marco de pauperización muchas familias inmigrantes reciben además pésimas noticias de los hombres en el frente y las campañas políticas contra la guerra encuentran creciente receptividad.

Huelga en Vasena

Una de las primeras empresas metalúrgicas del país es la que fundaron Pedro Vasena y su esposa Teresa Rosa de Vasena, hacia 1870. A principios del siglo XX los fundadores se asocian con capitales británicos. Una nota de *Caras y Caretas* de febrero de 1910 afirmaba:

Emiliano Zapata encabezó una revolución agraria en México.

"Los grandiosos talleres que nos ocupan, abarcan una superficie de 125.000 metros cuadrados [...] Una simple mirada investigadora por el interior de los extensos talleres, le es suficiente al visitante para formarse una idea aproximada de la extraordinaria actividad que en ellos se despliega. [...] Centenares de obreros con el semblante satisfecho del que trabaja a gusto porque está bien remunerado y atendido, trabajan allí con una febril actividad en medio de un ensordecedor ruido."

Pero el apogeo de décadas deriva años después en descontento. El fin de año de 1918 transcurre en un ambiente de agitación social y con rumores de huelga general: la carestía de la vida y la desocupación han aumentado al terminar la guerra y las repercusiones de la Revolución Rusa animan a los trabajadores. Desde el 2 de diciembre, 2.500 trabajadores de la siderúrgica Pedro Vasena e Hijos (después, San Martín Tamet) inician una emblemática huelga. La única actividad que se registra es el traslado de materiales entre los talleres en Cochabamba y Rioja y sus depósitos en avenida Alcorta y Pepirí, en Nueva Pompeya.

Los piquetes de huelga intensifican su accionar con el transcurso de los días. El 4 de enero un grupo de huelguistas intercepta el paso de siete vehículos del establecimiento, a pesar de la custodia policial. *La Prensa* informa que "se originó entre los dos grupos contrarios –carneros y huelguistas– un cambio de disparos de revólver. El tiroteo fue arreciando por momentos, hasta que tomó caracteres de batalla".

Al día siguiente, los enfrentamientos cobran la primera víctima: el cabo Vicente Chávez. Los huelguistas arrancan adoquines y levantan pequeñas barricadas, cortan los hilos telefónicos de la fábrica y se les atribuye la obstrucción de caños de agua corriente; seis de ellos son detenidos. El diario *La Nación* advierte con preocupación que "el departamento nacional del trabajo que tan sobresaliente papel podía tener en estos casos, no interviene en ellos; se limita a levantar estadísticas de lo que ocurre. La empresa toma nuevos empleados que deben pernoctar dentro del establecimiento para no enfrentar a los huelguistas. El gobierno, por su parte [...] no toca el tema. La situación es dolorosa y se va prolongando demasiado".

La movilización comienza a ganar adeptos en otros ámbitos y el día 6 se registran huelgas de empleados de tranvías en Mendoza, donde hay choques entre huelguistas y personal que trabaja; de obreros municipales en Rosario, que dejan sin barrido y limpieza a la ciudad, y de obreros de los mataderos, por lo que hay escasez de carne. En Junín estalla

Los Talleres Vasena fueron escenario de los enfrentamientos durante la Semana Trágica.

una huelga "pacífica" de la Sociedad de Carreros Unidos, que entregan un pliego de rei-vindicaciones a las casas cerealeras.

El paro se fortalece cuando se pliegan los capataces y el fondo de huelga recibe do-naciones solidarias de varios gremios. Entretanto, los diarios informan que en Berlín se produjo una insurrección de los maximalistas "espartaquistas" (cuyo máximo dirigente, Karl Liebknecht, participa de la toma de la Central de Policía y es aclamado cuando exi-ge armas para derrocar al gobierno), y que los bolcheviques rusos afirmaron posiciones en Kiev y Lemberg.

El 7 de enero, luego de una jornada de cierta calma, la situación vuelve a agravarse. Un importante grupo de huelguistas se enfrenta con pelotones de agentes de policía y bom-beros –que los huelguistas llaman "cosacos"– entre las 4 y las 5 de la tarde. *La Razón* esti-ma que se cruzan cerca de dos mil disparos y que el saldo es de "cuatro muertos, uno a balazos y tres en sus casas, donde fueron alcanzados por las balas".

"Hubo entre 20 y 36 heridos, todos civiles –continúa la crónica–. Ningún soldado ni bom-bero resultó herido; a los detenidos no se les encontró arma alguna. Entre los alcanza-dos por las balas figuró un muchacho de dieciocho años que tomaba mate en el patio de su casa: gravemente herido, falleció al día siguiente. [...] El vecindario de Puente Al-sina condena a las fuerzas de bomberos y del escuadrón por la forma adoptada para contestar a las agresiones de los huelguistas. Comerciantes y personas de familia asegu-ran que se hacía fuego, no contra los huelguistas, sino contra las casas del barrio, y con-tra los transeúntes. Una prueba de ello es que la mayor parte de las víctimas no perte-necen al personal de los talleres Vasena [...] Como en el barrio casi todas las construcciones son de madera no era posible adoptar precauciones suficientes contra las descargas de los bomberos, pues los proyectiles de máuser atravesaban las paredes y los muebles".

La intransigencia patronal mueve al gobierno a iniciar gestiones para mediar. Los trabajadores entregan un pliego de reclamos: jornada de 8 horas de trabajo, aumento del 20 % en los salarios superiores a 5 pesos, del 30 % en los de 4 a 5 pesos, y de 40 % en los menores de 4 pesos; los trabajos extras se abonarán con el 50 % de prima y no serán obli-gatorios; los días domingos las horas extras se abonarán con el 50 % de prima; readmi-sión de los obreros despedidos por motivo de organización y propaganda y abolición del trabajo a destajo. Hay tres temas en los que la empresa no muestra disposición a ceder: "el reconocimiento de la sociedad obrera, establecimiento de la jornada de 8 horas y aumen-to del jornal en la proporción reclamada". La situación retorna a un punto muerto.

Más gremios y provincias se suman a la lucha con sus propios reclamos o en gesto de solidaridad con los trabajadores de Vasena. La asamblea de la Federación Obrera Ma-rítima vota la huelga general de las tripulaciones de los buques de cabotaje y paraliza ca-si por completo las operaciones portuarias.

El mismo 7 de enero se produce un áspero debate en la Cámara de Diputados. Los socialistas, por intermedio de Mario Bravo y Nicolás Repetto, condenan la represión, cali-ficándola de "verdadero fusilamiento colectivo", y descargan las responsabilidades de que el conflicto continúe en "el desconocimiento de la organización colectiva de los obreros, por parte de un patrón". Los conservadores, por boca de Luis Agote, aprovechan para atacar al gobierno y exigirle que endurezca posiciones, pero Horacio B. Oyhanarte, en nombre de la UCR, se limita a pedir paciencia.

Un sepelio que culmina en masacre

La Sociedad de Resistencia Metalúrgicos Unidos organiza el sepelio de los muertos del día 7. "A pesar de que ninguno de los cinco muertos formaba parte del personal en huelga, los cadáveres serán velados esta noche en el local de la sociedad del gremio, Av. Alcorta y Pepirí, con autorización de las familias. El sepelio se realizará mañana a las 10, augurándose al acto desde ahora enormes proporciones. Numerosas comisiones obreras recorren las fábricas y talleres, solicitando la adhesión de todos para acompañar a los extintos a la última morada", informa *La Razón*.

La convocatoria logra amplias adhesiones: del consejo federal de la FORA del V Congreso, que declara la huelga general de sus 32 asociaciones adheridas, las que reúnen unos 28 mil trabajadores; de la Unión General de Obreros del Calzado, de los caldereros navales. Los obreros marítimos resuelven declarar su solidaridad con los obreros en huelga, condenar la actitud de la policía, boicotear a la casa Vasena y concurrir, aisladamente o "en corporación", al sepelio de las víctimas.

Esa mañana los barrios del sur de la Capital, relata *La Época*, son tomados por los piquetes. Las comisiones "invitaban a los conductores de tranvías, coches, automóviles y carros de transporte a dejar el trabajo. Con tal motivo, algunas calles de la ciudad cobraron inusitado movimiento. Grupos numerosos de personas detenían a los tranvías, obligándolos en algunos casos a modificar el recorrido, y en otros a bajar los números y letreros y volver a las estaciones. Prácticamente poco antes de las dos de la tarde, el tránsito de tranvías se hallaba paralizado, e igualmente el de coches y autos de alquiler". Desde el mediodía del 9 de enero los guardas y *motormen* de las empresas de tranvías Lacroze, del Puerto y Anglo-Argentina, lo mismo que los del subterráneo, abandonan las tareas. Pasado el mediodía grupos de manifestantes "recorren las fábricas y comercios. Solicitan el cierre de las mismas [...] En las casas donde se contrariaron los deseos de los huelguistas, se produjeron tumultos, roturas de vidrios, disparos de revólver, carreras de gente asustada, toques de auxilio, etcétera".

Algunos rumores insólitos dominan los corrillos de la ciudad. José Ramón Romariz relata uno de ellos:

"Los agentes con los que conversaba en sus respectivas paradas, me transmitían informaciones alarmantes, se rumoreaba la posibilidad de que la huelga general se hiciera revolucionaria, con vistas a la toma del poder por los 'soviets' de obreros y soldados ya constituidos y trabajando a ese efecto. Para esa misma barriada de la Boca se decía que el 'soviet' local ya estaba integrado con su respectivo 'comisario', un modesto comerciante de nacionalidad rusa, que posteriormente fue detenido."

El Estado mueve varias piezas simultáneas para ahogar un conflicto que se le escapa de las manos. Un grupo de empresarios, nucleados en la Asociación Nacional del Trabajo, resuelve esa mañana intervenir "en actitud conciliadora en el conflicto de Vasena, y a esos efectos, los Sres. Pedro Christophersen, J. P. Macadam, Atilio Dell'Oro y T. L. Mogay concurrieron a la casa de Vasena y ofrecieron sus buenos oficios, en momentos en que el establecimiento era apedreado por los huelguistas". La iniciativa no tiene buen final: "Hasta la 1 pm todos los señores nombrados seguían en los escritorios sin poder salir y reclamando por teléfono la presencia de la policía". Otro intento de mediación fracasa cuando el nuevo jefe de policía, Elpidio González, se presenta ante la patronal y, al salir, intenta dialogar con los trabajadores. Todo termina en un nuevo tumulto: "En la esquina de San Juan y Loria, un grupo de huelguistas incendió el coche del jefe de policía, después que éste había descendido".

Por la tarde se acuartela el personal del Ejército y de la Marina en Campo de Mayo, Liniers y Dársena Norte. Al atardecer el general Luis J. Dellepiane, simpatizante de Yrigoyen, acude a la Capital y ordena a la tropa que lo siga. Llegado a su domicilio, próximo al Departamento de Policía, llama por teléfono al ministro de Guerra y le comunica sin ambages lo que había resuelto. El ministro, ante el hecho consumado, lo designa "jefe militar de la Capital". Dellepiane promete "un escarmiento que se recordará durante los próximos cincuenta años". Se movilizan hacia el litoral los regimientos 5 y 12 de caballería de Salta. La ciudad se militariza. Mientras tanto el personal policial, que es convocado a presentarse en sus respectivas comisarías ese mismo día, recibe una noticia gratificante:

> "Desde el 10 de enero de 1919 y en tanto no se sancione la ley general de presupuesto, los sueldos del personal de tropa y agentes de investigaciones de la policía de la Capital y jefes de oficinas mixtas y auxiliares de la 14 y 15 categorías de correos y telégrafos se liquidarán con un aumento de 20 pesos mensuales en la ley de presupuesto para 1918."

El sepelio inicia su marcha también pasado el mediodía, desde Alcorta al 3400. *La Razón* notifica que "la cabeza del cortejo estará formada por los componentes de los centros femeninos y obreras que concurran, siguiendo detrás los metalúrgicos huelguistas. Entre los gremios más importantes que concurrirán, citaremos los marítimos en huelga, los del calzado, estibadores, albañiles, pintores, *chauffers* y panaderos". Los hechos han encrespado los ánimos. En la Avenida de Mayo aparecen oradores sueltos que convocan al pueblo al sepelio. *La Protesta* –de edición clandestina– saca un boletín extra y el gremio de los canillitas se niega a repartir otro diario que no sea el de los anarquistas.

Los 20 mil asistentes forman una columna abigarrada y combativa que ataca e incendia tranvías y quema el depósito de carbón de Vasena. El directorio de la empresa contraataca y dispone francotiradores que tirotean a la multitud durante unos quince minutos desde los ventanales y los altos del establecimiento de Cochabamba y Rioja. El fuego, intenso, sorprende a los vecinos y quedan numerosos heridos. A las 4, cuando los manifestantes pasan por Oruro y Constitución, son nuevamente baleados. Las calles se pueblan de barricadas elementales.

Los manifestantes llegan a Boedo al 900, asaltan una armería, invaden y destrozan un convento en el barrio de Almagro y sitian la Comisaría 21. Aunque los bomberos abren fuego sobre los manifestantes produciendo numerosas bajas, todavía al atardecer miles de trabajadores rodean el destacamento policial.

La jornada no puede terminar de peor forma. Un grupo de apenas unos pocos cientos llega con sus muertos al cementerio de la Chacarita al atardecer.

"Al poco rato –relata *La Vanguardia* del 10 de enero–, sin que nada diera motivo para ello, se oyó un tiroteo general. La tropa de línea penetró en el cementerio y empezó a disparar a mansalva, contra los pocos concurrentes que habían conseguido acompañar a los cadáveres, los cuales se guarecían como les era posible detrás de los panteones y hasta dentro de las tumbas, huyendo de una muerte segura. Eran las 6.30 pm. El tiroteo fue tan terrible, que es seguro que hubo dentro de la Chacarita numerosas víctimas. Después de la siniestra hazaña, la tropa ocupó militarmente el cementerio. Los cadáveres que iban a sepultarse, víctimas una vez más de la saña feroz de los esbirros, quedaron insepultos."

El ambiente de la ciudad es de guerra civil. Los ferroviarios paran y sólo circulan algunos autos aislados. Los "maximalistas", se dice, quieren tomar el poder al estilo de los bolcheviques rusos. "En San Isidro", cuenta Ibarguen que viajó hacia allá, "y en todos los pueblos de la costa, donde pasaban el verano millares de familias pudientes, los vecinos trataban de organizar la defensa de sus domicilios, pues se temía, según murmuraciones públicas, que bandadas de anarquistas [...] atacaran las hermosas quintas que pueblan esos parajes". Los veraneantes de Mar del Plata sufren también las consecuencias: la huelga es casi total, piquetes de obreros recorren los comercios del centro exigiendo solidaridad y los mozos y cocineros de los hoteles abandonan el trabajo. Muchos turistas alojados acuerdan con los propietarios ocuparse de la limpieza y la comida.

Los informes de los diarios sobre la situación rusa y alemana no son menos confusos. Un cable desopilante originado en Cristianía (Oslo) dice que "viajeros provenientes de Moscú anuncian que Trotsky, después de haber ordenado el arresto de Lenin, asumió la dictadura e inició el alistamiento de millares de chinos en el Ejército Rojo". Un complot revolucionario mundial parece haberse puesto en marcha...

Sábado 11: los huelguistas se dividen

A la mañana siguiente la paralización es total. Durante la noche varias comisarías han sido asediadas y en la de Pinzón y Almirante Brown quedan 4 muertos y 18 heridos después del intento de coparla. "El barrio de la Boca ardió por los cuatro costados", se informa.

Las posiciones se fracturan. Mientras la FORA del V Congreso plantea continuar y extender la huelga general a todo el país, la mayoría de los dirigentes (FORA IX, el Partido Socialista, el Socialista Argentino de Alfredo Palacios y los "internacionalistas", simpatizantes del bolchevismo) resuelven levantar la medida y negociar. La FORA IX es la organización principal; logra imponer su orientación y plantea sus condiciones: la solución satisfactoria de la huelga de la casa Vasena; la liberación de los presos por la huelga y la seguridad de que el Poder Ejecutivo Nacional no pondrá obstáculos para que se solucione favorablemente el conflicto de los obreros marítimos.

Sin embargo, predomina aún un clima confuso. Un tiroteo en el Correo Central produce la muerte de dos hombres y varios heridos y se corre la voz de un inminente asalto revolucionario al Departamento de Policía, lo que provoca una balacera "de defensa" que, sin ton ni son, cae sobre las casas del vecindario y hiere a policías y bomberos que tiran con sus máuser en cualquier dirección. El general Dellepiane llega "a su despacho, no sin correr serio peligro, pues desconocido por algunos agentes estuvo a punto de ser confundido con algún huelguista", relata *La Razón* del 11 de enero. Con el título "En la Plaza del Congreso", la misma edición informa:

> "La mayoría del público que allí se hallaba anoche eran particulares, curiosos y vecinos [...] De repente sonó una descarga cerrada, del lado del Palacio del Congreso, y luego el tiroteo se generalizó. Eran más o menos las 9.30.
> "Hubo un gran número de personas que se resguardaron de las balas ocultándose dentro de la fuente, permaneciendo durante mucho tiempo en el agua. Los regueros de sangre sobre el pavimento están a cada trecho."

Los actos de sabotaje se extienden y La Plata, Mar del Plata y Bahía Blanca quedan incomunicadas porque sus líneas telefónicas son cortadas. Los informes de la situación en el interior denotan que la huelga es nacional. En Mendoza 22 gremios están de paro, todos los pliegos son rechazados y hay enfrentamientos que arrojan siete policías contusos y "un muerto y varios heridos, todos ellos obreros", según la corresponsalía de *La Razón*. Se registran disturbios, con muertos y heridos, en Córdoba, Entre Ríos y Santa Fe; la huelga es general en Rosario, donde se esperan refuerzos militares.

En la "ciudad feliz" el comandante del acorazado *San Martín* irrumpe con 250 marineros en una asamblea obrera y 379 huelguistas son apresados. Se informa que "se forma una guardia blanca compuesta por elementos distinguidos, veraneantes y residentes de esta ciudad con el fin de secundar la acción de las fuerzas policiales y formar patrullas" en autos cedidos por particulares.

Por la mañana se intenta una reunión de conciliación entre una comisión de la FORA sindicalista integrada por Sebastián Marotta, Manuel González Maceda, Pedro Vengut y Juan Cuomo, que entrega sus peticiones a Dellepiane. Los delegados obreros concurren después a la Casa Rosada, donde se suman a las tratativas el ministro del Interior y Alfredo Vasena. Elpidio González anuncia que Vasena acepta el pliego reivindicatorio y que se liberará a los presos. Sin embargo, confiar en la terminación del conflicto parece prematuro. Todavía se mantienen vigentes la huelga de la Federación Marítima y la huelga general decretada por la FORA del V Congreso, que exige como condiciones previas que se resuelva inmediatamente el conflicto de Vasena y se haga responsable a ese industrial de todos los hechos sangrientos desarrollados durante esa semana; la libertad de Simón Radowitzky, responsable del atentado contra la vida de Ramón Falcón, y de Apolinario Barrera, y la amnistía completa de todos los presos por cuestiones sociales.

El presidente, fiel a la táctica "del peludo", no aparece en los primeros planos y delega el manejo de los acontecimientos en Dellepiane, el jefe policial Elpidio González y los ministros negociadores. Yrigoyen, que ha sido tanto jefe de policía como revolucionario, está familiarizado con el manejo de armas, y da un paso peligroso cuando autoriza el reparto de revólveres Colt y proyectiles en el Comité Nacional de la Juventud que, identificado con brazaletes con los colores patrios, gana las calles para imponer el orden.

En la ciudad de Buenos Aires no se sabe a ciencia cierta quién ejerce el poder. "En algunos barrios –informan los diarios– los obreros obligaron a abrir los almacenes y fondas, lecherías, panaderías, etc., pero estableciendo una rigurosa fiscalización sobre el precio de los artículos, para que los dueños no intenten sacar excesivo provecho de las necesidades de las clases humildes". En muchas esquinas de la ciudad subsisten improvisadas barricadas, hechas con automóviles, carruajes y otros elementos.

Del exterior llegan informes de que ha muerto el comunista alemán Liebknecht y que en Montevideo "las autoridades comprobaron el funcionamiento de tres soviets, uno en el Cerro, otro en la calle Ciudadela y otro en la calle de la Orilla del Plata [donde] fueron apresados cinco rusos pertenecientes a la Asociación de Cultura".

El 12 una asamblea del personal de Vasena, que se reúne en un cine de Independencia y Boedo, vota por no retornar al trabajo si sus reivindicaciones no son satisfechas plenamente y con garantía de cumplimiento. Mucha sangre ha corrido como para que las cosas se solucionen esgrimiendo promesas y buena voluntad. Al día siguiente, finalmente, con la presencia del senador Leopoldo Melo, asesor letrado de Vasena, la patronal cede en todos los puntos reclamados. Se produce entonces un lento retorno a la normalidad. La FORA del V Congreso continuará su medida hasta el 15 de enero.

Cifras sumidas en el misterio

Los datos veraces del saldo de víctimas de la llamada Semana Trágica –entre el 4 y el 15 de enero de 1919–, la mayoría de cuyos nombres quedarán anónimos para la historia, nunca pudieron establecerse con alguna precisión y es difícil encontrar fotos originales de los momentos más dramáticos de aquellos días: las huellas del episodio han sido cuidadosamente ocultadas. *La Razón* del 11 de enero informa que "es imposible determinar en qué circunstancias perdieron la vida infinidad de personas, dada la confusión que reina en muchos barrios y la tarea que tiene el personal de las comisarías. Once cadáveres fueron hallados en esas condiciones. De la sala de la Morgue fueron retirados esta madrugada a las tres, 19 cadáveres, a los cuales se dio sepultura en la Chacarita. Esta mañana a las 8, había en la Morgue 14 cadáveres, número que aumentó poco más tarde con 5 más que fueron secuestrados de la sociedad de resistencia obrera. Al Hospital San Roque fueron llevados el día 9, 48 heridos, de los cuales han muerto 8. Ayer condujeron 13 heridos, de los cuales fallecieron dos".

Según estos datos, hasta el 10 a la noche habrían muerto 57 individuos, pero es curioso que el repórter diga que perdieron la vida "infinidad de personas". *La Nación* del 14 afirma que los muertos son 100 y los heridos, 400, pero *La Vanguardia* eleva considerablemente las cifras hasta 700 muertos y 2.000 heridos. Diego Abad de Santillán, autor de *La Fora*, sostiene que fueron 55 mil el número total de presos y prontuariados. Muchos de los anarquistas y la conducción forista fueron alojados en la isla Martín García antes de su deportación. Es destacable que, en este enjambre de cifras, los archivos diplomáticos de los Estados Unidos consignen 1.350 muertos y alrededor de 5.000 heridos y que para la misión francesa fueran 800 los muertos y entre 3.000 y 4.000 los heridos. El informe del comisario Romariz precisa una cifra que arroja entre 60 y 65 muertos reconocidos.

Otras dos crónicas permiten ampliar el panorama y acercarnos a la verdad: "Es materialmente imposible –dice la 3ª edición de *La Razón* del 13 de enero– dar por ahora la cifra exacta de las detenciones que han practicado la policía y los bomberos. Se sabe que pasan de 2.000 las personas que se encuentran alojadas en los cuadros y calabozos del departamento central, comisarías y cuartel de bomberos. Los detenidos, en su casi totalidad, son obreros. El 50 % de los detenidos es ruso [...] les siguen en proporción los catalanes".

José Ramón Romariz, en *La Semana Trágica. Relato de los hechos sangrientos del año 1919*, dejó su testimonio personal:

"Vivirá todavía y andará por ahí la viuda del agente Giusti, muerto frente a la puerta de la comisaría. Hacía tres años que contrajera enlace con la joven mujer que, llorosa, de riguroso luto, le imploraba al comisario le dijera dónde habían sido inhumados los restos de su esposo. Yo fui comisionado para averiguarlo.

"En la morgue Central, a la que concurrí, me dijeron: 'Por orden superior no le podemos suministrar informe alguno. Traten de darle largas al asunto para que la viuda se vaya ol-

Enero de 1919: las calles de Buenos Aires fueron escenario de la violencia.

vidando y no insista más en saber dónde enterraron a su marido'. Pero secretamente y a título de confidencia agregaron: 'Esos cadáveres fueron incinerados, ahora todos son cenizas. Guarde reserva'. Se referían a los muertos durante los disturbios de enero."

La incalificable "caza del ruso"

Los obreros vuelven al trabajo días después. Muchos conatos rebeldes se mantienen firmes y el gobierno dispone la clausura y el allanamiento de varios locales, como el de la Unión del Calzado, de los ferroviarios y motoristas. En la noche hay detenciones masivas y se prohíben las reuniones sindicales. En el interior hay reportes variados. Las huelgas y movilizaciones continúan en puntos tan distantes como Cruz del Eje (Córdoba), con los ferroviarios de Salta y de Añatuya (Santiago del Estero), donde se incendian 70 vagones, 10 máquinas y el stock de leña, o Cañada de Gómez (Santa Fe), donde los obreros toman la Jefatura de Policía el día 13.

Los grupos reaccionarios sienten que ha llegado la hora de la venganza. Un grupo de caballeros, como se autodenominan, se encuentra en el Centro Naval. Hay representantes del Yacht Club, del Círculo de Armas, del Club del Progreso, el Jockey Club, el Cículo Militar, el Centro Naval y la Asociación Mutual del Estado. La reunión tiene por objetivo trazar las bases constitutivas de una asociación permanente de ciudadanos argentinos que, con la designación de Guardia Cívica, y "sin finalidad política", persiga "exclusivamente la estimulación del sentimiento de argentinidad, tendiente a vigorizar la libre personalidad de la Nación, cooperando con las autoridades en el mantenimiento del orden público y la defensa de los habitantes, garantizando la tranquilidad de los hogares, únicamente cuando movimientos de carácter anárquico perturben la paz de la República".

Pocos días después se constituyen también la Asociación Pro Defensores del Orden, que se reúne en la Asociación Nacional del Trabajo, en la Bolsa de Comercio y abre una cuenta bancaria para recaudar donaciones, y la Liga Patriótica Argentina, organización luego presidida por Manuel Carlés. Esta última se distingue por un lema: "Patria y Orden". Funciona en el Centro Naval y a fines de enero de 1919 descarga su furia en los barrios judíos.

La alegría de los "niños bien" tuvo horribles formas de manifestarse. De modo vengativo y repitiendo los pogroms de los años del Centenario, organizaron "marchas cívicas" de apoyo al Estado, sumando incluso contingentes de jóvenes radicales.

Los grupos que salen a la "caza de sospechosos" se hacen fuertes cerca de Corrientes y Pueyrredón: "En esta esquina", dice *La Vanguardia*, "se instalaron durante todo el día individuos de filiación conocida, y a cuanto extranjero pasaba se lo conducía detenido y se lo maltrataba en forma brutal por esos mismos 'guardias blancos'".

La Nación deja también su testimonio, que involucra a militantes de la UCR:

"Muchos ostentaban escarapelas argentinas y vitoreaban a la patria, a la policía y al ejército. Los automóviles ocupados por oficiales eran aclamados vivamente a su paso. Y de pronto cesaban las ovaciones, y al grito de '¡Un ruso!', los grupos se dispersaban tras del que huía desesperadamente por la calle desierta. La persecución duraba poco. Un momento después el prófugo era entregado a la policía. Hubo quien trató de repeler a sus agresores a tiros. Fue desarmado a trompis y conducido en lamentable estado adonde se hallaba la policía y fuerzas de caballería."

Fernando Quesada afirma que la crónica de la Semana Trágica no se completa sin estos episodios, de ningún modo aislados: "Falta la 'caza del hombre' de la Semana Trágica... Durante los días 10, 11 y 12, las redadas en masa y por pequeños núcleos, produjeron detenciones que alcanzaron a veinte mil personas; y al terminar la semana, incluyendo los detenidos del interior, la cifra alcanzó a cincuenta mil", dato que coincide con el de Abad de Santillán.

La ofensiva contra rusos y judíos –mimetizados como la misma cosa en el discurso oficial– se encarna en un tal Pedro Wald, carpintero de la Boca, de treinta años, a quien se le adjudica intitularse como postulado presidente-dictador de una presunta "República Americana de los Soviets". Sergio Surios y Nekar Ziezin son acusados como futuros secretario y comisario de guerra: todos ellos, rusos de origen.

Wald es salvajemente torturado pero no se obtiene la confesión buscada. Decenas de testimonios acercados por su abogado, el doctor Federico Pinedo, indican que Wald está muy lejos del "maximalismo" y que es un socialista pacifista y un entusiasta integrante de círculos bibliófilos.

La patraña del complot se completa exhibiendo la "Constitución maximalista para la República de Sudamérica", un glosario de 10 "artículos" que no podían ser más que una burda creación policial. Las acusaciones se desvanecen y Wald y los otros inculpados –a los que se había sumado su novia, Rosa Wainstein, apodada jocosamente "la presidenta"– recuperan la libertad poco después para perderse en el olvido.

Frente a esta problemática, resulta significativa la declaración que emite la Federación Universitaria Argentina con la firma de Osvaldo Loudet, Hiram Pozzo, Julio V. González, Gregorio Bermann, Ángel Caballero y Gabriel del Mazo. La entidad estudiantil condena la represión y la acción de los "legionarios" contra los "extranjeros honrados"; sin embargo, se muestra permeable a la discriminación en boga: "está evidenciada la existencia de tenebrosos designios, que pueden entrañar la anarquía y la revolución social. [...] Así, arribaron a nuestras playas hombres con taras morales, expulsados de su patria, lo que revela la necesidad de seleccionar al extranjero que ingresa a nuestro país".

En la misma línea de pensamiento, el diputado nacional Carlos F. Melo presenta un proyecto de ley el 16 de enero, que apunta a "depurar" la inmigración:

"De esos extranjeros una parte está representada por desechos sociales, arrojados a estas playas como la resaca en las mareas; otros vienen a buscar fortuna sin recursos, solos, sin profesión, sin posibilidades de formar familia alguna, muchos son analfabetos, aún cuando sean útiles. [...] Es menester, pues, cuidar ante todo la entrada y no se lo ha hecho: mendigos, vagos, delincuentes profesionales, han llegado y viven en la capital de la república, arrojados o favorecidos en la inmigración de su propia tierra, en donde eran una carga."

La xenofobia comienza a ganar terreno, contaminando la vida cotidiana de los argentinos.

Ecos soviéticos

La amenaza del comunismo internacionalista se agita permanentemente durante aquellos días. Los diarios, reproduciendo informes del *New York Tribune*, sostienen que León Trotsky "se prepara a organizar un ejército con 3 millones de hombres, con cuya cooperación el ejército de Liebknecht reorganizaría Alemania y conquistaría el mundo".

Más allá de soviets imaginarios, la Revolución Rusa tiene sin duda consecuencias en la política nacional argentina. No sólo en cuanto a influir sobre las movilizaciones obreras y estudiantiles, sino también en el plano institucional. Con motivo de la Guerra Mundial, en la mayoría de los partidos socialistas, muy poderosos en Europa, se escinden grupos de izquierda que adhieren a los postulados defendidos por Lenin, Trosky y Luxemburg en la conferencia de Zimmerwald (Suiza), donde se califica al conflicto de "interimperialista" y se exhorta a los obreros de los diversos países a la revolución internacional.

La Semana Trágica fue una excepción

Por esos años recrudecía la agitación obrera, propia de una población que tenía más de 10.000 establecimientos industriales. La clase dirigente sindical, venida de Europa y empapada de la prédica socialista o anarquista, se expresaba en la Confederación Obrera Regional Argentina o en la FORA.

Las huelgas urbanas, como la de peones municipales en 1915, no tuvieron ribetes dramáticos. Pero en 1919, en pleno mes de enero y durante la gestión presidencial de Hipólito Yrigoyen, el primer mandatario electo en comicios populares, se produjo la Semana Trágica, aquella huelga de los metalúrgicos de los talleres Vasena.

Entre el 9 y el 12 de enero de 1919 Buenos Aires conoció las angustias y los miedos colectivos de las grandes ciudades del siglo XX. Por momentos temió que su destino fuese similar al de las capitales europeas, sacudidas por la revolución bolchevique. La metrópoli porteña se paralizó y luego empezó la sangrienta represión, que cobró muchas víctimas.

La Semana Trágica resultó en definitiva una excepción, algo que no volvería a repetirse en la década siguiente, la de 1920, los "años locos" de Buenos Aires, los tiempos del presidente Marcelo T. de Alvear, un porteño típico que había integrado en su juventud la *indiada* de muchachos conocidos y que era hijo del primer intendente de la capital.

Don Marcelo, casado con una renombrada diva del *bel canto*, Regina Pacini, se empeñó en lucir ante los poderosos del mundo el esplendor de su ciudad natal. Y es así como vinieron al país y pasearon por su capital el simpatiquísimo y buen mozo Humberto de Saboya, heredero de la Corona de Italia (1924); el popular y bastante dipsómano Eduardo de Gales, futuro Eduardo VIII de Gran Bretaña, y el exótico maharajá de Kapurtala (1925). Para todos ellos hubo fiestas y agasajos, entusiasmo entre sus compatriotas de las colectividades extranjeras y júbilo de los porteños, satisfechos de conocer tantos visitantes ilustres, especialmen-

En la Argentina, la fractura del Partido Socialista, producida en agosto de 1916, origina el Partido Socialista Internacional, que discrepa seriamente con el apoyo de Dickmann, Repetto y Justo a los aliados. En el PSI se destacan Penelón, Ferlini, Recabarren, Rodolfo Ghioldi y Vittorio Codovilla. Los disidentes comienzan a editar un periódico propio, *La Internacional*, y el 5 y 6 de enero de 1918 reúnen su primer congreso, que expresa su apoyo a la Revolución Rusa. Cuando en Rusia se funda la Tercera Internacional, que convoca a la formación de Partidos Comunistas, el PSI da origen al Partido Comunista Argentino, en 1921.

Las influencias revolucionarias se hacen sentir también en el movimiento feminista. Con la presidencia de Alicia Moreau, que por entonces, junto a Enrique del Valle Iberlucea, simpatiza con la Revolución Rusa, se organiza la Unión Feminista Nacional, que se asocia a la Unión Internacional que delibera en Nueva York. Desde las filas radicales Elvira Rawson de Dellepiane, secundada por Rosario Vera Peñaloza, Lola de Bourguet, Emma Day y Alfonsina Storni, origina la Asociación Pro Derechos de la Mujer. El 7 de marzo de 1920 cuatro mil mujeres sufragistas realizan un simulacro electoral y se presentan en sociedad.

---

te cuando se trataba de príncipes jóvenes, cuyos amoríos reales o presuntos con las niñas de la sociedad local darían mucho que hablar.

Eran asimismo los tiempos en que se ponía de moda escuchar las jazz-band y asistir a las conferencias que unos cuantos intelectuales extranjeros de alto vuelo daban en Amigos del Arte, la sofisticada entidad que a partir de 1924 se colocó a la vanguardia de las principales iniciativas de la ciudad. Los conferencistas se apresuraban luego a escribir un artículo o un libro acerca de la esencia de la argentinidad, intuida, naturalmente, a través del prisma particularísimo de la capital rioplatense. José Ortega y Gasset, Eugenio D'Ors, el conde de Keyserling y Waldo Frank, fueron algunos de los célebres visitantes de la década de 1920.

Aunque la vida cultural de Buenos Aires ya no necesitaba demasiado del paso fugaz de esas estrellas internacionales. Desde comienzos del siglo XX la ciudad contaba con un importante grupo de auténticos intelectuales, porteños y provincianos que hicieron de su actividad artística, literaria o científica una forma de vida y no un capricho circunstancial. [...]

Los 2.200.000 habitantes de Buenos Aires colocaban a la ciudad en el sexto lugar entre las grandes urbes del mundo. Muchos países europeos, y por supuesto Australia y África, no habían logrado conformar un centro de tanta envergadura.

Pero existía la peligrosa contrapartida de ese prodigioso crecimiento que tenía rasgos de hipertrofia. Mientras que el país crecía a un ritmo del 7 % anual, Buenos Aires lo hacía a razón de un 17 %. La Reina del Plata acaparaba recursos económicos y humanos que podían distribuirse con mayor provecho para la nación. [...]

La crisis económica mundial desatada en 1929 en Nueva York y la crisis política ocurrida en la Argentina al año siguiente no tardarían en revelar la debilidad del esquema de desarrollo argentino centrado en su gigantesca capital.

MARÍA SÁENZ QUESADA,
"La reina del Plata",
en *Lo mejor de Todo es Historia*

Reformistas y revolucionarios estarán desde entonces en dos campos diferentes y enfrentados, unos privilegiando la vía parlamentaria adaptada a los mecanismos de la democracia burguesa; los otros, la lucha de clases y la acción directa. Para unos y otros los sucesos de enero dejan una huella indeleble.

Opiniones coincidentes

La prensa democrática coincide durante los días siguientes a la Semana Trágica en dar legitimidad a los reclamos obreros, tomar distancia de la acción gubernamental y repudiar el accionar de los terroristas "blancos".

La revista *Nosotros*, en su número 117, hace un balance de los acontecimientos y afirma: "Los trágicos y trascendentales sucesos acaecidos en la segunda semana de enero [...] han sido algo más que una pasajera subversión de las instituciones y un lamentable derramamiento de sangre; han sido el signo de un estado de cosas que pide inmediata corrección y prolonga su sombra siniestra sobre el porvenir de la República".

Por su lado, *Mundo Argentino*, del 22 y el 29 de enero de 1919, aborda dos aspectos de la crisis:

"Después de los recientes sucesos, celebraríamos ver al gobierno procediendo con cordura, que es casi lo mismo que decir, desoyendo el consejo irrazonado de los elementos aristocráticos, cuya opinión se ha cotizado en alza en estos días. [...] Se ha constituido

La onda expansiva de la Revolución Rusa perduró durante unos años.

una liga patriótica argentina para estimular el sentimiento de Argentinidad. [...] Más eficaz que una liga patriótica hubiera sido una liga para combatir el analfabetismo o para implantar la industria siderúrgica."

El gobierno expresa sus conclusiones en el mensaje de Yrigoyen al Congreso, el 31 de agosto de 1920:

"El gobierno ampara todas las clases y cuida todos los intereses, buscando en el bienestar común la seguridad de cada uno y corrige la desigualdad en la órbita de sus facultades. Pero la obra será poco si los intereses egoístas persisten en prevalecer sobre las justas demandas que garantizan la tranquilidad del país y la de todos."

Otros hechos, sin embargo, vienen a contradecir ese espíritu conciliador. Así como los estudiantes universitarios cordobeses se han organizado para obtener la libertad de cátedra, la autonomía y el cogobierno, así también trabajadores agrícolas del Norte y el Sur del país se alzarán contra las casi inhumanas condiciones laborales y de vida a las que se hallan sometidos.

Luchas agrarias y estudiantiles

La reforma universitaria

Los plácidos años posteriores al Centenario corroboran un mundo práctico, pragmático, progresista, que se afirma, además, en la democratización del régimen político tras la sanción de la Ley Sáenz Peña, que permite el acceso de los radicales al poder. Pocas ideas mueven a los intelectuales hasta que la guerra mundial plantea serios problemas políticos y éticos, y la Revolución Rusa, inéditos y definitivos horizontes. La confluencia de los nuevos tiempos de la República con los impactantes sucesos mundiales remueve las conciencias y promueve la acción. La democratización conquistada en el orden político evidentemente no ha alcanzado a todas las órbitas sociales.

Hacia julio de 1917 comienza un movimiento estudiantil en Córdoba. Los estudiantes –como dice Gabriel del Mazo, uno de sus inspiradores– protestan "por el estado de atraso espiritual, docente y científico y por el gobierno [universitario] oligárquico y anacrónico". El movimiento cuestiona abiertamente los programas y el sistema de enseñanza caducos y la influencia de la Iglesia en la educación superior, y exige cambios estatutarios y en el gobierno universitario. Un conjunto de ideas progresistas sirve de base para su programa de acción y los "reformistas" dan a conocer un "Manifiesto Liminar" dirigido a los pueblos latinoamericanos, que logrará cierta influencia ideológica en el continente. El gobierno de Yrigoyen lo ve con simpatía y, de algún modo, lo impulsa.

El 11 de abril de 1918 se funda la Federación Universitaria Argentina, formada por dos delegados estudiantiles de las cinco universidades de entonces, las tres nacionales: Córdoba, Buenos Aires y La Plata, y las dos provinciales: Tucumán y Santa Fe. Hacia junio, el movimiento estudiantil se extiende firmemente a todas las universidades. El 15 de ese mes se realiza la Asamblea Universitaria en Córdoba. La policía irrumpe en la reunión y, el mismo día, los estudiantes decretan la huelga general universitaria.

Agosto y septiembre transcurren con movilizaciones, actos, sumarios, cárceles y allanamientos. La Iglesia sermonea desde los púlpitos y el obispo de Córdoba, fray Zenón Bustos y Ferreira, califica los hechos producidos por los estudiantes como "torpes, vandálicos e incultos en extremo". Entre el 20 y el 31 de julio se realiza el primer Congreso Nacional de Estudiantes Universitarios. Quedan sentadas las "diez bases de 1918": coparticipación estudiantil; vinculación de los graduados; asistencia libre; docencia libre; periodicidad de la cátedra; publicidad de los actos; extensión universitaria; ayuda social estudiantil; sistema diferencial organizativo; universidad social.

El 10 de septiembre, desde "Córdoba libre", la Federación Universitaria se juega al todo o nada y "asume la dirección de la Universidad", nombra decanos-presidentes de facultades y suspende la huelga para inaugurar las clases. Las autoridades renuncian, los dirigentes universitarios presos son liberados y los estudiantes triunfan completamente: casi todas sus demandas son aceptadas.

Es de destacar, sin embargo, que la mayoría de los estudiantes, salvo algunas excepciones, mantendrán por décadas una actitud distante de la problemática de los trabajadores.

La Patagonia rebelde

La organización sindical en Santa Cruz ha tenido un importante desarrollo desde que el escultor anarquista español Eduardo Puente organizara una huelga general en abril de 1918 y dirigiera la Sociedad Obrera de Río Gallegos.

Una disminución mundial en la comercialización de lana provoca que las grandes estancias y empresas frigoríficas de la Patagonia despidan personal en 1921. Los trabajadores agrarios se organizan y lanzan una huelga. La lucha, que se extiende a varios establecimientos, plantea otros reclamos y evidencia las difíciles condiciones de trabajo y salubridad en que viven: hacinamiento en las viviendas, un régimen semiesclavista que ata a los obreros mediante el pago con mercancías o con vales para canjear en los almacenes de la patronal, arbitrariedades permanentes y ausencia total de autoridades estatales y de cumplimiento de la escasas normas laborales regulatorias.

La huelga, dirigida por militantes anarquistas, adopta características violentas ante la intransigencia empresaria: se producen ataques a estancias, saqueos e incluso secuestros.

El gobierno de Yrigoyen envía una comisión mediadora encabezada por el coronel Héctor Benigno Varela al mando del 10º Regimiento de Caballería, que, en un principio, accede a los reclamos gremiales y trata de convencer a los estancieros de que acepten el laudo gubernamental. Los dueños de establecimientos y sus socios de empresas extranjeras –sobre todo británicas– cierran filas y niegan toda concesión.

Ante el fracaso de la mediación, se reanuda la huelga, tornándose más virulenta aún con la organización de piquetes efectivos. La zona de Río Gallegos es el epicentro de los hechos, que abarcan miles de hectáreas del Sur patagónico. Varela regresa con nuevas tropas y la indicación de "poner orden". Intenta que los huelguistas cedan y ante la firme resistencia, ordena una feroz cacería de activistas y peones rurales.

A principios de 1922 se producen verdaderos fusilamientos que dejan un saldo de muertos que nunca se ha logrado determinar. El testimonio de un sobreviviente recogi-

Las leyendas negras de un tabú histórico

Estamos a medio siglo de los sucesos sangrientos de la Patagonia. Y hace ya tres años que publiqué –en una revista histórica que dirige Félix Luna– una pequeña parte de la investigación que hoy se transforma en libro. Esa publicación sirvió para que se sustentara un beneficioso diálogo escrito y hablado entre protagonistas, testigos y lectores con el autor, que sirvieron para aclarar muchos puntos que hasta ese entonces aparecían oscuros.

Dijimos en aquella oportunidad que el de la represión de las huelgas patagónicas era posiblemente el tema más tabú de nuestra cercana historia. ¿Y por qué era y es tabú? Porque está de por medio el Ejército Argentino. Jamás, ninguno de los historiadores de nuestro Ejército, ninguno de sus oficiales superiores en ningún ensayo, en ningún curso de sus escuelas superiores trató de defender o justificar la actitud del teniente coronel Varela. (Sólo el general Anaya –pero él fue protagonista de los sucesos– no tuvo prejuicio ninguno en justificar la represión.)

Cuando se habló de la misión Varela siempre se la trató de encuadrar dentro del problema fronterizo con Chile, cosa que no tiene ningún asidero histórico. [...]

Decíamos que es un tabú histórico por la actuación del Ejército Argentino. Y porque detrás de todo ello se escondía el episodio más cruel de este siglo que comienza con la huelga más extendida y espontánea de la historia sindical argentina.

El tabú histórico se rodeó de dos leyendas negras: los huelguistas de Santa Cruz fueron inhumanos bandoleros que mataron a indefensos estancieros, violaron mujeres, quemaron estancias, robaron y destruyeron. La otra cara: los regimientos al mando de Varela fusilaron a 1500 indefensos obreros cuyo único crimen fue reclamar por sus derechos: se los apaleó, se los torturó, se les ordenó cavar las tumbas y se los fusiló.

En medio de las dos leyendas negras, Hipólito Yrigoyen. El gran culpable, según la oposición. "Nada tuvo que ver con los fusilamientos", según los radicales, a pesar de que era el Presidente. Buscar la verdad en este tema significa tratar de destruir las dos leyendas negras. Para ello la investigación ha sido extensa y complicada. A pesar de los años transcurridos, viven muchos de los protagonistas. Las conversaciones han sido largas. Los puntos a aclarar eran muchos. Pero pocas veces le es dada al investigador la suerte de que muchos de los protagonistas hablen, digan, se defiendan, desarrollen sus argumentos y no teman que hechos sepultados por el olvido, los preconceptos y el miedo vuelvan a la luz y se discutan.

Por supuesto, las leyendas negras se inventaron para esconder la verdad, para autojustificarse. Los que mataron, para tener un argumento que cubriera sus crímenes; los que perdieron, para disimular su derrota; los responsables, para encontrar "chivos emisarios".

OSVALDO BAYER,
La Patagonia rebelde

do por Sebastián Marotta nos acerca una cifra: "Suman más de dos mil trabajadores fusilados, quemados con nafta, arrojados al mar, enterrados vivos en la estancia Cifré, Río Gallegos, El Cerrito, Lago Argentino, Estancia Anita, Punta Alta y otros parajes de la gélida zona". Los relatos de los métodos empleados, cercanos al genocidio, son escalofriantes, como el que hará cincuenta años después Ramón Octavio Vallejos, quien intervino en los fusilamientos:

> "A los peones rurales detenidos los llevamos todos a la estancia de un inglés. Aquello parecía más bien un arreo. Se sentía un solo quejido en la peonada por los palos y rebencazos que les propinábamos. Los rebenques que usábamos eran de tres argollas. En las estancias se hizo una clasificación de los más peligrosos de acuerdo a una lista que dio el estanciero inglés a nuestro jefe. [...] No se les hizo sumario antes de fusilarlos, porque, por lo general las ejecuciones se efectuaban casi enseguida de tomarlos prisioneros."

Entretanto, Varela justifica con serenidad sus acciones: el informe que eleva a sus superiores vuelve sobre el tema de la amenaza sovietista.

En las selvas chaqueñas y misioneras

No es posible hablar de estos años sin recordar la acción sindical en los vastos feudos de La Forestal del Chaco Santafesino, Las Palmas del Chaco Austral, Formosa, selvas misioneras, etc., desarrollada bajo el auspicio de la Federación Obrera Regional Argentina y al amparo de la extraordinaria solidaridad de la Federación Obrera Marítima. [...]

No es por mera casualidad que estos trabajadores realizan tan rotundas manifestaciones. Existen en su medio económico y social condiciones propicias para su desarrollo. También han trascendido hasta ellos los ecos de la gran lucha de sus hermanos de clase en otras zonas del país.

"Los delegados de la FORA han llegado hasta el corazón de la selva, diciendo cosas desconocidas a los hermanos que viven en la miseria, en la abyección." Ella "ha incorporado al movimiento sindical el indio y el criollo, el criollo sobre todo, que al adquirir conciencia de clase, constituirá una fuerza incontenible en las reivindicaciones proletarias". Con sus

benéficos resultados, la organización sindical "ha llegado eficazmente al lejano Norte y de ella esperan los trabajadores su redención"... "Lo que no pudieron o no quisieron hacer el Poder Ejecutivo y el Congreso lo está realizando la FORA [en palabras de Alfredo Palacios en *El nuevo derecho*]".

El honor de haberlos despertado y demostrado las ventajas de su unión corresponde —al decir del líder socialista recordado en la nota— a la Federación Obrera Regional Argentina.

Agreguemos que de poco habría servido su labor de no haber mediado la solidaridad de la Federación Obrera Marítima, prodigada ilimitadamente en las numerosas huelgas estalladas con ímpetu arrollador en los vastos feudos, teatro de la moderna lucha de clases.

SEBASTIÁN MAROTTA,
El movimiento sindical argentino.
Su génesis y desarrollo

"El movimiento [...] no revistió otro carácter que el de franca rebelión, los delegados obreros aprovechaban este estado normal de los sucesos para intensificar en forma alarmante la propaganda antisocial, a fin de hacer combinación con otras sociedades obreras de la república y aun de otras naciones, cundir el pánico, que traería como consecuencia el derrocamiento de los gobiernos actuales y su reemplazo por el régimen del Soviet. [...] De tres a cuatro mil hombres, bien armados y aprovisionados con 8 o 10 mil caballos, constituían el enemigo alzado contra la Constitución."

En Buenos Aires, el 1º de febrero de 1922 la bancada socialista –a través del diputado Antonio De Tomaso– denuncia los sucesos en el Congreso. El objetivo de los socialistas es hacer recaer en el gobierno radical la responsabilidad de los fusilamientos, mientras los conservadores –que presionaron al gobierno para que reprimiera– se solazan con el enfrentamiento entre los diputados de partidos "populares".

La distancia que separa Santa Cruz de Buenos Aires conspira contra las denuncias y los informes en la Capital resultan confusos para el común de la población. Recién años después –con la minuciosa investigación de Osvaldo Bayer– comenzarán a develarse los detalles de la masacre. Sí provoca un gran impacto el asesinato de Varela, en 1923, a manos de Kurt Wilckens, un anarquista alemán, quien, a su vez, es asesinado en la cárcel por un militante derechista.

La Forestal

Otro conflicto de gran magnitud se produce en el norte santafesino, donde se explota el quebracho para la producción de tanino. J. Huret describe el imperio de la Forestal Land, Timber & Railway Company, tal su nombre legal, un verdadero Estado dentro del Estado argentino:

"Hoy [las fábricas de extracto de quebracho] están casi todas englobadas o fusionadas en una empresa única, la *Forestal del Chaco*, entidad enorme, puesto que su capital asciende a millón y medio de libras esterlinas, la más grande desde el punto de vista industrial que existe en la Argentina y que se clasifica por su importancia financiera después de las compañías de ferrocarriles... La Sociedad La Forestal no posee menos de 270 leguas de selvas vírgenes, donde abunda sobre todo el quebracho. Además, toma en arriendo 72, lo que eleva a 315 el número de leguas a explotar. Desde 1902 ha creado cuatro fábricas de extracto de tanino. La más importante de ellas, llamada La Guillermina, puede producir anualmente 22.000 toneladas de dicho producto. [En cinco fábricas] La Forestal produce, pues, en total 65.000 toneladas, evaluadas en 36 millones de francos."

En total, la empresa –que acuñaba moneda propia y disponía del puerto Las Palmas para su uso exclusivo, sobre el río Paraná– reunió más de un millón de hectáreas en zonas boscosas de Santa Fe y el Chaco, además de 26.000 cabezas de ganado y de alojar a una población de 12.000 almas. Como estaba prohibido establecer en las tierras comercios particulares, sus trabajadores se veían obligados a comprar todo en su economato. Para comunicarse, la empresa hizo construir 300 kilómetros de ferrocarril y poseía una flotilla de cinco embarcaciones, un vapor y dos remolcadores. Fue tal su poder –destruyendo los bosques del Noreste argentino– que llegó a controlar el 57 por ciento de la producción mundial de tanino.

En noviembre de 1919 se funda la Federación Obrera de Santa Fe, que adhiere a la FORA "quintista" y se producen dos grandes alzamientos obreros en abril de 1920 y enero de 1921, que describe Sebastián Marotta, uno de sus organizadores:

"Para conquistar su derecho a organizarse libremente de toda autoridad patronal, imponer jornadas razonables de trabajo, salarios dignos pagados en moneda nacional, libertad de adquirir sus provisiones en los comercios de su preferencia, retribución de horas extraordinarias, descanso semanal, supresión de multas y otras mejoras, que importan la abolición de hábitos y costumbres propios de un régimen esclavista, los trabajadores de estas zonas del país libran largas, numerosas y cruentas huelgas. Estas acciones constituyen para el patronaje, hasta ese momento dueño de vidas y hacienda, una verdadera rebelión. Tratará, por lo tanto, de sofocarlas. Si las fuerzas policiales constituidas por elementos propios no son suficientes, reclamará y obtendrá la ayuda del ejército.

"Las huelgas adquieren formas de luchas épicas. Asumen características de sacudimiento en Las Palmas. Se traduce en *locaut* en Formosa; en acto insurreccional en el Chaco Santafesino, con la posesión obrera de los almacenes, carnicerías, haciendas, etcétera, de la empresa. En las selvas misioneras, gracias a mil causas fortuitas, el conflicto tiene las formas de una normal paralización del trabajo. Dura todo el tiempo que el patronato mantiene su negativa en acceder."

Al comienzo, la represión queda en manos de personal de seguridad de la propia empresa, llamados "los cardenales", pero después tomará parte el Ejército, que derrota finalmente la lucha e impone el retorno al trabajo en las antiguas condiciones de explotación.

La *pax* de Alvear

Un nuevo gobierno radical sucede a Yrigoyen en 1922: Alvear será el presidente en el nuevo sexenio. La estadística elaborada por Adolfo Dorfman revela que la severa represión en la Semana Trágica ha modificado sustancialmente el panorama de luchas obreras reivindicatorias:

Año	Huelgas	Huelguistas
1916	80	24.321
1917	138	136.062
1918	196	133.042
1919	367	308.967
1920	206	134.015
1921	86	139.751

Esa situación se mantendrá por muchos años. Entre 1925 y 1930 el promedio será de 100 huelgas anuales, que involucran unos 30.000 trabajadores, diez veces menos que en 1919. Derrotada la revolución alemana –y también los intentos paralelos en Hungría e Italia– e inmersa Rusia en la guerra civil, la ola generada por el triunfo revolucionario de octubre de 1917 empieza a aplacarse. Hacia mediados de la década del 20, el ascenso del fascismo en Italia y del stalinismo en la URSS (Lenin muere en enero de 1924), así como la aparición de los primeros gérmenes nazis en Alemania, modifican los vientos que, de soplar hacia la izquierda socialista, pasan a ser favorables a los movimientos contrarrevolucionarios.

En la Argentina, la derrota de la lucha en Buenos Aires –la Semana Trágica debe su nombre a hechos similares registrados en 1909 en Barcelona– posibilita la represión en las huelgas de la Patagonia y el Chaco, y en conjunto provoca un importante debilitamiento de las corrientes y organizaciones obreras. El anarquismo pierde posiciones y cohesión. El *Times* de Londres, que entre 1909 y 1913 había publicado 89 artículos sobre el anarquismo, destinó 13 de ellos al movimiento de Buenos Aires, la ciudad con mayor actividad de ácratas después de Barcelona. Tras los hechos de 1919 a 1921, esta corriente reducirá notablemente sus fuerzas e influencia hasta casi desaparecer. El comunismo, con renovados bríos tras el triunfo de la Revolución Rusa, tardará años en insertarse, y las variantes del Partido Socialista –que sufre una nueva e importante escisión en 1927, al surgir el Partido Socialista Independiente, de posiciones conservadoras– se orientan hacia el juego parlamentario. Los foristas más desilusionados –después de haber sostenido la lucha de clases en todo tiempo y lugar– terminan por adaptarse al yrigoyenismo y se ganan el despectivo mote de "limpia-alfombras", por vivir en la antesala de los despachos oficiales. Otros antiguos anarquistas, alejados también de la lucha sindical pero por el extremo opuesto, terminarán adhiriendo al terrorismo individualista y "expropiador" (asaltando bancos, realizando "golpes" sorpresivos, poniendo bombas en lugares públicos) y otros, que continúan honestamente su lucha sindical aferrados a la vieja estructura de sindicatos por oficio, serán superados por el desarrollo industrial, bajo el que ganarán posiciones los agrupamientos que abarquen industrias.

La tranquilidad obtenida en los medios sindicales permitirá que la "Argentina opulenta" viva su hora de gloria –sus "años locos"– con el gobierno de Alvear. La aristocracia encarnada en el Presidente se conjuga con las raíces populares del partido radical y un nuevo fluir inmigratorio, para hacer sentir a muchos que las horas felices de la abundancia han retornado para siempre.

Pero sólo se tratará de esas calmas que preceden a las tormentas. En 1930 se producirá un golpe de Estado que abrirá paso a la primera dictadura militar "moderna".

Hipólito Yrigoyen

El gran caudillo radical

Nace en Buenos Aires el 13 de julio de 1852. Durante su niñez y juventud asiste al proceso de organización nacional y debuta en la vida política en 1870, cuando, de la mano de su tío Leandro Alem, se suma al autonomismo alsinista. En 1872 es elegido comisario de Balvanera y en 1877, junto con Alem, apoya la candidatura a gobernador de Aristóbulo del Valle. Se alejan luego del Partido Autonomista e integran el Partido Republicano, e Yrigoyen pierde su puesto de comisario; en 1878 es elegido diputado provincial.

Cuando Roca asume la presidencia en 1880, Yrigoyen lo apoya y es diputado nacional. Al año siguiente Sarmiento lo nombra profesor en la Escuela Normal, y en 1882, disgustado por el rumbo del roquismo, se aleja de la política y se dedica a negocios agropecuarios y al arriendo de campos. En 1889 participa en los movimientos que originan la Unión Cívica de la Juventud y durante la Revolución del Parque de 1890 integra la Junta Revolucionaria; es designado jefe de policía del gobierno provisorio. En 1891 es elegido para la jefatura de la Unión Cívica de la provincia de Buenos Aires y cuando se divide el partido, se suma a la fracción radical.

En 1893 dirige el alzamiento de la UCR en la provincia; apoya –pero no se compromete– los levantamientos en otras provincias y se distancia de Alem. A la muerte de su tío, en 1896, se convierte en líder partidario, aunque por un período la UCR se disuelve.

En 1903 encabeza la reorganización nacional del partido y dos años después dirige una revolución que exige la libertad de sufragio, razón por la que pierde su cargo docente. En 1910 el presidente Roque Sáenz Peña le ofrece que la UCR integre su gabinete pero Yrigoyen se mantiene abstencionista y exige una ley electoral democrática. Con la nueva ley, en 1912 la UCR triunfa en Santa Fe y en 1916 Yrigoyen es elegido presidente de la República.

Enfrenta serios problemas internos, como las luchas obreras en Buenos Aires y la Patagonia y las consecuencias derivadas de la Primera Guerra Mundial, y apoya la reforma universitaria. Terminado su período lo sucede Marcelo de Alvear; la UCR se divide en 1924 entre personalistas (yrigoyenistas) y antipersonalistas. En 1928 es electo nuevamente para la presidencia de la Nación; al año siguiente sufre un atentado y el 6 de septiembre de 1930 es depuesto por un golpe militar. Sufre cárcel y dos veces es trasladado a la isla Martín García. Enfermo y anciano, fallece en Buenos Aires el 3 de julio de 1933. Una multitud despide sus restos.

Luis J. Dellepiane

Científico y jefe militar de la represión

Nació el 26 de febrero de 1865. En 1882 ingresa en el Colegio Militar y actúa en los sucesos de 1890 como capitán. Cursa la Facultad de Ciencias Exactas y, en 1891, se recibe de ingeniero civil; desde entonces se destaca como docente e investigador científico. Paralelamente desarrolla la carrera militar y, combinando ambas disciplinas, es director del Instituto Geográfico Militar, fundado en 1901, como continuador de la Oficina Topográfica Militar.

Por sus estudios de geodesia, es pionero en la Argentina en esa rama de la ciencia, disciplina a la que dedica varias obras. En 1906, con instrumentos de precisión comprados especialmente, realiza la primera medición de una base geodésica, en tierras de Campo de Mayo. Su aporte es decisivo como asesor en cuestiones limítrofes. Es agregado militar en Berlín y a su regreso se desempeña como jefe del arma de Ingenieros y comandante de la segunda división del Ejército.

En 1909 es designado jefe de policía después de la muerte del coronel Falcón y, en enero de 1919, en el marco de los sucesos de la Semana Trágica, asume como comandante de todas las fuerzas civiles y militares de la Capital Federal; coordina la represión al movimiento y, en nombre del gobierno, participa de las negociaciones con la Fora.

Tiene una prolongada actividad en la docencia superior. En 1915 ingresa en la Academia Nacional de Ciencias Exactas, Físicas y Naturales; también es vicedecano de la facultad y delegado al Consejo Superior. Publica numerosas obras de física y geodesia.

Por sus simpatías yrigoyenistas el presidente Alvear lo desplaza de la cúpula castrense; en marzo de 1924 se bate a duelo de espada con el general Agustín P. Justo y se retira del servicio activo en 1925, con el grado de teniente general. Durante la segunda presidencia de Hipólito Yrigoyen, en 1928, asume como ministro de Guerra; toma medidas para desmantelar la Logia San Martín, extendida entre la oficialidad; intenta desactivar la conspiración militar en marcha y detiene a varios de los jefes, pero Yrigoyen da crédito a la palabra de honor de los detenidos y ordena la liberación de los golpistas. Dellepiane, desautorizado, presenta la renuncia, poco antes del golpe del 6 de septiembre.

Durante la dictadura de Uriburu y el gobierno de Justo es perseguido y en 1932, implicándolo en el levantamiento militar-radical de diciembre, es detenido y trasladado a Martín García junto con Alvear, H. Pueyrredón, J. Tamborini, Luis Güemes y otros dirigentes radicales. Fallece el 2 de agosto de 1941.

Kurt Gustav Wilckens

"Héroe de la justicia proletaria"

Nació el 3 de noviembre de 1886 en Bad Bramstedt (Alemania). Bautizado y criado de acuerdo con los principios evangélico-luteranos, sus padres se dedicaban al comercio de ganado y pertenecían a la alta burguesía del norte alemán. La prosapia de su familia se identifica con un escudo formado por espigas y un tulipán sobre fondo rojo. Realiza estudios de jardinería, que culmina en 1906. Hacia 1907 se incorpora como soldado conscripto en el Garde-Schützen Bataillon, bajo las órdenes directas del Káiser.

Simpatizante de las ideas anarquistas, viaja a los Estados Unidos, donde trabaja como obrero y estibador y participa en varias huelgas, razón por la que es deportado. De regreso en Hamburgo, se interesa por la situación política argentina y su movimiento libertario. En 1920 llega al país y se ocupa en tareas rurales, como estibador, y en la zona frutihortícola de Cipoletti (Río Negro), donde toma contacto con las organizaciones sindicales de obreros rurales.

Durante las huelgas patagónicas de 1921 y 1922 sigue con interés los sucesos y es corresponsal de dos periódicos alemanes. Los crueles fusilamientos lo motivan a planificar el asesinato del principal responsable directo, el teniente coronel Héctor Benigno Varela, jefe del 10º Regimiento de Caballería. El 25 de enero de 1923, alrededor de las 7 de la mañana, Wilckens espera a Varela a la salida de su casa en la calle Fitz Roy, a pasos de Santa Fe, le dispara a quemarropa y le arroja una bomba, provocándole la muerte. En el momento del atentado, Wilckens intenta cubrir a una niña que pasaba caminando del efecto de las esquirlas, acción en la que se fractura ambas piernas. Impedido de huir es capturado y conducido a la seccional policial, donde se confiesa como único autor del asesinato. En una carta aclara que "no fue venganza; yo no vi en Varela al insignificante oficial. No, él era todo en la Patagonia: gobierno, juez, verdugo y sepulturero. Intenté herir en él al ídolo desnudo de un sistema criminal. ¡¡Pero la venganza es indigna de un anarquista!!".

Su temeraria acción fue motivo de culto para la prensa anarquista y hasta hubo periódicos, como el de los *chauffeurs* de Rosario, que pusieron su nombre a la publicación en su homenaje.

Fue asesinado mientras dormía en su celda en la noche del 15 de junio de 1923, por Ernesto Pérez Millán Temperley, guardiacárcel y miembro de la Liga Patriótica Argentina. Difundida la noticia, gremios de todo el país convocaron a una huelga general de protesta.

Marcelo T. de Alvear

Un dandy en las filas radicales

Nace en Buenos Aires, en un hogar de tradición política y cuño oligárquico, el 4 de octubre de 1868. Alumno mediocre, cursa en el Colegio Nacional de Buenos Aires y en el de Rosario y concluye sus estudios secundarios en 1885, mientras su padre es primer intendente de Buenos Aires. En 1889 participa de la organización del mitin Florida y es fundador de la Unión Cívica. Al año siguiente, se suma a la Revolución del Parque, donde conoce a Yrigoyen, quien en adelante lo tratará con aprecio paternal. En 1891 es secretario de Alem y se fracciona con la UCR; realiza la campaña electoral y es apresado y confinado en Montevideo en 1892. Un año después se destaca en la revolución radical bonaerense.

Se recibe de abogado en la Universidad de Buenos Aires y se destaca como *bon vivant*, deportista (espadachín, automovilista, tirador) y hombre mundano, y es presidente del Jockey Club. En 1899 conoce a la cantante lírica Regina Pacini y se traslada a París, donde vivirá, casi de modo permanente, hasta 1912, año en que es elegido diputado nacional.

En 1915 es presidente de la UCR de la provincia de Buenos Aires, y con Yrigoyen en la primera magistratura, cumple funciones diplomáticas en Europa, entre 1916 y 1917. A pesar de disentir con el Presidente, mantiene la política de neutralidad durante la Guerra Mundial. En 1920 integra la delegación que representa a la Argentina en la Sociedad de las Naciones y se distancia de la posición de Yrigoyen.

En 1922 es elegido presidente de la Nación por amplio margen; realiza una exitosa gira por Europa y asume en octubre. Dos años después la UCR se divide en personalistas (yrigoyenistas) y antipersonalistas; Alvear apoya a estos últimos, que son ampliamente derrotados por Yrigoyen en las elecciones presidenciales de 1928, cuando Alvear retorna a Europa. En 1930 declara su apoyo al golpe militar y regresa al país al año siguiente para asumir la conducción del partido. Es proclamado candidato a la presidencia para 1932, pero la fórmula es vetada. A causa de sucesivos levantamientos radicales se exilia y dos veces es confinado.

A la muerte de Yrigoyen (1933) se convierte en jefe de la UCR; en 1935 termina con el abstencionismo de su partido pero el binomio que integra con Enrique Mosca es derrotado con fraude en 1937 por los oficialistas Ortiz-Castillo. En 1939 se declara a favor de los aliados en la Segunda Guerra Mundial y preside la Acción Argentina. Enferma en 1941 y muere el 22 de marzo de 1942, en su quinta de Don Torcuato.

El 6 de septiembre de 1930

Uriburu, Justo y el primer golpe "moderno"

La relación entre las realidades nacionales y las internacionales nunca es simple, unívoca, o de causa-efecto. Los procesos nacionales, que inevitablemente se insertan en cierta dinámica mundial, interactúan con ella estableciendo relaciones de carácter más bien contradictorio, dialéctico. Para entender mejor nuestros propios procesos históricos es ineludible, por lo tanto, la mención de ciertos acontecimientos extranacionales, a pesar de que muchas veces los sucesos en un país parezcan ir a contramano de la tendencia internacional. Esas particularidades constituyen, sin duda, lo singular de la historia.

Entre influencias y presiones foráneas, la realidad argentina de los años 30 dejará su marca propia, su huella distintiva. Otros pueblos —sobre todo los del hemisferio Norte— serán arrojados a una guerra entre potencias económicas y militares de proporciones inconmensurables, que dejará un continente en ruinas y provocará una verdadera carnicería humana. En este rincón del planeta se inauguran las dictaduras militares criollas, en las que el "fraude patriótico" oficia como símbolo de una "democracia" infame...

¡A la derecha...!, ¡deré...!

Hitler, Mussolini, Stalin, Franco y Chiang

Los movimientos derechistas y contrarrevolucionarios se multiplican en distintos puntos del orbe para enfrentar las luchas de los trabajadores, que han tenido un gran impulso después del triunfo de la Revolución Rusa en octubre de 1917 y la formación de la Tercera Internacional.

En 1923 Hitler escribe *Mein Kampf* (*Mi lucha*), donde destila odio hacia la Unión Soviética y sostiene que la única salida para Alemania y Europa es aplastar al nuevo Estado dirigido por los bolcheviques. En Italia, los "camisas negras" de Mussolini marchan sobre Roma en octubre de 1922 y el fascismo se instala en el poder desplazando al rey Vittorio Emmanuel III. El *duce* Mussolini prohíbe todos los partidos, excepto el fascista, y levanta un estado totalitario y corporativo. Tiranías militares y burocráticas de corte similar se instalan en Yugoslavia, Polonia y Grecia.

Al morir Lenin en enero de 1924, un proceso reaccionario se desencadena también dentro de la URSS: Stalin y el aparato del Partido Comunista logran desplazar del poder a la corriente revolucionaria en sólo tres años, política que culminará en los "procesos de Moscú" contra los disidentes y la instalación de un régimen policíaco.

En Alemania, que ha sido sacudida por varias oleadas revolucionarias, comienza una recuperación económica hacia 1924 y la república de Weimar, con la presidencia del mariscal Paul von Hindenburg, parece gozar de cierta estabilidad y paz. En 1933, Adolf Hitler es nombrado canciller. Su aparato propagandístico y el número de adeptos han crecido notablemente y a la muerte de Hindenburg se convierte en *führer* y canciller del Reich, el 2 de agosto de 1934. En el Extremo Oriente, una insurrección popular en Cantón (China), en 1928, termina en una matanza de miles de comunistas a manos del Partido Nacionalista Chino, el Kuomintang. Su líder, Chiang Kai Shek, se muestra incapaz de contener el avance imperialista japonés mientras Mao Tse Tung, el jefe comunista, se interna en el país y proclama, en 1931, la república soviética de Kiangsi, desde donde partirá, tres años después, en la "larga marcha" hasta Shensi. Japón invade la Manchuria y emprende la conquista de China. En 1938 logra dominar dos terceras partes del territorio en base al genocidio, los campos de concentración y el exterminio de pueblos enteros. China, al terminar la década, está casi de rodillas ante el Imperio.

El fenómeno de derechización "global" llega, en la década del 30, al extremo occidental de Europa. En 1932, António Oliveira Salazar se convierte en jefe de gobierno de Portugal e inicia una dictadura que se extenderá hasta la década del 70. En España, otra tiranía, la de Miguel Primo de Rivera y Orbaneja, se instala en 1923 y ejerce el gobierno junto a un directorio militar, con el consentimiento del rey Alfonso XIII. Asume los poderes legislativo y ejecutivo, declara el estado de sitio, suspende las garantías constitucionales y persigue a toda oposición intelectual, gremial y política. En 1930 es reemplazado y al año siguiente cae la monarquía y se instala la Segunda República. Cinco años después el "generalísimo" Francisco Franco se alzará en armas y, luego de tres años de sangrienta guerra civil, asumirá el poder, aplastando a los republicanos y la izquierda.

El mundo, hacia 1930, marcha en una dirección política inequívoca. La crisis económica y social, derrotados los intentos de revolución social, abre paso a las dictaduras.

En América, otros vientos

El ascenso de Lázaro Cárdenas a la presidencia de México, la lucha de Augusto César Sandino en Nicaragua y la Fundación del APRA (Alianza Popular Revolucionaria Americana) en Perú son fenómenos que distinguen al proceso latinoamericano. Estos movimientos, englobados bajo el nombre de nacionalismo burgués, coinciden con el agotamiento de la política norteamericana del *big stick* de Theodore Roosevelt y el reemplazo por un estilo menos intervencionista y más aislacionista, que imponen su primo Franklin D. Roosevelt y el presidente Thomas Woodrow Wilson en la década del 20.

Los procesos, paralelos, adquieren características peculiares según el país del que se trate. En Centroamérica, el "patio trasero" de los Estados Unidos integrado por las repúblicas "bananeras" digitadas por la United Fruit Co., la defensa de la soberanía nacional y la cruel explotación a que se somete a los trabajadores rurales motivan la adopción de métodos más radicalizados: Sandino, "el general de los pueblos libres", recurre a la lucha armada. Los Estados Unidos intervienen con tropas que apoyan a la Guardia Nacional. Los marines se retiran en 1933 y Sandino es ejecutado al año siguiente. Anastasio Somoza es elegido presidente en 1937 y su dinastía familiar, apoyada por el país del Norte, gobernará Nicaragua dictatorialmente hasta 1979.

La revolución mexicana desarrollada en la década del 10 queda, de algún modo, congelada: no concluye ni en el reparto de tierras ni en la instauración de un gobierno democrático. Hacia 1934 llega al poder el general Cárdenas, que expropia tierras y reparte más de 20 millones de hectáreas, legisla en acuerdo con la Confederación de Trabajadores Mexicanos de V. Lombardo Toledano, legaliza al Partido Comunista, da alojamiento en el país a Trotsky luego de ser expulsado de la URSS, crea organizaciones de protección a los indígenas y, lo más importante, el 18 de marzo de 1938 nacionaliza el subsuelo mexicano expropiando diecisiete compañías petroleras de Gran Bretaña, Estados Unidos y los Países Bajos. Su sucesor, Ávila Camacho, es el primer presidente civil posrevolucionario y continuará con una orientación similar fundando el PRI, Partido Revolucionario Institucional, que ejercerá el poder durante todo el resto del siglo.

El peruano Raúl Haya de la Torre es otro paradigma del período. En 1924 funda el APRA –que reconoce como uno de sus antecedentes los textos de la "Reforma Universitaria" argentina–, y aglutina y moviliza un colectivo social heterogéneo, que agrupa obreros, estudiantes, indígenas y burgueses detrás de un programa nacionalista y antiimperialista. Se considera al APRA, junto a la UCR, uno de los primeros partidos de masas de Latinoamérica. Aunque no gobernará efectivamente sino recién en 1945 (dentro de una coalición), su presencia política y la de su líder serán decisivas en todo ese período de la historia peruana y de la región. En Chile, país que sufre gran inestabilidad institucional, intentos similares fueron llevados a cabo por los presidentes Arturo Alessandri (1920-25 y 1932-38) y el teniente coronel Carlos Ibáñez del Campo (1927-31).

En el país más grande del subcontinente, Brasil, esa orientación nacionalista toma un sesgo especial. Ante el agravamiento de la crisis económica, entre 1923 y 1924, Luis Carlos Prestes encabeza la "insurrección de los tenientes" y asume el poder. Pero en 1930 es derrocado por un golpe de Estado que lleva al poder a Getúlio Vargas, quien estará en el gobierno hasta 1945. Desde 1937, da forma al "Estado Novo", de corte totalitario. En 1950 Vargas es electo presidente constitucional por el Partido Laborista y, a causa de su orientación nacionalista, mantiene fuertes enfrentamientos con la oligarquía y el ejército. El líder brasileño cultivó una sólida amistad con Agustín Justo en los años 30, y con Perón durante su presidencia. Se suicidó en 1954.

Entretanto, la Argentina de la opulencia se permite todavía creer que disfruta de un devenir propio, ajeno a las crisis del sistema.

El viernes negro de Nueva York

América latina no es todavía un feudo de los Estados Unidos. Nueva York es la metrópoli del capitalismo financiero mundial y si éste tiene un templo, ese es la Bolsa de Valores de Wall Street. Los Estados Unidos, que han construido un gigantesco mercado interno como consecuencia de una dinámica colonización agraria –con los *farmers* como puntales–, se han convertido en una gran potencia mundial. Sin embargo, desde 1927 por lo menos, surgen síntomas de deterioro económico sólo disimulados por los febriles juegos de acciones. Esta dependencia del mercado interno, que ha sido su fortaleza para crecer, se transforma en su talón de Aquiles en el momento de crisis.

Nadie en el mundo –ni los que preveían una *débâcle*– soñaba que los niveles del Crack alcanzarían proporciones tan dramáticas: 50 mil millones de dólares se esfuman en veinticuatro horas y miles de empresas van directo a la bancarrota. Decenas de miles de ahorristas y especuladores son arrastrados por el marasmo –muchos de ellos al suicidio– y, a pesar de los esfuerzos de los principales grupos bancarios, como Rockefeller y Morgan, nadie logra poner tranquilidad.

El sistema todo parece colapsar y sus consecuencias son nefastas: se inicia un período de recesión mundial, llamado la Gran Depresión, desciende profundamente la produc-

Yrigoyen y el oro

La crisis estimuló la salida de oro de la Argentina hacia el exterior. En realidad, este proceso ya había comenzado antes, en la época del auge, cuando Alvear decidió reabrir la Caja de Conversión, la que, a su vez, había permanecido cerrada desde que se declarara la Gran Guerra.

El mecanismo de salida del oro era el siguiente: en la Argentina se obtenían con facilidad préstamos bancarios a tasas de interés muy bajas. Con ese dinero se compraba oro o dólares en el mercado libre –que justamente era libre para facilitar esas cosas– y se los transfería a cuentas bancarias en Nueva York, donde el interés era muy superior.

La maniobra permitía obtener elevadas ganancias con dinero ajeno, recibido en préstamo. Pero su efecto macroeconómico era la descapitalización del país.

Por este mecanismo, cuando se produce el *Crack* de Nueva York salen del país capitales por valor de 200 millones de pesos oro, equivalentes al total de inversiones norteamericanas ingresadas durante los años 1927 y 1928. No era ya la búsqueda de intereses elevados, sino más bien la repatriación de capitales para hacer frente a las pérdidas sufridas en el país de origen de esos fondos, pero los efectos globales eran los mismos.

Fue en ese momento que Yrigoyen, contra la opinión de todos los economistas, decidió cerrar la Caja de Conversión; es decir, guardarse el oro sin dárselo a nadie, ni permitir que continuara la evasión especulativa.

Se armó un escándalo nacional, y muchos sectores protestaron indignados, considerando excesiva la medida. Todavía en enero

ción (Alemania retrocede a los índices de 1896 y Francia a los de 1911) y el desempleo masivo se extiende.

La situación pone en jaque el discurso de las democracias parlamentarias y los desheredados del sistema, arrojados a la miseria y la marginalidad, se hacen permeables a las arengas de líderes carismáticos que prometen regímenes "ordenados" y castigo a la corrupción y la especulación.

Inglaterra, cuya libra esterlina sigue siendo aún la principal moneda del mercado mundial, es la primera en recuperarse y la Argentina, tradicionalmente unida a ella, tratará de subirse a ese carro triunfal, a pesar de que en los últimos años la penetración de empresas norteamericanas ha sido importante.

Yrigoyen, piensan muchos, no es el hombre más adecuado y apto para implementar este giro político.

"La hora de la espada"

¿Por qué se dio por agotado el gobierno de Yrigoyen? ¿Por qué no se respetó —como hasta entonces— su período presidencial o se presionó para deponerlo por "vías constitucionales", considerando que su ancianidad casi senil permitía instrumentar formas "parlamentarias" de precipitar su alejamiento del poder? Trataremos de construir hipótesis y

---

de 1930, Federico Pinedo afirmaba en la Cámara de Diputados que la crisis (que recién comenzaba) estaba a punto de ser superada. "Todos los días —decía Pinedo— la situación económica y monetaria del mundo tiene un carácter más fácil, mayor que el día anterior". Ocurrió exactamente al revés: "Entre nosotros —dice la Bolsa de Comercio— el desastre empezó en febrero de 1930".

E Yrigoyen, que no sabía nada de economía, que no había leído a sutiles tratadistas del patrón oro y del librecambio, sentía intuitivamente que los especuladores se llevaban el oro sin dar nada a cambio y que era necesario detener esa fuga de cualquier modo.

Fue por eso que tomó una medida de política económica moderna, que poco más tarde tomarían también las grandes potencias, y cuyos fundamentos teóricos se edificarían bastante tiempo después.

Sobre el marco político de esta medida, Ferns señala que contó con el apoyo de los productores agropecuarios, quienes, inclusive, la habían reclamado anteriormente. "Pagar la mano de obra y los materiales con papel moneda", comenta Ferns, "y vender el producto en el exterior a cambio de oro o divisas con respaldo en oro, era una antigua tradición del sector agropecuario argentino, y además connatural en él. Los terratenientes creían en el patrón oro como creían en Dios, pero el papel moneda, como la infidelidad, les resultaba una agradable solución para sus deseos naturales."

Estas medidas, sin embargo, resultaron insuficientes. Como en 1890 —pero esta vez por razones muy distintas— las estructuras políticas no resistieron el impacto de la crisis económica. Yrigoyen es derrocado el 6 de septiembre de 1930.

ANTONIO E. BRAILOVSKY,
1880-1982 Historia de las crisis argentinas

respuestas a estos interrogantes que admiten, sin duda, variadas interpretaciones. Entre los estudiosos hay coincidencia en considerar que el famoso discurso de Leopoldo Lugones, leído en Perú ante el ministro Agustín P. Justo (en ocasión de la celebración del centenario de la batalla de Ayacucho, a fines de 1924), constituye un hito fundamental; algo así como la "bandera de largada" para fuerzas que estaban movilizadas en lo ideológico aunque aún contenidas dentro del régimen democrático.

"La vida completa –sintetiza el escritor– se define por cuatro verbos de acción: amar, combatir, mandar, enseñar. Pero observad que los tres primeros son otras tantas expresiones de conquista y de fuerza. La vida misma es un estado de fuerza. Y desde 1914 debemos otra vez a la espada esta viril confrontación con la realidad. [...] Considero mejores a los militares que a los políticos, y no siendo yo ni una ni otra cosa, deseo con imparcialidad el gobierno de los mejores."

Las palabras de Lugones serán simiente para otros ideólogos nacionalistas como Juan Carulla, Ernesto Palacio y los hermanos Julio y Rodolfo Irazusta, cuyos discursos –que abarcan desde la polémica ideológica hasta la acción directa– suenan como música en los oídos del general José Félix Uriburu.

Las palabras de Lugones son premonitorias. El 19 de marzo de 1931, cuando el intendente José Guerrico apague el último farol de alcohol carburado en Buenos Aires –culminando así una etapa de avance de la iluminación eléctrica iniciada en 1896–, Uriburu, presidente *de facto*, encenderá otras "luces", y en su más caro fascismo se rodeará de los "niños bien", admiradores de los *squadristi*, los Camisas Negras que han tomado Roma por asalto.

Tres décadas del Ejército Argentino

La profesionalización

El moderno Ejército Argentino nace con el siglo. En 1901 se sanciona la Ley Ricchieri que instituye el Servicio Militar Obligatorio y en 1916, para formar cuadros para todas las armas de combate, se inaugura la Escuela de Suboficiales, que reconoce como antecedente la Escuela de Clases, de 1908. Desde 1905 el cuerpo de oficiales se integra con egresados del Colegio Militar incentivados a realizar cursos de especialización y perfeccionamiento. Para ello, desde 1900 funciona la Escuela Superior de Guerra, organizada por oficiales alemanes. Se implementan, a la par, diversos mecanismos para sacar del cuerpo efectivo a militares veteranos. El equipamiento hecho con material alemán influye, en conjunto, para favorecer una germanofilia en los oficiales, que se refuerza con la concurrencia a cursos en Alemania. Dice al respecto el investigador Robert Potash:

"Algunos pasaban un año en regimientos alemanes; otros asistían a escuelas militares avanzadas; y otros aun concurrían a observar las maniobras anuales. Desde 1905, año en que se inició dicha práctica, hasta 1914, en que fue suspendida a causa de la iniciación de la Primera Guerra Mundial, veintenas de oficiales argentinos pudieron observar de cerca el funcionamiento del sistema militar alemán. [...] De todos modos, la experiencia fortaleció el sentido de profesionalismo en el Ejército Argentino en general."

Los gastos militares totales consumen, progresivamente, mayores porciones del gasto nacional: pasan de un 17,3 por ciento en 1922 a un 23,1 por ciento cinco años después. Particularmente, se destinan fondos para modernizar el equipamiento: casi 200 millones de pesos en seis años.

Uno de los rasgos característicos del nuevo ejército profesional es que rompe con su tradición histórica de actuación decidida en la política, uno de los signos de la Argentina del siglo XIX. Después de las revoluciones radicales (1890, 1893, 1905), el Ejército ha limitado notoriamente la incumbencia política de aquellos miembros que tuvieran mando de tropa o misiones encomendadas por el gobierno. De modo oficial, ha participado en situaciones de represión interna (intervenciones a provincias, sofocamiento de conflictos sociales) y algunos de sus individuos se han candidateado a cargos electivos.

José Félix Uriburu, afirma Potash, es "el más prestigioso de los oficiales entrenados en Alemania durante esa década [del 10]", admiración que se acentúa con su posición firmemente neutralista durante la Gran Guerra. Justamente él, que ha intervenido junto a los revolucionarios radicales del '90, se presenta como candidato en las elecciones de 1914.

Alvear y la Logia San Martín

Los resquemores con la política militar y el estilo de conducción de Yrigoyen, y con su ministro de Guerra, el civil Elpidio González, generan un proceso de creciente descontento en el Ejército.

En 1921 toma forma una asociación secreta que alcanza a reunir cerca de 300 oficiales, uno de cada cinco del cuerpo total. La denominada Logia San Martín pretende una mayor profesionalización, resistir los favoritismos del gobierno para con sus adeptos, presionar para modernizar el equipamiento y fortalecer la disciplina interna, que algunos han visto resquebrajada en los días de la Semana Trágica, cuando se sugirió que soldados y suboficiales incubaban proyectos de "soviets". No se debe entender, sin embargo, que la asociación agrupa sólo a conservadores o nostalgiosos del régimen anterior a la Ley Sáenz Peña; muchos de sus miembros simpatizan con el radicalismo.

El 2 de abril de 1922 se realizan elecciones nacionales y la fórmula de la Unión Cívica Radical, integrada por Marcelo Torcuato de Alvear y Elpidio González, triunfa con cierta comodidad aunque con poco entusiasmo general del electorado. El nuevo presidente, que sucede a Yrigoyen, reside en París. Hacia allí viaja su amigo Tomás Le Bretón, con quien intercambia ideas sobre posibles integrantes del futuro gabinete. Alvear no se siente obligado a integrar los ministerios con gente del "riñón" del partido. Cuando el análisis de los ministeriables llega al área de Guerra, el presidente electo recuerda a José Uriburu. Es de su misma edad, y han compartido la experiencia de la Revolución del Parque. Pero el mariscal francés Joseph Joffre, que frecuentaba la residencia parisina del argentino, objeta la designación y recalca que la "germanofilia" de Uriburu, su formación en el imperio prusiano, "no sería bien visto en los círculos militares de los países democráticos" (en referencia a Inglaterra, Estados Unidos y Francia). Para Alvear es suficiente y pide otro nombre a Le Bretón: su futuro ministro de Agricultura sugiere entonces al director del Colegio Militar, un hombre de cultura superior a la habitual en el medio castrense, disciplinado, bien considerado por sus pares y miembro del exclusivísimo Círculo de Armas: Agustín Pedro Justo.

Uriburu es designado inspector general del Ejército, un cargo nuevo que le permite, por un lado, una íntima relación con el gobierno y, por otro, un amplio mando militar directo. Se pone a su disposición la Secretaría de Órdenes e Instrucción y el Estado Mayor.

Los principales jefes de la Logia alcanzan puestos de poder e influencia y la actividad facciosa produce recelos y fricciones en el ámbito castrense. Uno de los desencuentros –que termina en duelo– enfrenta a Justo con Luis Dellepiane cuando este general, confeso yrigoyenista, acusa al ministro de manejo fraudulento de los fondos destinados para la construcción de cuarteles.

El Ejército fue permeable a las ideologías fascistas.

Durante el gobierno de Alvear se realizan grandes maniobras militares (Córdoba, 1925), se crean nuevas unidades (en particular, de aviación) y la gestión en el Ministerio de Guerra ubica a Justo en un primer plano político-militar del país. Finalmente, en enero de 1926 Justo, asegurado su poder, anuncia la disolución de la Logia San Martín.

El nocivo empleo de la fuerza

Cuando el período de Alvear se acerca a su fin, Yrigoyen amenaza con volver al poder y los viejos resentimientos se avivan. Importantes círculos castrenses interpretan que "El Peludo" les profesa desdén y subestimación. Los antagonismos internos del radicalismo no hacen sino crear expectativas entre la oficialidad de que los "antipersonalistas", y en particular Alvear, se unirían a ellos para intervenir la provincia de Buenos Aires, el bastión de Yrigoyen. Pero el presidente Alvear, aunque tiene escasas simpatías hacia don Hipólito –y esta animosidad va *in crescendo* con el paso del tiempo–, no acepta provocar un rompimiento franco con su antiguo amigo y jefe.

Ante los crecientes rumores que asocian el malestar militar con un pronunciamiento que impida la asunción de Yrigoyen, Justo presenta una carta pública en *La Nación*, reproducida en la primera página del 21 de febrero de 1928. En ella reafirma su compromiso con las instituciones y la democracia pero su tono es poco convincente y, para algunos, hasta cínico:

> "El Ejército debe mantenerse alejado de toda actividad que no le corresponda; [el ministro] ha señalado al mismo cuáles son sus deberes; ha castigado a todo militar que se ha inmiscuido en política. [...] Creo, y déjeme repetírselo, que nos acercamos a horas muy difíciles. Pero éstos [los males], por trascendentales que fueran, nunca tendrían la importancia de los que emergerían de la intromisión del Ejército en la vida política del país, intromisión que nos haría retrogradar más en el perfeccionamiento de nuestra democracia que cualquier mal gobierno.
>
> "[...] No creo que haya quien piense serenamente en querer reemplazarlo ahora con un medio quirúrgico: no son amputaciones de miembros lo que necesita el país, sino higiene política. El empleo de la fuerza para resolver situaciones políticas siempre ha sido nocivo."

Al culminar el gobierno de Alvear y entregar el poder a Yrigoyen, es evidente la inquietud de los hombres de armas. Mientras tanto, el general Agustín P. Justo retorna a las filas del Ejército con su prestigio personal considerablemente robustecido y rodeado de una aureola de cierta popularidad en los medios civiles.

La reestructuración de Dellepiane

Yrigoyen asume su segundo período a los setenta y seis años. La edad no lo ha cambiado demasiado: sigue con su aire de conspirador, amante de la ropa oscura y de conversar en voz baja en salones poco iluminados. Sus palabras empujan al otro a la acción, a pesar de ese lenguaje críptico que enturbia la claridad de los mensajes.

En esta oportunidad designa en la cartera de Guerra a un militar de gran prestigio en la fuerza, el teniente general Luis Dellepiane. Su gestión tropezará con una serie de problemas que avivan el previsible malestar incubado durante el anterior gobierno "peludista".

Las cuentas pendientes con parte de la oficialidad –presentadas como una reestructuración que favorecería la disciplina de los mandos– se convierten en una larga sucesión

La hora de la espada

Señores: dejadme procurar que esta hora de emoción no sea inútil. Yo quiero arriesgar también algo que cuesta mucho decir en estos tiempos de paradoja libertaria y de fracasada, bien que audaz ideología.

Ha sonado otra vez, para bien del mundo, la hora de la espada.

Así como ésta hizo lo único enteramente logrado que tenemos hasta ahora, y es la independencia, hará el orden necesario, implantará la jerarquía indispensable que la democracia ha malogrado hasta hoy, fatalmente derivada, porque ésa es su consecuencia natural, hacia la demagogia o el socialismo. Pero sabemos demasiado lo que hicieron el colectivismo y la paz, del Perú de los Incas y la China de los mandarines.

Pacifismo, colectivismo, democracia, son sinónimos de la misma vacante que el destino ofrece al jefe predestinado, es decir al hombre que manda por su derecho de mejor, con o sin la ley, porque ésta, como expresión de potencia, confúndese con su voluntad.

El pacifismo no es más que el culto del miedo, o una añagaza de la conquista roja, que a su vez lo define como un prejuicio burgués. La gloria y la dignidad son hijas gemelas del riesgo; y en el propio descanso del verdadero varón yergue su oreja el león dormido.

La vida completa se define por cuatro verbos de acción: amar, combatir, mandar, enseñar. Pero observad que los tres primeros son otras tantas expresiones de conquista y de fuerza. La vida misma es un estado de fuerza. Y desde 1914 debemos otra vez a la espada esta viril confrontación con la realidad.

En el conflicto de la autoridad con la ley, cada vez más frecuente, porque es un desenlace, el hombre de espada tiene que estar con aquélla. En esto consisten su deber y sacrificio: el sistema constitucional del siglo XIX está caduco. El Ejército es la última aristocracia, vale decir la última posibilidad de organización jerárquica que nos resta entre la disolución demagógica. Sólo la virtud militar realiza en este momento histórico la vida superior que es belleza, esperanza y fuerza.

Habría traicionado, si no lo dijera así, el mandato de las espadas de Ayacucho. Puesto que este centenario, señores míos, celebra la guerra libertadora; la fundación de la patria por el triunfo; la imposición de nuestra voluntad por la fuerza de las armas; la muerte embellecida por aquel arrebato ya divino, que bajo la propia angustia final siente abrirse el alma a la gloria en la heroica desgarradura de un alarido de clarín.

Leopoldo Lugones, 11 de diciembre de 1924

LUCIANO DE PRIVITELLIO Y LUIS A. ROMERO, *Grandes discursos de la historia argentina*

de traslados, al punto que el 60 por ciento de los oficiales cambia de destino. Las órdenes del Presidente, poco amigo de los reglamentos y más bien apegado al caudillismo, provocan resistencias que no se suavizan con el aumento de sueldos y de la recluta de conscriptos: los nombramientos y ascensos son muy discrecionales, casi antojadizos. *La Prensa* del 14 de julio de 1930 destaca: "Es hoy corriente en toda la administración, hasta en la Armada y en el Ejército, sobre todo, que el militar o sus familiares que pueden llegar a la presencia del Presidente de la Nación consiguen todo lo que desean, aunque sea injusto o ilegal". Resulta casi una afrenta a la institución que ni en 1928 ni en 1929 el gobierno eleve los pliegos al Senado para que trate los ascensos de grados superiores en tiempo y forma. Además, después de años de reequipamiento, se ordena una drástica reducción en las inversiones que repercute en la modernización general y paraliza los proyectos de ampliación de instalaciones.

En este marco, el desplazamiento de hombres de la Logia San Martín o cercanos a ella es ostensible: Justo es pasado a disponibilidad; el coronel Luis García, anterior jefe de la sociedad secreta, y Uriburu pasan a retiro. Desde esta posición se sienten con las manos libres –y la conciencia limpia– para conspirar.

El 4 de mayo de 1929, con el grado de teniente general, Uriburu es declarado en situación de retiro absoluto por haber alcanzado la edad reglamentaria. Algunos quizá pensaron que el general gozaría de su pensión junto a su esposa, Aurelia Madero de Uriburu. Al fin, recién cumplidos los sesenta años, es un hombre respetado en la sociedad y asiduo concurrente del Círculo de Armas. Pero no será así. Uriburu se posiciona como presidente del Círculo Militar y Justo lo acompaña desde la vicepresidencia. Un estado mayor del golpe se ha conformado y tiene donde sesionar sin que se lo acuse de conspiración.

Un gobierno en crisis

El "anguila" Justo y "Von Pepe"

El general Agústín P. Justo es conocido como un burócrata escurridizo. Su carrera militar registra pocos cargos en mando directo de tropas y tampoco se ha perfeccionado en el exterior. Su imagen es la de un oficinista, administrador y hombre de cierta cultura que, como ingeniero, se destaca también en la docencia. En 1920 ocupa la dirección del Colegio Militar. En el discurso de despedida de la promoción de cadetes, Justo señala los "deberes" de las Fuerzas Armadas:

> "La principal tarea que os espera: contribuir al amalgamiento de los hombres que pueblan nuestra tierra, vinculándolos a nuestras tradiciones y a nuestro porvenir, tarea que el Ejército viene realizando silenciosamente. [El Ejército es] ejemplo de virtudes para su nación y amparo de la libertad y el derecho de sus ciudadanos dentro de las normas establecidas por los gobiernos que ellos libremente se hayan dado."

"Tuncito", tal su apelativo familiar, trata de mostrarse como un hombre de mundo. Guarda una infaltable sonrisa para cada oportunidad propicia, concurre habitualmente a ver al popular Boca Juniors, club del que será socio honorario y tiene, además, una verdadera obsesión por incrementar su biblioteca particular.

Potash aporta su perspectiva:

"Con su habilidad para la maniobra política y su capacidad para adoptar la máscara oportuna, Justo estaba más cerca de la astucia de Roca que de la franqueza de Uriburu. Su apariencia amable y paternal, la corpulencia que lo llevaba a sentirse incómodo en el uniforme militar, escondía una mente muy astuta. Inquieto y ambicioso, pero al mismo tiempo prudente, estudioso de la historia y de sus semejantes, Justo tenía las cualidades del político práctico."

José Félix Uriburu, por el contrario, es un hombre de armas de la más pura cepa. Manuel Gálvez, en 1956, lo pintará como "de aspecto bondadoso, ojos mansos y algo saltones y maneras afables [...] En su fisonomía, poco o nada expresiva, llamaban la atención unos bigotazos de largas guías. Era campechano e igual con todos [y] no me pareció hombre de talento ni de saber."

Mientras Justo difunde una vaga ideología liberal, Uriburu, en cambio, es decidido partidario del orden y la jerarquía y no disimula sus simpatías por Mussolini y Primo de Rivera. Carlos Ibarguren, en *La historia que he vivido*, comenta estas ambivalencias:

"El general Justo era, espiritual e ideológicamente, el polo opuesto al general Uriburu. Político por vocación, ambicioso por naturaleza, liberal, inquieto, cauteloso y maniobrero cuando le era necesario obrar así para la consecución de sus fines; los rodeos en sus procedimientos lo conducían a transigir y aun a unirse con las más opuestas tendencias. [...] No vaciló en despojarse en un momento dado del título de general para adoptar el de 'ciudadano ingeniero' en procura de mayores adhesiones cívicas. [...] Con tales cualidades, las características espirituales e ideológicas de Justo no podían concordar con las de Uriburu. De aquí que hubo solamente la apariencia de armonía entre ambos."

Los acontecimientos futuros demostrarán la certeza de esta apreciación.

El ambiente se enrarece

El radicalismo en el poder tiene dificultades para gobernar. Cuenta con mayoría en Diputados pero en la Cámara alta la oposición lo supera en número y presenta un amplio arco que, integrando al radicalismo antipersonalista y al Partido Socialista Independiente –un desprendimiento del viejo tronco socialista–, conforma la denominada Confederación de Derechas. Desde la izquierda las críticas se hacen sentir con voces de las bancas del socialismo tradicional y el Partido Demócrata Progresista de Lisandro de la Torre, que a partir de posiciones más conservadoras, se abre paso con debates democráticos y enfrentados a la corrupción. Buena parte del sostén del gobierno está en la multiplicación de los puestos en la administración pública, lo que es una fuente de venalidad.

En el PSI hay un grupo de notables tribunos, como los doctores Héctor González Iramain, Augusto Bunge, Antonio De Tomaso y Federico Pinedo, que dan brillo a la Confederación; los radicales antipersonalistas tienen fuerte raigambre en Entre Ríos, Santa Fe, y se cobijan tras la figura de Alvear para defender sus posiciones, cercanas a las de la derecha tradicional.

A fines de 1929 una serie de hechos complican el panorama político y son prenuncios de la tormenta que se avecina. Las consecuencias de la crisis de la Bolsa neoyorquina se hacen sentir con intensidad.

En noviembre es asesinado el caudillo mendocino Carlos W. Lencinas, ex gobernador y senador nacional electo. La opinión pública, sin pruebas, culpa al gobierno. El día de Navidad, un antiguo militante anarquista, Gualberto Marinelli, atenta sin éxito contra Yrigoyen y pierde la vida en el intento. Movilizaciones estudiantiles interrumpen las clases y provocan zozobra en las universidades, enfrentando a yrigoyenistas y opositores. Un severo llamado de atención se produce en las elecciones del 30 de marzo de 1930, en las que el socialismo independiente triunfa en la Capital. Poco después, el gobierno libera al anarquista Simón Radowitzky, asesino del jefe de policía Ramón Falcón en 1909, una medida que cae muy mal en los medios castrenses.

La acción parlamentaria de la oposición casi paraliza al gobierno. Importantes diarios –en particular *La Prensa*– critican ácidamente a Yrigoyen.

Las posiciones de Uriburu y Justo se distancian y las reuniones de oficiales (y civiles) conspiradores se multiplican y se hacen más intensas. Ambos grupos debaten los mecanismos para reemplazar a Yrigoyen, pero mantienen importantes diferencias tácticas. Dellepiane es informado día a día de la marcha de la conspiración y el presidente Yrigoyen parece ser el único en el país que le resta importancia.

El 6 de septiembre de 1930

Los días previos

Hipólito Yrigoyen en el gobierno no alcanza a controlar la situación política, ni siquiera a sus propios ministros, que se dividen y enfrentan en bandos públicos. La crisis económica desatada a partir del "viernes negro" de Wall Street coloca al gobierno al borde del precipicio. Los grupos filofascistas ven en Uriburu al hombre que empujará al gobierno radical al vacío, y acuerdan el movimiento con los "justistas", jefes y oficiales militares que, por lo menos declamativamente, sólo buscan que las viejas oligarquías conservadoras retornen al poder cerrando la etapa radical.

Hacia mediados de año, Uriburu logra concentrar la dirección del movimiento golpista y Justo se hace a un lado. El 25 de agosto una denominada Legión de Mayo se presenta en sociedad con publicaciones de extrema derecha. El gobierno anota el hecho y, con informaciones de que estallaría un complot cuya cabeza sería Uriburu, dispone medidas de excepción: refuerza las guardias, instala baterías de ametralladoras en la Casa de Gobierno y en el domicilio particular de Yrigoyen, y ordena la detención de un grupo de coroneles y tenientes coroneles sospechados de golpistas.

Uriburu pasa a la clandestinidad y el 29 la Liga Patriótica Argentina exige la renuncia del gobierno y convoca a derrocarlo. Entre el 3 y el 4 de septiembre grupos estudiantiles asaltan las facultades y se suman al pedido de renuncia. A pesar de la gravedad de los acontecimientos, el Presidente ordena la liberación de los oficiales presos dando crédito a la palabra de honor de los detenidos. Dellepiane, desautorizado, renuncia. Los golpistas, con escasos enemigos que enfrentar, consideran llegada su hora.

Un hecho fortuito, que los radicales temieran más a Justo que a Uriburu –quien carecía de mando efectivo–, le dejó a éste el campo libre para encabezar el alzamiento. Desde guaridas secretas del Gran Buenos Aires, acepta ser la cabeza del movimiento y organiza sus limitadas fuerzas:

"La primera condición que impuse a todos mis compañeros del Ejército y a la Armada sin distinción absoluta de jerarquías para la imprescindible unidad de la acción y de su desarrollo fue ésta: yo solo mandar y todos obedecer."

Tras la liberación de sus hombres, Uriburu retorna a Buenos Aires y se instala en la casa de un amigo, en Barrio Norte. El 5 de septiembre, en un clima casi caótico y con un vacío de poder ostensible –la renuncia de Dellepiane es un golpe mortal para el gobierno–, Yrigoyen delega el mando en el vicepresidente Enrique Martínez, que decreta el estado de sitio.

El golpe

El 6 de septiembre de 1930 estalla el golpe. Con escasos efectivos, pero consciente de las debilidades de su oponente, Uriburu instala el comando revolucionario en la localidad de San Martín mientras civiles movilizados, entre ellos varios legisladores, penetran en Campo de Mayo instando a las tropas indecisas a pronunciarse. Millares de volantes propagando la revolución son arrojados desde aviones, que en círculos concéntricos se acercan al centro de la Capital Federal.

A las 10 de la mañana, Uriburu se pone en marcha. Lo sigue una columna integrada sólo por elementos del Colegio Militar y el batallón de Comunicaciones, ya que las tropas de Campo de Mayo están indecisas. Marcha hacia la Casa Rosada y su columna se engrosa con ciudadanos que adhieren. Hay conatos de lucha e intercambio de balas en la esquina de Córdoba y Callao y en la Plaza de los Dos Congresos con un saldo de 15 muertos y más de 150 heridos.

Hay otros focos de resistencia, como el del comité radical de Flores, pero, como señala Félix Luna, "la confusión, la falta de conducción firme y la rapidez con que se produjeron los hechos, hicieron imposible la resistencia popular". Otros opinan que, virtualmente, el gobierno se caía sólo: bastaron 1.500 hombres del Ejército –sobre un total de 40 mil, más 10 mil policías– para concretar un golpe exitoso que, por estas características, bien se gana el título de *putch*.

El contingente dirigido por Uriburu penetra en la Casa de Gobierno sin hallar oposición. Encuentra al vicepresidente Enrique Martínez y le exige la renuncia. Al atardecer, Yrigoyen abandona su vivienda de la calle Brasil y se traslada a La Plata. Alojado en el cuartel del Regimiento 7 de Infantería, suscribe su renuncia y la entrega al comandante de la unidad, el teniente coronel Irusta. Mientras tanto, una turba desaforada irrumpe en su hogar y prende fuego a sus pocos libros y sus modestos muebles. La mayoría de los atacantes son "niños bien" que profesan un odio cerril hacia ese hombre que fue muy popular, que está viejo y mantiene costumbres sencillas.

La Corte Suprema legitima

Dos días después, Uriburu jura desde los balcones de la Casa de Gobierno y, ante una manifestación exaltada, se compromete a "servir a la patria". Enrique Santamarina es nombrado vicepresidente pero renuncia al cargo el 20 de octubre, esgrimiendo razones de salud.

Uriburu disuelve el Congreso, declara el estado de sitio e interviene las provincias a excepción de dos que no se han solidarizado con Yrigoyen. El diario *Crítica*, un vespertino de tinte sensacionalista dirigido por Natalio Botana, es un fervoroso defensor del gol-

El golpe de Estado contó con un entusiasta apoyo social.

pe, reflejando posiciones de un amplio sector de la opinión pública. Los titulares del diario que informan de la caída del régimen constitucional ofrecen un elocuente testimonio: "Fue la de hoy una jornada histórica". Esa tirada alcanza una venta récord de 800 mil ejemplares.

El 8 de septiembre Justo es designado comandante en jefe del Ejército. Ya con este cargo sofoca la tentativa que militantes yrigoyenistas realizan ese mismo día: más de cincuenta oficiales leales al gobierno constitucional quedan arrestados en un arsenal; entre ellos están Enrique Mosconi, Alonso Baldrich y Severo Toranzo Montero. A los pocos días Justo solicita su relevo.

Desde el punto de vista jurídico, no se registran antecedentes de un movimiento militar triunfante y la Corte Suprema debe sentar jurisprudencia. Manuel Augusto Montes de Oca, un jurista respetado, da las bases para el pronunciamiento de legalidad del nuevo presidente, atendiendo a "razones de Estado". Lo fundamental es que Inglaterra, Estados Unidos, Alemania y Francia acepten los argumentos.

El 10 de septiembre la Corte Suprema de Justicia reconoce al nuevo gobierno, que entre el 16 y el 21 de septiembre recibe las acogidas de los mandatarios extranjeros: Alemania e Italia están entre los primeros países que reconocen al gobierno "provisional".

Tomada la inédita resolución, varios jueces camaristas comparten un brindis por el fin de la "dictadura radical" y los principales diarios saludan con entusiasmo que Uriburu se transforme en un presidente "legítimo". El nuevo gobierno, sin embargo, tendrá corta vida.

La dictadura

Los amigos de Uriburu

Las causas esgrimidas para dar el golpe de Estado son la "defensa del imperio de la ley" y las "serias restricciones a la libertad y las transgresiones legales" adjudicadas al gobierno de Yrigoyen. Evidentemente, existe cierto consenso social para su derrocamiento, incluso en las filas radicales. Alvear recibe en su villa parisina al cronista de *La Razón* y formula declaraciones denostando duramente a Yrigoyen y justificando la acción militar:

"Tenía que ser así. Yrigoyen, con una ignorancia absoluta de toda práctica de gobierno democrático, parece que se hubiera complacido en menoscabar las instituciones. Gobernar no es payar. Para él no existían ni la opinión pública, ni los cargos, ni los hombres. Humilló a sus ministros y desvalorizó las más altas investiduras. Quien siembra vientos recoge tempestades. [...] Él, que dirigió varias revoluciones, en las que nosotros participamos, no logró hacer triunfar ninguna. En cambio ve triunfar la primera que le hacen a él. Más le valiera haber muerto al dejar su primer gobierno; al menos hubiera salvado al partido, la única fuerza electoral del país, rota y desmoralizada por la acción de su personalismo. Sus partidarios serán los primeros en repudiarlo. [...]

"Mi impresión, que transmito al pueblo argentino, es de que el Ejército, que ha jurado defender la Constitución, debe merecer nuestra confianza y que no será una guardia pretoriana ni que esté dispuesto a tolerar [sic] la obra nefasta de ningún dictador."

Estas declaraciones, del tenor de un enemigo declarado, son realizadas sin embargo por "Marcelito", como le decía "el Viejo", apenas dos días después del golpe y demuestran hasta qué punto el gobierno de Yrigoyen había perdido base de sustentación. Eugenio Pini, en carta a Alvear, sostiene: "La situación general es calma y segura. El odio contra el Peludo [que en esos momentos estaba preso] y todo el Régimen de él, es tremendo y nadie hoy reconoce ser yrigoyenista".

No obstante, a pesar de ciertas expresiones de deseos democráticos, la ilegalidad y la represión crecen de manera geométrica. Uriburu detesta a los políticos y suele referirse a ellos en forma despectiva. Para gobernar, se rodea de lo más granado del viejo régimen conservador desplazado del poder en 1916. Apellidos como los de Béccar Varela, Bosch, Padilla y Sánchez Sorondo no son precisamente sinónimo de renovación. En *La democracia ficta*, Horacio Sanguinetti los describe: "Eran gente adinerada, ganaderos de la pampa húmeda, azucareros de Tucumán, banqueros, jueces, profesores y letrados de empresas extranacionales". En definitiva, no son sino aquellos que frecuentan las tertulias del Círculo de Armas y del Jockey Club.

El gobierno de Uriburu no tardará en mostrar sus simpatías corporativistas. Interviene las universidades y expulsa a profesores y alumnos disidentes con el régimen, las conquistas de la reforma universitaria son abolidas, aplica censura a los diarios –incluso al oficialista *Crítica*, clausurado por sostener posiciones independientes y publicar autores de variada formación ideológica–, y actúa sin piedad contra todo sindicato que convoque a huelga. La ambición básica del gobierno, sin embargo, nunca llega a concretarse. Uriburu y varios de sus principales consejeros desean realizar una reforma constitucional como ha hecho Mussolini en Italia y, entre otras medidas, "corregir los defectos" de la Ley Sáenz Peña y prohibir el voto a los analfabetos.

Ninguna duda dejan las palabras de Lisandro de la Torre, viejo amigo de Uriburu y, en ocasiones, su consultor, cuando declara a *La Razón* el 26 de febrero de 1932: "Los que están en la creencia de que proyectaba la organización de un gobierno provisional civil como el que instaló el 6 de septiembre están equivocados. [Uriburu] proyectaba la implantación de una dictadura y asumiría el título de dictador. La revolución sería exclusivamente militar, dirigida exclusivamente por él, sin participación del general Justo ni de los partidos conservadores. Los civiles serían simples colaboradores de la dictadura militar." Vale destacar, sin embargo, un detalle singular: en la dictadura de Uriburu, su gobierno estará integrado, mayoritariamente, por civiles.

La Sección Especial

El trato dado a los centenares de presos políticos –muchos de ellos trasladados a Tierra del Fuego– inaugura una práctica funesta que se instalará durante el resto del siglo, con escasas y honrosas excepciones, como metodología sempiterna: la tortura. Entre otros tristes privilegios, el gobierno de Uriburu quedará en los anales asociado a un lamentable invento argentino, la picana eléctrica. Además, después de muchos años se recuperó otra práctica execrable, los fusilamientos. La pena de muerte estaba eliminada del Código Penal desde 1921, pero el gobierno de Uriburu impone una ley marcial que permite los juicios sumarios.

"Lo imperdonable hubiera sido no crear la Sección Especial", es la respuesta del ministro de Interior Leopoldo Melo en la Cámara de Diputados cuando lo interpelan por ejercicio de la tortura, el 5 de septiembre de 1934. Pero Melo, con un desenfado propio de los que se sienten impunes, asegura que las acusaciones que se centran en esa dependencia policial creada tres años antes por Uriburu, "eran leyendas de la oposición".

El invierno de la democracia

La larga estación primaveral de la democracia empezó con Alem y terminó con la Ley Sáenz Peña; su breve y tempestuoso verano coincidió con los años de la guerra y duró todo 1919; el otoño persistió durante todos los años veinte, hasta que el invierno llegó finalmente en septiembre de 1930. Pese a un prolongado empuje de expansión económica después de 1890, este ciclo político reflejó los puntos flacos de la transición argentina de fines del siglo XIX. El gobierno representativo podía haberse desempeñado mejor si su base social y económica hubiese sido diferente: si a mediados del siglo XIX los liberales hubiesen logrado destruir el monopolio en la propiedad de la tierra; si la industria se hubiese desarrollado lo suficiente como para crear una clase mayor y más poderosa de productores industriales; si los políticos hubiesen sido menos susceptibles a la manipulación de los intereses comerciales extranjeros; si los renacientes conflictos regionales no hubiesen impedido a las elites unirse en un partido conservador fuerte, como instaba a hacerlo Sáenz Peña en 1912. Pero las condiciones prevalecientes eran el resultado de factores históricos que había sido imposible corregir; la democracia cayó víctima de la herencia colonial de la Argentina.

La reforma política de 1912 estuvo lejos de ser una capitulación de las viejas clases dominantes, y menos aún una invitación a efectuar cambios estructurales. En verdad, ninguno de los grupos de poder rivales exigía tales cambios. A lo sumo, la reforma fue una retirada estratégica de las elites para apuntalar el orden social existente. Pronto se revelaron los límites de las concesiones: la reforma no pretendía cambiar el estatus de los trabajadores-inmigrantes ni mejorar su suerte. Al tratar de limitar los gastos del Estado, los conservadores también trataron de limitar las concesiones a la clase media urbana. Cuando Yrigoyen volvió al poder, descubrió que sobreviviría mientras pudiese gastar. Una vez que los gastos del gobierno se redujeron, perdió el apoyo de la clase media y fue derrocado.

Pero en 1930 la renovada inestabilidad política sólo era uno de los problemas críticos de la Argentina. La expansión en el sector rural era lenta; las dificultades surgieron en los mercados de exportación. Durante los setenta años anteriores, la Argentina había prosperado principalmente gracias a su estrecha relación con Europa. Después de 1930, el país se vio obligado cada vez más a buscar sustitutos.

DAVID ROCK, *Argentina 1516-1987*

La Sección Especial, que con los años sobrevivirá como un aparato permanente de la policía, alcanzará su peor fama cuando, bajo la conducción de Leopoldo Lugones (h), perfeccione todos sus métodos para obtener declaraciones: desde las sesiones húmedas con aplicación de la picana eléctrica o la inmersión del detenido colgado de los pies en tarros con excremento, hasta el simulacro de fusilamiento.

La Legión Cívica y un fascismo trasnochado

El mesianismo de Uriburu lo lleva a cometer errores infantiles. A principios de 1931, luego de derrotar una intentona radical, convoca adelantadamente a elecciones en las provincias de Buenos Aires, Santa Fe y Córdoba. Uriburu –y Sánchez Sorondo, el verdadero mentor– cree que la UCR bonaerense tendrá allí su funeral de lujo a manos de los conservadores, duchos en maniobras y fraudes.

Sin embargo, el radicalismo reacciona y se une, presenta una fórmula conciliatoria con Honorio Pueyrredón –yrigoyenista– y Mario Guido –antipersonalista– y logra el triunfo, a pesar de las empanadas repartidas a discreción en los comités conservadores. Uriburu anula esas elecciones, da un nuevo golpe de timón hacia la derecha y desiste de llevar a cabo las otras elecciones convocadas.

La votación, todo un test para Uriburu, evidencia aquello de que "los muertos que vos matáis gozan de buena salud" y enardece a los seguidores del régimen. Al tiempo que Sánchez Sorondo paga su error con la renuncia y Uriburu tiende nuevas redes hacia Justo, la ultraderecha se lanza a la acción: el 26 de abril la Legión Cívica Argentina, un grupo parapolicial de ideología fascista, desfila por las calles de Buenos Aires, presidida por el mismísimo Uriburu.

Un mes después, el 20 de mayo, el gobierno emite un decreto autorizando las actividades de la Legión. En el decreto se la califica como "asociación de hombres patriotas" y autoriza a sus adherentes a concurrir a los cuarteles y recibir instrucción militar y prácticas de tiro. En el aniversario de la patria, cinco días después de su legalización, los legionarios desfilan por Plaza de Mayo y saludan solemnemente al Presidente. La columna es encabezada por los coroneles Juan Bautista Molina y Emilio Kinkelin. El diario *Bandera Argentina* es el vocero de la agrupación: en uno de sus primeros ejemplares publica una foto de Hitler presidiendo una enorme concentración. A la ilustración la acompaña un elocuente epígrafe: "¿Cuándo veremos una cosa igual en la Plaza de Mayo?".

Como todo grupo fascista, bajo el amparo de militares y policías, los jóvenes, en su gran mayoría "pitucos de clase alta", van incrementando sus acciones de amedrentamiento. Actúan con garantía de impunidad y atacan locales sindicales y de partidos políticos, agrupaciones estudiantiles de perfil democrático y provocan muchas víctimas. También, siguiendo los modelos de Mussolini, Hitler y Primo de Rivera, comienzan el adoctrinamiento y la instrucción militar de niños y adolescentes.

A principios de mayo de 1931 el panorama para Uriburu no puede ser más complicado: la economía atraviesa una crisis cada vez más profunda, Justo intriga, Yrigoyen permanece confinado en Martín García y el radicalismo se anima a abrir comités.

Sectores de trabajadores, además, empiezan a hacer sentir sus protestas por el creciente nivel de desocupación. El prestigio inicial del gobierno se deteriora a tal punto que Uriburu y Justo deben escatimar sus presentaciones públicas porque son ruidosamente abucheados. El Presidente gobierna con rudeza; incluso intenta dar forma a su propio instrumento político, el Partido Nacional, pero no tiene éxito: definitivamente, no es un político.

Tampoco es favorable la situación en el seno mismo de las Fuerzas Armadas. El entonces capitán Perón, siempre perspicaz, comenta en una carta al teniente coronel Sarobe fechada el 20 de abril de 1931:

"Creo que al cuadro de oficiales esta revolución le ha hecho un gran mal. Será necesario que los hombres que vengan a gobernar vuelvan las cosas a su lugar. Esto no tiene otro arreglo que multiplicar las tareas [...] sólo así podrá evitarse el mal que produce en el Ejército la ociosidad, la murmuración y la política. Será necesario que cada militar esté ocupado en asuntos de su profesión de diana a retreta. De lo contrario, esto irá de mal en peor."

Esta visión es compartida por muchos oficiales. Acosado, el ejecutivo comienza a evaluar la posibilidad de convocar a elecciones.

Rebeliones y elecciones

Alvear ha regresado al país el 25 de abril. Uriburu trata de convencerlo para que elimine de la UCR los vestigios de "peludismo". El 20 de julio un alzamiento en Corrientes, organizado por el teniente coronel Gregorio Pomar, es derrotado y su jefe debe exiliarse en Paraguay. Sin embargo el intento, sumado a las fallidas elecciones en Buenos Aires, señala el comienzo de la cuenta regresiva para Uriburu. Algunos sospechan que el movimiento correntino fue una artimaña preparada por Justo para dejar *off side* al radicalismo, siguiendo la misma estrategia que el "Zorro" Roca, quien en 1890 logró que la Revolución del Parque provocara la caída de Juárez Celman sin que el movimiento se escapara de control.

Uriburu muerde el anzuelo. En el comunicado oficial se dice que "la relación entre los ácratas y los radicales no deja lugar a dudas. [...] Buenos Aires sería entregada al saqueo y desmán de las turbas anarquistas, siempre y cuando éstas se comprometiesen a ayudar plenamente al partido radical". El gobierno reprime a la UCR, expulsa a Alvear del país y convoca a elecciones presidenciales para el 8 de noviembre. La UCR decreta "la abstención absoluta en toda la república" y busca solidaridad entre socialistas y demoprogresistas, pero la Alianza Civil que éstos conforman mantiene su fórmula con De la Torre y Nicolás Repetto y participa de los comicios. La posición radical deja el campo libre al triunfo de Justo.

Sin competidores de cuidado en el horizonte, Justo es candidato a presidente por la recién articulada "Concordancia", que reúne al Partido Demócrata Nacional, un sector de los antipersonalistas y los socialistas independientes. La Unión Cívica Radical antipersonalista es la primera en proclamar la candidatura presidencial de Justo, con la vicepresidencia propuesta al doctor Eduardo Laurencena, quien renuncia y es reemplazado por José N. Matienzo; seis días después adhiere el Partido Demócrata Nacional, que completa la fórmula con Julio Argentino Roca (h). Finalmente, el 20 lo hacen los socialistas independientes. Justo concurre a cada uno de estos mítines. En el último destaca el sentimiento común que agrupa a "todos los buenos ciudadanos que aspiran a terminar para siempre con el régimen que cayera el 6 de septiembre". La campaña electoral confronta especialmente el carácter "civil" de la Alianza con el carácter militar de Justo, pero éste recoge el guante con un sesgo ingenioso: él es, además, ingeniero, "sujeto a las más inflexibles imposiciones de las verdades matemáticas".

El 8 de noviembre de 1931 resulta electo el general Agustín P. Justo con cerca de 600 mil votos, mientras que la Alianza Civil araña los 500 mil. A pesar del ostensible fraude, la oposición, con Luciano Molinas, gana la gobernación de Santa Fe y en la Capital el socialismo obtiene un resonante triunfo, alcanzando la mayoría y conformando un nutrido bloque parlamentario. El fraude implica robo de libretas, abuso del consabido "vos ya votaste", urnas con doble fondo (llamadas "urnas-mulas" por la doble carga de votos que transportaban), expulsión de fiscales y opositores encerrados en calabozos de comisarías, ya que las elecciones se desarrollan, insólitamente, con vigencia del estado de sitio. Yrigoyen, preso en Martín García, recomienda que la UCR se una bajo la conducción de Marcelo de Alvear, "que siempre es y será radical".

Al amparo del gobierno de Uriburu se formó la temible Legión Cívica.

El gobierno se ve obligado a realizar elecciones complementarias en varios distritos y, finalmente, legitima los resultados –que otorgan a Justo-Julio Roca (h) un 54 por ciento– recién el 7 de enero de 1932. Uriburu hace entrega de los atributos presidenciales el 20 de febrero; durante la ceremonia no deja de recomendar a Justo que se aboque a las reformas constitucionales que él no ha podido encarar y el nuevo mandatario asegura que se empeñaría en instrumentarlas. Esas ideas son sostenidas también por Lugones: "Hoy o mañana, con Uriburu o con Justo, habremos de reformar la Constitución para poder gobernar correctamente, no como hasta ahora: la letra por un lado y el espíritu por otro. [...] La fórmula 'Justo o ninguno' es una suprema imposición del patriotismo".

Esa misma noche, un indulto presidencial permite que Yrigoyen regrese. Al correrse la voz, una importante multitud se congrega para saludar al caudillo. Uriburu, por su parte, agravada una úlcera gástrica –se habla también de cáncer–, parte hacia Europa el 12 de marzo y fallece en París, el 29 de abril de 1932.

El Contubernio

Justo asume vinculado a Alvear, a *Crítica* –en cuyo directorio participa– y a hombres del socialismo independiente. Joaquín Coca, diputado del PS, bautiza como "contubernio" a este heterodoxo entendimiento de sectores políticos y militares, cuyo mayor acuerdo de unidad es el enfrentamiento a Hipólito Yrigoyen. A su entender, el frente guar-

Militares en las calles, una presencia frecuente en el nuevo paisaje urbano.

da características similares a la alianza de Alem, Mitre y Roca que en 1890 conspiró para derrocar a Juárez Celman.

Los resultados de la confrontación de noviembre de 1931 dibujan, en efecto, un mapa político complejo que, en parte, refleja la heterogeneidad de la Concordancia: Buenos Aires, Córdoba, Mendoza y Salta en poder de los conservadores; La Rioja, Catamarca y Santiago del Estero, en manos de los antipersonalistas; en Santa Fe, los demócrata-progresistas; en Corrientes, los autonomistas, y en Capital Federal, los socialistas. Tucumán y San Juan permanecen en poder de partidos provinciales. Justo no logra armar un partido nacional y debe gobernar como jefe de un frente dispar. Su gabinete debe conciliar intereses y estilos.

La confluencia de tantos elementos contradictorios no nos permite, tal vez, hacer una correcta evaluación de la figura presidencial. Como observa el analista Rosendo Fraga:

> "La causa principal del olvido de Justo es que siempre ha sido considerado un 'oligarca' para los comunistas y socialistas, para los radicales fue el presidente del fraude que les impidió acceder al poder, para los nacionalistas fue el radical pro británico y, en última instancia, para los conservadores fue un 'radical antipersonalista'. Es así como ninguna de las corrientes político-ideológicas que actuaron en la Argentina en el último medio siglo reivindicó la figura de Justo. A su vez el Ejército, que ha hecho de Ricchieri la figura excluyente de su proceso de modernización y profesionalización, tampoco dio a Justo el verdadero mérito que tuvo como conductor del Ejército moderno."

Toda la gestión de Justo es sostenida mediante escandalosos fraudes en los procesos electorales provinciales, apoyados en la acción decidida de la "policía brava". Graciosamente, se recupera así la llamada "política criolla" en la persona de grandes punteros de estilo paternalista y mafioso, dueños de la vida cotidiana de los distritos y parroquias electorales.

Cuando en julio de 1933 fallece Yrigoyen, se despeja un poco el camino en la oposición radical, que ve en Alvear el único referente posible. Poco antes de morir, Yrigoyen insiste, con una firmeza que suena a letanía: "Hay que rodear a Marcelo... Marcelo es radical...". Alvear preside el impresionante cortejo fúnebre que acompaña los restos del "Peludo" el 6 de julio. En sus oídos repican esas palabras póstumas: "Marcelo, una gran elección, o una gran revolución".

En los procesos electorales del '35 y el '36 vuelve a quedar claro que la UCR es, de modo incuestionable, la fuerza mayoritaria. Constatar esta realidad y confirmar la organización de fraudes a gran escala es la única conclusión a la que llegan el general Justo y su ministro de Interior, Leopoldo Melo. Las elecciones que en 1937 asegurarían la continuidad del justismo en el poder con la fórmula Roberto Ortiz-Ramón Castillo, son el próximo desafío. La violencia imperante en la campaña electoral obliga a los candidatos de la principal fórmula opositora –Alvear, que ya tiene sesenta y ocho años, y Enrique Mosca– a tener que hablar en público esgrimiendo revólveres. La otra fórmula proclamada es la del PS, integrada por Nicolás Repetto y Arturo Orgaz.

A pesar de las maniobras de los punteros y la policía, de la desaparición de fiscales y urnas y el secuestro de libretas, de la "caza del peludismo" ordenada en varios distritos, de las elecciones sin cuarto oscuro y de los muertos y heridos producidos en refriegas en distintos puntos del país, los radicales logran imponerse en Buenos Aires, Córdoba, Tucumán y La Rioja. Igualmente, la maquinaria del fraude se ha perfeccionado y el oficialismo se asegura el triunfo. La estéril participación del radicalismo lo sume en una nueva y profunda crisis. Muchos de sus dirigentes se sienten humillados por el régimen y vuelven a recordar los antiguos lemas de Yrigoyen: "Elección... abstención... revolución".

La Argentina, una semicolonia

La Década Infame

Con la muerte de Hipólito Yrigoyen, los boinas blancas pasean su pesar; durante la celebración del Congreso Eucarístico Internacional, en 1934, la fe colectiva por la cruz domina a la ciudad; cuando se velan los restos de Carlos Gardel –se dice que fue toda una operación montada por Justo y Botana– miles lloran la desaparición del Morocho del Abasto, producida en Medellín el 24 de junio de 1935. Multitudes inundan las calles de Buenos Aires y ofrecen otra perspectiva de este decenio, que pasará a la historia bajo la denominación acuñada por el periodista José Luis Torres: "década infame". Esos acontecimientos masivos giran en torno de un general de aspecto bonachón y con una sonrisa siempre lista para la fotografía.

De todas maneras, los gobiernos posteriores a 1930 no constituyen una sucesión homogénea ni son digitados por algún misterioso "gran titiritero". Uriburu, Justo, Ortiz y Castillo son, como señala Luis A. Romero, crisis y continuidad a la vez. Es evidente que detrás del golpe del '30 estuvieron los grandes terratenientes y hacendados y que el imperialismo británico renueva sus títulos de nación más favorecida, establecidos desde la época de Rivadavia, cien años antes. También es un hecho que el tozudo caudillo no era funcional a los intereses de las grandes multinacionales petroleras, como la Standard Oil y la Shell.

Es necesario, sin embargo, subrayar el proceso estructural de cambio de la economía argentina que, si por un lado se concreta en la firma de pactos neocoloniales, potencia a la vez un proceso industrializador –llamado "de sustitución de importaciones"– que a tono con los nuevos tiempos pretende superar la exclusiva dependencia que condiciona la economía argentina a los vaivenes de la producción agropecuaria pampeana.

"Sobre todo entre las dos guerras mundiales –dice Luis A. Romero–, antes y después de 1930 se vivió un proceso de cambio social y cultural profundo, lento y silencioso. La sociedad se argentinizó. [...] De un extremo al otro del país fueron creando un imaginario nacional, complejo y variado, pero con un perfil singular, que maduró plenamente después de la Segunda Guerra Mundial. Es posible reconocer, en la sociedad del peronismo, y aun en su política, muchos rasgos que empiezan a definirse en la entreguerra."

Esta mirada tiende a observar el fluir del proceso evitando que los hechos se transformen en íconos. Aunque comulgamos con esta tesis, no hay duda de que el 6 de septiembre de 1930 es una fecha que no debe diluirse en cuestiones generales y debe fijarse como un día clave en el devenir de la historia argentina porque, además de las continuidades que suscribimos, hay una violenta ruptura: nada menos que la del orden constitucional. Una larga "década infame" –de trece años– hará desde entonces uso y abuso del poder.

Una joya preciada

Esa "argentinización" a la que se refiere Romero germina, sin embargo, en un país que renueva y profundiza sus lazos con Inglaterra y el ingreso de sus capitales. El vicepresidente Julio A. Roca parte hacia Gran Bretaña el 10 de enero de 1933. Su misión, se dice, es firmar la sumisión. En efecto, los convenios, que han pasado a la historia como el Pacto "Roca-Runciman", son denominados con justicia "el estatuto legal del coloniaje".

Los acuerdos y protocolos firmados por la delegación encabezada por Roca comprometen al país a dispensar "un trato benévolo que tienda a asegurar [...] la legítima protección de los intereses" de las empresas de capital británico. Se crea la Corporación de Transportes para fusionar las inversiones nacionales y extranjeras en el ramo y se especifica la creación de Juntas Reguladoras de la producción (vino, carnes, leche, algodón, granos y yerba mate) que afectan las economías regionales en favor de una concentración monopólica del comercio exterior.

Justo está orgulloso de tales acuerdos. "La Argentina es, por interdependencia recíproca, desde el punto de vista económico, una parte del Reino Unido", se ufana Roca en un banquete de celebración, mientras que Guillermo Leguizamón, funcionario de los ferrocarriles, recibe el noble título de *Sir* y reafirma que "la Argentina es una de las joyas más preciadas de Su Graciosa Majestad". No le van en zaga las verdades de los políticos británicos. Sir Herbert Samuel, legislador inglés, aconseja sin ambigüedades: "Siendo la Argentina, de hecho, una colonia de Gran Bretaña, le convendría incorporarse al imperio."

Industrialización, sustitución de importaciones y salarios

Equivocadamente se suele sostener que el país se industrializa desde que el peronismo accede al poder a mediados de la década del 40. En realidad, desde 1925 hay un proceso de crecimiento de la industria liviana y se fortalecen corrientes políticas con una actitud proteccionista. Ambos fenómenos son paralelos a la fuerte urbanización que consolida esa tendencia en la población. El general Mosconi, primer director de YPF entre 1922 y 1930, expresa la fuerza de esas ideas en el seno de las Fuerzas Armadas.

Los gobiernos de la Década Infame continúan con esa orientación basada en el Estado regulador. Se establecen derechos de importación y aduaneros y un régimen de control de divisas tendiente a aumentar la recaudación fiscal y equilibrar la balanza comercial. Este proceso se combina con una ofensiva de los Estados Unidos, Alemania y Japón por conquistar posiciones en el mercado mundial. Para paliar los efectos de la crisis del '29 –el efecto terminal del problema iniciado durante la Primera Guerra Mundial– estos países –y en menor medida también Inglaterra, Francia e Italia– inician un proceso expansionista de colonización.

La Argentina, que hasta 1934 asiste a una fuerte reducción de su comercio exterior y a una pavorosa seguidilla de quiebras y concursos civiles que suman cifras millonarias, recibe capitales destinados a instalar industrias cuyos productos se distribuyen en el mercado local. Determinadas ramas de la producción, como artefactos eléctricos, vehículos, artículos textiles, y la elaboración de productos químicos y farmacéuticos, adquieren una especial dinámica. Hay importantes inversiones en petróleo y en la producción de algodón, tabaco y yerba mate y, al calor de las obras públicas impulsadas desde el Estado, se produce un fuerte impulso de la producción de cemento, en la que despunta la empresa Loma Negra de Alfredo Fortabat.

En 1939 sólo se importa petróleo en bruto para obtener gas oil, fuel oil y diesel oil. El querosén y la nafta de consumo interno –se debe considerar el fuerte aumento del parque automotor– son cubiertos en un 75 por ciento por la producción local, que se procesa en veinte refinerías, capaces además de elaborar lubricantes y asfalto para pavimentar rutas y calles. Los hidrocarburos de producción nacional reemplazan también progresivamente al carbón importado, que se utiliza para generar energía eléctrica.

La otra cara en la que se asienta este despegue industrial es la baja de los salarios obreros, que aumenta la tasa de ganancia de las inversiones y hace "atractivo" al país. Tangos como "Yira, yira", "Cambalache" y "Dónde hay un mango" quedarán como testimonio de la *mishiadura galopante* que golpea en los hogares de los trabajadores y que impulsa, además, el juego clandestino. Los trabajadores necesitan el 10 por ciento de sus ingresos para comprar un pantalón y una camisa de uso diario; cerca de cinco horas de trabajo para tomar un café completo y media hora para comprar un kilo de azúcar.

El salario cae y la desocupación aumenta. Si el índice de 1929 es tomado como valor 100, baja a 81 en 1932 y a 77 dos años después. Mientras tanto, con un índice estimado de 7,25 desocupados cada 10.000 habitantes, comienzan a expandirse las villas marginales. Una de ellas, llamada oficialmente "Villa Esperanza", es conocida por el pueblo como "Villa Desocupación". Los linyeras y crotos se transforman en figuras populares y aquellos que juegan sus últimos boletos en el turf y que se quedan sin dinero para regresar a sus casas son los que quedan "en Pampa y la vía" a la espera de transporte gratuito.

A principios de 1936 una gran huelga del gremio de la construcción reclama aumento de salarios y mejoras en las condiciones de trabajo. Se prolonga durante varias semanas con alta combatividad y se extiende a varias localidades del país. Entre sus resultados está la aparición de nuevos dirigentes, como Rubens Íscaro del Partido Comunista y los sindicalistas Ángel Borlenghi y Francisco Pérez Leirós. La CGT, sin embargo, se divide por cuestiones políticas. Como resabio de una lucha de otras décadas, el 1º de febrero de 1931, el gobierno de Uriburu ordena el fusilamiento de Severino Di Giovanni, el último anarquista "expropiador". Diez años después, en Mendoza, es rodeado y baleado Juan B.

Bairoletto, el bandolero rural que, rodeado de un hálito romántico, había conquistado fama de moderno Robin Hood.

Obras públicas

Justo, ingeniero al fin, quedará retratado para la posteridad con gesto amable e inaugurando obras. Durante su gobierno se construyen más de 30.000 kilómetros de caminos (incluyendo nuevas trazas, rectificados y pavimentados a nuevo) y bajo la intendencia de Mariano de Vedia y Mitre se da a Buenos Aires buena parte de su perfil posterior: se construye el obelisco, se amplía la avenida 9 de Julio y el distrito federal marca su límite con la provincia circundado por la avenida General José María Paz. También se levanta el edifico Kavanagh, entonces el más alto de Sudamérica.

La política de respaldo a las Fuerzas Armadas implementada por Justo quedará también plasmada en obras. Durante su sexenio se inicia la construcción del Colegio Militar en El Palomar, la Escuela de Aviación de Córdoba, el edificio del Ministerio de Guerra y el Hospital Militar ubicado en Campo de Mayo.

Muy cuestionadas en su momento, y obviamente discutibles desde una perspectiva histórica, es indudable que el conjunto de medidas económicas adoptadas por Justo sacan al país de la coyuntura de crisis aguda que estalla en el '30, y aunque los sectores desposeídos se mantienen en la marginación, la macroeconomía del país mejora sus índices. Algunas medidas administrativas resultan eficaces, como la creación de la Dirección de Parques Nacionales, la recordada gestión de Pablo Nogués en los ferrocarriles del Estado –quien logra mayor eficiencia que la gestión inglesa– y la mejora de ingresos lograda en YPF con la conducción de Ricardo Silveyra.

La carne y otros negociados

Párrafo especial merecen los múltiples negociados que provocan escándalos políticos. El más significativo, sin duda, es el que denuncia Lisandro de la Torre, relacionado con las carnes, que favorece abiertamente a los frigoríficos de capitales extranjeros, y en particular a los tres más importantes: Anglo-Ciabasa, Swift y Armour, trust anglo-norteamericano que recibe las cuotas más importantes (del orden del 70 al 80 por ciento) del total de las exportaciones, en detrimento de los frigoríficos locales. El senador De la Torre demuestra, además, que el *pool* frigorífico lleva doble contabilidad, coimea a los funcionarios de la Junta Nacional de Carnes y exhibe pruebas de todo tipo de irregularidades en el proceso de comercialización. Su alegato insume tres sesiones de la Cámara y la denuncia toma un claro cariz político cuando involucra en las maniobras al ministro de Agricultura Luis Duhau, ganadero "invernador". En medio de gritos e injurias personales, el debate del 23 de julio de 1935 culmina de manera trágica: Enzo Bordabehere, compañero de De la Torre, es baleado y muerto por Ramón Valdés Cora, hombre del conservadorismo allegado al ministro Duhau.

Otro escándalo de similares proporciones se origina al año siguiente con las concesiones eléctricas que discute el Concejo Deliberante de la Capital Federal y que renueva el contrato a la CHADE (Compañía Hispano Argentina de Electricidad). El voto favorable de los concejales radicales está teñido de denuncias de corrupción. Helvio Botana asegura que el responsable del negociado es Marcelo T. de Alvear "y la cúpula aristocratizante del partido radical" y se hace *vox populi* –nunca confirmado– que los fondos ilegítimos permiten la construcción de la Casa Radical de la calle Tucumán. Cuando pongan su piedra fundamental, en 1939, la llamarán "la piedra del escándalo".

El Instituto Movilizador de Inversiones Bancarias, creado por ley el 28 de marzo de 1935, es otra fuente de corrupción: la entidad compra pagarés incobrables a valores nominales y hace operaciones de salvataje de bancos y empresas insolventes. Bajo la gestión del intendente De Vedia y Mitre se denuncian negociados en las ordenanzas que permiten los movimientos accionarios en las líneas de subterráneos. Otra gran estafa se produce con la compra de los terrenos de El Palomar para el Ejército.

La impunidad se adueña de tal modo de la sociedad que los casinos clandestinos, los "cuentos del tío", las falsificaciones, las conductas mafiosas, la utilización de niños para robar, los curanderos que se hacen pasar por médicos, se vuelven moneda corriente en la vida del país. Uno de los casos más sonados es el que involucra a los "niños cantores" de la Lotería Nacional, que premian números arreglados de antemano.

La escala de valores social está herida como consecuencia de la corrupción oficial. Acuciado por el desánimo, en 1939 Lisandro de la Torre se suicida. Pide que sus cenizas sean arrojadas al viento y "volver a la nada".

 ### ¿"Fallecimiento" o "Atentado"?

El decreto del presidente general Justo, sobre honras fúnebres al doctor Bordabehere, comenzaba así: "Con motivo del fallecimiento del señor senador electo"…, etc. El del vicepresidente, doctor Roca, empezaba diciendo: "Ante el brutal atentado de que ha sido víctima el señor senador electo"…, etc. La diferencia de criterio es bien notable entre los componentes de la fórmula gubernativa.

Roca obraba siempre con altiva independencia, ajeno a los convencionalismos partidarios que embretan tanto al rebaño humano. Contra la trágica incidencia, habrá que hacer notar que fue Roca el único hombre del gobierno que proclamó abiertamente su enérgica protesta. Los senadores vinculados a la "concordancia", cuando tuvieron que referirse al homicida, lo hicieron llamándolo "el

autor del hecho", y la sesión del crimen fue consagrada con una denominación muy sutil, muy fina: "La tarde de los sucesos".

–Bienaventurados los que matan –faltó decir a algún orador superando la infinita ternura del Sermón de la Montaña.

Julio Roca, hijo, en cambio, con su acostumbrado coraje, llamó las cosas por su nombre de pila, y siguió tan conservador como antes.

–Y a mucha honra –habría dicho él mismo.

"Senatorial courtesy"

El doctor Roca, desde su sitial de presidente, no hubiera permitido en el Senado las alusiones hirientes que condujeron al crimen de Bordabehere. Otra cosa hubiera sido ese debate dirigido por él.

Mafia y mishiadura

Con respecto a la política interna, el régimen de la Década Infame hace gala de una impavidez rayana en el caradurismo. Justo es silbado estruendosamente en cada aparición pública; sin embargo, su sonrisa jamás desaparece. Cada proceso electoral acarrea un cúmulo de denuncias sobre irregularidades que Justo y su ministro Melo, rutinariamente, desmienten de plano.

Los más inescrupulosos son, sin duda, los gobernadores de Buenos Aires y La Rioja, que implantan el "voto cantado", borrando de un plumazo –no sólo *de facto*, también *de jure*– todos los avances logrados con la Ley Sáenz Peña. En cada proceso electoral, a fin de "evitar desbordes", las provincias son visitadas por los "hombres de acción" del caudillo de Avellaneda Alberto Barceló o del hombre fuerte de Rosario, Juan Cepeda. De todos modos, y por las dudas, Federico Martínez de Hoz, gobernador de Buenos Aires, advierte a los periodistas: "Tengan cuidado con lo que van a escribir". Cada elección termina en trifulca y varias de ellas, con muertos y heridos en cantidad. Pero para Justo sólo puede ganar el "caballo del comisario"...

La decadencia social queda fielmente expresada en el surgimiento de bandas mafiosas –algunas imbricadas con el poder político– y en el notable incremento de la delincuencia. La ciudad de Rosario se gana el título de "pequeña Chicago". Los principales *ca-*

Y bastará para comprenderlo que yo reproduzca aquí las palabras pronunciadas por él mismo al retomar la presidencia de la alta Cámara, después de aquel malhadado 23 de julio de 1935.

Dice, poniéndose de pie, con palidez en el semblante y con voz que traduce su emoción y su queja:

"Señores senadores: Al ocupar de nuevo el sitial de la presidencia del Senado, cumplo con el deber de reiterar, en su nombre, la afirmación de su dolor y de su protesta ante el atentado de que fuera víctima y en que perdió la vida el senador electo por la provincia de Santa Fe, doctor Enzo Bordabehere.

"La sala de sesiones del Senado ha sido profanada por la mano criminal de un insensato, que ha manchado con sangre los estrados del más alto tribunal de la República.

"El Senado espera el desagravio de la afrenta inferida a su cultura por la acción de la jus-ticia y por los dictámenes de la comisión investigadora, instituida por su decisión, para determinar las responsabilidades que puedan emerger de los sucesos.

"Al reiniciar sus deliberaciones alienta la confianza de que la pasión del bien público que caldeó su ambiente hasta los límites extremos de la violencia, vuelva a retomar sus cauces históricos, y que brille de nuevo en sus debates, al par de la entereza y del ardor en la defensa de los ideales y de los sentimientos encontrados, la serenidad y la mesura, la *senatorial courtesy*, esenciales para el acierto y el prestigio de sus sesiones."

Era el martes 6 de agosto, primer día que el Senado celebraba su sesión, después de aquella tarde trágica.

RAMÓN COLUMBA,
El Congreso que yo he visto

po maffia se dedican a regentear el juego y la prostitución en connivencia con fuerzas policiales. Las relaciones íntimas entre el mundo clandestino y el oficial son reproducidas en novelas, como esta referencia extraída de *Nacha Regules*:

> "La casa de Madame Annette [...] era lo más aristocrático que Buenos Aires poseía en el género. Allí acudían los millonarios, los grandes políticos, los hombres de más alta alcurnia social. [...] Y era voz pública que cuando en el Senado no había quórum, solía telefonearse a aquella distinguida mansión y que jamás esta medida poco reglamentaria dejó de producir buen resultado."

En esos momentos alcanza gran prosperidad la *Zwi Migdal*, una organización internacional israelita de tratante de blancas, que instala una verdadera cadena de burdeles. La mafia judío-polaca llega a explotar a 3.000 prostitutas y funciona tras la fachada de una sociedad de socorros mutuos. Sus reclutadores traen a las jóvenes –de quince a veinte años en promedio– desde Polonia con promesas falsas. Ya en Buenos Aires, las obligan a prostituirse y las hacen atender hasta cincuenta clientes por día trabajando turnos de doce horas. La Ley de Profilaxis Social, sancionada en 1936, dispone el cierre de todos los prostíbulos del país; la trata de blancas pasa a ser un negocio clandestino, tolerado con la complicidad de las esferas oficiales.

El nacimiento de FORJA

En un ambiente que destila decadencia, otras fuerzas se incuban. Diversas expresiones surgen para tratar de revertir el proceso. Algunas de ellas fueron institucionales, orgánicas, y otras, más espontáneas, dejaron de todos modos impresa su huella.

Un incidente curioso y muy significativo se produce durante la visita al país del presidente de los Estados Unidos, Franklin Delano Roosevelt y su esposa Eleanor, en ocasión de la realización de la Conferencia para la Consolidación de la Paz. La Asamblea Legislativa está en plenitud cuando una voz potente retumba desde las galerías: "¡Abajo el imperialismo!", grita. Tremenda es la sorpresa del presidente argentino cuando distingue al solitario manifestante: ¡su hijo mayor, Liborio, el "trotskista"!

En la clase obrera, luego de la gran huelga del gremio de la construcción, crece la influencia del Partido Comunista. Pero una de las iniciativas más trascendentes toma cuerpo el 29 de junio de 1935, en un sótano de Corrientes al 1700, cuando nace la agrupación Fuerza de Orientación Radical de la Joven Argentina, más conocida como FORJA. Sus fundadores son reconocidos dirigentes y activos militantes radicales: Arturo Jauretche ("Filo, Contrafilo y Punta"), Manuel Ortiz Pereyra, Luis Dellepiane y Homero Manzi, quienes conducen una asamblea de cerca de doscientos jóvenes.

"Somos una Argentina colonial, queremos ser una Argentina libre" es el postulado básico de los forjistas, que adelantan buena parte del programa que luego defenderá Perón. Como él, fueron acusados a la vez de nazis, de pro yanquis y de marxistas, aunque ellos mismos se encargan de destacar que "ni conservadores, ni socialistas, ni radicales, ni comunistas, ni fascistas pueden decir al pueblo la verdad sobre la tragedia que vive la patria". Algunas de sus banderas coinciden con intensos debates parlamentarios, como la política de comercialización de carnes con Inglaterra y la de explotación de los recursos petroleros. Su declaración fundacional diagnostica:

> "Que el proceso histórico argentino en particular y el sudamericano en general, revelan la existencia de una lucha permanente del pueblo en procura de la soberanía popular, para la realización de los fines emancipadores de la Revolución Americana, contra las oligarquías como agentes virreinales de los imperialismos políticos, económicos y culturales, que se oponen al total cumplimiento de los destinos de América.
>
> "[Y] que el actual recrudecimiento de los obstáculos puestos al ejercicio de la voluntad popular, corresponde a una mayor agravación de la realidad colonial, económica y cultural del país."

Y convoca a la UCR a retomar la senda yrigoyenista recobrando "la línea de intransigencia y principismo que lo caracterizó desde sus orígenes", "dotar de un estatuto que asegure la soberanía del pueblo radical y, en el orden externo, precisar las causas y los causantes del endeudamiento argentino al privilegio del monopolio extranjero, proponer las soluciones reivindicadoras y adoptar una táctica y un método de lucha adecuados a la naturaleza de los obstáculos que se oponen a la realización de los destinos nacionales".

Los nuevos vientos que comienzan a soplar, sin embargo, no logran modificar la desazón que embarga a la sociedad en su conjunto, que recibe, además, consternada, la no-

Villas de emergencia, como la de Costanera Norte, son manifestación inequívoca de la "mishiadura".

ticia de los sucesivos suicidios de tres escritores prestigiosos: Horacio Quiroga, Leopoldo Lugones y Alfonsina Storni.

Los "elementos superiores"

El flujo de la inmigración europea, hacia 1930, había disminuido de modo considerable y cambiado sus países de origen. La afirmación de España como "Madre Patria" y la "hispanización" cultural alentada desde los festejos del Centenario encontraron terreno fértil en un ambiente internacional políticamente reaccionario. Así, italianos, árabes, judíos, polacos y rusos pasaron a ser tratados como escoria. Para humillar a estos inmigrantes se los llamaba de la forma más ofensiva posible: los judíos fueron "rusos" y los armenios y siriolibaneses eran "turcos", asignándoles la nacionalidad de sus opresores, así como los italianos eran todos "tanos" (o sea, napolitanos) para igualar, socialmente, con los más pobres y atrasados. De la mano de la instauración del Día de la Raza Hispánica en 1917, se llegó a cambiar el origen genovés de Colón –no podía ser "tano"– para asegurar en documentados libros y trabajos sus genes gallegos, confusión que duraría décadas en la educación argentina. Expresión de este marco ideológico que abonó el golpe, son las palabras de Alejandro Bunge que, en 1925, describió a estos recién llegados como "rezagos inferiores y decadentes [que] ponen en peligro las condiciones físicas y morales de nuestra raza [...] y de nuestro tipo étnico". Este economista, en consonancia con el fascismo en ascenso, afirmó esa impronta racista y xenófaba que encontraba eco en unos cuarteles de pretendida estirpe prusiana, y comulgó con lo peor del darwinismo social, la supremacía del más fuerte esgrimida también por Lugones.

Carlos Moya recuerda el antecedente del psicólogo José María Ramos Mejía:

"Ramos Mejía mismo usó los significantes de inferioridad más estereotípicos del darwinismo social en su ensayo de 1899 *Las multitudes argentinas*, para describir a los italianos recién llegados que 'desembarcan en nuestras costas, amorfos y protoplasmáticos', representantes de una etapa de la evolución o, mejor aún, de la 'paleontología' que era: 'Yo diría, todavía 'celular'', en el sentido de su inefable distancia de cualquier cosa que se parezca al progreso en la organización mental. Se trata de un cerebro lento, como el de los bueyes junto a los cuales han vivido'."

Los "elementos superiores" que ensalzaban la herencia hispana y defenestraban a la chusma, anidaban ya en exclusivos salones, homenajeaban a sus plumas y cortejaban a las espadas a la espera del momento en que soplara viento a favor.

Cinco décadas de inestabilidad

Aquel fatídico sábado 6 de septiembre de 1930 puso fin a una sucesión de casi ochenta años de gobiernos constitucionales y rompió una tradición de veinticinco años de abstención política de las Fuerzas Armadas. Instaló el fraude (dentro de un sistema electoral pretendidamente democrático) y la corrupción y preparó la ofensiva neocolonial para redoblar la dependencia económica y política del país.

Uno de los argumentos esgrimidos usualmente para otorgar legitimidad a los golpes de Estado fue el de combatir las crisis y la inestabilidad institucional. El pretexto de inmediato se desmorona al revisar los acontecimientos con cierta seriedad y analizar los datos que arrojan las estadísticas.

Entre 1930 y 1983, cuando abandona el poder la última dictadura militar del siglo, hubo cinco golpes militares, con doce gobiernos dictatoriales diferentes que ocuparon el poder por un término de veintidós años. En promedio, Uriburu, Ramírez, Farrell, Lonardi, Aramburu, Onganía, Levingston, Lanusse, Videla, Viola, Galtieri y Bignone, gobernaron 1,8 año. Se debe acotar que sólo cuatro de ellos no fueron derrocados por sus propios camaradas, tres de los cuales, en realidad, entregaron el poder a los gobiernos civiles que los sucedieron; es decir, organizaron la retirada. Los gobernantes constitucionales, Justo, Ortiz, Castillo, Perón (tres veces), Frondizi, Guido, Illia, Cámpora, Lastiri y María E. Martínez estuvieron un promedio de 2,8 años. En favor de la mayor estabilidad de los gobiernos constitucionales se debe considerar que dos murieron durante su mandato (Ortiz y Perón) y que Frondizi fue depuesto por un golpe, aunque la sucesión se realizó aplicando mecanismos constitucionales.

El análisis debe consignar también que los únicos dos presidentes del período analizado que cumplieron los seis años de mandato, Perón y Justo, eran además generales de la Nación y herederos, de algún modo, de sendos golpes de Estado.

Con cuadros formados por profesionales prusianos a principios de siglo o en la "Escuela de las Américas" de la contrainsurgencia norteamericana, los gobiernos militares argentinos tuvieron un destino similar: consumirse en sus propias internas. La táctica también ha sido repetida: azuzar a los sectores "nacionalistas", de ideología más "fundamentalista", para golpear inicialmente (Uriburu, Lonardi, Onganía) y dejar paso, después, a las tendencias llamadas "liberales" (como Justo, Aramburu y Lanusse). Por eso, la estabilidad o la inestabilidad de los gobiernos, cualquiera sea su signo, debe buscarse en razones estructurales de la sociedad argentina. Los hombres de uniforme no demostraron ser garantes de ningún orden especial que no fuera el represivo, y de ningún otro derecho por fuera del que ellos mismos se arrogaron. La Década Infame fue sólo el primero de una serie de experimentos destinados al fracaso.

Más de treinta años después de aquel golpe, uno de esos generales, que comandó también otro golpe de Estado y asumió la presidencia de la Nación, Pedro Eugenio Aramburu, será taxativo en su discurso a las Fuerzas Armadas del 28 de abril de 1958:

"En el año '30 nacieron los rencores y las diferencias entre los argentinos [porque] la acción de 1930 atrasó un cuarto de siglo a la democracia, elemento fundamental de la República."

Algunos de los que tomaron parte en el alzamiento, como el capitán Juan Perón y el conservador José Aguirre Cámara, también realizaron posteriores autocríticas sobre su participación.

José Félix Uriburu

Admirador de Prusia y el fascismo

Nació en Salta el 20 de julio de 1868. Se inicia en la carrera militar en mayo de 1885, cuando ingresa en el Colegio Militar de la Nación. Graduado, como subteniente participa de una logia militar junto a otros doce oficiales de distintos cuerpos de la Capital que intervienen en las jornadas revolucionarias de julio de 1890. Presta servicios en la provincia de Formosa; en 1893 es designado edecán de su tío, el vicepresidente de la Nación José Evaristo, y continúa en esas funciones cuando éste asume la presidencia como consecuencia de la renuncia de Luis Sáenz Peña, en enero de 1895.

A fines del año siguiente es agregado a la Comisión Demarcadora de Límites con Chile y en 1902 solicita permiso para realizar un viaje de instrucción militar a Europa. En octubre se incorpora al ejército alemán como agregado al cuerpo de la Guardia Imperial. Casado con Aurelia Madero, en 1905 apoya la represión contra la revuelta radical ordenada por el presidente Quintana y dos años después es designado director de la Escuela Superior de Guerra. A fines de 1908 realiza un nuevo viaje a Europa para especialización profesional.

En abril de 1910, con motivo de los festejos del Centenario, con el grado de coronel es nombrado vocal de la Comisión ante el Congreso Científico Sudamericano; a fines de ese año integra la delegación que asiste a la transmisión del mando presidencial en Chile. Se ocupa de aspectos relativos a cuestiones fronterizas y, en 1913, es agregado militar en Inglaterra y Alemania. Al año siguiente es diputado nacional por un breve período.

A fines de 1919 es ascendido a general de división y en enero de 1923 el presidente Alvear lo nombra Inspector General del Ejército. Desde 1927 es vocal del Consejo Superior de Guerra y Marina. Poco después de asumir la presidencia Hipólito Yrigoyen, es declarado en situación de retiro, en mayo de 1929, por haber alcanzado la edad reglamentaria. Desde entonces organiza la conspiración contra el gobierno que culmina con el golpe del 6 de septiembre de 1930, primero de la época constitucional.

Asume la presidencia *de facto* que cuatro días después obtiene el reconocimiento de la Corte Suprema de Justicia. Disuelve el Congreso, decreta el estado de sitio, interviene los gobiernos provinciales y reprime y censura con dureza a la oposición política y a la prensa. A principios de 1931 autoriza la realización de elecciones pero los triunfos del radicalismo provocan que los anule y desconozca. Sus simpatías fascistas se corporizaron en mayo de 1931 cuando autoriza por decreto las actividades de la Legión Cívica, un grupo paramilitar dirigido por los coroneles J. B. Molina y E. Kinkelin. En noviembre, con su prestigio y su salud deteriorados, se realizan elecciones en las que triunfa el general Agustín P. Justo. El 12 de marzo de 1932 se embarca rumbo a Europa para tratarse su enfermedad y muere en París el 29 de abril. Sus restos fueron repatriados en el vapor *L'Atlantique*.

Agustín P. Justo

El ingeniero de la Década Infame

Nació el 26 de febrero de 1876 en Concepción del Uruguay. Siendo niño, su familia se traslada a la provincia de Buenos Aires y desde 1883 reside en la Capital Federal, tres años después Justo comienza estudios en el Colegio Nacional de Buenos Aires. En 1887 ingresa en el Colegio Militar y en la Revolución del Parque de 1890 es uno de los 33 cadetes encargados de la defensa. Amnistiado, obtiene el grado de alférez a principios de 1892 y es destinado en la IVª División del Estado Mayor, ocupándose de cuestiones cartográficas y topográficas. Luego de cubrir destinos en La Pampa y San Luis, en 1896 se incorpora al área de Ingenieros en la División Técnica del Estado Mayor y, al año siguiente, comienza sus estudios de Ingeniería Civil, que culmina en 1903. Reconocido como ingeniero militar, trabaja con el general Dellepiane en geografía militar, participa del levantamiento radical de 1905 y es docente de matemática y geometría en el Colegio Militar, y de telemetría y telegrafía en la Escuela Nacional de Tiro, donde será director en 1909.

Entre 1915 y 1922 es director del Colegio Militar, donde realiza públicas críticas al gobierno de Yrigoyen. En 1922 el presidente Alvear lo designa ministro de Guerra; al año siguiente asciende a general de brigada y, desde 1925, se alinea claramente en el "antipersonalismo". Participa de las maniobras militares que se realizan en Mendoza en 1927; salva su vida en un accidente aéreo en La Rioja y, poco después, inaugura la Fábrica Militar de Aviones. En febrero de 1928 debe desmentir públicamente estar involucrado en un plan golpista para impedir la asunción de Yrigoyen; sin embargo, su participación como miembro de la Logia San Martín es de organizador de la conspiración que culmina en el golpe del 6 de septiembre de 1930, al cabo del cual es designado comandante en jefe del Ejército.

En agosto de 1931 es proclamado candidato presidencial por una Coalición de Derechas; triunfa y asume en febrero de 1932; al año siguiente será el primer ocupante de la Residencia de Olivos. Traba alianzas con la Iglesia, firma pactos con Inglaterra y promueve acercamientos con el Brasil y los Estados Unidos; crea la Junta Nacional de Carnes, el Banco Central, la Comisión Nacional de Granos y Elevadores; interviene para lograr la paz en la guerra entre Bolivia y Paraguay; reprime alzamientos radicales encarcelando opositores y prohíbe la actividad del Partido Comunista.

Asegura el "fraude patriótico" y el triunfo electoral de su ex ministro Roberto Ortiz, su sucesor en la presidencia. En 1938 viaja a Europa y en los años siguientes apoya al vicepresidente Castillo contra la política de limpieza electoral impulsada por Ortiz. Al estallar la Segunda Guerra Mundial se manifiesta pro aliado y, tras ser nominado precandidato presidencial, muere, el 11 de enero de 1943.

Lisandro de la Torre

Un fiscal para la Nación

Nace el 6 de diciembre de 1868 en Rosario en un hogar sin apremios económicos y ligado a la producción agropecuaria. Concurre a una escuela particular y estudia en el Colegio Nacional. Se traslada a Buenos Aires y, a los veinte años, se recibe de doctor en jurisprudencia. Por poco tiempo, también estudia medicina y en 1889 adhiere a la Unión Cívica de la Juventud y participa del mitin en el Jardín Florida.

Es militante del acto contra Juárez Celman, que se realiza en el Frontón Buenos Aires en 1890 y, en julio, activista de la Revolución del Parque. Se destaca como organizador de la Unión Cívica rosarina; el movimiento radical de 1893 lo designa en Santa Fe, a los veinticuatro años, ministro de Gobierno de las autoridades revolucionarias. Convocado por Aristóbulo del Valle en 1895 dirige el diario *El Argentino*, pero ante la muerte de este dirigente y el suicidio de Leandro Alem, De la Torre se distancia del radicalismo intransigente, ahora orientado por Yrigoyen, y renuncia al partido. Las críticas de "don Lisandro" al "Peludo" culminan en un duelo en el que ambos resultan heridos. En 1898 funda el diario *La República*, en el que colabora el joven dramaturgo Florencio Sánchez.

En 1908, por su inspiración se funda la Liga del Sur, que al año siguiente triunfa en los comicios rosarinos. Sancionada la Ley Sáenz Peña, en 1912 es elegido diputado nacional y, en 1914, funda y preside el Partido Demócrata Progresista. Candidato presidencial en 1916, se ubica en tercer lugar; seis años después es nuevamente elegido diputado y se destaca por su papel en la Cámara. Mantiene distancias con los golpistas de 1930 a pesar de su declarada antipatía para con Yrigoyen y la antigua amistad personal que lo une a José F. Uriburu.

En 1931 encabeza la fórmula de la Alianza Demócrata Progresista-Socialista, en la que lo acompaña Nicolás Repetto; pero, con fraude, es derrotado por la Concordancia de Justo. Al año siguiente es senador nacional por Santa Fe y presenta sendos informes sobre el comercio de carnes. Enfrentado a los monopolios anglo-norteamericanos, en 1934 presenta un proyecto de adjudicación de la cuota de carnes a cooperativas argentinas. El debate sobre el tema se polariza y se torna violento entre De la Torre y los representantes del Poder Ejecutivo y sus partidos; Enzo Bordabehere, compañero de De la Torre, es asesinado en plena sesión. Santa Fe, gobernada por Luciano Molinas del PDP, es intervenida. De la Torre renuncia a su banca en 1937 y el 5 de enero de 1939 se suicida con un disparo en el corazón, en su departamento de la Capital Federal. Ateo y anticlerical, deja una carta a cincuenta y tres amigos, en la que les pide ser cremado y que sus cenizas sean arrojadas al viento.

Alfredo L. Palacios

Símbolo del socialismo argentino

Quien sería el primer diputado socialista de América nació en Buenos Aires el 10 de agosto de 1878. Cursa estudios secundarios en el Colegio Nacional de Buenos Aires, estudia abogacía en la Universidad de Buenos Aires, se gradúa en 1900 y, al año siguiente, se afilia al Partido Socialista Obrero.

El 13 de marzo de 1904 es electo diputado por el barrio de la Boca. Vuelve a ocupar una banca en 1912, brega por la sanción de leyes laborales, sociales y a favor de los derechos femeninos, pero tres años después es expulsado del partido por retar a duelo a un diputado radical. Renuncia a su diputación, funda el Partido Socialista Argentino y es docente en la Facultad de Ciencias Económicas. En 1918 acompaña los reclamos de la Reforma Universitaria y en 1920 publica una de su obras clave: *El nuevo derecho*. En 1923 obtiene el Premio Nacional a la Producción Científica con su trabajo *La fatiga y sus proyecciones sociales*. En 1930 es decano de la Facultad de Derecho de la UBA, pero ante el golpe de Estado renuncia a sus cátedras y sufre prisión.

Se reincorpora al PS y en 1931 es elegido senador por la Capital Federal, cargo en el que es reelecto en 1935, y se destaca como abogado defensor del ex presidente Alvear. Su preocupación por la soberanía argentina en el Atlántico Sur se expresa en un proyecto de 1937 que prohíbe imprimir mapas que no incluyan a las islas como argentinas, y en su libro *Las Islas Malvinas, archipiélagos argentinos*.

En 1941 es designado presidente de la Universidad Nacional de La Plata, que es intervenida tras el golpe de 1943 provocando el exilio de Palacios en Montevideo, donde, con otros emigrados, funda la Asociación de Mayo. Regresa en 1945 para sumarse a la campaña de la Unión Democrática y, al año siguiente, es abogado defensor del presidente de la Corte Suprema de Justicia, Antonio Sagarna. Durante el régimen peronista es una de las máximas voces de la oposición, destacándose por su oratoria. En 1951, en el marco de una intentona golpista, es detenido junto a un grupo de dirigentes opositores, y en 1953, atacada e incendiada la Casa del Pueblo, es nuevamente detenido.

Tras la caída de Perón, la "Revolución Libertadora" lo designa embajador en el Uruguay, cargo que ocupa hasta 1957. De regreso, es profesor emérito en la UBA, convencional constituyente, candidato presidencial, en binomio con Carlos Sánchez Viamonte. Al año siguiente el PS se divide. Palacios, con Alicia Moreau de Justo, encabeza el PS Argentino, distanciado del ala "democrática", orientada por Américo Ghioldi.

En 1960 vista Cuba y al año siguiente realiza una excelente elección y es senador nacional por la Capital. Nuevamente candidato presidencial en 1963 y diputado nacional en 1964, tras seis décadas de actividad parlamentaria, recibe múltiples homenajes. Muere en Buenos Aires el 20 de abril de 1965.

El 17 de octubre de 1945

El peronismo: un giro histórico

Las grandes conmociones mundiales abren intersticios que pueden ser aprovechados para poner en marcha proyectos alternativos. El '45 es uno de esos momentos; Europa, arrasada por la Segunda Guerra, sufre una gravísima crisis política y es su prioridad recomponerse. Además, está necesitada de alimentos, algunos de los cuales la Argentina está en capacidad de proveer.

Interpretar correctamente la coyuntura se convierte en algo decisivo, porque la crisis puede ser vista como catástrofe y, desde ese enfoque, "consagra la resignación", como señala el filósofo Enrique Marí; es "la peor manera de pensarla". Encararla como oportunidad, en cambio, permite abrir nuevos caminos: el de la construcción del liderazgo, el de la formulación de estrategias participativas y la conformación de organizaciones adecuadas a los fines que se persiguen, con su imprescindible cuota de audacia, valentía y habilidad para actuar en los procesos y orientarlos.

Octubre del '45 es una referencia imprescindible. El país cambió con la entrada en escena de nuevos sujetos sociales y políticos, nuevos proyectos y nuevos liderazgos.

El golpe de junio del '43

La Argentina, neutral

Con un escandaloso fraude electoral, Roberto Marcelino Ortiz es elegido presidente en 1937 y asume al año siguiente. Mantiene la posición neutral argentina aunque realiza algunos guiños favorables que sintonizan con la política exterior de los Estados Unidos. A la vez, promueve industrias que permitan la sustitución de importaciones ante el encarecimiento de muchos productos del exterior.

Debido a la progresiva enfermedad del Presidente, el 3 de julio de 1942 el vicepresidente Ramón Castillo asume la primera magistratura de manera definitiva, y mantiene la política de neutralidad.

La Segunda Guerra Mundial, sin embargo, divide las aguas de la política argentina. Las presiones norteamericanas se intensifican y Castillo baraja como posible candidato presidencial para las elecciones a realizarse al año siguiente, al Barón del Azúcar y conocido aliadófilo, el estanciero salteño Robustiano Patrón Costas. En la oficialidad del Ejército tal posibilidad genera inquietudes, que resumen dos influencias simultáneas: las ideológicas, de la Alemania nazi, y las comerciales, de Inglaterra. Por acción de ambas fuerzas son muchos los que desean mantener la neutralidad del país.

Mientras las batallas en el Viejo Continente parecen todavía inclinar la balanza en favor del Eje, el ministro de Guerra, general Juan N. Tonazzi, cercano a Justo y, por tanto, a los aliados, es removido de su cargo. En su lugar, Castillo designa al general Pedro Pablo Ramírez, que asume el 17 de noviembre de 1942. "Palito" Ramírez es una persona poco conocida en los medios políticos pero la gente no presta mayor atención al hecho, ocupada en seguir las noticias del conflicto mundial y la vida de las figuras del cine nacional, que transita por entonces su época de oro.

El GOU en ascenso

El ministro Ramírez nombra como secretario privado a su yerno, el joven capitán Francisco Filippi, último eslabón del Cuerpo Directivo de una logia militar de reciente formación, el GOU (originalmente, Grupo Obra de Unificación; después más conocido como Grupo de Oficiales Unidos). A la cabeza de la logia hay tres coroneles, todos ellos de Infantería: Miguel Montes, Emilio Ramírez (sin parentesco con el ministro) y Juan Perón.

El GOU gira en torno a seis ideas: la defensa pública del Ejército –en particular ante los políticos y la civilidad–, del servicio militar, de los mandos, los cuadros y la jerarquía y la lucha contra el comunismo. No será larga su existencia: se funda el 10 de marzo de 1943, comienza a actuar en mayo y se disuelve a principios de 1944. Rogelio García Lupo, un estudioso de la época, caracteriza al grupo en *La rebelión de los coroneles*:

> "El GOU no fue una logia nazi, como se dice. El grupo directivo del GOU tenía en cambio una confianza ilimitada en la escuela geopolítica de Karl Haushofer, cuya doctrina, si bien fue aceptada por Hitler, también ha tenido importantes teóricos en Gran Bretaña y en los Estados Unidos. Los jefes del GOU –y Perón entre ellos– estudiaron geopolítica en Alemania y, puesto que eran oficiales brillantes del ejército de una de las mayores naciones sudamericanas, les pareció excelente la tesis de Haushofer sobre la dependencia de los países pequeños en cuanto a los más grandes. [...] Este grupo sabía que no hay industria posible sin el correspondiente mercado. [...] La frase de Haushofer –'la doctrina Monroe es una impertinencia'– seguramente estuvo rondando la cabeza de aquellos oficiales."

La fuerza de los neutralistas en el Ejército es importante. La Junta para la Victoria y los políticos nucleados en Acción Argentina, que tuvo como presidente honorario a Marcelo T. de Alvear y desde 1943 es proscripta por "filocomunista", no son la mejor carta de presentación de los "pro yanquis", los más entusiastas sostenedores de que la Argentina entre en la guerra.

En enero de 1943, cuando muere el general Justo, el camino parece allanado para que Castillo proclame sucesor a Patrón Costas, quien, fraude mediante, se ungirá como próximo presidente. Con la balanza inclinada hacia los Estados Unidos, el Ejército, contando con el apoyo de Inglaterra y los grandes estancieros, se asume como guardián del neutralismo y prepara un golpe de Estado. Sospechado, el ministro Ramírez aclara ante el presidente y la opinión pública que no trama ninguna conspiración: publica en los diarios una nota a todas luces poco satisfactoria mientras especula con su propia candidatura apoyada por la UCR. Castillo presiona para lograr la renuncia de Ramírez. En la madrugada del 3 de junio convoca a su ministro de Marina, el almirante Mario Fincati, y consigue que firme un decreto separando a Ramírez del gabinete. Pero ya es tarde. Los hombres del GOU y camaradas afines están decididos a resistir.

Rawson, el presidente que no fue

El golpe de Estado no está aún preparado en detalle y estos acontecimientos precipitan los hechos. Con urgencia, el GOU y algunos justistas como Elbio C. Anaya, el importante jefe de la guarnición de Campo de Mayo, buscan solidaridades. Preocupa, en especial, lograr el compromiso de un general para que encabece la rebelión; el respeto a la cadena de mandos así lo exige. A pesar de ciertas aprehensiones que motivan sus simpatías por los aliados, el general Arturo Rawson se enanca como jefe de la revolución y, en consecuencia, como futuro presidente de la Nación. Rawson gana la confianza de la Armada y compromete el apoyo de los almirantes Sabá y Benito Sueyro, prometiéndoles cargos de relevancia.

La improvisación provoca, esa noche, un enfrentamiento armado poco claro frente a la Escuela de Mecánica de la Armada, que concluye con un saldo de varias decenas de muertos y heridos. Los coroneles Miguel Ángel Montes y Juan Perón elaboran el manifiesto golpista, que sin demasiadas precisiones promete poner fin a la corrupción y al fraude. Cuando se lo publicita, en la tarde del 4 de junio, ya unos 6.000 soldados provenientes de Campo de Mayo y engrosados con grupos de civiles han tomado la Plaza de Mayo. Ese día se instala un régimen *de facto* que, con dos presidentes, dirigirá los destinos del país, exactamente, los siguientes tres años.

Un sonriente Rawson recibe los saludos de sus amigos y muchos camaradas de armas. Castillo trata de resistir desde el buque aviso *Drummond* en el Río de la Plata, pero, derrotado, regresa, y al día siguiente, renuncia.

Un primer elenco ministerial es designado por Rawson esa noche durante su tradicional sobremesa de los viernes en el Jockey Club, pero el general, no muy consciente de su debilidad –aún no ha jurado–, antepone el reparto de cargos entre sus amigos y en forma imprudente desliza los nombres de su equipo. Además, trasciende que se ha reunido con el embajador de los Estados Unidos Norman Armour comprometiendo una próxima ruptura de relaciones con el Eje. El GOU acelera su reemplazo. En la noche del 6 Pedro Ramírez, acompañado de los coroneles, se sienta en el "sillón de Rivadavia".

Ramírez presidente

El nuevo gobierno jura el 6. Sabá Sueyro mantiene la vicepresidencia, pero fallece el 17 de julio. El gabinete tiene una alta composición militar: sólo cuatro de los diecinueve miembros del Poder Ejecutivo son civiles; decreta trece intervenciones federales en las provincias y a doce de ellas envía oficiales de carrera. Edelmiro J. Farrell es el nuevo ministro de Guerra y, aunque la designación del almirante Segundo R. Storni en la Cancillería permite especular con un próximo rompimiento con el Eje, es *vox populi* el neutralismo de los jefes del GOU.

La proclama inicial de los golpistas promete orden, honestidad y neutralidad. Con el objeto de luchar "por integrar una real e integral soberanía de la Nación", entre sus primeras medidas refrenda la resolución tomada el día 5, de disolver el Congreso Nacional.

En julio se constituye la Comisión Nacional de Reconstrucción Económico-Social. Su actividad no es destacada pero servirá de base para la creación, en 1944, del Consejo Nacional de Posguerra. En Europa, la guerra depara novedades: los norteamericanos desembarcan en Sicilia y, el 25 de julio, precipitan la caída de Mussolini.

Perón y las logias militares

El 6 de septiembre de 1930 se consumó el primer golpe militar del siglo XX en nuestro país. Fue obra de un pequeño grupo de conspiradores, quienes en todo momento tuvieron en claro que eran minoría en los cuadros del Ejército. Sin embargo, la historia apenas se ha detenido en el detalle de que menos del 5 por ciento de los jefes y oficiales se levantaron contra el presidente Hipólito Yrigoyen y de que el movimiento armado no contó con el apoyo de cientos de militares en actividad.

[...] Cuando faltaban solamente días para el alzamiento, el encargado de informar al comando golpista y de elaborar la inteligencia del movimiento dejó constancia escrita de su pesimismo y anticipó que las tropas de Campo de Mayo no saldrían de sus cuarteles, que los regimientos de la Capital se opondrían y que hasta era dudosa la participación del Colegio Militar. También describió un cuadro de caos que no pronosticaba nada bueno y se detuvo sobre todo en el reducido número de oficiales que había respondido positivamente a las discretas consultas efectuadas por los conspiradores. Faltaba coordinación, eran muy pocos y se ignoraban los objetivos.

El informe era un devastador escenario de catástrofe y su autor no vaciló en elevarlo al general José Félix Uriburu. El autor era el capitán Juan Perón y su análisis técnico, aunque correcto, resultó equivocado en cuanto a los resultados políticos. El 6 de septiembre, hace ahora setenta años, Uriburu entraba victorioso en un auto descubierto desde cuyo estribo el capitán Perón se esforzaba por abrir paso.

La preparación técnica del golpe había sido el resultado de la acción de no más de medio centenar de militares que, a partir de 1921, durante la primera presidencia de Yrigoyen, se habían complotado en contra de él y forma-

Entretanto, Perón convence a Ramírez de modernizar el Departamento Nacional del Trabajo, una repartición de corte estadístico y administrativo. Hacia finales de octubre de 1943, Perón asume su presidencia y promete poner en marcha una "revolución social". Un mes después el departamento se transforma en Secretaría de Trabajo y Previsión e instala sus oficinas en Perú, entre Victoria (Hipólito Yrigoyen) y Diagonal Sur, en la sede del antiguo Concejo Deliberante.

El 29 de junio se anuncia una inesperada rebaja nacional de los alquileres. Desde el 1º de julio de 1943 hasta el 31 de diciembre de 1945 los precios de locación vigentes al 31 de diciembre de 1942 sufrirán un rebaja fijada por una escala oficial. Muchos ven en el decreto la "mano negra" de un Perón que, con su eterna sonrisa gardeliana, empieza a incomodar.

Hasta octubre, Ramírez se autodesigna como presidente "provisional" y reivindica el papel de los partidos políticos aunque sus discursos, acompañados de nuevas designaciones, permiten conjeturar un giro a la derecha. El 12 de octubre Farrell asume como vicepresidente, reteniendo el cargo de ministro de Guerra. Es un individuo "más inclinado a las diversiones que al cumplimiento de sus obligaciones oficiales" según Potash, no es hombre del GOU pero sí muy conocido por Perón, quien asegura: "Lo elegimos porque era un hombre 'cabestriador'", capaz de guiar a la tropa con cierto estilo campechano. En efecto, Farrell es bonachón y no se interesa por las internas militares.

ron una asociación secreta conocida como Logia San Martín. En esta logia, que se reunía en los altos de la confitería Del Águila, en la esquina de Callao y Santa Fe, entre 25 y 30 tenientes coroneles y mayores agrupados bajo la denominación de Razón de Ser, conspiraban con un sello fuertemente militarista y con una propuesta política casi exclusivamente dirigida a derrocar a Yrigoyen.

[...] La aproximación al poder de estos jefes y oficiales fue una experiencia valiosa que pudieron acumular durante la presidencia de Alvear. Aprendieron a conquistar los mejores puestos en el escalafón, a promover a sus socios para los cargos políticos, como el Ministerio de Guerra, y a repartirse las funciones de agregados militares en las embajadas.

[...] El éxito político de esa logia llevó a algunos militares radicales a organizarse de manera similar, aunque en condiciones más difíciles, ya que sucesivas depuraciones de los cuadros del Ejército les cortaron la llegada a los cuarteles y los alejaron del poder real.

La historia hasta ahora desconocida de la logia Corda Frates (Corazones Hermanos), revela hasta qué punto los militares radicales fueron sensibles a la estrategia de la organización secreta que los había derrotado y la imitaron hasta en muchos de sus detalles, como los juramentos, la retórica de los propósitos ampulosos y cierta ingenuidad en la acción directa.

Para los "corazones hermanos" radicales sólo hubo desengaños personales y fracasos revolucionarios, pero en el Ejército Argentino la tentación de las logias secretas no dejó de presentarse periódicamente.

La próxima vez sería el GOU (Grupo de Oficiales Unidos), que en la década de los 40 elevó hasta el poder al ya entonces coronel Perón, el mismo joven capitán que el 6 de septiembre de 1930 maldijo más de una vez la improvisación y la torpeza de sus camaradas conspiradores.

ROGELIO GARCÍA LUPO,
Clarín, suplemento "Zona",
3 de septiembre de 2000

El general Luis César Perlinger, en la cartera de Interior, da rienda suelta a un discurso anticomunista y comienza una sostenida represión a la oposición mientras el ministro de Justicia e Instrucción Gustavo Martínez Zuviría –un prolífico novelista antisemita conocido como Hugo Wast– y el presidente del poderoso Consejo Nacional de Educación, José Ignacio Olmedo, hablan de "purificación, perfeccionamiento, reorganización y disciplina para el pueblo".

La censura y la represión se ponen en marcha. Muy pronto, comienzan sucesivas sanciones a la prensa. El 6 de noviembre Ramírez decreta la disolución de la Federación Universitaria Argentina (FUA) y de todos los Centros de Estudiantes adheridos, a la vez que organiza una cuidadosa "purga" de maestros y profesores –presumidos de izquierdistas, judíos o divorciados– que son declarados indeseables. Se establece la obligatoriedad de impartir enseñanza de la religión católica en las escuelas del Estado, y la designación de profesores y la selección de textos se realizaría, además, con el concurso de las autoridades eclesiásticas. La influencia de la jerarquía católica se extiende después al ámbito universitario, cuando se interviene la Universidad de Buenos Aires. El 31 de diciembre de 1943, Ramírez decreta la disolución de los partidos políticos, con el argumento de que "las organizaciones partidarias no responden a la realidad de la vida política".

También el mundo de la cultura –que ha vivido una época de gloria en el cine y la radio– experimenta una brusca caída, al iniciarse una absurda campaña de defensa de la pureza de la lengua. Las circulares emitidas el 11 y el 17 de junio de 1943 exigen que el lenguaje se ajuste a formas académicas. El tango, máximo exponente de cultura popular, sufre en consecuencia una drástica y absurda metamorfosis: "en tus grupos me ensarté" pasa a interpretarse "en tus cuentos me engañé" y "solo, pato y hecho un gil", vira a un dolor más culto: "solo y pobre en mi vivir". Millones de hombres siguen combatiendo y muriendo en Europa, Asia y África mientras "Palito" Ramírez y sus puristas protegen al país de la disolvente agresión del lunfardo...

Perón, el hombre fuerte

Final con escándalo

El curso de la guerra comienza a tomar un rumbo definido, favorable a los aliados, pero la desconfianza sobre la Argentina se mantiene y, de hecho, durante 1944 el país es aislado. Los esfuerzos de la diplomacia británica y del propio Winston Churchill no logran remedar los recelos. De hecho, se confirma la aseveración que el embajador sir David Kelly profetizó poco tiempo antes:

"El gobierno de Estados Unidos es hostil, no tanto hacia el coronel Perón, como a la Argentina misma [...] porque gracias a sus respetables vínculos con Gran Bretaña, puede darse el lujo de perseguir una política comparativamente independiente. [...] Por supuesto, los Estados Unidos están celosos de nuestra influencia en la Argentina, que ha permitido a éste hacerle frente."

El 6 de junio de 1944 las tropas norteamericanas desembarcan en Normandía y el avance de los aliados comienza a ser arrollador. Las pinzas sobre Alemania se van cerrando desde los cuatro puntos cardinales y la guerra en el Pacífico empieza a doblegar la dura resistencia nipona.

En septiembre de 1943, el canciller Segundo Storni ha solicitado al secretario de Estado de los Estados Unidos que libere la venta de armamento de su país a la Argentina, pero la negativa norteamericana es tan violenta que precipita su renuncia; es reemplazado por Alberto Gilbert, de filiación nacionalista. A partir de entonces, la situación entre los dos países se hace crítica: los Estados Unidos acusan a la Argentina de hacer espionaje en favor de Alemania y de otras acciones internacionales antinorteamericanas y la Reserva Federal dispone, en noviembre, la prohibición de girar fondos a la Argentina desde bancos de ese país.

El gobierno de Ramírez, acorralado, es asediado también por un escándalo internacional: Gran Bretaña acusa al cónsul en Barcelona, Oscar Alberto Hellmutt, de ser espía alemán y lo detiene en una isla del Caribe. El hecho sigue un trámite diplomático pero se da a publicidad dos meses después, el 22 de enero de 1944. Los días de Ramírez están contados. A las tensiones con los Estados Unidos se agregan las fuertes críticas a su gestión que parten del GOU.

Ese mismo día se realiza un gigantesco festival en el Luna Park en favor de los damnificados por el terremoto que acaba de destruir casi totalmente la ciudad de San Juan. El coronel Perón coordina la campaña. En medio de esa febril actividad y a pedido de su amigo, el coronel Aníbal Francisco Imbert, distrae un momento su atención para ser presentado ante una bella jovencita, muy engalanada para la ocasión. Realiza por entonces programas radiales y aparece ya con cierta frecuencia en las revistas dedicadas al mundo del espectáculo. ¿Su nombre?, María Eva Duarte.

El presidente Ramírez, seguramente, no presta atención a ese encuentro circunstancial. Su complicada situación política le fija otras prioridades. La Quinta edición de *Crítica* del 25 de enero confirma de manera catastrófica el espionaje del Eje. Ramírez decreta, por fin, la ruptura de relaciones. La versión oficial sorprende a la población y conmociona a los medios castrenses.

El 24 de febrero el GOU se disuelve. En una maniobra política oportuna, Perón libera a los logistas para que puedan golpear al Presidente: "los miembros del organismo director quedaban liberados de los juramentos y compromisos contraídos". Ramírez, sin puntos de apoyo sólidos, renuncia el 9 de marzo, luego de algunos vanos intentos de negociación. En disconformidad con el desplazamiento, el mayor Tomás A. Ducó, uno de los fundadores del GOU, se alza en armas contra Farrell y Perón pero su intento es rápidamente desbaratado.

El enfrentamiento bélico internacional está llegando a su fin cuando se presenta la oportunidad de declarar la guerra a Alemania y Japón. En febrero de 1945 se reúne en

México la Conferencia Interamericana que labra las famosas "Actas de Chapultepec", donde se sientan las bases de la futura Organización de Estados Americanos (OEA). La Argentina no participa de las deliberaciones pero es invitada a rubricar la declaración final. La nueva postura del gobierno significa el pasaporte de ingreso en la OEA –que inauguraría su existencia poco después en San Francisco– y en las mismas Naciones Unidas. Hay tibias resistencias pero el 27 de marzo Farrell y su gabinete anuncian la formal declaración de guerra: la medida es considerada, a esa altura, una verdadera fantochada: tan sólo un mes después, Mussolini es fusilado y Hitler se suicida.

La figura en ascenso

Una sorda lucha por ocupar el Ministerio de Guerra se ha producido al asumir Farrell la presidencia. Luego de tres meses, la situación se repite, ahora en referencia a la vicepresidencia de la Nación. En ambas coyunturas Perón triunfa sobre sus ocasionales contendientes, los generales Juan C. Sanguinetti y Luis Perlinger. En junio proyecta su influencia directa tanto sobre las organizaciones gremiales desde la Secretaría de Trabajo, como sobre el Ejército desde el Ministerio de Guerra. Como vicepresidente es, además, el reaseguro ante cualquier eventualidad de relevo del presidente, y su control se extiende hacia el cada vez más poderoso Consejo de Posguerra. Perón acumula poder y sus tentáculos llegan a todas las esferas. Pero su base de sustentación privilegiada es el prestigio que conquista en la clase trabajadora.

A fines de 1943, cuando Perón convierte el Departamento de Trabajo en Secretaría, las organizaciones sindicales están divididas en tres grupos: la CGT N° 1, la CGT N° 2 y la minoritaria Unión Sindical Argentina. Otras estructuras funcionan con autonomía. La CGT N° 2 es la que integran, entre otros, los gremios de la construcción, ferroviarios fraternales, gráficos, alimentación, municipales y empleados de comercio; hegemonizada por socialistas y comunistas es claramente "aliadófila". La otra CGT, cuyos baluartes son los gremios cervecero, tranviario y ferroviario, se mantiene "neutralista y apolítica". Perón alienta a todos los que se manifiestan contra la guerra, incluyendo a sectores radicalizados, y así surgen nuevos dirigentes y se sientan las bases para nuevas organizaciones en gremios de industrias dinámicas como la metalúrgica, la carne, la textil y la del azúcar.

En 1943, una importante huelga de los obreros de la carne, dirigida por José Peter, comunista, es derrotada. El PC argumenta que es necesario trabajar para alimentar a los soldados aliados y abre las puertas a un cambio: hacia 1944 los gremios proclives a Perón suman 40 (se han fundado la Unión Obrera Metalúrgica [UOM], la Unión Obrera de la Construcción [Uocra] y la Federación de Trabajadores Azucareros de Tucumán [Fotia]), y la Unión Ferroviaria ha sido intervenida por el coronel Mercante.

Estos avances del "peronismo" no son casuales. Las mejoras a los trabajadores son notables: rebaja de los alquileres, creación de la Caja de Jubilaciones –que en poco tiempo favorece a dos millones de trabajadores– y de los Tribunales de Trabajo –que aseguran la estabilidad del trabajador y el representante sindical–, prórroga de los arrendamientos rurales, anulación de desalojos, aprobación del llamado Estatuto del Peón Rural. Este último decreto causa un gran revuelo en la oligarquía: establece un salario mínimo, condiciones mínimas de alimentación y vivienda y define las obligaciones de las partes en materia de horario de trabajo, indemnizaciones por despido y asistencia médica. El estatuto impone, además, el descanso dominical y las vacaciones pagas: una verdadera revolución en las costumbres laborales del campo. Otro decreto de enorme importancia es el que otorga la "garantía horaria" en el gremio de la carne. El 1º de junio de 1944 se establece que "los obreros ocupados en la industria frigorífica, ya sean permanentes, eventuales o por tanto, devengarán en todos los casos el importe de 60 (sesenta) horas quincenales como mínimo". Cincuenta mil obreros se benefician con la medida: hasta entonces debían concurrir a la fábrica cada mañana y allí se enteraban si había trabajo o no.

El prestigio creciente de Perón se pone a prueba el 26 de noviembre de 1944, cuando la secretaría a su cargo conmemora su primer aniversario. Rodeado por decenas de nuevos dirigentes sindicales, la mayoría de ellos jóvenes, combativos y esperanzados, el secretario, que se quita el saco para hablar, los entusiasma con nuevas ideas: "Buscamos suprimir la lucha de clases, suplantándola por un acuerdo entre obreros y patronos, al amparo de la justicia que emana del Estado". Estas palabras significan una ruptura drástica con el pasado anarquista, socialista o comunista que caracterizaba a las anteriores direcciones sindicales.

La "lucha de clases", de todos modos, para entonces sólo perdura en los ritos de esa izquierda. Uno de los principales dirigentes del PC, Rodolfo Ghioldi, asevera el 31 de agosto de 1945: "No somos radicales, pero tampoco antirradicales; no somos conservadores, pero tampoco anticonservadores"; y en febrero de 1946, en el Luna Park, sostiene: "Estamos aquí escribiendo el epitafio electoral del fascismo aborigen. Es el triunfo de la unidad argentina por sobre las clases y las tendencias y al que concurrió con resolución nuestra heroica clase obrera". Tal postura no es sino una traslación a la esfera local de los pactos de posguerra celebrados en Yalta (febrero de 1945) y Potsdam (julio-agosto) por Churchill, Roosevelt, De Gaulle y Stalin, los aliados vencedores en la guerra.

Desde el gabinete de Pedro Ramírez, Perón desplegó su estrategia política.

El Consejo de Posguerra y la industrialización

En agosto de 1944 nace el Consejo Nacional de Posguerra orientado por Perón. Su objetivo es planificar medidas estratégicas, pero lo destacable es que este organismo insinúa el papel que el Estado jugará en las próximas décadas. Además de analizar el presente para pensar el futuro, el Consejo propone medidas concretas y funciona casi como un verdadero gobierno paralelo –y como Ministerio de Hacienda paralelo– al de Farrell. Allí resalta la figura de un estadígrafo español, José Figuerola, y del industrial hojalatero Miguel Miranda, quien dos años después será bautizado como el "mago de las finanzas".

La actividad industrial orientada a sustituir importaciones alcanza a producir casi la mitad del volumen total de la renta nacional. Un dato –en general poco destacado– es que una quinta parte de las exportaciones la constituyen productos industriales. El 3 de abril de 1944 el gobierno decreta la creación del Banco de Crédito Industrial, de incentivo a la inversión en manufacturas, y en octubre de 1945, los Altos Hornos de Zapla producen hierro. Como señala Félix Luna: "Algunos pocos, los más esclarecidos, como el general Manuel Savio, sabían que la condición de la grandeza argentina era la existencia de un apoyo industrial de base. Sin siderurgia, sin petróleo, no habría Argentina grande".

Para beneplácito de los ciudadanos, el gobierno concreta una vieja aspiración popular e interviene la Corporación de Transportes. Además, cambia la mano del tránsito de modo que la Argentina deja de ser uno de los pocos países del mundo que conserva el tránsito por la izquierda. A fin de modernizar la persecución del delito –y afianzar de paso otros mecanismos represivos– crea también la Policía Federal.

La omnipresencia de Perón logra que el "Informe Rodríguez Conde", que pone al descubierto los sobornos recibidos por los concejales porteños en 1936 para prorrogar las concesiones eléctricas a la CADE, sea "cajoneado" y archivado como documento "secreto" hasta perderse en el olvido. Después, correrán rumores de que la gestión favorable a la empresa tuvo su devolución con generosas contribuciones para financiar la campaña electoral oficialista.

El 17 de octubre

1945, un año clave

El 7 de mayo de 1945 el mundo celebra el fin de la guerra y la derrota del nazismo. Poco a poco, se conocen detalles del genocidio y causan horror los informes sobre los campos de concentración, las cámaras de gas y otras formas de exterminio masivo empleadas por los nazis. Sin embargo, el mundo asistirá aún, azorado, a otra muestra de barbarie que sacudirá la conciencia de la humanidad: los Estados Unidos, decididos a forzar la rendición de Japón, el 6 y el 9 de agosto de 1945 arrojan bombas atómicas sobre Hiroshima y Nagasaki, provocando cerca de 150 mil muertos y más de 200 mil heridos y damnificados, y arrasando más de 10 kilómetros cuadrados de territorio.

El desarrollo de estos acontecimientos produce un fuerte choque de opiniones en la Argentina. Dice Félix Luna: "En 1945 la división de los argentinos fue abrupta y la incomunicación de los dos frentes de lucha tuvo características totales". La fuerza de los hechos mundiales –y la habilidad de Perón– fractura también los partidos tradicionales y se producen desprendimientos en el radicalismo y el conservadorismo. En el radicalismo se forma la UCR Junta Renovadora, un pequeño grupo que Perón usa como ariete en el partido de Yrigoyen y del que salen Armando Antille, Juan I. Cooke, Hortensio Jazmín Quijano (todos tentados por los ministerios que les ofrece Farrell) y Alejandro Leloir. De fuentes conservadoras de la provincia de Buenos Aires nace el Partido Independiente, de donde provienen posteriores figuras clave del peronismo como José Emilio Visca, Manuel Fresco –del grupo fascista de la revista *Cabildo*–, Jerónimo Remorino, el contraalmirante Alberto Teisaire y Héctor Cámpora.

El 2 de agosto de 1945 Quijano acepta hacerse cargo del Ministerio del Interior y su designación parece reafirmar la voluntad de realizar elecciones, que Farrell ha anunciado el 8 de julio en la cena de camaradería de las Fuerzas Armadas. Una de las primeras medidas del nuevo ministro es levantar el estado de sitio que regía, sin solución de continuidad, desde diciembre de 1941, cuando aún gobernaba Castillo. El dique de contención comienza a abrir sus compuertas.

Sin embargo, las medidas de "justicia social" de Perón polarizan las opiniones: para muchos –radicales, socialistas, demócratas, conservadores e incluso comunistas– no son sino avances "naziperonistas", demagógicos y corporativistas, que obligan una respuesta contundente y unitaria. La situación, según este juicio, amerita coaligarse y movilizarse contra el avance del "Líder", dejando de lado posiciones principistas.

La marcha de la Constitución y la Libertad

El 9 de septiembre la Junta de Coordinación Democrática organiza una gran movilización denominada "Marcha de la Constitución y de la Libertad". Los obreros del transporte organizan un paro para boicotear la asistencia al evento. A pesar de ello, los convocantes logran movilizar cerca de 200 mil personas que desfilan desde Congreso hasta Plaza Francia. Los carteles y cánticos se centran en Perón: "el nazi de ayer no puede ser el demócrata de hoy" y los organizadores convocan a luchar "contra el fraude, el nazismo y el colaboracionismo". La concurrencia multitudinaria vence el paro: "Con tranvía o sin tranvía, Perón está en la vía". El "Manifiesto de la Industria y del Comercio" unifica el discurso de amplios sectores patronales opuestos a la política de Perón y el embajador norteamericano Spruille Braden. El Partido Comunista llama a batir al "nazi-peronismo" y en la Capital Federal todo parece indicar que la coalición –llamada después Unión Democrática– encabezará un próximo gobierno constitucional.

El 23 de septiembre la Marina da a conocer una proclama contra Perón y dos días después se produce un alzamiento militar. En Córdoba, los generales Rawson y Martin se sublevan sin éxito: es evidente que las fuerzas militares tampoco presentan una unidad monolítica. El 4 de octubre una noticia conmociona a la opinión pública: en un choque entre "sindicalistas" y "democráticos" es asesinado el estudiante Aarón Salmún Feijóo. Farrell restablece el estado de sitio y ordena el despliegue de la policía en la Universidad de Buenos Aires.

La tensión es extrema y Perón es, inocultablemente, la piedra del escándalo: aparece como el principal enemigo del retorno a la democracia. El 8 de octubre se da a conocer un comunicado que notifica la renuncia del coronel a sus tres cargos. Perón ha perdido la confianza de buena parte de la oficialidad y el general Eduardo Ávalos, cabeza de Campo de Mayo, exige a Farrell que lo despida. El día que Perón cumple cincuenta años, firma la dimisión a sus cargos y se dirige a su departamento, donde lo espera Evita, su compañera.

La semana que cambió el curso de la historia

En octubre de 1945, el jurista socialista Carlos Sánchez Viamonte encabeza el reclamo de un grupo de profesores universitarios que solicitan al presidente de la Corte, Roberto Repetto, que exija a Farrell la vigencia de la Ley de Acefalía y, en consecuencia, la entrega del poder ejecutivo a la Corte.

En el ambiente comienza a sentirse que octubre será "el mes del cambio". El Día de la Raza, mientras los alumnos de las escuelas conmemoran la llegada de Colón a América, es librada una orden de captura a Perón. El astuto coronel gana un tiempo precioso evadiéndose a una isla del delta. Al día siguiente su puesto de ministro de Guerra es ocupado por el general Ávalos, comandante de Campo de Mayo, nombramiento consensuado por Farrell con los jefes de la Unión Democrática, y el 13 se ofrece al procurador general de la Corte la formación de un gabinete de emergencia.

El almirante Vernengo Lima, desde los balcones del Círculo Militar, anuncia la renuncia de Perón. El mediodía del viernes 12 una multitud reunida en la Plaza San Martín exige la renuncia del gobierno y la asunción de la Corte Suprema. Esa noche se producen sangrientos enfrentamientos en los alrededores de Retiro. Entretanto, el coronel Mittelbach, jefe de la Policía, da con el paradero de Perón y con orden expresa del Presidente intenta su detención. Sin embargo, como el traslado del detenido debe realizarse en un buque de la Armada, el arresto no se concreta. Perón urde una nueva artimaña y se niega rotundamente a ascender al buque y perder así su jurisdicción como oficial del Ejército. A cambio, ofrece trasladarse a su domicilio de la calle Posadas a esperar la decisión presidencial. Farrell, cansado de las jugarretas de su viejo amigo, debe conseguir su alejamiento definitivo. Los medios militares le transmiten, a la vez, que la entrega del poder a la Corte es una solución inaceptable.

El sábado 13, Ávalos y Vernengo Lima se presentan en el despacho presidencial acompañados por el procurador general de la Nación, el doctor Juan Álvarez. Plantean la necesidad de integrar un nuevo gabinete y Farrell invita a Ávalos a designar a los nuevos componentes y ubicarse como ministro coordinador. El mismo día Farrell nombra un nuevo secretario de Trabajo y Previsión, Juan Fentanes. La urgente necesidad de llenar el vacío dejado por Perón no despierta entusiasmo alguno, a excepción del propio Fentanes, que esa misma noche, utilizando la cadena nacional de radiodifusión, como hiciera su predecesor, saluda "a las clases trabajadoras y a las fuerzas vivas del país".

Perón es trasladado, detenido, a la isla Marín García pero su médico personal, el doctor Miguel Ángel Mazza, gestiona ante Farrell su internación en el Hospital Militar aduciendo una pleuresía agravada por la humedad ambiente en la isla. Farrell, que se siente entre la espada y la pared, logra el visto bueno de Ávalos y Vernengo Lima, aunque tratan de demorar el regreso enviando una junta médica que corrobore el diagnóstico. Junto con Mazza viajan a la isla Mariano Castex y el médico radical Nicolás Romano. Perón se niega al control y finalmente consigue el traslado al continente. En la noche del 15 de octubre ocupa ya una cama en el Hospital Militar.

Durante esa noche y la mañana siguiente una intensa actividad se desarrolla en la zona sur del Gran Buenos Aires. En Berisso y Ensenada, capital de los frigoríficos, Cipriano Reyes y su grupo más íntimo de colaboradores preparan una manifestación que se iniciará esa misma tarde del 16 de octubre a las 18.

Algunos jefes militares, ante la negativa policial a reprimir, solicitan autorización para detener las columnas obreras. Pero Farrell, el ministro Sosa Molina y Ávalos restan importancia a la movilización y ordenan mantener un tranquilo alerta en los cuarteles. Se dice que varias veces los tres jefes se consultaron entre ellos. "No pasa nada" es la frase más repetida del día en las oficinas de la Casa Rosada. Al caer la noche, y después de algunos

La movilización popular fue la clave de la jornada.

incidentes en La Plata y Berisso, pequeñas columnas cruzan el Riachuelo. Ávalos ordena entonces levantar los puentes, lo cual provoca un rápido cruce de todos aquellos obreros que trabajaban en Avellaneda o en Lanús y debían retornar a sus hogares en la Capital.

La jornada del 17

La noche del 16, por el escaso margen de 21 votos contra 19, la CGT convoca un paro general de actividades a realizarse el 18. Al día siguiente, a la una de la tarde, Farrell y Ávalos reciben a la dirigencia gremial encabezada por Silverio Pontieri. Aunque se les informa que "Perón no está detenido", los gremialistas mantienen la resolución y se la comunican al Presidente. Los reclamos son de corte sindical y salarial y exigen elecciones libres, levantamiento del estado de sitio y la libertad de los presos civiles y militares, pero nadie desconoce que la libertad de Perón es el tema decisivo.

El hombre que concentra las expectativas de los antiperonistas es el general Ávalos, quien comanda el movimiento contra Perón. El general cuenta con una fuerza de casi 10 mil efectivos en Campo de Mayo, pero sigue pensando que basta con la intimidación para controlar a los manifestantes. Farrell y Vernengo Lima, también prudentes y expectantes, rechazan el ofrecimiento del PC de utilizar piquetes partidarios para dispersar la manifestación.

La concentración obrera en Plaza de Mayo se nutre con el transcurrir de las horas. Hace calor y tras las caminatas y la espera que se prolonga, muchos refrescan sus pies en la fuente. La imagen, que se incorpora a la iconografía clásica de la jornada, será exhibida reiteradamente en la propaganda antiperonista como demostrativa del "aluvión zoológico" al que se referirá despectivamente el diputado radical Ernesto Sammartino, el mismo que será expulsado de la Cámara en 1948 acusado de agraviar a Perón.

Con el correr de las horas, las vacilaciones del gobierno aumentan las posibilidades de triunfo para Perón. Por la tarde se pliega a las negociaciones, cada vez más intensas, un nutrido grupo de comisionados, como el contraalmirante Alberto Teisaire, los generales Filomeno Velazco y Juan Pistarini, el coronel Domingo Mercante, el doctor Armando Antille, el brigadier Bartolomé de la Colina, quienes, con informaciones, exigencias y replanteos, van y vienen entre los tres puntos en que se asienta todavía el poder virtual: la Casa de Gobierno, el Hospital Militar y Campo de Mayo. El poder real comienza a trasladarse a las masas movilizadas en la Plaza.

Perón pone condiciones para retornar al gobierno: la renuncia de Vernengo Lima y las designaciones de José Sosa Molina como ministro de Guerra y del coronel Franklin Lucero como jefe de la Policía. Ávalos, reiteradamente, intenta calmar a la multitud desde los balcones de la Casa Rosada. Quiere informar que Perón está libre y ha sido reincorporado al gobierno, pero con cada aparición logra una rechifla más fuerte que la anterior, hasta que desiste.

"La noche ya había caído calurosa y expectante –relata Cipriano Reyes–, la plaza se iluminó con profusa luz artificial. Desde los balcones de la Casa de Gobierno llegaban algunos rumores de voces y se veían personas en movimiento, sin poder distinguirse quiénes eran. En esos momentos no existía ningún contacto o nexo con los dirigentes de la multitud y el general Farrell, pues ni uno ni otros sabían nada de lo que estaba ocurriendo en el campo opuesto. Es decir, nosotros ignorábamos lo que el gobierno podría resolver y éste ignoraba lo que podríamos hacer nosotros. Sólo había un objetivo definido. Una muchedumbre revolucionaria convertida en pueblo, que exigía de un gobierno sin decisiones la pronta ejecución de su reclamo: la libertad de Perón."

Farrell no es un hombre de lucha. "Cansado de tanto bochinche" y superado por los hechos, se retira a la residencia presidencial de la avenida Alvear al caer la tarde y deja que los negociadores continúen con las tratativas. Hasta allí lo siguen los representantes de Perón. "Hagan lo que quieran. Lleven a Perón a la Casa de Gobierno y siéntenlo en el sillón, si están dispuestos", les contesta el Presidente, agobiado.

Regreso glorioso

Un grupo nutrido y entusiasta se arremolina a las puertas del Banco de la Nación. De este contingente sale un verdadero rugido a las 23.10, cuando el inconfundible perfil del Líder aparece en uno de los balcones, acompañado por Farrell. "¡Farrell y Perón, un

La espera en la Plaza de Mayo se hizo extenuante.

solo corazón!", corea la multitud cuando los distingue, abrazados. Bruscamente la Plaza queda a oscuras y la respuesta popular es inmediata: "miles de diarios enrollados se elevaban encendidos como antorchas sostenidas por otras tantas manos", conformándose un espectáculo maravilloso, acorde con la emoción del momento. El propio Perón, dueño completo de la situación, da la palabra a Farrell y pide silencio:

> "Trabajadores, les hablo otra vez con la profunda emoción que puede sentir el presidente de la Nación ante una multitud de trabajo como es esta que se ha congregado hoy en la plaza. Otra vez está junto a ustedes el hombre que por su dedicación y su empeño ha sabido ganar el corazón de todos: el coronel Perón. De acuerdo con el pedido que han formulado, quiero comunicarles que el gabinete actual ha renunciado. El señor teniente coronel Mercante será designado secretario de Trabajo y Previsión. [...] De acuerdo con la voluntad de ustedes, el gobierno no será entregado a la Suprema Corte de Justicia Nacional."

El resto del discurso resulta poco audible. El triunfo se ha concretado y los manifestantes sólo esperan oír a Perón. El Líder, manejando los tiempos y los ánimos, pide que se entone el Himno Nacional y luego, con tono pausado, se dirige a la concurrencia:

> "Trabajadores: Hace dos años desde estos mismos balcones dije que tenía tres honras en mi vida: la de ser soldado, la de ser patriota y la de ser el primer trabajador argenti-

Hechos y noticias

En el balcón de la Casa de Gobierno, mientras tanto, Antille trataba de hablar a la multitud por los micrófonos, pero la gente estaba cansada de esperar y únicamente ansiaba escuchar la palabra de su líder. "Va a hablar el ex ministro de Hacienda, doctor Antille...", anunció alguien por los altoparlantes y le respondieron con una silbatina y un estribillo: "¡Queremos a Perón!". Para tranquilizarlos, el locutor se corrigió: "Rectifico. Hubo un error de expresión. Hablará el delegado del coronel Perón ante el general Farrell, doctor Antille". Pero el ardid tampoco dio resultado, pues la gente siguió reclamando la palabra de Perón e impidió hablar a Antille.

La única forma de contener esa impaciencia –eran ya las diez y media de la noche y algunos esperaban allí desde las nueve de la mañana– consistía en darles lo que pedían: la presencia del líder. Mientras tanto, debían contentarse con algunos trozos musicales. Simultáneamente, el coronel Gregorio Tauber trataba de convencer al teniente coronel Francisco N. Rocco –reemplazante de Nicolini en Correos y Telecomunicaciones– para que autorizara el uso de la cadena oficial de radios. Rocco accedió recién a las once menos cuarto de la noche, cuando se dio cuenta de que Perón había ganado la partida.

El grupo más compacto estaba en el ángulo noroeste, frente al Banco de la Nación. Allí todos gritaban: "¡Queremos a Perón!"; "¡Perón sí, otro no!". A las once y diez reventaron de entusiasmo al ver que en el histórico balcón se dibujaba la silueta del líder. Se oyó una ola de aplausos y vítores que se diluía en

no. Hoy a la tarde el Poder Ejecutivo ha firmado mi solicitud de retiro de servicio activo del Ejército. [...] Dejo el honroso y sagrado uniforme que me entregó la Patria, para vestir la casaca civil y mezclarme en esa masa sufriente y sudorosa que elabora el trabajo y la grandeza de la Patria.

"Por eso doy mi abrazo final a esa institución que es el puntal de la Patria: el Ejército. Y doy también el primer abrazo a esa masa, grandiosa, que representa la síntesis de un sentimiento que había muerto en la República: la verdadera civilidad del pueblo argentino. Esto es pueblo. [...]

"Muchas veces he asistido a reuniones de trabajadores. Siempre he sentido una enorme satisfacción; pero desde hoy sentiré un verdadero orgullo de argentino, porque interpreto este movimiento colectivo como el movimiento de una conciencia de los trabajadores, que es lo único que puede hacer grande e inmortal a la Patria. [...]

"Por eso, señores, quiero en esta oportunidad, como simple ciudadano, mezclarme en esa masa sudorosa, estrecharla profundamente contra mi corazón, como lo podría hacer con mi madre. [...]

"Preguntan ustedes dónde estuve. Estuve realizando un sacrificio que lo haría mil veces por ustedes. [...]

"–¿Dónde estuvo?... ¡Diga dónde estuvo, coronel!...

"Ante tanta nueva insistencia les pido que no pregunten ni me recuerden lo que yo ya he olvidado. Porque los hombres que no son capaces de olvidar, no merecen ser queridos ni

---

el centro de la plaza, donde la muchedumbre se dispersaba en núcleos abiertos. No estaba llena como se dijo después; habían pasado muchos manifestantes durante el día pero solamente quedaban los más esperanzados. En ese instante –glorioso para ellos– el fervor reemplazaba a la cantidad. Años después, cuando el 17 de Octubre se convirtió en un símbolo de la liturgia peronista, se inventaron cifras desproporcionadas. Por eso cada vez que alguien se refiere a los episodios de 1945 cree estar viendo la plaza colmada. Esos llenos fueron recién en los aniversarios. Y a pleno sol. En el primer 17, Perón habló ante una plaza oscura, a las doce de la noche, y la mitad de la gente ya se había ido. Como señala el historiador británico Eric Hobsbawm –al referirse a este episodio–, lo que importaba no era lo numerosa que fuese la multitud, sino el hecho de que "actuase en una situación que la hacía operativamente eficaz".

También se asombran quienes buscan en la primera plana de los matutinos del jueves 18 un gran despliegue sobre la concentración. Es que el episodio no tenía el significado histórico que adquiriría después. La noticia del día era el cambio de gabinete. "Luego de inquieta jornada fue anunciado anoche que se formará un nuevo gabinete", tituló *La Nación*; "El presidente de la Nación anunció anoche las renuncias de los ministros de Guerra y Marina. Desde los balcones de la casa de gobierno hablaron el primer magistrado y el coronel Perón", informó *La Prensa* a ocho columnas; "Farrell anunció nuevo gabinete", dijo *Clarín* en tipografía catástrofe, y añadió en dos volantas: "Una jornada dramática vivió ayer Buenos Aires"; "El Cnel. Perón habló desde los balcones de la Casa Rosada".

Hugo Gambini,
Historia del peronismo

respetados por sus semejantes. Y yo aspiro a ser querido por ustedes y no quiero empañar este acto con ningún mal recuerdo. [...]

"Hace poco les dije que los abrazaba como abrazaría a mi madre, porque ustedes han tenido los mismos dolores y los mismos pensamientos que mi pobre vieja habría sentido en estos días. Esperemos que los días que vengan sean de paz y construcción... Sé que se había anunciado un movimiento obrero; ya ahora, en este momento, no existe ninguna causa para ello. Por eso les pido como un hermano mayor que retornen tranquilos a su trabajo. Y piensen. Hoy les pido que retornen tranquilos a sus casas."

Con palabras calculadas pone fin a la concentración. Antes de terminar, decreta el primer "San Perón", que coincide con el paro general: "Les pido que realicen el día de paro festejando la gloria de esta reunión de hombres que vienen del trabajo". La desconcentración se realiza en forma tranquila y ordenada. Sin embargo, un importante grupo que sale por Avenida de Mayo se detiene frente al edificio del diario *Crítica* –que en su Quinta edición de esa misma tarde había subestimado burlonamente a las filas de manifestantes– y lo apedrea. Desde el diario se realizan disparos y se generaliza una batahola. Los obreros se retiran y los *squadristi* de la Alianza Libertadora Nacionalista (ALN) –los "aliancistas"– responden con una refriega de tiros que dura varias horas y cobra la vida de uno de los manifestantes, José Daponte. Sesenta y siete empleados del diario son detenidos, identificados y rápidamente liberados.

Perón regresa a su departamento y se encuentra con su compañera. ¿Dónde ha estado Eva Duarte, entretanto? La creencia de que jugó un rol protagónico movilizándose a la cabeza de "los descamisados" es equivocada. Decimos en nuestro trabajo *Mujeres de la política argentina*:

"Mientras Perón estuvo detenido, su compañera fue despedida de las radios. Muchos de los que la habían frecuentado le cerraban ahora sus puertas; sólo Pierina Dealessi, el doctor Román Alfredo Subiza y su hermano Juan Ramón Duarte le dieron refugio. Hasta fue agredida en la calle por un grupo de estudiantes. En esa 'hora de la soledad', como la llamará en adelante, otras fuerzas se estaban moviendo para liberar a Perón. [...] Mientras la masiva movilización imponía la libertad de Perón y el inmediato llamado a elecciones, Evita recorría la ciudad buscando noticias."

Perón –que había enviudado de Aurelia Tizón, de tan sólo treinta años, en septiembre de 1938–, presionado por las Fuerzas Armadas y la Iglesia, debe regularizar su relación si desea postularse como candidato a presidente. Ella, perdidamente enamorada, se prepara para convertirse en Evita, la "abanderada de los humildes".

El año termina con una felicidad extra para los trabajadores. A instancias del Líder, Farrell dicta el decreto 33.302 que, desde diciembre de 1945, obliga al comercio y a la industria a pagar el aguinaldo a empleados y obreros.

Braden o Perón

Braden y la Unión Democrática

El final de la Segunda Guerra Mundial dibuja un nuevo mapa geopolítico mundial. Mientras en el Este de Europa surge el "bloque comunista" bajo el dominio stalinista, en América latina el retiro de los antiguos imperialismos, como Inglaterra, Francia y Alemania, permite la penetración de los Estados Unidos.

Cuando Farrell nombra a Perón ministro de Guerra, el país del Norte retira a su embajador Norman Armour y presiona a Gran Bretaña, sin éxito, para que tome idéntica medida con su representante, sir Kelly. En mayo de 1945, mes de la rendición alemana, arriba el nuevo embajador estadounidense, Spruille Braden. El diplomático –secretario adjunto de Asuntos Latinoamericanos del Departamento de Estado– es empleado de la familia Rockefeller y figura asociada en los años anteriores a los más importantes monopolios norteamericanos, como la Standard Oil en Bolivia y la Anaconda Cooper Mining Co. de Chile, así como a las intrigas y los complots en el México de Lázaro Cárdenas, en Centroamérica y Cuba. En poco tiempo, se transformará en el elemento aglutinador de todos los opositores a Perón y figura principalísima de la campaña electoral, que comienza hacia finales de año.

El apoyo de Washington a la Unión Democrática no intenta siquiera disimularse, al punto de que Braden participa en la Marcha por la Constitución y la Libertad y, en febrero de 1946, presenta el *Libro azul*. Las *Consultas entre las Repúblicas Americanas Respecto de la Situación Argentina*, editado por el Departamento de Estado, denuncia la filiación nazi de Perón. "Una sólidamente documentada y convincente imagen de la infiltración y los proyectos nazis en América latina, y de la connivencia entre el gobierno de Hitler y los argentinos", asegura Braden en su autobiografía. El candidato oficialista aprovecha la intromisión con inteligencia: contesta con el libro *Azul y blanco*, eleva el tono antiimperialista de su discurso y fija la antinomia "Braden o Perón", en la que la alternativa es de hierro: Perón es la Nación; la Unión Democrática, el imperialismo.

Inglaterra no se mantiene al margen de los acontecimientos. Entre Braden y Perón tiene claramente sus fichas puestas en el militar argentino, pese a objetar algunos aspectos de su estilo, poco afín al parlamentarismo. Ya durante los hechos del 17 de octubre había quedado claro que para el pueblo el "enemigo" son los Estados Unidos, como refiere el embajador David Kelly:

> "En la tarde del 17 decidí ir a la Casa Rosada. [...] Tal como lo había esperado, la multitud nos dio paso no bien vio la bandera inglesa, contentándose con gritar en forma amistosa '¡Viva Perón, abajo Braden!'"

Otra prueba de la influencia del Foreign Office en el gobierno de Farrell es la sugerencia formulada por la diplomacia británica de adelantar los comicios, que iban a realizarse el 7 de abril de 1946, para que no se diluyeran los efectos del 17 de octubre. La iniciativa fue aceptada por el Presidente, quien el 14 de noviembre firma el decreto fijando nueva fecha, el 24 de febrero.

Los meses de campaña electoral son muy intensos. Perón, aunque formalmente apartado del gobierno, cuenta con todo el respaldo de las estructuras oficiales. La oposición designa candidatos a dos radicales: José P. Tamborini, ex ministro del Interior de Alvear, y Enrique Mosca, ex gobernador de Santa Fe. Los dos son alvearistas y con cierta agudeza Perón los define como "piantavotos".

El movimiento estudiantil, agrupado en la FUA, apoya decididamente a la Unión Democrática (UD) e integra la Junta Coordinadora Nacional de la Juventud, en la que participan los sectores juveniles de los partidos integrantes de la coalición. Germán López, presidente de la gremial estudiantil, integra la comitiva del "Tren de la Victoria" o "de la Libertad", acompañando a los candidatos en su gira, que abarca casi todo el Norte del país. En noviembre de 1945 la FUBA vota la huelga universitaria "contra el continuismo militar" y muchos estudiantes no se presentan en los turnos de examen de noviembre y diciembre. En varias facultades se producen frecuentes refriegas entre "grupos de choque" de la FUA y militantes de la ALN. Los piquetes estudiantiles se caracterizarán por los actos relámpago iniciados, invariablemente, con el grito "¡Aquí FUBA!". El 8 de diciembre, durante el primer acto de la UD en Congreso, hay un ataque sorpresivo de grupos peronistas –que actúan con amparo policial– y mueren cuatro manifestantes.

El 9 de febrero de 1946 la UD realiza su cierre de campaña. "Por la libertad, contra el nazismo" reza el gran cartel que acompaña las efigies de Tamborini y Mosca y los nombres de los cuatro partidos de la alianza. Con flores arrojadas desde los balcones, el centro de Buenos Aires saluda a los manifestantes. En el palco se deja ver la figura de la ex primera dama y cantante de ópera Regina Pacini, viuda de Alvear. También están presentes Luis Batlle Berre, presidente de la Cámara de Senadores del Uruguay; Bernardo Houssay y Elpidio González, entre otros. A las 6 de la tarde el maestro Juan José Castro, dirigiendo una orquesta de cuarenta músicos, inicia los acordes del Himno Nacional y es coreado con emoción por la gran multitud. Como había ocurrido unos meses antes, cuando se hizo la "Marcha...", el fervor contagia a los asistentes, que dan su triunfo por seguro. El gran acto en la Plaza del Congreso es, con seguridad, el entierro de lujo para las expectativas de Perón y los laboristas. Hablan, elocuentes, Alfredo Palacios, Rodolfo Ghioldi, Luciano Molinas, Eduardo Laurencena. El profesor Ricar-

El embajador norteamericano Spruille Braden intervino abiertamente en la política local.

do Rojas recita a Ezequiel: "Y díjome Jehová, profetiza el espíritu, profetiza, hijo del hombre, y di al espíritu: 'Espíritu, ven de los cuatro vientos y sopla sobre estos muertos y vivirán'".

Con un lenguaje muy distinto, la tarde del martes 12 una multitud similar se congrega en los alrededores del obelisco para proclamar la fórmula Perón-Quijano, y vocea: "Sube la papa, sube el carbón, y el 24 sube Perón", y "La Unidad, ja, ja, ja, ¡qué risa que me da!".

El Partido Laborista

En poco tiempo, después de los sucesos del 17 de octubre, Cipriano Reyes da forma al Partido Laborista (PL), "a semejanza –en sus palabras– del Labour Party" que acababa de derrotar al conservador Winston Churchill en Inglaterra. El laborismo intenta imponer a Domingo Mercante en el segundo lugar de la fórmula, pero debe conformarse con su postulación para la gobernación de Buenos Aires.

La candidatura de Perón es vehiculizada por medio del Partido Laborista. Es interesante reproducir algunas de las ideas adoptadas por el PL en su Declaración de Principios, de la que se desprende de manera elocuente que sus intenciones no son subordinarse a un líder ajeno a sus filas, sino brindarle apoyo electoral preservando su independencia organizativa y de acción política y parlamentaria. Sostienen, por ejemplo:

"Que la mayoría del pueblo, constituida por obreros, empleados y campesinos conjuntamente con profesionales, artistas e intelectuales asalariados, así como por pequeños comerciantes, industriales y agricultores, forma la clase laborista que necesita unirse en su propia defensa y en bien del progreso del país. Que la minoría constituida por latifundistas, hacendados, industriales, comerciantes, banqueros y rentistas, y todas las variedades del gran capitalismo nacional o extranjero, tiene profundas raíces imperialistas. [...]
"Es indispensable que una fuerza política nueva, con empuje revolucionario, aunque con serenidad y tolerancia, proceda a remover las causas de esas injusticias, [...] este movimiento siente como suyos los anhelos e ideales de los trabajadores del mundo luchando al igual que ellos por una mayor justicia social y una mejor distribución de la riqueza, dentro de una auténtica democracia y en un clima de absoluta libertad [e] inspirará su acción política en los anhelos, inquietudes y aspiraciones de la masa trabajadora, representada por los respectivos sindicatos, pero respetará en forma absoluta la autonomía e independencia del movimiento gremial."

Como destaca Carlos S. Fayt en *La naturaleza del peronismo*:

"No puede subestimarse el hecho de que un partido auténticamente obrero, como el Laborista, que pudo haber sido la gran fuerza política del proletariado argentino, haya sido el gestor del triunfo de Perón y el depositario del poder electoral de las masas obreras."

Entretanto, Perón reparte hábilmente una buena porción de poder entre hombres provenientes del radicalismo. Sus caudillos conocen bien las mañas electorales y disponen del aparato para controlar la distribución de boletas, la fiscalización de mesas, la confección de las planillas del escrutinio provisorio y por eso, también, como destaca Arturo Jauretche, "la mayoría de los candidatos a gobernadores fueron de extracción radical".

Elecciones ejemplares

Después de años de fraudes escandalosos, las dudas sobre la limpieza de los comicios son más que legítimas. Si bien la guerra de afiches y el tono de los discursos electorales, que no ahorraron calificativos por ambas partes, hacen prever un día difícil, las elecciones del 24 de febrero de 1946 serán un verdadero ejemplo de pulcritud y tranquilidad. Para asegurar la transparencia, se movilizan 14 mil conscriptos que custodian las mesas y trasladan las urnas bajo su responsabilidad.

A la mañana siguiente, cuando las estimaciones auguran el triunfo de la Unión Democrática, Farrell recibe durante una hora la visita de Elpidio González, el antiguo y prestigiado dirigente yrigoyenista. Deja así expresada –con su reconocida autoridad moral– "su honda satisfacción por el comportamiento de las Fuerzas Armadas durante la elección".

A pesar de que los primeros datos provocan anuncios precipitados en varios diarios, el recuento nacional, que demora unos días, otorga un inobjetable triunfo a la fórmula Perón-Quijano, que supera a la de Tamborini-Mosca: 1.487.886 votos contra 1.207.080. La diferencia de 280 mil votos no es abismal; la elección ha sido bastante pareja pero es

---

 ### Yrigoyen y Perón: los silencios y los gestos

El peronismo es el resultado de una ecuación política, social, económica, cultural. Cámbiese alguno de los términos de esa ecuación imaginaria, elimínese otro u omítase cierto elemento aparentemente menor, y el fenómeno peronista pierde su sentido o su verdadera naturaleza. El peronismo tiene, en efecto, una cierta naturaleza; hace eclosión luego de una historia intensa que precede a los hechos de junio del '43; existe a partir de la aparición de un líder que tiene su estilo y sus rasgos parecidos y diferentes de los de otrora; se explica desde una situación; corresponde a una etapa de la evolución política y social de la Argentina situada –y sitiada– por un determinado contexto internacional. La reunión de un hombre y una circunstancia es una manera entre otras posibles de comenzar la explicación del fenómeno político así conocido. Pero el fenómeno político es también un fenómeno social, y ambos se convertirán, con el paso del tiempo, en una suerte de *subcultura* del mundo obrero.

Aludir a *un hombre y su circunstancia* no es mera nostalgia orteguiana sino el resultado de una percepción histórica. El peronismo se explica con Perón, pero éste era algo más que un *gesto* aunque también fuera, por lo pronto, gesto. En esto y en otros aspectos, algunos fundamentales, Perón se parece al Yrigoyen de los años veinte por ser un conductor de multitudes, pero se diferencia de aquél por su estilo y por el contenido de sus creencias. Hipólito Yrigoyen era un principista, arraigado en la tra-

indiscutible. La Unión Democrática sólo triunfa en 4 provincias (había entonces 14): Córdoba, Corrientes, San Juan y San Luis.

Se abre así un período especial para el gobierno de Farrell, durante la transición hasta la asunción del mando del nuevo gobierno constitucional, fijada para el 4 de junio. El Consejo de Posguerra se convierte en el principal animador político-económico del país y Farrell firma casi todo lo que le presentan sobre el escritorio.

Allanado el camino

En poco más de tres meses se acelera el ritmo de emisión de decretos, en especial en las áreas financiera, bancaria y monetaria. Se nacionalizan el Banco Central y la garantía de la Nación a los depósitos bancarios; se reforman las cartas orgánicas de los Bancos Central, de la Nación, Hipotecario y de Crédito Industrial, y se crean el Instituto Mixto de Reaseguros y el IAPI (Instituto Argentino para la Promoción del Intercambio), que permite el control de cambios y del comercio exterior de cereales impidiendo el manejo discrecional de los dólares, que hasta entonces hacían los grandes monopolios del sector, como Dreyfus, Bunge & Born y Bemberg.

El 24 de abril de 1946, un nuevo decreto de Farrell pone en funciones al primer poder constitucional del peronismo, la Cámara de Diputados, que es convocada a sesionar el 29. Por una picardía que suena a provocación, la disposición de los bloques, de izquierda a derecha, ordena al Partido Laborista, la Junta Renovadora, los diputados de la

---

dición española de la política argentina que hace de la moral y del antimaquiavelismo dos ejes del juicio político. Contra lo que se suele hallar entre los casos de la historia, Yrigoyen no empleaba, como Perón, el gesto oratorio y la espectacularidad a veces histriónica, sino el *silencio* como gesto conductor.

Gregorio Marañón estudió muy bien este rasgo de Yrigoyen en un pequeño y notable librito titulado *Ensayos liberales*. El secreto de esta clase de hombres reside en que el gesto es el silencio como misteriosa invisibilidad. Cosa que parece fácil y al alcance de cualquiera, pero no es así. Se necesitan años de entrenamiento implícito para que el silencio se convierta en gesto.

Para que el callar equivalga a un grito, para que al cabo hipnotice. El arte político de inquietar a las multitudes sin ser "visto" por ellas y de vencer desde la mudez necesita de ciertas cualidades. Cualidades distintas, pero no menos efectivas al cabo que las del conductor que es ante todo orador, orador popular, y por lo tanto, gesticulador. Al principio la impresión no llega por ese camino. En el principio no suele estar el gesto, sino el razonamiento. Cuando el conductor popular ha logrado prestigio, cuando se confía en *quien* dice las cosas más que en las cosas mismas que dice, entonces el gesto logra su efectividad suprema pues no necesita ya del razonamiento. Pero ése no es el principio sino el final de un camino político. Para entrar por donde se debe es necesario bosquejar el ambiente social, los hechos políticos que se fueron acumulando, y los afanes y frustraciones de muchos argentinos al promediar la discutida década del treinta.

CARLOS FLORIA,
Todo es Historia, septiembre de 1975

UCR y, en el extremo derecho, los pocos representantes de conservadores, demoprogre-sistas, bloquistas y antipersonalistas. Ricardo Balbín, jefe de la bancada radical, se indig-na cuando entra en el recinto: "Nos han colocado a la derecha. ¿Qué significa esto?".

Otro de los problemas que Perón quiere allanar antes de asumir el poder es el de la Universidad de Buenos Aires, controlada por el movimiento estudiantil, ostensiblemen-te dominado por la Unión Democrática. El rector de la Universidad de Buenos Aires, Horacio C. Rivarola, es de probada militancia católica pero ha marcado sus diferencias con el presidente Farrell y más aún con el vicepresidente Perón. En tal sentido, busca colabo-ración en quien ha sido su adversario, el doctor Bernardo Houssay. Farrell decreta la in-tervención y Oscar Ivanissevich, que ha renunciado a la cátedra en octubre de 1945 con la promesa de no regresar "mientras dure la injerencia de los estudiantes en el gobierno de la universidad", asume como interventor.

Tres días antes de culminar su mandato, Farrell decreta la creación del Registro Na-cional de Cultos para fichar a todos los credos, enlistar ministros, templos, bibliotecas y clubes y controlar las actividades, libros y folletería de las entidades religiosas. Obvia-mente se estipulan también diversas sanciones –que llegan a la inhabilitación– para los in-fractores al decreto.

El peronismo en su cenit (1946-1952)

Producción y distribución del ingreso

Continuando las líneas señaladas desde el Consejo de Posguerra, las medidas protec-cionistas del gobierno en el terreno arancelario y respecto del ingreso de importaciones favorecen, durante el primer sexenio, un importante desarrollo industrial que promueve el incremento del consumo de combustibles. A decir verdad, la industria ya venía exper-imentando un crecimiento sostenido desde años antes. Félix Luna anota en *El 45*:

> "Por primera vez en su historial, el valor de la producción industrial había superado en 1943 el de la tradicional producción agropecuaria; este mismo año, el sector industrial representaba el 46,7 % del volumen físico de la renta nacional, siendo la agricultura el 21,8 % y la ganadería el 22 %. Entre 1942 y 1946 se habrían creado 25.000 nuevos esta-blecimientos industriales, de diversa envergadura. Estas realidades marcaban un cam-bio fundamental en la estructura económica, cambio que venía apuntando desde 1935 y que se aceleró desde el estallido de la guerra mundial.
>
> "[...] La Argentina había dejado atrás su primitivo estado de inocencia y adquiría ahora la complejidad de una nación moderna."

Entre 1946 y 1948 la industria automotriz crece casi un 65 por ciento, a pesar del boi-cot de los Estados Unidos alentado por Braden, por entonces secretario adjunto de Asun-tos Americanos del Departamento de Estado y figura influyente en la Organización de

Cooperación Económica de los Estados Unidos, que administra los recursos del Plan Marshall de recuperación e inversiones en la posguerra.

La creación del IAPI introduce una suerte de monopolio estatal del comercio exterior. Los saldos favorables se derivan, en parte, a alentar la industria, y en particular, la siderúrgica. La fabricación de electrodomésticos se intensifica y los hogares argentinos se pueblan con heladeras y lavarropas de fabricación nacional. Empresas y marcas como Siam, Acindar o Aerolíneas Argentinas se hacen familiares y son motivo de orgullo. Otras ramas de la producción que despegan son las relacionadas con la industrialización del caucho, la fabricación de maquinarias y vehículos, incluidos los tractores, que ayudan a modernizar la tecnología agraria.

A propósito de este proceso, es atinada la reflexión de Jauretche:

"Perón siempre supo aprovechar con habilidad las ocasiones propicias. Su gran sentido oportunista se reveló apenas puso los ojos sobre el cinturón fabril que los años de la guerra habían enlazado alrededor de Buenos Aires. A él no se le debe la industrialización, como creen algunos, porque ésta comenzó a expandirse durante el gobierno de Castillo. Tampoco fue el encargado de traer peones rurales a las fábricas. Lo único que hizo Perón fue capitalizar esa masa. Y la eclosión fue tan grande que él mismo se asustó cuando las multitudes, que ansiaban un líder, comenzaron a empujarlo a librar una batalla mayor que la del 4 de junio."

Merece especial mención el gran auge que adquiere la industria editorial, ya con cierto impulso desde fines de los años 30, cuando el país acogió como exiliados a importantes editores españoles que dejaron su país al triunfar el franquismo. Ahora, las editoriales Peuser, Tor, Emecé, Sudamericana, Acme, Losada o Paidós generan fuentes de trabajo y abastecen no sólo a un ávido mercado interno, abarcando una gran variedad de géneros, sino que también logran altas cuotas de exportación y una fuerte presencia en otros centros de habla hispana, como La Habana, México, Lima, Santiago de Chile y Barcelona.

Para orientar el desarrollo industrial, Perón formula un Plan Quinquenal que pone especial énfasis en la obra pública, apuntando a dos ejes centrales: la modernización de la infraestructura nacional y la respuesta a necesidades sociales insatisfechas. Se multiplican los planes de viviendas económicas, la construcción de hospitales y escuelas y de centros de recreación y veraneo. Al terminar el primer plan de cinco años, en 1951, el ministro de Obras Públicas Juan Pistarini exhibe orgulloso la construcción de 217 mil viviendas en todo el país. Las obras impulsadas por el Estado permiten multiplicar el empleo y descender las cifras de desocupación a números insignificantes.

Eva Perón, desde la fundación que dirige, alienta planes sociales y, en el marco del Plan Quinquenal, llega a inaugurar cerca de 1.000 escuelas nuevas, lo que permite sostener el adagio peronista que afirma que "los únicos privilegiados son los niños", frase asentada en los Derechos del Niño, incorporados a la Constitución reformada en 1949, cuyo objetivo central, sin embargo, fue permitir la reelección de Perón. En el artículo 37 se enuncian los "derechos del trabajador" proclamados por Perón en febrero de 1947. En total diez: derecho a trabajar, a una retribución justa, a la capacitación, a condiciones dignas de trabajo, a la preservación de la salud, al bienestar, a la seguridad social, a la protección de la familia, al mejoramiento económico y a la defensa de los intereses profesionales. Aunque *ex profeso* no hay mención alguna al derecho de huelga, es indudable que este decálogo de la "justicia social" expresa un país diferente.

Las nacionalizaciones

Un capítulo especial es el que constituye la publicitada "independencia económica", cuya proclamación merece, el 9 de julio de 1947, un acta parangonada con la de la independencia política de 1816.

En efecto, la soberanía política y la independencia económica se apoyan en medidas decisivas, muchas de las cuales admiten opiniones divergentes. Mientras el gobierno hace gran alarde al declarar la independencia económica –"¡porque ya la hemos conquistado!"–, debates intensos se suceden en las Cámaras. Diputados de la UCR, como Arturo Frondizi, insisten en que las nacionalizaciones no son sino un gran negocio para los ingleses. Como vocero del bloque, cuestiona la indemnización pagada a Inglaterra con motivo de la nacionalización de los ferrocarriles y exige que se informe "por qué se pagó a los ingleses en libras esterlinas y no en pesos moneda nacional, lo que resultó gravoso para la economía del país". Con respecto a la nacionalización del Banco Central, que hasta entonces estaba controlado directamente por la banca inglesa, se produce un debate similar. Con su clásico dedo acusador Frondizi espeta al ministro Miranda para insinuarle que las cosas no han cambiado tanto como parece:

"La verdad es que la mayoría del respaldo monetario argentino en estos momentos… figura en una cuenta del Banco de Inglaterra, o sea que no está en el Banco Central Argentino ni tiene posibilidad de ser convertido. Vale decir, que la soberanía argentina es soberanía, pero poca, porque dependemos de la cuota que figura en el Banco de Inglaterra."

La independencia económica se rubricó con la nacionalización de los ferrocarriles.

Es indudable, sin embargo, que las medidas de nacionalización permiten al Estado nacional gobernar sus recursos. Se nacionalizan los teléfonos (hasta entonces norteamericanos) y, en febrero de 1947, se concreta la operación de compra de los ferrocarriles, que pasan al Estado en marzo de 1948 junto con otras adquisiciones como los puertos y diques del Dock Sud y los puertos y elevadores de granos de La Plata e Ingeniero White (Bahía Blanca).

La compra de los ferrocarriles no es ventajosa en sí: se pagan sobreprecios y, además, el contrato de servicio ha caducado y los ingleses desean retirarse del negocio porque no les resulta rentable. Los ferrocarriles podrían haberse "nacionalizado" sin indemnización; sin embargo, la Argentina paga cerca de 3.000 millones de pesos. Obviamente estas cuestiones no son publicitadas y, en cambio, se da gran relevancia al hecho en sí: "¡Perón cumple! ¡Ya son argentinos!", ratifican miles de afiches por todo el país. El artículo 40 de la Constitución de 1949 reafirma esta idea de soberanía sobre los recursos económicos básicos:

"Salvo la importación y exportación, que estarán a cargo del Estado de acuerdo con las limitaciones y el régimen que se determine por ley, toda actividad económica se organizará conforme a la libre iniciativa privada, siempre que no tenga por fin ostensible o encubierto dominar los mercados nacionales, eliminar la competencia o aumentar usurariamente los beneficios.

"Los minerales, las caídas de agua, los yacimientos de petróleo, de carbón y de gas, las demás fuentes naturales de energía, con excepción de los vegetales, son propiedades imprescriptibles e inalienables de la Nación, con la correspondiente participación en su producto, que se convendrá con las provincias.

"Los servicios públicos pertenecen originariamente al Estado, y bajo ningún concepto podrán ser enajenados o concedidos para su explotación. Los que se hallaren en poder de particulares serán transferidos al Estado, mediante compra o expropiación con indemnización previa, cuando una ley nacional lo determine."

En 1947, en el marco de un ciclo de conferencias sobre economía, Perón afirma:

"Qué debo entonces pensar de una Argentina que no tiene deuda exterior, pues la ha cancelado, pasando a país acreedor (uno de los tres únicos países del mundo que son acreedores): que no paga sino cobra servicios, que dispone de una reserva de oro que sobrepasa en muchas las mil toneladas."

Son, sin duda, los años dorados del peronismo.

Una nueva estructura sindical

El peronismo ha dicho que los trabajadores constituían "la columna vertebral del movimiento". En efecto, su triunfo se debe, en gran medida, al Partido Laborista. Sin embargo, en mayo de 1946 Perón ordena su disolución. Ese mismo año, Cipriano Reyes es baleado en su automóvil y queda herido, y en septiembre de 1948, acusado de un complot contra Evita y Perón –junto con Jorba Farías y Dardo Cufré–, es detenido, torturado y termina preso con una condena de cuatro años que se extenderá hasta 1955. Luis Gay, dirigente telefónico y otra figura fundacional del laborismo, es elegido secretario general de la CGT, pero en 1947 Perón lo acusa de complicidad con Braden y lo desplaza. Aurelio Hernández, también laborista, realiza una corta gestión que termina en 1948, cuando asume como secretario general José Espejo, un incondicional del gobierno y, en particular, de Evita.

 ## La disolución del Partido Laborista

El semitotalitarismo peronista, la paulatina liquidación de las libertades democráticas, actuaba no sólo contra la oposición burguesa y pro norteamericana sino también, aunque de modo mucho más sutil y eficaz, contra las masas trabajadoras que eran la base del peronismo. La liquidación del Partido Laborista constituye una manifestación dramática de este último aspecto del régimen peronista.

En marzo de 1946, apenas ganadas las elecciones, Perón anuncia su intención de disolver al Partido Laborista e integrarlo en un '"Partido Único de la Revolución". De inmediato, los dirigentes laboristas se oponen, encabezados por Cipriano Reyes. Perón resiste por unos meses, pero poco después de asumir el poder ordena por radio la disolución del Partido Laborista y de la Junta Renovadora de la UCR, y su fusión en el "Partido Único", que a poco andar pasaría a llamarse, simplemente, Partido Peronista.

Pero el Partido Laborista detenta una amplia mayoría dentro de los bloques parlamentarios peronistas. Reyes decide resistir. Convoca a una convención del partido, a la cual asisten prácticamente los mismos delegados que lo habían fundado un año antes, y allí se resuelve desafiar a Perón. Perón responde con represión y soborno y uno a uno todos los dirigentes laboristas capitulan. Sólo 12 parlamentarios laboristas permanecen junto a Reyes. Gay, presidente del partido, lo

abandona también –lo cual no impide que al poco tiempo Perón lo elimine de la CGT y de su propio sindicato–. Desde mediados de 1946, Reyes sufre por lo menos seis atentados y para las elecciones de 1948 el gobierno retira la personería al Partido Laborista, eliminándolo formalmente de la escena política. Por fin, a mediados de 1948, Perón liquida definitivamente al héroe del 17 de octubre, anunciando al país el descubrimiento de un supuesto complot entre Reyes y otros dirigentes laboristas destinado a... asesinar a Perón y a Eva Perón. La CGT declara el correspondiente paro de 24 horas, las masas trabajadoras son convocadas a la Plaza de Mayo, donde Perón se compara a Sandino y denuncia a Reyes como agente del imperialismo norteamericano. Las masas ovacionan a Perón y celebran alegremente la destrucción del primer intento de organización política autónoma del nuevo proletariado argentino. Bajo el peronismo, dentro del peronismo, no había lugar para un partido obrero peronista, es decir, para dirigentes obreros de ideología burguesa, colaboradores del Estado pero respaldados, ante todo, en las organizaciones sindicales. El peronismo sólo tenía lugar para dirigentes obreros convertidos en funcionarios del Estado.

MILCÍADES PEÑA,
Masas, caudillos y elites

El cambio se ha operado. El período de huelgas que signa los tres primeros años de gobierno (en importantes gremios como los azucareros, gráficos y de la carne) da paso a una dirección cegetista obsecuente con el gobierno. En 1950, la CGT reforma sus estatutos y adopta un modelo verticalista, autorizándose la intervención de los sindicatos adheridos.

Una serie de conflictos obreros que escapan al control de los dirigentes peronistas –como en los gremios de marítimos, bancarios y de los frigoríficos– son declarados ilegales. La gran huelga ferroviaria de 1950, que se repite en 1951 después de que la Unión Ferroviaria es intervenida y el paro declarado ilegal, exige una mediación directa de Evita, que trata sin éxito de desbaratar el reclamo. La huelga termina con cerca de 2.000 detenidos. Al año siguiente el mismo Espejo, silbado en un acto público, debe renunciar y es reemplazado por un ilustre desconocido, Eduardo Vuletich, del pequeño gremio de farmacia.

Otro aspecto decisivo para poner en línea la "columna vertebral" es el marco legal que permite conseguir una personería gremial y, con ella, el monopolio de la representación del sindicato que exhiba un mayor número de afiliados. El manejo compulsivo de estos informes, entre los dirigentes leales y las autoridades ministeriales, provoca todo tipo de irregularidades y parcialismos. Los dirigentes opositores se quedan sin la personería que los habilita a negociar los contratos colectivos y, por lo tanto, fuera de juego.

"La unidad se obtuvo", señala el especialista Juan Carlos Torre, "al precio de una fuerte tutela estatal sobre las organizaciones obreras. A ello se agregó la decisión de Perón de colocar al frente de la CGT a dirigentes confiables y con poco peso gremial, que actuaron sobre todo como sus agentes".

La oposición al peronismo y la muerte de Evita

El desarrollo de este novedoso proceso plantea una disyuntiva en la oposición: centrarse en la polémica parlamentaria o "golpear los cuarteles" buscando oficiales antiperonistas. Una y otra opción se barajan y ninguna se descarta. Mientras el "Bloque de los 44" –los diputados de la UCR comandados por Balbín y Frondizi– adquiere notoriedad por la firmeza de sus debates, los contactos con sectores de las Fuerzas Armadas se hacen permanentes. En el Partido Demócrata, a la par que Reynaldo Pastor y Federico Pinedo adoptan tácticas más moderadas, sus dirigentes de Córdoba y Mendoza motorizan la salida cívico-militar. Del mismo modo, en el socialismo, un grupo liderado por Enrique Dickmann busca un acercamiento con el peronismo y es expulsado por Américo Ghioldi y Alicia Moreau de Justo, enconados enemigos del gobierno. Por enfoques similares Rodolfo Puiggrós es separado del PC en 1946. La polarización se acentúa alrededor de la antinomia "libertades públicas", ariete de la oposición, y "justicia social", principal argumento oficialista.

Hacia 1951 la idea de derrocar al peronismo mediante un golpe de Estado fermenta. A los viejos enconos se une el temor de que Evita, como postula la CGT, se convierta en vicepresidenta, un trago impasable para los "contreras". Se suceden las reuniones conspirativas en las que participa casi todo el arco político opositor: Frondizi, Américo Ghioldi, Reynaldo Pastor y el demoprogresista Horacio Thedy se dan cita en una quinta con el general Benjamín Menéndez e intentan coordinar los movimientos de la oposición civil y militar.

El intento se concreta en septiembre de 1951, pero es frustrado. Varios de los militares involucrados son encarcelados y muchos de los civiles optan por exiliarse en el Uruguay.

Para las próximas elecciones, los radicales nominan la dupla Ricardo Balbín-Arturo Frondizi y proclaman su fórmula en agosto. Perón, sofrenado el intento de candidatear a Eva (que hace su "renunciamiento"), renueva a un anciano Quijano para la vicepresidencia. El 11 de noviembre de 1951 la fórmula peronista obtiene 4.784.803 votos, y la radical, 2.415.712. Por primera vez votan las mujeres, que, en su mayoría, se inclinan también por el peronismo. Conocidas militantes del feminismo, como Victoria Ocampo o Alicia Moreau, desprecian que la conquista se logre por medio de una "dictadura" y sostienen que es una medida demagógica. El peronismo, sin embargo, no sólo "deja votar" a las mujeres sino que les otorga un nuevo espacio social y político dentro del sistema, hasta entonces negado por completo. La Fundación Eva Perón y el Partido Peronista Femenino, así como la incorporación de diputadas y senadoras, constituyen importantes pasos adelante para la mujer argentina.

El segundo período de Perón, inaugurado el 4 de junio de 1952 en un día "claro y frío", típicamente peronista", según Joseph Page, entra en un rápido cono de sombras. Evita, que ha votado en su lecho de enferma, muere de cáncer el 26 de julio. Su repentina e inesperada desaparición coincide con –y parece simbolizar– el fin de un ciclo. El avance norteamericano y la crisis económica, que produce tres años consecutivos de disminución salarial, se trasladan a las instituciones; los roces con la Iglesia y el creciente malestar militar presagian el comienzo de la cuenta regresiva.

Un antes y un después

Los límites del nacionalismo

La coyuntura internacional permitió que, por lo menos durante siete años –entre 1945 y 1952–, el país tuviera un gobierno distinto, tanto de sus predecesores como de todos los que vendrían después. Ese peronismo que las masas salieron a defender el 17 de octubre se caracterizó por resistir el ingreso de los capitales norteamericanos –sosteniendo los vínculos históricos con Gran Bretaña– y otorgar importantes concesiones a los trabajadores del campo y la ciudad. Si bien la base de que ello fuera posible son los excepcionales ingresos cosechados con las exportaciones de carnes y cereales a Inglaterra, lo cierto es que buena parte de esos ingresos se destinó al desarrollo industrial y a la mejora social. La huella abierta fue profunda.

El Estado nacional florece y realiza importantes negocios que, aunque cobijan a sectores que se enriquecen (como aquellos que pueden manejar los cupos de exportación desde el IAPI), permiten el "derrame" de una parte sustancial de la renta nacional hacia el conjunto de la sociedad y a los trabajadores en particular; un hecho que no se ha repetido en la historia nacional.

Las tres banderas que enarboló Perón –justicia social, independencia económica y soberanía política– encuentran, sin duda, razones para esgrimirse. Sin embargo, ni bien cede la prosperidad de la posguerra, una a una son arriadas con escaso disimulo. Otra ideología, que encajaba perfectamente con el mundo bipolar, la de la "tercera posición" –transformada como consigna en la de "Ni yanquis ni marxistas, peronistas"–, será sostenida sólo mientras las definiciones entre uno y otro bloque no resulten dramáticas. El peronismo es parte del mundo capitalista y jamás intentó modificar de manera cualitativa la estructura social y económica. Para algunos, esa limitación será, precisamente, la razón de su caída en 1955.

Este conjunto de señalamientos permite acercarnos a ese carácter contradictorio del peronismo, que, para resistir la ofensiva de penetración de los Estados Unidos, favorece la organización y la movilización de los trabajadores, controlados a través de aparatos totalitarios que impiden la acción democrática e independiente en su seno. El historiador Milcíades Peña hace una analogía con el bonapartismo –el régimen en el que una figura se coloca por encima de los intereses sectoriales para intentar representar al conjunto nacional– y señala algunos rasgos peculiares:

> "El bonapartismo peronista tendía al totalitarismo, pero no llegaba a serlo. Era un semitotalitarismo [...] Al lado del Estado peronista, al lado del grupo que detentaba el monopolio del poder y de la administración, existían los elementos de una sociedad legal. Pese a sus intentos en tal sentido, el peronismo estuvo inmensamente lejos de alcanzar la estructura totalitaria."

Uno de los mecanismos de contralor más aceitados, el gremial, origina un sector social nuevo en el país, que todavía perdura: es aquel que se sostiene en base a las prebendas de las organizaciones sindicales, el manejo discrecional de los fondos gremiales y de las obras sociales, que por provenir también de aportes patronales (empresas privadas y públicas y el Estado nacional, provincial o municipal) los asocia y provoca dependencia con intereses ajenos a los de sus defendidos. En este nuevo sector de dirigentes sindicales se debe buscar otra de las claves de la perdurabilidad y enraizamiento del peronismo entre los trabajadores.

La burocracia sindical

Con el 17 de octubre la clase trabajadora accede a nuevas formas de acción política y da inicio a una etapa en la que desempeñará un papel distinto. Lo hará comprimida por una gigantesca camisa de fuerza con dos firmes ataduras: sindicatos burocratizados y una fe casi ciega en la pareja gobernante, Perón y Evita.

Las organizaciones sindicales eran muy distintas antes del peronismo. En los años 30 se había formado la Confederación General *de Trabajadores*; la vieja FORA anarquista estaba muy debilitada y los comunistas fundaban gremios "rojos" con relativo éxito. La CGT –o las CGT mientras permanecen divididas–, al contrario de lo que verán los argentinos a partir del peronismo en adelante, no era más que un sello que cobijaba a sindicalistas que se reunían en locales prestados y no cobraban sueldo alguno por su dedicación. Así como la Confederación General era "de Trabajadores" y no "del Trabajo", por entonces el 1º de Mayo era aún el Día Internacional *del Trabajador* y los sindicatos mostraban total indiferencia hacia los símbolos patrios de la república burguesa, como destaca el dirigente sindical peronista Juan José Taccone, recordando la actividad gremial en la compañía eléctrica:

> "Los actos sindicales de aquellos tiempos daban la pauta de la formación del sindicalismo; no se hablaba de Dios ni de la Patria, puesto que su conformación era atea e internacionalista; se cantaba 'La Internacional', a la que el gremio estaba adscripto ideológicamente; se enarbolaba la bandera roja, símbolo de la insurrección proletaria, hasta el léxico que se utilizaba guardaba el más puro estilo clasista e ideológico."

Aunque no tuviera un perfil cercano a la izquierda marxista, la liquidación del Partido Laborista fue un paso fundamental para la consolidación del peronismo. Con su disolución la clase trabajadora pierde una herramienta, que a diferencia del Partido Comunista, de corte stalinista, favorecía la independencia político-organizativa de los trabajadores, porque se apoyaba en los nuevos sindicatos y esgrimía un programa de acción independiente, si bien después se encolumnó tras la figura de un líder "burgués" y oficial de las Fuerzas Armadas. Carlos Fayt destaca la cuestión cuando subraya que "el sindicato se había incorporado a la política, los caudillos de tipo convencional habían sido derrotados". Reyes, con mezcla de rencor y sorna, es taxativo:

> "El 17 de octubre fue el triunfo de la clase obrera y sirvió para crear el Partido Laborista. Después Perón se sintió dueño de todo y destruyó esa valiosa herramienta para que no se lo obligara a cumplir con el programa revolucionario prometido. Durante los días más difíciles de octubre del '45 Perón estaba todo cagado y el 17 no se animaba a salir del Hospital Militar por temor a que lo liquidaran."

Desarticular al laborismo permitió disolver una identidad de clase construida durante décadas y facilitó la acción de corromper a la dirigencia sindical con las prebendas propias del ejercicio del poder del Estado. Las arcas de los sindicatos se llenaron rápidamente y, con el tiempo –más allá de que el peronismo ejerciera o no el gobierno–, muchos líderes gremiales se harán "inexplicablemente" millonarios y, desde sus funciones sindicales, se convertirán en capitalistas y cogestores o directamente representantes empresarios. Esta burocracia sindical –denominada así con propiedad– se alejará de sus bases afiliadas tanto como los sucesivos gobiernos y regímenes lo faciliten, por medio de la sistemática corrupción. Esta mutación modificará de manera sustancial las conductas, anulando la democracia y la metodología asamblearia en las organizaciones; los cambios se hacen manifiestos en el lenguaje, expresando un verticalismo que alude a la disciplina militar: las medidas de fuerza ya no se discuten ni se deciden, se cumplen, y tienen índices de "acatamiento".

Este nuevo estamento sindical será, desde el '45, uno de los factores decisorios de la realidad nacional.

Una nueva conciencia popular

La movilidad social es, finalmente, otro hecho distintivo que se consolida en el período abierto el 17 de octubre, aunque su dinámica viene de los años previos. Las mejoras salariales impulsan el consumo, el pleno empleo –casi no existen desocupados– asegura el nivel salarial y la educación, otro vehículo privilegiado de la "justicia social" que continúa aumentando los índices de alfabetización, a pesar del estilo totalitario que se impone en los textos de enseñanza.

Los cambios sociales, como siempre, presentan resistencias. La clase media, según analiza Enrique Manson, tiene con el fenómeno una relación "contradictoria y conflictiva":

"El crecimiento del nivel de vida de los trabajadores, acercaba a ambos sectores más de lo que los integrantes de las capas medias creían conveniente. En muchos casos los profesionales, los comerciantes, los empleados destacados o funcionarios, que habían sido una especie de 'aristocracia' de los barrios o de los pueblos, veían con desagrado la pérdida de privilegios, más en el campo del prestigio social que en el de los bienes materiales."

Esta realidad genera un cambio en la conciencia social. Como señala Félix Luna, 1945 se convierte en un año clave, en él: "Ciertos valores cayeron para siempre y ciertos valores quedaron afirmados, también para siempre". Pero el 17 de octubre es el corolario de un proceso. Según la particular visión de Gino Germani –motivo de largas polémicas–: "Los orígenes del peronismo están ligados a las transformaciones estructurales que caracterizaron a la Argentina entre 1930 y 1943", en las que "los nuevos trabajadores surgidos en el proceso de industrialización carecían de experiencia industrial y sindical y constituían así una 'masa disponible' para responder a la acción de un líder externo".

A gran distancia de los modelos sociales y políticos porteños, que trasladan los ejemplos europeos, los nuevos proletarios, inmigrantes internos –los "cabecitas negras"– asentados en el cinturón industrial, poco saben de anarquismo, socialismo y banderas rojas. El peronismo los inmuniza contra esas corrientes "extranjerizantes" y los forma en una ideología mal denominada "policlasista", cuya única propuesta es, en realidad, que sus problemas sean solucionados por otros, "desde arriba", por "líderes" que de modo autoritario o "verticalista" decidan por ellos; una ideología que halló su síntesis más acabada en la expresión "la vida por Perón".

Si durante los festejos del Centenario se modelaron algunos aspectos básicos de nuestro imaginario colectivo en lo social y cultural, en el '45 se origina otro modelo, el de la búsqueda de los personajes providenciales, de perfil paternalista, en quienes se depositan las ilusiones y esperanzas, que tendrá plena vigencia en la cultura política del resto del siglo XX.

Edelmiro J. Farrell

Un presidente sin poder real

Nació en Avellaneda el 12 de agosto de 1887. Entre 1905 y 1908 cursa en el Colegio Militar y al egresar, en la Escuela de Tiro. Hasta 1919 revista en diversas unidades del arma de Infantería y dos años después alcanza el grado de mayor; con diploma de oficial del Estado Mayor, pasa al batallón de Arsenales. Durante el gobierno de Alvear se especializa en la Infantería de Montaña en Italia. El golpe de 1930 lo encuentra en regimientos de Montaña de Cuyo, donde revista varios años y exhibe interés por los deportes; debido a sus gestiones el Ejército adquiere terrenos en el valle de Uspallata.

Asciende a general de brigada en 1940, dirige el Centro de Instrucción de Montaña y, al año siguiente, es nombrado comandante de la VI ª División del Ejército; en 1942 retorna a Buenos Aires, es inspector general de tropas de montaña y en 1943 es designado comandante de la I ª División del Ejército, función en la que cumple un papel decisivo en el golpe de Estado de junio.

El general Ramírez lo designa ministro de Guerra y, amigo de Perón, lo nombra secretario del Ejército. Tras el fallecimiento del almirante S. Sueyro, Farrell asume la vicepresidencia de la Nación el 12 de octubre de 1943.

En febrero de 1944 un movimiento militar desplaza a Ramírez: Farrell asume la presidencia y Perón es vicepresidente. La nueva dupla militar en el poder se resiste a declarar la guerra al Eje y mantiene excelentes relaciones con Inglaterra; actitudes que irritan a los Estados Unidos. Durante su gestión se fortalece la actividad industrial, se interviene la Corporación de Transportes y se continúa con medidas de censura y represión a la oposición, manteniendo vigente el estado de sitio hasta agosto de 1945, cuando el gobierno convoca a elecciones nacionales. Para conseguir un pasaporte de ingreso a la Organización de Estados Americanos (OEA) el gobierno firma las Actas de Chapultepec, elaboradas en la Conferencia Interamericana.

En septiembre de 1945 la Marcha de la Constitución y la Libertad y una serie de pronunciamientos militares desestabilizan al gobierno y provocan la detención y retiro de Perón, que retorna al poder tras la movilización del 17 de octubre.

El 24 de febrero de 1946, contra todas las previsiones, triunfa la fórmula Perón-H. Quijano. Hasta el traspaso de la presidencia, el 4 de junio Farrell realiza un intenso interregno apurando medidas solicitadas por el presidente electo; entre ellas, la nacionalización del Banco Central, la creación del Instituto Argentino para la Promoción del Intercambio (IAPI) y del Instituto Nacional de Reaseguros, y la intervención de la Universidad de Buenos Aires.

Desde entonces, con el grado de general de división, se retira a la vida privada junto a su esposa, Victoria Torni. En 1967 el Ejército oficializó el día del natalicio de Farrell como "Día del montañés". Falleció en Buenos Aires el 31 de octubre de 1980.

Juan Domingo Perón

El general que fue líder de los trabajadores

Nace en Lobos (Buenos Aires) el 8 de octubre de 1895. Siendo niño, su familia se traslada a la Patagonia y a los diez años regresa a Buenos Aires; vive con una abuela y completa sus estudios primarios; dos años después cursa en el Colegio Politécnico y exhibe pasión por los deportes, como el boxeo y la esgrima. En 1911 ingresa en el Colegio Militar y en 1913, como subteniente de infantería, tiene su primer destino en Entre Ríos. En 1917 es trasladado a Tartagal con motivo del conflicto obrero en "La Forestal" y en 1919 actúa en Buenos Aires durante la Semana Trágica. Adiestra suboficiales; asciende a capitán y en 1930 participa del golpe militar.

En 1936 asciende a teniente coronel y es agregado militar en Chile. En 1939, año que inicia la Segunda Guerra Mundial, se entrena con la infantería de montaña en Italia. A su regreso, dos años después, se asienta en Mendoza y participa del Grupo de Oficiales Unidos (GOU), que dirige el golpe del 4 de junio de 1943. En el nuevo gobierno Perón es secretario y ministro de Guerra, secretario de Trabajo y Previsión y, en 1944, vicepresidente de la Nación.

En octubre de 1945 es desplazado de sus cargos y encarcelado, pero retorna al poder tras la movilización popular del 17 de octubre. En 1946 es elegido presidente de la Nación y ascendido a general. Identifica su gobierno con tres banderas: la independencia económica, la soberanía política y la justicia social. Compra los ferrocarriles, los teléfonos, el gas; nacionaliza la banca y los reaseguros y adopta una legislación que mejora la situación de los trabajadores. En 1949 una reforma constitucional autoriza la reelección presidencial, que se concreta en 1952, año en que muere su segunda esposa, María Eva Duarte.

El segundo período de gobierno es crítico. Con serios problemas económicos y enfrentamientos con la Iglesia, Perón es derrocado en septiembre de 1955 y el peronismo, proscripto. El líder se exilia en diversos países latinoamericanos hasta que en 1960 recala en Madrid (España). Desde la quinta 17 de Octubre dirige el movimiento; en 1964 se frustra el "Operativo Retorno", y Perón enfrenta a Augusto Vandor, que cuestiona su liderazgo.

En 1970 apoya la formación de La Hora del Pueblo con la UCR y otras fuerzas políticas y en 1972 regresa al país para dirigir un reunión multipartidaria y organizar la participación electoral del Frente Justicialista de Liberación (FreJuLi).

Su regreso definitivo provoca nuevas elecciones; en septiembre de 1973 triunfa por amplio margen acompañado por su esposa, María Estela Martínez, "Isabelita". Brega por una política de Pacto Social, separa de sus filas a los miembros de la "Tendencia revolucionaria", se despide de sus seguidores en un célebre discurso el 12 de junio de 1974 y muere días después, el 1º de julio, provocando una gran congoja popular.

María Eva Duarte de Perón

La "abanderada de los humildes"

Nació en General Viamonte (Buenos Aires) el 7 de mayo de 1919. Vive con su madre y sus hermanos en un hogar humilde y en 1926 fallece su padre, Juan Duarte, que vivía en Chivilcoy con otra familia. "Cholita", tal su apodo familiar, cursa con alguna dificultad –repite 2º grado– la escuela primaria, y hacia 1930 la familia se radica en Junín.

Cinco años después viaja a Buenos Aires decidida a comenzar una carrera como actriz; debuta ese mismo año. En 1937 hace sus primeras apariciones en cine y radio y en 1939 protagoniza el radioteatro "Los jazmines del ochenta" y aparece en revistas del espectáculo como *Antena* y *Sintonía*. Mientras el Ejército concreta el golpe de junio de 1943 y Perón es nombrado secretario de Trabajo y Previsión, Eva tiene un rol protagónico en "Mujeres ejemplares", que se emite por Radio Belgrano.

Conoce a Juan Perón a principios de 1944, en un acto en beneficio de los damnificados por el terremoto de San Juan y poco después la pareja inicia su convivencia. Eva filma papeles estelares en *La cabalgata del circo* y *La pródiga* y, tras la movilización del 17 de octubre que repone a Perón en sus cargos, se casa con él. Al año siguiente Perón es presidente de la Nación y Eva abandona la actividad artística para dedicarse a la acción social y a desarrollar relaciones con el nuevo movimiento sindical.

En 1947 realiza la "gira del Arco Iris" por Europa: representa oficiosamente al país ante España, Francia, Italia, el Vaticano y Portugal y visita Suiza. El 1º de mayo de 1948 hace su debut como oradora en el acto del Día del Trabajo y se constituye formalmente la Fundación de Ayuda Social, bautizada con su nombre; para entonces, cientos de localidades, calles y lugares públicos llevan su nombre.

El 26 de julio de 1949 se conforma el Partido Peronista Femenino que, por medio de las "unidades básicas", se convierte en una inmensa red nacional asistencialista. En 1950 es operada de apendicitis y se le descubre un cáncer de útero que ella se niega a tratar. Al año siguiente, las mujeres votan por primera vez y ella "renuncia" a la candidatura vicepresidencial, para la que es postulada por la CGT.

En 1951, recién operada, vota desde la cama del hospital y se publica una autobiografía titulada *La razón de mi vida*. El 1º de mayo de 1952 pronuncia su último discurso y el 4 de junio, a pesar de su evidente desmejoría física, acompaña a su esposo en la ceremonia de asunción de su segundo mandato presidencial. Muere el 26 de julio y su extendido velatorio es muestra de gran dolor popular. Su cuerpo, embalsamado por el doctor Pedro Ara, es depositado en la CGT. Después del derrocamiento de Perón, en 1955, se lo traslada de modo clandestino a un cementerio italiano; finalmente es devuelto a Perón en 1971 y repatriado en 1974.

Cipriano Reyes

Dirigió el laborismo y el 17 de Octubre

Hijo de un artista de circo que trabajó con los Podestá, nace en Lincoln el 7 de agosto de 1906. Criado en el seno de una familia numerosa, tiene siete hermanos. Cuando termina la escuela primaria se emplea como obrero en la vidriería La Asunción, en Parque de los Patricios; se relaciona con los anarco-sindicalistas y es testigo de la Semana Trágica.

En 1921 se muda a Zárate y trabaja en el frigorífico Armour, donde dos años después participa en la fundación del primer sindicato de la carne. Intenta suerte en actividades varias, como domador de potros o payador en Castelli, e incluso vive un tiempo como croto, hasta que se casa y se muda a Necochea, donde funda el gremio de los portuarios. A principios de los años 40 se emplea en el frigorífico Anglo-Ciabasa de Berisso y participa activamente en las luchas obreras desde 1943.

Juega un papel decisivo en las movilizaciones de octubre de 1945. Como dirigente del Sindicato Autónomo del Gremio de la Carne, el 15 de octubre, ante la detención de Perón, convoca a manifestaciones en Berisso y Ensenada y es acusado de "bandido" por la Federación de Obreros dirigida por el Partido Comunista. Con apoyo de los gremios ferroviario, tranviario, de choferes, de empleados de comercio y vestido, de obreros metalúrgicos, textiles, madereros y del vidrio brega por un estructura política independiente de la clase trabajadora y funda el Partido Laborista, que se nutre de ex anarquistas, socialistas y sindicalistas y con cuyas boletas Perón alcanza la presidencia de la Nación. Durante la asunción del gobernador D. Mercante, el 16 de mayo de 1946, cerca de 10 mil personas exigieron su presencia en los balcones de la casa de gobierno de La Plata.

Electo diputado nacional, señala "las desviaciones del líder" y, en su militancia gremial, defiende la independencia de los sindicatos y de su partido ante el gobierno, motivos que lo distancian de Perón. La prensa adicta al gobierno lo acusa de "tránsfuga" y "traidor".

En 1946, por orden oficial, el Partido Laborista es disuelto e integrado al Partido Peronista y Reyes sufre un atentado. Aislado del poder político, el 25 de septiembre de 1948 se lo acusa de preparar una conspiración e intentar asesinar a Perón y Evita junto con otros laboristas como W. Beveraggi Allende, el capellán V. J. Farías, L. García Velloso –una persona ciega que fue acusado de intentar poner bombas– y D. Cufré; es detenido y torturado. En un proceso irregular es condenado a cinco años de reclusión, pero se lo mantuvo preso en los penales de Devoto y Las Heras hasta 1955.

Reyes escribió *Yo hice el 17 de Octubre*, publicado en 1973, un relato veraz de los acontecimientos; *La farsa del peronismo* y algunos poemas sueltos, y perseveró durante algunos años en sostener la estructura del Partido Laborista. Retirado de la vida política, falleció en el Hospital de Agudos de La Plata, a raíz de una afección respiratoria el 2 de agosto de 2001.

EL GOLPE DE 1955

En el nombre de la democracia...

 Terminada la Segunda Guerra Mundial, Isabel II reina sobre una Inglaterra exhausta, que abandona posiciones –y posesiones– en el mundo. El imperialismo norteamericano aparece, nítidamente, como la nueva potencia del globo. Por unos años, su principal preocupación es restablecer el funcionamiento político y económico de Europa e instrumenta el "Plan Marshall". El crecimiento de la influencia soviética en el Este y la revolución china de 1949 –el país más poblado del mundo y el tercero más extenso– lo llevan a fortalecer su presencia en Oriente e invadir Corea. En julio de 1953, luego de tres años de guerra y unos cuatro millones de muertos (la inmensa mayoría coreanos y chinos) se firma el armisticio que divide Corea en dos. Un mes después la CIA, mediante un golpe de Estado, desaloja del poder de Irán a Muhammad Mossadegh, el primer ministro que dos años antes había nacionalizado la Anglo-Iranian Oil Company.

Con estas nuevas posiciones consolidadas los Estados Unidos vuelven su mirada hacia el "patio trasero". El peronismo que ha proclamado la independencia económica y la soberanía política en la Argentina, la revolución boliviana desatada en 1952, el régimen de Jacobo Arbenz –que se animó a confiscar tierras de la United Fruit y repartirlas entre los campesinos– en Guatemala y las reformas introducidas por Getúlio Vargas en el Brasil pasan a ser prioridades de su política exterior. Llegó la hora –entienden ellos– de que la gran águila del Norte concrete la vieja consigna de Monroe: "América para los americanos".

La crisis del régimen

El peronismo y los Estados Unidos

Luego del fracaso de Braden para impedir el acceso de Perón al poder, los Estados Unidos designan embajador a George Messersmith, quien inicia una nueva etapa en las relaciones bilaterales. Varios gestos de ambas naciones sirven para distender los ánimos.

La Argentina suscribe las Actas de Chapultepec en agosto de 1946 comprometiéndose a unir las fuerzas americanas contra cualquier potencia externa al continente. Su canciller Juan Bramuglia encabeza la delegación que concurre a la Conferencia de Rio de Janeiro y, aunque toma distancias del concepto norteamericano de "agresión externa", firma el Tratado Interamericano de Asistencia Recíproca (Tiar). Los Estados Unidos, por su parte, destraban un crédito internacional y el Eximbank (Banco de Exportación e Importación) en 1950 presta 125 millones de dólares para que el país cubra obligaciones comerciales. La famosa promesa que hiciera Perón de "cortarse las manos" antes de firmar un empréstito con los Estados Unidos, queda definitivamente en el pasado. A la par, el gobierno aprueba la ley 14.222 que favorece las inversiones extranjeras, una política promovida desde la formulación del Primer Plan Quinquenal pero que no se concreta hasta el inicio de la década del 50.

Sin embargo, pasados ya unos años del fin de la Segunda Guerra Mundial, la situación económica comienza a desmejorar, aunque encuentra un leve respiro en 1950, cuando las exportaciones crecen como consecuencia de la intervención militar norteamericana en Corea. Los inversionistas extranjeros continúan remisos a traer capitales a pesar de las nuevas facilidades: el "reparto de la torta", que ha elevado en el último quinquenio sustancialmente la parte del ingreso que llega a los trabajadores, no les resulta atractivo y presionan a Perón para que reduzca los salarios.

Mientras que en 1944 los trabajadores reciben un 44,8 % de la renta nacional, en 1950 ese porcentaje alcanza el 56,7 %, y en 1952 llega al 57,7 %, el más alto índice de la historia argentina. La ganancia que reditúan las inversiones no convence. Eduardo Miller, secretario de Estado de los Estados Unidos, visita el país en 1950 y transmite un mensaje claro: las empresas norteamericanas radicadas en la Argentina comparten todavía un "sentimiento de inseguridad".

El Segundo Plan Quinquenal, en 1952, es elaborado en plena crisis económica, con inflación, sequía y escasez de energía eléctrica. El gobierno se esfuerza por aumentar la productividad. Perón convoca al pueblo a consumir menos y consagra la austeridad congelando salarios y suspendiendo las convenciones colectivas por dos años. Desde entonces se abren decididamente las puertas a la inversión extranjera y se otorga trato preferencial a los Estados Unidos. En 1953 la distensión se corrobora con la visita de Milton Eisenhower, hermano del presidente y héroe de la guerra, que es recibido por Perón y agasajado en la residencia presidencial de Olivos. Significativamente, el gobierno peronista ha acompañado, en las Naciones Unidas, el voto norteamericano contra China, nombrándola "nación agresora" en Corea. No deben sorprender, por lo tanto, estos elogios de Perón: "[Eisenhower] Fue un amigo sincero y leal. El gobierno y el pueblo lo recibieron y lo agasajaron como imponían su representación, cualidades y calidades. [...] Una nueva era se inicia en la amistad de nuestros gobiernos, de nuestros países y de nuestros pueblos".

Como se aprecia, todo el lenguaje antiimperialista de pocos años antes es descartado. "Muerta Evita", señala Emilio de Ípola, "un nuevo discurso del orden, que exhortaba a incrementar el trabajo y la producción, pareció querer silenciar definitivamente al de la justicia social y la defensa del trabajador".

Ese mismo año se firma un nuevo crédito –de 60 millones de dólares– y, en el siguiente, ingresan en el país importantes empresas multinacionales como Kaiser (de los Estados Unidos), Fiat (italiana) y Mercedes Benz (alemana), mientras se inician negociaciones con la Standard Oil.

La política petrolera se transforma en algo especialmente urticante ya que la propaganda oficial –y la Constitución de 1949– ha puesto especial énfasis en la defensa soberana de los recursos naturales del subsuelo. El tema resulta altamente polémico, a pesar de que Perón amenaza con que es una cuestión de vida o muerte "resolver el problema energético si [el país] no quiere ver expuestas sus industrias a la paralización total". Frondizi publica *Petróleo y política* en diciembre de 1954, un trabajo de elevado tenor antiimperialista y acusa al gobierno de "entreguista". En abril de 1955 se firma el contrato con la Compañía California Argentina de Petróleo SA, permitiendo que ésta se instale en Comodoro Rivadavia.

En las propias filas peronistas se alzan voces contra el acuerdo. El Congreso, a pesar de la amplia mayoría oficialista, no lo aprueba y la ALN (Alianza Libertadora Nacionalista), siempre incondicional, se distancia del gobierno:

"¡Argentino! Reflexione. El tratado de petróleo significa entregar al extranjero una parte de la Patria. ¡Y no pequeña! Son 48.900 km², es decir, 4.890.000 hectáreas... ¡Y por cuarenta y cinco años! Allí los yanquis construirán puertos, pistas de aterrizaje, caminos... La contabilidad se llevará en inglés; la moneda será el dólar."

El principal comprador de productos argentinos exportables es Gran Bretaña y los países que suscriben el Pacto de Ottawa (Canadá, Australia y otros países adscriptos del Imperio británico), donde rige una libra inconvertible. Los Estados Unidos multiplican sus exportaciones agropecuarias y, aplicando subsidios, bajan los precios compitiendo deslealmente en mercados tradicionales argentinos. Durante la década que va de 1945 a 1954, los balances comerciales son elocuentes: el saldo con el Imperio es favorable a la Argentina en 7.300 millones de pesos, mientras que con los Estados Unidos es negativo en 5.600 millones.

A pesar de los esfuerzos aperturistas, todavía en 1955 la Argentina constituye el eslabón más débil de la cadena latinoamericana de dependencia de los Estados Unidos. Washington es consciente de su impopularidad por estas tierras y sabe que no hay márgenes que permitan una intervención militar desembozada como la que instrumentan en Guatemala, deponiendo a Arbenz en junio de 1954 o en el Brasil, donde dos meses después los militares acorralan de tal modo al presidente Vargas que lo empujan al suicidio.

La táctica norteamericana en la Argentina es doble: por un lado, presiona al gobierno para obtener las mayores concesiones; por el otro, colabora con la oposición y alienta el golpismo. Pero su estrategia es sólo una: desembarazarse de Perón, que, incluso hincado, constituiría un escollo para sus planes de penetración.

El peronismo y los partidos políticos

Los aparatos políticos se debilitan como consecuencia de la acción represiva del régimen. En un sentido estricto, al privilegiarse las formas corporativas que otorgan peso a los sindicatos, la Iglesia y el Ejército, las estructuras propias del régimen parlamentario quedan relegadas.

No es fácil ser responsable de un local partidario, vender periódicos opositores –repetidamente censurados y secuestrados–, repartir panfletos en la vía pública u organizar y participar de actos a cara descubierta. El totalitarismo gubernamental, sostenido en una amplia red de informantes, actúa en forma sistemática, aunque cierta torpeza oficial no hace sino alimentar los odios y resentimientos. La corrupción, además, se hace cada vez más descarada y, particularmente en las Fuerzas Armadas, logra algún éxito tramando complicidades para "ralear" a los infieles y sospechosos.

Hay una campaña "boca en boca", sin embargo, que logra buenos resultados. Los "contreras" hablan en el mercado, comentan con el vecino confiable los últimos corrillos, entre ellos la sospecha de que en la residencia presidencial de Olivos se comete todo tipo de inmoralidades, sobre todo ahora que, después de la muerte de Evita, las chicas de la Unión de Estudiantes Secundarios (UES) se han hecho habitués de las prácticas deportivas desarrolladas en ese lugar.

En un terreno más formal, el principal partido opositor, la UCR, debate y organiza sus fuerzas. Durante las elecciones de 1951 el radicalismo reúne un 31,8 % de los votos y Balbín, que acaba de estar en prisión por "desacatos reiterados", se transforma en el principal vocero de la oposición. El resto de los partidos –Demócrata Progresista, Socialista, Comunista y las variantes conservadoras– alcanza una resonancia política superior a su caudal electoral y esa notoriedad va unida a las figuras públicas más destacadas, como Luciano Molinas, Alfredo Palacios, Reynaldo Pastor y Américo y Rodolfo Ghioldi.

La Convención Nacional de la UCR, que se reúne entre el 5 y el 8 de diciembre de 1952, bajo la presidencia de Moisés Lebensohn, un dirigente de gran predicamento, es el principal evento opositor después de la derrota electoral. Se plantean dos posiciones: la línea Córdoba de Sabattini y el Unionismo sostienen la abstención a toda convocatoria electoral; la línea mayoritaria, en cambio, plantea una lucha en todos los frentes. El Movimiento de Intransigencia y Renovación (MIR) triunfa ampliamente y la reunión respalda la visión de Arturo Frondizi, Moisés Lebensohn y Luis Dellepiane.

El 15 de abril de 1953, una concentración ordenada por la CGT para "expresar la adhesión de los trabajadores a la política del gobierno" –en un mal momento económico– termina en tragedia. A las 5 de la tarde, después de entonar el Himno y la marcha "Los muchachos peronistas" habla el secretario de la CGT, Eduardo Vuletich. Perón alcanza a decir algunas palabras que insinúan que ha convocado a los trabajadores para pedirles más sacrificios, cuando es interrumpido abruptamente por el estruendo de una bomba, que estalla en la esquina de Yrigoyen y Defensa. Después de unos momentos de desconcierto, Perón retoma la palabra: "Parece que nos han querido poner una bomba"... y suena otra explosión en una boca del subterráneo. Pasan unos minutos y Perón vuelve a su discurso:

> "Podrán tirar muchas bombas y hacer circular muchos rumores, pero lo que nos interesa a nosotros es que no se salgan con la suya, y de esto, compañeros, yo les aseguro que no se saldrán con la suya. Hemos de ir individualizando a cada uno de los culpables de estos actos y les hemos de ir aplicando las sanciones que les correspondan. Creo que, según se puede ir observando, vamos a tener que volver a la época de andar con el alambre de fardo en el bolsillo."

Mientras algunos grupos se dispersan, la masa más compacta, que se apretuja debajo del balcón, responde con un: "¡Leña!, ¡Leña!", convertido en grito de guerra. Perón recoge el guante y los alienta: "Eso de la leña que ustedes me aconsejan, ¿por qué no empiezan ustedes a darla?".

Después de las tareas de salvataje –se contabilizan 5 muertos y 93 heridos–, el incidente recrudece con la reacción de los manifestantes y sus grupos más activos, como los de la ALN. Al caer la tarde, la Casa del Pueblo, con la importante biblioteca Juan B. Justo, es incendiada. Ante la pasividad policial el edificio de Rivadavia 2150 arde durante toda la noche. El siguiente turno de ataque corresponde a la Casa Radical de la calle Tucumán, invadida y quemada en gran parte. Desde allí, el grupo se dirige al Jockey Club. Pasada ya la medianoche, un nuevo incendio destruye este coqueto y tradicional edificio, sindicado como reducto de la "oligarquía", y algunas colecciones de obras de arte y vinos seleccionados son saqueados.

Realizadas algunas investigaciones sobre los atentados de Plaza de Mayo, dos semanas después se inician múltiples allanamientos y se practican decenas de detenciones. Algunas, de hombres de apellidos tradicionales como Lanusse, Álzaga, Holmberg y Firmat Lamas; otras, de conocidos políticos opositores. El dirigente de la UCR Arturo Mathov es implicado como organizador aunque él sostiene que se lo acusa para tener un "cabeza de turco". A continuación son detenidos Frondizi, Balbín, Palacios, el octogenario Nicolás Repetto, Carlos Sánchez Viamonte, Adolfo Vicchi, Reynaldo Pastor, los Laurencena –padre e hijo–, Roberto Giusti y Francisco y José Luis Romero. En la Penitenciaría se unen con Federico Pinedo, recluido desde el año anterior. Victoria Ocampo es encerrada en la cárcel de mujeres.

El ambiente de persecución a la oposición se hace sentir también en los medios de comunicación. Raúl Apold, secretario de Prensa y Difusión de la presidencia, articula un sistema de control y censura de los medios. El aparato propagandístico oficial monta un gran *trust* periodístico: la cadena ALEA incluye 7 diarios en Capital y 63 en el Interior; la editorial Haynes publica 12 revistas; 15 radios emiten en las principales ciudades del país, y se dispone, además, de 8 talleres gráficos. En abril de 1951, el diario *La Prensa*, de fuerte tono antiperonista, es expropiado y entregado a la CGT.

En las filas radicales la súbita muerte de Lebensohn, el 12 de junio de 1953, plantea la necesidad de una reorganización interna y promueve un nuevo liderazgo: durante una reunión que se realiza el 30 y 31 de enero de 1954, a propuesta de Arturo Illia, Frondizi es elegido presidente del Comité Nacional. Los radicales alcanzan un buen resultado electoral en la Capital Federal en 1954 (654 mil votos, un 45 por ciento), pero un amañado dibujo de circunscripciones, que disgrega a los distritos opositores uniéndolos a los bastiones oficialistas, permite al Partido Peronista obtener todas las bancas –menos una– con 827 mil sufragios, el 55 por ciento.

El peronismo y las Fuerzas Armadas

El 28 de julio de 1951 el general Benjamín Menéndez encabeza un intento golpista. Apresurado y mal planteado –Perón lo califica de "chirinada"–, culmina con el juzgamiento y pase a retiro de más de 200 oficiales. Aunque derrotado, el movimiento demuestra que la "peronización" del Ejército, impulsada por el general Franklin Lucero, ofrece resistencias. Al año siguiente una conspiración organizada por el coronel José Suárez y grupos comando se plantea tomar varios edificios, ingresar en la Casa Rosada y matar al Presidente, pero es frustrada por una delación. Varios de los complotados son detenidos el 3 de febrero de 1952. La redada posterior lleva a prisión a 600 civiles y militares, entre los cuales está el general Eduardo Lonardi. Muchos de los detenidos son torturados en el Departamento Central de Policía.

Tras la derrota de Suárez, el general Pedro Eugenio Aramburu toma la posta y capitanea a los conspiradores en actividad. Lonardi, preso, recela de Aramburu; tienen visiones políticas distintas.

Sin embargo, hacia diciembre de 1954, el ambiente castrense parece tranquilo. La mayor parte de los altos oficiales esperan los ascensos de fin de año, que los elevarán al grado inmediato superior; entre ellos, los generales de brigada Aramburu y Juan José Valle (quien será fusilado en junio de 1956), y mayores que alcanzarán renombre en los años posteriores, como Osiris Villegas, Adolfo Cándido López, Manuel Iricíbar y Mario Fonseca.

A principios de 1955, un oficial de infantería de Marina, el contraalmirante Samuel Toranzo Calderón inicia contactos con Lonardi y Aramburu; el primero considera que cualquier movimiento todavía es prematuro, el segundo manifiesta su acuerdo pero se excusa de participar porque, como director de Sanidad, no tiene mando de tropa. Surge así el nombre del general Bengoa. El 23 de abril se reúnen Bengoa y Toranzo Calderón y el militar se compromete a sondear a otros camaradas. Lo único que los une es derrocar a Perón e impulsar un gobierno cívico-militar. Más allá de ese acuerdo hay demasiados puntos no aclarados, considerando que el arco opositor abarca desde nacionalistas católicos hasta socialistas y comunistas. Algunos nombres, como los del socialista Américo Ghioldi, el radical Miguel Ángel Zavala Ortiz y el conservador Adolfo Vicchi parecen tener cierto consenso. Las reuniones conspirativas se hacen en automóviles en movimiento para evitar la inteligencia peronista.

El peronismo y la Iglesia

Los primeros años posteriores al golpe de junio de 1943, las relaciones entre la Iglesia católica y el peronismo son excelentes. De hecho, la jerarquía eclesiástica está integrada al régimen. Desde diciembre de 1943 la enseñanza religiosa es obligatoria en las escuelas y la campaña electoral de Perón se ha sostenido afirmando la fe cristiana: "Nuestra política social ha salido en gran parte de las encíclicas papales y nuestra doctrina es la social-cristiana", ha dicho entonces el Líder.

Cipriano Reyes en su relato de la concentración del 17 de octubre de 1945, destaca la presencia de religiosos notables:

"Pudo verse, repetidas veces, la presencia del señor Obispo de Rosario, y Arzobispo de Buenos Aires, Monseñor Copello, conversar con la gente, andando entre ellas, sobre la vereda, expresándole su palabra de paz y su consejo humano, como el Pastor de Galilea, o repitiendo su Sermón de la Montaña, porque allí estaban los que tenían 'hambre y sed de justicia' procurando el camino de su liberación."

El de 1955 fue un año de gran agitación y demostraciones ininterrumpidas.

Estos elogiosos conceptos no serán retribuidos. Cuando en septiembre de 1948 el gobierno acuse a Reyes de encabezar un complot asesino, los obispos ordenarán que, el 26, se eleven plegarias en todo el país para agradecer la salvación de la vida de Perón y Evita.

El 15 de noviembre de 1945, una célebre pastoral difundida en las iglesias de todo el país orienta el voto de los creyentes:

"Ningún católico puede votar a candidatos que inscriban en sus programas los principios siguientes: la separación de la Iglesia del Estado, la supresión de las disposiciones legales que desconocen los derechos de la religión, y particularmente del juramento religioso, el laicismo escolar y el divorcio legal."

O sea, los católicos no deben votar por la Unión Democrática. Las visitas al papa Pío XII del sacerdote Hernán Benítez, un enviado personal y confidencial del Presidente y de Eva Perón, que es recibida en audiencia especial, coronan los términos de una excelente relación. Santiago Copello, arzobispo de Buenos Aires y cardenal primado de la Argentina, es asiduo concurrente a los actos oficiales.

Es cierto que algunos aspectos de la liturgia peronista no agradan a los religiosos y generan resquemores, y hay medidas que no terminan de convencer a la jerarquía católi-

 "Una tormentosa relación"

El primer conflicto abierto estalló a causa de la expansión del espiritismo, en una versión local conocida como la Escuela Científica Basilio. En octubre de 1950, los espiritistas habían organizado en el Luna Park un multitudinario acto, convocado bajo la consigna "Jesús no es Dios", considerada blasfema por los católicos. Pero dicho acto –que fue inaugurado con la lectura de un telegrama de adhesión firmado por Perón y su esposa– se vio imprevistamente alterado: jóvenes de la Acción Católica ubicados en las tribunas y en las inmediaciones del estadio provocaron un considerable tumulto. Como consecuencia, la policía detuvo a trescientos jóvenes miembros de la Acción Católica por alterar el orden público.

Pocos días más tarde llegaba al país el cardenal Ernesto Ruffini, como legado papal ante el Congreso Eucarístico Nacional. Una multitud aguardó su paso por las calles de Buenos Aires y lo aclamó al grito de "¡Jesús es Dios!" y "¡La vida por Jesús!", lemas transformados en consignas antiperonistas. Quedaba claro que las manifestaciones religiosas podían tomar un sospechoso cariz antigubernamental. Es cierto que, tras la clausura del Congreso Eucarístico, Perón mantuvo una entrevista con el cardenal Ruffini, demostrativa de que tanto el gobierno como la Iglesia parecían dispuestos a no profundizar las diferencias.

Sin embargo, los hechos habían sido cruciales para definir la relación entre la Iglesia y el peronismo. En primer lugar, al ubicarse en el campo mismo de la religión, el conflicto se planteaba con un difícil punto de retorno. Pero además, en un momento en que los ámbitos de la oposición se encontraban notoriamente mermados, la Iglesia se presentaba como un posible espacio de acción antiperonista.

ca; entre ellas, la disposición de la Ley de Asociaciones Profesionales (1946) que cierra toda posibilidad de un "sindicalismo católico" al negar reconocimiento a las organizaciones de trabajadores constituidas en base a credos religiosos. Pero se trata de un problema menor, en realidad, porque las características del gremialismo peronista hacen de éste un efectivo dique de contención frente al "peligro" comunista.

La Iglesia objeta, además, la fuerte injerencia del Estado en la vida familiar. En 1946 protesta ante una legislación que otorga derechos previsionales a la concubina de un fallecido y rechaza la categoría de "hijos naturales" que se adopta en la reforma del Código Civil reemplazando la de "hijos adulterinos e incestuosos". Al año siguiente enfrenta la ley de reforma del matrimonio civil, que valida uniones consumadas en el exterior y, en 1952, se alza contra la equiparación de hijos legítimos e ilegítimos. El gobierno, se queja, no presta atención a un viejo reclamo: disponer de las "condiciones materiales y espirituales que favorecen la tutela de la familia cristiana", como se ha solicitado en el documento de 1948 titulado "Todo lo que el Estado debe asegurar a la Iglesia".

La cuestión educativa es también un tema ríspido. La sanción de la ley de enseñanza religiosa abre un amplio campo pretendido por los eclesiásticos, pero a la vez éstos tienen fuertes prevenciones contra los maestros encargados de impartirla, no capacitados por la Iglesia. Por otra parte, la enseñanza obligatoria de temas de higiene y el creciente fomento de la práctica deportiva –casi un culto para el propio Perón– dan primacía a cuestio-

El conflicto en el campo religioso continuó ante las campañas pentecostales que se iniciaron en 1952, para alcanzar un éxito masivo en 1954. La Iglesia católica había tolerado a las iglesias protestantes de origen inmigratorio en la medida en que éstas se limitasen a sus comunidades nacionales, pero no admitía ningún movimiento expansivo fuera de esos ámbitos. A partir de la fuerte identificación entre catolicismo y nacionalidad, cualquier intento por parte de estos cultos de trascender al ámbito público era automáticamente calificado como una invasión "foránea".

El problema que presentaba el pentecostalismo era no sólo que no estaba vinculado a ningún grupo nacional de origen inmigratorio, sino que encontraba sus bases de reclutamiento –como el espiritismo y el peronismo– en las clases populares urbanas, a las que precisamente se buscaba "catolizar". El conflicto alcanzó su punto más alto a mediados de 1954, cuando el predicador estadounidense Theodore Hicks, que practicaba el "don de la sanidad", reúne muchedumbres en estadios deportivos de Buenos Aires. La causa de este éxito, según la perspectiva eclesiástica, radicaba en el apoyo que el gobierno había otorgado a la misión pentecostal, percibido en la autorización policial para la realización de las asambleas, en el traslado de los enfermos a dichas asambleas en las ambulancias de la Fundación Eva Perón y en la recepción que Perón hizo a Hicks en la Casa de Gobierno.

De un modo u otro, en el mismo campo religioso pueden ubicarse las intenciones del peronismo de presentarse como la forma de una peculiar religiosidad: la identificación con el peronismo no fue presentada como la adhesión a una abstracta causa política, sino como una adhesión incondicional a las figuras de sus líderes, que fueron revestidos con rasgos de sacralidad.

SUSANA BIANCHI,
"Perón y la Iglesia: una tormentosa relación",
en *Todo es Historia*

nes del cuerpo y no del alma y ello, en la tesis religiosa, aproxima al pecado. En definitiva, como bien señala un artículo de Susana Bianchi, la educación es más "peronista" que católica: los niños aprenden, esencialmente, a venerar a Evita y a Perón.

La Iglesia no sólo objeta los rasgos de culto a la "Jefa Espiritual", que se multiplican cuando "Santa" Evita "pasa a la inmortalidad" en 1952, sino también el aliento a la participación política de las mujeres, que atenta contra el machismo propio de las instituciones tradicionales. La Fundación Eva Perón, finalmente, ocupa el espacio de la beneficencia y caridad con los pobres, que la Iglesia considera propio por naturaleza.

Las diferencias se acrecientan desde 1950. La Constitución reformada no satisface requerimientos de la comunidad católica porque no incluye el principio de indisolubilidad del matrimonio y afirma la libertad de cultos. En poco tiempo, el gobierno muestra una apertura hacia otros credos, como los espiritistas de la Escuela Científica Basilio, el judaísmo, el protestantismo, los pentecostales y los curas "sanadores", uno de los cuales, Theodore Hicks, reúne multitudes en estadios y es recibido por Perón en 1954.

Ese año desaparecen los últimos rasgos de cordialidad, mantenidos hasta entonces. Las crecientes desavenencias con la Iglesia corren paralelas a las presiones norteamericanas. El mundo de posguerra ha cambiado y un nuevo amo mundial intenta subordinar por completo sus áreas de influencia. La Acción Católica Argentina, agrupación de laicos, se convierte en el ariete católico del antiperonismo y se lanza a la formación de un partido político, siguiendo el modelo de los democristianos europeos.

Un cóctel de opositores

Por diversos motivos, que reconocen algunas causas comunes, en el Ejército, la Iglesia y el amplio arco de la oposición política, se fortalece la acción antiperonista. Tras ellos, se siente el aliento de los capitales norteamericanos, deseosos de intervenir de lleno en el importante mercado argentino. El cóctel logra asociar las broncas contenidas y las heridas sin cicatrizar de unos y los deseos y las aspiraciones de otros, con la capacidad operativa para concretarlos.

A fines de 1954, el clima está definitivamente enrarecido. En noviembre el gobierno ordena la detención de varios sacerdotes a pesar de que el 10, en reunión de gobernadores, Perón había relativizado la participación de la Iglesia en el ambiente de agitación. El 21 de noviembre el cura párroco de la iglesia de Santa Rosa, Roberto Carboni, eleva el tono contra el gobierno y la misa culmina en una violenta gresca con varios lesionados y la detención de Carboni. Monseñor Fermín Lafitte, obispo de Córdoba, es otro de los acusados de conspirar: "El clero –dice Perón– es una organización como cualquier otra, donde hay hombres buenos, malos y malísimos". El 8 de diciembre una multitud católica gana las calles para celebrar el día de la Inmaculada Concepción, a pesar de que el gobierno prohíbe toda reunión. Perón intenta centrar la atención popular en otros temas y recibe al boxeador Pascualito Pérez, que acaba de triunfar en Japón coronándose campeón mundial de peso pluma, el primer argentino que consigue el título mundial. Durante la semana siguiente los proyectos sobre divorcio y fin de la educación religiosa ingresan en la Legislatura. También se eleva un proyecto de ley para legalizar los prostíbulos, lo cual genera una fortísima polémica pública.

Entretanto, más de 200 estudiantes universitarios, en todo el país, se encuentran presos "a disposición del Poder Ejecutivo", una figura jurídica no contemplada en la Constitución Nacional; 155 de ellos están en la cárcel de Villa Devoto y 18 mujeres, bajo un régimen muy estricto, se alojan en el Correccional. Los estudiantes permanecen en esa situación entre tres y seis meses. No es de sorprender la arbitrariedad si se tiene en cuenta que el presidente de la Corte Suprema, al inaugurar el período de 1953, asegura: "El derecho que aplicamos es la voluntad de Perón". Los activistas que están libres, organizados clandestinamente, se ponen en contacto con los partidos políticos y con miembros activos de las Fuerzas Armadas. Las proclamas antigubernamentales se transmiten por la frecuencia de la uruguaya Radio Colonia, a menudo interferida. El 29 de marzo de 1955 el *New York Times* denuncia la existencia de 114 estudiantes presos "cuyo crimen principal es que se opusieron al régimen dictatorial".

El 7 de mayo las lanzas ya están rotas: se modifica el reglamento interno de la Cámara de Diputados eliminándose el juramento religioso. Durante mayo hay varios enfrentamientos: se descubre que panfletos antigubernamentales se imprimen en la iglesia Medalla Milagrosa, hay disturbios y detenidos en Tucumán y Córdoba. Los púlpitos se convierten en tribunas de agitación. El clima golpista se respira tanto en las iglesias como en las aulas universitarias y los barrios de la clase media. Actos relámpago, volanteadas y pintadas opositoras, pequeños disturbios callejeros, se hacen cotidianos. El gobierno, entretanto, confía en el apoyo de las masas populares y en la fidelidad del Ejército y la policía, mientras la CGT –a la par de enfocar sus esfuerzos en pactar con los empresarios un aumento de la productividad– repite la tradicional letanía del Jefe: "De casa al trabajo y del trabajo a casa".

El 16 de junio de 1955

Corpus Christi

La celebración de Corpus Christi, el sábado 11 de junio, convoca a una multitud –se dice que supera las 100 mil personas– y la procesión se convierte en una manifestación antigubernamental.

Aunque desautorizada por el gobierno, la Iglesia desafía al poder político y se lanza a las calles, amparada bajo la bandera vaticana, al grito de "Perón, Perón, ¡Muera!". La Catedral, desbordante, escucha las palabras del obispo auxiliar Manuel Tato, que evoca a "los clérigos que actuaron junto a los hombres de Mayo en 1810, y los que firmaron el acta de nuestra Independencia". Culminando la celebración, una nutrida marcha se encamina hacia el Congreso y desafía resueltamente –por primera vez en muchos años– al régimen: dos activistas de la Acción Católica izan la bandera argentina y la papal en los mástiles laterales del edificio parlamentario.

A la mañana siguiente los diarios informan que la concentración culminó con el izamiento de una bandera extranjera y, en palabras del Ministerio del Interior, "la quema de una bandera argentina". Luego se supo que todo el incidente fue fraguado por la policía para culpar a la curia.

Tras el supuesto agravio a la insignia nacional se producen serios incidentes callejeros y se ordenan más de 300 detenciones (Mariano Grondona, Alberto Peralta Ramos, Eduardo Bunge, Felipe Yofre, Marcelo Sánchez Sorondo, Eduardo Rosendo Fraga, Santiago de Estrada y Carlos Burundarena, entre ellos) y se encierra también a varios párrocos, como Emilio Ogñenovich y Antonio Trivissano.

El 14 de junio la CGT, sin permitir debates en sus bases como es costumbre, arrea las masas a la calle y realiza un nuevo paro general de respaldo al Presidente. Di Pietro, el secretario de la CGT, le pide a Perón que "deje que ese partido lo juegue la CGT". Y Perón, en tono de jarana, le contesta:

"Le agradezco al compañero Di Pietro lo que me termina de decir [...] y en cambio yo les pido a los trabajadores que en los asuntos que se están suscitando estos días, me dejen a mí que juegue el partido. [...] No ha llegado el momento de hacer nada todavía. Si llegase yo he de dar oportunamente la orden. Producir ahora cualquier acción o disturbio sería 'gastar pólvora en chimangos', cosa que no queremos hacer."

Ese mismo día –la resolución del Senado se publica al siguiente– un decreto del Poder Ejecutivo, argumentando la quema de la bandera, exonera del presupuesto nacional a monseñor Tato en los cargos de provisor y vicario general, obispo auxiliar y canónigo, y a monseñor Novoa en el de canónigo diácono, y en la mañana del 15 son deportados a Roma en un avión de Aerolíneas Argentinas.

Comunistas y radicales hacen oír su voz contra el gobierno. Los primeros convocan a "luchar unidos por la libertad de los curas democráticos"; la UCR expresa su "solidaridad con los católicos perseguidos". Tensada la cuerda, el gobierno arremete con fuertes medidas anticlericales: anula la enseñanza religiosa, suprime privilegios impositivos, aprueba la ley de divorcio y da pasos hacia la convocatoria de una Asamblea Constituyente para "separar la Iglesia y el Estado".

El conflicto de Perón con la Iglesia traslada a un segundo plano las diferencias entre los católicos liberales como Manuel Ordoñez, Gastón Bordelois y Enrique Shaw, más cercanos al general Aramburu y la Marina, y los nacionalistas que, como Mario Amadeo, Juan Carlos Goyeneche, Julio Meinvielle y Clemente Villada Achával, integrarán en septiembre el núcleo de confianza del general Lonardi. El Partido Demócrata Cristiano, fundado en julio de 1955, rechaza "la agudización artificial de la lucha de clases". Con su creación se articula un frente opositor que reedita, de hecho, la Unión Democrática de 1945, con similares actores sociales y políticos. La gran diferencia es que el animoso papel de Braden esta vez lo interpreta la Iglesia católica, que ha cambiado de bando.

Bombardeos en Plaza de Mayo

Perón siempre ha sido madrugador. Aquella mañana del 16 de junio llega a la Casa Rosada a las 6.20, cuando todavía es de noche. A primera hora recibe a los embajadores de los Estados Unidos y Canadá y sostienen una cordial reunión. Perón está "dicharachero". A eso de las 9 el ministro de Defensa Franklin Lucero le informa que la Marina se ha sublevado. Es casi una confirmación de lo que la inteligencia militar le anticipara el día anterior, cuando el ministro de Marina Benjamín Olivieri, acusando una "dolencia cardíaca", se internó en el Hospital Naval, para unirse en la madrugada siguiente a uno de los jefes del alzamiento, el contraalmirante Benjamín Gargiulo, jefe de la infantería de Marina.

Lucero, en realidad, espera a confirmar qué alcances logra el movimiento en el Ejército y tranquiliza al Presidente cuando le comunica que sólo el general León Bengoa, jefe de la IIIª División de Paraná, está con la Marina. Lucero y Perón, serenos, hasta se permiten alguna broma sobre la próxima suerte de tantos "benjamines" conspiradores, como Menéndez, el derrotado en 1951.

Llegan informes de que, coincidentemente, la Congregación Consistorial del Vaticano excomulga a los responsables de la expulsión de Novoa y Tato, lo que incluye al propio Perón, y que en Aeroparque aterriza un avión que lleva pintado el signo de "Cristo vence" con tripulación desconocida.

Los efectos del bombardeo del 16 de junio fueron devastadores.

Cerca del mediodía hay dos órdenes casi simultáneas. El gobierno ordena reprimir mientras que el contraalmirante Samuel Toranzo Calderón, jefe militar de la sublevación, decide comenzar los bombardeos en la zona céntrica. Las acciones se centran en los alrededores de la Plaza de Mayo. Ese día, todo estaba preparado para que la Marina rindiera un homenaje a San Martín. La infantería de esa arma intenta un ataque a la Casa de Gobierno pero es repelida por el cuerpo presidencial de Granaderos. Desde el aire, aviones navales intentan sin éxito matar a Perón, que se ha refugiado convenientemente en un subsuelo del Ministerio del Ejército. Los vuelos rasantes de los Glenn Martin y los Douglas DC3 fallan con sus bombazos a la Casa Rosada y descargan fuego sobre el público que se había congregado para el acto. El general Lucero, que dirige el ejército leal, ordena la represión. Un segundo ataque con Gloster Meteor de la Fuerza Aérea, lanzados en picada y soltando bombas y ametrallando, coincide con la llegada de varios camiones repletos de militantes peronistas traídos por la CGT y produce una matanza indiscriminada en la que caen también muchos curiosos.

Los trabajadores desarmados intentan lanzarse contra el Ministerio de Marina, al que identifican correctamente como el corazón de la sublevación y reciben fuego graneado; decenas de cuerpos quedan tendidos en las calles aledañas. El Ejército retoma el control de los aeropuertos de Morón y Ezeiza y, a las 17.45, logra rendir a los golpistas. El vicealmirante Gargiulo se suicida en su despacho; el ministro de Marina Olivieri y el

El 16 de junio de 1955 comenzó la cuenta regresiva para el gobierno.

jefe del Estado Mayor, Toranzo Calderón, son apresados y sometidos a un rápido proceso judicial.

Sofocado el levantamiento la CGT, contradiciendo expresas órdenes de Perón, convoca a movilizarse. Un comunicado informa a la población:

"Ha sido sofocada una intentona subversiva [...] Los tres aparatos de la Marina de Guerra que volaban sobre la Casa de Gobierno y el Ministerio de Ejército arrojaron mortíferas bombas... Otra bomba alcanzó a un trolebús repleto de pasajeros que llegaban por Paseo Colón, hasta Hipólito Yrigoyen. [...] Pudo establecerse muy pronto que se había sublevado la Infantería de Marina y alguna parte de la aviación naval..."

Desde las 17.30, aviones golpistas, transportando algunos civiles, como el radical Miguel Ángel Zavala Ortiz, huyen hacia el Uruguay. Rápidamente se inician las tareas de recolección de cadáveres diseminados en el centro. Las cifras más aceptadas oscilan en contabilizar entre 200 y 400 muertos y cerca de 1.000 heridos de diversa consideración (*Clarín* del día siguiente computa 156 muertos y 846 heridos, Miguel Bonasso, 156 y 900 y fuentes sindicales refieren 350 y más de 2.000). Alain Rouquié presenta su balance:

"Las cosas habían llegado al límite. El golpe no había tenido nada de los clásicos pronunciamientos, de los paseos militares pacíficos y declamatorios, sino que había presentado las características sangrientas y odiosas de la guerra civil: los rebeldes deben haber estado cegados por el odio para haber ametrallado a civiles indefensos en la Plaza de Mayo y haberse ensañado con grupos de curiosos tomados por partidarios del tirano. Oficialmente se habló de 300 muertos y de un centenar de heridos. Algunos testimonios habían de 1.000 y hasta 2.000 muertos enterrados a hurtadillas en la Chacarita. La CGT, que había enviado a centenares de trabajadores con las manos vacías a una matanza, no tenía ningún interés en magnificar las pérdidas. Muchos fueron los que dejaron su trabajo para ir a defender a Perón y que reclamaron en vano armas frente al Ministerio de Ejército; el ardor combativo de los que se salvaron disminuyó singularmente. La popularidad del régimen decayó a raíz de estos hechos.
"Las condiciones atmosféricas, entre otras, hicieron fracasar la sublevación de junio, que no por ello había sido improvisada. El gobierno trataba de tranquilizarse destacando que 'la flota de mar y las fuerzas de las bases navales de Puerto Belgrano, Río Santiago, Mar del Plata y Ushuaia se mantuvieron totalmente leales al gobierno'. Sin embargo, la Marina había preparado una operación de gran envergadura. Las unidades estacionadas en Puerto Belgrano esperaban que terminara la primera fase del plan."

Sofocado el intento, Perón se dirige a la población por la cadena de radio y pide moderación:

"Como presidente de la República, pido al pueblo que me escuche en lo que voy a decirle. Nosotros como pueblo civilizado, no podemos tomar medidas que sean aconsejadas por la pasión, sino por la reflexión. [...] Por eso, para no ser criminales como ellos, les pido que estén tranquilos: que cada uno vaya a su casa."

Sus palabras no logran un eco inmediato. Mientras Perón habla por radio y agradece la lealtad del Ejército y la Aeronáutica, los manifestantes atacan e incendian la Curia metropolitana y las iglesias de Santo Domingo –que fue saqueada–, la capilla de San Roque del convento de San Francisco, las iglesias de La Piedad y San Nicolás de Bari, el templo San Ignacio, y hechos similares se producen en La Merced, San Juan y Nuestra Señora del Socorro. Informes posteriores confirmaron que la actitud policial fue pasiva y que los bomberos recibieron la orden de "no preocuparse mayormente por la extinción del incendio" y "evitar sólo la propagación del fuego a las casas vecinas".

En los días inmediatos, son detenidos e incomunicados cerca de 1.000 sacerdotes en la provincia de Buenos Aires. Mientras tanto la CGT, "como expresión de repudio por la tentativa sediciosa y en solidaridad con el jefe de Estado", dispone la realización de un paro general.

Algunas consecuencias de la sublevación

El 20 de junio, la Unión Cívica Radical –principal partido opositor– emite un comunicado por el cual sostiene haber sido "ajena a dicho levantamiento y a su gestación" y afirma que "sólo la instauración de las condiciones de la libertad hará posible la armónica convivencia argentina". Dos semanas después de los bombardeos, da a conocer otro documento, "La Unión Cívica Radical y el 16 de junio", donde reafirma que los trágicos sucesos fueron entera responsabilidad del gobierno; reitera además su solidaridad con cuantos sufren cárcel, persecución o destierro por defender la libertad.

En realidad, la situación posterior al 16 desplaza el centro del poder político. Para el gobierno, la CGT –y la movilización obrera– deja de ser su carta fundamental porque, si el *putch* no triunfó, es por la decisiva posición del Ejército. El *US News and World Report*, una importante revista del *stablishment* norteamericano, afirma: "El humo se disipa. Perón queda, pero no está solo. El Ejército salvó al dictador, ahora puede dictarle a él". En Londres, el *Quarterly Economic* coincide: "Cualesquiera sean los sucesos que el futuro depare, es el Ejército quien tiene la llave del mismo". Perón confía en su respaldo y trata de abrir el juego hacia los partidos "contreras". Se suspende por seis meses la convocatoria a la Asamblea Constituyente planteada para separar la Iglesia y el Estado y, por primera vez desde 1948, la prensa oral y escrita puede informar abiertamente sobre la oposición.

Una voz "microfónica"

El 5 de julio Perón convoca al diálogo y a la pacificación nacional y dos belicosos ministros de su gabinete renuncian: Ángel Borlenghi de Interior y Armando Méndez San Martín de Educación. Aunque estos gestos caen bien en la oposición, llegan un poco tarde. En un intento por reforzar las muestras de buena voluntad, Perón abre la Cadena

Nacional de Radiodifusión a sus opositores, con un único requisito: los discursos deben entregarse previamente al gobierno.

En la destemplada noche del 27 de julio, Frondizi es el primero que tiene acceso a Radio Belgrano, ubicada en Posadas y Ayacucho. Lo acompañan su hija Elenita y la primera plana radical, Balbín, Alende, Noblía, Monjardín, López Serrot, Donato del Carril y Uzal, entre otros. Crisólogo Larralde ha adelantado el texto a Oscar Albrieu para que Perón conozca su contenido, pero Frondizi aclara que se negará a hablar si se modifica "una sola coma".

La presencia de la oposición en la radio es un hecho novedoso. Minutos antes de las 21, miles de aparatos calientan sus válvulas para escuchar a ese "Obispo" riguroso y austero. Se sabe que es agudo y filoso y se espera su mensaje con especial expectativa: "La pacificación", dice Frondizi, "sólo podrá resultar del cumplimiento de un conjunto de condiciones objetivas que moralicen y democraticen al país". Reclama la plena vigencia de la Constitución, el levantamiento del estado de guerra interno, la derogación de toda limitación a las libertades cívicas, y una inmediata amnistía general. Y advierte: "Antes de sacrificar una sola de las reivindicaciones, preferimos ser perseguidos por nuestra lealtad a la causa del pueblo y no gozar de la tranquilidad cómplice que pudiera obtenerse, traicionándola". En esa tarea "democrática y emancipadora", el líder radical reclama "que junto a los partidos políticos, actúen los grandes sectores sociales integrantes de la Nación: las fuerzas del trabajo, las fuerzas de la producción, las expresiones del espíritu y de la fe, los intelectuales y las Fuerzas Armadas".

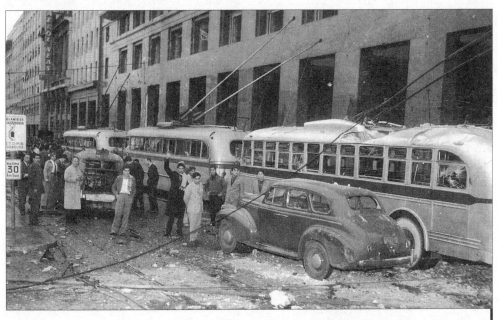

Los manifestantes convocados por la CGT fueron atacados con violencia.

Al día siguiente, todos los diarios destacan la intervención radial de Frondizi, que es citado por un juzgado federal para "conversar los términos" del discurso. La revista *Esto Es* cierra la crónica de la audición con una definición singular: "Ahora sabemos que el doctor Frondizi tiene una voz microfónica".

Vicente Solano Lima, el 9 de agosto, y Luciano Molinas, el 22, fueron los siguientes oradores. Cuando Alfredo Palacios, que compartiría el espacio con Nicolás Repetto, se niega a entregar previamente su discurso, se desautoriza su alocución. A pesar de los intentos por distender el ambiente, la tensión crece día tras día inevitablemente.

Cinco por uno

Entre los partidos hay quienes buscan una salida incruenta a la crisis. Federico Pinedo, por ejemplo, propone mecanismos institucionales que alejen a Perón del gobierno sin necesidad de un golpe de Estado. La posición del Ejército se presume, todavía, mayoritariamente fiel a los mandos y el ministro del área alerta "sobre las consecuencias gravísimas de la guerra civil con el desconcepto internacional y la tragedia de luchas sangrien-

---

 ### *"El juicio de los camaradas"*

El triunfo de la autodenominada "Revolución Libertadora" en septiembre de 1955 fue acompañado por un fuerte macartismo, una verdadera "caza de brujas" contra el peronismo, especialmente a partir de la caída del general Lonardi y su reemplazo por el general Aramburu, utilizando incluso la delación tan criticada a los peronistas, acción siempre deleznable cualquiera sea el fin para el que sea utilizada.

[...] Al producirse la rebelión de septiembre de 1955, todos los alumnos del curso de Estado Mayor de la Escuela Superior de Guerra estábamos presentes en el aula, tal como había ocurrido también durante la rebelión encabezada por la Marina en el mes de junio y en los días transcurridos hasta la definitiva caída del general Perón; ninguno tampoco fue procesado, acusado o sospechado de ser un revolucionario aunque sólo fuese potencial (tal vez lo fuera en el más absoluto secreto y en lo más profundo de su corazón).

Puede ser que hayan estado en infinitas conspiraciones "serruchando aserrín", pero lo cierto del caso es que cuando llegó el momento de la acción *¡no hicieron nada!*

Sin embargo, apenas triunfó la Revolución, apareció en el curso un grupo de revolucionarios ("gente de confianza" como ellos se autotitulaban), que pasaron a ocupar cargos gubernamentales relativamente importantes (no olvidar que éramos solamente capitanes en el 2° año en el grado) y pasaron a ser los "depuradores ideológicos" de sus compañeros de curso.

El resto fuimos divididos en dos grandes grupos, uno de ellos (creo que un total de ocho alumnos) fueron separados de inmediato de la Escuela Superior de Guerra por su "evidente" concomitancia con el régimen peronista y los demás quedamos en observación y análisis.

La "gente de confianza" se reunió varias veces para analizar el comportamiento de todos y de cada uno de quienes no formábamos parte de ese grupo de privilegiados. Es muy potas". Una vez más, Perón, que confía excesivamente en las argucias y en su capacidad de maniobra, prepara una farsa.

El 31 de agosto ofrece su renuncia a la CGT; obviamente, ésta la rechaza y en cambio, traslada de nuevo a la gente en camiones para pedirle que se quede. Los obreros deben esperar largas horas para escuchar a su líder, quien, por lo visto, tarda en sopesar una decisión:

"Hace poco tiempo esta Plaza de Mayo ha sido testigo de una infamia más de los enemigos del pueblo. Doscientos inocentes han pagado con su vida la satisfacción de esa infamia. [...] Esperábamos ser comprendidos aún por los traidores, ofreciendo nuestro perdón a esa traición. [...]

"La contestación para nosotros es bien clara: no quieren la pacificación que les hemos ofrecido. De esto surge una conclusión bien clara; quedan solamente dos caminos: para el gobierno, una represión ajustada a los procedimientos subversivos, y para el pueblo, una acción y una lucha que condigan con la violencia a que quieren llevarlo.

"Por eso, yo contesto a esta presencia popular con las mismas palabras del '45: a la violencia le hemos de contestar con una violencia mayor. Con nuestra tolerancia exagera-

---

sible que también se hayan cuidado mucho de ocultar su propio pasado y/o sus entonces actuales inoperancias, para evitar caer ellos mismos víctimas del macartismo que estaban practicando.

De los ocho separados de inmediato de la Escuela, la mayor parte fue pasada a retiro obligatorio, otros pocos pudieron continuar su carrera pero "ya marcados" de manera que no llegaron a progresar demasiado. Uno solo de ellos pudo continuar sin problemas: meses después le otorgaron el título de "Oficial de Estado Mayor" y posteriormente hasta alcanzó el grado de general (Acdel Edgardo Vilas).

Los "depuradores" también se cobraron la arenga —según ellos despectiva— que había lanzado nuestro jefe de curso, el coronel Oscar Gómez García, al comprobar que éramos los únicos con asistencia perfecta el día en que se lanzó la "Revolución Libertadora". El brillante coronel pasó a retiro obligatorio.

En mi caso particular y dada mi pública simpatía por el peronismo y mi indignación por el bombardeo a Plaza de Mayo del 16 de junio, fui considerado para baja, retiro obligatorio, o,

por lo menos, para negarme el título de "Oficial de Estado Mayor". Al final, como nunca le había hecho daño a nadie (por el contrario, había ayudado a más de uno) y no había recibido ninguna prebenda, me consideraron "joven y recuperable" (era capitán, tenía 28 años, y estaba listo para terminar la Escuela Superior de Guerra con orden de mérito once entre treinta y cinco). [...]

Lo que ocurrió en la Escuela Superior de Guerra se repitió por supuesto en todas las unidades, comandos y organismos del país.

Allí aprendí —lamentablemente— que para progresar en la carrera no bastaba con ser un buen militar, había también que dedicar un tiempo considerable a las actividades políticas; de lo contrario, en cualquier esquina del destino estaba la muerte, la cárcel, la baja, el retiro obligatorio o —como mínimo— un pase a un destino inhóspito de frontera si uno tenía la suerte de ser considerado "joven y recuperable" por la dictadura de turno.

HORACIO P. BALLESTER,
Memorias de un coronel democrático

da nos hemos ganado el derecho de reprimirlos violentamente. [...] Hemos de restablecer la tranquilidad en el gobierno, sus instituciones y el pueblo, por la acción de gobierno, las instituciones y el pueblo mismo. La consigna para todo peronista, esté aislado o dentro de una organización, es contestar a una acción violenta con otra más violenta. Y cuando uno de los nuestros caiga, caerán cinco de los de ellos."

Como amante del boxeo, una vez más Perón amenaza con la izquierda y pega con la derecha. Un discurso en estos términos no puede sino exacerbar aún más los ánimos y convencer a los trabajadores peronistas de que su Jefe está decidido a pelear y que no los dejará inermes si se presenta un nuevo intento golpista. Pero, en la realidad, plantea una contradicción sin solución: ¿qué deben hacer los trabajadores para defender "su" gobierno?, ¿cómo organizar esa lucha aparentemente desigual? Al quedar estas preguntas sin respuesta –sólo algunas voces con escaso predicamento hablan de formar "milicias obreras"–, la confusión crece. Perón sigue apostando al Ejército "leal" pero es consciente de que, institucionalmente, la oficialidad sólo mantendrá esa posición mientras no exista el peligro de desbordes sociales. Las bravuconadas de Perón sólo tienen un efecto cierto: encienden el ánimo de los enemigos...

Triunfa el golpe

"Dios es justo"

Las aguas del golpismo están revueltas... y con turbulencias. Hay una silenciosa interna entre los generales Lonardi y Aramburu por ejercer el liderazgo. El 2 de septiembre, los servicios de informaciones detectan una conjura en Córdoba y la desbaratan a tiempo. El fracaso hace desistir momentáneamente a Aramburu de llevar adelante su proyectada revolución, pues los organismos oficiales comienzan una vigilancia extrema dentro del Ejército y se dificulta mantener los contactos.

Lonardi, en cambio, que está en situación de retiro absoluto, continúa con su plan. El 11 de septiembre decide lanzar el movimiento en Córdoba, con la intención de crear un foco que se sostenga por lo menos cuarenta y ocho horas. El 13 se reúne con Eduardo Señorans, quien, siempre en contacto con Aramburu, le solicita en su nombre hacerse cargo de la rebelión en el Litoral; Lonardi acepta. Al ponerse en marcha hacia Córdoba, el mayor Guevara le sugiere que adopten un santo y seña para franquear los puestos revolucionarios. La consigna elegida es "Dios es justo".

Finalmente, el 15 de septiembre se cumple detalladamente el plan elaborado por el general. Esa noche, Lonardi imparte las últimas instrucciones: "Señores, vamos a llevar a cabo una empresa de gran responsabilidad. La única consigna que les doy es que procedan con la máxima brutalidad".

El 16 instala un primer Estado Mayor Revolucionario en el que revistan sólo tres coroneles: Arturo Ossorio Arana, Francisco Zerda y Juan A. Beverina. Entretanto, la Marina se subleva y en distintos puntos del país estalla el movimiento. Lonardi se proclama "Jefe de la revolución". Esa denominación no es del agrado de Isaac Rojas, que encabeza la rebelión de la Marina, ni de Aramburu, que organiza el golpe en Corrientes.

Tres días de lucha y negociación

Grupos militares y civiles se lanzan a la acción. En algunos lugares, como Curuzú Cuatiá, una decisiva base militar, adonde viajan Aramburu y Señorans, se produce todo tipo de peripecias hasta que se logra el objetivo. El "comando civil", integrado por catorce personas (Cáceres Monié y el capitán Ramírez, hijo del ex presidente Pedro Ramírez, entre ellos), detiene a los "peronistas más significativos" casa por casa y a las dos de la madrugada del 16 la guarnición está en manos revolucionarias.

Otro tanto sucede en las otras plazas. Lonardi se muestra decidido pero sus fuerzas son escasas. "Voy a salir, el que quiere seguirme que me siga, el que no, que se quede en su casa", dice la noche anterior y está a punto de ser derrotado por fuerzas leales de la Vª División, pero éstas acuerdan finalmente el cese del fuego pese a estar en posición militar ventajosa. La acción de la Marina es más homogénea: bombardea los depósitos de YPF en Mar del Plata y amenaza con hacer lo mismo en Berisso y Ensenada, donde cañonea barrios obreros.

Lonardi, Aramburu y Rojas intercambian telegramas en los que resultan evidentes los celos mutuos por ejercer el mando y la falta de coordinación previa:

> "Para deliberación con Junta Militar estimo indispensable reunión previa de jefes revolucionarios. Para ello solicito un avión a Paso de los Libres, anticipándosele hora de llegada a Bonpland, Corrientes." [De Aramburu a Lonardi]
> "Imprescindible informe urgente situación Litoral por carecer datos precisos de esa zona." [Contestación de Lonardi]
> "Ruego quiera ordenar sea facilitado avión al general Aramburu para su traslado de Paso de los Libres a la Capital Federal, requiriendo al mismo tiempo garantías correspondientes." [De Rojas a Lonardi]

Y otros más por el estilo, donde, a veces, parecen jugar al "teléfono descompuesto". Lo que está en juego, en realidad, son líneas políticas disímiles. Sin embargo, los sublevados triunfan. La interna la resolverán pocos meses después...

Lonardi, el jefe

Las posiciones del general de división Eduardo Lonardi, "Jefe de la Revolución Libertadora", tal y como firma, se leen claramente en su proclama revolucionaria emitida en Córdoba, el 17 de septiembre:

> "La Armada, la Aeronáutica y el Ejército de la patria abandonan otra vez sus bases y cuarteles para intervenir en la vida cívica de la Nación. Lo hacemos impulsados por el in-

centivo del amor a la libertad y al honor de un pueblo sojuzgado. [...] Sepan los hermanos trabajadores que comprometemos nuestro honor de soldados en la solemne promesa de que jamás consentiremos que sus derechos sean cercenados. Las legítimas conquistas que los amparan, no sólo serán mantenidas, sino superadas por el espíritu de solidaridad cristiana y libertad."

Entretanto, el "5 por 1" anunciado por Perón se desvanece, al punto de que el gobierno, el mismo 16, ordena el toque de queda y los ciudadanos deben permanecer en sus casas entre las 20 y las 6 de la mañana. Durante dos días el gobierno anuncia la reconquista de Córdoba y el inminente aplastamiento de los focos rebeldes, insistiendo que gran parte del Ejército y la Aeronáutica sostiene al gobierno: "Las fuerzas leales dominan totalmente la situación excepto en los reducidos focos rebeldes, que serán inexorablemente aplastados", insisten reiteradamente los comunicados que se emiten por radio. Anónimos locutores –Perón ni ninguna otra figura conocida da la cara– aseguran también que la flota de mar será destruida desde el aire. Sin embargo, los alzados logran mantener sus posiciones y sus avances provocan que muchos de los oficialistas de siempre se pasen de bando o asuman posiciones neutrales.

A mediodía del 19 el ministro Lucero da a conocer un documento del Presidente: "El Ejército puede hacerse cargo de la situación, el orden y el gobierno para construir la pacificación de los argentinos antes que sea demasiado tarde [...] creo que nadie puede de-

Isaac Rojas y Pedro E. Aramburu el 26 de abril de 1956.

jar de deponer intereses y pasiones". Lonardi, que ha fijado el gobierno en Córdoba y presta juramento esa misma jornada, exige, no obstante, la inmediata renuncia de Perón. Al día siguiente una junta militar todavía leal "acepta la renuncia del señor presidente" y suspende todo movimiento de tropas. La revolución ha triunfado y ha sido menos sangrienta que los sucesos de junio.

El 23 de septiembre, a una semana de iniciado el golpe, Lonardi se hace cargo del gobierno: es recibido por una multitud alborozada en Buenos Aires, las banderas argentinas flamean junto a las vaticanas, uruguayas, francesas y norteamericanas, al grito de "¡Libertad! ¡Viva la Marina! ¡Viva Lonardi! ¡Viva la Argentina católica!".

El presidente depuesto, que ha hecho poco y nada por defenderse, declara pocos días después de la derrota, con cierta dosis de cinismo, que el fin podría haber sido otro. El 5 de octubre, en un reportaje en el diario *El Día* de Montevideo afirma:

> "Las probabilidades de éxito eran absolutas, pero para ello hubiera sido necesario prolongar la lucha, matar mucha gente, destruir lo que tanto nos costó crear. Bastaría pensar en lo que habría ocurrido si hubiera entregado armas de los arsenales a los obreros decididos a empuñarlas."

Perón se refugia en una cañonera paraguaya el 20 a las 2 de la mañana y se aleja del país. Bautizado como "el tirano prófugo" estará exiliado y proscripto los siguientes dieciocho años.

¿Ni vencedores ni vencidos?

El nuevo presidente provisional proclama –actualizando la histórica frase de Urquiza después de Caseros– que no habrá vencedores ni vencidos. Sin embargo, si bien el gobierno no da señales que apunten al revanchismo durante los primeros días de gestión, no es ése el clima que predomina en las calles. Los "comandos civiles", los activistas universitarios, los militantes de los partidos golpistas, desarrollan todo tipo de ataques a los locales peronistas y sindicales, derriban los omnipresentes símbolos del peronismo (bustos, carteles, enseñas), ocupan facultades y las "listas negras", que hasta hace muy poco discriminaban a los "contreras", ahora pasan a integrarse con todos los hombres próximos al peronismo.

Salvador Ferla plantea la encrucijada a la que se enfrentan los lonardistas:

> "El honrado general Lonardi proclamó, remedando a Urquiza, que no habría vencedores ni vencidos, ni proscripciones ni persecuciones. Por eso se negó a intervenir la CGT y a disolver el Partido Peronista, y se dispuso a cumplir una política que emancipara a los trabajadores del incontrolable Juan Perón. [Lonardi] pensaba convertir al peronismo en neoperonismo: la 'revolución' se limitaría a poner fin al poder discrecional de Perón e instaurar el estado de derecho, la legislación laboral quedaría ratificada y el país retomaría su marcha sin revanchismos."

La posición del Presidente, asociado a una derecha nacionalista que encuentra parentesco con muchos de los golpistas del GOU del '43, no condice, en síntesis, con las expectativas de los antiperonistas furiosos, quienes están decididos a no dejar en pie un solo ladrillo peronista. Éstos serán conocidos, poco después, como los "gorilas", identificados con un chiste en boga de "La Revista Dislocada", un programa radial.

El nuevo gabinete es mayoritariamente civil y, aunque heterogéneo, no integra a todo el arco golpista e incluye algunos hombres que harán de "puente" con la CGT. Lonardi cancela los contratos firmados por Perón con la Standard Oil, dispone la liquidación del IAPI y da los primeros pasos para aplicar un plan económico elaborado por Raúl Prebisch, director de la CEPAL (Comisión Económica para América Latina, organismo de las Naciones Unidas), quien alienta las inversiones extranjeras. El gobierno decreta la disolución del Congreso, interviene todos los gobiernos provinciales y deja cesante a la Corte Suprema; pero igualmente la continuidad del Partido Peronista y la no intervención de la CGT levantan polvaredas.

Otros temas ríspidos son el trato al cadáver de Evita (Lonardi lo mantiene en el local de la CGT), el salvoconducto para que viaje al exterior la familia Duarte y la orden de desarmar a los "comandos civiles".

Entretanto, el vicepresidente Isaac Rojas impulsa la "línea dura": provoca la renuncia del ministro de Guerra Justo León Bengoa y forma a su alrededor la "Junta Consultiva Nacional", que nuclea a veinte dirigentes políticos como consejeros, para reformar la Constitución. En él participan, en una suerte de "gabinete paralelo" Oscar Alende, Oscar López Serrot, Américo Ghioldi y Alicia Moreau de Justo, la única mujer, entre otras primeras espadas de la política antiperonista.

El 13 de noviembre de 1955 los ministros de Marina, Aeronáutica y Ejército comunican a Lonardi "que ha perdido la confianza de las Fuerzas Armadas"; esa misma tarde jura como nuevo presidente provisional el general Pedro Eugenio Aramburu, jefe del Estado Mayor del Ejército, mientras Rojas continúa como vicepresidente. Una nueva etapa, virulentamente "gorila", se abre paso.

La Revolución Libertadora

Aramburu presidente

Pedro Eugenio Aramburu simplifica las respuestas a la principal duda del nuevo régimen: ¿qué hacer con el peronismo? Su decisión es actuar de la forma más rigurosa: interviene los sindicatos, disuelve el Partido Peronista y clausura los periódicos afines, y pone en marcha investigaciones sobre las irregularidades –reales y supuestas– cometidas por el gobierno depuesto. Interviene la CGT y dispone que los gremialistas que hayan desempeñado puestos sindicales entre febrero de 1952 y la fecha del golpe no podrán ocupar cargo alguno.

Los sectores más enconados del antiperonismo se imponen. El 1º de marzo de 1956 el decreto 4.161 prohíbe la utilización del nombre, la imagen o los símbolos vinculados a Perón; la violación de esta medida será considerada "delito de opinión" no excarcelable. En cumplimiento estricto del decreto, *La Prensa* comienza a referirse a Perón o a su gobierno como "el tirano prófugo" y "el régimen depuesto".

 ### El cadáver de Evita, un tema pendiente

En los diez años que siguieron al secuestro [del cuerpo embalsamado de Eva Perón], nadie publicó una sola línea sobre el cadáver de Evita. El primero que lo hizo fue Rodolfo Walsh en "Esa mujer", pero la palabra Evita no aparece en el texto. Se la merodea, se la alude, se la invoca, y sin embargo nadie la pronuncia. La palabra no dicha era en ese momento la descripción perfecta del cuerpo que había desaparecido.

Desde que apareció el cuento de Walsh, en 1965, a la prensa se le dio por acumular conjeturas sobre el cadáver. La revista *Panorama* anunció, en un triunfal relato de diez páginas: "Aquí yace Eva Perón. La verdad sobre uno de los grandes misterios de nuestro tiempo". Pero la verdad se perdía en un rizoma de respuestas. Un anónimo capitán de la Marina declaraba: "Quemamos el cuerpo en la Escuela de Mecánica de la Armada y tiramos las cenizas al Río de la Plata". "La enterraron en Martín García", informaba desde el Vaticano el cardenal Copello. "La llevaron a Chile", suponía un diplomático.

Crítica hablaba de un cementerio en una isla amurallada: "Féretros envueltos en terciopelo rojo se mecen en el agua, como góndolas". *La Razón, Gente* y *Así* publicaban mapas borrosos que prometían alguna revelación imposible. Todos los jóvenes peronistas soñaban con encontrar el cuerpo y cubrirse de gloria. El Lino, Juan, La Negra, Paco, Clarisa, Emilio murieron bajo la metralla militar creyendo que Evita los esperaba al otro lado de la eternidad y que les contaría su misterio. Qué ha sido de esa mujer, nos preguntábamos en los años sesenta. Qué se ha hecho de ella, dónde la han metido. ¿Cómo has podido, Evita, morir tanto?

El cuerpo tardó más de quince años en aparecer y más de una vez se lo creyó perdido. Entre 1967 y 1969 se publicaron entrevistas al doctor Ara, a oficiales de la marina que custodiaban la CGT cuando el Coronel se llevó el cuerpo y, por supuesto, al propio Coronel, que ya no quería hablar del tema. También Ara prefería el misterio. Recibía a los periodistas en su despacho de la embajada de España, les mostraba la cabeza embalsamada de un mendigo que conservaba entre frascos de manzanilla, y luego los despedía con alguna frase pomposa: "Soy agregado cultural adjunto del gobierno español. Si hablara, desataría muchas tormentas. No puedo hacerlo. Puedo servir de pararrayos pero no de nube". A fines de los años sesenta el misterio del cuerpo perdido era una idea fija en la Argentina. Mientras no apareciera, toda especulación parecía legítima: que lo habían arrastrado sobre el asfalto de la ruta 3 hasta despellejarlo, que lo habían sumergido en un bloque de cemento, que lo habían arrojado en las soledades del Atlántico, que había sido cremado, disuelto en ácido, enterrado en los salitrales de la pampa. Se decía que, mientras no apareciera, el país iba a vivir cortado por la mitad, inconcluso, inerme ante los buitres del capital extranjero, despojado, vendido al mejor postor. *Ella volverá y será millones,* escribían en los muros de Buenos Aires. *Evita resucita. Vendrá la muerte y tendrá sus ojos.*

Tomás Eloy Martínez,
Santa Evita

El 12 de enero Raúl Prebisch confirma la línea insinuada y da a conocer su plan económico: devaluación del peso, desnacionalización de los depósitos bancarios y fin de los controles sobre el comercio, con la esperanza de estimular las exportaciones, especialmente las agrícolas.

Al mismo tiempo que el nuevo gobierno implementa sus medidas, el cadáver de Eva Perón inicia un periplo macabro: embalsamado, sufre todo tipo de vejaciones y termina enterrado clandestinamente, con el nombre María Maggi, en un cementerio italiano. Este tema pendiente, que se pretende llevar al olvido pues se lo sume en las tinieblas, volverá insistentemente sobre la realidad nacional de la década siguiente. Entretanto, el 9 de junio de 1956 se produce una rebelión de militares peronistas, que culmina con los fusilamientos de Juan José Valle y, por lo menos, otros 26 militares y civiles –según cuenta el historiador Joseph Page–, en José León Suárez, Campo de Mayo y la Unidad Regional de Lanús. La pena de muerte se aplica sin que esté en vigencia la ley marcial. Rodolfo Walsh investiga los hechos y deja testimonio de lo que denominará una "Operación Masacre".

Por varios flancos el gobierno comienza a sumar opositores. Entre ellos se destacan los radicales intransigentes comandados por Frondizi y, lógicamente, los peronistas; en especial, los sindicatos de trabajadores industriales, en los que crece la resistencia.

Desgastado, el 6 de julio de 1956 Aramburu anuncia finalmente que es "decisión del gobierno de la Revolución, llamar a elecciones en el último trimestre de 1957, fe-

 ## El golpe de 1955 y sus consecuencias

El golpe de Estado de 1955, sobre todo a partir del mes de noviembre y del reemplazo del general Eduardo Lonardi por el general Pedro Eugenio Aramburu, asumió como uno de sus principales objetivos la "desperonización" de la Argentina y la destrucción del poder de las organizaciones obreras. Propiciaba, además, un retorno a la institucionalidad previa al decenio peronista y un acercamiento estrecho al bloque occidental. La clase obrera, que se había expresado mayoritariamente a través del peronismo, perdió repentinamente toda posibilidad de representación institucional y quedó marginada de la maquinaria estatal.

El antiperonismo puede verse –entre otras perspectivas– como la forma ideológica y política que asumió una ofensiva antiobrera que le permitió a distintos sectores patronales ob-tener consenso en las capas medias y en los partidos tradicionales.

El carácter de ofensiva antiobrera, de "reacción burguesa", de la Revolución Libertadora (Cooke hablaba de "festín de la revancha oligárquica") tuvo varias e importantes consecuencias para el peronismo. En primer lugar a partir de 1955 en el peronismo en general y en John William Cooke en particular se fue consolidando una visión clasista del enemigo, la nueva situación planteó claramente las oposiciones políticas como oposiciones de clase. Por otra parte la feroz represión desatada por la Revolución Libertadora, y en buena medida por los gobiernos posteriores, alteró en las bases y en algunos dirigentes la clásica concepción del Estado como árbitro. El peronismo como movimiento político se había estructurado desde el Estado y la clase

cha en que recién estarán listos los padrones para autoridades nacionales, provinciales y municipales". Expresa, además, que se sancionará un Estatuto de los Partidos Políticos –que tiene lugar el 16 de octubre– y que se considerará la redacción de una Ley Electoral. Se convoca también a una Convención Constituyente para reformar la Constitución Nacional, que sesiona entre el 30 de agosto de 1957 y el 19 de febrero de 1958, con un desarrollo convulsionado y un resultado francamente magro: escasamente se declara vigente la Constitución de 1853 (anulando todo lo realizado en 1949 y aceptando las reformas de 1860, 1880 y 1898) y se incorpora el artículo 14 bis, que reconoce algunos derechos civiles y laborales.

El 23 de febrero de 1958 se realizan las elecciones nacionales, en las que triunfa la fórmula de Arturo Frondizi y Alejandro Gómez, con casi un 45 por ciento de los votos, gracias al respaldo del peronismo proscripto, derrotando al "delfín" de los militares, Ricardo Balbín, procedente de los "radicales del pueblo".

El país encara ahora nuevos debates y enfrenta nuevos desafíos. Muchos de los giros nacionalistas y las declamaciones antiimperialistas serán silenciados por unos cuantos años. La Argentina ingresa en el Fondo Monetario Internacional y bajo la gestión de Adalbert Krieger Vasena, en abril de 1957, contrae el primer crédito *stand by*. Entre otras consecuencias, se abre un período recesivo, con reducción de las reservas y déficit de la balanza comercial.

---

obrera mantuvo estrechos vínculos (de subordinación, en líneas generales) con éste durante más de diez años. Con la Revolución Libertadora el Estado va a dejar de aparecer como el democrático y acogedor terreno en el que una pluralidad de grupos con intereses diversos ejercían lícitamente sus presiones y en donde la clase obrera contaba con las prerrogativas del amparo oficial. El Estado aparecía ahora –básicamente a través de sus facetas represivas– como el "instrumento" tendiente a reproducir la hegemonía de la clase dominante y su sistema de explotación. Este cambio en el rol y en la percepción del Estado (por supuesto que nada había cambiado en su naturaleza) implicaba reconocer –por lo menos para un importante sector del peronismo– que el ciclo de la conciliación de clases estaba agotado y que ahora la clase obrera debía organizarse "desde abajo".

[...] El contexto de la Resistencia también condicionó los debates en el seno de la izquier-da tradicional. En los años posteriores a la caída del peronismo se inicia una etapa de crisis ideológica que llevará a una profunda autocrítica a partir de la cual una parte de la izquierda argentina asumirá que la matriz liberal –compartida con los sectores dominantes– constituía un lastre histórico que explicaba los errores cometidos y la incapacidad de generar vínculos orgánicos con las masas, un lastre que había que erradicar para ser una izquierda "revolucionaria". Este antiliberalismo irá delineando un marco mucho más favorable para el encuentro con el peronismo, que aparecía –y en buena medida era– la antítesis perfecta de la Argentina liberal. Desde el punto de vista ideológico la clásica ambigüedad del discurso peronista oficial comenzó a reflejar la existencia de fuerzas internas antagónicas en el seno del Movimiento.

MIGUEL MAZZEO,
John William Cooke. Textos traspapelados

La soñada "desperonización" de la sociedad fracasa completamente. A pesar de la represión, la proscripción y los nuevos aires aportados por Arturo Frondizi, el movimiento nacido el 17 de octubre de 1945 se mantiene vivo y enérgico. No se consuma, en síntesis, ninguna "revolución política y democrática" como se ha proclamado; por el contrario, se abren aún más las brechas en la sociedad como se abren también las puertas a la entrada de los capitales norteamericanos, verdaderos propulsores desde la trastienda del golpe "libertador".

Dos militares y dos escritores

A casi medio siglo del golpe que derrocó a Perón, vale preguntarse: ¿qué argumento le proporciona sostén histórico? Se han esgrimido argumentos de toda especie, políticos, económicos, ideológicos y morales. Nos parece oportuno sumar algunas perspectivas. El coronel Ballesteros da cuenta de un hecho que considera paradigmático:

"En 1793, luego del triunfo de la Revolución Francesa, sus gobernantes resolvieron abrir de par en par las puertas del Palacio del Louvre para que el pueblo pudiese apreciar los numerosos objetos de arte confiscados a la nobleza, y ver así la forma lujosa en que vivían mientras la masa de la población se encontraba en la más absoluta pobreza. "[...] La 'Revolución Libertadora' adoptó una decisión similar aunque con un final totalmente diferente. La residencia presidencial, un hermoso palacio finisecular ubicado donde ahora se levanta la Biblioteca Nacional [...], fue abierta al público y se pusieron en exhibición joyas, objetos de arte, ropas, etc., de uso del ex presidente y de su esposa para que los 'descamisados' [...] pudiesen apreciar la forma supuestamente fastuosa en que vivían sus líderes Perón y Evita.

"El gobierno militar no logró provocar el desprestigio buscado, pero el final de la exposición no pudo ser más penoso: todas las joyas, objetos de arte y demás elementos de valor que integraban la muestra, se 'perdieron'. Nadie supo dar fe de su paradero final, y, cuando el general Perón fue rehabilitado en 1973, el Estado (vale decir el pueblo) tuvo que indemnizarlo pagándole con dineros públicos los elementos que 'perdieron' los 'libertadores', quienes habían venido a salvarnos de la corrupción y el latrocinio del peronismo."

Desde otra perspectiva, Jorge Luis Borges contrapone "Leyenda y realidad", un artículo publicado en *La Nación* el 28 de mayo de 1971. La selección corresponde a María E. Vázquez:

"Perón fue un nuevo rico. Dada su casi omnipotencia hubiera podido instaurar una rebelión de masas, enseñándoles con el ejemplo ideales distintos; pero se redujo a imitar de manera crasa y grotesca los rasgos menos admirables de la oligarquía ilustrada que simulaba combatir: la ostentación, el lujo, la profusa iconografía, el concepto de que la función pública debe ser también una función política. [...] Lo anterior es meramente personal y baladí, si lo comparamos con la corrupción de las almas, con el robo para el cual se prefiere el nombre eufemístico de 'negociado', con la picana eléctrica aplicada a los opositores y a toda persona sospechada de ser 'contrera', con la confiscación de los bienes, con las pobladas cárceles políticas, con la censura indiscriminada, con el incendio de archivos y de iglesias, con el fusilamiento de obreros en la secreta soledad de los cementerios y con la abolición de la libertad."

Durante su exilio madrileño, Perón volvió a referirse a los hechos del '55. Ante los grabadores de los periodistas Torcuato Luca de Tena, Luis Calvo y Esteban Peicovich, fue elocuente y dejó traslucir su rencor, aunque no hacia sus enemigos:

"Nuestro pueblo, que había recibido enormes ventajas y reivindicaciones contra la explotación de la que había sido víctima durante más de un siglo, debía haber tenido un mayor entusiasmo por defender lo que se le había dado. Pero no lo defendió porque todos eran 'pancistas', como decimos nosotros. ¡Pensaban con la panza y no con la cabeza y el corazón! Yo vi ese panorama y pensé si debía ser más papista que el Papa y sacrificar todo por estos señores que no querían sacrificar nada por ellos. Esta ingratitud me llevó a pensar que darle conquistas y reivindicaciones a un pueblo que no es capaz de defenderlas, es perder el tiempo [...] Yo hubiera podido llamar al pueblo y entregarle las armas. Pero, ¿qué iba a pasar? ¿Iba yo a hacer matar a miles de hombres para defender una cosa que ni esos miles de hombres estaban decididos a defender? También me desilusionaron los gremios. La huelga general estaba preparada y no salieron. Trataron de arreglarse con los que venían. Uno mira ese panorama y se dice: Pero ¿yo he trabajado tanto, me he sacrificado tanto, para esto? Entonces llegué a la conclusión de que el pueblo argentino merecía un castigo terrible por lo que había hecho. Ahí lo tiene. Ahí está ahora hambriento, desesperado. Es la suerte que merece. [...] Eran una partida de cobardes que no quisieron pelear ni de un lado ni del otro, salvo algunos ingenuos que perdieron la vida. ¡Los pueblos tienen la suerte que se merecen!"

Desde una perspectiva más política –y con palabras más calculadas–, realizó también un balance en charla con Tomás Eloy Martínez:

"En 1955, cuando caí, dejé a la Argentina sin deuda externa. Aramburu, en dos años, nos endeudó en dos mil millones. Frondizi, en otros dos, acumuló dos mil millones más. Cuando asumió Arturo Illia, la deuda externa era de cuatro mil seiscientos millones de dólares. El crédito de la República estaba muy deteriorado. Por falta de imaginación para resolver la crisis, hicieron al país socio del Fondo Monetario. [...] Desde que yo me fui, la Argentina ha sido gobernada por el Fondo Monetario Internacional."

Dentro de su tradicional ambivalencia, porque Perón no se planteó seriamente impedir la penetración del capitalismo norteamericano ni desarticular el golpe, describe una Argentina posterior al '55 que no se ha agotado. Perón, como Borges y Ballesteros, suma claves para comprender la prolongada decadencia nacional de la segunda mitad del siglo XX.

Eduardo Lonardi

Un ferviente nacionalista católico

Eduardo Lonardi nació en Buenos Aires el 15 de septiembre de 1896. Estudia en el Colegio Militar y se especializa en artillería antiaérea. Se casa con Mercedes Villada Achával, de una tradicional familia cordobesa y, tras cursar en la Escuela Superior de Guerra, egresa como oficial de Estado Mayor; no toma participación en los diversos movimientos político-militares hasta 1951.

En 1938 es enviado como agregado militar a Chile. Se ve involucrado en un caso de espionaje y es declarado "persona no grata". La misión había sido empezada por Perón y ambos fueron investigados por el Ejército Argentino; Lonardi juzgó que Perón, a fin de deslindar responsabilidades, había actuado en forma desleal.

En 1947 es ascendido a general de brigada y destinado a la Junta Interamericana de Defensa, en Washington, donde permanece un año; integra la delegación a la Conferencia Interamericana para el Mantenimiento de la Paz y la Seguridad del Continente, en Rio de Janeiro. Hacia 1948 retorna al país y asume la Dirección General de Administración del Ejército. Tres años después es designado comandante del I Cuerpo de Ejército, pero a fines de agosto de 1951 solicita su relevo por discrepancias con el gobierno. En septiembre falla un intento golpista de Benjamín Menéndez y en febrero del año siguiente Lonardi es detenido acusado de conspiración. Permanece preso hasta fines de 1952; tiempo en que padece hipertensión arterial.

Durante 1953 y 1954, en situación de retiro absoluto, trama el derrocamiento de Perón con un pequeño grupo de colaboradores, movimiento que se acelera cuando el gobierno enfrenta a la Iglesia católica: Lonardi y su familia son devotos practicantes. Apoya la asonada del 16 de junio y asiste a los bombardeos de Plaza de Mayo.

El 16 de septiembre crea un foco sublevado en Córdoba e instala un primer Estado Mayor Revolucionario y lo sostiene mientras el golpe se extiende por el país; al mando de Isaac Rojas se subleva la Marina, que amenaza Buenos Aires. Perón renuncia y Lonardi jura como presidente provisional en Córdoba.

De ideas nacionalistas, intenta evitar un revanchismo exagerado hacia el régimen depuesto. Con un gabinete mayoritariamente civil, cancela los contratos firmados por Perón con la Standard Oil, dispone la liquidación del Instituto Argentino de Promoción e Intercambio y pone en marcha un plan económico elaborado por Raúl Prebisch, que alienta las inversiones extranjeras. Estas medidas logran consenso pero su negativa a intervenir la CGT y a proscribir al Partido Peronista lo debilita y provoca su caída: Aramburu y Rojas lo desplazan del poder el 13 de noviembre.

Desmejorada su salud, viaja a los Estados Unidos. En su ausencia es ascendido a teniente general y poco después de regresar, el 22 de marzo de 1956, fallece en el Hospital Militar por un derrame cerebral.

Pedro E. Aramburu

El jefe de la "Libertadora"

Apodado "El Vasco" por su doble ascendencia, nació el 21 de mayo de 1903 en Río Cuarto. En 1919 ingresa en el Colegio Militar, es subteniente de infantería en 1922 y se perfecciona en Francia. Se casa con Sara Herrera y tiene dos hijos, Sara y Eugenio Carlos. En la década del 40, cursa la Escuela Superior de Guerra y en 1943, con el grado de teniente coronel, comanda el Regimiento 11 de Infantería; identificado con los aliados en la Segunda Guerra Mundial, se distancia del golpe de junio de ese año.

Desde 1950 es vicedirector de la Escuela Militar y se incorpora a un grupo conspirativo antiperonista, pero es enviado al Brasil como agregado militar. Al año siguiente es ascendido a general de brigada. Cuando Perón se distancia de la Iglesia, en 1954, Aramburu asume el plan golpista.

Durante el fallido intento de junio de 1955, es director de Sanidad Militar y a fines de julio es designado director de la Escuela Nacional de Guerra. Se le solicita que encabece el movimiento, pero, sin mando de tropas, se retrae. En septiembre acompaña el alzamiento de Lonardi y Rojas y subleva a la unidad blindada de Corrientes.

El 13 de noviembre de 1955, junto con Rojas desplazan a Lonardi del gobierno. Aramburu asume la presidencia para imprimirle una orientación más "gorila": disuelve el Partido Peronista, proscribe a sus dirigentes, clausura periódicos, dinamiza las investigaciones sobre corruptelas, interviene la CGT y saca de su sede, con rumbo desconocido, el cadáver de Eva Perón, y "depura" las Fuerzas Armadas. Enfrenta con dureza a la "resistencia peronista" en sus diversas manifestaciones; en junio de 1956 reprime un alzamiento militar y ordena fusilar a 27 personas.

Bajo su gobierno se realiza una Convención Constituyente de magros resultados y se impulsa una política económica liberal. En mayo de 1958 entrega el gobierno al presidente electo, Arturo Frondizi, quien lo asciende a teniente general.

A principios de los años 60 realiza viajes por Europa, los Estados Unidos e Israel y tiene una audiencia con el papa Juan XXIII. En 1962 colabora con el derrocamiento del presidente Frondizi. Funda la Unión del Pueblo Argentino (UDELPA), y es candidato presidencial en julio de 1963, elecciones en las que queda en tercer lugar, detrás de las listas radicales de Illia y Alende. Se aleja de UDELPA en pos de concretar un reagrupamiento liberal.

Ante la crisis del onganiato, hacia 1970 se sospecha que Aramburu, en diálogo con Perón y sectores liberales, promueve un golpe de Estado, pero el 29 de mayo es secuestrado por un comando de Montoneros, que el 2 de junio comunica su "ejecución". Su cadáver fue hallado el 16 de julio en una chacra de Carlos Tejedor; un gran funeral despidió sus restos dos días después.

Isaac Rojas

Líder de la Marina golpista

Nació en Buenos Aires el 3 de diciembre de 1906. Estudia en la Escuela Naval Militar entre 1923 y 1929 y a continuación, en la Escuela de Aplicación para Oficiales y en la Escuela de Guerra Naval. Realiza cursos superiores de artillería y derecho internacional, en 1950 y 1951 es agregado naval de las embajadas en el Brasil y el Uruguay; alcanza el grado de contraalmirante en 1952. Al año siguiente, es edecán naval durante la visita del presidente de Chile, Carlos Ibáñez del Campo. Casado con Lía Edith Sánchez, tiene cuatro hijos.

En 1955, como director de la Escuela Naval Militar de Río Santiago y comandante de la flota golpista, se une al general Eduardo Lonardi para derrocar al presidente Perón: ataca las destilerías de Mar del Plata y amenaza con hacerlo en La Plata. El 24 de septiembre asume la vicepresidencia de la Nación, cargo que retiene en diciembre, cuando Aramburu asume la presidencia.

Durante la Revolución Libertadora es presidente del Comité Nacional de Investigación de las actividades de los funcionarios del régimen peronista, presidente de la Junta Consultiva Nacional y dirige varios operativos para sofocar revueltas pro peronistas. Por ausencia de Aramburu, ejerció la presidencia en dos oportunidades, en julio de 1956 y diciembre de 1957.

Su línea de proscripción total del peronismo lo coloca como cara visible del ala "gorila". En 1962 y 1963 es derrotado por el general Juan Carlos Onganía en la revuelta que divide a "azules" y "colorados", en la que Rojas apoya decididamente a estos últimos; permanece encarcelado por un breve período.

Identificado como un liberal a ultranza y enemigo de la participación estatal en la economía, polemiza contra diversos emprendimientos durante los gobiernos de Illia y Onganía, a fines de los 60. Entre 1979 y 1983 preside la Comisión Pro Defensa de los Intereses Argentinos en la Cuenca del Plata y, desde esa definición ideológica, cuestiona a la dictadura y elabora trabajos como *Una geopolítica nacional desintegrante* (en colaboración con Nicolás Boscovich), presentado en 1980.

Abanderado de las ideas ultranacionalistas, enfrenta la propuesta papal y el "principio bioceánico" para un acuerdo limítrofe con Chile, promovida por Alfonsín en 1984. Participa del Movimiento por la Afirmación por la Soberanía, acusa a la Iglesia de apoyar el expansionismo chileno y se une con dirigentes de diversa procedencia como H. Iglesias, A. Pedrini, R. Levingston, N. Costa Méndez, R. Puigbó, M. Sánchez Sorondo, M. Schönfeld y L. Menéndez, convocando a "votar no o no votar" en la consulta popular respectiva, realizada en agosto.

Muere el 13 de mayo de 1993. Poco antes, en un acto inesperado, el presidente Carlos Menem se había acercado a él en gesto de "reconciliación histórica" y, en el mismo tenor, asistió a su velatorio, al que concurren, entre otros, los marinos Emilio Massera y Alfredo Astiz, símbolos del arma en la última dictadura.

Ricardo Balbín

Un jefe histórico del radicalismo

Nace en la Capital Federal el 29 de julio de 1904. De niño se traslada a Azul y a Ayacucho, donde inicia la escuela primaria. En 1916 comienza sus estudios secundarios en Buenos Aires; en 1921 ingresa en la carrera de Medicina y, al año siguiente, cuando Alvear asume la presidencia, se afilia a la Unión Cívica Radical. En 1924 se traslada a La Plata y cursa la carrera de Derecho; por su actividad política sufre sanciones pero logra recibirse de abogado en 1927 y se emplea en la biblioteca de la Legislatura provincial.

En 1928 se casa con Indalia Ponzetti y es fiscal del crimen durante la intervención a la provincia de Mendoza. En 1930 es elegido presidente de la Primera Sección Electoral de La Plata y al año siguiente lidera la lista de diputados provinciales de la UCR, que triunfa, aunque las elecciones son anuladas. En 1940 es electo diputado provincial, pero renuncia denunciando el fraude electoral y funda una corriente interna, el Revisionismo Bonaerense, conocida como "Intransigencia"; con ella, tras la muerte de Alvear, se opone en 1943 a realizar alianzas electorales con otros partidos, pero es derrotado por el "unionismo". En 1945, ya conocido como "el Chino", es uno de los fundadores del Movimiento de Intransigencia y Renovación, junto a Lebensohn, Frondizi, Larralde, Rabanal, Alende, Gelsi, Del Mazo y A. Gómez, entre otros, que adopta el célebre Programa de Avellaneda.

Desde 1946 preside el bloque de diputados radicales conocido como "los 44"; se convierte en la principal voz de la oposición al peronismo; es expulsado del Parlamento y encarcelado. En 1950 es candidato a gobernador bonaerense; derrotado por D. Mercante es nuevamente apresado. Indultado por Perón, es candidato presidencial en 1952, y en 1954, nuevamente detenido.

En 1955 la UCR apoya el golpe que derroca a Perón y dos años después el radicalismo se divide: Balbín lidera la UCR "del Pueblo" y Frondizi, la UCRI (Intransigente), que lo derrota en las elecciones presidenciales de 1958.

Desde 1959 preside el Comité Nacional de la UCRP; derrocado Frondizi, promueve la constitución de una "Asamblea de la Civilidad". En 1963, R. Illia, de su partido, es elegido presidente de la Nación.

Ante la crisis del onganiato, Balbín promueve "La Hora del Pueblo". En 1972 vence a Raúl Alfonsín en la interna partidaria y es nuevamente candidato presidencial, pero en marzo de 1973 triunfa la fórmula justicialista. En las nuevas elecciones de septiembre, se postula por cuarta vez y es derrotado ampliamente por Perón. Reelecto presidente de la UCR en 1974, despide los restos de Perón con un sentido discurso. Tras el golpe militar de 1976 sufre algunos problemas de salud; en 1980 entrevista a Juan Pablo II en el Vaticano y en 1981 lanza la Multipartidaria, su última iniciativa política. Muere en La Plata el 9 de septiembre de ese año.

El derrocamiento de Frondizi

Nacimiento, agonía y muerte de una ilusión

La Argentina de Frondizi y la Cuba de los primeros años del gobierno de Castro fueron contemporáneas. Respecto de ambas, puede establecerse una analogía singular: los hechos empujaron las decisiones y no se ajustaron a las ideas previas. Sin embargo, la naturaleza opuesta de las fuerzas que predominaron en cada caso llevó a que estos dos gobiernos adoptaran caminos divergentes. Contra su propósito original, el castrismo fue arrastrado a realizar una revolución social y a tomar medidas anticapitalistas; el frondicismo, por su parte, abandonó rápidamente su discurso preelectoral antiimperialista. Mientras la revolución cubana, acorralada, buscó caminos alternativos —y el guevarismo animaba la extensión revolucionaria—, el desarrollismo se adaptó al curso de los hechos internacionales.

La isla caribeña socializó su economía; aislada y bajo sistemática presión, sobrevivió gracias al auxilio de la Unión Soviética y el sostenido esfuerzo de su pueblo. La Argentina, en cambio, buscó el camino del desarrollo capitalista, abierta al FMI y al ingreso de capitales extranjeros. Unos dejaron de entrevistarse con los presidentes de los Estados Unidos; los otros lo hicieron cada vez más seguido.

La independencia total con respecto a las economías más avanzadas es imposible; quienes intentaron experimentos en ese sentido fracasaron. El mercado mundial es uno y todos los países funcionan en él: ni siquiera en las épocas de mayor apogeo del campo soviético o del nacionalismo de posguerra, los desarrollos económicos de ciertos países periféricos pudieron esquivar su pertenencia a la economía-mundo ni sustraerse a sus leyes y vaivenes; como máximo, alzaron barreras de protección.

Un intelectual en el gobierno

"La ciudad fervorosa"

Un nuevo clima político se respira en las calles. Los teatros anuncian títulos como "Se necesita un presidente"; "Las elecciones bajan turbias"; "Ni militar, ni marino... presidente argentino"; "Ni un minuto antes ni un minuto después". Aramburu pasa a ser "la vaca" y Rojas, "el pingüino" en los dibujos de Flax que aparecen en *Tía Vicenta*, la nueva revista de Landrú. Sin embargo, nadie parece incomodarse: el humor ayuda a superar las trágicas consecuencias de la epidemia de poliomielitis que en el verano de 1956 ha asolado a Buenos Aires y permite seguir con algo de hilaridad las disputas políticas ante las nuevas elecciones.

El 22 de febrero de 1958 los 10.069.986 ciudadanos empadronados reciben la exhortación del presidente Aramburu a "decidir el camino con entera libertad ahorrando horas inciertas en la convicción de que su voluntad va a ser respetada". Una encuesta previa asegura el triunfo de la fórmula Ricardo Balbín-Santiago del Castillo, pero a último momento se conoce una copia fotostática de una carta de Perón ordenando a sus simpatizantes dar el voto a Frondizi. El resultado se ha vuelto incierto y en los medios militares cuesta creer que Frondizi, una de las voces más destacadas en la oposición al peronismo, haya pactado con el "tirano prófugo". En el seno del gobierno se reiteran las sospechas entre el Ejército y la Marina, que cruzan acusaciones de que Aramburu favorece a Balbín y de que Rojas quiere boicotear el proceso electoral y eternizar la dictadura.

Afiche de campaña electoral de 1958.

Finalmente, la UCRI alcanza el 49 por ciento de los votos y se asegura el quórum en el Colegio Electoral y en la Cámara de Diputados; se impone en la Capital Federal y en todas las provincias, logra todos los senadores y 133 diputados sobre un total de 178. Su triunfo no puede ser más arrasador y lo ha logrado gracias a la "orden" de Perón, que en los primeros días de enero se entrevistó en Venezuela con Rogelio Frigerio, el hombre de confianza de Frondizi.

Conocidos los resultados, el presidente electo realiza una gira. Goza de prestigio intelectual en Latinoamérica y durante abril lo pone a prueba visitando Uruguay, Brasil, Chile y Perú. El 9 de abril, en Rio de Janeiro, es recibido por el presidente Juscelino Kubistschec y once ministros. Un numeroso público saluda el paso de los presidentes hasta el Palacio Catete. En San Pablo se reúne con el gobernador Jãnio Quadros, visita las fábricas de automóviles Willys y Mercedes Benz y reitera su objetivo de mejorar las relaciones y crear un futuro mercado latinoamericano. En Chile Pablo Neruda le obsequia un ejemplar de sus *Obras completas* y estampa una dedicatoria: "Para Arturo Frondizi, cuyas palabras en Chile despertarán a nuestra América"; en Perú la tradicional Universidad de San Marcos le concede el Doctorado Honoris Causa.

La asunción del mando, el 1º de mayo, no es menos espectacular. Asisten al acto delegados especiales de 58 países, entre ellos, Richard Nixon, vicepresidente de los Estados Unidos; Andrè Le Troquer, presidente de la Asamblea Nacional de Francia; Gaetano Azzariti, presidente de la Corte Constitucional de Italia; Mikhail P. Tarazov, vicepresidente de la Unión Soviética; el presidente del Perú y el presidente del Consejo Nacional de Gobierno del Uruguay. Hay además representantes del papa Pío XII e intelectuales de reconocido prestigio, como Germán Arciniegas y Arturo Uslar Pietri.

La Nación del día siguiente titula su crónica como "La ciudad fervorosa":

"Como si desde años atrás la exaltación cívica hubiera esperado ese día para ser pronunciada, como si el agradecimiento y la esperanza –congregados en un único haz de dicha– hubieran retenido todas sus fuerzas para irrumpir de una sola vez con impetuoso aleteo, este 1º de Mayo pobló todas sus horas con la imponente emoción de un pueblo decidido a firmar su prístina vocación democrática."

En la clase media parece consumarse una nueva comunión. Como señalara Jauretche, "por primera vez en la historia argentina, un intelectual recibe el apoyo del pueblo, o dicho de otra manera, por primera vez el pueblo no está contra el intelectual". Frondizi significa la posibilidad de sintetizar las antinomias clásicas entre los intereses de las elites ilustradas y los del pueblo trabajador, mayoritariamente peronista.

Ese intelectual es también comandante en jefe de las Fuerzas Armadas, el primer civil con esa responsabilidad desde 1943. Aunque goza de sus horas de gloria, es un hombre frío y calculador, sabe que enfrenta un camino difícil. No se sorprende, por tanto, cuando una semana después lee en el titular del *Wall Street Journal*: "¿Cuánto durará Frondizi?".

Inconformismo militar

Frondizi gobierna poco menos de mil quinientos días hasta su derrocamiento, producido el 29 de marzo de 1962. Las Fuerzas Armadas, y en particular la Marina y los sectores "gorilas" del Ejército, le tienen desconfianza; no creen que sea el hombre adecuado para dar vuelta definitivamente la página del peronismo. Se han sentido defraudados por el acuerdo con Perón y, fortalecidos por su reciente paso por el poder, convierten los cuarteles en verdaderos nidos de conspiración. El Presidente, confiado tal vez en exceso en la fuerza de su proyecto, sólo requiere de tiempo para exhibir logros. Pero los militares no se lo darán. El nuevo gobierno tampoco logrará complacer a las huestes sindicales, otra fuente de poder básica.

Frondizi enfrentará un total de treinta y tres "planteos" militares, según el escrupuloso recuento realizado por Raúl Masón Lugones (que anota siete levantamientos armados y veintiséis planteos), lo que promedia uno cada cuarenta y cinco días. Fuertemente politizados, los principales cuadros castrenses no se conforman con un aumento salarial del 300 por ciento; además, e incluso antes de que asuma el nuevo presidente, cuestionan a la comitiva que lo acompaña en los viajes al exterior.

Isidro Odena, Dardo Cúneo y, en especial, Rogelio Frigerio y Raúl Damonte Taborda son mal vistos por la cúpula militar. Los órganos de prensa frondicistas como *Resistencia Popular* y *Qué...* generan una especial irritación en los mandos. Pero Frondizi no es fácil de influenciar. Si bien dispuesto a escuchar opiniones y a negociar, se mantiene firme a la hora de nombrar a los secretarios de las armas, que serán sus colaboradores directos, y designa a oficiales en actividad a quienes conoce desde el fallido levantamiento del general Menéndez de 1951. El general Héctor Solanas Pacheco y el vicealmirante Adolfo Estévez, amigos entre sí porque han compartido la cárcel, asumen con el visto bueno de los jefes "duros" de la Marina, Issac Rojas y Teodoro Hartung. La táctica de Frondizi es, fundamentalmente, ganar tiempo:

> "Había que ceder en todo lo que no era esencial para preservar la línea de fondo y ganar tiempo a fin de que las medidas económicas fueran cumpliendo su efecto de transformar la estructura productiva."

Pero nada conforma completamente a los militares, ni siquiera el gesto conciliador de Frondizi de enviar al Congreso, simultáneamente con la Ley de Amnistía, un proyecto para rendir homenaje al pueblo argentino y a sus Fuerzas Armadas "porque revelaron profunda conciencia del momento histórico que les tocó vivir y asumieron con patriotismo la plenitud de su deber y responsabilidad", y de disponer los ascensos de Aramburu a teniente general y de Rojas a almirante, las dos máximas graduaciones posibles, que se concretan el 23 de junio.

En julio se sanciona otra ley trascendental, que provoca fuertes resistencias en las Fuerzas Armadas y en el bloque de los radicales del pueblo: la Ley de Asociaciones Profesionales, que establece el sindicato único por rama. La normalización permite a los sindicatos, "por la simple inscripción en el registro", "peticionar, fundar instituciones de previsión y asistencia social, establecer colonias de vacaciones, comedores, sanatorios, hospitales, farmacias y todo servicio social que tienda a elevar la cultura, preservar la salud y mejorar el nivel moral y material de los trabajadores".

Crece la sospecha de que se está cumpliendo con aspectos del "pacto Perón-Frigerio". Los "gorilas" siguen tragando saliva y mascullando bronca.

Qué… *y una herencia pesada*

El desarrollista Isidro Odena describe el cuadro de situación en el que se mueve Frondizi:

> "La Revolución Libertadora aumentó los quebrantos comerciales el ciento por ciento con respecto a 1956. A los empresarios nacionales no les fue mejor que a los obreros. [...] Donde la política económica de la Revolución Libertadora encontró una crítica orgánica fue en la revista *Qué*, dirigida por Rogelio Frigerio. Desde sus páginas se hizo una vivisección a fondo del Plan Prebisch. Se denunció la contracción del mercado a expensas del empresariado y del poder adquisitivo de la población. La pérdida del control nacional de resortes fundamentales, como la política crediticia. La agresión a la industria nacional mediante la reducción de la protección arancelaria. La descapitalización del agro y la liquidación de las existencias ganaderas, que se hacía bajo un supuesto agrarismo."

En 1954 Frondizi había publicado ya *Petróleo y política*, donde entrelaza categorías marxistas con ideas de la CEPAL. La introducción del texto, "La lucha antiimperialista. Etapa fundamental del proceso democrático en América Latina", lo ubica en posiciones reformistas: la Argentina tiene una estructura agraria "atrasada" y es un país "dependiente" del imperialismo. Para transformar el país –y toda Latinoamérica– hay que "integrar" a los "tres factores de poder": un partido nacional y popular, el movimiento obrero y las Fuerzas Armadas.

De derecha a izquierda

Cada grupo político, cada clase social que apoyó a Frondizi creyó ver la posibilidad de hacer su propio juego a través de él.

La derecha nacionalista vio a un político sin fuerza electoral propia apreciable, sin un gran partido político, casi sin dirigentes, sin apoyo en una clase determinada, sin relaciones directas con los factores de poder, y creyó que iba a ser fácil utilizarlo, ya que ellos podían proveer algunos de esos elementos –precisamente los que le eran indispensables para mantenerse en el gobierno–. Según sus cálculos, era posible reeditar el proceso peronista o algo semejante, pero sin los riesgos que significaba el propio Perón, con sus propias vinculaciones con el Ejército, con su prestigio ante las masas. Reeditar el proceso peronista significaba para ellos retrotraerlo al punto en que Perón era "bueno": cuando aún recitaba el socialcristianismo, cuando no había sido "influido por masones", cuando "guardaba el orden" apoyándose en las masas y trataba de disciplinarlas. La verdad es que pensaban que podía hacerse una política conservadora [...], de acercamiento a Estados Unidos.

Los dirigentes peronistas pensaban que podían asegurarse la legalidad, el levantamiento de prisiones e interdicciones, y hasta cierta participación en el gobierno.

Las izquierdas ideológicas que apoyaron a Frondizi nunca explicaron con cabal precisión por qué lo hicieron. Algunos grupos (los que terminaron rodeando a Frigerio y otros que se apartaron del gobierno a partir de sus primeras medidas concretas) pensaban que apoyando a Frondizi se apoyaba, en términos generales, a las fuerzas internas que se oponían al imperialismo y que iban a permitir desarrollar la revolución democrático-burguesa dentro de las características nacionales. En algunos casos se hacía hincapié sobre la posibilidad de volver a las formas de gobierno civil, con mayor respeto por las formas democrático-burguesas; en otros, se ponía el énfasis sobre las posibilidades de la supuesta burguesía industrial nacional; en otros, se señalaba que las necesidades de la clase media que forma la Intransigencia la empujaban en dirección de las transformaciones estructurales; otros, en fin, señalaban que todo eso se reforzaba por la presencia de un proletariado que si bien apoyaba a Frondizi no estaba enajenado en él –como había ocurrido con Perón–, lo que iba a significar una presión constante y sin mayores compromisos desde la única base de fuerza que poseía Frondizi.

Los grupos internos partidarios que pueden calificarse "de izquierda", y que apoyaban a Frondizi, desconfiaban en la mayoría de los casos de él, pero, o bien confiaban en los grupos partidarios que iban a ocupar el poder político junto con él, o hacían razonamientos semejantes a los de los grupos anteriores, o ambas cosas conjuntamente.

ISMAEL VIÑAS, en Carlos Altamirano, "Arturo Frondizi", *Los nombres del poder*

Dos años después conoce a Rogelio Frigerio, un hombre que ha militado en la izquierda y que orienta la revista *Qué sucedió en 7 días*. Las coincidencias entre ambos para modernizar el capitalismo argentino promueven una amistad que durará varias décadas. Construyen juntos un equipo cuya usina ideológica es el semanario, donde trabajan varios jóvenes brillantes, algunos cercanos al grupo Forja —disuelto en 1945— y otros, independientes; entre ellos, Ramón Prieto, Marcos Merchensky, Mariano Montemayor, Isidro Odena, Dardo Cúneo, Arturo Jauretche y Raúl Scalabrini Ortiz. Algunas propuestas de Frondizi —en particular la ferviente defensa del papel monopólico de YPF y el rechazo a las inversiones de capital extranjero— causan aprehensiones en lo que Alain Rouquié llama el "*Brain Trust* (cerebros de confianza) de Frigerio integrado por hombres de negocios, jóvenes empresarios y técnicos modernistas". Pero es también cierto que entre ellos predomina una actitud abierta, dinámica, de exploración y asimilación.

En el discurso de asunción Frondizi acentúa que "el objetivo es el desarrollo nacional". Para "cerrar una etapa" su primer proyecto de ley será "la sanción de una amplia y generosa amnistía". El compromiso democrático —que no se cumplirá— es categórico: "Con esa misma inspiración, mientras dure nuestro gobierno, en la Argentina nadie será perseguido por sus ideas ni por su actuación política o gremial [...] debe ser derogada toda legislación represiva de las ideas y suprimidos los organismos creados a tal fin". En tanto el planteo económico parece sostener principios rectores:

"El programa que apenas hemos logrado esbozar significa defender nuestra débil economía nacional del embate de economías más fuertes y de las consecuencias de las crisis exteriores. [...] Durante nuestro mandato, el Poder Ejecutivo no propiciará nuevas estatizaciones, puesto que consideramos que los graves problemas económicos que afronta hoy el país, no se resolverán transfiriendo actividades del sector privado al sector público. [...] Ello no significa que debe darse un solo paso atrás en lo ya hecho. Las empresas nacionalizadas deben ser mantenidas como tales."

El "desarrollismo" no está formulado aún en forma acabada pero ya ven la luz sus ideas básicas. Desde entonces, integración y desarrollo serán las dos palabras emblemáticas del frondifrigerismo, que años después conformará el MID (Movimiento de Integración y Desarrollo), concebido como instancia superadora del radicalismo "intransigente".

Sorpresas económicas

La "batalla del petróleo"

El 24 de julio de 1958 Frondizi concreta una convocatoria espectacular: llama al pueblo a emprender una verdadera cruzada nacional —no sería la única— en pos de alcanzar el autoabastecimiento de petróleo. La propuesta incluye firmar acuerdos de inversión de capital por una cifra cercana a los 1.000 millones de dólares, con el objetivo de perforar por lo menos 4.000 pozos en Comodoro Rivadavia en seis años. El Presidente pone especial énfasis en destacar que, en salvaguarda de la soberanía, la operación se realizará por medio de YPF y que los servicios no se pagarán con crudo ni estará en juego el dominio del país sobre las áreas de explotación; el plan petrolero apunta a frenar una pérdida anual de 350 millones de dólares. El discurso presidencial intenta concitar adhesiones:

"La opción es clara. O seguimos en esa situación, debiendo recurrir a una drástica disminución del nivel de vida del pueblo, con sus secuelas de atraso, desocupación y miseria, o explotamos con entera decisión nuestras riquezas potenciales para crear las condiciones de bienestar y seguridad de un futuro próximo y cierto."

El anuncio genera fuertes polémicas. Es evidente que los lineamientos propuestos no son los de *Petróleo y política* ni los de la campaña electoral. Desde los radicales del pueblo se aprovecha la oportunidad para marcar a fuego que el Presidente hace "un esfuerzo patético por su hipocresía, para demostrar que se estaba cumpliendo el programa electoral", como señala el ex diputado Eduardo S. Rosenkrantz.

Frondizi acepta que considera "doctrinaria" su anterior posición y que prefiere atenerse a la realidad y Frigerio responde desde las páginas de *Clarín*, el 25 de abril de 1959:

"Nuestro gobierno resolvió tomar, en este instante dramático, el áspero y honrado camino de la verdad. [...] Las metas inmediatas de ese plan tienen nombres propios: petróleo, carbón, acero y petroquímica. Son nombres que estallan como bombas en la política latinoamericana, sensibilizada por una experiencia no siempre feliz, como por la propaganda falsa de todos aquellos que se nutren en su subdesarrollo. [...] De todas las metas que he anunciado antes ninguna era tan urgente como la del petróleo. Es decir que sin petróleo no habrá carbón, ni siderurgia, ni energía eléctrica. En última instancia, sin petróleo no había cómo evitar que parte de nuestra industria sucumbiera."

Los resultados de la "batalla" son significativos. Año tras año disminuye notoriamente la importación de crudo y otros subproductos. En cuatro años se triplica la producción de petróleo –pasa de 5 millones a 15 millones de toneladas– y el autoabastecimiento se hace realidad en 1962, año en que Frondizi es desalojado del poder. Pero el control estatal incluye la contratación de obras y servicios a empresas privadas; así, Shell, Esso y la Standard Oil realizan excelentes negocios explotando las mejores cuencas, como las de Neuquén y Comodoro Rivadavia. El costo para el gobierno debe medirse también en parámetros políticos. El giro teórico, en un ámbito especialmente sensible, resulta tan pronunciado que lesiona bruscamente su credibilidad.

Las batallas de Frondizi

La liberalización bancaria, iniciada en 1956 por Eduardo Laurencena, director del Banco Central, y desarrollada por Adalbert Krieger Vasena, ministro de Hacienda de la "Libertadora", continúa bajo el gobierno desarrollista. Sin embargo, avizorando quizás un de-rrumbe económico o tal vez imbuido de una confianza excesiva en sus propuestas, el go-bierno opta por un rumbo estentóreo, proponiendo "batallas" y lanzándose a ellas.

Las duras condiciones planteadas por el FMI implican una importante alza del costo de la vida y, en términos generales, ponen fin a la economía dirigista y estatista de la década peronista, eliminando controles y subsidios. El 17 de octubre, las 62 Organizaciones Sindi-cales peronistas llaman a conmemorar el Día de la Lealtad rechazando el curso que insinúa el gobierno y se producen enfrentamientos y disturbios. Bajo intensa presión militar Fron-dizi, el 11 de noviembre, decreta el estado de sitio. Pocos días después le exigió la renuncia al vicepresidente Alejandro Gómez, sospechado de connivencia con conspiraciones militares.

Antes de fin de año se anuncia la batalla de la "moneda sana". El 4 de diciembre de 1958 el Congreso aprueba un proyecto de ley de radicación de capitales extranjeros y fir-ma acuerdos de créditos con el Fondo Monetario Internacional estableciendo compro-misos de ajuste que son anunciados el 31 de diciembre. Ambas medidas le enajenan al gobierno el apoyo obtenido en los sectores nacionalistas –como los ex forjistas– y las expec-tativas de cierta izquierda reformista que mantiene un discurso antiimperialista.

Entretanto, Perón envía instrucciones a su delegado John William Cooke; se trata de "perturbar al gobierno sin medir las consecuencias". Curiosamente, Perón califica al plan económico de "marxista":

> "No teniendo Frondizi el apoyo popular, está en manos de las Fuerzas Armadas, con lo que resulta un gobierno bicéfalo. [Su plan] fracasará aun si logran éxito en el aspecto eco-nómico y cumplen bien los postulados de Marx. Y esto acontecerá porque olvidaron un pequeño detalle: que existimos nosotros, que nos iremos agrandando en el mito de las masas a medida que transcurra ese tiempo del que se quieren valer para captar las ma-sas de un Pueblo dignificado. [...] Es necesario [...] provocar una perturbación sin me-dir las consecuencias que pueda tener para el gobierno, y mantenerla a cualquier precio hasta que se doblegue o reviente."

A partir de entonces, los conflictos sociales aumentan, el estallido de bombas ("los caños") por las noches se hace habitual y los actos de sabotaje industrial proliferan. Fron-dizi, consciente de la amenaza, advierte en su mensaje de fin de año que no tolerará "la insurrección directa o indirecta del movimiento obrero" al tiempo que exhorta a "ejercer el derecho de huelga dentro de la ley y del orden", y reitera que el estado de sitio "se man-tendrá mientras subsistan las causas que lo generaron".

Poco después, el 17 de enero de 1959, Frondizi viaja a los Estados Unidos, donde per-manece hasta el 3 de febrero. Es la primera vez que un presidente argentino visita ese país. Pero, como dos caras de una moneda, mientras la prensa internacional lo elogia, en la Argentina crece la resistencia al plan anunciado.

El gobierno determina la venta del Frigorífico Nacional Lisandro de la Torre y en enero los trabajadores, conducidos por Sebastián Borro, deciden la ocupación del esta-blecimiento, ubicado en el barrio de Mataderos. Se desencadenan serios incidentes. El gobierno, que ha quedado a cargo de José María Guido, vicepresidente del Senado, vive días de desconcierto, pero finalmente logra derrotar la lucha con una amplia represión, la detención masiva de activistas y la intervención de varios sindicatos. Guido ejecuta el Plan CONINTES (de "Conmoción Interna del Estado") y militariza la zona de los frigoríficos de La Plata y distritos aledaños. Mientras, una huelga bancaria resiste una ola de despidos y paraliza durante dos meses la actividad financiera. Las huelgas de 1959 sextuplican las del año anterior pero son derrotadas, dando paso a un período de relativa calma en las filas obreras.

Vencidas estas resistencias, el "Plan de Estabilización y Desarrollo" puede exhibir algunos logros: el petróleo patagónico, la siderurgia en San Nicolás; la producción de automotores, tractores y camiones en Córdoba y un plan vial que avanza sostenidamente hacia el objetivo de agregar 10.000 kilómetros a la red caminera nacional, comienzan a ser una realidad palpable que genera nuevos polos de desarrollo. Además, la sensación en los bolsillos de la gente empieza a ser auspiciosa, con una paridad estable y una baja en la inflación, aunque los detractores señalan que el desempleo aumenta.

A pesar de estos avances que parecen indicar una dinámica contradictoria pero en general positiva para el gobierno, la crisis se centra en la política y, como es usual, el "frente militar" está agitado. En los primeros meses de 1959 se produce una serie de arrestos y cambios de destino en la Armada y en el Ejército, y promediando el año, los cambios se trasladan al propio Poder Ejecutivo, que reestructura su gabinete. Un levantamiento militar en Córdoba fuerza la renuncia de los ministros de Marina y de Guerra, Adolfo Estévez y Elbio Anaya, y Toranzo Montero asume como comandante en jefe del Ejército. Miembro del sector "gorila", impone como ministro de Guerra a Rodolfo Larcher y exige la proscripción del peronismo. Estévez es reemplazado por el "rojista" Gastón Clement.

El creciente aislamiento del gobierno lo vuelca a depender progresivamente del respaldo militar. Además de los cambios en Defensa, el 24 de junio Frondizi acepta las renuncias presentadas por otros tres ministros (de Economía, Trabajo y Obras y Servicios Públicos) y de varios secretarios relacionados con el área económica; entre ellos, Frigerio.

Álvaro Alsogaray, hermano del general Julio Alsogaray y ex ministro de Industria de Aramburu, ocupa el sillón del Ministerio de Economía. El hombre que *Tía Vicenta* popularizará como "el Chanchito", se encarga provisoriamente también de la Cartera de Trabajo y Seguridad Social. Alsogaray pone en marcha un nuevo plan de estabilización, al que bautiza como "El gran cambio". En un famoso discurso, pronunciado el 28 de junio de 1959, acuña un dicho para la historia: "Las medidas en curso, la contracción drástica de los gastos del gobierno y los grandes recursos del país permiten, si logramos un compás de espera y el apoyo de los hombres y mujeres de trabajo del país, que podamos lanzar una nueva fórmula: hay que pasar el invierno". Frondizi, que ha dicho alguna vez que el ministro era más frondicista que él mismo, reconocerá años después que el nombramiento de Alsogaray en tan delicada ubicación respondió –fiel a su táctica de "ganar tiempo"– a la necesidad de negociar con las Fuerzas Armadas para evitar que el malestar se agravara. Recién llevaba catorce meses de gobierno...

El desarrollo y los capitales extranjeros

El gobierno de Frondizi dinamiza las pautas iniciadas con el Plan Prebisch de Lonardi-Aramburu. Entre 1958 y 1962 se aprueban 254 proyectos dirigidos principalmente a la petroquímica y la industria metalmecánica e ingresan inversiones por 550 millones de dólares. Durante casi dos décadas (1955-1973) la tasa de crecimiento anual de las empresas extranjeras es del 8,8 %, duplicando la de las nativas. Se instalan grandes grupos fabriles con moderna tecnología (aunque no "de punta"), alta productividad y salarios mayores al promedio general. La participación del capital multinacional en el PBI argentino

Algo nuevo al sur del río Grande

En la serie de conversaciones que el doctor Arturo Frondizi sostuvo con el general Aramburu después del triunfo electoral, el entonces mandatario provisional sugirió al presidente electo que visitara los Estados Unidos en respuesta a la sugerencia hecha por el Departamento de Estado. Frondizi respondió que prefería llegar a Washington con un programa de gobierno iniciado en vez de ir a rendir un examen previo.

76 horas en Washington

En estos momentos el presidente Frondizi acaba de concluir su visita de setenta y dos horas a Washington y, aparentemente, tanto los medios argentinos como los del Departamento de Estado están de acuerdo en que aquella decisión fue de peculiar importancia. Antes del 1° de mayo de 1958 el gobierno norteamericano había iniciado muy recientemente la revisión de su política hacia América latina [...]. En esta ocasión, el jefe del gobierno argentino llegaba a mantener conversaciones sobre la base de un programa puesto en práctica, en el cual combinaba las necesidades nacionales con las posibilidades reales –y no ideales– de la colaboración norteamericana.

Es indudable que el hecho de contar con un programa de expansión económica en marcha es lo que le permitió al presidente Frondizi plantear exigencias concretas en los tres discursos que pronunció en Washington. En el mensaje leído ante el Congreso norteamericano sentó fundamentalmente la tesis –revolucionaria para la mentalidad oficial de este país– de que la solidaridad económica es más importante y más fructífera que la solidaridad política o militar.

El segundo mensaje estuvo dirigido a los países latinoamericanos desde el estrado de la OEA. Planteó la necesidad de que estas naciones elaboraran un programa orgánico de desarrollo y destinaran todos sus esfuerzos y recursos a implementarlo. La receptividad no podía ser mejor en momentos en que estos países sienten que la simple obtención de créditos norteamericanos no conducen necesariamente al desarrollo económico.

Por último, el tercer mensaje, leído ante el entusiasta, agudo y peligroso auditorio del Club Nacional de la Prensa, exigía a los periodistas norteamericanos una actitud nueva hacia los problemas de América latina. En cuanto a la prensa norteamericana, sintió indudablemente el impacto de una situación nueva. Su conclusión es que algo nuevo ocurre al sur del río Grande, una conclusión que puede determinar innovaciones sorprendentes.

Jacobo Timerman,
Clarín, 24 de enero de 1959

salta de un 18 % a un 34 % entre 1955 y 1975. David Rock destaca que con Frondizi se inicia el decidido ingreso de empresas multinacionales:

"Después de un débil comienzo durante el régimen de Perón, las multinacionales se lanzaron sobre la Argentina en número creciente. [...] Entre las multinacionales las primeras fueron las firmas de fabricación de automóviles, como Ford, Renault, Fiat, Peugeot y Citroën. Fueron seguidas por otros gigantes internacionales, como Firestone, IBM, Duperial, Olivetti y Coca-Cola. [...] Entre las numerosas quejas contra las multinacionales había acusaciones de 'monopolio' y 'concentración'. En vez de añadir nuevos recursos a la industria y complementar la capacidad existente, alegaban sus detractores, las multinacionales crecían a expensas de la industria nacional, usurpando mercados internos y créditos bancarios, y transformando la industria en grandes bloques en manos de extranjeros. [...] En 1955 las compañías extranjeras eran la fuente del 20 por 100 de la producción industrial total; a principios de los años 70 su parte llegaba a un tercio. De las cien mayores firmas industriales, catorce eran de propiedad extranjera en 1957, pero en 1966 lo eran la mitad; y ya en 1963 las sucursales de multinacionales, alrededor de una mitad de las cuales se habían establecido a lo largo de los cinco años anteriores, tenían el 50 por 100 de la producción en sectores como el tabaco, la goma, los productos químicos, derivados del petróleo, maquinaria, artículos eléctricos y material de transporte."

El golpe de 1955 que derroca a Perón permite ese giro decisivo en la economía. Frondizi, contradiciendo sus promesas electorales, instrumentó las medidas que pusieron a la Argentina en camino de convertirse en lugar de inversión de las empresas multinacionales. No es casual que, entre otros ministros más cercanos al idealismo esgrimido en las primeras épocas, Frondizi haya llevado a los primeros planos de la política económica a Álvaro Alsogaray, Roberto Alemann y Jorge Wehbe, y que José Martínez de Hoz ocupara la cartera de Economía con Guido, como Krieger Vasena lo había hecho con Aramburu. Entre esos apellidos, y unos pocos más, se dibujará la economía del país de los siguientes treinta años.

Lo que no cambia

La principal causa del atraso productivo, sin embargo, es la estructura agraria. La propiedad de terratenientes y hacendados conspira contra la industrialización aunque no oponga obstáculos visibles. El estancamiento es el rasgo más destacado de la economía. David Rock, intentando una visión de conjunto, destaca:

"[En] un período de rápida expansión del comercio mundial, el principal problema de la agricultura ya no eran los mercados sino la producción. Tampoco era plausible culpar del estancamiento de las exportaciones al consumo interno de productos exportables, aunque algunos observadores antiurbanos lo hicieron: la principal razón para aumentar las exportaciones agrícolas era obtener divisas extranjeras para los industriales.

[...] La producción era el problema central, ineludible. [...] En la pampa, la cría de ganado mantuvo el predominio que había ganado en la Segunda Guerra Mundial."

La agricultura recurre a la diversificación, con los cultivos de sorgo, soja y girasol, y se mecaniza, pero no logra potenciar el crecimiento. Los antiguos esquemas se repiten, porque las ganancias de un producto agrícola se obtienen principalmente a expensas de otro.

Si bien muchos estudiosos recomiendan la "reforma agraria" para liquidar la gran propiedad improductiva –la cuestión toma especial difusión a partir del triunfo de la Revolución Cubana– Frondizi, en ese plano, no promueve modificaciones estructurales; prefiere persistir en dos convicciones: salvaguardar el sistema democrático como único vehículo posible para el desarrollo, centrado en la industria. Lo demás, en su visión, vendrá por arrastre.

Enfatiza, sin embargo, que el desarrollo debe apuntar "no únicamente a la satisfacción de necesidades materiales" sino a un desarrollo social y cultural. "La vinculación de la cultura y el desarrollo –señala– es un tema apasionante. No puede haber cultura profunda en un país, si no existen condiciones que permitan el acceso a la educación, oportunidades para perfeccionarse y para que el espíritu se exprese con libertad". El tema de la educación será otra de las batallas que merecerá su dedicación. En ella, a su pesar, enfrentará a uno de sus hermanos, el filósofo Risieri Frondizi, rector de la Universidad de Buenos Aires.

Cultura en movimiento

Laica o libre

Un nuevo ambiente intelectual se genera con el ascenso de una clase media moderna –no artesanal sino empleada o profesional–, la irrupción de la mujer en actividades hasta entonces vedadas, y la masificación de la televisión, que irrumpe en millones de hogares. Dramaturgos, cineastas, escritores y actores, liberados de la opresión de la década peronista, multiplican las propuestas creativas. No es por casualidad que uno de los últimos decretos de Aramburu haya sido la creación del Fondo Nacional de las Artes para estimular la actividad en las artes plásticas, la arquitectura, la música, la danza, las expresiones folklóricas y las actividades teatrales, radiofónicas y televisivas.

Al acceder el frondicismo al poder, una intelectualidad inquieta replantea, con todo vigor, lo que Félix Luna llama "debates postergados". La cuestión educativa es uno de ellos: después de varias décadas de tradición laicista, el peronismo impuso una educación oficial totalitaria y su actitud ante el papel de la Iglesia fue contradictorio.

La cuestión se centra ahora en el nivel terciario, donde se produce una verdadera explosión de la matrícula. La orientación universitaria no había sido resuelta durante la "Libertadora": mientras en el Ministerio de Educación anidaban figuras del nacionalismo católico como Atilio Dell'Oro Maini, en la Universidad de Buenos Aires ocupaba el rectorado un socialista anticlerical, José Luis Romero. Además, durante la presidencia de Aramburu éste había avalado el decreto 6403 cuyo artículo 28 permitió a la iniciativa privada crear "universidades libres [...] capacitadas para expedir diplomas y títulos habilitantes". Pero las movilizaciones estudiantiles se multiplicaron y el tema quedó congelado. A fines de agosto de 1958 trasciende que el gobierno de Frondizi revalidaría el cuestionado "artículo 28". Los siete rectores de las universidades nacionales –entre ellos, Risieri Frondizi– piden al Presidente que no innove "para no alterar la vida institucional y académica" y crecientes movilizaciones enfrentan a "laicos" y "libres". Nelly Casas describe el ambiente de agitación: "Las calles mantuvieron durante varios días el clima de revolución, con barricadas que

 Lealtad y autonomía

La prohibición y el hostigamiento sólo volvieron más enconada la oposición peronista, multiplicando las formas de una reacción que alternó las huelgas por reivindicaciones económicas, con el sabotaje y el terrorismo. Estas respuestas, espontáneas y dispersas al comienzo, esbozaron los cauces que tomaría la lucha contra la regla de la exclusión fijada por la "Revolución Libertadora".

[...] Una de las vías fue la acción sindical, que contrarrestó todas las iniciativas destinadas a desperonizar el mundo del trabajo, pues cada vez que fue consultada, la mayoría de la clase obrera eligió como representantes a delegados peronistas. En 1957 surgieron las 62 Organizaciones, agrupamiento político sindical que, con el tiempo, se convertiría en el eje de todo el movimiento peronista. En las elecciones gremiales de 1958, pudo verse que una nueva generación de activistas identificados con Perón estaba reemplazando a su propia vieja guardia: el nombre de Augusto T. Vandor, uno de los grandes caudillos sindicales del peronismo, está ligado a esa renovación generacional.

Otra vía de oposición, la de los "caños" (bombas) y la acción directa, estaba asociada a la esperanza de un levantamiento militar que trajera de vuelta al caudillo exiliado. Esta línea,

que hasta 1957 fue la más alentada por el mismo Perón, perdería fuerza a medida que se alejaba la posibilidad de una revuelta triunfante. Finalmente, el tercer curso, el del neoperonismo, encerraba un desafío a Perón: buscó establecer una dirección local para el movimiento, autónomo de las directivas del exilio y dispuesta a insertar al peronismo en el sistema de partidos. Con poco espacio en el ámbito de la Argentina industrial ante la supremacía sindical, la opción impulsada por dirigentes políticos terminó por concretarse en varias provincias del interior. [...]

El convenio con Frondizi no duró mucho y, desde 1959, el peronismo alternó el enfrentamiento con la tregua. [...] La hegemonía que ejercía en el movimiento obrero, poderoso por entonces, hacía del peronismo un actor central en la escena nacional, aún en la ilegalidad política. Creyendo contar con margen para derrotarlo electoralmente, Frondizi permitió la participación de partidos peronistas en los comicios de 1962, pero el triunfo de uno de ellos en la provincia de Buenos Aires apresuró la caída del presidente.

CARLOS ALTAMIRANO,
"Lealtad y autonomía" en *El nuevo peronismo.*
Historia visual de la Argentina contemporánea

bloquearon las avenidas desde el Congreso hasta Once. Los miembros del gobierno nacional y de las provincias, fueron objeto de silbatinas y pedreas cada vez que se atrevían a aparecer en actos públicos." Frondizi y su equipo son estigmatizados como "agentes de la Iglesia". También se denuncia que el tema busca levantar una cortina de humo sobre la nueva política petrolera. El desarrollista Antonio Salonia da su versión de los hechos:

> "La libertad de enseñanza era vieja en el país. Lo nuevo era instituirla en el orden universitario. Implicaba terminar con el monopolio estatal, aunque sin crear dicotomías inéditas. [...] No operó la falsa antinomia 'enseñanza libre-enseñanza laica'. Muchas de las universidades privadas fueron –y son– laicas. Tampoco se correspondieron con la realidad la denuncia apocalíptica de 'entrega al imperialismo' que hicieron las izquierdas, ni de sumisión a los intereses del 'clericalismo' que vino desde esas mismas zonas rojas de la ideología y desde reductos anacrónicos del liberalismo."

El diputado de la Ucri Horacio Domingorena elabora una propuesta que es aceptada por la mayoría: el artículo 28 será modificado a fin de que los títulos expedidos por las universidades privadas estén sujetos a una habilitación del Estado. De este modo, se permite el funcionamiento de las universidades privadas. La Universidad Católica Argentina (UCA) es inaugurada el 6 de mayo de 1958 y el 8 de diciembre de 1959 un decreto del Poder Ejecutivo legaliza a la Universidad del Salvador, que funciona desde 1956. En esos días, respaldando con su presencia la educación universitaria privada, Frondizi visita personalmente la Universidad de Belgrano.

Aunque Frondizi sostenga que "la agitación que se creó alrededor de este problema fue absolutamente artificial", los debates educativos recorren la sociedad. Al año siguiente de la "laica o libre" el médico y periodista Florencio Escardó, vicerrector de la Universidad de Buenos Aires, enfrenta duras críticas, hasta de inmoralidad, pero consigue que los colegios Nacional de Buenos Aires y Carlos Pellegrini admitan alumnas mujeres.

También en el campo científico Frondizi puede exhibir logros y concitar la adhesión de los sectores medios. En 1958 se crea el Consejo Nacional de Investigaciones Científicas y Técnicas (Conicet), cuyo primer directorio es presidido por el premio Nobel Bernardo Houssay, rehabilitado en la Universidad luego del ostracismo forzado que vivió durante el gobierno peronista. Nacen los institutos de Tecnología Industrial y Agropecuaria (Inti e Inta), dedicados a la investigación; Manuel Sadosky crea el Instituto del Cálculo e instala la primera computadora en la UBA. También se funda la Editorial de la Universidad de Buenos Aires (Eudeba), que en poco tiempo alcanzará una gran inserción en el mercado editorial con títulos de calidad.

El comienzo de "los 60"

La conmemoración del sesquicentenario de la Revolución de Mayo se convierte en un momento de algarabía popular. A los festejos oficiales se suma el aporte de las colectividades organizadas, que agregan calor y emoción con la proliferación de bandas típicas y grupos vestidos a la usanza regional. El Banco Central acuña monedas y billetes alusivos, se realizan exposiciones históricas, espectáculos de danzas y destrezas folklóricas, entre las que se destaca la presencia del London Festival Ballet. Más de 300 representantes de 80 países presentan sus credenciales al Presidente. Un impresionante desfile militar es acompañado por una multitud mientras Frondizi reafirma que las Fuerzas Armadas son la "columna vertebral que sustenta el orden, la paz interior y la cohesión nacional". El gobierno porteño inaugura el Teatro San Martín, se construye la terminal de ómnibus de Luján –un gesto grato a la Iglesia– y se inaugura el Observatorio Astronómico Austral Félix Aguilar.

La primera colada de acero en San Nicolás, la inauguración del oleoducto Campo Durán-San Lorenzo y la construcción de la central eléctrica de Dock Sud de SEGBA, son otras buenas noticias que Frondizi puede exhibir cuando visita el país el presidente norteamericano Dwight Eisenhower o durante su gira por Europa. En el Viejo Continente interesa a inversionistas y logra una buena acogida por parte de Charles de Gaulle y el presidente alemán Konrad Adenauer, reconocido entonces como uno de los principales estadistas de posguerra. El Presidente visita Italia, Suiza, Francia, Alemania, Holanda, Gran Bretaña y España y en más de una oportunidad se presenta como un representante "latinoamericano" o de los "países menos desarrollados" y reclama porque "los pueblos atrasados no son nunca enteramente libres".

Ese discurso no desentona con los nuevos tiempos; la década que nace será testigo de cambios mundiales decisivos. El congoleño Patrice Lumumba sobresale en un África que se mueve camino a su independencia; el papa Juan XXIII emite severos documentos contra la intolerancia racial; 121 intelectuales franceses son procesados por protestar contra la política colonialista de De Gaulle en Argelia; los ojos de los Estados Unidos se posan en Cuba, cuya revolución comienza a girar hacia la izquierda. Frondizi rompe relaciones con Israel cuando un comando de ese país secuestra a Adolf Eichmann, jefe nazi prófugo de la justicia, en los alrededores de Buenos Aires y lo traslada hasta Tel Aviv en un operativo clandestino.

Pero no todo es promisorio en 1960. Durante los primeros meses, Frondizi enfrenta una revuelta militar en San Luis, y mientras Alsogaray trata de explicar a los argentinos –como un maestro a sus alum-

Las relaciones con Cuba, un leitmotiv *del gobierno de Frondizi.*

nos– que deben ajustarse el cinturón con la perspectiva de un futuro mejor, conmueve a la opinión pública un detallado informe que da cuenta de cómo, cada hora, fallecen en el país cinco lactantes.

Novedades políticas

El general Toranzo Montero, aferrado a su discurso contra la "infiltración comunista", se convierte en una especie de "guarda pretoriano" de una democracia que renguea: vive levantando sospechas contra el Presidente y, cuando las reuniones reservadas entre hombres del gobierno y del peronismo adquieren publicidad, presiona para desbaratarlas y sostiene que los peronistas son "un conglomerado de delincuentes vinculados entre sí y con sentido de poder".

En efecto, el peronismo continúa vigente. El desgaste del gobierno comienza a dibujar un nuevo mapa político. En las elecciones de diputados, los balbinistas obtienen un 23 %, mientras que la UCRI disminuye su resultado a sólo el 20 %; uno de cada cuatro votos es en blanco por decisión del peronismo, definitivamente alejado del gobierno. El debate en las filas justicialistas es intenso. Oscar Albreiu, que ha planteado la participación electoral, es echado del movimiento. Pero no es el único que disiente con las órdenes de Madrid. La conducción de Perón es cuestionada desde distintos frentes; en el sindicalismo, ante la declinación de la "Resistencia", surgen dos sectores: los "duros" y los "integrados". En un principio se fortalecen los primeros, aunque con el tiempo todos coinciden en dialogar y negociar.

También se articula una nueva dirección peronista, de origen obrero y con fuerte presencia en la conducción de los sindicatos. Entre ella sobresale Augusto Timoteo Vandor, apodado "El Lobo". Formado en el dinámico y poderoso sector metalúrgico, en el que hay importantes inversiones extranjeras, es el adalid de la autonomía con respecto a Perón. En otras ramas de la producción, más ligadas al mercado interno –como la carne o la textil–, los gremialistas se mantienen "leales a Perón"; como José Alonso, dirigente del vestido. Algunos partidos y caudillos provinciales peronistas buscan vías de reinserción estructurando agrupaciones "neoperonistas". Surgen así el Movimiento Popular Neuquino con los hermanos Elías y Felipe Sapag, el Partido Federal de Salta, Tres Banderas en Mendoza y la Unión Popular, y figuras como las del "neuroperonista" Matera (como llama Perón al neurocirujano), el chaqueño Deolindo Bittel y los ex ministros Albreiu y Juan Bramuglia.

Nuevos planteos, más presiones

La Revolución Cubana

El primer día de 1959 confirma el avance de la guerrilla castrista, después de dos años de lucha: ha llegado a La Habana y derrocado al dictador Fulgencio Batista, que huye del país. El suceso es recibido con alborozo en Buenos Aires; para la clase media porteña "ha caído otro dictador" y se ha realizado una audaz revolución democrática. Fuera de toda sospecha, los muchachos barbudos de Sierra Maestra son considerados por entonces heroicos combatientes de la libertad. Sin embargo, en el discurso del líder cubano del 1º de mayo de 1960 se podrán leer algunas ideas que van un poco más allá:

> "El derecho al pan, el derecho al trabajo, el derecho a la cultura y el derecho a contar dentro de la sociedad... ¡Democracia es ésta en que tú, campesino, recibes la tierra que hemos recobrado de las manos extranjeras usurarias que las explotaban! ¡Democracia es ésta en que tú, trabajador, tienes asegurado tu derecho al trabajo sin que te puedan echar a la calle a pasar hambre!"

Las repercusiones del triunfo de la Revolución Cubana son múltiples y logra adhesiones en sectores insospechados, como la de José "Pepe" Bianco, secretario de redacción de *Sur*, la revista de Victoria Ocampo, y las de Jauretche y Juan José Hernández, de veta nacionalista. El apoyo al castrismo ayuda a Alfredo Palacios y al socialismo a obtener un resonante triunfo en las elecciones de 1961 en la Capital. Palacios y Sánchez Viamonte (cuyas iniciales forman "P.S.") coinciden en lucir "mostachos" y la juventud socialista pinta la ciudad: "En Cuba los barbudos y aquí, los bigotudos". John William Cooke alienta la extensión de la guerrilla al continente y en Tucumán hacen su aparición, por poco tiempo, los Uturuncos, un reducido grupo que promueve la guerrilla rural.

En abril de 1961, Frondizi antepone el desarrollo económico a los problemas políticos continentales al firmar con el presidente brasileño Jānio Quadros el Acuerdo de Uruguayana. En el marco de la Guerra Fría, estas posturas neutralistas son vistas como "peligrosas" por los militares de uno y otro país. Frondizi es, además, sistemáticamente cuestionado por defender la permanencia de Cuba, ya volcada al socialismo, en la OEA. En las Naciones Unidas resalta su visión de los problemas del subcontinente:

> "La lucha contra el atraso de los pueblos reclama mayor solidaridad del hemisferio [...] La verdadera defensa del continente consiste en eliminar las causas que engendran la miseria y la injusticia."

En estos términos, el Presidente parece colocarse en una "tercera posición" que acepta los diagnósticos cubanos pero aplica las recetas norteamericanas.

¿Cartas cubanas?

En 1961, Frondizi realiza cuatro viajes al exterior (Canadá, la India, Tailandia, Japón) y firma diversos convenios de amistad, comercio y navegación, zoosanitarios, migratorios. También logra, gracias a la gestión del canciller Miguel Ángel Cárcano, entrevistarse con el nuevo presidente de los Estados Unidos, John F. Kennedy, con quien traba una fluida comunicación.

Sin embargo, el encuentro pronto se empaña, cuando el secretario de Estado Dean

Rusk exhibe unos papeles que, afirma, han sido interdictos a la embajada cubana en Buenos Aires. Las denominadas "cartas cubanas" son muestra elocuente del apoyo de funcionarios argentinos a la guerrilla. Frondizi se indigna y asegura que son falsas. Cuatro días después, cuando Frank Díaz Silveira, un exiliado cubano, exhibe en Buenos Aires 83 fotocopias con documentos idénticos, el incidente se transforma en un escándalo internacional. Finalmente, veintiún peritos calígrafos logran demostrar el fraude: "los documentos eran burdas falsificaciones, con textos que contenían modismos no cubanos, sellos diferentes y firmas distintas hechas por calco".

El "caso de las cartas cubanas", presumen los estudiosos, se inició en la Argentina. Las falsificaciones serán probadas pero no así su origen, aunque luego será atribuido a la CIA o a algún servicio de inteligencia castrense local. El hecho es utilizado por militares, políticos conservadores y hasta por algunos hombres del radicalismo balbinista para levantar polvareda. Frondizi, ya casi acostumbrado a esa gimnasia, sortea este nuevo escollo con la mayor firmeza, aunque no desconoce que muchos sabrán sacar provecho de él.

Reunión con el Che, ruptura con Cuba

En agosto de 1961 la elegante Punta del Este recibe a los representantes americanos de la IVª Conferencia del Consejo Interamericano Económico y Social de la OEA. Ernesto "Che" Guevara asiste como ministro de Industria de Cuba. En la reunión se enfrentan dos proyectos opuestos: el del presidente Kennedy, la "Alianza para el progreso", basado en el libre accionar de la iniciativa privada y el achicamiento del rol económico del Estado, y el planteo antiimperialista y de unión latinoamericana sostenido por Guevara. Cuba, que ya ha aplicado medidas anticapitalistas –como la nacionalización de las empresas estadounidenses y la reforma agraria–, ha llevado la Guerra Fría a pocas millas de la costa norteamericana.

Al concluir el evento, se divulga el paso secreto del Che por Buenos Aires y la realización de una entrevista con el Presidente argentino, que se concreta el 18 de agosto. La reunión reflota antiguas acusaciones: para los detractores de Frondizi, son evidentes sus simpatías hacia el comunismo. El Presidente sostiene públicamente su punto de vista:

"Existe un problema cubano y es obligación de todos los Estados americanos considerarlo y buscar una solución que convenga a la comunidad americana y a sus ideales democráticos. [...] Ninguno de los estadistas de las grandes naciones occidentales rehúsan hablar con los dirigentes de los países comunistas. Nosotros no querríamos ser jamás gobernantes de un pueblo que tiene miedo de confrontar sus ideas con otras ideas."

Un nuevo encuentro panamericano se lleva a cabo al año siguiente, la "Octava Reunión de Consulta de la OEA". Fracasado el intento de invasión en Bahía Cochinos en abril de 1961, los Estados Unidos despliegan toda su fuerza diplomática a fin de unir al continente contra "la agresión comunista". La reunión declara incompatible la adhesión al marxismo-leninismo de cualquiera de sus países miembros y, además, resuelve medidas de profundización y extensión del bloqueo comercial a Cuba, en especial del material defensivo y armamentístico. La posición argentina, anticipada en una carta de Frondizi a Kennedy del 2 de enero de 1962, ratifica la política de "no intervención".

> "El punto de partida consiste en que abstraídos por la preocupación del problema de Cuba, estamos descuidando cuestiones de la más alta prioridad para la América. [...] Estas cuestiones son, por un lado, la posible ruptura del sistema continental y por el otro, el retroceso y quebrantamiento del orden político y la estabilidad institucional de nuestros países. [...] Entiendo por consiguiente que el verdadero asunto que tendrá que atender la próxima reunión de Cancilleres es la preservación del sistema interamericano [porque se ponen en juego] la solidaridad continental y la unidad nacional de los países miembros."

Los representantes argentinos, si bien condenan el gobierno de Castro y proponen el aprestamiento militar del país, mantienen una postura independiente. Junto con México, Chile, Brasil, Ecuador y Bolivia, se abstienen de expulsar a Cuba de la OEA. Las Fuerzas Armadas reaccionan –otra vez– con energía y se suceden las presiones hasta que finalmente Frondizi rompe relaciones con Cuba, el 8 de febrero de 1962. La decisión, otra vez tardía, no conforma a nadie. Los militares lo acusan de duplicidad; sus simpatizantes se sienten traicionados; la izquierda protesta. La cuenta regresiva ha comenzado.

Fidel Castro y Arturo Frondizi se entrevistaron en 1959.

En noviembre de 1961, mientras Guido ejerce nuevamente el Ejecutivo por el viaje de Frondizi al Extremo Oriente, estalla una huelga ferroviaria que se extiende por cuarenta y ocho días. El cardenal Caggiano se propone como mediador y muchos opositores, como Balbín, el socialista David Tieffenberg, el peronista Alberto Iturbe y el comunista Ernesto Giudice, realizan desde la CGT enérgicas críticas al gobierno por la agudización de la crisis económica y la recesión. La Confederación General Económica (CGE), entretanto, se queja ante Guido y el ministro Roberto Alemann por la falta de créditos para las pequeñas y medianas empresas. El tenor de algunos de estos discursos –para algunos, extraños y destemplados– se interpreta como un golpe de nudillos en la puerta de los cuarteles.

Frondizi retorna al país el día siguiente a la Navidad y reasume inmediatamente el poder o, mejor dicho, el gobierno. Porque el poder real –más allá de la legitimidad constitucional– ya no está en sus manos.

"No renunciaré"

El triunfo de Framini

En una reunión del gabinete militar, el contraalmirante Gastón Clement lleva la voz cantante ante el subsecretario de Defensa José R. Cáceres Monié: "Este extremista y su equipo deben desaparecer del gobierno. Dígale al Presidente que le ordene a Frigerio irse del país". Frondizi parece tozudo y sostiene una suerte de "equipo paralelo" que encabeza el vilipendiado amigo y asesor. En los útimos tiempos se han ido sumando al acoso, fuerzas políticas, empresarias y sindicales. El especialista Robert Potash traza el siguiente cuadro de situación:

> "Los cuatro años de Frondizi en el gobierno estuvieron jalonados por una serie de planteos militares. En un primer momento, revestían el carácter de problemas internos de las fuerzas y forzaron a Frondizi a sacrificar a miembros de su gabinete militar para evitar su derrocamiento. En una segunda etapa, muchos de sus asesores y ministros se convirtieron en blanco de los planteos. Esta tendencia se acentuó especialmente cuando el general Carlos Severo Toranzo Montero asumió como comandante en jefe del Ejército, en 1959, y reclamó medidas antiperonistas y anticomunistas más drásticas. Esa táctica de los 'golpistas' chocó con los oficiales 'legalistas' que defendían la autoridad presidencial de Frondizi, hasta que la decisión gubernamental de permitir la participación de candidatos peronistas en las elecciones de marzo de 1962, precipitó la crisis final."

El año anterior, la UCRI había logrado algunos éxitos electorales y conseguido que el peronismo se presentara dividido, lo que le permitió especular con que un peronismo legalizado era más fácil de derrotar que uno proscripto. Las posiciones radicalizadas de algunos dirigentes justicialistas, de hecho, ahuyentan a los votantes de clase media y favorecen a los intransigentes. Pero la jugada se desmorona el 18 de marzo de 1962, cuando –a pesar de que el gobierno logra buenos resultados– el peronismo conjunto (Unión Popular, Tres Banderas y Laborista) supera los 2,5 millones de votos, alcanza un 32 por ciento del electorado y conquista 7 gobernaciones.

El triunfo de la fórmula peronista Andrés Framini-Francisco Anglada en la provincia de Buenos Aires precipita los hechos. Frondizi se compromete inicialmente a aceptar el resultado pero para las Fuerzas Armadas es intolerable que el peronismo gobierne la principal provincia del país. Los militares exigen, además, la intervención a todas las provincias en las que hubiera triunfado el peronismo en las recientes elecciones de 1962 –medida que Frondizi toma inmediatamente–, la proscripción total del peronismo y elaborar un plan de represión especial para entablar una lucha frontal contra el comunismo.

La aceptación de este nuevo planteo implica poner a Frondizi de rodillas. Es, tal vez, el último botón de muestra del verdadero acoso militar que cerca al gobierno "integrista-extremista". La resolución de "despedir" al Presidente se hace unánime y la opinión no se modifica a pesar de que Frondizi interviene cinco provincias, produce nuevos cambios en el gabinete y busca la mediación del general Aramburu y del embajador norteamericano Robert McClintock.

Los militares, carentes de un liderazgo claro y de un programa de gobierno alternativo, exigirán la renuncia de Frondizi por medio de Aramburu.

El gobierno de Arturo Frondizi fue acosado por innumerables "planteos" militares.

El gesto patriótico

El mundillo político se agita. Ricardo Balbín, en nombre de la UCRP, niega toda colaboración a Frondizi. Arturo Illia, que acaba de triunfar en Córdoba, reclama mantener al Presidente, constituir un gabinete con hombres del radicalismo del Pueblo y con acuerdo de las Fuerzas Armadas. La UCRI, por medio del senador Alfredo García, opina, obviamente, que "para que subsista la legalidad, el Presidente debe mantenerse en el cargo".

El general Aramburu –el mismo que le ha ceñido la banda presidencial– solicita espacios de radio y televisión para dirigirse al pueblo, pero luego decide suspender su discurso y conmina a Frondizi por medio de una carta pública.

"S.E. ha requerido mi intervención en la crisis política que el país atraviesa. [...] Desde el primer momento pude verificar que la situación a la que el país ha llegado en el plano político, es realmente extrema [...].

"Está efectivamente en peligro la continuidad institucional. Las consultas que he verificado han mostrado, con un acuerdo poco común entre nosotros en el plano político, un juicio decididamente adverso a la permanencia de S.E. en el poder. Una actitud igualmente coincidente y firme he podido verificar en las Fuerzas Armadas.

" [...] la Nación pide a usted un noble renunciamiento. Lo pide y lo espera de su reconocido patriotismo."

En el mismo sentido, el ex marino Francisco Manrique actúa como vocero militar oficioso y sostiene reuniones con el Presidente.

Las Fuerzas Armadas derrocaron a Frondizi pero no tomaron el poder.

El martes 27 de marzo Frondizi contesta lacónico: "No renunciaré". Tres días antes había dado las siguientes instrucciones al secretario general de la Presidencia:

"Si llegan los tres comandantes en jefe les diré: que no renunciaré ni pediré licencia de ninguna manera. Que en consecuencia será necesario un acto de fuerza para desalojarme del poder. Si ello ocurre, el Congreso, previa conversación con los diputados y senadores, y con Guido, deberá considerar la cesación de hecho de mi mandato. Poniendo en juego la Ley de Acefalía, debe asumir la Presidencia de la Nación el doctor José María Guido. Para que ello se concrete, él también deberá hacer los esfuerzos necesarios, siempre que no haya violencia sobre el pueblo o actos de fuerza contra él."

Durante la madrugada del 28, amparadas en el Plan CONINTES, las Fuerzas Armadas toman el control de las radios y televisoras. Por la tarde, los jefes militares Poggi, Penas y Alsina repiten su exigencia al Presidente, pero Frondizi reitera su negativa. Visitan entonces al senador Guido para saber si estaba dispuesto a asumir en caso de que Frondizi fuera depuesto. El condicional disgusta al senador. Su amigo y correligionario es aún el presidente; la consulta está fuera de lugar. Frondizi, entretanto, se retira a la residencia de Olivos. Esa noche, Guido, preventivamente, duerme en el departamento de un amigo.

Pregúntenle a Arturo Frondizi

A las 8 en punto del 29 de marzo, "con el cambio de guardia demorado quince minutos, de modo que las tropas que custodian al Presidente no se vean obligadas a combatir en defensa de la investidura", comienza un agitado día. Los militares deponen al Presidente, quien, sin embargo, aconseja cada movimiento a realizar "siempre y cuando le pregunten a Arturo Frondizi y no al presidente de la Nación". Frondizi, soberbio, conduce su propio derrocamiento y delinea los pasos a dar para evitar su renuncia y que lo reemplace un presidente militar o que haya derramamiento de sangre.

Según su propio plan, es conducido a Martín García. La ciudad, que comienza a aclimatarse al otoño, se despierta con la novedad de su caída, pero no hay convulsiones: ni siquiera se suspenden las clases. Los "planteos" ya son casi una rutina.

El comandante en jefe del Ejército Raúl Poggi da por sentado que en el curso del día se colocará la banda presidencial. Pero los hechos lo toman por sorpresa: el ministro de Defensa Rodolfo Martínez, el ministro de la Corte Suprema Julio Oyhanarte y el ministro de Relaciones Exteriores Roberto Etcheparreborda ponen en marcha una maniobra urdida meticulosamente.

A las 14 los principales dirigentes de la UCRI se reúnen en el despacho de Guido y logran consensuar que jure ante la Corte Suprema: "Mi decisión no fue personal; fue una decisión de equipo", sostendrá. Sectores del Ejército plantean rodear el Palacio de Justicia para impedir el acto, pero aparentemente el movimiento es frenado desde Campo de Mayo por el general Juan Carlos Onganía, quien se plantea "defender al nuevo presidente".

El acto de juramento de Guido es realmente apresurado. El juez Oyhanarte señala al respecto: "La decisión debía ser rápida. No podía durar más de cinco minutos la deliberación, porque, en caso contrario, asumirían los militares". El ministro Villegas justifica la acordada: "Hemos violado la ley pero hemos salvado la República", y Colombres le contesta: "Quien salva la República cumple con la ley". Emilia Menotti, biógrafa de Frondizi, reconstruye de este modo el acto: "En la inmensa sala de la Corte sólo con los ministros y el secretario, con la mano extendida sobre la Constitución utilizada en las reuniones del Tribunal y sin acta –que se hacía en el despacho contiguo– juró el nuevo presidente".

Cuando Poggi, que preside la Junta Militar, se entera de la maniobra, estalla en furia y ordena un acuartelamiento general, pero la falta de un plan propio lo frustra. El mismo Oyhanarte cuenta que en la noche "en la Casa de Gobierno estaban reunidos

Recesión, represión y tensiones militares

En esos días el Ejército parecía tocar fondo en su moral militar y disciplina, ante el espectáculo de sus jefes convertidos en caudillos de facciones armadas. Reflejo fiel de la realidad nacional, el Ejército no podía escapar del proceso de disgregación que sufría todo el país. A cinco meses del derrocamiento del presidente constitucional (que seguía confinado en la isla Martín García) no se advertía un plan político que llevara hacia una salida, cualquiera que fuese; ni una orientación económica que no trajera aparejadas recesión, iliquidez y desocupación. De marzo en adelante, lo único que se había hecho con cierta coherencia era liquidar gradualmente los últimos vestigios de legalidad, adoptar medidas represivas contra el peronismo sindical, establecer una política económica antipopular y asfixiante y formar un círculo que ahogaba la tambaleante autoridad presidencial. Precisamente en esos días desaparecía de su humilde hogar un obrero metalúrgico, Felipe Vallese, cuyo nombre habría de convertirse en bandera de protesta contra la indiscriminada represión antiperonista. País aniquilado, disminuido, desprestigiado en el plano internacional, no era una casualidad que el discurso que debió pronunciar el canciller ante la Asamblea de las Naciones Unidas –y que felizmente no alcanzó a decir– expresara el satelismo más rendido y la declinación de toda política internacional independiente por parte de la Argentina.

Naturalmente, muchos jefes y oficiales se angustiaban ante la trágica realidad de un ejército convertido en una suma de facciones al servicio de otros tantos "señores de la Guerra". Ese grupo comprendía la necesidad urgente de restablecer la verticalidad de los mandos y rectificar un proceso político que, tal como se venía desarrollando, terminaría por enfrentar sangrientamente al ejército con el pueblo. La única vía para salvar lo que se podía salvar del Ejército era afirmar la autoridad presidencial, aliviar a Guido de la presión "gorila" y elaborar una solución política en la que participara el peronismo en la medida de lo posible. El núcleo convencido de que esta alternativa era la única que podía salvar al país de un caos total era fuerte en Campo de Mayo y pertenecía al arma de caballería. Por supuesto, los círculos "gorilas" no lo ignoraban y entonces, hacia fines de agosto, se trató de desarticularlo.

FÉLIX LUNA,
"De Perón a Lanusse (1943-1973)",
en *Historia integral de la Argentina*

los ministros militares y los comandantes en jefe cuando entró Guido. Estaban todos sentados pero movidos por la influencia mágica que da el poder, se iban poniendo de pie a medida que Guido, que ya había dejado de ser un pobre abogado rionegrino, pasaba a su lado. Poggi se quedó sentado. 'Póngase de pie que soy el presidente', replicó Guido. Cuando Poggi lentamente se puso de pie, recién entonces se sintió realmente presidente de la República".

La Casa Rosada no le resulta ajena. Guido, que ha reemplazado muchas veces a Frondizi durante sus viajes, conoce bien los pasillos y recovecos del poder. En los últimos años ha sido un reiterado "interino", ejerciendo el gobierno detrás de una figura estelar. Ahora deberá moverse con otra perspectiva y bajo otros tutelajes.

Primeras medidas de Guido

Guido es un "títere" constitucional. Años después, defendiendo la maniobra instrumentada, dirá: "Yo no fui un presidente constitucional, fui un presidente de la ley". En similar tesitura, Frondizi destaca:

"[La conducción de las Fuerzas Armadas era] depositaria real de un esquema de poder presentado bajo la dudosa investidura de José María Guido. Dudosa y débil, ésta cumplió sin embargo una función: fue una valla jurídica colocada en el camino del extremismo revanchista y un punto de referencia para la convergencia de los grupos profesionalistas que coincidirían en el ejército azul."

Todas las medidas que dispone debe tomarlas en acuerdo con la cúpula militar. Gobierna con estado de sitio, que permanece vigente durante toda su gestión. En cumplimiento de un Acta Secreta celebrada el 29 de marzo con las autoridades de las Fuerzas Armadas, Guido dicta cuatro decretos que apuntan a la salida institucional: un nuevo Estatuto de los Partidos Políticos; la creación de la Justicia electoral; la adopción del sistema electoral D'Hont de representación proporcional, y la prohibición de actividad para el peronismo. También anula las elecciones realizadas entre diciembre de 1961 y marzo de 1962, impidiendo la admisión de los legisladores electos –94 de ellos peronistas o neoperonistas–, que debía efectuarse el 25 de abril. El 19 de mayo dispone el receso indefinido del Parlamento y el 8 de septiembre decreta su disolución. Mantiene las cinco intervenciones provinciales dictadas por Frondizi y dispone la intervención del resto.

El gabinete nacional también sufre importantes cambios incorporando a empresarios y estancieros, distanciados ideológicamente del desarrollismo, y en Interior y Defensa, hombres de la UCRP. Estos acuerdos logran el beneplácito de los militares "profesionalistas", como Onganía, pero generan resistencia entre los "gorilas".

El 3 de abril de 1962 Guido firma el decreto 2887 por el cual Frondizi queda detenido a disposición del Poder Ejecutivo, sustrayéndolo del ámbito castrense. El 1° de marzo de 1963, se dispone su traslado a El Mesidor, en Bariloche. Un joven Bernardo Neustadt le realiza un reportaje que publica *El Mundo* el 1º de noviembre de 1963.

"–Doctor, si nos retrotrayéramos a 1958 y usted debiera asumir otra vez la responsabilidad de firmar los contratos de petróleo, tan incriminados, y tuviera esta posibilidad de saber que con ello recibiría la andanada crítica y violenta que recibió, recorrido hoy el camino y haciendo un balance real, si los contratos sirvieron o no al país, si nos han ayudado o han sido nefandos para nuestra vida, analizadas todas las circunstancias, ¿los volvería a firmar en las mismas condiciones? [...]

"–No le quepa duda, los volvería a firmar. [...] Que hoy, 1963, renegociaría, en mejores condiciones, tampoco le quede duda; que conseguiría ahora mayor ventaja que entonces, o intentaría obtenerla, es también cierto. Pero si usted busca arrepentimiento en mí, no lo hallará. No por tozudez. Por convicción: hice bien; duermo tranquilo, fue útil. Sabe que la pedantería no es mi fuerte."

Evidentemente, Frondizi decidió "morir en su ley".

Un balance con múltiples facetas

El fin de una ilusión

Si para la clase obrera la derrota de Perón replantea, interrumpe, posterga el desarrollo de una esperanza, algo similar ocurre con la clase media en relación con el frondicismo.

Como Perón en la década anterior, Frondizi personificó un sueño de país pujante, industrializado, moderno. Esa ilusión suponía que la antinomia peronismo-antiperonismo se superaría con una propuesta inteligente y adecuada al nuevo escenario internacional. No es casual que su proyecto se denominara, antes que desarrollismo, "integracionismo".

Robert Potash destaca que el problema al que Frondizi se enfrentó excedía los límites de una personalidad:

"El colapso del gobierno de Frondizi destruyó las esperanzas que existieron alguna vez en cuanto a que la presencia de un presidente civil elegido por el pueblo iniciaría un prolongado período de régimen constitucional. Los impulsos democráticos que habían sustentado el levantamiento contra Perón en 1955 y que habían presionado sobre el régimen militar que lo sucedió para que entregara el poder en la primera oportunidad posible, resultaron insuficientes para echar las bases de una prolongada estabilidad política. Los acontecimientos revelaron que el abismo entre peronistas y antiperonistas –escisión que afectaba por igual a civiles y militares– era demasiado grande para que las medidas políticas y las promesas del gobierno de Frondizi pudieran superarlo. A pesar de sus indudables dotes de político, Arturo Frondizi fracasó en su intento de destruir el arraigo de Perón en las clases trabajadoras, exacerbó los temores de los antiperonistas y en el proceso consiguió desmoralizar a elementos que no pertenecían ni a uno ni a otro sector."

El análisis guarda similitudes con el que realiza Carlos Altamirano, quien afirma:

"Lo que frustró su programa no fue la resistencia del país 'agroexportador' como llamaba al conjunto de intereses opuestos al industrialismo, sino el contexto político del experimento, principalmente esa fuente de intolerancia y de guerra civil latente que fue durante años la división entre peronismo y antiperonismo."

Frondizi logró derrotar a buena parte de los sectores más combativos de la clase obrera sin ahorrar represión –por la aplicación del Plan CONINTES hubo 2.000 detenidos y 500 condenados– pero el peso electoral del peronismo, aunque no intacto, se demostró perdurable a esa represión y a las maniobras del equipo presidencial.

Félix Luna considera a Frondizi uno de los tres gobernantes argentinos de envergadura del siglo XX, junto a Yrigoyen y Perón, aunque, en su caso, falto de oportunidad.

"Simbolizaron, respectivamente, la verdad electoral, la justicia social y el desarrollo nacional. Supieron expresar anhelos populares que se centraron en su momento en aquellos valores y por eso, porque supieron dar la respuesta esperada al interrogante que contemporáneamente preocupaba al país, tuvieron real vigencia política. [...] La grandeza de Frondizi reside en que supo expresar una convicción generalizada en la Argentina: el fracaso de las estructuras tradicionales.

"[...] Naturalmente, 1958 no era el momento ideal para lanzar esta fórmula al pueblo argentino, desorientado, resentido y sumido en un creciente escepticismo. [...] Pero 1958 marcaba la conclusión de una época y la quiebra de las estructuras agroimportadoras y pastoriles que durante casi un siglo sirvieron relativamente bien al progreso del país.

"[...] Lo más valioso que ha dejado la etapa conducida por Frondizi es la noción misma del Desarrollo Nacional, que la conciencia del país está asumiendo con extensión y profundidad crecientes. Como actitud espiritual y como pauta para una obra de gobierno, ella debe constituir un valor cuya vigencia tiña todo el tempo político de los próximos años, como ocurrió en 1880 con la noción de progreso, en 1916 con la verdad electoral y en 1945 con la justicia social."

María Seoane ofrece otra perspectiva que abona el desencanto. En *El burgués maldito* sostiene que "el presidente de la UCRI había revocado cada uno de los puntos programáticos que lo habían llevado al gobierno: el acuerdo con el peronismo, la política de no alineamiento con los EE.UU., la defensa de la enseñanza pública y una política industrialista que no conformaba a los terratenientes".

La división en las Fuerzas Armadas provocará nuevos enfrentamientos dramáticos, hasta que pueda imponerse un sector como conducción respetada por el conjunto. Esa nueva autoridad será Juan Carlos Onganía, el principal protagonista del siguiente golpe de Estado. Un país que había arrancado de buen humor, culmina la experiencia con desazón y escepticismo.

Arturo Frondizi

Creador de un modelo de desarrollo

En Paso de los Libres (Corrientes), nace el 28 de octubre de 1908. A corta edad se traslada con su familia a Concepción del Uruguay y en 1922 ingresa en el Colegio Nacional J. J. de Urquiza. Dos años después su familia se muda a Buenos Aires y Arturo estudia en el colegio Mariano Moreno. En 1926 inicia la carrera de abogacía en la UBA y se convierte en activista estudiantil; en 1930 se recibe con Diploma de Honor, pero no lo retira en repudio al golpe militar. Dos años después, ya incorporado a la UCR, colabora en *Tribuna libre* y es miembro del Colegio Libre de Estudios Jurídicos y Sociales.

En 1933 muere Yrigoyen; Frondizi asume la defensa de cerca de 300 detenidos por la sublevación del teniente coronel Bosch y se casa con Elena Faggionato, con quien tendrá una hija en 1937. Durante los años de la Década Infame es delegado al Comité Capital de la UCR; colabora con la causa de los republicanos españoles, defiende presos políticos como secretario de la Liga Argentina por los Derechos del Hombre y preside la asamblea del Movimiento Orientador de la UCR. En 1942 publica *Régimen jurídico de la economía argentina* y tres años después es parte decisiva en la fundación del Movimiento de Intransigencia y Renovación y en la elaboración de sus documentos básicos.

Desde 1946 es diputado nacional y, reelecto en 1948, es una de las principales voces de la oposición, junto con Ricardo Balbín; ambos integran la fórmula presidencial que es derrotada por Perón en 1951. En 1954 publica *Petróleo y política* y es elegido presidente del Comité Nacional de la UCR. Derrocado Perón en 1955, Frondizi conoce a Rogelio Frigerio; la UCR se divide y Frondizi queda a la cabeza de la fracción intransigente (UCRI).

Con el apoyo de Perón triunfa en las elecciones presidenciales de 1958; cuando asume, sanciona leyes de amnistía, de enseñanza terciaria y de asociaciones profesionales. Entre 1959 y 1961 despliega una intensa actividad interna y exterior, pero es acosado por sistemáticas presiones militares y conflictos laborales. Visita dos veces los Estados Unidos; recorre Europa y el Extremo Oriente; recibe al Che Guevara, ministro de la Cuba socialista, y preside los actos del sesquicentenario de la Revolución de Mayo.

Es derrocado en marzo de 1962 y confinado por más de un año. Funda el Movimiento de Integración y Desarrollo (MID), publica varios trabajos y, aunque inicialmente apoya al régimen de Juan C. Onganía, se distancia de él después del Cordobazo. En 1971 traba una nueva alianza con Perón e integra el FREJULI.

Desde 1976, aunque mantiene diferencias con los planteos económicos, sostiene la dictadura militar y justifica el genocidio. Publica numerosos libros y da conferencias. En 1989 apoya al presidente Carlos S. Menem. Fallece el 18 de abril de 1995. Tres años antes, en un acto emotivo, había retirado su diploma en la Facultad de Derecho.

Rogelio Frigerio

El teórico del desarrollismo

Nació en Buenos Aires el 2 de noviembre de 1914. En sus años de estudiante milita un tiempo en la organización estudiantil de izquierda, Insurrexit, en la que conoció la economía política marxista.

Se casa con Noemí Blanco, con quien tiene cinco hijos. Se orienta hacia la actividad industrial, despliega iniciativas en las áreas textil, agropecuaria y minera y es subdirector de la revista *Qué sucedió en 7 días* durante su primera época, en 1946. Cuando en 1955 cae el gobierno peronista, es miembro del directorio de ocho sociedades industriales y comerciales y asume la dirección de la revista *Qué...*, en la que colaboran antiguos dirigentes de FORJA y que anticipa los fundamentos del desarrollismo, tales como la necesidad del capital extranjero para fomentar la industria pesada y la necesidad de integrar al peronismo en un "movimiento nacional".

En enero de 1956 Frigerio conoce a Frondizi y, juntos, dan forma al integracionismo, que deviene en desarrollismo. Ahí confluyen la UCRI (H. Noblía, O. Alende, C. Sylvestre Begnis, R. Uranga, L. Mac Kay, A. Salonia, A. Vítolo, C. Gelsi y M. Posse) y los hombres de *Qué...* (M. Merchensky, I. Odena, R. Prieto, J. J. Real, A. Sábato, B. Stabile, D. Cúneo, O. Camilión y C. Florit).

En Caracas sella un acuerdo con Perón que permite a Frondizi ser presidente en 1958. Nombrado secretario de Relaciones Económico-Sociales de la Presidencia de la Nación, organiza una suerte de gabinete paralelo. Las relaciones que Frondizi y Frigerio habían tenido en el pasado con organizaciones de izquierda dan pretexto a campañas de calumnias, y en marzo de 1959, Frigerio –igual que otros desarrollistas como Florit– renuncia, aunque continúa como asesor personal de Frondizi.

Tras el golpe que derroca a Frondizi, se exilia en el Uruguay mientras el ministro del Interior general Rauch ordena detenciones de supuestos comunistas y "frigeristas". Regresa en 1963 y, con Frondizi, funda el Movimiento de Integración y Desarrollo (MID). En 1971 y 1972 participa del acuerdo con Perón que origina el FRECILINA, antecesor del Frente Justicialista de Liberación, en el que el MID se mantiene hasta fines de 1975.

En 1983 es candidato presidencial por el MID. El 29 de noviembre de 1985 renuncia a la vicepresidencia de la Comisión Directiva del Comité Nacional, pero retorna a la conducción del movimiento al año siguiente.

En las elecciones nacionales de 1999 el MID integra la "Alianza". El antecedente de esa decisión fue un acuerdo programático que en 1995 firmaron Frigerio y Raúl Alfonsín, para enfrentar al neoliberalismo.

Fue director del Centro de Investigaciones Nacionales y es autor de *Los 4 años (1958-62)*, *Historia y política, ciencia, tecnología y futuro*, *Economía política y política nacional*, *Crecimiento económico y democracia* e *Historia crítica de la economía argentina*.

Álvaro Alsogaray

Mentor del liberalismo económico

Miembro de una familia con varias generaciones de militares y políticos, Álvaro Carlos Alsogaray nace en Esperanza (Santa Fe) el 22 de junio de 1913. Tres Álvaros, su bisabuelo, su abuelo y su padre, participaron, respectivamente, en la Vuelta de Obligado, la Guerra contra el Paraguay y el golpe de Uriburu. Estudia en el Colegio Militar, en la Escuela Superior Técnica del Ejército y en la Facultad de Ingeniería de Córdoba. Alcanza el grado de capitán y, como ingeniero civil, se especializa en mecánica aeronáutica. Dedicado a la aviación comercial privada, entre 1947 y 1949 es gerente de la Sociedad Mixta de Aeronavegación (Zonda) y presidente de la Flota Aérea Mercante Argentina (Fama). Casado con Edith Lea Ana Gay, tiene tres hijos: María Julia, Álvaro y Eduardo.

Durante las décadas del 50 y el 60 la presencia de su hermano Julio en niveles de conducción del Ejército respalda su ascenso político. Es subsecretario de Comercio durante la presidencia de Lonardi y ministro de Industria en la de Aramburu. Durante el gobierno de Frondizi es ministro de Economía, entre 1959 y 1961, e interino de Trabajo y Seguridad Social; impulsa la inversión de capitales norteamericanos y lanza su famosa consigna: "Hay que pasar el invierno". Retorna a la cartera económica y preside el Consejo Interministerial del Trabajo, Economía y Servicio (Cites) entre abril y diciembre de 1962; emite los bonos "9 de Julio" que causan graves pérdidas a sus tenedores, trabajadores estatales, quienes los reciben como parte del salario.

Con el rango de embajador extraordinario y plenipotenciario, entre julio y septiembre de 1966 representa al gobierno de Onganía en Estados Unidos, Japón y Europa. Posteriormente es designado embajador en los Estados Unidos, período en que se lo vincula a intereses petroleros y navieros. Desde mediados de 1975 aboga por un golpe de Estado y apoya a la dictadura militar, aunque es crítico de la gestión de Martínez de Hoz, mientras es asesor y comisionista de entidades de la llamada "patria financiera" y de empresas de inversión.

Con respaldo de empresarios, es creador de cuatro partidos: a fines de 1956, el Partido Cívico Independiente; Reconstrucción Nacional a mediados de los 60; en 1973 la Nueva Fuerza, y en 1983, la Unión de Centro Democrático, de la que es candidato presidencial. En contraste con su prolongada vigencia en la política nacional, sólo superó el uno por ciento de los votos en 1973 y 1989. Electo diputado en 1983 y en 1987, es candidato presidencial nuevamente en 1989.

Asesora en temas de la deuda externa a Carlos Menem y, posteriormente, es denunciado por gozar de una jubilación de privilegio. En el mismo gobierno su hija María Julia fue privatizadora de EnTel, interventora en Somisa y secretaria de Medio Ambiente, y se convirtió en un símbolo de la década menemista.

José María Guido

Presidente en un período crítico

Nació en la ciudad de Buenos Aires el 29 de agosto de 1910; cursa la escuela primaria en un instituto franciscano. Por traslados familiares, realiza los estudios medios en Santiago del Estero y los de Derecho en la Universidad de La Plata; en 1936 se vincula a la UCR y cuatro años después se recibe de abogado. En 1946 se instala en Viedma para actuar en el foro local. Se casa con Pura Areal y tiene dos hijos: Amelia y Rodolfo. En 1951 es delegado a la Convención Zonal y, poco después, apoderado y secretario del Comité Provincial. Simpatizante de Frondizi, quien preside el partido, en 1954 es designado secretario del Comité Nacional.

Cuando el radicalismo se divide, se suma a los intransigentes. En 1957 preside el bloque de la UCRI en la Convención Constituyente de Río Negro y en 1958 es elegido senador nacional. Designado vicepresidente primero de la Cámara alta, el 1° de mayo preside la Asamblea Legislativa, en la que Frondizi asume la presidencia.

Ante la renuncia del vicepresidente A. Gómez, Guido jura como presidente provisional del Senado el 12 de diciembre de 1958. Los reiterados viajes al exterior de Frondizi obligan a Guido a ocupar la presidencia interina varias veces entre 1959 y 1961. Este último año visita Francia e Italia y realiza estudios sobre aprovechamiento hidroeléctrico.

El 29 de marzo de 1962, tras la maniobra que desemboca en la aplicación de la Ley de Acefalía, Guido jura como presidente ante la Corte Suprema de Justicia. Como primer mandatario, anula las recientes elecciones, decreta el receso y disolución del Parlamento, interviene las provincias y mantiene la vigencia del estado de sitio durante toda su gestión. Apunta a una salida institucional con un nuevo Estatuto de los Partidos Políticos, la creación de la Justicia electoral, la adopción del sistema D'Hont de representación proporcional y la proscripción del peronismo, lo que genera el alzamiento de los sectores "colorados" de las Fuerzas Armadas, partidarios de imponer una dictadura.

Las gestiones de F. Pinedo, A. Alsogaray y J. Martínez de Hoz en Economía generaron un cuadro crítico y hubo fuertes choques militares en septiembre de 1962 y abril de 1963, que culminaron con el triunfo de los "azules". Guido designa nuevas cúpulas en el Ejército y la Marina y decenas de oficiales del sector "colorado" son detenidos y pasados a retiro.

Convoca a elecciones y en octubre de 1963 entrega el mando a Arturo Illia. Retorna a Viedma y a la actividad profesional. Con bajo perfil, colabora en algunos proyectos regionales, y participa del acto de asunción del tercer período presidencial de Perón. Fallece en Buenos Aires el 13 de junio de 1975, como consecuencia de un edema pulmonar.

ONGANÍA Y LA "REVOLUCIÓN ARGENTINA"

Una dictadura a contramarcha

Más allá de los importantes intereses económicos en juego —relacionados con la colonización norteamericana—, dos sistemas de valores se enfrentan en la década del 60. La "Revolución Argentina" puesta en marcha por Juan Carlos Onganía en el invierno de 1966 encarna las ideas tradicionales y tratará de imponer sus estrictos principios morales en la sociedad. En contrapartida, la juventud busca nuevas alternativas; unos desde el hippismo pacifista, otros intentando una revolución social. Ambos presentan una coincidencia: el "sistema" no los satisface.

La moral que personifica Onganía es superada y queda circunscripta a pequeños círculos, pero los nuevos valores que se abren paso no logran imponerse debido a la derrota de los proyectos de cambio social y político. Comienza entonces una crisis de valores, que un sistema en decadencia no puede recomponer. Las bases que aportan identidad a una nación se asientan en un proyecto de país del que carece la Argentina.

El onganiato dijo defender el país sosteniendo valores homogéneos e inmutables justo cuando la sociedad se hacía más plural, heterogénea y dinámica. Casi medio siglo después, aún arrastramos este conflicto que parece de difícil solución y que la crisis ha actualizado con ribetes dramáticos.

Guido, entre azules y colorados

Bonos y "Bronca"

José María Guido preside la Argentina poco más de un año y medio. Su gobierno vive sacudido por una inestabilidad que no es resultado de luchas sociales sino de la propia crisis entre los principales protagonistas políticos: los militares, los partidos incorporados al régimen y la dirección peronista excluida del proceso. Los diversos sectores empresarios, además, no tienen resuelto aún en qué términos establecer las relaciones con el agresivo imperialismo norteamericano. Las convulsiones internas ocasionan enfrentamientos militares y permanentes modificaciones en los equipos ministeriales. En las carteras más importantes se suceden los reemplazos: seis ministros del Interior y doce entre Relaciones Exteriores, Defensa y Economía. En este plano, un derrotero ecléctico combina medidas conservadoras y liberales que no logran sacar al país de la recesión.

En abril de 1962 Federico Pinedo (antiguo ministro de Justo y Castillo, que apenas dura dos semanas en Economía con el nuevo gobierno) decide una devaluación del peso del 50 por ciento, disminuye las retenciones a las exportaciones tradicionales, aumenta el precio de la nafta y provoca una fuerte restricción de la oferta monetaria y la reducción del gasto público. Como consecuencia de la recesión, en poco tiempo se producen 70 mil despidos en industrias tradicionales, como la textil y la metalúrgica; cae la recaudación tributaria y aumenta bruscamente el déficit fiscal.

"La respuesta –dice Aldo Ferrer– fue dejar de pagar las cuentas, incluyendo sueldos de amplios estratos de servidores públicos. Aunque aparentemente la responsabilidad de estas políticas radicaba en los nuevos compromisos asumidos en el Fondo Monetario Internacional, en última instancia respondía a la estrategia de los grupos internos que condujeron la política económica en el período. Esa estrategia pretendió desarticular definitivamente el movimiento obrero, reinstalar los mecanismos de poder económico y la distribución del ingreso vigentes antes del peronismo y asentar a la economía argentina, nuevamente, en el sector agropecuario exportador y en los grupos comerciales y financieros vinculados a ellos."

Su sucesor, Álvaro Alsogaray, un hombre sugerido por Frondizi, abunda en largas explicaciones que, puntero en mano, realiza por televisión. Describe a los televidentes los motivos de sus medidas draconianas; una de ellas, de peores consecuencias, obliga a los empleados públicos a cobrar los sueldos con los "Bonos Patrióticos 9 de Julio" (llamado Empréstito de Recuperación Nacional), que, poco después, valdrán menos que el costo del papel en el que están impresos. Buena parte de la población se ve obligada a negociarlos a un 10 por ciento de su valor nominal.

Acosado por las dificultades, hacia octubre el gobierno intenta un acuerdo con la CGT, liderada por Augusto Vandor y José Alonso, y con la CGE, cuya principal cara visible es José Gelbard. Las dos entidades entrevistan a Alsogaray en pos de un acuerdo social. Pero el malestar de las bases obreras es creciente. Expresión de ello es el radicalizado "Programa de Huerta Grande" que Framini aporta luego de visitar a Perón en Madrid y que es aprobado por la CGT y las 62 Organizaciones. Se habla de que Perón impulsa un "giro a la izquierda" pero no es más que una de las tantas fintas del experimentado líder.

Pasan el invierno y casi toda la primavera y el 10 de diciembre de 1962 Alsogaray renuncia. La "recuperación" se manifiesta en un ritmo de quebrantos industriales sin precedentes. La Argentina está en cesación de pagos, con una explosiva combinación de recesión e inflación antes desconocida y un clima moral de decepción y descreimiento comparable con el de la década del 30.

El último ministro de Economía del gobierno de Guido, José Alfredo Martínez de Hoz, dirigente de la Asociación Coordinadora de las Instituciones Empresarias Libres

(ACIEL) y la Sociedad Rural Argentina (SRA), afirma que la inflación es "lo peor que podría pasarle al país". No parecía suponer que él mismo se encargaría en la década siguiente de demostrar que al país podían pasarle cosas aún mucho peores.

División en las Fuerzas Armadas

Desde la Revolución Libertadora de 1955, en el seno de las Fuerzas Armadas se incuban conflictos y tensiones: resentimientos en el Ejército por el desplazamiento de Lonardi, la purga de cientos de oficiales, los fusilamientos de junio del '56. Para la Marina, más homogénea, ya que no ha sufrido crisis de mando, el pacto de Frondizi con Perón y la presencia de Frigerio en el gobierno en 1958 han sido motivos de fricción. Esta situación provoca la formación de dos bandos: los "colorados" ("duros" o "gorilas") y los "azules" ("legalistas" o "profesionalistas" o "liberales"). Los colores tienen su origen en las maniobras militares, donde es tradicional que el "azul" represente a las fuerzas propias y el "colorado", a las fuerzas enemigas.

Después del período frondicista, convulsionado por las recurrentes crisis y planteos militares, los sectores beligerantes del Ejército encuentran el campo adecuado para dirimir este pleito que lleva ya siete años. El gobierno de Guido, "legal, pero no constitucional", es de transición. Debe desembocar, necesariamente, en nuevas elecciones (con o sin peronismo) o será él mismo derrocado por otro golpe que instaure una dictadura. Esta incertidumbre se disipará por la firme posición asumida por el general Juan Carlos Onganía el mismo día de la caída de Frondizi, posición que lo ubica de inmediato en primer plano:

> "El presidente Frondizi perdió la confianza de las Fuerzas Armadas y fue destituido. Del doctor Guido aún no he oído ninguna acusación que justifique esta intervención, a la que me opongo. Yo defenderé al nuevo presidente y si dentro de una hora no vuelvo a Campo de Mayo, mi segundo, el general Caro, avanzará con los tanques sobre Buenos Aires."

El hombre que se hace fuerte desde Campo de Mayo es más bien rústico. Nacido en Marcos Paz, provincia de Buenos Aires, es hijo de un agricultor, que atendía también un pequeño almacén. Se ha formado en colegios parroquiales y, tras graduarse en el Colegio Militar, se alista en la caballería. El coronel Horacio Ballester señala que "no se le reconocían grandes condiciones intelectuales, pero sí una honradez y una firmeza de carácter capaces de resistir cualquier prueba". Onganía se encarama así como representante del ala "legalista" –después, identificado como azul–, fuerte en las armas de Caballería y Artillería.

El tema de las proscripciones al peronismo y sus organizaciones afines es la clave a resolver y los "legalistas" buscan algún camino –ofreciendo, quizás, apenas un estrecho sendero– para incluir al peronismo, pero asegurándose de que no triunfe, y cerrando el paso a cualquier arreglo directo con Perón. En este aspecto, coinciden con los "gorilas". El Líder, por su parte, permanece exiliado en España y se ha casado con la joven María Estela Martínez, "Isabel".

El 20 de abril de 1962 los tanques salen a la calle y Pinedo es reemplazado por Alsogaray, con lo cual parece calmarse el frente "económico". Pero el 8 de agosto se produce un nuevo amotinamiento: en Jujuy un "colorado" se arroga el título de nuevo comandante en jefe y en Lanús se constituye el comando de los insurrectos. Luego de presiones y deliberaciones se aprueba una *pax armada* mediante la destitución del ministro de Defensa y la designación de un hombre del ala "gorila". El general Carlos S. Toranzo Montero nombra secretario de Guerra a José Cornejo Saravia, quien designa a dos hombres del ala "dura" a la cabeza del Ejército: Juan C. Lorio y Bernardino Labayrú. Con los momentáneos triunfadores están también el general Ossorio Arana y el ministro de Defensa Adolfo Lanús.

Su presencia será efímera. Un nuevo –y decisivo– episodio militar sucede en septiembre, que permite a los azules desplazar del gabinete a los "gorilas" y consolidarse como jefes del Ejército. En esos días un grupo llamado Azul se subleva –particularmente en Campo de Mayo– erigiéndose en defensor del "legalismo". ¿Cómo se agrupan los bandos? Señala Alain Rouquié:

> "Los azules están muy 'tipificados' socialmente: la caballería, donde se los encuentra en gran número, es el arma aristocrática por excelencia. Los hijos de estancieros atraídos por la carrera de las armas y los deportes hípicos, la prefieren a cualquier otra (excepto la aeronáutica). Cualquiera sea su origen, los azules se identifican con las clases dirigentes, la oligarquía de los dueños de la tierra y los constructores del país. Son nacionalistas y tradicionalistas a la vez, es decir, frecuentemente católicos y, a veces, integristas."

Entre los azules se destacan Onganía; los generales Enrique Rauch, Julio Alsogaray y Pascual Pistarini; el coronel Alcides López Aufranc y el brigadier Benjamín Rattenbach. Los colorados, en consideración de Joseph Page, "eran ultraconservadores, implacablemente antiperonistas y anticomunistas. Eran partidarios, sin reservas, de imponer una dictadura militar". Son matices de táctica porque, como destaca Rouquié, ambos son antiperonistas aunque "de distinta forma":

> "Para los 'colorados', el peronismo es un movimiento de clase sectario y violento que da lugar al comunismo. Los 'azules' consideran, por el contrario, que a pesar de sus excesos, de sus abusos de poder, de su demagogia insoportable, el peronismo es una fuerza nacional y cristiana que permitió salvar a la clase obrera del comunismo y que constituye por ende un bastión contra la subversión. Comparten esa opinión con los industriales y la gran patronal, que aprecian el sentido del compromiso y de la autoridad de los dirigentes sindicales peronistas."

En septiembre los azules se deciden a imponer su política. Dos expertos en comunicación social redactan proclamas seductoras: "Camarada: estamos dispuestos a luchar para que el pueblo pueda votar. ¿Está usted dispuesto a luchar para que no vote?". El comunicado 150 es el último de la serie: José Miguens y Mariano Grondona, los redactores, le endilgan intenciones dictatoriales a Labayrú y alertan: "El comunismo surge siempre después de las dictaduras, nunca antes". "El Ejército –sin gobernar, dicen– se constituirá en el sostén de los derechos del pueblo". Y continúan:

> "Las fuerzas rebeldes de Campo de Mayo exigen la realización de elecciones mediante un régimen que asegure a todos los sectores la participación en la vida nacional; que impida que algunos de ellos obtengan por medio de métodos electorales que no responden a la realidad del país, el monopolio artificial de la vida política [...] y que asegure la imposibilidad del retorno a épocas ya superadas. [...] Creemos que las Fuerzas Armadas no deben gobernar. Deben, por el contrario, estar sometidas al poder civil. [...] Tienen el sagrado deber de prevenir y contener cualquier empresa totalitaria que surja en el país."

Los azules no alientan el regreso del "totalitarismo", las "épocas ya superadas", y sostienen, en síntesis, una propuesta de gobierno de unidad nacional bajo control del Ejército, en el que se diluyan los matices.

Dos días antes del inicio de la primavera, comienza una verdadera "guerra nacional de posiciones", en la que hay pocos combates francos. La mayoría de los movimientos se producen en los alrededores de la Capital Federal, pero los colorados logran hacerse fuer-

Perón, exiliado en Madrid, recibió asiduas visitas de sus seguidores, como la de Solano Lima y Vandor.

tes en Salta y Mendoza mientras los azules mantienen el control en Córdoba, Tucumán, Corrientes, Rosario, Santa Rosa, Bahía Blanca y Mar del Plata.

El choque más importante se produce en Etcheverry (City Bell), en las afueras de La Plata, donde la Caballería Blindada (Azul), que parte de Magdalena, se anota un triunfo que le permite avanzar hacia Buenos Aires, donde penetra por el puente Pueyrredón de Avellaneda.

¿Se imagina el lector los tanques medianos Sherman cruzando la ciudad? La sorpresa sacude a los habitantes del sur capitalino cuando nuevos enfrentamientos estallan en los barrios de Constitución, Parque Chacabuco y Parque Avellaneda, hasta que los "legalistas" vencen la resistencia enemiga. El 23, los colorados ven diezmado su potencial humano y se rinden. No hubo bajas militares pero se contabilizan cuatro civiles muertos, 144 detenidos y procesados y 130 oficiales pasados a retiro (17 generales, 53 coroneles, 42 tenientes coroneles y 18 mayores). El Ejército impone un severo castigo a sus descarriados camaradas del mar y desmantela el cuerpo de infantes de Marina.

Los azules anotan el triunfo principal: Onganía es nombrado comandante en jefe del Ejército. Es acompañado por Benjamín Rattenbach y Julio Alsogaray en la secretaría y subsecretaría del arma. En la cúpula de la Marina, el almirante Carlos Kolungia reemplaza a Gastón Clement.

La crudeza del enfrentamiento deja, sin embargo, algún sabor a empate político: el Ejército se compromete a revisar su posición y a proscribir todo intento de participación electoral filoperonista.

Marina gorila

El 14 de enero de 1963 el presidente Guido convoca a elecciones. Ya en el invierno de 1962 una asamblea de afiliados cordobeses había lanzado la candidatura de Illia. La fórmula que conforma con Carlos Humberto Perette, hombre muy popular en Entre Ríos, comienza a ganar las calles a principios de marzo.

Los colorados se enfurecen cuando el gobierno de Guido da el guiño a la participación de la Unión Popular (UP), un frente que cobija a la Ucri, la Democracia Cristiana, los conservadores populares, las 62 Organizaciones y un sector del llamado neoperonismo. Los azules la consideran controlable pero la Marina, homogéneamente colorada, se subleva el 2 de abril y pide que se le cancele la personería. Sin respuesta, se lanza a la rebelión con la participación de algunos "comandos civiles" y el concurso de pocos militares. Onganía es terminante: "Los quiero así", indica, mientras con sus manos hace el gesto de una persona rendida.

El movimiento de los marinos, que se inicia el 3, mantiene el país en vilo por cuatro días. La lucha abarca casi todo el territorio de la provincia de Buenos Aires y los choques más fuertes se producen en Punta Indio y Bahía Blanca.

En las cercanías de La Plata se alzan los marinos de la base Punta Indio pero son derrotados por la Infantería en Magdalena. Fuerzas azules toman Punta Indio (el Ejército se introduce en terreno de la Marina) y se movilizan hacia el sur para cercar Bahía Blanca desde el oeste. En el sur de la provincia se enfrentan fuerzas coloradas movilizadas desde Neuquén –que ocupan el Regimiento V de Infantería– con azules trasladados desde Campo de Mayo, Córdoba y Mar del Plata. El 7 de abril los marinos y los colorados se rinden. El despliegue azul es formidable, con 25 mil efectivos de tierra y el apoyo de la aeronáutica. Con un costo de 15 muertos y cerca de 500 heridos, se cierra la crisis.

Finalmente, las candidaturas peronistas, las del neoperonismo y de sus aliados democristianos y conservadores populares, son sucesivamente proscriptas.

Nuevas elecciones, nuevas proscripciones

El 24 de mayo, Perón, luego de proclamar una fórmula "sorpresa" encabezada por el conservador Vicente Solano Lima y Carlos Sylvestre Begnis de la UCRI –el Frente Nacional y Popular articulado desde la UP–, retira las candidaturas argumentando una proscripción de hecho y llama a votar en blanco. Lo cierto, más allá de los conflictos objetivos, es que la candidatura de Solano Lima y el frentismo con Frondizi son fuertemente resistidos por las bases peronistas, y que el justicialismo teme perder las elecciones y con ellas, el mito de su invulnerabilidad.

El voto en blanco reúne así a los peronistas fieles a Perón, a los frondicistas, los comunistas, los conservadores populares y los nacionalistas. La UCRP logra 2.441.064 votos

Con el peronismo proscripto, la UCRP resultó el partido más votado en las elecciones de 1963.

(25,1 %); 2.058.131 (18,8 %) son los votos en blanco; Oscar Alende alcanza 1.593.002 y Aramburu, 1.346.342.

Muchos peronistas contradicen la "orden" de Perón y optan por Illia como una forma de cerrarle el paso a Aramburu. El eslogan radical "Illia le da un mano limpia. Déle la suya" convence también a algunos indecisos. La caída del voto en blanco abre una crisis en el seno del peronismo y distancia a algunos dirigentes, como Matera y Vandor.

Illia, un triunfador inesperado, será cuestionado en el futuro como un gobernante ilegítimo por minoritario. Raúl Alfonsín en 1983 da su opinión al respecto:

> "Reunidos los colegios electorales, logró el 56,5 % de los electores, 270 sobre 476. Su gobierno fue, en esa forma, totalmente legítimo y fue disparatada la torpe, miserable afirmación golpista de que su triunfo no fue leal porque el 20 % de los ciudadanos votó en blanco. En todo caso, el 80 % votó en forma positiva y el radicalismo que logró la primera minoría (27 % de los votos; 32 % de los positivos; 56,5 % de los electores), era la fuerza representativa más importante del país."

Superados los comicios, el 31 de julio Guido dispone la libertad de Frondizi. Un mes antes de entregar el poder, por medio de tres decretos-leyes correlativos, intenta cerrar el capítulo de divisiones militares y dicta una amnistía que incluye a los ciudadanos que, sin estado militar, hayan participado de los últimos enfrentamientos.

 ### El vandorismo

La carrera hacia las elecciones se vio acosada por una confusión aún mayor que la habitual a partir de septiembre de 1955, ya que la Caballería argentina aún seguía temerosa de un peronismo desenfrenado. El propio Partido Justicialista de Perón seguía proscripto, así como la neo-peronista Unión Popular, hasta que un decreto del 8 de marzo de 1963 permitió la participación de esta última. Sin embargo, su accionar fue obstruido por un decreto del 17 de mayo de 1963 que le prohibía presentar candidatos para los cargos de presidente y vicepresidente. Por último, el 9 de junio de 1963, se le prohibió presentar todo tipo de candidatos dejándola, junto con otros partidos menores, en la condición de un simple puntal para la Ucri. Perón estaba decidido a respaldar a un conservador amigo, Vicente Solano Lima, pero cuando el agonizante régimen de Guido lo descalificó también a él, sus seguidores fueron nuevamente impulsados a votar en blanco. Estas instrucciones provenientes de Madrid provocaron gran confusión y muchos peronistas se vieron inclinados a votar por el candidato que más se acercara a sus expectativas. [...] Esta rebelión contra las órdenes de Madrid reflejó la creciente influencia de Augusto Vandor con su nueva doctrina subversiva, el "Vandorismo", que significaba "Peronismo sin Perón". La versión que daba Perón sobre la subversión hacía referencia a la necesidad de desestabilizar cualquier forma de gobierno establecido por sus enemigos, para que en [la] Argentina el pueblo clamara por su retorno. En realidad, la reivindicación y la

La presidencia de Arturo Illia

Petróleo y medicamentos: frentes de conflicto

A contrapelo de los deseos norteamericanos y de las propuestas de los gobiernos anteriores, el 12 de octubre de 1963, con Illia asumen los sectores rurales exportadores. Tras ocho años de acercamiento con la economía norteamericana, el triunfo radical hace prever que, como es tradicional en la fuerza de Yrigoyen, se produzca una reorientación hacia las potencias europeas. A pesar de que Illia sostiene una postura tibiamente nacionalista, los choques entre su gobierno y los Estados Unidos derivarán en momentos de fuerte tensión; al nuevo presidente todo le resultará complicado. En la Cámara de Diputados su bloque tiene 72 de las 192 bancas, sus relaciones con la CGT no son fluidas y las Fuerzas Armadas se están reacomodando a la nueva situación.

Antes de cumplir un mes en el gobierno, Illia y sus asesores consideran conveniente proceder a la anulación de los contratos petroleros firmados por Frondizi, considerados lesivos para los intereses nacionales. Para lograr la aplicación de normas que prescriban la vigencia de los contratos, el Presidente designa a Juan Sábato en la Secretaría de Estado de Energía y Combustibles, que defiende las tesis del doctor Silenzi de Stagni, de inclinaciones genuinamente nacionalistas.

repatriación fueron las principales motivaciones de su estrategia política. Pero el hecho de librar esta agotadora guerra de desgaste desde el exilio, estaba reñido con las aspiraciones de un poderoso grupo de dirigentes residentes en el país, que intentaba un acercamiento político que les permitiría incorporarse a *las estructuras predominantes del poder político*. Cada vez más personas comenzaron a sentir que obedecer disciplinadamente a Perón, quien durante casi una década no había pisado el suelo argentino, resultaba menos apropiado que adaptarse a la estructura de poder existente en la Argentina. Como resultado, comenzaron a considerar la idea de emanciparse de su tutela y el líder del movimiento fue Vandor. [...] Vandor, en sus esfuerzos por lograr una nueva distribución política que incluyera un lugar de privilegio para los sindicatos, se conectó con miembros del gobierno radical del presidente Illia y consolidó vínculos aún más firmes con los militares. En realidad, el vandorismo se convirtió en sinónimo, tanto en sentido político como sindical, de negociación, pragmatismo y aceptación de la *realpolitik* prevaleciente en la Argentina desde 1955.

Sin embargo, la masa peronista mantuvo una absoluta lealtad hacia su líder exiliado y albergaba la esperanza de su inminente retorno. Él fomentó esta ilusión en sus reiterados mensajes enviados desde Madrid, aún a pesar de que el comandante en jefe del Ejército, general Alejandro Agustín Lanusse [sic], había dejado bien en claro que las Fuerzas Armadas se oponían a su regreso. El mito del inminente retorno de Perón se enfrentaba inevitablemente a la autoridad de Vandor.

ANDREW McADAM,
Cafiero, el renovador

El 11 de agosto de 1964, en declaraciones al *New York Times*, Illia reafirma que el control estatal de los yacimientos petrolíferos responde a un programa partidario que tiene cuarenta años. "El problema ahora –subraya– es lograr un acuerdo justo y equitativo con las empresas."

Ante el avance de esos acuerdos, surgen voces críticas, como la de la Comisión Pro Defensa del Petróleo. El miércoles 12 de agosto acusan al oficialismo de "continuar la entrega de nuestra independencia nacional", puesto que las compañías petroleras extranjeras permanecen en posesión de las áreas concedidas y presionan al gobierno disminuyendo la producción para lograr arreglos extrajudiciales convenientes. En la sesión del 27 de noviembre, el diputado nacional Jorge Washington Ferreira protesta desde otro ángulo y denuncia a la Comisión Investigadora:

> "Han omitido analizar precisamente el contrato celebrado durante la administración del doctor Guido entre YPF y Atlas Development Inc., que ha sido ampliado por el actual gobierno [...] y convertido, a la vez, en un contrato de importación de crudo común, del crudo que tenemos bajo nuestros pies y que ahora no se lo saca con la intensidad con que se lo hubiera sacado, de acuerdo con nuestra política."

Algo de razón tiene. Se pagan elevadas indemnizaciones y, al no incentivarse la extracción, entre 1964 y 1966 la importación de combustible aumenta un 300 por ciento, lo que provoca una fuerte caída de las reservas a pesar de las excelentes cosechas.

La salud pública es otro tema muy conflictivo. El 28 de agosto de 1964 se aprueba la ley 16.462 de Medicamentos, que regula su fabricación, distribución y venta al público. Los grandes laboratorios extranjeros realizan *lobby* para anularla y el FMI presiona, pero Illia se mantiene firme: sus informes dicen que la mitad del gasto de salud de la población se va en medicamentos; "la salud del pueblo es otro objetivo de alta prioridad social", recalca en el mensaje anual de 1965.

Joseph Page analiza los nubarrones que colman el horizonte del gobierno:

> "El sector agropecuario y de las grandes empresas pronto se desilusionó de Illia. Para peor, los logros económicos no estaban llegando con la suficiente celeridad a la clase media y baja. Illia fue incapaz de cultivar ningún tipo de relación positiva con el sector laboral y ello, en definitiva, influyó sobre el destino fatídico de su gobierno."

En medio de estas controvertidas disputas, Illia no deja de generar noticias que satisfacen a la mayoría de la población. El presupuesto educativo alcanza índices mucho más altos que los habituales, se pone en marcha un vigoroso Plan Nacional de Alfabetización y la quinta presidencial de Olivos alberga a un Jardín de Infantes de doble escolaridad para 300 niños de villas de emergencia; en verano también sirve de solar para una colonia de vacaciones. Su preocupación por la educación pública y la austeridad equilibran un tanto las quejas que repican sobre su "ritmo" cansino.

La prensa no tarda en ensañarse con el Presidente. *Tía Vicenta* lo describe como una tortuga que pasea entre las palomas de Plaza de Mayo. Los semanarios de gran difusión, co-mo *Primera Plana*, vocero de los "azules", y *Confirmado* cuestionan ese andar del gobierno y minan su crédito público; los editoriales de Mariano Grondona y Mariano Montemayor trabajan como la gota que horada la tierra. El primero de ellos sentencia: "1964 fue el año de la euforia; 1965, el año de los primeros obstáculos, y 1966, sin duda, el año de la crisis".

Plan de lucha y Operativo Retorno

La situación económica presiona. La dirección cegetista presenta a Illia un petitorio exigiendo un plan de viviendas, defensa de la producción agropecuaria, política crediti-cia que asegure la actividad industrial, mejoras en el nivel de vida de los trabajadores. La administración radical ignora los planteos y la CGT instrumenta un plan de lucha que, en-tre mayo y junio de 1964, moviliza a cuatro millones de trabajadores y culmina con la ocu-pación de casi todas las fábricas del país, unos once mil establecimientos. El frondicismo apoya a Vandor y algunos ven en el movimiento intenciones golpistas, pero los reclamos son justos. El gobierno establece las leyes de salario mínimo, vital y móvil y de abasteci-miento, que impone la regulación policial de los precios. La respuesta gubernamental es débil pero rinde frutos parciales. La confrontación pone en evidencia la "independencia" de Vandor con respecto a Perón y las 62 se dividen. José Alonso y Amado Olmos, apoya-dos desde Madrid, fundan las "62 de pie junto a Perón".

Después del Plan de Lucha, los movimientos del peronismo se dinamizan. El 17 de octubre Alonso, como secretario de la CGT, pide públicamente la intervención del Ejér-cito y Vandor pone en marcha la "Operativo Retorno" sosteniendo el derecho de Perón a regresar al país como cualquier ciudadano.

"El gobierno de Illia –señala Page– reaccionó con su indecisión característica frente a la noticia de que Perón estaba viajando rumbo a Sudamérica. [...] Cuando el presidente recibió la noticia de que la 'Operación Retorno' estaba en marcha, su reacción fue de-positar el problema sobre el regazo de los miembros de su gabinete. Los militares, ante esto, decidieron tomar el asunto por su cuenta y exigieron que Perón fuera detenido en Brasil. Su insistencia prevaleció."

El miércoles 2 de diciembre a las 7.30, el Líder, acompañado por Jorge Antonio y la conducción justicialista en el país (Alberto Iturbe, Vandor, Framini, Delia Parodi y Car-los Lascano), embarca con destino a Buenos Aires en un vuelo de Iberia. El gobierno mi-litar brasileño –el presidente João Goulart había sido derrocado en marzo– declara a Pe-rón persona no grata y dictamina que no podrá continuar su viaje ni permanecer allí, "en atención a un pedido del gobierno argentino". Los viajeros son detenidos por la policía mi-litar brasileña en el aeropuerto El Galeao y devueltos a España.

El fracaso de la misión provoca todo tipo de acusaciones cruzadas contra el gobier-no, diversos servicios secretos nacionales y extranjeros, el Ejército y entre los propios jus-ticialistas. Muchos sostienen que todo fue una maniobra de Vandor para "quemar" al Jefe.

Culminado el episodio, el peronismo concurre a las elecciones de marzo de 1965, en las que, finalmente, se incorpora al régimen parlamentario. En las Cámaras nacionales y provinciales conforma importantes bancadas que juegan un prudente rol opositor.

El vandorismo desafía a Perón y sostiene que el movimiento debe reorganizarse desde abajo y respetando los liderazgos locales. Sin embargo Perón –que envía a su nueva esposa como representante– logra mantener el control en el terreno electoral. Desde entonces, Vandor comienza a trabajar abiertamente junto a los "azules" para conspirar.

El gobierno de Illia está debilitado. En Diputados, la UCRP cuenta con 68 representantes, el peronismo tiene 56; el MID, 16 y la UCRI, 10. Las demoras deliberadas y los obstáculos de todo tipo congelan durante ocho meses la sanción del presupuesto y la instrumentación de la reforma impositiva propuesta por el gobierno.

El teniente general Onganía

Onganía había sido confirmado como comandante en jefe del Ejército pocos días antes de que asumiera Illia. El 1º de enero de 1964 es ascendido a teniente general, a pesar de que jamás cursó en ninguno de los institutos de estudios superiores, de guerra o técnica. Durante ese año, realiza una extensa gira para interiorizarse de diversas situaciones políticas y militares mundiales.

En agosto recorre los Estados Unidos y asiste a la conferencia militar celebrada en la Escuela de West Point, donde pronuncia un discurso: "Relaciones entre civiles y mi-

Illia mantuvo un delicado equilibrio con las Fuerzas Armadas, hasta que lo derrocaron. En la foto, el día de su asunción, junto al general Jorge von Stecher y el ministro de Defensa Leopoldo Suárez.

litares", y toma contacto directo con el Pentágono. Onganía asume como bandera propia la doctrina contrainsurgente de las "fronteras ideológicas".

El 28 de abril de 1965, con la aprobación de la OEA, un contingente de 35 mil infantes de marina norteamericanos invade la República Dominicana, pretextando que el intento de reponer al presidente Juan Bosch –de discurso progresista– es un avance comunista en el país. Onganía cierra filas con los agresores y esgrime razones políticas y de conveniencia: "Las Fuerzas Armadas recibirán importantes conocimientos de los Estados Unidos en lo que respecta a operaciones y la Argentina seguramente recibirá equipos de los Estados Unidos", argumenta, y presiona al Presidente para que envíe tropas: "Hay que evitar otra Cuba". El representante argentino en la OEA, Ricardo Colombo, se hace eco de esas mismas posiciones rompiendo con el tradicional principio de "no intervención". El 7 de mayo vota a favor de la creación de una especie de policía continental. Cuatro votos se oponen en soledad, los de México, Perú, Chile y Uruguay.

La respuesta de la población argentina es inmediata: una manifestación congrega más de 10 mil personas en el Congreso para rechazar el envío de tropas. El gobierno, con la opinión pública adversa y el peso de la tradición yrigoyenista en el partido, retira del Senado el pedido de autorización para enviar tropas y se limita a votar apoyos de tipo diplomático. El 14 de mayo la Cámara de Diputados condena la intervención y exige a los Estados Unidos el retiro de las tropas. El Ejército siente el desenlace del incidente como una derrota y Onganía, en lo personal, ve resentido su prestigio ante el presidente Lyndon Johnson y los camaradas de armas del continente.

Luego de una crisis que provoca el alejamiento del secretario de Guerra, general Ignacio Ávalos, Illia nombra en ese cargo al general de brigada Eduardo Castro Sánchez, quien produce una seguidilla de pases a retiro; entre ellos el de Onganía. Illia le ofrece, por vía indirecta, la embajada en el Brasil pero el jefe militar responde tajante: "No puedo aceptar; no soy hombre de este gobierno". Lo reemplaza el general Pascual Ángel Pistarini.

Ya retirado, Onganía logra el respaldo de una vasta trama de intereses, que incluye a los grandes laboratorios y al banquero David Rockefeller, y se lanza a preparar el golpe. El prestigio del Ejército se anota un punto a favor cuando el coronel Jorge Leal planta la bandera argentina en el Polo Sur el 10 de diciembre, pero no pierde su rumbo central. La fracción "azul" tiene la mira puesta en las elecciones de marzo de 1967, que pueden significar un importante avance para el peronismo y sus alas sindicales. A medida que se acerca esa fecha, las posibilidades de una asonada militar se incrementan.

Un nuevo golpe

Durante el primer semestre de 1966 el clima de agitación política se generaliza en casi todos los frentes y se enrarece con la aparición de brotes antisemitas y focos guerrilleros en el Norte, la crisis que divide a la CGT y al peronismo, y el descontento militar frente a la presencia de Isabel Perón en el país.

El Día del Ejército el nuevo comandante endurece su discurso. Ese 29 de mayo habla a sus subordinados en Plaza San Martín, en presencia del Presidente. El mensaje, recoge la crónica, es "fuerte, áspero y duro"; tiene un tono destemplado, con sabor a cuenta regresiva. El 18 de junio Pistarini conmina públicamente al gobierno a cambiar de rumbo aunque pide solucionar los problemas "dentro de la Constitución y las normas democráticas". En el mismo mes, las 62 Organizaciones ortodoxas resuelven una huelga general contra el gobierno y logran cerrar filas con las 62 de Pie y los sectores independientes. Edwin Martin, embajador de los Estados Unidos, declara que "cualquier golpe hará que la Argentina sea borrada de los esquemas internacionales norteamericanos". La sola mención de la hipótesis de golpe, en el marco de la crisis, sirve para fortalecerlo.

Como en un hogar encendido, Frondizi echa más leña al fuego y el 26 de junio publica en los diarios un discurso que estará prohibido difundir por radio y televisión. El ex presidente exige un "cambio de estructuras" y asegura que el gobierno –que "constituye un anacronismo"– conduce inexorablemente a la desintegración nacional.

El 27 de junio Pistarini se alza contra el poder constitucional. Acuartela las tropas, desconoce la autoridad del ministro de Guerra general Castro Sánchez y arresta al comandante del IIº Cuerpo Carlos A. Caro, presumido como leal al Presidente. Illia contraataca: dispone el pase a retiro de Pistarini por el "estado de rebelión en que se ha colocado" y asume personalmente la jefatura del Ejército en uso de las prerrogativas constitucionales.

En sólo una hora el Ejército desconoce la decisión presidencial. Por la noche, ocupa el Congreso y una compañía de Infantería se posiciona en Plaza Colón apuntando a la Casa Rosada. Desde La Tablada y Campo de Mayo salen fuerzas movilizadas, y a las 4 de la mañana el Ejército comunica que está ocupando los edificios de todas las gobernaciones provinciales, y de las jefaturas policiales; también se posicionan en los principales edificios públicos. El general Julio Alsogaray informa a Illia de la situación pero el Presidente se niega a retirarse. Finalmente, el coronel Luis César Perlinger, al mando de una compañía policial de lanzagases y otra destinada a la represión de dementes, ordena su desalojo, el de sus ministros y otros funcionarios presentes de la Casa de Gobierno.

Durante el amanecer del 28 de junio, después de negarse a renunciar y de acusar al general Julio Alsogaray y a los coroneles Prémoli y Perlinger de "salteadores nocturnos que como bandidos aparecen de madrugada para tomar la Casa de Gobierno", el Presidente es expulsado de la Casa Rosada.

Casi dos décadas después, el coronel Perlinger formulará su autocrítica. El 19 de julio de 1982 le escribe a Illia:

"Circunstancias que no se buscan pero se dan con frecuencia en los hombres de acción me asignaron un rol importante en su destitución.

"[...] Entonces el doctor Illia serenamente avanzó hacia mí y me repitió varias veces: 'Sus hijos se lo van a reprochar'. ¡Tenía tanta razón! Hace tiempo que yo me lo reprocho porque entonces caí ingenuamente en la trampa de contribuir a desalojar un movimiento auténticamente nacional para terminar viendo en el manejo de la economía a un Krieger Vasena. [...]

[Estas líneas pretenden condensar:]
"–Mi pedido de perdón por la acción realizada en 1966.
"–Mi agradecimiento por la lección que usted me dio.
"–Mi admiración a usted, en quien reconozco a uno de los demócratas más auténticos y uno de los hombres de principios más firmes de nuestro país."

El destituido gobierno de Illia podrá exhibir, además de estos honrosos –aunque tardíos– reconocimientos, un crédito único ante la historia: tuvo la asignación de presupuesto educativo más elevada, porcentualmente, en la argentina contemporánea.

La Junta y el Presidente

A las 11 de la mañana, arrogándose plenos poderes militares y políticos, asume la Junta de Comandantes en Jefe o Junta Revolucionaria, integrada por Pistarini; Benigno Ignacio Marcelino Varela, de Marina, y Teodoro Álvarez, de Aeronáutica.

La Junta comunica siete puntos básicos a la población: la destitución de Illia y Perette y de los titulares de los ejecutivos provinciales; la disolución del Congreso Nacional y las legislaturas provinciales; la separación de sus cargos y el nombramiento de nuevos miembros de la Corte Suprema de Justicia y del procurador general de la Nación, y la disolución de todos los partidos políticos. Anuncia, además, que pone "en vigencia el Estatuto de la Revolución" y que fijará "los objetivos políticos de la Nación", llamados "objetivos revolucionarios". La Junta subordina la Constitución al "Estatuto", donde enuncia vagamente una serie de objetivos políticos como la defensa de la soberanía nacional, la integridad territorial, los valores espirituales y "el estilo de vida y fines morales que hacen a la esencia de la nacionalidad". Finalmente, designa a Onganía presidente de la Nación.

En su primer discurso a la población, el 30 de junio, el nuevo presidente dice: "Acepto esta responsabilidad excepcional persuadido de que es menester producir en la República un cambio fundamental, una verdadera revolución que devuelva a los argentinos su fe, su confianza y su orgullo".

El acto de asunción del cargo, realizado el 29 en el Salón Blanco, cuenta con la presencia de numerosos dirigentes sindicales, políticos, eclesiásticos, empresarios y militares. Entre ellos está el "Lobo" Vandor, que luce saco y corbata, toda una rareza. El arco que apoya a Onganía es amplio: va desde la CGT de Alonso a Frondizi y Frigerio; de Alsogaray a Krieger Vasena, e incluye a la Sociedad Rural, a ACIEL, la CGE y la Iglesia. Perón, desde Madrid, es menos explícito: pide "desensillar hasta que aclare".

La Junta no establece términos ni plazos, ni deja constancia sobre futuros métodos de reemplazo. Al nuevo presidente lo instituye, *de facto*, con facultades extraordinarias, como dictar leyes y designar gobernadores.

Tía Vicenta dedica la tapa de la revista al cambio de gobierno. En ella, una morsa –caricatura que refiere a los bigotes de Onganía– le dice a otra: "¡Al fin tenemos un buen gobierno!". La publicación es inmediatamente clausurada. Los que reían con los dibujos de las tortugas y las palomas ya no exhiben el mismo humor.

Los años 60

Los sectores medios en ascenso

La Argentina es el país "en vías de desarrollo" por excelencia. La clase media representa su signo distintivo y vive una transformación notable. El país se ha sentido tradicionalmente orgulloso de la existencia de ese "colchón" social que le brinda un matiz diferenciador casi cualitativo con respecto al resto de los países latinoamericanos –a excepción del Uruguay y, tal vez, Chile–. Está conformada por docentes, empleados de la administración pública y de empresas, pequeños comerciantes y artesanos, profesionales y pequeños chacareros. Su nivel de vida es apenas mejor que el de los sectores más calificados de la clase obrera pero sus preferencias culturales la presentan con un perfil diferenciado.

El ascenso social y la consolidación de una serie de valores propios –que en buena medida se articulan desde el "antiperonismo"– la perfilan presa de una paradoja: como una clase conservadora y a la vez permeable a las novedades. Integrada, en buena medida, por inmigrantes y descendientes de extranjeros, empalma con la tradicional veneración de lo europeo, aunque, de a poco, empieza también a gustar del consumo de productos norteamericanos.

La publicidad encuentra en la flamante televisión un excelente vehículo para penetrar en los hogares de millones de argentinos. Sin duda, la televisión es una gran novedad de la década. Los televisores, que comienzan a fabricarse en el país en 1956, tienen una curva de ventas que, proporcionalmente, supera la de los Estados Unidos. En 1959 hay 1,5 millón de aparatos, que nueve años después pasarán a ser 12 millones. Entre 1960 y 1961 aparecen los canales privados (9, 11 y 13 de Buenos Aires y 12 de Córdoba, 8 de Mar del Plata y 7 de Mendoza) y cuando en junio de 1966 se suma Canal 2 desde La Plata, unos 20 canales transmiten y retransmiten en todo el país.

En los años 60 aumenta considerablemente la compra de departamentos, autos y objetos de consumo. La "casa propia" pasa a ser el "departamento propio". Numerosos edificios se construyen en Barrio Norte, el Centro y Caballito, de la Capital Federal, donde ahora habitan familias que poco tiempo atrás vivían en barrios más alejados. El tranvía y el trolebús desaparecen; el porteño, como un acróbata equilibrista, aprende a viajar "colgado" en los colectivos, agarrado de una manija y con medio pie puesto en el estribo.

A la vez, el parque automotor crece en forma vertiginosa: en 1955 circulan 341 mil autos y en 1960 ya hay más de 400 mil. El coche es todo un símbolo de *status*: un Valiant, un Kaiser Carabela o un Rambler son típicos de la clase media "alta"; un Peugeot, signo de sofisticación; un Fiat 1100 o 1500, un Renault Dauphine o Gordini o un Siam Di Tella, propios de un peldaño inferior. El Fiat 600, "la bolita", que aparece en 1958, se convierte en el auto de los empleados públicos mientras que aquellos con algún toque bohemio se inclinan por el práctico Citroën 2cv.

Las vacaciones, en Mar del Plata primero y después también en Villa Gesell, Santa Teresita y otros puntos de la costa bonaerense, son un aspecto ineludible de las nuevas costumbres que comienzan a delinear, en la cultura social, un horizonte distinto.

Cultura y censura

Mientras la cultura y los valores sociales cambian al compás del ascenso de las capas medias, desde el Estado se lanzan campañas moralistas que tratan de reglar al conjunto de la sociedad y reprimir especialmente las experiencias vanguardistas, que encuentran en esta década el terreno propicio para desarrollarse.

El visto bueno de Perón

Al promediar 1966 todos los grupos de interés importantes del país estaban absolutamente desencantados con el gobierno. La democracia, una vez más, había fracasado. Hubo una sensación de genuino alivio cuando las Fuerzas Armadas instalaron al general Onganía en el lugar de Illia y no hubo expresiones de preocupación cuando se hizo evidente que Onganía no iba a servir como un presidente interino sino que se iba a convertir en el principal ejecutor de lo que ambiciosamente se bautizó con el nombre de "Revolución Argentina". [...]

El golpe que llevó a Onganía a la Casa Rosada contaba con el apoyo tácito del liderazgo peronista. Vandor y los otros dirigentes gremiales habían estado en contacto con los militares que planeaban la Revolución Argentina y les habían indicado que no iban a oponer resistencia. [...]

Existen pruebas no corroboradas de que el Conductor supo desde mucho antes de la existencia del inminente derrocamiento de Illia y de que habría indicado que aprobaba el plan. Inmediatamente después del golpe, ofreció una prenda que equivalía a una aprobación condicional de la Revolución Argentina. En un mensaje grabado para sus fieles hacía notar que los nuevos gobernantes militares estaban haciendo declaraciones compatibles con los principios del peronismo y que si ellos creaban un "gobierno popular" él se iba a ver obligado a apoyarlo. Instaba al régimen a preparar el camino para la convocatoria a elecciones y le prevenía que no permitiera que los "cipayos" y los "vendepatrias" traicionaran la "Revolución" a las fuerzas del imperialismo. Instrucciones enviadas por el Conductor obligaron al sector gremial peronista liderado por Alonso a mantenerse distante del régimen. Aunque Vandor no hizo ninguna declaración pública, su presencia en la ceremonia de asunción de Onganía no dejó duda alguna de cuál era su actitud respecto de las autoridades entrantes.

El optimismo que acompañó a Juan Carlos Onganía a la Casa Rosada surgía de unas expectativas muy bien descriptas por el propio Perón unos pocos días después del golpe: "Yo reconozco las cualidades de Onganía como líder militar... Si se va a portar tan bien en el campo político como en el militar creo que el país puede salir adelante". Taciturno, serio y altamente profesional, el general de cincuenta y dos años de edad era dueño de un tipo de capacidad de liderazgo que muchos argentinos pensaban era absolutamente necesaria en la Casa Rosada en esa coyuntura.

Pero Onganía tenía otra cara que no salió a relucir hasta poco después de haberse hecho cargo del poder. Era un católico ultraconservador, un anticomunista implacable y un líder autoritario rígido, rasgos que se harían evidentes cuando su administración cayó en una guerra sin piedad contra la inmoralidad.

JOSEPH PAGE,
Perón, una biografía

En efecto, son los años del Instituto Di Tella, que pronto se convierte en símbolo del Pop Art. Desde su privilegiada ubicación (Florida al 900), es una especie de "isla" de la sofisticación ciudadana y centro de la experimentación artística.

El periodismo también registra un importante giro en el enfoque de la comunicación y la información. Jacobo Timerman es uno de los pioneros del cambio cuando, el 13 de noviembre de 1962, pone en marcha *Primera Plana* con un nuevo estilo periodístico que incluye el "periodismo de investigación", iniciado localmente por Rodolfo Walsh. La opinión de sus principales redactores (Tomás Eloy Martínez, Ernesto Schóo, Ramiro de Casasbellas, Osiris Troiani, Homero Alsina Thevenet, entre otros) se constituye en referente obligado para el público. En 1964 Timerman funda otro semanario que será consumido con avidez, *Confirmado*, donde escriben Mariano Grondona, Rodolfo Terragno y Horacio Verbitsky.

La literatura latinoamericana es protagonista de lo que se conocerá como el *Boom*: los argentinos leen a Julio Cortázar, quien pasa a ser un "éxito garantizado", y en 1967 comienzan a idolatrar a un escritor colombiano: Gabriel García Márquez. El cine vive una renovación fundamental de su lenguaje. Leopoldo Torre Nilsson se nutre del pasado pero hace apuestas osadas; Leonardo Favio consigue elogiosas críticas con *Crónica de un niño solo*, de 1965, y Fernando "Pino" Solanas y Octavio Getino encabezan un nuevo cine comprometido políticamente con *La hora de los hornos*, film exhibido de manera clandestina en locales sindicales y aulas universitarias.

La exuberante actividad creativa e intelectual de los años 60 despierta, sin embargo, la más acérrima voluntad moralista y censora de Onganía. Así, la ley 16.984 de octubre de 1966 amplía una antigua resolución que prohíbe la circulación de textos inmorales para incluir a aquellos que propagandicen el marxismo. Tanto textos políticos como novelas de ciencia ficción son incineradas por atentar "contra nuestra forma tradicional de vida, contra la sociedad y la religión de nuestro país", según el mayor Ricardo Romano, subdirector de Defensa Nacional del área de Educación.

Los repudios a estas actitudes se extienden a personas insospechadas como el ex dictador Aramburu, que poco tiempo antes de ser secuestrado en 1970 asegura:

> "Un gobierno que quema libros por mero deporte ideológico no puede estimular la producción intelectual de ningún género; está incapacitado para ello. En el curso de 1967 fueron decomisados e incinerados aquí millares de ejemplares de volúmenes que incluso se editan y se venden en España, cuyo gobierno tanto admiran nuestros modernos 'estadistas'. [...] Son una nueva especie de actos de fe que nos denigran a todos. Como nos denigra el que un interventor del Congreso uniformado o sin uniforme, haya dispuesto la venta de 693.225 kilogramos de papel en desuso, casi todos ejemplares del *Diario de Sesiones*."

Por aplicación de la ley 17.401, de represión a las actividades comunistas, se impide la circulación de la biografía del Che Guevara escrita por Hugo Gambini y, entre otras, la novela *Nanina*, de Germán García, una "osada obra de lenguaje impúdico [...] y de escenas reñidas con el más elemental decoro", según la calificación oficial. La ley faculta a la autoridad judicial a decretar la clausura de los lugares donde "se imprima, prepare, edite, distribuya, venda o exhiba material considerado como comunista". Por estas disposiciones se cierran publicaciones como *Prensa Confidencial, Prensa Libre* y *Azul y Blanco*, aunque no se ajustaran a los términos de la ley, así como se había prohibido ya la publicación de *Tía Vicenta*. En 1969 se clausura también *Primera Plana*.

La aparición de las minifaldas y, después, de los *hot pants,* el uso del pelo largo y desgreñado que reemplaza a los prolijos jopos y flequillos rockanrolleros, los tejidos y *batik* de onda latinoamericana, ponen nerviosos a los inquisidores modernos. Durante el onganiato, para los visitantes del Di Tella es normal tener que fichar en la comisaría, donde se los detiene "en averiguación de antecedentes" durante veinticuatro horas, sin otra causa que la de merodear por lugares "poco recomendados".

Primera Plana, en febrero de 1968 realiza una crónica sobre la nueva bohemia ciudadana y explica su crecimiento a partir de las prohibiciones:

"Es difícil señalar un punto de partida, un nacimiento formal. De pronto están allí, hablan el mismo lenguaje que sus cofrades norteamericanos –aunque sin manifestar ninguna inclinación política; el pacifismo es una ideología propia de las naciones en guerra–, se dejan crecer (algunos) la barba o el pelo, se propagan. En un principio –la expresión hippie comenzó a circular en Buenos Aires hacia septiembre último– se los confundió con los artistas pop. [...] Pero lo que [les] dio renombre [es] la persecución desatada contra ellos a partir de octubre de 1967, y que alcanzó su cúspide a fines de enero: como era de esperar, la publicidad consiguiente no sólo no ayudó a contener a los hippies, sino que señaló el comienzo de una expansión que no ha llegado a su cenit."

En 1966 el comisario Luis Margaride y el capitán Enrique Green –pariente de Onganía– instauran de hecho un código represivo no escrito que, entre otras cosas, obliga a renovar los documentos a aquellos que luzcan barba en la fotografía. El dúo organiza sus propias cruzadas: irrumpe con sus fuerzas en los albergues transitorios (los hoteles alojamiento de entonces) para "pescar" *in fraganti* a menores o cónyuges infieles; detienen a los jóvenes que frecuentan el bar La Cueva –hasta su cierre en julio del '67– y los trasladan a la Comisaría 19 por uso de pelo largo, acusados de vagancia o de trabajar de "músico", que según su juicio no constituye una forma honesta de ganarse la vida.

El cine y el teatro viven episodios lamentables. Bajo el gobierno de Guido se había sentado un mal precedente al censurar la emisión de *El silencio*, de Ingmar Bergman, que también había tenido dificultades en otros países, incluso en la liberal Suecia. Una nueva ley del cine incluye una cláusula que remite a "la tradición cultural argentina". Así, se prohíbe la exhibición de *Blow Up* de Antonioni, sobre un cuento de Cortázar. Desde marzo de 1969, Ramiro de Lafuente dirige el Ente de Calificación Cinematográfica, para ejercer la censura sin prúritos.

En 1967 el coronel Eugenio Schettini, siguiendo órdenes de Onganía, prohíbe el estreno de la ópera *Bomarzo* de Alberto Ginastera, basada en una novela de Manuel Mujica Lainez, que iba a presentarse en el Teatro Colón. La obra había sido exhibida en Washington, Nueva York y Los Ángeles con excelente crítica. Esta insólita prohibición "por inmoralidad" agregará otra mancha de desprestigio al gobierno.

Juan José Sebreli, en *Buenos Aires, vida cotidiana y alienación*, de 1964, advierte:

> "La supuesta crisis moral del país es un modo de distraer la atención de la auténtica crisis económica y política. La desvalorización del peso y el atraso en los sueldos, característicos del gobierno de Guido, están en relación directa con la *razzia* de parejas en plazas, hoteles, bares y calles de Buenos Aires. La consecuencia de esta estúpida represión es, por supuesto, una corrupción oculta, cada vez más peligrosa."

Las palabras del escritor, claro, provienen de un hombre de formación en la izquierda y no son tenidas en cuenta como una advertencia hecha a tiempo.

La juventud, con personalidad propia

La familia es uno de los núcleos sociales en que se manifiesta agudamente el "choque generacional". Una juventud activa e inquieta se convierte en sujeto del cambio social. El adolescente, aunque abreva en las tradiciones paternas, es el privilegiado portador de las novedades culturales y vehículo de otros valores. Todo entra en discusión o experimentación, desde si los bebés deben usar chupete hasta las más extremas propuestas educativas –el *laissez faire*– o la aplicación apresurada de las teorías piagetianas de aprendizaje. La brusca entrada en escena de la psicología vuelve familiares a Escardó, Giberti, Rascovsky, Pichon Rivière, Langer o Aberastury.

En *Confirmado* el sociólogo Julio Mafud aporta su análisis:

> "Lo primero que se percibe en la década es la ausencia del peso de la autoridad adulta en la vida juvenil. El joven de posguerra tiene pocas posibilidades de aprender pautas de dependencia o de integración dentro de la familia o de las instituciones sociales. Los jóvenes aprenden sus pautas más en las estructuras de grupos de iguales o de pares que en las estructuras de adultos. Esto da una gran independencia a la conducta juvenil. Esta innovación lleva a una aguda crítica y a un agudo enjuiciamiento de la conducta y los valores adultos. [...] Esto es lo que hizo específicas y singulares a las rebeliones juveniles de la década del 60."

Para la mayoría de los jóvenes, en los años de Onganía todavía la rebelión es rebeldía. La revolución merece una dedicación especial pero la rebeldía constituye un hecho simple, cotidiano, casi actitudinal. Muchos, por supuesto, comienzan por pequeños cuestionamientos parciales (con sus padres, con sus profesores, con el "sistema") y desembocan en la militancia organizada; otros canalizan esa rebeldía por otros senderos, como la música rock o formándose como intelectuales o profesionales críticos.

Aunque el onganiato trate de frenarla, la rueda de la historia gira: el mismo gobierno baja la mayoría de edad de veintidós a veintiún años –los muchachos terminaban la conscripción siendo aún menores, un contrasentido– y se amplían ciertos derechos para los mayores de dieciocho años.

La mujer cambia

Importantes transformaciones afectan también la vida de la mujer argentina, que se incorpora al mercado laboral y accede masivamente a la matrícula universitaria. Las oportunidades de trabajo favorecen a quienes alcanzan, por lo menos, un título medio y la "secretaria" se convierte en una nueva ocupación con sostenida demanda; todo ejecutivo que se precie debe tener una, joven y bonita.

Ciertas carreras universitarias acaparan la atención femenina. Las humanísticas, el Derecho, las relacionadas con la salud y, como es tradicional, la docencia y la asistencia social. En 1970 el 22 por ciento de los profesionales son mujeres. Aquellas que han debido –u optado por– dejar su pueblo o el trabajo rural son absorbidas en empleos domésticos que ocupan a una de cada cuatro trabajadoras de la ciudad. En la industria, las ramas de producción más avanzadas, como las petroleras y metalmecánicas, ocupan mayoritariamente a hombres.

La participación política más igualitaria todavía está lejana: son escasas las mujeres que actúan en los primeros niveles partidarios. Un reflejo de ello es que las revistas femeninas, incluso las "modernas", como *Claudia* y *Femina*, mantienen su temática específica y la escasa incursión en cuestiones políticas y sociales generales.

La televisión y el cine aportan nuevos modelos sociales a la mujer. Limitándonos a lo nacional, se destacan la locutora "Pinky" –con su toque tan apreciado de cultura general– y un grupo de modelos y actrices jóvenes, como Graciela Borges, Gilda Lousek, Marcela López Rey y Bárbara Mujica. También son muy leídas por sus congéneres, escritoras como Beatriz Guido, Marta Lynch, Syria Poletti y María Angélica Bosco.

La "revolución sexual" y los movimientos de liberación femenina están a la orden del día. Según *Atlántida*, en 1965 hay unas 100 mil mujeres que consumen pastillas anticonceptivas con regularidad, contradiciendo la expresa prohibición de la Iglesia católica que rige desde el papa Pío XII y que, mantenida por los tres papas sucesores, ha sido reactualizada por Paulo VI en la encíclica *Humanae vitae*.

Tratando de adecuarse a los nuevos tiempos, el gobierno decreta la ley 17.711, que reemplaza a una norma vigente desde 1926, y establece que "la mujer mayor de edad, cualquiera que sea su estado, tiene plena capacidad civil". También se sanciona el llamado "artículo 67 bis" que permite el divorcio por mutuo consentimiento de los cónyuges. Con grandes limitaciones –no permite a los "separados" un nuevo casamiento legal– no deja de significar una solución parcial para muchos matrimonios desavenidos o divorciados de hecho y un sinceramiento con la realidad. Es elocuente que, después de Perón, Frondizi e Illia, sea un gobierno oscurantista el que satisfaga un antiguo reclamo femenino y acerque una primera solución progresiva a otro problema de índole familiar.

Al fin, el empuje de la cultura de los jóvenes también ayuda a remover cuestiones de género.

Diagnósticos sobre la clase media

La renovación social y cultural es, sin embargo, tumultuosa y sin planes precisos a futuro. En 1964, Juan José Sebreli plasma un diagnóstico de la clase media donde señala que, a pesar del consumismo, prevalece el desconcierto:

"La clase media en su totalidad se debate hoy en el mayor desamparo de su historia, sin saber para qué lado mirar, incapaz ya de reconocer quiénes son sus adversarios y quiénes sus amigos, contra quién luchar, a quién echarle la culpa. [...] El país se muestra hacia ella como intolerable, pero a la vez como inmutable; el cambio es necesario pero a la vez imposible."

Sebreli plantea por entonces que la dicotomía señala dos caminos posibles: la revolución o el fascismo. En esa dualidad se mueven los sectores medios, en los que, de todos modos, el concepto de orden continúa siendo valioso. Desde distintas ópticas políticas surgen, coincidencias en cuanto a los valores que esa clase media sostiene. El por entonces ex diputado socialista Juan Carlos Coral caracteriza que la pequeñoburguesía:

"Es el grupo más alienado; más deshumanizado de la sociedad. Dócil consumidor de los objetos impuestos por la gran publicidad y receptor pasivo de todos los fetiches fabricados por la cultura burguesa. [...] Participa de todas las taras de la oligarquía –a la que pretende emular en su comportamiento social– pero sufre todas las limitaciones de la clase obrera, a cuya suerte está atada irremisiblemente.
"Un automóvil, un aparato de televisión, un cristo de utilería y un hijo estudiando inglés, constituyen las grandes aspiraciones de este grupo social, enfermo con las enfermedades de la civilización capitalista."

El economista Antonio Cafiero, por entonces ex ministro de Comercio, aporta sus impresiones a *Extra*, en 1967:

"Aproximadamente el 43 % de las familias argentinas entran en esta categoría [clase media]; el restante 57 % se compone de 54 % de clase 'baja' y el 3 % de clase 'alta'.
"Este considerable estrato de nuestra sociedad está enfermo de 'expectativas frustradas'. En efecto, sus niveles de educación, y la demostración del bienestar que la clase media disfruta en países más adelantados [...] les proporcionan imágenes de referencia y les despiertan acuciantes ambiciones."

No es en el consumismo pasajero ni en la escala de valores de la pequeñoburguesía, sin embargo, donde la juventud deposita sus proyectos. La necesidad de encontrar una salida colectiva, más afín con el espíritu juvenil, plantea para muchos un acelerado tránsito hacia la política.

Las influencias de la Revolución Cubana

Las revueltas estudiantiles de Europa y los Estados Unidos y, en particular, la influencia de la Revolución Cubana golpean sobre Latinoamérica y abonan un conflicto entre la cultura liberal –dominante– y la llamada "cultura popular", reflejo de la dependencia. El eslogan "Liberación o dependencia" abarca una gran diversidad ideológica que va desde el "revisionismo histórico" de cuño nacionalista hasta la ultraizquierda.

En los partidos de izquierda se producen escisiones. Una importante ruptura de la Federación Juvenil Comunista (del PC) origina el Partido Comunista Revolucionario, de tendencia maoísta. El Partido Revolucionario de los Trabajadores, heredero de un grupo trotskista fundado en 1944, se divide. El grupo liderado por Nahuel Moreno y con presencia en la clase obrera de Buenos Aires se nuclea alrededor del periódico *La Verdad* y se sostiene en la ortodoxia marxista; los que siguen la táctica guevarista de Roberto Santucho, más organizados en Córdoba y Tucumán, publican *El Combatiente* y viran a la guerrilla y el terrorismo. Un grupo proveniente del Partido Socialista deriva en otra nueva formación, Vanguardia Comunista, también maoísta; de grupos intelectuales cercanos a Silvio Frondizi se origina Política Obrera, dirigido por Jorge Altamira.

El gran inquisidor

El teniente general Juan Carlos Onganía pasará a la historia argentina por dos razones: por haber derrocado en 1966 al presidente constitucional Arturo Illia y por haber promovido o tolerado al menos (lo que, en el caso de un gobernante, viene a ser lo mismo) algunas de las más notables tropelías culturales registradas por esa misma historia [...].

El 29 de julio de 1966, a poco de haber asumido Onganía, estudiantes, profesores e investigadores universitarios (algunos de ellos, extranjeros, contratados por la universidad y de prestigio mundial) fueron echados a palos de los claustros y encarcelados, por suponerlos agitadores marxistas. Resultado: éxodo de cerebros, desprestigio del país, parálisis universitaria, atraso tecnológico y científico.

En 1967 se prohíbe el estreno en el Teatro Colón de la ópera de Alberto Ginastera, *Bomarzo*, sobre texto de Manuel Mujica Lainez, por inmoral. [...]

Pero acaso la más notoria actividad represiva del régimen fue la que se encarnizó con el Instituto Di Tella, cuyo apogeo como entidad creadora, imaginativa y fundacional coincide con el auge de los elementos culturales que más podían enfurecer al medieval Onganía: pelos largos, camisas floreadas, pantalones ajustados, canciones de protesta, liberación sexual, exaltación del desnudo (inclusive el masculino). Era poner el trapo colorado frente al toro. Y así aquella ejemplar institución privada, promotora del mayor cambio cultural conocido en la Argentina en este siglo, languideció y murió –en medio de la indiferencia general, cabe decirlo, y de la satisfacción de los bien pensantes–, víctima de la Inquisición. El régimen de Onganía había logrado lo que se propuso: fomentar el moralismo hipócrita de las clases medias.

ERNESTO SCHÓO,
"Orden, jerarquía y moralidad",
en *Historia de la Argentina*

Muchos intelectuales, de distintas procedencias, se acercan al fenómeno cubano con simpatía. Leopoldo Marechal visita la isla y deja sus impresiones:

"Cuba me pareció una realización íntegra del Evangelio. Y, lo que es importante, sin ninguna clase de rigidez [...] Cuba es una isla feliz."

Cristianismo y Revolución, revista dirigida por Juan García Elorrio, es expresión de la visión más extrema del movimiento de "curas para el Tercer Mundo", la de Camilo Torres. Buscando caminos que asocien al peronismo y el marxismo, vertientes de diversa procedencia culminan en la lucha armada, como los seguidores de John W. Cooke. Grupos nacionalistas que a principios de los 60 forman "Tacuara" derivan en la conformación de Montoneros. Tres de sus fundadores son alumnos del Colegio Nacional de Buenos Aires: Fernando Abal Medina, Gustavo Ramus y el que se perfilará como dirigente fundamental, Mario Firmenich, quien afirma que fue el padre Carlos Mugica el que les "enseñó que el cristianismo era imposible sin el amor a los pobres y a los perseguidos [...] y su lucha contra la injusticia". El escritor Rodolfo Walsh, que será detenido-desaparecido en 1977 siendo oficial de Montoneros, es otro caso que reconoce raíz católica y nacionalista. Se opone a Perón en el conflicto con la Iglesia de 1954-1955 y se vuelca al "socialismo nacional" luego de vivir un año y medio en Cuba.

En *La perspectiva política según San Lucas* el religioso italiano Arturo Paoli hace escuela:

"Dios no es económico, es gratuito. Ser religioso es dar la vida para que el mundo sea más bello, más justo, más pacífico, impedir que fines egoístas y parciales estropeen la armonía del conjunto."

El Concilio Vaticano II (1962-1965), convocado por Juan XXIII, impone una renovación de la pastoral y la liturgia. En enero de 1967 religiosos de un equipo obrero creado por el obispo de San Isidro, exponen la problemática espiritual y material de América latina y elaboran un documento sobre el subdesarrollo. El escrito recibe la adhesión de 400 sacerdotes argentinos y más de 500 de Latinoamérica. El Movimiento de Sacerdotes para el Tercer Mundo (Mstm) se organiza a fines de ese año y reúne a 270 curas. El tercermundismo se difunde rápidamente y alcanzará a influir sobre un 10 por ciento del clero argentino.

Así, los temas sociales irrumpen en la Iglesia e ideas renovadoras se plasman en Medellín, en 1968, durante la Conferencia Episcopal. Los "documentos de Medellín" abrevan, entre otros, en los trabajos de tres brasileños, el antropólogo Darcy Ribeiro, el educador Paulo Freire y el prelado y sociólogo Hélder Câmara. *Pedagogía del oprimido*, que resume la experiencia de Freire en la educación de adultos, se publica en 1964 y en poco tiempo se convierte en un clásico para los lectores de izquierda.

Con el tiempo, las corrientes autodefinidas como "nacionales y populares" agradecerán la injerencia de Onganía en las universidades. Aplicando el falso esquema lógico de que "cuanto peor, mejor", dirán que la represión ayudó al estudiantado a salir de su "isla democrática" para arrojarlos a los brazos del pueblo.

La Revolución Argentina

Bastones sí, libros no

A la misma clase media que le había repugnado aquella máxima peronista de "alpargatas sí, libros no", no le sorprende demasiado que una de las primeras acciones del onganiato sea, justamente, quemar libros y atacar a la Universidad.

Pocos días después de asumir la presidencia, en julio de 1966 se realiza el acto oficial conmemorando el sesquicentenario de la Declaración de la Independencia en la provincia de Tucumán. Onganía aprovecha el evento y anuncia que no permitirá que "acosen a nuestra juventud extremismos de ninguna naturaleza". Al cumplir un mes en el gobierno hace realidad su presagio.

El viernes 29 de julio por la tarde –calculando la víspera del fin de semana– el gobierno interviene las universidades, pone fin a la autonomía y prohíbe las actividades de los centros estudiantiles. La comunidad universitaria reacciona con la toma de las facul-

La intervención a la Universidad fue un duro golpe a la cultura y la ciencia.

tades y la policía comandada por el general Fonseca ingresa violentamente repartiendo bastonazos a discreción para forzar el desalojo. La Facultad de Ciencias Exactas fue uno de los epicentros de la represión. Alumnos, eminentes profesores como Manuel Sadosky y el propio decano Rolando García salieron humillados y con las manos en alto.

El clima universitario argentino se vuelve irrespirable, carente de libertad para pensar. "La noche de los bastones largos", como se la denominará, fomenta el éxodo de docentes e investigadores al exterior, a Europa y los Estados Unidos. Onganía recibe inmutable el repudio de la comunidad científica e intelectual internacional. Dos años después *La Prensa* justifica el allanamiento:

"El dominio de las universidades argentinas por el comunismo y sus compañeros de ruta era tan evidente. [...] La índole de tal injerencia obligó a las nuevas autoridades a considerarla como el primer problema que debía ser resuelto para comenzar el restablecimiento del orden. Lo hizo mediante la intervención de las universidades y, aparte incidencias desacertadas que no se prolongaron, sus medidas contaron con la aprobación indiscutible de la mayoría de los ciudadanos."

La amenaza comunista es una obsesión oficial. En octubre de 1966, Buenos Aires es sede de la VII.ª Conferencia de Comandantes en Jefe de Ejércitos Americanos, a la que asisten delegaciones de diecisiete países y de la Junta Interamericana de Defensa. El objetivo es "actualizar las medidas de seguridad ante la amenaza y acción permanente de la insurgencia".

Onganía repite un esquema teórico. La Revolución Argentina constará de tres etapas: desarrollo económico y estabilidad financiera, seguido por una reforma e integración social. Pero sus primeras medidas no son precisamente de apoyo a la producción. El cierre sorpresivo de once ingenios azucareros, que arroja a miles de familias a la calle sin fuentes de trabajo alternativas, es un golpe mortal a la economía tucumana. Pueblos enteros sufren las terribles consecuencias. Posteriormente, mediante un crédito otorgado por el Banco Industrial, el ministro Jorge Salimei, presidente del *holding* SASETRU, compra cinco de esos ingenios para aumentar la producción de aceite de sus empresas.

Con el argumento de "modernizar", habrá también serios ajustes en el puerto y el ferrocarril. Treinta días de huelga portuaria conduce el sindicalista Eustaquio Tolosa, quien, hasta poco antes, era de la corte gremial que elogiaba a Onganía. El gobierno interviene el sindicato ferroviario y el de químicos y quita la personería a la FOTIA (azúcar) y a FOETRA (telefónicos). Tolosa, derrotada la huelga, es enviado a prisión por tiempo indefinido. Así, la dictadura demuestra que no se detendrá por antiguas solidaridades.

Perón apoya... pero no

Mientras Perón ordena "desensillar hasta que aclare", Onganía cuenta con el expreso apoyo de los líderes de la CGT y las 62 Organizaciones, que asumen una posición "participacionista". Vandor se hace un *habitué* en los despachos del ministro de Trabajo

Rubens San Sebastián. Con la participación de la Iglesia, el empresariado y los sindicatos, Onganía abraza cada vez con más fuerza un proyecto corporativista.

El 30 de septiembre, Perón interrumpe la tregua y califica al gobierno de "oligárquico y reaccionario". En su estilo patriarcal, suele referirse a Onganía con ocurrencias que apuntan a la interna castrense: "De este mozo habría que decir lo que decía Agustín Álvarez del general Lavalle: quién lo metió a reformador institucional que no es asunto del arma de caballería". Un mes antes José Gelbard, titular de la CGE, había declarado en Nueva York que la Argentina enfrentaba "una gran oportunidad histórica para modernizar sus estructuras económicas y sociales", y había asegurado que con Onganía se iniciaba la "verdadera revolución".

En noviembre algunas expectativas se desvanecen. Un reordenamiento de gabinete nombra en Economía a Adalbert Krieger Vasena, hombre del *stablishment*. En enero "Krieger" anuncia un nuevo plan: devalúa el peso un 40 por ciento, grava las exportaciones agropecuarias para sanear las cuentas fiscales y subsidia las exportaciones de las grandes industrias, mayoritariamente extranjeras; con un plan de obras públicas busca paliar el desempleo. Los inversores extranjeros, favorecidos por el cambio, adquieren empresas argentinas y mediante fuertes retenciones a las exportaciones tradicionales se engordan las arcas oficiales. El plan, en definitiva esencialmente recesivo, es presentado como "de reactivación". Sin embargo, como señala *La Prensa* el 15 de marzo de 1967, la clave es el congelamiento salarial:

> "La política que se siga en materia de sueldos y salarios tendrá una importancia decisiva para el éxito o fracaso final. [...] Si se permiten o se alientan nuevamente de modo general incrementos en las remuneraciones más allá de los posibles aumentos que experimente la productividad, muy pronto las consecuencias benéficas que podrían esperarse se habrán disipado como el humo y el sacrificio que ahora se impone al país habrá sido en vano."

Los nuevos anuncios del ministro tienen consecuencias: el romance con el sindicalismo comienza a desgastarse aceleradamente. Vandor presiona para lograr un aumento de salarios y, ante la negativa oficial, lanza una huelga general que es aplastada. Para asegurar el congelamiento salarial, Onganía necesita tranquilidad política, y con el consenso de toda la burguesía parece lograrla. Obtenida la calma social llegan inversiones, el déficit se reduce, baja la inflación y aumenta la recaudación.

En marzo de 1968 el congreso de la CGT plantea su normalización y Perón aprovecha la circunstancia para minar el poder de Vandor. Una nueva escisión divide al movimiento obrero. Alentado desde Madrid a "endurecerse ante el régimen", el gráfico Raimundo Ongaro, adopta un discurso "tercermundista", funda la CGT "de los Argentinos" y logra la adhesión de la mayoría de la izquierda. La CGT vandorista –conocida como CGT Azopardo–, en la que permanecen los sindicatos industriales más importantes, a pesar de ciertas rispideces reitera su participacionismo con el gobierno, instándolo "a ser el vértice del entendimiento y ejecutor de un mandato que puede ser histórico para el futuro argentino". La CGTA, en cambio, adopta un programa de resistencia a la penetración de capitales extranjeros, y exige la nacionalización de las industrias clave, la cogestión obrera y la reforma agraria.

El onganiato promueve las obras públicas: inaugura el túnel subfluvial Paraná-Santa Fe, pone en marcha el complejo hidroeléctrico Chocón-Cerros Colorados, empiezan a concretarse las represas de Salto Grande en Entre Ríos y El Nihuil en Mendoza, finaliza el proyecto de la estación terrena de Balcarce de comunicación satelital, e impulsa decididamente la construcción de Atucha, la primera usina atómica del país, y del cercano complejo ferrovial Zárate-Brazo Largo. Sin embargo, este empuje se pagará caro ya

---

 ## Onganía y los empresarios

En los primeros meses de la gestión de Onganía, la fracción nacionalista católica ocupó un lugar preponderante en el gobierno. El ministro de Economía fue Jorge Salimei, un industrial aceitero de orientación nacionalista, miembro de la Federación Económica de la Provincia de Buenos Aires (FEBA), indirectamente un hombre de la CGE, como su secretario de Hacienda, Fernando Aguilar. Estas nominaciones dieron esperanzas a los gelbaristas, que el día después del golpe se apuraron a criticar la falta de representatividad y de autoridad del gobierno radical, y a pedir a la administración de la Revolución Argentina que rehiciera la unidad nacional respetando la legislación laboral, aboliendo el veto presidencial a las reformas de la ley de despido; a demandar el pleno empleo y el aumento de salarios, la defensa y promoción de la industria nacional, la realización de un vasto plan de obras públicas y de construcción de viviendas, la mecanización del agro y la defensa de los mercados internacionales de la Argentina. Es más, los días posteriores, la cúpula cegeísta calificó al golpe como un movimiento revolucionario que pondría fin al "proceso de deterioro". La actitud de la central empresaria no difería, en realidad, de la mayoritaria en el país e incluso de la del propio Perón: "Desensillar hasta que aclare", para ver la marcha del régimen.

Que esto era un malentendido, Gelbard lo comprendió rápidamente. El 9 de julio, Onganía no lo invitó a los festejos por el ciento cincuenta aniversario de la Independencia. En la reunión de Gabinete, explicó su negativa:

—Es un comunista.

Y el ministro del Interior, Guillermo Borda, un integrista católico antisemita, aclaró:

—Más que comunista, es judío.

—Es lo mismo —contestó Onganía.

Hubo dos episodios, ese mes, que definieron los rasgos del régimen en lo político: la intervención a cinco sindicatos o federaciones donde los comunistas o la izquierda peronista antiburocrática y combativa —el caso de la CGT de los Argentinos (CGTA)— eran predominantes, y la intervención violenta a las universidades, que pasaría a conocerse en la historia como "La Noche de los Bastones Largos". La CGE, esta vez, no fue intervenida, pero en agosto tuvo las primeras certezas de que por el libreto liberal —con una política monetarista que combatía la inflación profundizando el desempleo y empujando a la baja de los salarios reales— el romance con el régimen terminaba. Sin embargo, tal vez por su estrecha vinculación con Salimei y con los líderes del sindicalismo participacionista como Vandor [...] Gelbard no reconocía públicamente el resquebrajamiento de las relaciones con el gobierno.

MARÍA SEOANE,
El burgués maldito

que se asienta sobre créditos otorgados por el Banco Mundial, el FMI y otros organismos de la gran banca.

Algunas ramas de la producción sufren severas crisis y se produce una ola de cierres y quebrantos que es aprovechada por el capital extranjero para introducirse en empresas metalúrgicas, medicinales y del tabaco.

Krieger Vasena conquista un merecido premio a su gestión y es designado presidente del Congreso del Fondo Monetario Internacional. Onganía disfruta de un momento de logros. La clase obrera está debilitada y dividida y la clase media parece aceptar el autoritarismo con cierta resignación.

El huevo de la serpiente

Tal vez Onganía intenta repetir en la presidencia la misma receta que ejecutó con éxito para ordenar profesionalmente las Fuerzas Armadas: despolitizar, tecnificar y, sobre todo, ejercer el verticalismo del "ordeno y mando". Le fascinan los organigramas y su esquema de pensamiento no admite grises; sólo existen verdades. Los contrasentidos son siempre disolventes y en esa categoría caben los partidos políticos, las asociaciones informales, los intelectuales bohemios (y no tanto) y el individualismo, que es asociado a la noción de comunidad desintegrada. Estas ideas ocultan, de todos modos, la línea directriz del mal mayor: el siempre acechante comunismo internacional y sus curiosos socios sempiternos, el sionismo y los masones que conforman la misteriosa "sinarquía internacional".

Onganía se rodea de un elenco que, además de ser anticomunista, es profundamente antisemita y que se alimenta de dos vertientes. Por un lado, los que provienen de diversos sectores del catolicismo militante –como el Opus Dei– conforman el "riñón" ideológico; entre ellos, Enrique Martínez Paz, ministro del Interior; el canciller Nicanor Costa Méndez, el secretario de Promoción de la Comunidad Roberto Gorostiaga, y Jorge Néstor Salimei. Por otro, el grupo de los "técnicos" está allí como respuesta a las presiones de sectores empresariales –ACIEL, CGE, Asociación de Dirigentes Cristianos de Empresas– o de las Fuerzas Armadas.

"La Revolución Argentina no tiene plazos sino objetivos", repite hasta el cansancio Onganía y para ello, rodeado de civiles, instala una autocracia, un esquema absolutista. Los plazos, a su pesar, los imponen la realidad internacional, a la que intenta rechazar, y la realidad nacional, a la que quiere asfixiar y amordazar. Una realidad que no acepta sujetarse a los límites de los organigramas oficiales y los desborda. Félix Luna, luego de enunciar una larga lista de críticas al régimen, dice:

> "Hubo, claro está, algunos aciertos aislados, como la reforma del Código Civil, cierta racionalización de la administración pública y la realización de algunas grandes obras de infraestructura. Pero la dictadura fracasó: el país ordenado como un cuartel que imaginó Onganía no se compadecía con la realidad política."

En un mundo cambiante, lleno de creatividad, con mujeres de faldas cortas y hombres de pelo cada vez más largo, el intento de Onganía pretende levantar un cerco social y cultural en nombre de la "moral y las buenas costumbres". A su pesar, un submarino amarillo riega el mundo de amor y flores, el Sargento Pepper de Los Beatles conquista el Club de los Corazones Solitarios y "Sus Majestades Satánicas" los Rolling Stones y la personalidad sobresaliente de Mick Jagger, actual sir de la corona británica, invitan a la juventud a conocer el infierno cuando susurran su "Simpatía por el demonio".

Tres documentos de la época testimonian la enorme distancia que separaba a Onganía de una intelectualidad que, con toda precisión, adelantaba el sentir popular. El escritor Julio Cortázar le escribe a su amigo y traductor norteamericano Gregory Rabassa para sumarse a una delirante conspiración internacional. La carta está fechada en Saignon, residencia francesa del escritor, el 15 de agosto de 1966 y, entre otros párrafos, señala:

"Tu proyecto Operación Walrus [que consistía en bombardear al general Onganía con imágenes de morsas], dado el parecido de sus respectivas fisonomías, me parece admirable y estoy plenamente dispuesto a colaborar; el único inconveniente es que por estos lados me será imposible conseguir postales con morsas, como comprenderás. Fotos de viñedos, todo lo que quieras; pero las morsas y la Provenza no tienen nada en común. De manera que habrá que esperar a septiembre cuando yo regrese a París; si todavía estás dispuesto a ser el Commander in Chief del gran envío masivo de morsas a Buenos Aires, me lo avisas, y yo, tu *lieutenant* en París, doy la orden a los cronopios de Francia. Lloverán morsas en la Casa Rosada (¿sabías que así se llama nuestra White House? Los colores no cambian nada: por dentro las dos son la misma mierda)."

Onganía pretendió tutelar el comportamiento de la sociedad.

Por su parte, el psicólogo Florencio Escardó (que firma como Piolín de Macramé) en una pieza de gran sutileza y notable factura ironiza sobre la prohibición de *Bomarzo*:

"Este mes le tuvimos mucho miedo a la ópera. Que en verdad es algo temible. Que siempre hubo que ir a escuchar al Colón. Que es la exposición rural del *bel canto*. Mejor dicho era. Porque ya nada es como fue. La 'era' de lo malo ha terminado. En adelante todo será perfecto e inapelable. Como lo sabe aquel que escuche discursos. [...] Parece que lo terriblemente indecente es el libro. Y en consecuencia su hijo el libreto. Por lo que ha habido un aumento de la venta en cantidades inmorales, con notorio perjuicio del músico, que se ha visto obligado a ofrecer partituras con semicorcheas en paños menores y semifusas en minifaldas.

"Pero cuando un pueblo tiene vitalidad no hay mal que por bien no venga: se está construyendo un teatro privado, para óperas indecentes, que pondría en escena *Otelo*, donde el marido ahoga a su mujer sobre el proscenio. Y *Hamlet*, en la que el protagonista asesina metódicamente a la madre, al padrastro, al padre político y al mejor amigo. Eso sí, totalmente vestido de negro."

En *La vida en los años sesenta* Federico Peltzer pone en la balanza las contradicciones argentinas de la década:

"Quizá la característica de los años sesenta sea la contradicción, en cuanto a los sentimientos que experimentamos los argentinos y las formas de vida que adoptamos. Siguió gravitando en política el fantasma del peronismo, como temor en algunos, como nostalgia en otros. También la mezcla de democracia y gobiernos *de facto* que se sucedieron. Y la fe en que, por fin, el país llegaría a su *aggiornamiento*, unida al temor de que todo continuara igual, lo que suponía el inevitable retroceso. De modo que, si tratáramos de pulsar un común estado de ánimo, tendríamos que hablar de una preocupación despreocupada, o de una fe dudosa... Frondizi nos encandiló con la eficacia desarrollista, pero su fracaso significó un largo período de hibernación, matizado por frecuentes paseítos con tanques para dirimir el pleito de 'azules' y 'colorados'. Illia trajo un aire de bonhomía, de libertad (hasta para el humor), pero también la morosa digestión de cada problema. Onganía llegó con el mito de las planificaciones, la eficiencia técnica, hasta que nos convencimos de que, igual que siempre, se estaba improvisando, como nos ha sucedido con cualquier gobierno."

La década del 60 ha sido, sin duda, excitante y compleja. Los argentinos –y el mundo– comenzaron a escribir una historia distinta. El onganiato intentó cambiar el país con un modelo reaccionario. A contramarcha de la situación mundial, el intento fracasó. Sin embargo, y a pesar de haber abortado un incipiente proceso democrático, veinte años después era frecuente escuchar en boca de la clase media: "¡Qué tiempos los de Onganía!", con un dejo de nostalgia. La rigidez, la censura y la persecución instituidas por el onganiato constituyen un significativo precedente del ejercicio autoritario del poder y de la impunidad para aplicar la represión estatal; sin embargo, a la luz de los hechos posteriores, resultan prácticamente un juego de niños frente a la violencia institucional que se desencadenará en los años 70. Casi candorosas suenan hoy también las palabras con que Nacha Guevara cerraba su espectáculo *Anastasia querida*: "Enrólese en nuestras filas/ la guitarra es nuestro cañón/ con ella venceremos la guerra y el hambre/ Listos, apunten, ¡canten!". La experiencia iniciada en los 60 terminará, trágicamente, más cerca del grito que del canto.

Arturo Umberto Illia

Un presidente parco y austero en épocas turbulentas

El matrimonio de los italianos Martín Illia y Emma Francesconi tuvo once hijos, que se sumaron a otros dos anteriores de Martín. Arturo Umberto, el tercero de la pareja, nació en Pergamino el 4 de agosto de 1900, estudió la primaria en el pueblo natal y cursó la secundaria en el colegio salesiano Pío IX de Capital Federal.

Se afilia a la UCR en 1918 y comienza estudios de medicina en la UBA, culminándolos en La Plata en 1927. Hacia 1928, con recomendación del presidente Yrigoyen, se traslada a Cruz del Eje (Córdoba) para ejercer la medicina; allí organiza el comité radical local, del que es elegido presidente. En 1934 recorre Europa. Próximo al sabattinismo cordobés, es senador provincial entre 1936 y 1940 y delegado al Comité Nacional en 1937. En 1939 se casa con Silvia E. Martorell, con quien tendrá tres hijos: Emma, Martín y Leandro. En 1940 es elegido vicegobernador de su provincia, en fórmula encabezada por Santiago del Castillo. La gestión, progresista, es interrumpida por la intervención que decreta el gobierno que surge del golpe de junio de 1943. Illia regresa a Cruz del Eje, donde compra una casa con dinero reunido en una colecta popular. En 1944 es designado presidente del Comité Provincial. Desde 1946, el sabattinismo se incorpora a la intransigencia organizada en el MIR (Movimiento de Intransigencia y Renovación), que reorienta a la UCR. Entre 1948 y 1952 es diputado nacional y en 1951 se postula como gobernador de Córdoba, pero es derrotado.

Ante la fractura partidaria de 1957, Illia y Sabattini participan de la UCR del Pueblo y "don Arturo" es vicepresidente del Comité Nacional. En marzo de 1962 triunfa en las elecciones para gobernador provincial, pero tras el golpe que derroca a Frondizi, el nuevo presidente Guido decreta la intervención y no puede asumir. Al año siguiente, acompañado por Carlos H. Perette, obtiene el 25,1 por ciento de los votos y, con la proscripción del peronismo, asume como presidente de la Nación.

Una gestión ordenada le permite obtener algunos éxitos económicos pero gobierna acosado por la presión sindical, las polémicas con los Estados Unidos y un tumultuoso frente militar, que encontraron voceros favorables en cierta prensa, como las revistas *Primera Plana* y *Confirmado*, que bombardearon al gobierno con críticas furibundas.

El 28 de junio de 1966 es derrocado por un golpe militar y, en septiembre, sufre la pérdida de su esposa. Durante la dictadura de Onganía participa en actos opositores y realiza giras al exterior. En 1974 regresa a Córdoba, recorre Europa en 1979 –cuando es recibido por el papa Juan Pablo II–, y en 1982 apoya la unificación de la "Línea Córdoba" con el Movimiento de Renovación y Cambio de Alfonsín. Muere el 18 de enero de 1983 y, en octubre, sus restos son trasladados al Monumento a los caídos de 1890, en el cementerio de la Recoleta.

Juan Carlos Onganía

Disciplinó el Ejército e intentó hacerlo con la sociedad

Nace el 17 de marzo de 1914, y se cría en el ambiente rural de Marcos Paz, en los extremos poblados del Gran Buenos Aires. Cursa estudios medios en el colegio Bernardino Rivadavia de la Capital Federal y en 1931 ingresa en el Colegio Militar, del que egresa en 1935 como subteniente de caballería. Hacia 1945 cursa en la Escuela Superior de Guerra. Se casa con María E. Green Urien, con la que tiene cinco hijos: Sara, María Emilia, Lucrecia, Jorge y Juan Carlos.

Mayor del ejército desde 1948, asiste en Campo de Mayo al movimiento militar de 1951, que fracasa en el intento de derrocar a Perón. Al año siguiente es teniente coronel y en 1955, tras el golpe, es trasladado a Curuzú Cuatiá. En 1958, ya coronel, es comandante de la IIIª División de Caballería en Tandil; luego es trasladado a la Dirección General de Remonta y Veterinaria hasta 1961, y asciende a general de brigada.

Los sucesos críticos de 1962 y 1963 lo hallan en un punto crucial, como comandante de la División Blindada y del Cuerpo de Caballería de Campo de Mayo. Se convierte en jefe del grupo "azul", que embanderado con el profesionalismo sostiene al gobierno de Guido, derrota a los "colorados", permite el proceso electoral de 1963 y restablece el orden y la disciplina en las Fuerzas Armadas. Ese año asume como comandante en jefe del Ejército y el 1º de enero del año siguiente es ascendido a teniente general. Durante 1964 realiza viajes por Europa, los Estados Unidos, Latinoamérica y el Extremo Oriente. En 1965 concurre en Perú a la reunión continental de ejércitos americanos, donde, tras el desembarco norteamericano en República Dominicana, se consagra la doctrina de las "fronteras ideológicas".

Conflictos con Illia lo alejan del arma en noviembre de 1965, pero después del golpe de junio de 1966, jura como presidente de la Nación el 29 de noviembre ante la Junta de Comandantes. Investido de poderes omnipotentes y de personalidad poco flexible, prometió encabezar la "Revolución Argentina", apoyado en un "Estatuto" que fijaba como prioridad "el estilo de vida y fines morales que hacen a la esencia de la nacionalidad".

Comenzó gozando de un amplio apoyo político, empresario y sindical, pero la excesiva represión y censura, la intervención a las universidades y la vida cultural y la injerencia de grupos católicos ultramontanos lo fueron aislando. Diversos fenómenos mundiales confluyeron en una "década rebelde" y, en 1969, estallan movimientos populares, como el Cordobazo, y el Rosariazo, que socavan su poder. En mayo de 1970 Montoneros secuestra a Aramburu y, poco después, Onganía es obligado a renunciar. A pesar de algunas apariciones políticas esporádicas, pasó su ancianidad en un retiro efectivo. El 1989 rechazó un ofrecimiento para ser candidato presidencial. Falleció en Buenos Aires el 7 de junio de 1995.

Adalbert Krieger Vasena

El economista que llevó el país al FMI

Nace en Buenos Aires el 11 de febrero de 1920. Su abuelo José, de origen turco, fue administrador civil de la isla de Rodas, ocupada por el imperio otomano, y su padre Suleyman, un banquero asociado al golpe de 1930. La familia materna Vasena era propietaria de los talleres donde se originó la Semana Trágica. Estudia en la Facultad de Ciencias Económicas de la UBA, se recibe de contador público en 1944 y aprueba el doctorado en Economía con la tesis "Estimación de la renta nacional". Se casa con Lucila Llauró Palau, con quien tiene tres hijas: Lucila, Marcela y Carola.

Durante la presidencia de Aramburu, en 1957 integra el directorio del Banco Central y, en marzo de ese mismo año, es designado ministro de Hacienda, hasta el 1º de mayo de 1958, gestión en la que propicia el ingreso de la Argentina en el FMI.

En Ginebra (Suiza), en 1961 representa al país como embajador extraordinario y preside la misión observadora argentina ante las deliberaciones de la llamada "Rueda Kennedy"; en 1963, es miembro de la Academia Nacional de Ciencias Económicas.

Entre enero de 1967 y junio de 1969, es ministro de Economía y Trabajo del gobierno de Onganía. Su Plan de Estabilización y Desarrollo devaluó la moneda un 40 por ciento, liberó el mercado de cambio, congeló los salarios por dos años, aumentó las tarifas de los servicios públicos y redujo personal en la administración pública. Emprendió diversas obras públicas de importancia solventadas con endeudamiento interno y externo y desarrolló una política de apertura que afectó al empresariado nacional y provocó la resistencia obrera que desemboca en el Cordobazo. El amparo que otorgó al grupo económico Deltec produjo la quiebra fraudulenta del frigorífico Swift. El ex ministro luego será director del grupo con sede en Nassau (Bahamas).

Durante la dictadura iniciada en 1976 apoyó la gestión de Martínez de Hoz y entre 1973 y 1978 fue vicepresidente ejecutivo para América latina del Banco Mundial. Fue director de Acindar; consejero del Consejo Argentino para las Relaciones Internacionales (CARI) desde 1984, y de la Fundación de Investigaciones Económicas Latinoamericanas (FIEL) desde 1987; también, miembro del Centro Internacional para el Desarrollo Económico (CINDE), desde 1987. En 1986 recibió el premio Konex. Apoyó el plan de privatizaciones de Menem y su nombre fue mencionado para reemplazar a Cavallo en agosto de 1996, pero declinó ocupar nuevos cargos oficiales.

Muere en Buenos Aires en diciembre de 1999. Ese año figuró como miembro del directorio del Banco General de Negocios de los hermanos Jorge y Carlos Rohm, junto a José Martínez de Hoz y los representantes del Chase Manhattan Corp., Credit Suisse Gr. y Dresdner Bank Gr. Entre sus obras se destacan: *Kennedy y la política de cooperación económica*; *Latin America: A Broader World Role* y *Comercio exterior argentino*.

Augusto T. Vandor

El metalúrgico que desafió a Perón

Roberto Vandor, un campesino franco-holandés, y su esposa Alberta se afincaron en Bovril (Entre Ríos) y en 1923 nació su hijo Augusto Timoteo, que en su adolescencia se incorpora como suboficial en la Armada Argentina y recibió instrucción en el rastreador *Comodoro Py*. Cabo primero maquinista, en 1947 pide la baja y tres años después se emplea en la fábrica Philips, en el barrio porteño de Saavedra; allí conoce a Élida Curone, su futura esposa. En 1954 es delegado gremial, dirige una huelga por aumento salarial y logra reconocimiento en la Unión Obrera Metalúrgica. El 16 de junio de 1955, junto a E. Tolosa, R. Colace y H. Tristán, recluta trabajadores que se reúnen en la CGT para defender a Perón de los golpistas.

La Revolución Libertadora lo encarcela por seis meses y lo despiden de Philips. En 1956 una importante huelga metalúrgica, decidida para apoyar las negociaciones paritarias, si bien culmina con dirigentes presos y un laudo desfavorable a los obreros, permite la aparición de nuevos representantes obreros, aunque Vandor permanece interdicto. Desde distintos ámbitos se impulsa la formación de una Intersindical y, entre 1956 y 1958, se suceden los plenarios gremiales, en los que Vandor se destaca. En agosto de 1957 fracasa el Congreso Normalizador de la CGT, que se divide entre las 62 Organizaciones (peronista, con una minoría trotskista del periódico *Palabra Obrera*) y los "32 Gremios Democráticos" (de socialistas y radicales). Vandor convoca a un exitoso paro de cuarenta y ocho horas para el 22 de octubre de 1957, que lo catapulta como nuevo jefe del sindicalismo.

En 1959 son derrotadas una huelga general y tres importantes conflictos en los gremios metalúrgico, bancario y textil. Vandor, como secretario general de la UOM y las 62 Organizaciones, se consolida con sus rasgos característicos: burocrático, verticalista y de persecución a los opositores.

En 1962 las 62 aprueban el radicalizado "Programa de Huerta Grande". Intentando conformar un "peronismo sin Perón", Vandor, que controla el PJ, enfrenta a Illia: en 1964 la CGT lanza un Plan de Lucha y a lo largo de un mes y medio, cuatro millones de trabajadores ocupan con rehenes 11 mil empresas. En octubre es detenido durante la visita del presidente francés C. de Gaulle y dos meses después se frustra el "Operativo Retorno" de Perón; quien trata de restarle poder y apoya a José Alonso, dirigente de las "62 Organizaciones de Pie junto a Perón".

En 1966 apoya al dictador Onganía y se suma a la línea "participacionista" destinada a preservar su poder mientras, en una publicación, Rodolfo Walsh lo acusa del asesinato de Rosendo García, secretario general de la UOM Avellaneda.

En condiciones oscuras, fue asesinado el 30 de junio de 1969 en la sede de la UOM, ubicada en la calle La Rioja 1945. Se adjudicó el hecho, bautizado como "Operación Judas" para exhibirlo como un traidor, un ignoto "Ejército Nacional Revolucionario".

El Cordobazo

¿La hora del socialismo?

En el terreno de las expresiones populares masivas, el Cordobazo se ha convertido en un hito original. Pero ¿es el movimiento de mayo del '69 el comienzo de la violencia política en la Argentina? En todo caso, es imprescindible discriminar de cuál de sus manifestaciones.

En el análisis de las insurrecciones urbanas, el investigador James Brennan advierte que la metodología empleada guarda relación con los sectores sociales intervinientes. "La violencia no era todavía una parte integrante de la vida cívica argentina, aunque el Cordobazo sería el punto de partida de la que imperó en los años setenta. Tampoco había en Córdoba un lumpenproletariado creciente; no existía un barril de pólvora de miseria listo para explotar. Los pobres urbanos de las villas miseria de las afueras, una población relativamente pequeña en la Córdoba de esos años, no tuvieron una participación significativa en la protesta."

La peligrosa tendencia —fomentada en los ámbitos oficiales— a confundir el sindicalismo democrático y las experiencias "clasistas" con las acciones de la guerrilla urbana, las huelgas con el terrorismo y las manifestaciones populares con los secuestros y asesinatos, dificulta la tarea de discernir con precisión estos hechos históricos.

El Mayo francés y la calma argentina

El año de la rebelión

El año 1968 concentra espectaculares hechos políticos, una manifestación elocuente de que algo se estaba gestando en lo profundo de la sociedad. Los asesinatos de Martin Luther King y Robert Kennedy en los Estados Unidos; los movimientos estudiantiles de Praga, París y México; la violencia política en Guatemala e Italia, y la exitosa ofensiva comunista en Vietnam son signos del período.

El Mayo francés, con sus consignas simples pero llenas de ilusión de cambio, como "Prohibido prohibir" y "La imaginación al poder", sacude la conciencia de Occidente. Por reclamos de una reforma universitaria y nuevos planes de estudio comienza un movimiento en Nanterre y se desatan las primeras escaramuzas con la policía. El 3 de mayo es cerrada la universidad de la Sorbona –por primera vez en 711 años de historia– y 40 mil estudiantes toman sus instalaciones. La manifestación estudiantil que se realiza en el barrio Latino de París culmina en violentos combates callejeros con la policía. El 13 de mayo los sindicatos llaman a la huelga general, que se extiende hasta fin de mes implicando en la revuelta a 10 millones de franceses y causando una ruptura en la vida económica y política. Los trabajadores se suman con sus propios reclamos y la protesta abre una crisis en el Estado francés: De Gaulle disuelve la Asamblea Nacional y convoca a nuevas elecciones. En Alemania grandes protestas estudiantiles y obreras critican la situación política y económica en veintisiete ciudades; el gobierno decreta el estado de emergencia y el 30 de mayo hay manifestaciones masivas en Bonn y Berlín oeste. El rechazo a la presencia militar norteamericana en Vietnam y el rostro del "Che" Guevara son dos constantes que se repiten también en las universidades italianas y en algunas zonas de los Estados Unidos. En España, nueve años después de su fundación, la ETA, organización separatista vasca, cobra su primera víctima, un guardia civil, el 7 de julio. En agosto el proletariado checoslovaco se alza contra el régimen pro soviético e intenta construir un "socialismo con rostro humano", instaurando el control de los trabajadores sobre la producción, la libertad de prensa y la independencia del poder judicial, entre otras medidas. El 20 de agosto los tanques de la URSS, con 650 mil soldados del Pacto de Varsovia, aplastan a sangre y fuego la "primavera de Praga".

El 2 de octubre una multitudinaria manifestación estudiantil en México, después de meses de huelgas y protestas de obreros, docentes y estudiantes bachilleres y universitarios de la UNAM, culmina con una masacre. Tropas del ejército abren fuego contra la multitud en la Plaza de las Tres Culturas (Tlatelolco) y asesinan decenas de estudiantes. Ese mismo mes se inauguran los Juegos Olímpicos y el gobierno mexicano se jacta de que ha asegurado la tranquilidad social.

La rebelión pacífica se encarna en el nuevo rock progresivo y psicodélico que acumula fuerzas en los festivales de Monterrey y en la isla de White, y culmina con más de 400 mil jóvenes reunidos en Woodstock entre el 15 y el 17 de agosto de 1969. La música sirve para amalgamar un símbolo generacional del pacifismo, el amor desprejuiciado y la solidaridad en un país que se ufana de hacer la guerra contra una pequeña nación ubicada en el otro extremo geográfico y cultural del planeta. A pesar de las crecientes protestas, el presidente Richard Nixon, si bien disminuye las fuerzas militares en Vietnam, intensifica los bombardeos incluyendo a la vecina Camboya. Para abril de 1969 los soldados estadounidenses muertos en Vietnam suman 33 mil, más del total de bajas de la guerra de Corea. Las deserciones, los asesinatos de oficiales y el consumo de drogas minan el poder de los "yanquis". La guerra, sin embargo, se extenderá todavía seis años más.

El prólogo de la tempestad

A principios de 1969 la situación argentina parece "de cielo despejado", alejada de las turbulencias del mundo. Onganía, alzado como un padre todopoderoso de la sociedad, es la garantía del orden, una barrera para que las "ideas disolventes" –no sólo políticas– no penetren en la sociedad local. El moralismo y el puritanismo que se desea imponer, sin embargo, son resistidos de modo creciente por la sociedad, y en especial por la juventud.

En el plano económico, también tras una apariencia de buenos resultados, las dificultades se acumulan. En 1968 el plan del ministro Krieger Vasena exhibe logros: crecimiento del 5 % en el PBI, una inflación inferior al 10 % anual y balanza de pagos con superávit de 200 millones de dólares. Grandes obras públicas como centrales atómicas, hidroeléctricas y de comunicaciones satelitales muestran un país pujante.

El Mayo francés, la desobediencia

¿Qué era lo que estaba pasando? Contrariamente a la creencia general, toda esta energía rebelde no puede explicarse –al menos, no exclusivamente– por la juventud de los involucrados. Derivaba, más bien, del encuentro entre todos aquellos jóvenes y el espectacular apoyo moral que recibieron de los grandes intelectuales de la época. Es posible que una parte considerable de la audacia de los rebeldes, y de su radicalismo, surgiera del aliento explícito puesto de manifiesto por Jean-Paul Sartre, Jean Genet, Herbert Marcuse, Noam Chomsky y el resto. Bertrand Russell, ganador del premio Nobel de Literatura, rompió públicamente su credencial del Partido Laborista británico y condenó, al aire, el "despreciable oportunismo" de los líderes del partido. ¿Se puede pensar en un equivalente a algo así hoy? ¿Y dónde está el intelectual con suficiente prestigio simbólico para hacerlo? Esto es lo que registran las fotografías de la época: la ausencia de miedo y de culpa, y la determinación para actuar. Los intelectuales no tenían miedo de romper definitivamente con lo que ahora se llaman los "partidos en el poder" –la frase que hoy usa la gente para designar la impotencia de quienes gobiernan–. En los EE.UU., el Dr. Benjamin Spock, pediatra y autor de uno de los best-séllers más exitosos en la historia editorial, *The Common Sense-Book of Baby and Child Care* [El libro del sentido común sobre el cuidado de los niños], había estado bombardeando la Casa Blanca con cartas de protesta desde 1964, acusando al presidente Johnson de traicionar sus promesas electorales. A comienzos de 1968, produjo un texto familiar para aquellos que firmaron la reciente petición contra las políticas inmigratorias en Francia: era un "Llamado a la resistencia a la autoridad ilegal".

Después del manifiesto firmado por 121 personalidades en contra de la guerra argelina de Francia, el del Dr. Spock fue el segundo llamamiento en importancia a la desobediencia civil después de la Segunda Guerra Mundial. Instaba a la acción ilegal para facilitar la resistencia a la guerra de cualquier manera posible. Entre los que firmaron estaban Philip Roth, Susan Sontag, Grace Paley, Allen Ginsberg, Robert Coover, Nelson Algren, James Baldwin, Norman Mailer, William Styron y Thomas Pynchon. Spock y los otros cuatro promotores del llamamiento fueron juzgados. El juicio estuvo en todos los medios y el debate sobre la cuestión de la desobediencia civil enfrentó a los políticos (que estaban todos en contra, por supuesto) con los artistas y los intelectuales (que manifestaron abrumadoramente su apoyo).

Eric Hobsbawm,
Clarín, "Segunda sección",

"Por algún tiempo –destaca David Rock– el plan produjo una transformación aparentemente mágica. [...] Muchos observadores pensaron que el largo y ansiosamente esperado milagro económico argentino finalmente había llegado. En febrero de 1969, el Plan Krieger Vasena fue aclamado en Washington como 'una de las historias de mayor éxito económico de la posguerra'."

Por otro lado, superados los iniciales conflictos sindicales y universitarios, Onganía parece haber impuesto una paz política aceptada por los partidos y por la CGT de orientación "participacionista" dirigida por Augusto Vandor. Contra esta presunta calma y prosperidad, el sociólogo Julio Godio señala que "a principios de 1969 el país parecía un polvorín seco":

"Comenzaron a aumentar rápidamente los precios internos, mientras los salarios continuaban congelados y crecía el descontento en el campo por la política de retenciones y las restricciones a la exportación. A ello se sumó el descontento de gran parte de la burguesía industrial nacional media, que protestaba por la estrechez del mercado interno y el alto costo del dólar para la importación de equipos. El fracaso de la política económica se extendió al plano político y cultural."

En lo profundo de la sociedad, más allá de los prolijos organigramas, comienzan a gestarse cambios que sólo algunos pocos observadores entrenados alcanzan a detectar.

El Mayo argentino

Córdoba con nuevo perfil social

El desarrollo industrial de la ciudad de Córdoba es el más explosivo de la Argentina posperonista. Según un estudio de Colomé y Palmieri, en *La industria manufacturera en la ciudad de Córdoba*:

"En la década de 1950, Córdoba se convirtió en el centro de un nuevo tipo de desarrollo industrial en América Latina, caracterizado por tasas extremadamente rápidas de crecimiento pero concentrado en un solo sector industrial [la industria automotriz] tecnológicamente complejo y sin la gama de cambios económicos, sociales y políticos generalmente asociados a un proceso genuino de industrialización."

La velocidad de la transformación ciudadana es notable. Cuando Perón asume su primer gobierno (1946), el 47,9 % de los empleos industriales se concentra en las industrias livianas tradicionales (mataderos, cervecerías, molinos harineros, unas pocas textiles) y otro 9 % corresponde a industrias intermedias, como la producción de cemento. La gran mayoría del restante 43 % se ocupa en sectores "no tradicionales" y, especialmente, en dos empresas, la Fábrica Militar de Aviones y los talleres ferroviarios, establecimientos que se dedican a la reparación, no a la fabricación. Siete años después, con las Industrias Aeronáuticas y Mecánicas del Estado (IAME) comienza a cambiar el perfil y, con gran dinamismo, hacia 1961 el 75 % de la mano de obra industrial es absorbida por la industria mecánica, que produce el 83 % del producto industrial de la ciudad.

Entre mediados de la década del 50 y principios de la del 60, se radican en el país la italiana Fiat, la nueva IKA (Industrias Kaiser Argentina) proveniente de los Estados Unidos y la francesa Renault. Por impulso de Frondizi, comienzan a operar también las fábricas de Ford, General Motors, Chrysler, Mercedes Benz y Citroën en diversas localidades del Gran Buenos Aires.

Hacia 1970, la tradicional Córdoba, culta pero conservadora y con una Iglesia católica de fuerte presencia y arraigo, es ya una sociedad con perfil social diferenciado. Un 35 % de la mano de obra se ocupa en empresas de servicios, otro 35 % son trabajadores industriales; el comercio y los bancos y seguros reúnen un 20 %, y un 10 % tiene trabajos diversos. Lo notable es que el 40 % de los obreros industriales se ocupa en las grandes empresas mecánicas, lo que representa un 15 % del total de trabajadores de la ciudad. Esta concentración tendrá consecuencias sociales y políticas:

> "El inusual desarrollo industrial de Córdoba –destaca Brennan– movió el centro del conflicto laboral de la ciudad hacia las fábricas automotrices, y sus sindicatos adquirieron una importancia política que, sencillamente, no era accesible a los trabajadores em-

Los dibujos y afiches de Ricardo Carpani, expresión de una gráfica comprometida.

pleados en las plantas textiles o los talleres metalúrgicos locales. [Surgió] El conflicto entre dos tipos de gremialismo, parcialmente expresados en términos políticos como peronismo y clasismo, pero también, lo cual era más importante para la mayoría de los trabajadores, como dos enfoques distintos del manejo de los sindicatos. [...] Sin embargo, la identidad colectiva de la mayoría de los trabajadores los arrastraba a una militancia [el clasismo] que no requería que renegaran de sus lealtades peronistas."

El *boom* de las empresas mecánicas origina una clase obrera virgen, sin demasiada especialización, con escasa tradición sindical y poco habituada al peso de los tradicionales aparatos burocráticos construidos bajo el peronismo. Otro hecho singular se suma: dadas las limitadas perspectivas profesionales para la mayoría de los universitarios (las empresas IKA-Renault y FIAT sólo destinan a franceses e italianos en los principales puestos de conducción), la numerosa población estudiantil trabaja a la par de los obreros, incluso en las mismas líneas de montaje. Así, el proletariado cordobés comienza a tomar distancia del acostumbrado paternalismo sindical y a afirmarse, cada vez más, en su autonomía.

Un nuevo sindicalismo

Ya en 1955 los sindicatos en Córdoba tienen un estilo más pluralista que en Rosario y Buenos Aires. Agustín Tosco, a los veintisiete años, asume como secretario general de Luz y Fuerza, en 1957. También entre los gráficos y ferroviarios hay dirigentes que no responden al modelo verticalista del peronismo. El trabajador cordobés tiene, además, cierta identidad provincial de la que se siente especialmente orgulloso. Estos matices se expresan, por ejemplo, en el programa que la CGT aprueba en 1962 en Huerta Grande, que incluye consignas radicalizadas y que serán reivindicadas por el peronismo combativo.

El Sindicato de Mecánicos y Afines del Transporte Automotor (SMATA) es, hasta 1957, un pequeño gremio que agrupa a los mecánicos de las estaciones de servicio. Tras la reorganización sindical ordenada por Aramburu, una mayoría del Partido Comunista conquista la dirección del gremio y firma un primer convenio con IKA. En 1958 gana la conducción sindical Elpidio Torres, peronista de línea moderada, quien mantiene distancia de los sectores "duros" de la CGT y las 62 Organizaciones, y galvaniza a los peronistas de la empresa. Continuando una tradición que él inaugura, los paros "activos" y las asambleas caracterizarán al gremio durante la década siguiente.

Otro panorama enfrentan los obreros de FIAT, donde la empresa mantiene una política poco negociadora. Los trabajadores se suscriben inicialmente a la UOM pero Frondizi y Alsogaray, deseosos de complacer a la empresa que se radica, autorizan que se formen sindicatos de planta. Los Sindicatos de Trabajadores de Concord, Materfer y Grandes Motores Diesel (SITRAC, SITRAM y SITRAGMD) obtienen la personería en 1964.

Otros gremios que han adquirido personalidad propia son la Unión Tranviarios Automotor (UTA), que tiene más de mil afiliados y es dirigida por un peronista "autónomo" como Atilio López, y la UOM de Jerónimo Carrasco y Alejo Simó, quienes hacen gala de una independencia respecto de Vandor impensable en cualquier otra filial. Los sindicatos independientes, unos veinte, entre los que están los trabajadores de la Empresa Provincial de Energía (EPEC), los gráficos orientados por el radical Juan Malvar, la sanidad y los empleados de correos y telecomunicaciones, reconocen como líder a Agustín Tosco, un trabajador lector, inteligente, al que no le hacen mella las burlas de ciertos grupos populistas que lo desprecian por "intelectual". Los trabajadores de energía, con un empleo estable y relativamente bien renumerado, son un ejemplo de pluralismo y espíritu democrático; el sindicato promueve muchas actividades sociales y culturales.

La nueva realidad provincial impregna la vida sindical. El movimiento obrero cordobés y su dirigencia tienen rasgos más democráticos, combativos e independientes de los centros de poder que en cualquier otro punto del país con concentración industrial.

El movimiento estudiantil

Para fines de los 60 hay en la ciudad de Córdoba unos 30 mil estudiantes, 5.000 de los cuales cenan cada noche en el populoso comedor universitario. La cultura estudiantil tiene rasgos peculiares; atraídos por el prestigio secular de la casa de estudios, llegan alumnos de Perú, Bolivia, Paraguay y varios países centroamericanos. La Federación Universitaria (FUC) y las agrupaciones estudiantiles son toda una tradición local (de peronistas, reformistas, marxistas y socialcristianos tercermundistas) y se sienten herederas de la Reforma Universitaria de 1918. Todo ello, en el marco de ebullición política e intelectual que, desde otros países, catapulta a la juventud a los primeros planos de la sociedad.

La particular relación entre el movimiento obrero y el estudiantil registra un momento simbólico el 7 de septiembre de 1966, poco después de la "noche de los bastones largos" y durante una de las primeras protestas estudiantiles contra el régimen militar, en la que Santiago Pampillón, estudiante de ingeniería y trabajador de IKA, cae muerto de un balazo en el Barrio Clínicas. David Rock destaca que la confluencia obrero-estudiantil en el Cordobazo "fue en parte resultado de que muchos estudiantes diurnos trabajaban en turnos de noche en las fábricas, y muchos jóvenes obreros eran estudiantes nocturnos; estos dos grupos establecieron un conducto entre los asuntos de la universidad y los de las fábricas". De este modo, dos factores decisivos concurrirán en el futuro curso de los acontecimientos: una clase obrera ilustrada que incluye sectores de alto nivel técnico y que no soporta el lastre de la burocracia sindical peronista sobre sus hombros y una capa estudiantil a la que nunca con mayor precisión vale denominarla como un verdadero "movimiento".

En Rosario y Tucumán, los aldabones...

Dos grandes huelgas, de petroleros en Ensenada y en la empresa gráfica Fabril Financiera de la Capital, prenuncian que la clase trabajadora abandona la pasividad ante el régimen. En la golpeada provincia de Tucumán –en la que el cierre de ingenios ha provocado un súbita desocupación para miles de obreros y zafreros– se producen también manifestaciones que alcanzan cierta dimensión en Villa Quinteros y Villa Ocampo, donde se pliegan los estudiantes.

El malestar con el gobierno comienza a involucrar incluso a sostenedores de la Revolución Argentina, como el ex presidente Frondizi, quien el 21 de abril de 1969 declara: "Se ha cerrado una etapa de la revolución nacional; ésta ha sido una etapa de frustración pero no ha sido inútil. Sirvió para que maduren los principios de la revolución en los sectores responsables de consumarla hasta el fin". El miércoles 22 un cable enviado a una importante agencia europea consigna:

> "El ex presidente argentino Arturo Frondizi solicitó ayer la destitución del presidente Juan Carlos Onganía. Los argentinos recuerdan que el 24 de julio de 1955, seis semanas antes del derrocamiento de Juan Perón, pidió la caída de ese gobernante en un discurso, y el 23 de junio de 1966 pronunció un explosivo discurso augurando la caída de Arturo Illia, que fue derribado cinco días más tarde."

Con el ambiente estudiantil caldeado por la demorada restitución de la autonomía universitaria, la censura rayana en el ridículo y la falta de una política coherente, cualquier medida imprudente podía encender el polvorín. El rector de la Universidad del Noreste, Carlos Walter, en el marco de un ajuste presupuestario, dispone privatizar el comedor universitario. Los estudiantes de Corrientes y Resistencia, afectados por el alza de precios del comedor, realizan una movilización pacífica que reúne a unas 4.000 personas –una cifra

Tras los acontecimientos de mayo de 1969 la Argentina cambió de rumbo.

importante para la región– y es reprimida. En los incidentes, el 15 de mayo hay decenas de heridos y muere el joven Juan José Cabral, de veintidós años.

Como rescata Alejandro A. Lanusse, "era la chispa que faltaba para que comenzara a incendiarse el país". El hecho provoca repudios entre los universitarios de toda la República y, en Rosario, muere otro joven estudiante, Adolfo Ramón Bello. El 21 de mayo, mientras se realiza un paro estudiantil en casi todo el país, una multitud participa de la "Marcha del Silencio" que culmina en un gran alzamiento. Los estudiantes y empleados públicos levantan barricadas y se defienden de la represión utilizando bombas molotov y piedras provenientes del adoquinado de las calles. Un grupo intenta tomar Radio LT8 para difundir una proclama, pero fracasa y una carga de la policía montada provoca una nueva víctima, Luis Alberto Blanco, de sólo quince años. Concluía así el "Rosariazo".

Las dos CGT nacionales, Azopardo, dirigida por el metalúrgico Vandor, y la CGTA (o de Paseo Colón), orientada por el gráfico Ongaro, se ven compelidas a responder en forma unitaria. Un plenario sindical de Rosario, de amplia representatividad, exige a las cúpulas gremiales que convoquen a un paro general.

El 23 de mayo, en coincidencia con la organización del funeral de Blanco, se paralizan las actividades en Rosario y las dos CGT locales conforman una nueva conducción unitaria. El gobierno ha declarado a la ciudad "zona de emergencia" bajo control militar, y se ampara en el Estatuto Nacional de Defensa, que permite aplicar castigos sumarios. Sin embargo, ante la nueva marcha prefiere replegarse para no echar más leña al fuego. La manifestación es masiva. Las columnas desfilan durante cinco horas para llegar al cementerio. Desde ese día no se producen nuevos incidentes y Rosario retorna a una tensa calma. Hay algunas protestas en Salta –donde un grupo de estudiantes invade el aristocrático club 20 de Febrero– y en La Plata, pero el nudo de los hechos se traslada a Córdoba y Tucumán.

En San Miguel, desde la muerte de Cabral, se producen nuevas movilizaciones, y entre el 19 y el 25 de mayo, todos los días hay escaramuzas y enfrentamientos con la policía. La noche del 27, ya con los informes de que la situación cordobesa era delicada, se enciende la mecha. El día anterior había sido prohibida una "marcha del silencio" en homenaje a Cabral, Bello y Blanco. La convocatoria del 27, en cambio, es acompañada por un gran apagón. En la oscuridad, miles de tucumanos –en su mayoría, estudiantes– ocupan la Plaza Independencia: hay decenas de heridos y unos 50 detenidos. La situación golpea en la conciencia de los obreros azucareros de la FOTIA. El 28 las refriegas llegan a la cercana localidad de Tafí Viejo, donde hay grandes talleres ferroviarios. Ángel Rearte, un trabajador, muere de un tiro en la cabeza. El gobernador Avellaneda acusa a "peligrosos extremistas infiltrados entre la población" y dispone la entrada en escena del Regimiento 19 de Infantería.

...en Córdoba, la campana

Un episodio en apariencia poco relevante pone en movimiento a los obreros mecánicos cordobeses. Los empresarios tratan de establecer una rebaja salarial amparándose en su condición de industriales del interior. La medida, conocida como "quitas zonales", es rechazada por los trabajadores. El 14 de mayo el Smata se moviliza pacíficamente contra esta resolución y el intento patronal de modificar el "sábado inglés". El nuevo proyecto pedido por la UIA a Krieger Vasena a fines de marzo es aceptado por el gobierno, que deroga la ley el 12 de mayo suspendiendo su aplicación en las provincias donde estaba vigente (Córdoba, San Luis, Mendoza, Santiago del Estero y Tucumán). Una asamblea de 3.000 trabajadores mecánicos es declarada ilegal por la policía provincial y se la intenta disolver con gases lacrimógenos. Todo termina en una gran batahola con muchas vidrieras rotas, 10 policías internados, 20 trabajadores detenidos y 6 patrulleros y un ómnibus incendiados o estropeados.

Los mecánicos no están solos. A principios de mes los conductores de ómnibus de la ciudad, agrupados en la UTA y conducidos por Atilio López, enfrentan una reestructuración y paralizan el transporte en reclamo del reconocimiento a su antigüedad laboral. La represión no hace sino propiciar que ciertas demandas sindicales se conviertan en políticas. El 16 de mayo se cumple –a escala provincial– un paro general de veinticuatro horas. Los metalúrgicos y conductores adhieren y agregan sus reclamos específicos. Desde ese día la agitación se instala en la capital mediterránea. Agustín Tosco resume las demandas:

"¿Qué exigía ese pueblo en lucha? Exigía respeto a su soberana voluntad; exigía la normalización institucional, para que el gobierno fuera elegido por decisión de la mayoría de la población, sin persecuciones para con las ideas y doctrinas de ningún argentino. [...] Exigía que se aumentaran los salarios en un 40 % que era lo que había crecido el costo de vida. [...] el respeto al derecho de asociación, reunión y libre expresión, [...] la defensa del patrimonio nacional absorbido, cada vez más, por los monopolios extranjeros, [...] la creación de nuevas fuentes de trabajo, para eliminar la desocupación que trae miseria y desesperación en los hogares, [...] la reincorporación de los cesantes y el levantamiento de las sanciones por haber hecho uso del derecho constitucional de huelga, [...] una Universidad abierta a las posibilidades de los hijos de los trabajadores y consustanciada con los intereses del país, [...] la eliminación de las quitas zonales, que reducen las remuneraciones de los obreros por el solo hecho de vivir en el interior del país, [...] la restitución del sábado inglés, que disminuyó los salarios en más del 9 % y aumentó la jornada laboral."

Las consignas expresan una fuerte politización del movimiento, que excede los meros reclamos gremiales. Decenas de activistas estudiantiles y obreros realizan actos relámpago, volanteadas y "habladas" en el comedor de la Ciudad Universitaria y a las puertas de las fábricas y, en ciertos barrios de concentración estudiantil, se comienza a apedrear a los vehículos policiales o militares que patrullan. El 17 de mayo el rector de la universidad dispone el cierre de la casa de estudios; esta medida, en lugar de recluir a los alumnos en sus casas o pensiones, los lanza a la calle. El día de la patria, aunque es domingo, el propio Tosco visita y habla en la universidad.

El Barrio Clínicas, ubicado a unas veinte cuadras del centro de la ciudad, se convierte en el bastión que reúne a los estudiantes. El 26 la zona es tomada por los universitarios. Cortan la luz, levantan barricadas, se defienden con hondas y bombas molotov y crean ingeniosos modos de comunicación, como un código basado en golpes a los caños del alumbrado público para alertar movimientos policiales o inducir acciones propias. Todo se va inventando sobre la marcha y el 26 a la noche el Clínicas está en poder de los estudiantes; la policía no podrá entrar hasta la madrugada siguiente.

Las simpatías con la protesta son cada vez más extensas. A una provincia de tradicional adhesión al radicalismo le inquietan las amenazas corporativistas del gobernador Carlos Caballero, sospechado de querer instrumentar los planes elaborados por el ministro de Interior Guillermo Borda. Su estilo autoritario molesta, incluso, a sectores conservadores que, en general, adhieren al onganiato. Un grupo del radicalismo el 24 intenta realizar un congreso en La Cumbre, que es prohibido. Se emite una declaración:

> "Frente a la ruptura de la instancia electoral, la UCRP entiende que sólo le queda al pueblo la salida revolucionaria que no espera transformar la vieja estructura: la destruye; que no transa con las últimas pautas del privilegio: lo liquida; que no negocia con la extranjería que ha ofendido al país lesionando su patrimonio: nacionaliza sus bienes."

Raimundo Ongaro, que viaja para expresar su solidaridad, es detenido el 27 apenas desciende en la estación de trenes, y enviado de regreso a Buenos Aires en avión. Las dos CGT cordobesas deciden anticipar en un día la convocatoria nacional a un paro general de veinticuatro horas hecha para el 30. En Córdoba, el paro será de treinta y siete horas, desde las 11 del jueves 29. El día anterior una reunión de la que participan Tosco, Torres, López, Miguel Ángel Correa, Alfredo Martini (mano derecha de Simó) y dirigentes de la FUC, diseñan y coordinan el recorrido de las diversas columnas para la marcha programada para el inicio del paro. Los cuatro sindicatos principales (UOM, SMATA, UTA y Luz y Fuerza) tienen asignados sectores separados de la ciudad para resistir en ellos en caso de represión. Los gremios de FIAT no participan del encuentro y sólo una parte de su personal abandonará la planta el 29.

El 28 por la noche las redadas policiales "levantan" cerca de 500 sindicalistas y estudiantes, que quedan presos, y las gestiones de Vandor con Simó y Torres, intentando transformar la convocatoria en "paro dominguero", fracasan. Los dirigentes locales admiten que ya no pueden contener la protesta.

Atilio López, dirigente de la UTA de Córdoba y del "peronismo combativo".

Los gobiernos nacional y provincial y los diversos servicios de inteligencia siguen de cerca los acontecimientos pero menosprecian las posibilidades de éxito de la manifestación. En la órbita provincial se cree que las fuerzas policiales alcanzarán para mantener el control. Sin embargo, la noche anterior ya eran visibles dos políticas. En la reunión del Consejo Nacional de Seguridad (CONASE), Lanusse, el almirante Gnavi y varios ministros empujan una salida política, mientras que Borda, Eduardo Señorans (de la SIDE) y el jefe de la Policía Federal se inclinan por la instauración del estado de sitio y la represión. Onganía trata de preservar cierta imagen pública, rechaza esta propuesta y decide apoyar al secretario de Justicia Conrado Etchebarne, que autoriza "la formación de tribunales militares especiales para aplicar justicia sumaria a los civiles acusados de cometer o de conspirar para cometer actos de violencia tales como el incendio intencional y la rebelión".

El gobierno parece no tener demasiado en cuenta los resultados de la encuesta que publica *Primera Plana*: el 64 % de la población responsabiliza al gobierno de las muertes de Corrientes y Rosario y un 75 % de los estudiantes sostiene que la situación "es producto del descontento general"; sólo un 22 %, siguiendo al ministro Borda, culpa "a los extremistas".

El Cordobazo

Desde el amanecer, la tensión se respira en el aire de la ciudad. La policía traza un cerco sobre el centro y cierra especialmente el paso en los puentes del Río Primero, que mantienen comunicados barrios populosos como Alta Córdoba y San Vicente, y los cruces de "la cañada", un riacho entubado que divide al Barrio Clínicas y la Universidad del casco céntrico. Grupos dispersos se mueven por todas partes –algunos con bolsos, palos para sostener pancartas y trapos– y los comerciantes que abrieron sus negocios, cierran las puertas a media mañana. Los contingentes policiales se hacen especialmente numerosos allí donde pretenden detener a los manifestantes.

A partir de las 10.30 los obreros del cinturón industrial, particularmente de Ferreyra y Santa Isabel, inician su marcha hacia el centro. Las columnas, nutridas, compactas, casi sin carteles que identifiquen sus reclamos u organización, crecen a su paso por los barrios: los pobladores se suman por miles. La marcha es de varios kilómetros y recién hacia el mediodía alcanza el centro. Ya no son sólo los principales gremios convocantes. Para entonces se distinguen grupos de empresas metalúrgicas, del gremio del calzado, de obreros del vidrio y la construcción, de petroleros y ferroviarios de Talleres y Alta Córdoba. Los empleados estatales, judiciales y municipales se dan cita en la Cañada y 27 de Abril, cerca del Paseo Sobremonte. Algunos estudiantes llevan bolsas con gatos y bolitas, destinados a entretener a los perros policiales y a asustar a los caballos. Al principio, el plan previsto parece poder cumplimentarse.

"A media mañana del día señalado –recuerda *La Voz del Interior* veinticinco años después– se cortó el último hilo de calma. Alrededor de tres mil trabajadores de la fábrica

IKA Renault abandonaron la planta de Santa Isabel y se pusieron en marcha hacia el centro. Al llegar a la actual plaza de las Américas, la policía trató de disolver la manifestación con gases lacrimógenos pero se encontró con las primeras piedras en contra. Esta reacción de los mecánicos sería el detonante del abierto enfrentamiento que se viviría en las próximas horas. [...] Se incendiaban autos para contener el avance uniformado y combatir los gases lacrimógenos. Las barricadas se armaban, en muchos casos, con la ayuda de los vecinos."

Las columnas logran pasar los retenes y, desafiando las cargas de la policía montada, llegan al centro, al cruce de las avenidas Colón y General Paz. La columna de IKA, que encabeza Elpidio Torres, recibe gases en Arturo Bas y la Cañada; poco después, se oyen tiros y el obrero Máximo Mena cae con un disparo en la cabeza. Su muerte exalta los ánimos y los trabajadores cargan con más furia que elementos contra la Policía y la Gendarmería, forzándolos a abandonar el lugar. Simultáneamente, otro grupo del SMATA se reúne con una columna estudiantil salida del Barrio Clínicas. También son recibidos con descargas de FAL y pistolas calibre 45 y en esta trifulca mueren dos obreros, Manuel Romero y Mariano Pe-

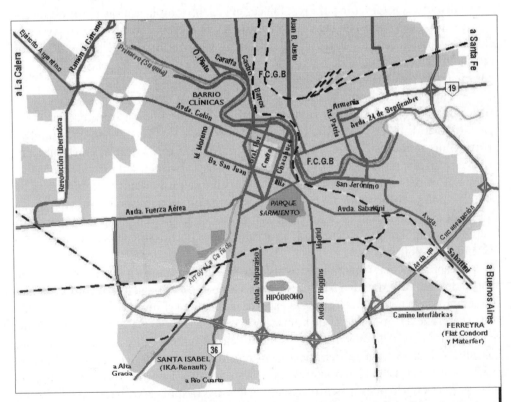

Plano de la ciudad de Córdoba, sobre la base del Atlas de la República Argentina del IGM (1999), escenario de los principales acontecimientos.

reyra, y un estudiante, Daniel Castellanos. La policía dispara pero retrocede en desorden abandonando incluso los autos. Algunos manifestantes, con aerosol, escriben en las paredes: "Soldado, no tires contra tu pueblo", "Soldado, no mates a tu hermano".

Pasado el mediodía, el general Eleodoro Sánchez Lahoz, comandante del III Cuerpo de Ejército, fiel a las directivas de su jefe Lanusse, se niega a hacer participar a las tropas, aunque están perfectamente alistadas y con un claro plan de acción. El gobernador Caballero le pide al ministro Borda que interceda ante Lanusse, pero el comandante evita comprometerse aún. Onganía empieza a tener la impresión de que Lanusse demora la represión intencionadamente para desgastar al gobierno. Esa misma mañana, en la tradicional conmemoración del Día del Ejército, Lanusse ha dicho: "Es necesario comprender que no debe considerarse enemigo a todo aquel que sustente ideas diferentes o reclame soluciones no acordes con las que están en vigencia. [...] Nuestra institución no está para la represión indiscriminada, sino para facilitar la paz, asegurarla, apaciguar los ánimos y posibilitar así el clima indispensable para la construcción de la Argentina que todos deseamos".

En las primeras horas de la tarde los manifestantes dominan cerca de 150 manzanas. Las fuerzas de represión están totalmente desbordadas; la policía se encierra en las comisarías y en el Departamento Central. A las 15.45 Sánchez Lahoz comunica que el Ejército se dispone a intervenir para restablecer el orden y emplaza a los manifestantes a abandonar la lucha antes de las 17. Para entonces, la mayoría de los obreros y vecinos allegados ya están camino de regreso a sus barrios y la continuidad de la manifestación queda, fundamentalmente, en manos de estudiantes. La policía sólo controla unas diez manzanas que rodean al Departamento Central.

Mientras el despliegue militar empieza a disolver la mayoría de los núcleos activos, varios grupos de estudiantes atacan objetivos diversos: unos la Terminal de Ómnibus, otros el Ministerio de Obras Públicas y el edificio de Gas del Estado; un tercer grupo –muy numeroso– sitia la Comisaría 9ª y amenaza con irrumpir en el Banco de la Nación; las oficinas de Xerox Corp. y un concesionario Citroën son incendiadas. Muebles y bustos del Círculo de Suboficiales arden en una pira mientras alguien saca un piano, se pone a tocar y, por un buen rato... se arma un increíble baile. Sin embargo, y a pesar de estos hechos, fueron muy pocos los casos de saqueos o pillajes; el carácter de la violencia popular que se desencadena al calor de los hechos fue, selectivamente, contra símbolos "políticos".

Al caer la noche, suenan disparos aislados de algunos francotiradores apostados en azoteas del Clínicas, Alberdi o Nueva Córdoba. De pronto, la ciudad queda completamente a oscuras: la mano de un electricista experto interrumpe el suministro general. El corte de energía genera, por un par de horas, cierto desconcierto en el Ejército y permite que se reorganicen los pequeños núcleos dispuestos a continuar la pelea. La Aviación Militar ausculta la ciudad y trata de identificar focos rebeldes empleando potentes reflectores. El ruido sordo de los vehículos militares anuncia su cercanía. La gente los recibe arrojando piedras, macetas y lo que encuentra a mano. Unos días después el comandante declarará: "Me pareció ser el jefe de un ejército británico durante las Invasiones Inglesas. La gente tiraba de todo desde sus balcones y azoteas".

La calma tardará en ser recuperada; recién pasado el mediodía del 30 de mayo Córdoba, en huelga total, recupera la "normalidad". Como sucede habitualmente en estos casos, nunca se arriba a una cifra única de bajas. El informe oficial asevera que hubo 12 muertos y un centenar de heridos. Otras fuentes elevan la cifra de muertos a 30, e incluso a 70, según informa Luis Alberto Romero.

Lanusse llega a Córdoba y aclara que "no es momento de hablar sino de reflexionar". Perón, por su parte, también arrima su perspectiva sobre los hechos y el onganiato:

"Frente a semejante anacronismo no puede quedar otra solución que prepararse de la mejor manera para derribar semejante estado de cosas, aunque para ello deba emplearse la más dura violencia."

El Cordobazo abre una brecha entre Onganía y Lanusse, que no se cerrará. Desconfianzas y recelos mutuos son expresión de proyectos políticos opuestos. Perón, en Madrid, será el otro jugador en la nueva partida que comienza ese 29 de mayo.

Casi una insurrección

Se estima que unas 30 mil personas participaron del Cordobazo. Fueron la avanzada del descontento general y recibieron el apoyo de la mayoría de la población, que las refugia, y que funciona, de hecho, como retaguardia. Si los sucesos no pueden caratular-

Los manifestantes cordobeses expresaron un sentimiento generalizado en la sociedad.

se como una insurrección lisa y llana es porque, a pesar de las multitudes alzadas y los cientos de choques parciales con la policía, no hubo un verdadero enfrentamiento general. Además, por parte de los manifestantes tampoco se recurrió al uso de armas de fuego, más que las de algunos francotiradores aislados.

La ciudad, durante varias horas, estuvo en manos de la gente, pero la protesta careció de dirección: "La gente salió por las suyas y nadie dirigió nada", dirá Tosco. El informe citado de *La Voz del Interior* llega a similares conclusiones:

> "La coordinación que algunos grupos presentaban en la lucha callejera, y el diagrama con que las columnas se movilizaron, hablaban de un impulso inicial organizado. Pero la espontaneidad popular fue un rasgo esencial para la intensidad que llegaron a alcanzar los hechos, como lo reconoció el propio general Lanusse en sus memorias: 'Estoy totalmente seguro que eso estuvo lejos de ser obra exclusiva de la subversión. Los elementos subversivos actuaron y, en algún modo, marcaron el ritmo. Pero en la calle se veía el descontento de toda la gente. [...] puedo decirle que fue la población de Córdoba, en forma activa y pasiva, la que demostró que estaba en contra del gobierno nacional en general y del gobierno provincial en particular'."

También Robert Potash suscribe lo central del análisis y abre un abanico de cuestiones concurrentes:

> "Los hechos que llegaron a conocerse como el 'Cordobazo' no fueron resultado de una conspiración planificada por revolucionarios profesionales para derrocar al gobierno, sino más bien fueron la desembocadura, en parte prevista, en parte imprevista, de una cantidad de factores: los esfuerzos de organización de los líderes laborales y estudiantiles; el estímulo de ciertos políticos y sacerdotes católicos; la participación espontánea de una cantidad de gente que encontró una válvula de escape para sus frustraciones; la participación, por cierto, de una cantidad indeterminada de agitadores profesionales y, además, el fracaso de las autoridades tanto provinciales como nacionales, en tomar medidas oportunas para desactivar la situación."

El movimiento reconoce tres líderes centrales: Elpidio Torres, Atilio López y "el Gringo" Tosco. Los dos primeros, que intentan constreñir el planteo a llamar la atención sobre las cuestiones gremiales, son superados. Con un discurso que incorpora propuestas políticas, Tosco enlaza las reivindicaciones obreras con las estudiantiles, pero tampoco alcanza a prever las dimensiones que alcanzará la protesta. Por eso, el mismo día de los hechos, los dirigentes permanecen en los locales sindicales y allí son detenidos: Tosco, Torres, Felipe Alberti y Tomás Di Toffino entre otros, esposados, son trasladados en las primeras horas de la mañana del 30 de mayo.

Al anochecer el Cordobazo había terminado. Cientos de heridos –al menos 90 de gravedad– son atendidos en diversos centros sanitarios, y más de un millar de detenidos colman los destacamentos policiales.

El gobierno, a pesar de la intensidad de las movilizaciones, hace oídos sordos y prefiere creer –e intenta hacer creer a la población– que todo es un complot "largamente preparado", como destaca en un comunicado del 4 de junio.

"Cuando en paz y con optimismo la República marchaba hacia sus mejores realizaciones, la subversión, en la emboscada preparaba su golpe. Los trágicos hechos de Cór-

---

 ## Una rebelión improvisada

El levantamiento había excedido en mucho las expectativas de los organizadores. Si bien Tosco era el único de todos los dirigentes obreros que había imaginado algo más que una huelga general y una demostración pacífica en la sede central de la CGT, ni siquiera él previó la reacción policial o la masiva explosión popular desencadenada por ésta. Desde el momento en que fue asesinado Máximo Mena, el obrero de IKA-Renault, el Cordobazo no había seguido ningún plan. A decir verdad, algunos aspectos del levantamiento habían sido decididos de antemano. La decisión de provocar un apagón en la ciudad fue tomada por los trabajadores de Luz y Fuerza independientemente de los otros sindicatos, como un plan contingente en caso de que hubiera una dura represión de las fuerzas de seguridad. Luego de la retirada de la policía, la dispersión por los barrios y la erección de barricadas se produjo de acuerdo con las zonas asignadas a las diversas organizaciones sindicales y estudiantiles. No obstante, el carácter del Cordobazo fue más improvisado que intencional. Las organizaciones obreras y estudiantiles que habían planeado la demostración del 29 de mayo no pudieron controlar los sucesos que se produjeron cuando gran parte de la población de la ciudad se volcó a las calles, algunos como espectadores intrigados u horrorizados, pero muchos como participantes activos en la protesta. El Cordobazo se había convertido en una rebelión popular, un repudio colectivo al régimen de Onganía como resultado de las múltiples frustraciones de la ciudadanía

cordobesa, que se expresó en el comportamiento excepcional de individuos comunes y corrientes en otras circunstancias.

La naturaleza igualitaria de la protesta impresionó a casi todos los que participaron en ella. [...] Los ejemplos del apoyo de la clase media –amas de casa que llevaban comida y bebida a los estudiantes y obreros de las barricadas y familias respetables y aparentemente apolíticas que ocultaron a los manifestantes del Barrio Clínicas durante los registros del ejército en el anochecer del 29– eran innumerables, y emblemáticos de una protesta que momentáneamente había trascendido las diferencias de clase.

La clase obrera había sido el principal protagonista del levantamiento, pero los intentos de los sindicatos y en especial de Tosco por establecer algún tipo de disciplina y organización a lo largo del 29 habían fracasado ampliamente. Las detenciones de Tosco, Torres y los otros dirigentes sindicales en la mañana del 30 arruinaron toda posibilidad de preparar una resistencia obrera más coordinada y sellaron la suerte del levantamiento. Lo que había provocado el éxito inicial del Cordobazo –una explosión espontánea de furia popular que rápidamente trascendió su marco organizativo y era tan descentralizada que las tácticas policiales clásicas no podían suprimirla– se había convertido en una desventaja una vez que el ejército entró en escena.

JAMES P. BRENNAN,
El Cordobazo

doba responden al accionar de una fuerza extremista organizada para el estallido de la insurrección urbana."

El análisis de Rock contradice la tesis gubernamental:

"Si su estilo recordaba a las recientes explosiones populares del exterior, particularmente los *événements* de París de mayo de 1968, ninguna prueba apoyaba la afirmación del gobierno de que había sido provocado por 'agentes extranjeros'. En cambio, el cordobazo fue ante todo la expresión de un descontento puramente interno y una agresión alimentada por una generación de inflación y la desconfianza hacia el gobierno, un descontento latente despertado a la acción por los métodos de Onganía y los efectos del plan de estabilización."

En aplicación de la Ley Marcial, 31 dirigentes son juzgados por Consejos de Guerra, sin una defensa adecuada. Siete de ellos están en Córdoba, trece presos son trasladados a Rawson y once a Neuquén, todos juzgados por Consejos de Guerra. Entre ellos están Tosco y Torres, condenados a ocho años y tres meses, y a cuatro años y ocho meses de cárcel, respectivamente.

El asesinato de Aramburu

La dictadura en estado de coma

En enero de 1969 Onganía había anunciado que el "tiempo político" estaba lejos. Tan sólo cinco meses después la realidad es otra.

Los días que siguen al Cordobazo son agitados. Onganía se ve forzado a aceptar la dimisión de todo el gabinete, mientras escuadrones policiales realizan cientos de allanamientos y detenciones de gremialistas y estudiantes, y la CGT y la CGTA lanzan sucesivos paros generales. Los remezones de la rebelión cordobesa, además, no tardan en llegar a otros puntos de la República: en septiembre Rosario es sacudida por otro gran movimiento popular y en Cipoletti (Río Negro) se produce un alzamiento.

Por otra parte, en esos meses el país asiste a la entrada en escena de grupos hasta entonces desconocidos. El 2 de junio, ante la próxima visita de Nelson Rockefeller, representante del gobierno de Nixon, la cadena de supermercados Minimax, cuya propiedad se atribuye a Rockefeller, sufre atentados con bombas incendiarias en trece de sus sucursales y las Fuerzas Armadas Revolucionarias (FAR) se adjudican el hecho.

Durante ese mes, dos víctimas resultan de una nueva violencia también desconocida en el país: el dirigente marxista Emilio Jáuregui muere a manos de los servicios de inteligencia, y el 30 Augusto Vandor, líder indiscutido de la UOM, es asesinado en sus propias oficinas en circunstancias nunca esclarecidas. Un ignoto grupo revolucionario peronista, el Ejército Nacional Revolucionario, se adjudica el hecho. Montoneros, que a principios de 1970 es aún un grupo muy reducido, de una veintena de miembros, dirá mucho tiempo después que el ENR se incorporó a su organización. Joseph Page destaca una cita de *Panorama* del 30 de junio de 1970:

> "Algunas declaraciones atribuidas a Perón indicarían que el líder había prevenido a Vandor de que el juego que estaba jugando podría terminar en su muerte. La conducta arriesgada a la que Perón supuestamente hacía referencia era la hipotética vinculación de Vandor con el régimen de Onganía, la embajada de los Estados Unidos y la CIA; Perón le dijo al Lobo que no se podía servir a dos patrones (el movimiento peronista y sus enemigos); si no lo mataban los de un lado, lo matarían los del otro."

En este contexto, aunque por entonces resulta confuso establecer quiénes integran las células terroristas y cuáles son sus objetivos, el Peronismo Revolucionario da a conocer sus opiniones en el número 28 de *Cristianismo y Revolución*, de agosto de 1969:

> "Ante esta situación [la violencia institucional], el Pueblo, representado fundamentalmente en las jornadas de mayo-junio [...] por los trabajadores, estudiantes y amplios sectores de la clase media, puso término a la guerra fría en la que se había estancado la contienda. [...] Sin duda los tres años del Onganiato han configurado ya 'la tiranía evidente y prolongada' que justifica el empleo de la violencia para derrocarla, según reza la Encíclica *Populorum Progressio*."

Está claro que, después del Cordobazo, hay quienes consideran llegada la hora de la acción directa.

Preparativos para un recambio

En la cúpula militar también hay gran agitación. Las diferencias entre Lanusse y Onganía son inocultables y todo indica que el comandante en jefe está tejiendo una trama para suplantar al Presidente. El 7 de mayo de 1970, después de que Lanusse solicita a Onganía una reunión con los altos mandos de las Fuerzas Armadas, escribe a Washington para sondear la opinión del general Roberto Levingston, destinado en la capital de los Estados Unidos como agregado militar:

> "Estamos a la espera de la o las resoluciones que permitan superar la situación planteada. [...] Es indudable que pese a todos los inconvenientes, mucho es lo que se ha realizado para cumplir las metas principales de la Revolución. Desgraciadamente, una serie de errores u omisiones debidos a la incapacidad de ciertos funcionarios ha contribuido a crear un clima de insatisfacción e intranquilidad."

Para reemplazar al omnipotente Onganía se necesita una figura fuerte, de prestigio. Los ojos se posan en el teniente general Aramburu, que hace rato conspira contra Onganía y se mueve en pos de una salida electoral que incluya negociaciones con el mismo Perón, y que, además, tiene una antigua relación de confianza con Lanusse. El 27 de mayo Aramburu es reporteado por la publicación católica *Esquiú*: está convencido de que volverá a ser presidente en poco tiempo. Responsabiliza a la gestión del gobierno por la aparición del fenómeno terrorista y enfatiza su intolerancia hacia los sectores democráticos. Entretanto, el Presidente se anima a sostener que la "subversión contra el régimen está bajo control" y que la Revolución Argentina debe permanecer veinte años más en el poder". Sin embargo, cada vez hay menos dudas de que un golpe contra Onganía está en marcha.

La Operación Pindapoy

El 29 de mayo de 1970, en la mañana del Día del Ejército y del primer aniversario del Cordobazo, dos hombres vestidos con uniformes militares se presentan en Montevideo 1053, donde vive Pedro Aramburu. Poco después, el ex presidente de la Libertadora baja con ellos creyéndolos jóvenes oficiales. No se sorprende demasiado; la situación nacional es crítica. Tarde se percata de que ha sido raptado. Lo duermen con cloroformo y en un auto lo distancian de la capital. Once horas después, en una confitería de la avenida Cabildo al 700, aparece un conciso comunicado "al pueblo de la nación" del grupo secuestrador, que firma como "Comando Juan José Valle. Montoneros":

> "Hoy a las 9.30 hs., nuestro Comando procedió a la detención de Pedro Eugenio Aramburu, cumpliendo una orden emanada de nuestra conducción a los fines de someterlo a Juicio Revolucionario.
> "Sobre Pedro Eugenio Aramburu pesan los cargos de traidor a la patria y al pueblo y asesinato en la persona de veintisiete argentinos.
> "Actualmente Aramburu significa una carta del régimen que pretende reponerlo en el poder para tratar de burlar una vez más al pueblo con una falsa democracia y legalizar la entrega de nuestra patria. Oportunamente se darán a conocer las alternativas del Juicio y la sentencia dictada. En momentos tan tristes para nuestra Argentina, que ve a sus gobernantes rematarla al mejor postor y enriquecerse inmoralmente a costa de la miseria de nuestro pueblo, los Montoneros convocamos a la resistencia armada contra el gobierno gorila y oligarca, siguiendo el ejemplo heroico del general Valle y todos aquellos que brindaron generosamente su vida por una Patria Libre, Justa y Soberana.
> "¡Perón o Muerte! ¡Viva la Patria!"

Las dos consignas finales se reiterarán después muchas otras veces. Los Montoneros, desarrollando lo que denominan "Operación Pindapoy", interrogan a su detenido. Les interesa, especialmente, saber sobre el destino del cadáver de Eva Perón. El 31 de mayo, un nuevo comunicado informa que "el tribunal revolucionario resolvió condenar a Pedro Eugenio Aramburu a ser pasado por las armas": "Luego de ser interrogado detenidamente se ha reconocido 'culpable' de dos decretos del 9 de junio de 1956 por los cuales se legaliza la matanza de 27 argentinos sin juicio previo", y de otro decreto "por el que son condenados a muerte 8 militares". El martes 2 de junio se difunde el comunicado número 4: "A las 7 fue ejecutado Pedro Eugenio Aramburu [...]. Que Dios, nuestro señor se apiade de su alma".

En el último de los avisos, los Montoneros se presentan como organización: "una unión de hombres y mujeres, profundamente argentinos y peronistas, listos para luchar con el fusil en la mano y por la devolución del poder a Perón y su pueblo y la construcción de una nación justa, libre y soberana". Ellos serán la avanzada de las "formaciones especiales". De hecho, por un tiempo Perón los cobija como una parte más del movimiento y los Montoneros, así como las FAR y las FAP, sienten que son los depositarios del anunciado "trasvasamiento generacional" e incorporan a su léxico términos que el Líder no ahorra en sus misivas, como "socialismo nacional" y "guerra revolucionaria".

A partir de este momento, los plazos decenales de Onganía se aceleran. Los años se cuentan en horas. El gobierno, sospechado incluso de complicidad con el secuestro, se paraliza y actúa con torpeza. El ministro del Interior Francisco Imaz incurre en el colmo de los desatinos cuando desliza que Aramburu había sido protagonista de un "autosecuestro". El 8 de junio a las 11.20 Radio Rivadavia difunde un comunicado del comandante Lanusse donde dice que "la responsabilidad asumida por el Ejército en la Revolución Argentina es incompatible con la firma de un nuevo cheque en blanco al excelentísimo señor presidente de la Nación para resolver por sí aspectos trascendentales para la marcha del proceso revolucionario y los destinos del país". La Armada manifiesta su acuerdo.

Los tres objetivos de Montoneros

[La "Operación Pindapoy"] Fue en todo sentido una operación del tipo todo o nada, mediante la cual los montoneros esperaban lograr tres objetivos: el primero de ellos consistía en dar a la organización el bautismo público proclamando la responsabilidad de una acción espectacular que tendría repercusiones en todo el país.

El eco de que se produjese el día del primer aniversario del "Cordobazo" mientras los militares celebraban el día del Ejército dio más fuerza al impacto y más relieve a la fecha.

[...] En segundo lugar [...] tenía un propósito punitivo. Después de unos procedimientos judiciales simulados, destinados a establecer la legitimidad de la operación, Aramburu, como símbolo principal del antiperonismo, fue sometido a "la justicia revolucionaria" por sus ignominiosos actos del pasado (sobre todo, por haber expatriado el cadáver de Eva Perón en 1956 y por la responsabilidad de la ejecución ilegal de veintisiete peronistas en junio del mismo año).

[...] Por paradójico que pueda parecer, la tercera razón que había detrás del "Aramburazo" fue la de que Aramburu había empezado a conspirar contra el régimen de Onganía. Desde 1969, consciente de la alarmante inquietud social, habiendo estado haciendo lo posible para deponer a Onganía y dar a la Argentina una solución electoral cuasi liberal. Aunque no llegó a articular un plan por completo, éste giraba en torno a la idea de atraer a los líderes peronistas más conciliadores [...] hacia una amplia alianza política en un esfuerzo por superar el largo antagonismo entre peronistas y antiperonistas.

RICHARD GILLESPIE,
Soldados de Perón

Onganía es despedido, sin más trámite. Como un modo de demostrar quiénes son los verdaderos depositarios del poder, debe concurrir personalmente a dejar su renuncia en la sede del Estado Mayor Conjunto de las Fuerzas Armadas.

Los comandantes barajan una serie de nombres para la presidencia: el general Osiris Villegas, el brigadier Eduardo F. Mac Loughlin, el general Juan Enrique Guglialmelli, el abogado entrerriano José Rafael Cáceres Monié. Pero Lanusse tiene una carta guardada en la manga.

El ocaso de la Revolución Argentina

Levingston en la presidencia

El hombre elegido es Roberto Marcelo Levingston. Su designación es una verdadera sorpresa ya que el general, por sus funciones en Inteligencia, es completamente desconocido, no ya para la opinión pública sino incluso para los medios de prensa, que no tienen datos de él en sus archivos. Levingston jura el 18 de junio. Lanusse, según afirmará en declaraciones posteriores, apuesta a él como una figura de transición.

Poco después de su asunción, se devela el "caso Aramburu". El 1º de julio los Montoneros de Córdoba toman la ciudad de La Calera, sacan dinero del banco, inscriben leyendas como "Perón o Muerte" y estampan su firma en las paredes de la ciudad; un allanamiento logra desbaratar prácticamente a toda la célula cordobesa. Por intermedio de uno de los miembros detenidos el gobierno desovilla la trama del magnicidio. El 16 de julio llegan a una estancia de la familia Ramus ubicada en Timote, a 379 kilómetros de la Capital Federal, y en un sótano hallan el cadáver de Aramburu. Cuando se logra identificar a los miembros del grupo, Buenos Aires conoce sus caras, difundidas en miles de afiches. Sorprende saber que en el grupo milita una mujer, Norma Esther Arrostito, un hecho todavía muy poco frecuente. El 7 de septiembre la policía detecta a dos miembros de Montoneros en una pizzería de Hurlingham y Carlos Gustavo Ramus y Fernando Abal Medina, responsable directo de la "ejecución", caen baleados.

Guardando las formas oficiales, Jorge Daniel Paladino, el delegado personal de Perón, repudia el secuestro y la muerte de Aramburu. Pero al poco tiempo se da a conocer una carta de Perón a los Montoneros: "Estoy completamente de acuerdo y encomio todo lo actuado. Nada puede ser más falso que la afirmación de que con ello ustedes estropearon mis planes tácticos, porque nada puede haber en la conducción peronista que pudiera ser interferido por una acción deseada por todos los peronistas". El 28 de agosto de 1970 es asesinado José Alonso, dirigente de Soiva, el gremio del vestido, y ex secretario general de la CGT.

Entretanto, Levingston plantea "profundizar la Revolución Argentina", lo que admite diversas lecturas. Considera que los partidos políticos deben continuar disueltos pero intenta articular mecanismos de participación no tradicionales en la política argentina. Aldo Ferrer, de formación desarrollista, se incorpora a su equipo como secretario de Obras y Servicios Públicos y después ocupa el Ministerio de Economía y Trabajo. Ferrer se propone "argentinizar la economía" e implantar estrategias de crecimiento que permitan encauzar el descontento social: toma algunas medidas de corte nacionalista y populista, como el programa de expansión de créditos, la suspensión por un año del impuesto a la exportación de carnes y las restricciones para las importaciones.

Los enunciados del Presidente no son ajenos al proceso latinoamericano que resiste la penetración de los grandes capitales norteamericanos. En Perú, en 1968, se inicia un proceso nacionalista encabezado por el ejército, liderado por Juan Velasco Alvarado; desde 1971, un fenómeno parecido se da en Bolivia con el general Juan José Torres. Con el programa de una "vía pacífica al socialismo", Salvador Allende asume la presidencia en Chile e inicia un profundo proceso de reformas. Ese giro populista y ciertas imprecaciones antimonopólicas seducen a una parte del empresariado nacional.

Los comandantes se molestan con el estilo poco flexible del Presidente y consideran que parece olvidar que "ha sido puesto" en el gobierno. Sin embargo, en septiembre de 1970 Levingston reafirma que se mantendrá la proscripción de los partidos políticos y que su gobierno se extenderá por un plazo de cuatro o cinco años. En respuesta, significativamente, la UCRP y el peronismo constituyen "La Hora del Pueblo", que reclama una salida electoral. Tras los dos grandes partidos se encolumna una serie de agrupaciones menores.

El secuestro y muerte de Aramburu precipitó la caída de Onganía.

El Viborazo

El movimiento obrero cordobés, entretanto, continúa un paso adelante respecto del resto del país. En los sindicatos de las plantas de FIAT se consolidan nuevas direcciones clasistas y combativas. Los dirigentes del SITRAC y el SITRAM se oponen a las antiguas direcciones gremiales burocráticas pero, influenciados por corrientes de extrema izquierda (PCR, VC, PRT), tienden a aislarse de las preocupaciones del resto de los trabajadores. Convocan a la constitución de un "Movimiento Sindical Clasista" (MOSICLA), que en un principio atrae a buena parte de los dirigentes combativos, incluyendo a sectores de la CGT de los Argentinos.

Desde otra vertiente, durante 1970 Tosco, que recupera la libertad, organiza un encuentro con gremialistas, estudiantes y sacerdotes tercermundistas, pero el sindicato de Luz y Fuerza de Córdoba es intervenido. La CGT local forma un "Comité de Lucha" y en marzo convoca a una marcha pacífica contra el gobierno, a la que el SITRAC-SITRAM se niega a concurrir y realiza un acto paralelo. La marcha de la CGT es numerosa; esto aumenta el aislamiento de los trabajadores de FIAT. Se producen choques con la policía y fallece Adolfo Cepeda, un obrero de diecinueve años. El Comité de Lucha de la CGT y unas 5.000 personas acompañan el funeral y Agustín Tosco es el único orador del acto.

El 1º de marzo de 1971 Levingston designa nuevo gobernador de Córdoba a José Camilo Uriburu. De formación nacionalista y miembro de las elites conservadoras de la provincia, Uriburu provoca a los sectores más radicalizados con una promesa apocalíptica: "Confundida entre la múltiple masa de valores morales que es Córdoba por definición, se anida una venenosa serpiente cuya cabeza le pido a Dios, me depare el honor histórico de cortar de un solo tajo".

El 15 de marzo los trabajadores le responden con un "paro activo" que culmina en nuevo alzamiento popular: el ingenio local lo bautiza "el Viborazo". Durante una concentración de repudio a Uriburu en la plaza Vélez Sarsfield se recibe la noticia de que Tosco ha decidido ocupar los talleres de EPEC de Villa Revol. Las diferencias entre los grupos sindicales son notorias y se discuten públicamente, pero el anuncio sobre la actitud de Tosco –que, en general, es respetado– resulta suficiente para que la concurrencia se disperse por la ciudad, para hacer un "segundo cordobazo". Por primera vez, agrupaciones guerrilleras como el ERP actúan públicamente. La jornada culmina con 2 muertos, más de 20 heridos –la mayoría de bala– y cerca de 300 detenidos. El Ejército declara nuevamente a la provincia zona de emergencia y el gobernador renuncia.

Más allá de que se repiten las sospechas de que la tardía intervención del Ejército ha sido premeditada –Uriburu acusa públicamente al general López Aufranc–, el hecho es que Córdoba se cobra su segundo presidente de la Nación en menos de dos años. La crisis política que divide a empresarios nacionales de extranjeros, a distintas alas de las Fuerzas Armadas y a políticos que presionan por una salida electoral, estalla nuevamente por la irrupción popular.

Con el "Viborazo" los hechos se aceleran y decantan irremediablemente. Levingston renuncia el 23 de marzo y Lanusse –al mando de la Junta de Comandantes en Jefe desde el 2– asume la presidencia de la Nación tres días después.

Levingston intentó promover una nueva camada de políticos y descartar a los dirigentes históricos como Perón y Balbín; Lanusse, por el contrario, tratará de concertar con todo el arco ideológico. Sus objetivos como presidente son instrumentar el Gran Acuerdo Nacional (GAN), acordar con los partidos la "institucionalización", cohesionar a las Fuerzas Armadas tras ese proyecto y, en lo inmediato, responder a las demandas sociales y gremiales de trabajadores, estudiantes y los sectores populares, y a las acciones de la guerrilla urbana, cada vez más atrevidas. Dos temas serán especialmente delicados para el nuevo presidente: el levantamiento de la proscripción de Perón, con quien inicia una larga partida de ajedrez a distancia, y la devolución del cuerpo de Evita, una cuestión que se convierte en bandera no negociable del peronismo combativo.

La herencia del Cordobazo

Nuevos dirigentes obreros

El intento de agrupar a las "vanguardias sindicales" es abortado. Las farragosas discusiones políticas se multiplican y les restan atractivo y eficacia a las convocatorias de unificación. Entretanto, el Ejército ocupa finalmente las plantas de Fiat en Ferreyra y le quita la personería gremial a Sitrac-Sitram, el efímero proyecto sindical que ha convertido en bandera obrera la consigna "ni golpe ni elección, revolución".

El movimiento antiburocrático se desarrolla con fuerza en otros puntos del país. En Neuquén los obreros de la construcción que trabajan en El Chocón arrastran problemas de seguridad –en 1968 mueren 8 obreros en distintos accidentes– y viven en campamentos de pésima infraestructura, fríos e insalubres. Con la presencia de dirigentes del PC, curas tercermundistas y el apoyo del obispo local, Jaime de Nevares, y de la población de Cipoletti y Neuquén, se lanzan a una huelga. Tanto el gobierno como las empresas constructoras y los dirigentes peronistas de la Uocra, tratan de ahogar el movimiento pero los trabajadores se atrincheran en el obrador y paralizan las tareas. La resistencia se extiende durante veinte días, hasta que es vencida. En el Chaco se realiza el primer congreso de las Ligas Agrarias que agrupan a pequeños chacareros y trabajadores rurales del Noreste. En varias fábricas mecánicas del Gran Buenos Aires, como Chrysler y Peugeot, despuntan también nuevos dirigentes antiburocráticos, que conquistan posiciones en las comisiones gremiales y los cuerpos de delegados.

En Córdoba, el 9 de abril de 1972 López y Tosco son electos como secretario general y adjunto de la CGT. Dos semanas después, en las elecciones del Smata una dirección combativa, influida por el maoísmo y encabezada por René Salamanca, de treinta y un años, triunfa sobre la agrupación peronista "torrista" por escaso margen y asume en el poderoso sindicato mecánico.

Para muchos de los que militan en esos gremios de "vanguardia", una visión refrac-

Entre Trotsky, la Iglesia y Perón

Peronista de la primera hora, cebador de mate en ascenso, el joven (Jacinto) Gaibur se convirtió en el más fiel seguidor de Palma, un veterano de origen anarquista que hablaba de Perón como si fuera Jesús o el Mesías. Entre Marx, la ideología alemana y el Sheik de Rodolfo Valentino, la vida de Gaibur se volvió cada vez más interesante. En el SUPE, también le cebó mate a un importante sindicalista: Pierini, pariente de Alicia, la actual diputada menemista. Pierini fue asesinado por la Triple A.

—Mi origen es distinto al de un cuadro que empezó a militar injertado en una organización. Yo siempre me guié un poco por la disciplina del movimiento obrero sin ser yo un laburante o tener ese origen. Siempre estuve ligado al destino de un sindicato. Vi cómo se dio el proceso interno del peronismo, los cambios. Presencié esencialmente el proceso donde se empieza a hacer fuerte una izquierda, cuando los cuadros del frondicismo se van desengañados. Milité un tiempo en Palabra Obrera, un organismo que era una especie de trotskismo junto a Perón, dirigido por Nahuel Moreno. Fue uno de los grupos más importantes, a tal punto que sacábamos 100.000 ejemplares del diario, teníamos prácticamente la mitad de las 62 Organizaciones, llegamos a darles cursos de marxismo a Vandor, a Framini y a muchos más agrega contando su deslumbramiento por *La ideología alemana*. No la entendió la primera vez que intentó leerla, pero a la tercera vez descubrió que era la piedra filosofal de su vida.

Pragmático al fin, sin embargo, siempre volvía al peronismo. Se daba cuenta de que la Rosada no sería un Palacio de Invierno esperando ávidamente a Lenin. El balcón en la Argentina ya tenía dueño: Juan Domingo Perón. [...]

—Yo vivía en La Plata [...] En esa casa también vivía la Negra Poli, la de los Redonditos de Ricota. Era una casa histórica, que estaba en la calle 38, esquina 10, que llamaban La Troskera.

En esa vieja casa se empezó a armar la guerrilla de Taco Ralo de la que Gaibur estuvo a punto de participar. Resulta que trabajaba en la CGT de los Argentinos, aunque su función principal no era mucho más importante que tirar miguelitos (clavos) y molotovs. Los dirigentes sindicales deciden que él y otros dos compañeros deben "entrar a Telefónicos porque necesitaban activistas".

—En esa época circuló que la afiliación masiva llevada a cabo por el delegado sacerdote fue la primera unidad entre los troskos y la Iglesia (porque nosotros aparecíamos como un sector peronista trotskista, que en esa época estaba muy de moda). [...]

Si bien no niega su relación con sectores de Montoneros, marca bien las diferencias muy comunes por aquella época en lo que se llamaba el Peronismo Revolucionario o la izquierda peronista.

—Quizá la mayor diferencia que se dio con Montoneros, fue el horror que nos produjo que se matara a dirigentes sindicales. Nosotros sabíamos, por ejemplo, que Vandor podía entregar muchas cosas, pero el convenio metalúrgico lo iba a defender a muerte. Y para nosotros la mejor demostración de la democracia obrera era que juntáramos en una cancha, como nos pasó en Luz y Fuerza o con Metalúrgicos, una asamblea con 15.000 tipos. [...]

Gaibur es un reservorio de anécdotas de la violencia de los setenta en la Argentina. Recuerda, por ejemplo, que una vez el general Luciano Benjamín Menéndez le dijo a Tosco: "si usted me tira con un revólver, yo le tiro con un fusil, si usted me tira con un cañón, yo le tiro con la bomba atómica; pero hay un punto en el que usted me va a ganar siempre: con la gente a la calle".

VIVIANA GORBATO,
Montoneros. Soldados de Menem
¿Soldados de Duhalde?

taria del conjunto de la sociedad los lleva a prenunciar el fin del peronismo y, en particular, del poderío de la tradicional burocracia sindical. Se trata, sin embargo, de una pelea
en curso, con final abierto.

La izquierda, la guerrilla y la violencia

Los grupos guerrilleros pioneros han sido los Uturuncos ("Hombres-tigre", 1959) y
el Ejército Guerrillero del Pueblo (EGP, 1963), que actuaron bajo los gobiernos de Frondizi e Illia y luego fueron disueltos. Pero es 1970, definitivamente, el año de consumación
de la política guerrillera en el país, hace su aparición Montoneros, de fe peronista, y se funda el Ejército Revolucionario del Pueblo (ERP), de origen marxista, cuyos principales dirigentes son Mario Santucho, Luis Pujals, Enrique Gorriarán Merlo y Benito Urteaga.
Será, después de Montoneros, la organización que adquirirá mayor relevancia.

El Ejército de Liberación Nacional (ELN) agrupará a militantes provenientes del Partido Socialista de Vanguardia e intentará ser –sin lograrlo– una columna de apoyo a las
acciones del Che Guevara en Bolivia. En confluencia con un desprendimiento del comunismo, originará, en 1968, las Fuerzas Argentinas de Liberación (FAL). El Ejército
Nacional Revolucionario (ENR) alcanza notoriedad con el autoadjudicado asesinato
de Vandor y Alonso y será un pilar para la conformación de Montoneros, que se nutre,
fundamentalmente, de cuadros del nacionalismo católico provenientes del Movimiento
Nacionalista Revolucionario Tacuara (Mnrt). También las FAR, dirigidas por Roberto
Quieto, se sumarán a Montoneros, aunque recién en 1973. De la combinación de la Juventud Peronista (JP) de la época de la resistencia a la Libertadora y de las orientaciones
"castristas" de John W. Cooke y Alicia Eguren, surgen las Fuerzas Armadas Peronistas (FAP),
asociadas al Peronismo de Base (PB), y el Movimiento Revolucionario Peronista (MR 17
de Octubre) de Gustavo Rearte, ambos con tintes más obreristas y más orientados al trabajo gremial y social.

Las formaciones guerrilleras producen una gran diferenciación en la izquierda. Con
matices y diversos orígenes, todas ellas tienen coincidencias esenciales: caracterizar al
proceso como una "guerra popular" y constituir "ejércitos guerrilleros" autopostulados
como vanguardia consciente del proceso revolucionario. Incluso las corrientes maoís-
tas, como el comunismo revolucionario (PCR) y Vanguardia Comunista coinciden en
esta perspectiva. Dentro de las organizaciones que se definen revolucionarias hay sólo
dos que se mantienen al margen de esa "nueva izquierda" y fieles al marxismo clásico:
el Partido Socialista de los Trabajadores (PST) y Política Obrera (PO), que condenan
la estrategia de lucha armada y la violencia terrorista y promueven la movilización como método, la construcción de un partido leninista como estrategia y las organizaciones
de los trabajadores como ámbito privilegiado de actividad.

La confianza en la necesidad de realizar acciones vanguardistas y ejemplificadoras lleva a las corrientes ultraizquierdistas a no comprender la dinámica social y a aislarse de la
clase a la que dicen representar asumiendo una postura paternalista.

"Nos preguntábamos cómo era posible que se hubiese dado un fenómeno de masas como el Cordobazo, sin que las organizaciones armadas estuvieran ahí presentes, transmitiendo su metodología."

La declaración de las FAP hechas a *Cristianismo y Revolución* en 1971 expresan también una certeza que comparten con la guerrilla marxista: "El eje de nuestra política es organizar la guerra del pueblo, todo tiene que confluir a eso", dicen los primeros, mientras el ERP, en *El Combatiente* del 11 de junio de 1969, concluye:

"Con esta explosión los métodos de resistencia activa y de lucha armada han pasado a formar parte definitivamente del conflicto político. [El Cordobazo] careció de una dirección centralizada bien definida, de un programa y de un objetivo: la conquista del poder. [...] Es ese ejército –que desgraciadamente no existía en Córdoba– que hará posible la toma del poder."

Con esa orientación "militarista", la militancia en los sindicatos y en las fábricas cambia de eje. La política se entiende como guerra. Las FAR lo expresan con nitidez: "La relación política e ideológica con la clase obrera comienza con el primer combate". Montoneros, según resumirán en *La causa peronista* en 1974, parten de un esquema teórico sencillo: "De un lado el imperialismo, del otro la Nación. La fuerza principal de la Nación era el movimiento peronista y en el interior de éste, la clase obrera". La dicotomía se podía presentar también como "pueblo-oligarquía" o, en términos de 1945, como "Braden o Perón", o en la consigna "Patria sí, colonia no". Todo lo que no estaba en el campo popular, según este sencillo esquema, colaboraba objetivamente con el "enemigo". La definición del enemigo –por cierto, bastante genérica y abarcativa– es lo que daba vida a la identidad del proyecto propio.

Resulta oportuno, en consecuencia, analizar "la época de la guerrilla" o "los años de la subversión"–en los que intencionadamente se mezclan sucesos de naturaleza opuesta– para deslindar los escenarios y los hechos recurriendo a las voces de los mismos protagonistas. Un reportero de *Cristianismo...* pregunta a las FAP en abril de 1971 sobre el movimiento cordobés. La respuesta expresa nítidamente el mesianismo y el elitismo que animan entonces a los guerrilleros:

"Impulsa a mucha gente, indudablemente. Mucha gente participa en el Cordobazo, que no fue sólo Córdoba, fue Rosario, Santa Fe, Tucumán, y esa experiencia demuestra todo lo positivo que tiene y también todo lo negativo. [La experiencia] concluye que el Cordobazo no es el 'camino'; pasada la euforia del Cordobazo, se plantea el problema de la metodología que, forzosamente, tiene que pasar a través de la organización clandestina, que no en todos los casos tiene que ser armada, pero que las formas que van adoptando, en cierta medida, son las formas de las organizaciones armadas."

La estrategia revolucionaria de los grupos guerrilleros incluye provocar la respuesta del enemigo. *El Combatiente* transmite esta visión a sus lectores:

"La experiencia nos enseña que cuando un pueblo ha comenzado la lucha y ha comenzado la ofensiva, como el pueblo argentino en ese momento, una represión más feroz y más salvaje no le da miedo, sino que al contrario, refuerza su determinación."

Los años posteriores y la espiral de violencia desatada demostrarán dramáticamente lo desacertado de esta tesis. A diez años de su fundación, ningún grupo guerrillero podrá mantener alguna capacidad operativa seria. Las movilizaciones de masas, en cambio, inspiradas en variadas situaciones y con distintas (o ninguna) direcciones sindicales o políticas –incluso militares, como en la guerra de las Malvinas en 1982–, seguirán siendo protagonistas decisivas de la historia nacional. Evaluar esta cuestión con objetividad treinta años después, sin embargo, presenta todavía aristas "urticantes", porque, como señalan los investigadores Hilb y Lutzky, aún hoy "despierta emociones muy fuertes":

"Hay que comprender que esas emociones están ligadas, no a un problema abstracto, sino a una historia de enfrentamiento, odios y frustraciones [y que un estudio sobre el tema] puede ser interpretado de diferentes maneras: a) como una crítica a un movimiento en decadencia, 'haciendo astillas del árbol caído'; b) como una autocrítica que tendría como objetivo permitir 'recomenzar pero esta vez bien'; c) como un ataque a posiciones políticas con las cuales no se concuerda, sea porque están contra la democracia, o sea porque están contra la Nación."

Las manifestaciones obreras, estudiantiles y populares favorecieron la formación de nuevos dirigentes gremiales y políticos. Del mismo modo que el anarquismo de principios de siglo tuvo sus desprendimientos anarco-terroristas, el movimiento obrero y estudiantil de los 60 tuvo su ala guerrillera, surgida, sobre todo, por influjo del triunfo de la Revolución Cubana y el desarrollo de la guerrilla vietnamita. En todo caso, puede entenderse la fuerte presencia de estos sectores, que alcanzan especial masividad con Montoneros, como un subproducto del fenómeno social que evidencia su energía.

Un economista ruso, Nicolai Kondratieff, demostró que, en el período de 1790 a 1920, la economía exhibía grandes ciclos de unos cincuenta años de duración en los que los períodos de auge y expansión eran seguidos por otros de estancamiento y depresión, y que cuando se producía el punto mínimo de descenso de la onda larga, la crisis económica aparejaba conmociones sociales. Desde el campo de la política y la sociología hay quienes coinciden en que el término de cincuenta años es el tiempo que permite la maduración de ideas y proyectos y la generación de liderazgos. Ya hemos señalado que ese es el período que separa los surgimientos del radicalismo y del peronismo, los dos grandes movimientos populares argentinos del siglo XX. Coincidentemente, transcurren exactamente cincuenta años entre la Semana Trágica y el Cordobazo; los dos grandes hechos de la historia nacional, cuyo protagonista fue la clase obrera organizada, con direcciones sindicales clasistas, e influidas por la presencia de fuerzas políticas revolucionarias.

Roberto M. Levingston

El presidente que nadie conocía

Nació en San Luis el 10 de enero de 1920; su madre era maestra y su padre ocupó la intendencia municipal de la capital puntana. Hacia 1930 Levingston se traslada a Buenos Aires y estudia en un colegio salesiano; luego regresa a su provincia natal y se recibe de bachiller. En 1937 ingresa en el Colegio Militar y retorna cuatro años después como subteniente de caballería. En diciembre de 1943 se casa con Betty Nelly Andrés, con quien tendrá tres hijos.

A fines de la década del 40 se especializa en inteligencia militar y, con el grado de capitán, ingresa en la Escuela Superior de Guerra. Desempeña diversas funciones de su especialidad, realiza cursos en los Estados Unidos y durante el gobierno de Frondizi es destinado a la Secretaría de Inteligencia del Estado (SIDE). Es ascendido a coronel en 1962 y como tal participa de los enfrentamientos entre "azules" y "colorados" desde el bando legalista; es docente en la Escuela Superior de Guerra y, durante la presidencia de Illia, jefe del Servicio de Inteligencia del Ejército (SIE) –con ese cargo participa de la Primera Conferencia de Inteligencia que se realiza en Perú–; después es director de la Escuela General Lemos.

Asciende a general de brigada en 1966 y, en órbita del Estado Mayor Conjunto, es jefe de Inteligencia de las Fuerzas Armadas. En 1968 viaja a los Estados Unidos y se desempeña como agregado militar en la Embajada en Washington. El 8 de junio de 1970 la Junta de Comandantes depone a Onganía y el 12, telefónicamente, el general Lanusse le ofrece la presidencia a Levingston, que asume el 18. Por el carácter de su especialidad militar Levingston era entonces completamente desconocido por la población y debió ser presentado ante la sociedad.

Su gestión, de poco más de nueve meses, se caracterizó por la agitación social y la aparición de la guerrilla urbana; se producen las muertes de Aramburu y del sindicalista José Alonso, hay estallidos de bombas y copamientos a poblaciones, como Garín y La Calera. Tras un inicio con un gabinete de corte "liberal", Levingston da un giro nacionalista e industrialista, con impulso de las obras públicas, personificado en la gestión del ministro de Economía Aldo Ferrer y el apoyo del líder de la intransigencia Oscar Alende.

El 15 de marzo de 1971 se produce el "segundo cordobazo" y Levingston renuncia el 23. Al año siguiente se lo involucra en una intentona golpista y durante varios años enfrentará un proceso judicial por el llamado "Caso Aluar".

Retirado a la vida privada, como presidente de la Academia Argentina de Asuntos Internacionales, realiza estudios e investigaciones de geopolítica, historia e inteligencia militar. Su última aparición pública fue en una recordada sesión realizada en el Círculo Militar, cuando esta asociación, presidida por el procesista Genaro Díaz Bessone decidió expulsar como asociado al general Martín Balza, en enero de 2000.

Agustín José Tosco

Líder del sindicalismo democrático y combativo

Nació el 22 de mayo de 1930 en Coronel Moldes (Córdoba). Apodado "Tino" o "Gringuito", vive en una casa con piso de tierra y sin luz eléctrica y, desde chico, realiza tareas agrícolas. Cursa estudios medios en Córdoba como interno en una escuela de artes y oficios. A los dieciocho años ingresa como ayudante electricista en la Empresa Provincial de Energía de Córdoba (EPEC), donde despliega actividad gremial; es elegido subdelegado y a los veinte años es delegado de sección. Se perfecciona en la Universidad Tecnológica, simpatiza con el peronismo y, hacia 1954, se acerca al ideario socialista.

Conquistó el respeto de sus allegados por su vida ascética, su honestidad, voluntad y cultura. En 1952 es electo secretario del cuerpo de delegados de Luz y Fuerza de Córdoba y dos años después, secretario gremial de la Federación de Trabajadores de Luz y Fuerza (FATLYF). La Revolución Libertadora lo inhabilita, pero desde 1957 es reelegido en sus cargos y, designado secretario adjunto de la CGT Regional, es detenido en Misiones durante una huelga de trabajadores eléctricos.

Conocido como "Camarada de ruta" del Partido Comunista, intentó preservar su independencia como defensor del "sindicalismo de liberación"; sostuvo contactos políticos con radicales como A. Illia e H. Solari Yrigoyen, peronistas "combativos" como A. López, y grupos de la guerrilla marxista. En 1968 el sindicato de Luz y Fuerza de Córdoba se suma a la CGT de los Argentinos, opuesta al "participacionismo" vandorista y la FATLYF desafilia al gremio. Con J. Cortázar, R. Walsh y V. Zito Lema funda la revista *Liberación*, y con E. Torres y A. López dirige la convocatoria que culmina en el Cordobazo, en mayo de 1969. Sufre cárcel en Rawson durante siete meses; al año siguiente conforma el Movimiento Nacional Intersindical y en 1970 es nuevamente apresado, por diecisiete meses, en Devoto y Rawson (donde se produce la "masacre de Trelew").

Liberado en septiembre de 1972, en 1973 apoya la fórmula Alende-Sueldo, de la Alianza Popular Revolucionaria y, para septiembre, declina ser candidato presidencial de un Frente Clasista. En 1974 apoya la formación del Frente Antiimperialista y por el Socialismo y, tras el golpe que depone al gobernador R. Obregón Cano, pasa a la clandestinidad. Disfrazado, entrevista a Alfonsín y a Alende intentando articular un "Frente Patriótico", pero, enfermo de una encefalitis que no puede tratar, muere en Buenos Aires de un derrame cerebral el 4 de noviembre de 1975. En Córdoba se informa de su deceso al día siguiente. Velado en la Asociación Redes Cordobesas, el sepelio se paga con una colecta popular y un multitudinario cortejo acompaña los restos hasta el cementerio de San Jerónimo, donde se producen incidentes con la policía y grupos provocadores. Un film documental de 1998 *Tosco, grito de piedra*, de A. Jaime y D. Ribetti, conquistó varios premios en el país y en el exterior.

Ernesto "Che" Guevara

Ícono del idealismo, la voluntad y el heroísmo

Ernesto Guevara, hijo de Ernesto Guevara Lynch y Celia de la Serna, nació en Rosario (Santa Fe) el 14 de junio de 1928 y fue el mayor de cinco hermanos. Se le detecta un asma aguda y la familia, en 1932, se traslada a Alta Gracia (Córdoba).

La familia respalda a los republicanos españoles y, durante la Guerra Mundial, Ernesto integra la Acción Argentina, una agrupación pro aliada. En 1948, adosa un motor a una bicicleta y viaja por Chile y la Argentina, y en 1951 recorre Perú y Colombia. Estudia en Córdoba y se recibe de médico cirujano en abril de 1953, año en que llega a Centroamérica; en Guatemala asiste al golpe pro norteamericano que depone al presidente J. Arbenz.

En México se une al movimiento de revolucionarios cubanos 26 de Julio, dirigido por F. Castro. Trabaja como fotógrafo y periodista en la Agencia Latina de Noticias. Reconocido ya como el "Che", permanece preso un tiempo en el Distrito Federal. En el yate *Granma*, desembarca en Cuba el 18 de diciembre con menos de cien hombres y comienza la guerra de guerrillas en Sierra Maestra.

Al año siguiente es designado comandante revolucionario y, en la sierra, funda el periódico *Cuba Libre*. El 29 de diciembre de 1958, su columna triunfa en Santa Clara, último bastión del gobierno, y el 31 el dictador F. Batista huye de la isla. El 2 de enero entra en La Habana junto a su compañero Camilo Cienfuegos. Durante 1959 realiza viajes al exterior como embajador del nuevo régimen, en octubre se hace cargo de la reforma agraria y en noviembre es designado presidente del Banco Nacional de Cuba. Al año siguiente el Che visita la Unión Soviética, China y Checoslovaquia.

En febrero de 1961 es nombrado ministro de Industria, participa de la resistencia al desembarco contrarrevolucionario en Playa Girón y a fines de año habla en la conferencia de Punta del Este; visita la Argentina y se entrevista con el presidente Frondizi. En 1963 habla en las Naciones Unidas y reivindica la vía armada al socialismo. En 1964 y 1965 realiza viajes por países socialistas, renuncia a los cargos oficiales y a la ciudadanía cubana y desaparece de la vida pública. Viaja al Congo con un plan guerrillero, pero fracasa y, de modo clandestino, llega a Bolivia. Para entonces tiene cinco hijos, uno fruto de su primer matrimonio y cuatro con su segunda compañera, Aleida March.

En 1966 se reúne en La Habana la Organización Latinoamericana de Solidaridad (Olas) que promete una ofensiva guerrillera en la región. Con un pequeño grupo y sin respaldo social del campesinado, ni logístico del Partido Comunista Boliviano, Guevara tiene un primer combate exitoso contra el ejército el 23 de marzo, pero sus fuerzas se debilitan. El 8 de octubre es capturado en la Quebrada del Yuro y ejecutado en La Higuera, cerca de Vallegrande, el 9 de octubre de 1967. Escribió *Relatos de la guerra revolucionaria en Cuba* y *Diario de campaña en Bolivia*.

Raimundo Ongaro

Fundó la CGT de los Argentinos

Nació en Mar del Plata el 13 de febrero de 1925. Desde joven se inició en tareas gráficas, trabajando como linotipista en el Instituto Salesiano Don Bosco y, en épocas de Vandor, en la imprenta de la UOM. Recibe la tradición gremial de los gráficos, que, sostenidos en una historia de casi cien años, durante el régimen peronista preservan formas más democráticas que la mayoría de los sindicatos.

El 13 de noviembre de 1966, con la Lista Verde, asume la secretaría general de la Federación Gráfica Bonaerense. A fines de marzo de 1968, poco después del Congreso Normalizador de la CGT, se funda la CGT "de los Argentinos" (o de "Paseo Colón"), que presenta un discurso contestatario y pluralista, cercano al "cristianismo revolucionario" y opuesto al vandorismo. La nueva central sindical, alentada por Perón, reúne a varios dirigentes, como A. Pafundi de UPCN, el fraternal E. Coronel, J. Guillán del gremio telefónico, R. de Luca de los obreros Navales, A. Tosco de Luz y Fuerza de Córdoba, B. Romano de FOTIA y Di Pasquale del gremio de Farmacia, y establece filiales en Rosario, Córdoba y otras ciudades; proclama su lealtad a Perón, su oposición a la entrada de capitales extranjeros y brega por la nacionalización de la industria, la cogestión de las empresas y la reforma agraria. Por iniciativa de Ongaro y De Luca aparece el semanario *CGT de los Argentinos*, dirigido por R. Walsh, y en el que colaboran H. Verbitsky, R. García Lupo, C. Burgos, V. Walsh, y M. Briante. Walsh publica una serie de notas que investigan el asesinato del dirigente sindical R. García y de dos militantes, D. Blajaquis y J. Zalazar, que culminan en el libro *¿Quién mató a Rosendo?*

Ongaro es detenido en vísperas del Cordobazo y, nuevamente, tras un mitin en Resistencia, el 7 de mayo de 1971, cuando queda a disposición del Poder Ejecutivo y se le inicia querella criminal por "instigar a cometer delitos". Es liberado el 8 de enero de 1972. En total, fue detenido 54 veces. Desde 1973 debió defender la personería del gremio, amenazada al crearse el oficialista Sindicato Gráfico Argentino.

Retorna a la conducción sindical en diciembre de 1984. Desde entonces ejerce el cargo ininterrumpidamente y modifica su anterior discurso. En 1989 se expresa solidario con "el proyecto de la revolución productiva" del presidente Menem, apoya los indultos presidenciales y participa de la llamada "Plaza del Sí". En abril de 2000 es reelecto con 3.775 votos frente a 1.109 de la oposición. En junio de 2001 firma el "Convenio de competitividad" del sector, junto al presidente Fernando de la Rúa, ministros, empresarios y otros dirigentes sindicales.

En mayo de 2002 Ongaro lanza con escaso éxito el Movimiento de Organizaciones del Pueblo Argentino (MOPA) para impulsar "el nacimiento de la Segunda República Argentina". En abril de 2004 fue reelecto secretario general del gremio gráfico.

EL REGRESO DE PERÓN

El fin de un ciclo histórico

La memoria colectiva argentina registra que la larga partida de ajedrez jugada entre Lanusse y Perón a principios de los años 70 los exhibió como dos caudillos con notable habilidad política. En distinto plano, otras figuras, como las de Balbín y Manrique o las de los dirigentes sindicales Vandor o Tosco, sobresalen entre los de una generación que vivió la política con pasión.

El historiador Perry Anderson sostiene que en esas épocas los líderes tenían un "orgullo de clase" que les brindaba un sentido profundo de identidad colectiva, de perspectiva histórica y de moralidad, rasgo que se ha perdido. "Tomemos la generación de Roosevelt, De Gaulle y Churchill [...] figuras históricas innegables que pertenecen a una misma época. Eran miembros de burguesías que crecieron a la sombra de aristocracias terratenientes y que quisieron imitarlas. Después de ellos —observa Anderson— ya no fue igual: los gobernantes de hoy son distintos. Han pasado a ser un grupo promiscuo, internamente inseguro y concesivo. Tienen poca solidaridad interna y escasos principios morales." La ciencia y el arte de la política, en efecto, han dejado su lugar al arribismo y el negocio fácil, y los eufemismos típicos de fin de siglo —como la "construcción de poder"— sólo ocultan ambiciones personales y corporativas: otra "política".

El Gran Acuerdo Nacional

Hacia la "institucionalización"

El 2 de abril de 1971 la Junta de Comandantes indica al Ministerio del Interior que en el término de tres años debe restablecerse el orden constitucional; tres días después Lanusse se entrevista con Ricardo Balbín, iniciando así un ciclo de encuentros con dirigentes políticos. Desde el 26 de marzo, fecha en que asumió, el Presidente expresa su voluntad de concretar "un acuerdo amplio y generoso que supere las antinomias del pasado e inicie una nueva etapa promisoria en la historia de la República". En un comunicado de prensa, se deja abierta la puerta al diálogo con Perón, que permanece en el exilio:

"El presidente de la Nación está dispuesto a escuchar todo aporte constructivo que tienda al establecimiento de una democracia real, auténtica, moderna, estable y eficiente, en el marco del más integral respeto al sistema republicano, representativo y federal."

Sus primeros movimientos, y en especial los dirigidos hacia el peronismo, confirman que la "nueva etapa" está en marcha. El 13 de abril recibe a la cúpula de la CGT –José Ignacio Rucci, Adelino Romero y Rogelio Coria– y a la CGE –la central empresaria orientada por José Gelbard– y se compromete a restituir los restos de Evita a su esposo. El nuevo embajador en España, Jorge Rojas Silveyra, iniciará los contactos. Entretanto, el gobierno ordena colocar un busto de Perón, luciendo ropas civiles, en el salón respectivo de la Casa Rosada, agiliza los trámites para cerrar las causas judiciales pendientes que puedan inhabilitar la entrega de su pasaporte y le paga pensiones atrasadas. El nuevo ministro de Interior, Arturo Mor Roig, radical balbinista y ex presidente de la Cámara de Diputados, se convierte en el principal ideólogo y operador político del plan de apertura. Las conversaciones privilegian el trato con Jorge Daniel Paladino, delegado personal de Perón y principal vocero de la agrupación multipartidaria "La Hora del Pueblo". Finalmente, el 3 de septiembre Francisco Cornicelli, Rojas Silveyra y el coronel Héctor Cabanillas concretan la devolución del cadáver embalsamado de Evita, que reposará en la residencia española del Líder, en Puerta de Hierro.

La actitud de Lanusse no es fingida. También en la órbita internacional se diferencia de sus predecesores: rompiendo con las "barreras ideológicas", restablece tratos con Cuba, se reúne con Salvador Allende en julio y en octubre visita un Perú gobernado por militares de estilo nacionalista, donde afirma, empleando fraseología peronista, "nuestra tarea es lograr la libertad con justicia social".

En las Fuerzas Armadas se desarrollan algunos movimientos contrarios a estas posiciones de "institucionalización" que aceleran las definiciones. El 17 de septiembre, después de una reunión con los dirigentes de La Hora del Pueblo, Lanusse pone fecha –el 25 de marzo de 1973– a la realización de elecciones nacionales. El 8 de octubre, desde los cuarteles de Azul y Olavarría se produce una sublevación que es rápidamente sofocada por el general Leandro Anaya.

Desde Madrid, también se trazan nuevos horizontes: Perón destituye a Paladino (sospechado de una peligrosa complicidad con el régimen) y designa en su lugar a Héctor José Cámpora; el nombramiento del odontólogo y antiguo peronista sorprende, sin duda, al medio político. El Jefe está decidido a reorganizar el Consejo Superior Justicialista y darle una dirección política heterogénea: el joven Rodolfo Galimberti, dirigente de las Juventudes Argentinas para la Emancipación Nacional (JAEN); el teniente Julián Francisco Licastro, separado del servicio activo; el teniente coronel Jorge Manuel Osinde, de ideas fascistas; "Isabel" y Cámpora serán sus nuevos integrantes. Perón alienta además el accionar de las "formaciones especiales" –las agrupaciones guerrilleras– para distanciarse del gobierno y presionar a Lanusse.

Poco después, en ese movimiento de fintas que lo caracteriza, anuncia que Juan Manuel Abal Medina, de veintisiete años y hermano del asesino material de Aramburu, es el nuevo secretario general del Movimiento Peronista y se reúne con Frondizi para sentar las bases de un frente electoral que denominan FreCiLiNa (Frente Cívico de Liberación Nacional), antecedente del FreJuLi.

Entretanto, el gobierno enfrenta una crisis económica que crece sin pausa. Los precios aumentan junto con la incertidumbre política. En Mendoza, Mar del Plata, Cipolletti y General Roca se producen alzamientos populares espontáneos con la concurrencia de trabajadores, estudiantes y sectores de clase media. En general, la causa que los anima es una persistente inflación que no cesa. Sin embargo, el 13 de marzo de 1972 el Presidente declara: "No habrá solución definitiva de los problemas económicos hasta que se concrete la solución política, a la que este gobierno ha convocado". Sin duda, los tiempos son ahora decididamente políticos.

Acuerdos y desacuerdos

El 12 de abril de 1972 Mor Roig anuncia el levantamiento de la veda política; en julio Lanusse proclama el "Gran Acuerdo Nacional" e invita a las "fuerzas democráticas" a unirse a él en la lucha contra la "subversión" y en la búsqueda de procedimientos para re-

Perón, Rucci, López Rega, Abal Medina, Cámpora e Isabel, el 17 de noviembre de 1972 en Ezeiza.

tornar al régimen constitucional y "detener revanchismos". De hecho, con otras fórmulas, el planteo del GAN ya ha sido bosquejado por los generales Perón y Aramburu, poco antes de la muerte de este último. Lanusse no hace sino sintetizar una propuesta que tiene un amplio consenso en la burguesía argentina agregando un matiz: la crisis social y política obliga a Perón a tener que involucrarse directamente en el pacto. Él es la principal carta que queda por jugar para orientar a las masas rebeldes.

Como parte del mismo entramado, Francisco Manrique, un ex golpista del '55 que actúa como ministro de Bienestar Social, acuerda con la cúpula sindical la devolución del manejo de las obras sociales, la principal fuente de ingresos del gremialismo. Sobre la base de estas y otras concesiones, el gobierno fortalece las estructuras sindicales clásicas. Las tendencias críticas como el ongarismo y el clasismo son progresivamente dominadas –el 26 de octubre de 1971 el Ejército ocupa las plantas de FIAT Córdoba, cancela la personería de SITRAC y SITRAM, mientras la empresa deja cesantes a cerca de 300 trabajadores afiliados– y la CGT se unifica nuevamente bajo la dirección ortodoxa de los cuadros sindicales peronistas.

Cada protagonista del acuerdo intenta ubicarse de la mejor manera posible, pero todos son conscientes de que el único que detenta un liderazgo real es Juan Perón: sólo él influencia a la mayoría de los dirigentes gremiales, al empresariado nacional, a una parte fundamental de las organizaciones guerrilleras y, estimativamente, a la mitad o una tercera parte del electorado. La propuesta del GAN y la perspectiva electoral provocan fuertes tensiones dentro del peronismo, que se acentúan a medida que los tiempos políticos se aceleran. Muchos dirigentes piensan que el GAN es sólo una mascarada al servicio de intereses "continuistas". Galimberti, ubicado en la izquierda del movimiento, denuncia que es una "trampa destinada a proscribir al peronismo". El Jefe, por su parte, deja correr esas interpretaciones porque le sirven para negociar. Perón es presionado por el gobierno para que condene abiertamente el accionar del terrorismo urbano, que se intensifica, pero el líder justicialista evita las definiciones categóricas y saca provecho de la ambigüedad.

Si Lanusse especuló en algún momento con su propia candidatura, su ilusión se desvanece pronto. Las manifestaciones populares, como una continuidad del Cordobazo, lo acorralan y cierran el paso a una negociación de cúpulas que avale una eventual presidencia "constitucional" encabezada por él. Potash señala:

Perón y Balbín acordaron la salida institucional.

"[El GAN] se derrumbó cuando cundió la sospecha de que, en realidad, se trataba de que los partidos políticos acordaran apoyar un candidato presidencial común, aceptable para las FF.AA. Los radicales eran tradicionalmente reacios a apoyar un candidato extra-partidario y los peronistas no confiaban en las promesas de juego libre del gobierno."

Desde este enfoque, puede decirse que el GAN "fracasó", pero si se consideran los fines estratégicos del proyecto, el acuerdo –en tanto plan de transición– alcanzará la meta planteada: el retorno concertado a un gobierno elegido por la vía constitucional, un objetivo no menor en medio de una situación crítica, y concretado sobre un camino empedrado de dificultades históricas y presentes. Lanusse, Perón, Balbín –y su correligionario Mor Roig–, Frondizi, Manrique y la gran mayoría de la dirigencia política, empresarial, sindical, religiosa y militar, comparten plenamente este punto central.

"No le da el cuero..."

El 7 de julio el gobierno impone la "Cláusula de Residencia" por la cual todos los candidatos deben estar en el país antes del 25 de agosto. Si algún funcionario desea postularse, debe renunciar antes de esa fecha, como efectivamente hace el ministro Manrique. La medida, de por sí, desmiente la candidatura de Lanusse, pero pone en un brete a Perón, lo que genera un pico de tensión. El 27 de julio de 1972, en una reunión de mandos militares, Lanusse declara: "Perón es una realidad, nos guste o no nos guste", y aprovecha la ocasión para desafiarlo con palabras calculadas:

"El retorno de Perón... el 'famoso' retorno de Perón... Señores: o regresa antes del 25 de agosto o tendrá que buscar un buen pretexto para mantener el mito de su eventual e hipotético retorno... Será difícil explicar cómo, si durante diecisiete años el mito de la trampa era que no se lo dejaba regresar, ahora pretenden decirnos que la trampa consiste en que se lo quiere hacer venir... Pero aquí no me corren más a mí diciendo que Perón no viene porque no puede, permitiré que digan 'porque no quiere', pero en mi fuero interno diré 'porque no le da el cuero para venir'."

Perón recoge el guante: no aceptará condicionamientos de un dictador. Entre agosto y septiembre, con el objetivo de denunciar la cláusula proscriptiva, el Consejo Superior Justicialista lanza la campaña "Luche y Vuelve", y organiza decenas de actos públicos en casi todo el país, que tienen a Cámpora como principal orador. Su discurso, que recurre a términos como *liberación*, *justicia* y *revolución*, despierta simpatías en la juventud radicalizada.

Entretanto, los visitantes de Puerta de Hierro en Madrid perciben que el otrora "correveidile" José López Rega ejerce ahora una creciente y a veces inquietante influencia. López se incorporó al círculo íntimo de Perón en 1966, adosado como custodio de la delegación encabezada por Isabel en su viaje a la Argentina. Miembro de la secta esotérica llamada "Logia Anael", encuentra puntos en común con la esposa de Perón, afecta a las prácticas espiritistas. El mismo ex presidente, años atrás, había cultivado una relación con el jefe de Anael, el médium brasileño Menotti Carnicelli. A Perón no se le escapa detalle pero, fiel a su estilo, suele dejar "temas menores" en manos de sus auxiliares. Y es entonces cuando la sombra de López Rega comienza a agigantarse.

 ## Una analogía histórica

La readmisión del peronismo fue en gran medida consecuencia de los contradictorios objetivos de los militares, penetrados también por los conflictos de la sociedad civil –o al menos por los conflictos internos de la clase media–, del creciente convencimiento general de que el peronismo era esencialmente reformista y de la necesidad de suprimir las presuntas bases de la subversión mediante la constitución de un gobierno legítimamente elegido. Se consideró que aceptado el peronismo, éste se abriría menos a las influencias extremistas y se inclinaría más a apoyar el sistema como tal. No es absurdo comparar esta situación con la que imperó durante las dos primeras décadas del siglo, cuando por fin se permitió al partido radical (UCR) intervenir en elecciones nacionales, por entenderse que menos peligroso resultaría mantenerlo dentro del sistema que al margen de éste, expuesto a tentaciones revolucionarias. Análogamente, el cambio fue determinado en esta otra oportunidad por la convicción de que si bien el Partido Justicialista representaba a un grupo social distinto, sería más fácil integrarlo a la estructura social existente si se lo dejaba compartir el poder. Ambas tentativas respondieron a la intención de permitir sólo una participación minoritaria en el entendimiento de que el partido recién admitido desempeñaría el papel de "oposición leal", y afianzaría así el sistema.

En ambos casos el proceso escapó del control de sus gestores y concluyó con la entrega del gobierno a la flamante oposición. Las tensiones así creadas contribuyeron al fracaso de ambos experimentos, en el primer caso al cabo de catorce años y, en el segundo, transcurridos menos de cuatro años.

El gobierno procuró montar una suerte de programa de unidad nacional, el llamado Gran Acuerdo Nacional. En términos amplios, debía involucrar un pacto con Perón para la elección de Lanusse, a cambio de lo cual el peronismo sería legalizado. Se trataba de un convenio que tenía precedentes. Empero los antagonismos eran, a todo esto, demasiado profundos, y lo que es más importante, existían dudas de que los militares aceptaran ese giro de las cosas sin que fueran forzados a ello. Perón consideró que "todos los equilibrios que está haciendo la dictadura militar tienden a un mal disimulado proceso de trampa electoral o a encontrar una manera más o menos potable de hacer muchas cosas, a fin de que todo quede igual" (*Clarín*, 3 de junio de 1972).

El gobierno intentó entablar negociaciones directas por medio del embajador argentino en Madrid y de un enviado especial, el coronel Cornicelli, pero los resultados fueron nulos. A continuación procuró imponerle la decisión de volver a la Argentina antes de agosto de 1972, so pena de ser excluido de la campaña electoral. También esto fue considerado una estratagema, tanto por partidarios como por opositores.

GUIDO DI TELLA,
Perón-Perón, 1973-1976

Trelew, escape y fusilamiento

Paralela a estos encuentros, la violencia social no se detiene. Juan P. Maestre, militante de las FAR, y su esposa aparecen asesinados; hay crecientes denuncias de torturas (llamados "apremios ilegales") y represión ilegal. El gobierno, mediante un tejido de complicidades políticas y gremiales, mantiene el proceso bajo un relativo control, a pesar de la actividad guerrillera –cuyas acciones espectaculares sobredimensionan su real capacidad operativa– y de las luchas obreras y estudiantiles.

Más allá de matices ideológicos, los grupos de guerrilla urbana coinciden en expresar la impaciencia de sectores de la clase media por precipitar los acontecimientos. Se apoyan, fundamentalmente, en la voluntad y el sacrificio personales pero sobrestiman el alcance de los aparatos clandestinos y, como contracara, subestiman el de los trabajadores organizados. Ese aislamiento, en algún momento, habrá de costarles caro.

A mediados de 1972, el Ejército logra significativos avances en el desmantelamiento de las principales organizaciones y mantiene presos a la mayoría de los dirigentes; entre ellos, Mario Santucho, jefe del ERP; Roberto Quieto y Marcos Osatinsky, de FAR, y Fernando Vaca Narvaja, de Montoneros, que permanecen en el penal de Rawson (Chubut).

El 15 de agosto, un centenar de guerrilleros detenidos allí se amotinan, toman el control del penal y un importante grupo logra huir. Errores en la coordinación del apoyo externo motivan que sólo seis –los principales dirigentes– consigan escapar a Chile. Otros diecinueve, luego de una serie de enfrentamientos en el aeropuerto, se rinden a los infantes de marina. Alojados en la base naval Almirante Zar, son acribillados el 22 de agosto pretextando un nuevo intento de fuga. Tres sobrevivientes relatarán los hechos.

Los dieciséis fusilados se convierten así en bandera de las organizaciones de izquierda. La "masacre de Trelew" aumenta el descrédito del gobierno y enciende aún más las pasiones. La voluntad de no dejar el crimen impune se transforma en dos consignas coreadas en todo el país: "Ya van a ver, cuando venguemos a los muertos de Trelew" y "La sangre derramada no será negociada".

Perón vuelve

El 4 de noviembre parte de Ezeiza rumbo a Roma un avión de Alitalia en el que volverá el Líder. Las 62 Organizaciones decretan un paro general para el viernes 17, que es Día de Júbilo Nacional. El gobierno, por su lado, además de disponer feriado nacional, instrumenta un impresionante despliegue policial-militar, que impide a miles de simpatizantes acercarse a Ezeiza.

En un vuelo chárter, Perón regresa a la Argentina después de dieciocho años de ausencia. Las personas que integran la comitiva de 153 invitados son, sobre todo, políticos y sindicalistas, pero la delegación está compuesta también por gente del espectáculo, el deporte y la cultura. Muy pocas son mujeres: apenas trece, entre ellas dos futuras "primeras damas" (Isabel y Norma López Rega, hija de José y esposa de Raúl Lastiri), la modelo Chun-

chuna Villafañe, la joven actriz Marilina Ross y la escritora Marta Lynch. La única consustanciada con los nuevos movimientos juveniles es Nilda Garré que, al año siguiente, se convertirá en diputada nacional. *La Razón* detalla los sucesos de aquel 17 de noviembre:

"A las 11.17 se abrió la portezuela de la moderna aeronave y tres minutos más tarde, vistiendo traje azul, camisa blanca y corbata celeste, Perón pisaba nuevamente tierra argentina luego de 6.272 días de ausencia. Finalizaba así, en medio de estrictas medidas de seguridad, lo que había dado en denominarse el "Operativo retorno" y se iniciaba otro proceso, más sutil, más complejo, de reacomodamiento de las fuerzas políticas con vistas a las próximas elecciones generales. Cerca de 350 personas tuvieron acceso al aeropuerto de Ezeiza para saludar a Perón, entre ellos, el secretario general de la Confederación General del Trabajo, José Ignacio Rucci, quien, paraguas en mano, protegió al ex presidente de la pertinaz llovizna que ese día castigó a Buenos Aires. Junto con su esposa y otros partidarios, Perón pernoctó en el hotel de Ezeiza a donde concurrieron a visitarlo varios dirigentes, entre otros, Arturo Frondizi, y al día siguiente se instaló en la finca de Gaspar Campos 1065, en Vicente López, su residencia durante los 27 días que duró su estada en el país."

Perón es el árbitro que permite, como señala Guido Di Tella, "mantener la cohesión de una alianza excepcionalmente amplia, donde se hallaban representados los intereses más dispares". Más aún, se espera de él que se convierta en el mediador "suprapartidario". Y Perón se ofrece a desempeñar ese papel e insiste en señalar que viene como "prenda de paz".

Durante su permanencia en el país, una verdadera marea humana rodea la residencia de Gaspar Campos día y noche, atentos a cada mínimo movimiento que se produce en el interior. El Líder y su esposa suelen asomarse a las ventanas y saludar con gesto cordial. A veces se le pide a la multitud que haga silencio para que el Conductor pueda descansar: "Hay que cuidar al General" es la consigna.

Perón articula su plan político y prefiere regresar a España para tomar distancia de los hechos cotidianos. Ya en viaje de regreso a Madrid, anuncia que no peleará la posibilidad de ser candidato y decreta la fórmula del frente inscripto como Frente Justicialista de Liberación (FreJuLi), en el que tiene al MID de Frondizi y a un sector de la democracia cristiana como principales aliados: la integran Héctor J. Cámpora, un hombre de trayectoria en el movimiento pero con escaso relieve personal, y Vicente Solano Lima, un conservador de la provincia de Buenos Aires que ha sido aliado histórico del peronismo.

El proceso electoral

El principal candidato –que la JP llamará "el Tío"– es incondicional de Perón. Miguel Bonasso reconstruye aspectos de su personalidad:

"Si le decían 'obsecuente' respondía que sí lo era, 'de puro consecuente'. A los que lo llamaban 'sirviente de Eva' les contestaba orgulloso: 'Me honra que me consideren su sirviente porque la sirvo lealmente'. Pero el calificativo que más defendía era el de 'incondicional', porque su lealtad a Perón no ponía condiciones y se confundía con su sentimiento religioso: el amor al General respondía a la sed oculta de mito, al hondón de las relaciones padre-hijo y debía expresarlo de manera fanática."

Cámpora, carente de un proyecto político propio como muchos de sus "compañeros", es el hombre en el que Perón reconoce, por sobre todo, su lealtad. En el tiempo que lleva como delegado, además, ha demostrado que es capaz de convivir con sectores muy heterogéneos y "bajar a tierra" las instrucciones del Jefe. Integra un grupo de confianza, sin antecedentes de militancia, con su hijo Héctor, el abogado Esteban Righi (compañero de estudios de Héctor) y su sobrino Mario Cámpora, diplomático de carrera.

El proceso electoral se realizará con pocos incidentes; sólo los típicos de las "pintadas" y las "pegatinas". En febrero de 1973, ya en la recta final del proceso electoral, *Clarín* describe las relaciones entre la UCR y el PJ como un *flirt*, con un nivel de entendimiento y diálogo "casi idílico". El justicialismo recorre el país con actos proselitistas, prescindiendo prácticamente de la televisión. Cámpora lanza la campaña en su San Andrés de Giles natal y tiene una respuesta inesperada: concurren cerca de 30 mil personas. Así será durante todo el verano. El FREJULI reúne multitudes que saludan con los brazos en alto y los dedos en "V", y hacen suya la consigna "Cámpora al gobierno, Perón al poder". El cierre de la campaña es en el estadio de Independiente (Avellaneda), colmado de simpatizantes.

Mientras en estos actos es visible el crecimiento de la Juventud Peronista y el prestigio de los Montoneros ("FAR y Montoneros, son nuestros compañeros", se corea religiosamente), el 23 de febrero de 1973, bajo la conducción e inspiración de José Rucci, nace una nueva agrupación que tendrá un rol protagónico en los próximos tres años: la Juventud Sindical Peronista (JSP), ideada para combatir "los ritos e ideologías foráneas que deforman el ser nacional". Su secretariado está compuesto por representantes de dieciséis sindicatos. La Juventud Peronista, entretanto, se organiza en "Regionales" y estructura sus agrupaciones, la JTP (trabajadores), la UES (estudiantes secundarios), la JUP (universitarios), el MVP (movimiento villero) y la Agrupación Evita (su propia rama femenina).

El "Tío" Cámpora, en campaña electoral.

Lanusse no ceja en su intención de convertirse en tutor del próximo gobierno. El 7 de febrero de 1973 presenta un documento conocido como "Los cinco puntos", cuyo título es por demás explícito: "Compromiso de conducta que el Ejército Argentino asume hasta el 25 de mayo de 1977 para garantizar la continuidad del proceso de institucionalización y la estabilidad del próximo gobierno". El "compromiso" apunta a impedir "la aplicación de amnistías indiscriminadas para quienes se encuentren bajo proceso o condenados por la comisión de delitos vinculados con la subversión y el terrorismo" y "garantizar la estabilidad del Poder Judicial como límite" para hipotéticos desbordes del Ejecutivo y los legisladores.

Finalmente, el 11 de marzo de 1973 el FREJULI se alza con la victoria. A pesar de obtener algo más del 49 % del electorado –cifra que conduciría al balotaje estipulado por el gobierno de Lanusse–, Balbín, que ocupa el segundo lugar con 21,3 %, reconoce el triunfo del justicialismo.

Durante los setenta y cinco días que deben transcurrir hasta la entrega del mando, la violencia reaparece con intensidad: el empresario de la FIAT Oberdan Sallustro es secuestrado por el ERP, confinado en una "cárcel del pueblo" durante tres semanas y finalmente muerto a balazos cuando estaba a punto de ser liberado. En abril, un comando conjunto del ERP y las FAL ultima al general Juan Carlos Sánchez, comandante del IIº Cuerpo de Ejército; ese mismo mes el ERP mata también al almirante Hermes Quijada, que había oficiado como vocero de las autoridades en los sucesos de Trelew.

Por otro lado, el mismo día que asume el nuevo gobierno se da por tierra con los "cinco puntos" promovidos por Lanusse: además de votarse una amnistía, se remueve a los miembros de la Corte Suprema de Justicia. La realidad, multifacética, se resiste a transitar por carriles previstos.

Cámpora al gobierno...

El sol del 25

El 25 de mayo es, a la vez, un día de fiesta y de lucha, en que la alegría se confunde con las demandas. La mayoría de los concurrentes al acto de trasmisión del mando piensa que sobrevendrán importantes cambios sociales. La presencia de los presidentes de Cuba, Osvaldo Dorticós, y de Chile, el socialista Salvador Allende, no puede ser más auspiciosa.

Los manifestantes no podrán borrar de su memoria aquel día, así como tampoco lo harán los oficiales militares. Aunque la inteligencia del Ejército ha previsto la posibilidad de algún desorden, minimizan el riesgo y llevan adelante el desfile de unos 3.000 soldados. Pero pronto los cordones preventivos de la Policía Federal son desbordados y los manifestantes se hacen dueños de la Plaza de Mayo, de la de los Dos Congresos y de toda la zona circundante. Las tropas se convierten en blanco de huevazos, escupitajos e insultos. Sus trajes, como muchos vehículos militares, son pintados con aerosoles. Algunos soldados desenvainan sus espadas o toman posición de combate antes de retirarse en desorden. Comenta, al respecto, Rosendo Fraga:

"El 'Se van, se van y nunca volverán' que coreaba la multitud ese 25 de mayo frente a las tropas formadas mientras las hostigaba, parecía entonces un hecho cierto para la gran mayoría de los oficiales del ejército, que con amargura creían que su institución estaba en el punto más bajo de prestigio en su historia, lo que había derivado en un enfrentamiento con la civilidad que sería difícil o imposible de revertir en los años subsiguientes."

"Qué lindo que va a ser, el Tío en el gobierno, Perón en el poder" es una de las consignas más coreadas. Los cantos populares no pretenden ser ambiguos; por el contrario, para la inmensa mayoría de los manifestantes el sentimiento es absolutamente legítimo: Perón es para ellos un símbolo adorado e intocable.

Cámpora responde al reclamo de sus seguidores: "Yo sé que ustedes querían ver en este lugar y con estos atributos presidenciales al general Perón: pero yo les aseguro que en este momento es Perón quien ha asumido el poder". Como gesto simbólico, continúa viviendo en su departamento de Libertad al 1500; la Quinta de Olivos estaba reservada para Perón. Se siente "provisional", pero no sospecha que será el presidente electo por el voto popular más efímero de la historia nacional. Sin embargo, la primera noche tiene ya la pista de que no cuenta con demasiado handicap. Los manifestantes exigen la libertad de los presos políticos y sociales; 25 mil personas rodean la cárcel de Villa Devoto. Los presos se amotinan y el gobierno emite su primera medida y decreta un indulto. Después el Congreso aprobará una ley de amnistía.

La primavera camporista

Cámpora estructura un gabinete repartiendo los "espacios de poder". Mientras el ministro de Interior Esteban Righi ordena a la Policía Federal que cese de perseguir al pueblo, el canciller Juan C. Puig restablece relaciones diplomáticas con Cuba, Vietnam y Corea del Norte y el vicecanciller Jorge Vázquez propone que Cuba sea readmitida en la OEA. Los discursos del Presidente tienen un especial destinatario, con el que vive un romance: la juventud.

"Y en los momentos decisivos, una juventud maravillosa supo oponerse, con la decisión y el coraje de las más vibrantes epopeyas nacionales, a la pasión ciega y enfermiza de una oligarquía delirante. Cómo no va a pertenecer también a esa juventud este triunfo, si lo dio todo –familia, amigos, hacienda, hasta la vida– por el ideal de una Patria Justicialista. Si no hubiera sido por ella, tal vez la agonía del régimen se habría prolongado. [...] Por eso la sangre que fue derramada, los agravios que se hicieron a la carne y al espíritu, el escarnio de que fueron objeto los justos, no serán negociados."

En este espíritu, Rodolfo Puiggrós, de un antiguo pasado comunista y enrolado en los sectores "progresistas" del peronismo, asume como rector de la Universidad "Nacional y Popular" de Buenos Aires. Muchos docentes identificados con posiciones "continuistas" o "reaccionarias" son separados de sus cátedras; una fuerte ráfaga de marxismo y de revisionismo histórico invade las aulas.

Tanto en la universidad como en otros ámbitos, la JP se lanza a "construir el poder popular", orientado hacia el socialismo nacional; de este modo, se producen, en pocos días, múltiples ocupaciones de oficinas y reparticiones públicas. La JP toma la iniciativa para asegurar la "liberación" y para depurar las instituciones de "colaboracionistas" de la dictadura, pero el ejemplo es replicado por la JSP, las 62 Organizaciones, Osinde y Miguel E. Iñíguez, que toman emisoras de radio y tevé en distintos puntos del país "antes de que lleguen los trotskistas".

Cámpora consulta a Perón el 13 de junio: "Hace unos días ha aparecido una nueva modalidad por parte de los distintos sectores de nuestro Movimiento. [...] Como no intervenimos, y en cada caso alcanzamos la solución en forma pacífica designando un interventor, este tipo de acciones, que yo llamaría simbólicas, se están extendiendo". Perón le responde en la misma sesión de télex: "Las ocupaciones; si se las hace con buena intención no tienen importancia" pero propone investigar a los ocupantes "en cada caso y proceder en consecuencia", si se trata de "personas interesadas en perjudicar al gobierno".

La Opinión del 15 de junio deja constancia de la preocupación que el tema genera en el ambiente político:

> "La ola de ocupaciones que se generalizó en reparticiones públicas, empresas del Estado, hospitales y medios de difusión, resulta tan confusa como inaceptable: es difícil asumir el sentido de tales actos, cuando el gobierno –que los ocupantes dicen defender– controla perfectamente el aparato del Estado y ninguna amenaza visible parece cernirse sobre ningún centro vital. Por el contrario, son precisamente tales ocupaciones las que pueden proporcionar un clima de caos, vacío de poder, y provocar graves enfrentamientos."

La primavera camporista es moderada en sus contenidos y sólo atina a dar por iniciado un "proceso de liberación nacional y social" de perfiles poco definidos, y que admite un único liderazgo: el de Perón. En ese marco, los exabruptos cuestan caro. Cuando alguien se excede, como Galimberti, secretario general de la JP, quien llama a formar "milicias armadas" para "defender el triunfo popular", Perón lo convoca a Madrid y lo destituye. En el gobierno, la designación del nuevo comandante en jefe del Ejército también expresa moderación; así, asume un connotado miembro del grupo "Azul", el general de caballería Jorge R. Carcagno, quien busca un acercamiento con los nuevos fenómenos políticos:

> "El ejército de mi país se presenta hoy reconociendo como principios básicos inalienables el de la no intervención, el de la autodeterminación de los pueblos y el del escrupuloso respeto a las individualidades de cada país en un contexto en el que carecen de sentido las diferencias ideológicas. [...] La imagen de los ejércitos como guardias pretorianos de un orden político, económico y social injusto es en extremo perniciosa para la salud de los pueblos, para el logro de sus aspiraciones, para la conformación del ser nacional y para su proyección continental."

Bajo la conducción de Carcagno, el Ejército evita la participación abierta en los conflictos internos, aunque los atentados y asesinatos lo azuzan:

"La conveniencia de tener al Ejército fuera de la represión a la guerrilla era la opinión predominante en los niveles superiores del Ejército al finalizar el año 1973."

Este comentario del especialista Rosendo Fraga incluye, expresamente, en esa tónica al general Jorge Videla y a los coroneles Ramón Camps y Reynaldo Bignone, que serán más tarde caracterizados represores.

El pacto social

Las políticas económica y laboral son aprobadas expresamente por Perón. Anticipados los lineamientos en las "Pautas programáticas para la reconstrucción nacional", se convoca a un "Pacto Social", que compromete a los representantes sindicales, a los empresarios y al Estado. La orientación propuesta consiste en impulsar las exportaciones, frenar la inflación y alentar la inversión y las obras públicas para movilizar la economía. El ministro Gelbard es el artífice de una gestión de tono "ligeramente distribucionista y ligeramente nacionalista, pero fuertemente intervencionista", según la síntesis que acuña Di Tella.

El pacto, sin embargo, rápidamente hace agua. Para imponerlo a la sociedad es imprescindible detener los reclamos obreros, que, por el contrario, se han desatado y multiplicado desde que asume el nuevo gobierno. Con lógica simple, los trabajadores consideran que el triunfo político debe reflejarse en sus bolsillos y en sus condiciones de trabajo y de vida y, subsidiariamente, crece la desconfianza hacia los líderes sindicales, apoltronados desde hace años en sus sillones.

El debilitamiento de la influencia de la jerarquía sindical peronista responde, esencialmente, a los cuestionamientos que, desde las bases obreras, realiza una nueva generación de dirigentes gremiales, pero también a un proceso estructural. La antigua burocracia peronista estaba ligada a las fábricas más antiguas y de dimensiones menores o medianas, "cuyos problemas les eran familiares". Los grandes complejos metalmecánicos, como los de Córdoba, San Nicolás y las plantas automotrices del Gran Buenos Aires dinamizan el mercado laboral y conforman una clase obrera concentrada, más inquieta y consciente de su poderío. En marzo de 1974, por ejemplo, la rebelión de los obreros de Villa Constitución originará una nueva dirección, nada menos que en uno de los bastiones del poderoso sindicato metalúrgico. Entre estos líderes sobresale la figura de Alberto Piccinini. También en el Ingenio Ledesma de Jujuy, bajo el liderazgo de Melitón Vázquez, se consolidan sindicalistas democráticos y combativos en la mayor concentración obrera del Norte del país.

La inminencia de estos procesos hiere en el corazón a la "columna vertebral" del peronismo, y en ellos la incidencia de la JP no es decisiva. Para el peronismo, recuperar terreno en este escenario es una cuestión de vida o muerte. Al parecer, el prestigio de Perón ya no es suficiente. Su presencia física, la conducción cotidiana se hacen ahora imprescindibles.

Ezeiza, el regreso

Los días previos

El retorno de Perón está sobre el tapete y el control de su organización implica, nuevamente, conflictos de poder. El 2 de junio de 1973 López Rega eleva a Cámpora la lista de personas que el Consejo Superior designa para coordinar el regreso del Líder. Los nombres son elocuentes: Abal Medina, Osinde, Norma Kennedy, Rucci y Lorenzo Miguel, más otros cinco de "comisión de apoyo", y entre los que Leonardo Favio aparece "por los artistas". La fecha elegida, un feriado nacional que conmemora el Día de la Bandera, parece muy oportuna. El 19, mientras el vuelo parte del aeropuerto de Barajas, Madrid, los preparativos en la Argentina son intensos.

El acto de recepción debe realizarse en el Puente 12 ("El Trébol") sobre la autopista Ricchieri, a tres kilómetros de Ezeiza, donde Perón bajará en helicóptero. El operativo de seguridad es diseñado por la Policía Federal pero en la custodia de los alrededores del gran palco los uniformados son reemplazados por militares y gendarmes retirados, ex policías, los muchachos de la "Secretaría de Movilización y Seguridad" de la JSP y otras organizaciones entrenadas en el uso de armas, como el Comando de Organización, la Alianza Libertadora Nacionalista y la Concentración Nacional Universitaria.

El organizador y coordinador general es Jorge Osinde, jefe también de la custodia de López Rega y subsecretario de Deportes y Turismo, una dependencia del ministerio del "Brujo". El diputado Alberto Brito Lima, jefe del C de O exhibe el título de presidente de la "Comisión de Movilidad"; Iñíguez Aybar dirige el Comando de Orientación Revolucionaria (COR) y está a cargo de tareas de información e inteligencia sobre las columnas de manifestantes, su composición, número, actitud, etcétera, para lo cual se sirve de la moderna tecnología del Automóvil Club Argentino. Otros jefes destacados del operativo son el mayor Ciro Ahumada, Alejandro Giovenco, Juan Queraltó y Norma Kennedy, todos caracterizados como personajes "de acción".

Para los alrededores del palco se dispone un cerco de protección en el que se destinan unos 20 mil empleados y afiliados sindicales: el objetivo es mantener a la gente –los "zurdos"– a prudente distancia. Los brazaletes verdes identifican a los cerca de 1.000 civiles armados con escopetas recortadas, carabinas, pistolas, ametralladoras y hasta fusiles con mira telescópica, que el 19 de junio, al caer la noche, toman sus posiciones.

Este amplio despliegue de seguridad es signo de que algo no condice con la situación: el encuentro del líder máximo de un movimiento popular con la multitud entusiasta que ansía escuchar su palabra.

El 20 de junio de 1973

La llegada de Perón reúne gente de todos los puntos del país. Trenes gratuitos viajan repletos desde Tucumán, Mendoza, Córdoba, Corrientes, Neuquén... Miles de argentinos se suben, literalmente, al "tren de la esperanza" para conformar la mayor concentración popular jamás vista en el país y una de las mayores de la historia mundial. Resulta difícil calcular el total de concurrentes, dispersos en varios kilómetros a la redonda, pero superan holgadamente el millón de personas, aunque están lejos de los 5 o 6 millones que le atribuyen algunas fuentes.

La radio y la televisión, bajo el prisma de los organizadores, apenas mostrarán una visión parcial: ciertas banderas no deben salir al aire. La mayoría de los asistentes, sin embargo, son peronistas "independientes", organizados en agrupaciones vecinales o sindicales de diversa índole, ajenos –no indiferentes– a la polarización política. En cuanto a las columnas organizadas, no hay duda de que la JP-Montoneros es, de lejos, la que puede imponer una mayoría. Ésa es su apuesta: con la fuerza del número, repetir la presencia que les dio hegemonía el 25 de mayo. Muchos de ellos van prevenidos por posibles choques y decididos a pelear, pero sólo una minoría –los de "seguridad"– llevan armas, sobre todo, revólveres de bajo calibre. También, es cierto, confían en que su organización militar clandestina ha tomado las medidas del caso.

Es inocultable, por lo tanto, que existen dos bandos: el de la "Comisión organizadora" y el de la multitud, parte de la cual se encolumna bajo las banderas de la JP. El Estado como tal parece ausente, aunque "los del palco" funcionan a su amparo, en los subsuelos de los edificios públicos. Verbitsky, en su puntilloso relato, rescata que las previsiones de la Policía Federal, dependiente del Ministerio de Interior, eran tendientes a adoptar "precauciones para impedir desbordes".

Al caer la noche miles de manifestantes acampan en las inmediaciones. Desde el palco se quiere evitar que la multitud se aproxime demasiado. A las 2 de la mañana suenan los primeros disparos. No son muchos pero alcanzan a dispersar a un grupo nutrido que quiere posicionarse "en primera fila". Hace frío y está húmedo y neblinoso. Los que se ven del lado de los "organizadores" ocultan armas de grueso calibre. El primer muerto y varios heridos de bala son recogidos y auxiliados. Episodios similares, aislados pero intensos, se repiten durante el resto de la noche.

En la mañana, miles de personas que han dormido a la intemperie o en improvisadas carpas montadas en los alrededores, desean acercarse al palco pero encuentran que los accesos están cortados, que hay un solo camino para llegar y que tomarlo implica dar una gran vuelta, difícil de concretar con columnas compactas. La gente presiona porque quiere estar cerca del Líder; los "Montos" no pueden aceptar que los "fachos" copen el acto e impongan su disciplina. Por el contrario, deben dejar claro de qué lado está el pueblo: cada tanto, arremeten para ganar espacio, se dan fuerza coreando consignas, suben bien alto sus pancartas: "liberación o dependencia".

A las 14.30 del 20 se produce un tiroteo intenso. Desde el palco se ataca a columnas que se identifican con FAR y Montoneros, la mayoría, miembros de la JP de la zona sur del Gran Buenos Aires. Apenas se produce el desbande, comienza la persecución y cacería de militantes, que se resguardan en los bosques aledaños a un hogar-escuela utilizado como refugio durante la noche anterior. Pero allí también hay francotiradores. La confusión predomina: los detenidos son trasladados al Hotel Internacional y las sirenas de las ambulancias se mezclan con la voz del locutor Leonardo Favio, quien, todavía, pretende asistir a una "fiesta hermosa".

Dos horas después, y momentos antes de que Favio anuncie fallidamente la inminente llegada de Perón, otra vez hay fuego graneado y muy intenso durante unos quince minutos. Los francotiradores, como señala el mismo Iñíguez, "disparan a mansalva". La gente huye, se tira cuerpo a tierra, se esconde como puede detrás de árboles, coches o montículos de tierra. Los militantes que traen armas replican pero el palco y el hogar-escuela están bien protegidos y pertrechados.

Según la reconstrucción de la jornada que realiza Verbitsky, la mayor parte del fuego cruzado se produce entre dos grupos de la "seguridad oficial" por confusión de los informes que aportan Iñíguez y el COR. La realidad es que muchos manifestantes quedan encerrados en medio de la balacera; entre ellos, un numeroso contingente de jóvenes de la UES.

El vicepresidente Solano Lima, a cargo del Ejecutivo, informa de los sucesos a los tripulantes del avión y el vuelo, ya sobre aguas del Río de la Plata, vira su destino hacia la base aérea de Morón, ubicada a 30 kilómetros de distancia del destino prefijado. Mientras tanto, en habitaciones del Hotel Internacional son torturados varios manifestantes que salvan su vida por la oportuna intervención de Favio.

El principal objetivo que se han puesto los hombres del palco, "cuidar el micrófono", está cumplido. Un mes después, ya con Cámpora desplazado del gobierno, Osinde emite una declaración con la firma de "Juventud Peronista":

"Los drogadictos, homosexuales y guerrilleros no pudieron triunfar, no tomaron el micrófono para difundir sus mentiras, no coparon el palco de Perón y Evita."

En Ezeiza, miles de argentinos fueron sorprendidos por los tiroteos.

Luego de mencionar los "tiroteos, torturas y cadáveres colgados de árboles", Luis A. Romero destaca: "Nunca fue totalmente aclarado el episodio y hasta hoy se desconoce la cantidad exacta de muertos". *La Ra-*

zón, en los días posteriores, informa que el total de bajas del "combate de Ezeiza" fue de 13 muertos y 380 heridos, una cifra muy cercana a la que llega la meticulosa investigación de Horacio Verbitsky:

> "De los 13 muertos identificados en Ezeiza, tres pertenecían a Montoneros o a sus agrupaciones juveniles: Horacio Simona, Antonio Quispe y Hugo Oscar Lanvers. Uno, el capitán del Ejército Roberto Máximo Chavarri, integraba la custodia del palco organizada por Osinde. Ignoramos quiénes eran los nueve restantes, aunque sabemos sus nombres. [...] No hubo informes oficiales sobre las víctimas de la masacre y ninguna de las partes subsanó esa falta. [...] Las nóminas de heridos son incompletas, anárquicas. Las confeccionaron distintas reparticiones federales, provinciales y municipales [...]. Si cotejamos las distintas fuentes llegamos a esta síntesis: Heridos de bala identificados 133; heridos de bala sin identificar 222; Total: 355.
> "¿Cuántos más fueron atendidos en otros hospitales, clínicas privadas, consultorios o domicilios sin dejar rastros, como en el caso de [José Luis] Nell? ¿Cuántos de los 355 murieron en los días siguientes? Es imposible saberlo aunque la cifra de 13 muertos y 355 heridos ya expone la gravedad de lo sucedido. Las versiones que desde entonces han circulado sobre centenares de muertos son indemostrables y a la luz de estas cifras, inverosímiles."

El periodista, además de demostrar que mucho de lo que se ha dicho de Ezeiza —como que fue un combate— son infundios sin fundamentos, entiende que lo fundamental de esos sucesos es que respondieron a un "plan premeditado para desplazar a Cámpora y copar el poder". Se acuerde o no con esta hipótesis, es un hecho que el poder del "Tío" sufre a partir de ese momento un acelerado desgaste que conducirá a su renuncia.

"Ezeiza" se convertirá en reflejo de la crisis que atraviesa el peronismo. No sólo ha hecho evidente el enfrentamiento entre sectores y el plan articulado por grupos de derecha, también ha demostrado que, pese al formidable aparato de movilización, nadie puede garantizar ya la presencia del Líder frente a sus seguidores.

El día después

El ex oficial Osinde es parte del "grupo Madrid", integrado por López Rega, su hija Norma, su yerno Raúl Lastiri e Isabel. Rucci y Miguel, más por oposición a los "Montos" que por afinidades ideológicas, se incorporan a este sector que se afirma en el poder después de Ezeiza y se articula definitivamente desde el golpe palaciego que se trama para derrocar a Cámpora.

Perón habla al país el 21. Su discurso no deja lugar a duda sobre el balance que hace de los acontecimientos:

> "Los Peronistas tenemos que retornar a la conducción de nuestro movimiento. Ponerlo en marcha y neutralizar a los que pretenden deformarlo desde abajo o desde arriba.

Nosotros somos justicialistas. Levantamos una bandera tan distante de uno como de otro de los imperialismos dominantes. [...] No hay nuevos rótulos que califiquen a nuestra doctrina ni a nuestra ideología: somos lo que las Veinte Verdades Peronistas dicen. No es gritando la vida por Perón que se hace Patria, sino manteniendo el credo por el cual luchamos. [...] Los que ingenuamente piensan que pueden copar a nuestro movimiento o tomar el poder que el pueblo ha reconquistado, se equivocan. [...] Deseo advertir a los que tratan de infiltrarse en los estamentos populares o estatales, que por ese camino van mal. [...] A los enemigos, embozados, encubiertos o disimulados, les aconsejo que cesen en sus intentos, porque cuando los pueblos agotan su paciencia suelen hacer tronar el escarmiento."

Mientras las alas del movimiento disputan violentamente entre sí, "el día después" de la llegada de Perón replantea algunas cuestiones. En un marco de desinformación sobre los sucesos, los enfrentamientos como el de Ezeiza generan confusión y cierta perplejidad en aquellos que no toman parte activa en la lucha de fracciones. Los asistentes a una fiesta se convirtieron en impotentes espectadores de un fuego cruzado, y muchos de los que no concurrieron –como los tradicionales miembros de la clase media "gorila" de Buenos Aires– ven en Ezeiza el espejo de la violencia, a la que asociarán históricamente al peronismo. Sin embargo ese mismo junio de 1973 es también el mes del acuerdo entre Perón y Balbín y el comienzo de las especulaciones de que ambos líderes integren una fórmula electoral conjunta.

La renuncia de Cámpora

Los hechos de Ezeiza demuestran la imposibilidad de Cámpora de controlar la situación. El 4 de julio, una reunión reservada define los pasos que se tomarán y ocho días después Cámpora y Solano Lima comunican su dimisión para que, mediante nuevas elecciones, Perón pueda acceder al gobierno. El vicepresidente primero del Senado, Alejandro Díaz Bialet, es enviado fuera del país para que la sucesión presidencial recaiga en Raúl Lastiri, presidente de la Cámara de Diputados. Un viernes 13, cuarenta y nueve días después de saborear su hora de gloria, Cámpora deja la presidencia. Su primavera, cruzada por la gran tormenta de Ezeiza, ha dado paso a un cambio de estación. Otros vientos soplan en el horizonte.

Aunque FAR-Montoneros ha decretado una especie de tregua militar centrándose en el plano político, el accionar guerrillero no cesa. El ERP anuncia su retorno a la actividad militar e indica que el enemigo afinca en las Fuerzas Armadas y en la "burocracia sindical". En los seis primeros meses del '73 son asesinados el coronel Héctor Iribarren y el dirigente de SMATA Dirk Kloosterman. Estos estériles atentados no hacen sino crispar los nervios de los sectores reaccionarios y azuzarlos para que entren en acción.

El vertiginoso ascenso del lopezreguismo –como grupo interno que toma posiciones en el gobierno– no se explica, sin embargo, sólo como una reacción a las acciones terroristas o al peso político de los "Montos"; también se fortalece por la ausencia de un aparato partidario consolidado que estructure la política del justicialismo. El 2 de agosto, Perón, que sabe que el movimiento actual es mucho más heterogéneo que el que dirigió en los gobiernos anteriores y que su liderazgo se resiente por su delicada salud, trata de "encuadrar" al peronismo:

> "Hemos dispuesto que se comience a estructurar el Movimiento Peronista como institución. Yo ya dejaré de ser el *factotum*, porque ya no es necesario que haya *factotum*. Ahora es necesario que haya organización [y] crear un Consejo Superior, que será el verdadero encargado de la dirección y de la conducción."

La puesta en orden de Perón –siempre dentro de su concepción verticalista– promueve la ofensiva en curso de los sectores ortodoxos contra la "Tendencia Revolucionaria" (JP y grupos afines). De esta ofensiva se nutre el creciente poder de los grupos parapoliciales, alimentado por López Rega, y de otras fuerzas irregulares –como "la patota"– dentro del sindicalismo.

Entre cercos, votos y provocaciones

El 21 de julio la Juventud Peronista marcha a la casa de Perón para "romper el cerco del brujo López Rega" que, todavía, aparece más como "brujo" que como fascista, y más como un conspirador menospreciado y un esotérico que como un temible e inescrupuloso organizador de grupos terroristas. Sin embargo, la teoría "del cerco" demuestra ser una construcción conformista que subestima a Perón. Pronto las ilusiones y la ficción comenzarán a negar abiertamente la realidad.

Perón promete recibir a la "Tendencia Revolucionaria" sin intermediarios; horas después del encuentro, un comunicado de la oficina de prensa informa que en adelante sí habrá un mediador y que será nada menos que el propio López Rega. A pesar de que la Tendencia intenta ratificar que "entre la JP y el general Perón no hay intermediarios de ningún tipo por propia decisión de nuestro jefe", Perón ha abandonado definitivamente su postura "paternalista", comprensiva y contenedora de todos los sectores internos. "Perturbadores" e "infiltrados" son palabras que se hacen cada vez más frecuentes en los discursos del Líder. Ya no hay margen para los juegos pendulares.

Sin embargo, para la JP el horizonte aún parece despejarse: el 23 de septiembre habrá nuevas elecciones y Perón encabeza la fórmula. Se especula con una dupla de "unidad nacional" Perón-Balbín pero, finalmente, la candidata a vicepresidenta es María Estela Martínez, que llega así a un cargo oficial que la misma Evita no había alcanzado. La fórmula es Perón-Perón.

Ya en plena campaña electoral, el 31 de agosto Perón, rodeado de dirigentes gremiales, asiste, desde los balcones de la CGT, a una demostración de apoyo. Luis A. Romero precisa que "165 minutos emplean las huestes sindicales en pasar delante de él; 162 minutos las más agresivas columnas, capitaneadas por FAR y Montoneros. Cuando terminan de pasar, ya hace tiempo que Perón se ha ido del balcón".

314

¿La próxima asunción de Perón provocará que los Montoneros depongan las armas?, se pregunta una publicación que llega a vender 250 mil ejemplares. Firmenich, en *El Descamisado*, el 11 de septiembre de 1973 es categórico:

"De ningún modo, ya que el poder político viene de la boca del fusil. Si llegamos a este punto, es porque teníamos fusiles y los usamos. Si los abandonamos, sufriremos un retroceso en nuestra posición política. En la guerra hay momentos de enfrentamientos como los que pasamos, y hay momentos de tregua, en donde se prepara para la próxima confrontación."

La JP, en su actividad práctica, sigue siendo incondicional del General, como si la reacción a ser relegados fuera querer lucir más incondicionales todavía. Bien saben de ese fanatismo por el Líder aquellos militantes de izquierda que cuestionan a Perón. Los jóvenes del PST, por ejemplo, que pregonan que "Votar a Perón es votar a Rucci, López Rega e Isabel", son acusados de gorilas y deben soportar más de una golpiza cuando pintan o intentan colocar un cartel en la facultad. Los ofendidos miembros de la JP no toleran tampoco a aquellos chistosos que, a la clásica pintada de la JP que dice "Perón, Evita, la Patria Socialista", le agregan unas sutiles comillas en 'evita', trocando su significado.

Juan Perón-Isabel Perón: la fórmula que triunfa en las elecciones de septiembre de 1973.

A pesar de los inquietantes acontecimientos que atraviesan esos días, tanto nacionales como internacionales –de primera magnitud, como el golpe que derroca al gobierno chileno de Salvador Allende–, la campaña electoral se desenvuelve como la "más civilizada de que se tenga memoria", tal como expresa Mariano Grondona en *La Opinión*. Se presentan cuatro fórmulas: el FreJuLi, la UCR (Balbín-De la Rúa), la APF (Manrique-Martínez Raymonda) y el PST (Coral-Páez). El triunfo del peronismo es arrasador: alcanza el 61,85 por ciento de los sufragios.

Con estos resultados categóricos se prepara la cesión del mando para el 12 de octubre. Al día siguiente de las elecciones, el general Iñíguez asume la jefatura de la Policía Federal, que engrosa sus filas reincorporando personal retirado. Se decreta la ilegalidad del ERP y, por el decreto 1174, el gobierno determina la prohibición de ingresar al país "literatura que atentara contra los principios consolidados por la Constitución Nacional".

El 25 de septiembre Montoneros mata a Rucci. Si bien en un principio la agrupación no se declara autora del asesinato, una famosa promesa insistentemente cantada por sus miembros ("Rucci, traidor, a vos te va a pasar lo que le pasó a Vandor"), permite suponer su autoría. Rucci era del "riñón" del General. Las balas que lo matan son más que tiros por elevación; pegan demasiado cerca de Perón y constituyen –por eso el silencio de la organización resulta capcioso– la velada ruptura de la tregua. El Líder denuncia el accionar como propio de la "descomposición política" y destaca que ese camino "diverge totalmente de los intereses esenciales de la República".

El acto de asunción no puede parecerse al del 25 de mayo, copado por la izquierda del movimiento. Un llamado "Consejo de la Juventud Peronista", bajo el lema "Sin moral no hay liberación; sin verticalidad no hay revolución", emite directivas el 11 de octubre. Entre los muchos firmantes figuran el Comando de Organización, la Juventud Sindical, las agrupaciones estudiantiles CNU y FEN-OUP y la JP "de la República Argentina" (JPRA), a la que la Tendencia llamaba "Jotaperra". Las instrucciones, cuyo principal objetivo es evitar el espíritu divisionista entre sectores, están especialmente dedicadas a los compañeros de la Juventud Peronista, quienes "se subordinarán en todas las directivas" y "vocearán como consigna 'Argentina' y 'Perón'".

El 12 de octubre de 1973, con su traje de gala, el teniente general Perón –que ha recuperado el grado durante los últimos días de la presidencia de Cámpora– inaugura su tercer período presidencial, próximo a cumplir los setenta y ocho años. Es el cuarto presidente del año, un claro síntoma de la inestabilidad política. La sociedad, incluyendo los antiguos "contreras", espera que "el Viejo" tenga la muñeca suficiente para ordenar y pacificar el país.

...Perón al poder

El león herbívoro

Perón gusta definirse de este modo, enfatizando que es, en efecto, una "prenda de paz". Estas expresiones, sin embargo, dejan entrever que él es el único que puede "poner en caja" los desbordes sociales y las agrupaciones políticas que están fuera del control del Estado.

El inicio de su presidencia confirma, a grandes rasgos, las líneas de sus predecesores: el "Pacto Social", la búsqueda de inversiones extranjeras –en particular, europeas– y el aumento de las exportaciones. Perón proclama su intención de construir una "Argentina Potencia" y enuncia planes para que en el año 2000 la Argentina esté entre los países más desarrollados del globo. La crisis económica internacional de 1974, con estancamiento, inflación y aumento de los precios del petróleo, desnudará la fragilidad de tales intenciones.

En un intento por ampliar el consenso que ya tiene, Perón traza cinco grandes líneas estratégicas. La "unidad nacional" es indispensable para la "reconstrucción nacional" y debe cubrir el arco político más amplio posible; el "Pacto Social" debe involucrar a empresarios, dirigentes sindicales, la Iglesia y las Fuerzas Armadas; se debe advertir a tiempo a aquellos que "sacan los pies del plato" para aislarlos y desenmascararlos como "enemigos encubiertos", para lo cual es decisivo fortalecer la tradicional conducción de la CGT. Finalmente, se autoriza reprimir a quienes perseveren en enfrentar al nuevo régimen propuesto.

Perón ha abandonado las ambigüedades de otras épocas. Ahora habla claro. "El que quiere oír que oiga", dice una antigua frase de Evita. Herbívoro, pero león al fin.

Líneas estratégicas

Al día siguiente de su arribo, Perón diagnostica que el país atraviesa una "posguerra civil" y que hay "factores ocultos" con "perversas intenciones". Plantea su política de pacificación y llama "a todos los argentinos, sin distinción de banderías, para la tarea de la reconstrucción nacional":

> "La situación del país es de tal gravedad que nadie puede pensar en una reconstrucción en la que no deba participar y colaborar. Este problema, como ya lo he dicho muchas

---

Lealtad y buena fe

"Quienes desde la lealtad se atreven a pensar y disentir, se diferencian en mucho de aquellos que ocultan con la obsecuencia su traición", escribió Dardo Cabo en el semanario *El Descamisado*, vocero de la JP. En otro editorial, la misma revista puntualizó que la lealtad era un camino de dos manos y dijo que los jóvenes eran leales a las banderas levantadas por el peronismo, no al brazo que las había izado: "El peronismo, nacido de las entrañas del pueblo, es el marco político donde los argentinos que sienten la liberación han decidido dar su lucha. Nacimos antiimperialistas ('Braden o Perón' fue nuestra primera consigna) y antioligárquicos. Levantamos nada más que las banderas del pueblo; luchamos por la dignidad, por la justicia, por la soberanía de la patria. Y el pueblo eligió un conductor que lo expre-

sara. Y hubo lealtad porque el pueblo correspondió a la libertad de Perón". "Nosotros somos leales a las banderas por las que hemos peleado; las que nos mostró Perón para que lo siguiéramos." El tono de este editorial publicado también hacia marzo del '74 hubiese sido impensable unos meses antes. Como hubiese sido impensable la actitud de las organizaciones juveniles de izquierda –sin duda las más numerosas–, que el 31 de enero de 1974 rehusaron una invitación al diálogo, formulada por el propio Perón: bastó que el líder invitara también a grupos de derecha a los cuales la JP y sus organizaciones aliadas consideraban faltos de representatividad, para que los jóvenes se animaran a hacer lo que sus enemigos calificaron de "desplante" a Perón.

Sin embargo, el propio líder debía compren-

veces, o lo arreglamos entre todos los argentinos o no lo arregla nadie. Por eso, deseo hacer un llamado a todos, al fin y al cabo hermanos, para que comencemos a ponernos de acuerdo. [...] Es preciso volver a lo que en su hora fue el apotegma de nuestra creación: "de casa al trabajo y del trabajo a casa". Sólo el trabajo podrá redimirnos de los desatinos pasados. [...] Si en las Fuerzas Armadas de la República cada ciudadano, de general a soldado, está dispuesto a morir tanto en defensa de la soberanía nacional como del orden constitucional establecido, tarde o temprano han de integrarse al pueblo que ha de esperarlos con los brazos abiertos. [...] Que cada argentino sepa defender esa paz salvadora por todos los medios, y si alguno pretendiera alterarla con cualquier pretexto, que se le opongan millones de pechos y se alcen millones de brazos para sustentarla con los medios que sean. [...] Hay que volver al orden legal y constitucional como única garantía de libertad y justicia. [...] Todos tenemos el deber ineludible de enfrentar activamente a esos enemigos, si no queremos perecer en el infortunio de nuestra desaprensión o incapacidad culposa."

En las siguientes conferencias amplía estas ideas y repite la convocatoria: el 2 de agosto, en la residencia de Olivos, habla a los gobernadores. Les aconseja que acentúen su interés en la juventud: "Tenemos una juventud maravillosa, ¡pero cuidado con que ella pueda tomar un camino equivocado! Y ésa es obligación nuestra, ésa es tarea nuestra".

---

der mejor que nadie la desilusión de algunos jóvenes. Él había dicho: "Organizar no es juntar gente; es aunar voluntades conscientes con una finalidad, es decir con un objetivo. Cuando digo voluntades conscientes, quiero decir hombres a los cuales se les haya dicho: Nosotros queremos esto. ¿Lo quiere usted también? Venga con nosotros. ¿No quiere usted esto? Allá usted".

Y, seguramente, el líder del justicialismo recordaba que, en los años de lucha, cuando se trataba precisamente de juntar gente, no siempre el objetivo se había explicado con claridad o, en todo caso, la explicación no había sido una sola para cualquier interlocutor. En esa época, los jóvenes habían oído hablar a Perón de "socialismo nacional", se habían pasado entre sí la película filmada por el grupo de cine Liberación, donde Perón dictaba clase de actualización doctrinaria y mostraba una clara apertura a la izquierda; habían leído sus declaraciones en el diario *Mayoría,* donde Perón decía, en enero de 1973, que una vez recuperado el poder político y antes de pensar en reconstruir, era necesario conquistar el poder pleno y con ese poder, liberarse de los yanquis.

Difícilmente estos jóvenes hubieran sacado como conclusión de todo eso que el gobierno peronista daría la conducción económica al empresariado y declararía la guerra a las izquierdas. [...]

¿Admitía Perón que, si era cierto que en su movimiento había infiltrados, también era cierto que había muchos miles de jóvenes de buena fe, que habían tenido derecho a imaginarse una realidad distinta, y por eso mismo tenían ahora derecho al disenso? Probablemente sí, aunque —seguramente guiado por razones tácticas— no lo haya reconocido.

RODOLFO TERRAGNO,
Los 400 días de Perón

También avanza en una definición ideológica que incluye una autocrítica:

"Nosotros somos un movimiento de izquierda. Pero la izquierda que propugnamos es una izquierda justicialista por sobre todas las cosas; no es una izquierda comunista ni anárquica. [...] Seamos capaces de realizarlo todo en su medida y armoniosamente. Tenemos un ejemplo en nuestro propio proceder. En los dos gobiernos justicialistas anteriores, nos apresuramos un poco y creamos una oposición, justificada o no, pero oposición que al final dio en tierra con nosotros. [...] En el futuro, lo que tenemos que hacer es terminar en el país tanto con los apresurados como con los retardatarios."

Y alerta a la izquierda no justicialista:

"Cuidado con sacar los pies del plato, porque entonces tendremos el derecho de darle con todo. [...] Nosotros no le ponemos ningún inconveniente. Si ese partido político –se llame Comunista, se llame ERP o se llame Mongo Aurelio, cualquiera sea el nombre que tenga– quiere funcionar dentro de la ley."

"Mongo Aurelio" suena en muchos oídos como una reminiscencia de "Montoneros". El Jefe no puede ser más claro. Para evitar otros posibles malentendidos reafirma quién debe dirigir la economía del país:

"Yo siempre he tenido mucha más fe en los hombres de empresa, que son los que han demostrado fehacientemente que saben hacerlo. El país, como negocio, es un gran negocio individual amplificado, de manera que el que es capaz de manejar un gran negocio, a este otro gran negocio puede también manejarlo."

Ya presidente, el 13 de noviembre, convoca a las fuerzas políticas y les propone elaborar y adherir a una serie de "Coincidencias programáticas". Junto a Isabel, Llambí, López Rega y Solano Lima (ahora, secretario general de la presidencia) reciben a los invitados que aceptan concurrir. Están entre ellos Frondizi, Balbín, Rodolfo Ghioldi y Fernando Nadra (PC), Claudio Saloj (PI), Elías Sapag (MPN), Víctor García Costa y Guillermo Estévez Boero (PSP); Horacio Sueldo y José A. Allende, de las dos corrientes socialcristianas; Sandler (UDELPA), Ramos (FIP), Julio Broner (CGE), Raúl Ravitti (CGT), Casildo Herreras (62 Organizaciones) y múltiples representantes de partidos menores y provinciales.
Perón los invita a construir una "democracia integral", nueva formulación de la "comunidad organizada". La reunión es un éxito y demuestra que la "unidad para la reconstrucción", con sus matices, es bandera de todos los presentes.

"Las instituciones armadas deben incorporarse a esta misma tarea que nosotros realizamos –que los políticos estamos empeñados en realizar, por lo menos–, como también las fuerzas económicas, las fuerzas del trabajo, los profesionales, las universidades;

en fin, todas esas fuerzas que vemos en potencia, y cuyo trabajo tenemos que coordinar. [...] Por eso, señores, desde ahora, pueden considerarse aquí como en sus casas, es decir, con los mismos derechos con que nos consideramos nosotros."

La propuesta va un poco más allá del funcionamiento constitucional y parlamentario. En varias de las fuerzas presentes despierta recelos; en otras, entusiasmo.

Si se busca una síntesis del conjunto de nuevas propuestas, tal vez se la encuentre en la reformulación de la antigua máxima "para un peronista no hay nada mejor que otro peronista", que ahora el Líder reemplaza por "para cada argentino no hay nada mejor que otro argentino". Todos los movimientos convergen en la necesidad de aquietar la intranquilidad social y de desactivar la sistemática y multiforme movilización popular.

Acomodando las piezas

Perón se alza por sobre las diferentes fuerzas políticas y corporativas y trata de armar el tablero para que sus líneas estratégicas adquieran dinámica propia. Para ello, debe ajustar ciertos puestos clave en los que hay hombres que no lo interpretan fielmente. Uno de ellos es el comandante en jefe del Ejército, el general Jorge R. Carcagno.

Las definiciones ideológicas de Carcagno no logran suficiente consenso en la fuerza y su poder se debilita al encarar el "Operativo Dorrego", en el que se movilizan 5.000 efectivos y unos 800 militantes de la JP en auxilio de los inundados de la provincia de Buenos Aires. Curiosamente, en el operativo participa el coronel Albano Harguindeguy, una de las principales figuras del próximo golpe militar. En diciembre es designado Leandro Anaya, a quien acompañan en posiciones de poder dos generales de brigada aún poco conocidos: Jorge Rafael Videla, como jefe del Estado Mayor, y Roberto Eduardo Viola, confirmado como secretario general del arma. Otro militar que será famoso, el todavía contraalmirante Emilio Massera, un hombre de buenas relaciones con el entorno presidencial, asume como jefe de la Marina reemplazando al almirante Carlos Álvarez. Un primer golpe de timón se ha concretado.

Otro aspecto que requiere mano firme es el ambiente sindical. La "columna vertebral" merece un trato especial. En noviembre de 1973 se aprueba una nueva Ley de Asociaciones Profesionales que establece un sindicato por rama de actividad; fortalece la omnipotencia de las cúpulas, brindándoles la posibilidad de intervenir filiales y desplazar a los delegados de fábrica; aumenta el mandato de los dirigentes de dos a cuatro años, y extiende las asambleas para rendir cuentas a una periodicidad bianual. A pesar de estos ostensibles beneficios, los dirigentes tradicionales suelen verse desbordados por las bases. Las luchas obreras se mantendrán y enfrentarán el "Pacto Social": en el primer semestre de 1974 lograrán un aumento salarial y un adelanto del aguinaldo, que intentan calmar la inquietud.

El 8 de noviembre Perón tranquiliza a los hombres del aparato gremial y los invita a disciplinar las bases.

"Yo me pregunto: ¿cómo se intenta hoy conseguir lo que no consiguieron durante veinte años de lucha? Hay un nuevo procedimiento: el de la infiltración. [...] Esto ha calado en algunos sectores, pero no en el de las organizaciones obreras. Las mismas –por el gran sentido de responsabilidad de los dirigentes y la férrea organización alcanzada durante estos veinte años, en que los trabajadores advirtieron que la defensa de sus intereses sólo puede estar en sus propias manos– constituyen el factor único que las puede convertir en verdadero elemento de poder, con la unión y la solidaridad de ellas."

 ## El Ejército se asume como árbitro

Frente al gobierno, la política de [teniente general Leandro] Anaya fue cambiando de acuerdo con las circunstancias. Durante los meses que gobernó Juan Domingo Perón mantuvo una clara subordinación al poder político y un delicado equilibrio para evitar fisuras dentro de la Fuerza. El discurso que pronunciara el 29 de mayo en el Colegio Militar, al conmemorarse el día del Ejército, reiterando y ratificando la completa subordinación a las autoridades constitucionales, es una pieza elocuente al respecto. Pocos días antes –el 14 de mayo– Perón había estado en el Colegio Militar, en el marco de visitas a una unidad de cada Fuerza, y no hacía mucho que su nombre había sido agregado a la columna de su promoción, de la cual había sido arrancado en septiembre de 1955. Durante la visita Perón se mostró cordial con Anaya, y cada miembro del Gabinete tuvo como acompañante a uno de los generales más antiguos, hecho que originó algunas críticas por no ser una modalidad en uso de la vida militar. En esta oportunidad Anaya realizó una exposición ante el Gabinete en la cual expuso los objetivos de su conducción, que en todo momento ponían la prioridad de la subordinación al poder político y sólo planteaban la preparación e instrucción para la guerra clásica.

Durante el segundo semestre de 1974 la política de Anaya frente al poder político sufre un recambio, ya en el gobierno de María Estela Martínez de Perón. El discurso en las exequias de Perón mostró una conducción que asumía un rol político más relevante, consciente de la función de árbitro que la situación comenzaba a darle. En los meses subsiguientes el Ejército, manteniendo inalterable su actitud de subordinación a las autoridades constitucionales, va marcando algunas posiciones de relativa crítica, sobre todo en los últimos meses de 1974, por la ineficacia del gobierno para enfrentar la escalada subversiva.

La tercera etapa se desarrolla en los primeros meses de 1975, durante los cuales Anaya ya está al frente de un Ejército que se ha recuperado como factor de poder y enfrenta a la guerrilla en Tucumán por orden del Poder Ejecutivo. Los hechos son elocuentes. En enero el edecán presidencial del Ejército es designado por el propio Anaya eligiendo a un oficial de su confianza, el teniente coronel Fernando Vivanco. El 3 de febrero se da particular relevancia a los actos conmemorativos del Combate de San Lorenzo, con los cuales se busca revitalizar las virtudes sanmartinianas en función de la cohesión militar. En abril el secretario general del Ejército, general de Brigada Roberto Viola, en una reunión con los periodistas acreditados en el Edificio Libertador afirma que el Ejército sigue con preocupación el evolucionar de la situación nacional.

ROSENDO FRAGA,
Ejército: del escarnio al poder

En el futuro considerará los ataques a la dirigencia como dirigidos a él mismo y respaldará expresamente la represión a los disidentes: "Debemos tener la convicción de que esas fuerzas no están para apoyar ni al país ni a su pueblo. Esas son las fuerzas que siempre representan al genio del mal".

Otro flanco que merece ajustes es el de ciertos gobernadores caratulados como "poco leales". El asalto al Regimiento de Caballería blindada de Azul perpetrado por el ERP en enero de 1974, es el hecho que justifica un proyecto de reforma del Código Penal de corte represivo. Como consecuencia, los ocho diputados del "minibloque" de la JP renuncian y la Tendencia se queda sin representación parlamentaria, un terreno que, en rigor, no le interesa conservar.

Oscar Bidegain, gobernador de Buenos Aires, renuncia y es reemplazado por el vicegobernador y dirigente de la UOM, Victorio Calabró, identificado con la "patria metalúrgica" –las fuerzas satélites de las 62 Organizaciones–, que conquista así otra posición clave además de las que detenta en la conducción sindical y en su importante grupo parlamentario.

En febrero el jefe de policía de Córdoba coronel Antonio Domingo Navarro, con apoyo de civiles armados, ocupa la casa de gobierno provincial y provoca la destitución de Ricardo Obregón Cano y Atilio López. El gobierno nacional da el visto bueno y el "navarrazo" culmina con la intervención a la provincia el 8 de marzo, y la remoción de aquellos puestos de poder ocupados por la Juventud Peronista.

La JP, que mantiene una gran capacidad de movilización, está cada vez más lejos del gobierno. Dardo Cabo, en un editorial de *El Descamisado* de marzo de 1974, se queja amargamente:

"Ayer éramos los muchachos y éramos saludados por el Jefe del Movimiento con emoción por nuestra lucha; se honraba nuestros muertos. Y ahora, por ser como Perón dijo que tenían que ser los peronistas, por advertir que la lucha aún no ha terminado, que no tenemos todo el poder, que hay que trabajar para conseguirlo, que hay que organizarse y no ceder, por eso ahora nos señalan que hay otros partidos 'socialistas' adonde podremos ir si queremos. ¿Por qué no nos dijeron antes, cuando peleábamos, que nos pasáramos a otro partido?"

Falta muy poco para que Perón les responda sin titubeos.

Un 1º de Mayo sin fiesta

En el tradicional festejo peronista del Día del Trabajo, por lo menos la mitad de la Plaza de Mayo es ocupada por Montoneros y sus sectores afines, que reúnen en sus columnas entre 60 y 80 mil manifestantes. Para nadie es una fiesta. La JP va decidida a pelear un lugar, a reclamar por el curso político y exhibir poderío ante el Jefe; los grupos de la JSP y la derecha del movimiento, a demostrar que los otros no son peronistas sino marxistas infiltrados. "¿Qué pasa General que está lleno de gorilas el gobierno popular?" cantan desde el ala izquierda del cabildo. "¡Ni yanquis ni marxistas, peronistas!", replican desde la derecha. Perón observa a la multitud y no demora en hacerse cargo del dilema y disipar cualquier duda: ataca de modo furibundo y señala con el dedo acusador a los movilizados por la JP, y respalda expresamente a los gremialistas:

"El gobierno está empeñado en la liberación del país no solamente del colonialismo sino también de estos infiltrados que trabajan adentro y que traidoramente son más peligrosos que los que trabajan de afuera.

"Hoy resulta que algunos imberbes pretenden tener más méritos que los que lucharon durante 20 años. No me equivoqué en la calidad de la organización sindical que se mantuvo a través de 20 años pese a esos estúpidos que gritan.

"Estas organizaciones y estos dirigentes sabios y prudentes han mantenido su fuerza orgánica y han visto caer a sus dirigentes asesinados sin que todavía haya sonado la hora del escarmiento."

La disputa se torna pública y de suma gravedad. El contrapunto de consignas va en aumento, para terminar en duro enfrentamiento con palos, cachiporras, cadenas y algún disparo de armas de fuego. Finalmente, los "Montos", identificados con sus vinchas blanquicelestes, se retiran: dejan vacía la mitad de Plaza de Mayo. Es la primera vez que manifiestan abiertamente su oposición al Líder.

Horas después Perón inaugura las sesiones del Congreso con estas palabras:

"Superaremos también la violencia, sea cual fuere su origen. Superaremos la subversión. Aislaremos a los violentos y a los inadaptados. Los combatiremos con nuestras fuerzas y los derrotaremos dentro de la ley. Ninguna victoria que no sea también política es válida en este frente. Y lo lograremos."

Ese 1º de mayo, los Montoneros y todas sus agrupaciones colaterales son expulsados del peronismo "oficial". Se acaba toda posibilidad de uso mutuo. Las conveniencias ya no son las mismas: la JP y los Montoneros deben replantear toda su estrategia. Además –y no casualmente–, en esos días, desde las oficinas del Ministerio de Bienestar Social, se ha conformado definitivamente la Alianza Anticomunista Argentina (AAA o Triple A). Su primer atentado había sido en noviembre de 1973, contra el senador nacional de la UCR Hipólito Solari Yrigoyen, que salva milagrosamente su vida. El 11 de mayo, en la puerta de una iglesia, es asesinado el cura tercermundista Carlos Mugica, un verdadero símbolo de la Tendencia. A partir de ese hecho, la Triple A ya se presenta como una estructura parapolicial consolidada.

El último mensaje

El 12 de junio de 1974 Perón habla al pueblo por última vez, desde el mismo histórico balcón que lo había llevado al poder un 17 de octubre, casi treinta años antes. El Líder, que ve jaqueado el Pacto Social por las presiones obreras y empresarias, amenaza con renunciar si no le permiten imponer su programa de gobierno. La CGT sale apresuradamente a brindar su apoyo. Ese día, que será la despedida de Perón, la CGT –la que él ha moldeado desde la Secretaría de Trabajo y Previsión– puede mostrarle al Jefe que aún conserva poder de movilización y que es capaz de "llenar la plaza" como en los viejos tiempos.

Perón cuida su pecho con un grueso sobretodo. En diez meses ha sufrido dos ataques como consecuencia de una angina de pecho y un edema pulmonar. La tarde es fría y húmeda, muy destemplada y su salud ya está resquebrajada. "¡Compañeros!", dice con voz quebrada y recibe una ovación; muchos piensan que su vitalidad es eterna, que "el Viejo" siempre se repone.

En su último discurso esboza una suerte de testamento político. Julio Godio lo sintetizará a través de las "tres frases" esenciales: "Nosotros conocemos perfectamente bien nuestros objetivos y marchamos directamente hacia ellos, sin ser influidos ni por los que tiran desde la derecha ni por los que tiran desde la izquierda", "Mi único heredero es el pueblo" y "Yo llevo en mis oídos la más maravillosa música que, para mí, es la palabra del pueblo argentino".

La emoción que cubre ese día no alcanza, sin embargo, para eclipsar aspectos cruciales de la realidad. La crisis que despide a Perón en sus últimos días trasciende lo político. Las divisiones en el movimiento expresan también las crecientes dificultades económicas y sociales.

"En menos de un año –señala Liliana de Riz– el deterioro del apoyo al Pacto Social era indisimulable. El mercado negro y el desabastecimiento reavivaron el conflicto social. Pese a que Perón decidió subsidiar los insumos críticos para paliar la situación, tuvo que convocar a una Gran Paritaria bajo la presión de la movilización obrera. [...] Un mes después los empresarios desconocieron el compromiso y continuaron trasladando los aumentos a los precios. Entonces Perón otorgó medio aguinaldo adicional y la puja por el ingreso siguió impulsando la inflación contenida."

El "Plan Trienal para la Reconstrucción y la Liberación Nacional", presentado con bombos y platillos por Gelbard y Perón, en poco tiempo, y cambiados los actores, caerá en el olvido. Perón no desconoce las dificultades. Ese mismo 12 de junio trata de señalar responsables:

"Todos los que firmaron, en dos oportunidades ese acuerdo, sabían, también, que iban a ceder parte de sus pretensiones, como contribución al proceso de liberación nacional. Sin embargo, a pocos meses de asumir ese compromiso pareciera que algunos firmantes están empeñados en no cumplir el acuerdo y desean arrastrar al conjunto a que haga lo mismo [...]. Frente a esos irresponsables, sean empresarios o sindicalistas, creo que es mi deber pedirle al pueblo no sólo que los identifique sino también que los castigue."

El Presidente llama a "cerrar filas" contra los "diarios oligarcas", que son cómplices de los "corruptos" enquistados en el gobierno, y los "especuladores" que provocan desabastecimiento y carestía. El General no podrá, sin embargo, conducir esta batalla.

La muerte del General

El 29 de junio la enfermedad hace crisis y el Líder ya no se recupera. Ese mismo día asume provisoriamente Isabel. El 1º de julio de 1974, a las 13.15, Juan Domingo Perón fallece en la residencia de Olivos.

Centenares de miles de personas desfilan ante el féretro; entre ellos, Cámpora, que reviste como embajador en México y viaja especialmente, y una delegación de Montoneros y la JP. Mario Firmenich, Roberto Quieto, Carlos Caride, Juan Añón, Juan Carlos Dante Gullo y Enrique Juárez saludan al extinto jefe con "sus dedos dibujando la V de la victoria".

Los discursos de los representantes militares, religiosos y políticos son emotivos y elogiosos. El comandante en jefe del Ejército, general Leandro Anaya, declara que "la nación llora la muerte de quien había sabido resumir en sí la voluntad de un pueblo" y enfatiza que "tuvo dos grandes pasiones: el Ejército y su pueblo". En nombre también de las otras fuerzas asume un compromiso:

Dejó una conciencia social y nacional

La primera revolución [en el país] fue ideológica y se produjo con el despliegue del llamado modelo o "proyecto" del 80, cuyo real espacio operativo no fue toda la Argentina, sino la Pampa Húmeda, en cuanto a desarrollo o progreso material. Pero el modelo ideológico fue impuesto a toda la periferia de la Argentina interior, la cual debía aceptar como lo mejor *in toto* dicho modelo, identificado con la modernidad del Viejo Mundo. La segunda revolución fue político-social: se dio en 1912 con la sanción de la Ley que permitió que pudiese ser ejercido el voto universal. Fue una revolución pacífica, impulsada por dos personalidades de tradición federal, Hipólito Yrigoyen y Roque Sáenz Peña. Dicha Ley completó la falencia de la Constitución de 1860 en lo concerniente a soberanía del pueblo.

Entre 1860 y 1912 crece una base social organizada: el movimiento obrero, cuyo dinamismo es poco conocido, salvo los capítulos de tragedia que tuvieron como escenario Vasena y la Patagonia. Es mucho menos conocida la huelga de los conventillos, por ejemplo. Dicho movimiento obrero, por ser reflejo de problemáticas no locales, no llegó a generar cambios importantes de conjunto.

Agotado en términos económicos y políticos el llamado "modelo del 80", hubo que esperar hasta mediados de la década de 1940 para que ocurriese la iniciación de un nuevo ciclo, con cambios revolucionarios en las relaciones de poder de la Argentina. Yrigoyen con su Unión Cívica Radical, había logrado hacer avanzar a los sectores medios hacia el poder, pero no consiguió atraer a la base social

"Las armas de la Patria permanecerán en constante vigilia, velando dentro de la más absoluta legalidad, el trabajo de la ciudadanía toda, para llegar al objetivo final que os habíais propuesto: la unidad, la felicidad y la grandeza del pueblo argentino."

El cardenal Antonio Caggiano destaca que Perón "supo reconocer y dejar a salvo la debida autonomía de los partidos políticos; aceptó la oposición constructiva [y] supo aproximar a empresarios y obreros organizados que hasta hace poco [...] constituían una lucha de clases inevitable". Pero es la despedida de Ricardo Balbín, quien habla en nombre de su partido y de los restantes adherentes a las pautas programáticas, la que sobresale:

"No sería leal si no dijera también que vengo en nombre de mis viejas luchas; que por haber sido claras, sinceras y evidentes, permitieron en estos últimos tiempos la comprensión final, y por haber sido leal en la causa de la vieja lucha fui recibido con confianza en la escena oficial que presidía el Presidente muerto. Ahí nace una relación nueva, inesperada, pero para mí fundamental, porque fue posible ahí comprender, él su lucha, nosotros nuestra lucha. [...] Este viejo adversario despide a un amigo, y ahora [...] yo le digo, Señora Presidente de la República, los partidos políticos argentinos estarán a su lado en nombre de su esposo muerto para servir a la permanencia de las instituciones argentinas que usted simboliza en esta hora."

de los trabajadores urbanos. La aparición del coronel Juan Perón, a fines de 1943, significó el comienzo de una nueva etapa, en la que el movimiento obrero, hasta entonces marginado, fue integrado al proyecto común de la Nación y convertido en columna vertebral de un nuevo poder. [...]

Perón vino a poner en marcha un proyecto alternativo, de signo nacional, al proyecto "tradicional" del 80. Trató de integrar todo lo que pudo la comunidad argentina, fragmentada y descreída sobre todo a partir de 1932. Su principal aporte inicial fue la creación de la Secretaría de Trabajo y Previsión, es decir, la incorporación del Estado argentino a la función subsidiaria en lo social, explícita doctrina de la encíclica *Cuadragesimo Anno* de 1931. Él empezó dando encarnadura a la doctrina social según la cual el Estado *debe* intervenir allí donde el orden social justo ha sido quebrantado por la práctica de las leyes del mercado capitalista.

Cerró el ciclo hegemónico de los partidos de cuño liberal. En lo social, el peronismo recuperó derechos que el Estado de derecho liberal-burgués desconocía en la práctica cotidiana, especialmente para la clase trabajadora y sectores de la comunidad no integrados en un proyecto común de nación.

En lo cultural fue como una respuesta del pueblo marginado a la Ilustración –en su acepción filosófica–, imperante en el sistema de la pedagogía oficial, desde la escuela primaria a la Universidad.

Perón dejó así a las generaciones posteriores a 1955 conciencia nacional y conciencia social, además de ampliar la democracia con la conquista de los derechos cívicos de la mujer.

FERMÍN CHÁVEZ,
La política de los argentinos

La ausencia de Perón, sin embargo, no puede ser llenada a pesar de los compromisos públicos y las expresiones de buena voluntad sobre el devenir constitucional. "La muerte de Perón", apunta Di Tella, "no sólo permitió que afloraran de nuevo algunas tensiones reprimidas, además determinó la aparición de otras, peculiares de esta nueva situación carente de liderazgo".

Félix Luna acierta en el difícil esbozo de la personalidad de Perón:

"Pocas figuras despertaron como él el fervor y el odio [...] Es que Perón se ha convertido en un objeto de consumo para todos los gustos. Se puede escoger al que proclamó la independencia económica y nacionalizó casi todos los servicios públicos (menos la intocable CHADE) o el que proyectó entregar a la Standard Oil la mitad de Santa Cruz en concesión. Se puede elegir al que se proclamaba un revolucionario como Mao y alentaba las 'formaciones especiales' y halagaba a la 'juventud maravillosa' o al que echaba a los muchachos montoneros calificándolos de 'imberbes' y 'estúpidos'. Se puede optar por el que regresa a su patria diciéndose 'prenda de paz' o el que deposita toda su confianza en el siniestro López Rega. O el ferviente católico que entrega su espada a la Virgen de Luján en 1946 y el que enviste en 1954 contra los 'malos curas'. Perón da para todo."

La muerte de Perón provocó una crisis de liderazgo.

El general Juan Perón nunca fue un revolucionario, y este caso es seguramente la máxima corroboración en la historia argentina de que a ninguna personalidad política se le puede imponer que juegue un papel que no corresponde a su condición social. Es inútil construir, siquiera como símbolo, una "Evita montonera" –quién puede asegurar qué hubiera sido de ella veinte años después de su desaparición– o un Perón simplificado como "fascista", así como tampoco unos Montoneros genuinamente socialistas. Hasta la emblemática figura del Che Guevara, generosa y heroica, corrobora que es una falacia pretender que los hechos pueden empujar a las actores sociales a cambiar su naturaleza aunque, a veces, pueden ir más allá de lo que desean.

El proceso que desencadena el regreso de Perón a la Argentina –los anhelos ante su llegada, los esfuerzos para su recepción, las pasiones en su despedida– es un extraordinario exponente de los límites de la voluntad en el campo de la política.

Alejandro Agustín Lanusse

El caudillo militar que pulseó con Perón

Penúltimo de los ocho hijos de Albertina Gelly y Gustavo Lanusse, Alejandro Agustín nace en Buenos Aires el 28 de agosto de 1918. Familias de terratenientes y militares, se crió en una amplia residencia del Barrio Norte de la Capital, estudió en el Colegio Champagnat y en el Nacional de Buenos Aires y, en 1935, ingresó en el Colegio Militar. Como miembro de la Acción Católica, colaboró en el Congreso Eucarístico de 1934.

Al graduarse como subteniente de caballería, se casa con Ileana María Bell en 1941, con quien tendrá nueve hijos. Entre 1938 y 1942, su destino estuvo en los Andes (Mendoza), y durante la Guerra Mundial apoya a los aliados. En 1945, opuesto al GOU, es arrestado por orden del general Ávalos y trasladado a Chajarí (Entre Ríos). En 1949 ingresó en la Escuela Superior de Guerra; tomó parte en el intento golpista de septiembre de 1951. Fue apresado, dado de baja y trasladado a penales de la Patagonia.

Liberado tras el derrocamiento de Perón, se reincorpora al Ejército como jefe de la custodia presidencial de Aramburu, quien le confía misiones ante el Vaticano. Asciende a coronel y, en 1958, es agregado militar en Italia y México.

Durante la crisis militar de 1962, es subdirector de la Escuela Superior de Guerra y miembro del grupo "azul". Asume como comandante de la Iª División de Caballería Blindada y, ascendido a general de brigada, en abril de 1963 derrota a los "colorados". En 1965 es subjefe de la Jefatura III. Durante la Revolución Argentina Lanusse asume como comandante en jefe del Ejército (agosto de 1968), es responsable de la represión al Cordobazo y, favorable a una salida electoral, se distancia del presidente Onganía, así como de su sucesor, R. Levingston. El 23 de marzo de 1971 asume la presidencia de la Nación, presenta su propuesta de Gran Acuerdo Nacional (GAN) y propone un diálogo "sin exclusiones". Recibe a la CGT y a los jefes políticos, restituye los restos de Evita a su esposo, nombra un ministro del Interior radical, cierra las causas judiciales que Perón tenía pendientes. Tras algunos cruces verbales e imponer normas restrictivas como la "Cláusula de Residencia", asegura el retorno de Perón y las elecciones de marzo de 1973. Durante su gestión se producen los asesinatos del general J. C. Sánchez y el empresario O. Sallustro, así como el fusilamiento de dieciséis guerrilleros en Trelew. Promueve sin éxito un partido oficialista y en febrero de 1973 presenta "Los Cinco Puntos" como un compromiso militar democrático.

En marzo de 1973 se retiró de la vida pública; varios de sus amigos, como A. Mor Roig, J. Cáceres Monié y E. Sajón, fueron asesinados. Desde 1976 cuestiona la metodología de la dictadura, se lo involucra en una conspiración y permanece preso en Campo de Mayo, entre mayo y junio de 1977. En 1983 expresó simpatías por R. Alfonsín. Publicó *Mi testimonio. Protagonista y testigo* y *Confesiones de un general*. Falleció en Buenos Aires el 26 de agosto de 1996.

Héctor J. Cámpora

Un hombre leal a su líder

Nació en Mercedes (Buenos Aires) el 26 de marzo de 1909. Su padre era una figura política local. Héctor Cámpora, que es el mayor de siete hermanos, tres de ellos de un primer matrimonio del padre, termina su bachillerato en 1927 y dos años después inicia estudios de medicina en la Universidad de Rosario. Activista estudiantil, se traslada a Córdoba y se recibe de odontólogo en 1933. Se instala en San Andrés de Giles y en 1937 se casa con María G. "Nené" Acevedo, con quien tendrá dos hijos.

De estilo diplomático y buen deportista, el golpe de 1943 lo promueve como comisionado municipal; en octubre de 1944, conoce a Perón en la inauguración de la Policlínica Ferroviaria de Junín.

Es elegido diputado nacional por el Partido Laborista y, desde 1948, abandona la profesión y pasa a ser presidente de la Cámara baja. Leal hasta la obsecuencia, recibe instrucciones diarias de Perón y Evita. Preside sesiones en las que se aprueban la convocatoria a una reforma constitucional, el desafuero de Balbín y la proclamación de Evita como "madre espiritual de la Nación". En 1953 es desplazado y enviado a varios países como "embajador extraordinario". Tras el golpe de 1955 fue apresado y en enero de 1956 trasladado al penal de Ushuaia. Reubicado en Río Gallegos, toma parte en una fuga colectiva el 17 de marzo de 1957 y se refugia en Chile. Frondizi decreta una amnistía y Cámpora regresa a San Andrés de Giles en 1958. En 1961 visita a Perón en Madrid y es elegido concejal local en 1965. Conformada La Hora del Pueblo en 1970, es designado delegado de Perón en la Argentina.

Supo negociar entre las diversas alas del Movimiento Justicialista que cubrían todo el espectro político y con los representantes del gobierno y, en agosto y septiembre de 1972, es el principal orador de los múltiples actos que se hicieron con la consigna "Luche y Vuelve"; desde entonces, se convierte en el "Tío" de la Juventud Peronista.

En diciembre Perón lo designa candidato presidencial del FREJULI y el "Tío" realiza una intensa campaña cuyo eje es "Cámpora al gobierno, Perón al poder". Triunfa con amplitud y asume la presidencia el 25 de mayo, que será la más breve de las surgidas por elecciones.

Cámpora intentó un "pacto social" pero se mostró incapaz de controlar la creciente polarización social y política que erosionó su poder. Renuncia el 12 de julio de 1973 y es designado embajador en México. Hostilizado por el lopezreguismo, renuncia poco antes de la muerte de Perón y regresa a México. Tentado a incorporarse al Partido Auténtico, afín a Montoneros, rechaza vincularse pero es expulsado del Partido Justicialista.

Regresa al país en septiembre de 1975 y tras el golpe de Estado de 1976 se asila en la embajada mexicana en Buenos Aires, donde permanece más de tres años. Enfermo de cáncer parte a fines de 1979 y muere en Cuernavaca (México) el 19 de diciembre de 1980. En 1991 sus restos fueron repatriados.

José López Rega

El "brujo" que organizó la Triple A

Nació en Buenos Aires en 1916, pero es dudoso que haya sido el 17 de octubre como él afirmaba. Ingresa en la Policía Federal, alcanza el grado de cabo y realiza tareas de guardia en la residencia presidencial de la calle Austria y en desfiles oficiales. En octubre de 1965 Isabel Perón visita la Argentina para contrarrestar el poder de Vandor y verticalizar al Movimiento Justicialista. Durante su estadía López Rega se ofrece a acompañarla en su gira y exhibe fotos donde se muestra como ex custodio de Perón. Regresa con ella a Madrid y, sumiso y dispuesto a realizar tareas generales, colabora en la quinta "17 de Octubre". Es apodado "Lopecito" por su estatura física pero él prefiere que se lo llame "Daniel", su nombre en la secta Anael.

Al tiempo se afinca en la quinta y pasa a ser secretario de Perón: controla sus comunicaciones y se suma a sus entrevistas. En septiembre de 1971 Lanusse restituye a Perón el cuerpo de Evita y López Rega, que se niega a enterrarlo, ubica el féretro en el segundo piso, donde, según informes confiables, realiza prácticas esotéricas e intenta trasmutar el alma de la difunta a Isabel. En 1972 regresa con Perón a la Argentina y en mayo de 1973 acompaña a Isabel en un viaje a Corea del Norte y China; el presidente Cámpora lo designa ministro de Bienestar Social.

El poder de "Lopecito" aumenta cuando R. Lastiri, casado con su hija Norma, reemplaza a Cámpora en la presidencia y convoca a nuevas elecciones. En octubre asumen Perón e Isabel y lo ratifican como ministro. Conocido ahora como "El Brujo", su ministerio sirve de guarida para la organización de grupos parapoliciales. Denominada Alianza Anticomunista Argentina o "Triple A", estos grupos represivos clandestinos hacen su debut en Ezeiza el 20 de junio de 1973 y realizan sus primeros atentados atacando al diputado H. Solari Yrigoyen y asesinando al padre Carlos Mugica. La Triple A y los temibles "Falcon verde" de Coordinación Federal, dirigida por los comisarios A. Villar y L. Margaride, serán responsables de cientos de muertes y miles de amenazas en los siguientes dos años, y fueron escuela de instrucción para muchos represores del "Proceso".

Isabel asume la presidencia una vez ocurrida la muerte de su esposo y es presa del "Brujo", que en enero de 1975 asume también como su secretario privado. Realiza repetidos viajes al Brasil y se presume que invierte dinero oficial. En junio el ministro Rodrigo, de su entorno, intenta aplicar un plan de ajuste que es derrotado por una huelga general; López Rega renuncia y es enviado al exterior con una difusa misión diplomática, que incluye un pasaporte especial. Poco después se ordena su captura por Interpol.

La dictadura lo incluye entre los que sufren sanciones patrimoniales pero López Rega permanece prófugo en España, Suiza, Bahamas y Estados Unidos. En 1986 se entrega al FBI en Miami y es extraditado. Encarcelado en Buenos Aires, falleció el 9 de junio de 1989.

Mario E. Firmenich

El jefe del movimiento montonero

En los años 40, las familias Sagreras y Firmenich tuvieron entre sí varios matrimonios cruzados. El ingeniero civil y docente universitario Enrique Firmenich, cuarta generación de inmigrantes alemanes, y Zarina Elira Sagreras, vecinos del porteño barrio de Floresta, tuvieron seis hijos; Mario Eduardo nació el 23 de enero 1948. Estudió en el Colegio Nacional de Buenos Aires y simpatiza con el Movimiento Nacionalista Revolucionario Tacuara. Hacia 1966, junto con F. Abal Medina y C. Ramus, es misionero con la Juventud Estudiantil Católica, dirigida por el padre C. Mugica, donde conoce a R. Perdía. El grupo confluye con la revista *Cristianismo y Revolución* para formar el Comando Camilo Torres (o Comando Peronista de Liberación), que a mediados de 1967 reúne unos treinta militantes, de donde proviene la mayoría de los fundadores de Montoneros.

Tras el secuestro y asesinato de Aramburu, en mayo de 1970, y reconocida por Perón como una "formación especial", la estructura militar clandestina y sus "frentes de masas" –la Juventud Peronista y sus ramas– crecieron notablemente al calor de la consigna "Luche y Vuelve".

Montoneros apoya al gobierno de Cámpora y abandona las acciones armadas pero, desplazado "el Tío", enfrenta a "la patria vandorista" y el "lopezreguismo" que "cercan a Perón"; el 11 de marzo de 1974 "el comandante Pepe" cuestiona al Líder en un acto, quien, el 1º de mayo y con insultos, los expulsa del movimiento. Muere Perón; Firmenich y N. Arrostito publican en *El Descamisado* "Cómo murió Aramburu" y el 7 de septiembre Montoneros anuncia su retorno a la clandestinidad. Crece la violencia entre "aparatos": la Triple A mata a decenas de militantes y Montoneros multiplica los secuestros y las acciones guerrilleras espectaculares, como los fallidos intentos de tomar un regimiento en Formosa y –junto con el ERP– el batallón de Monte Chingolo. En una ceremonia religiosa clandestina se casa con María Martínez Agüero, con quien tendrá cinco hijos. Tras el golpe de 1976 la dirección de Montoneros se exilia en Europa mientras la durísima represión cobra la vida de miles de sus adherentes. La estructura piramidal, el mando verticalista y orientaciones como la "contraofensiva" ordenada en 1979, provocan recurrentes crisis políticas en la organización.

A partir de 1983 Montoneros intenta reinsertarse en el peronismo y confluye con V. Saadi en Intransigencia y Movilización Peronista, que edita el diario *La Voz*. Firmenich anuncia su regreso al país pero, apresado en Brasil y extraditado en 1984, es condenado a reclusión perpetua acusado de homicidio y secuestro. En 1989 el Peronismo Revolucionario publica un documento autocrítico, anuncia su apoyo a Menem y a fines de 1990 Firmenich es indultado. Estudia Economía en la UBA, intenta continuar los estudios en Noruega y en 1996 se doctora en Economía en Barcelona, donde trabaja como investigador. En julio de 2001 relanza el Movimiento Peronista Montonero (MPM), opuesto al modelo neoliberal, pero alejado del socialismo y de la lucha militar.

EL ÚLTIMO GOLPE DEL SIGLO

Patria financiera y terrorismo de Estado

"Uno ve últimamente que las gacetillas oficiales se repiten, y me parece que piensan que el pueblo es tonto. Pero el pueblo tiene un olfato muy especial y sabe por dónde caminan las cosas. Y si no se le dice la verdad entra a proceder por reacción, y así ocurren las desgracias en este país."

En conversación con Emiliana López Saavedra, periodista de Redacción, Francisco Manrique, militar y político, anuncia en enero de 1981 que la sociedad argentina no podrá vivir sin la verdad. Pide que, de algún modo, algunos de los dictadores se hagan cargo de la represión, de los presos y de los desaparecidos. "La memoria y la justicia son implacables", subraya. "Tiene que haber un responsable. Yo quisiera, e insisto en ello, que Videla al dejar el gobierno exhibiera su gesto histórico ante el país, el gesto de la responsabilidad." Manrique sabe positivamente que las consecuencias de haber incurrido en terrorismo de Estado serán graves y perdurables, justamente, porque es el Estado el que asumió la tarea.

Las heridas sociales no pueden cauterizar solas. Sin verdad y sin justicia, inevitablemente, sangran.

Isabel presidente

Unidad nacional y crisis económica

La muerte de Perón, el 1º de julio de 1974, abre un interrogante. La mayoría de la dirigencia piensa que Isabel no reúne las condiciones mínimas para ejercer la presidencia. ¿Quizá deba compartir el poder con un Consejo de Estado; fortalecer el parlamento, o crear la figura de un primer ministro? Lo que muchos ignoran es que ese "consejo de Estado" ya existe y tiene un solo miembro: el ministro José López Rega, quien consolida su posición el 3 de enero de 1975 cuando se designa "secretario privado" de la presidenta. El nuevo eje de poder, como señala Guido Di Tella, permite a Isabel Perón "conservar más autoridad y más capacidad de arbitraje de lo que podía esperarse", preservando el modelo verticalista.

El dúo gobernante instrumenta un nueva alianza política que tiende a desprenderse de los partidos y asigna un papel menor a las gremiales obreras y el empresariado nacional. Su estilo genera inquietudes. Joseph Page compila algunas secuencias que ayudan a imaginar la relación del Brujo con la Presidenta:

> "El Brujo [...] tenía la costumbre de decir en voz baja las mismas palabras que Isabel pronunciaba en público. Según una anécdota, cuando se le preguntó por qué hacía esto, su respuesta fue que él funcionaba como el médium entre la presidenta y Perón, quien desde la tumba hacía llegar su mensaje a través de su viuda. La más sorprendente de todas las historias, de Isabel-López Rega dice que un asistente militar de la señora lo encontró abofeteándola y amenazándola con pegarle un tiro. Supuestamente, su explicación fue que las presiones del cargo la habían vuelto histérica y que simplemente intentaba hacerla reaccionar y recuperar la cordura. Ocurrieran o no estos y otros hechos similares, lo cierto es que se especulaba interminablemente sobre tales situaciones."

Di Tella identifica cinco prioridades del lopezreguismo: armar la Alianza Anticomunista Argentina (Triple A) para ejercer la represión clandestina; copar la universidad, un foco dominado por la izquierda; producir una apertura de la economía hacia el capital extranjero; disminuir el peso del movimiento obrero y sindical en el PJ, y comprometer a los militares en el apoyo a estas estrategias. Y señala al respecto dos medidas trascendentales: la designación de Oscar Ivanissevich y Alberto Ottalagano en el Ministerio de Educación y el rectorado de la UBA, que dan un fuerte golpe de timón en el área, y el intento de dar cabida a un "profesionalismo integrado" al gobierno –un ejército "político"– con la imposición de Numa Laplane como jefe del Ejército.

La Argentina pre-potencia

La pretensión de marchar hacia una "Argentina Potencia" es enunciada repetidamente como meta en la propaganda oficial. Pero la realidad es otra: la crisis y la violencia dominan la escena. "Entre julio y septiembre de 1974 –señala Ignacio González Janzen– se produjeron 220 atentados de la Triple A, casi tres por día; 60 asesinatos, uno cada 19 horas, y 44 víctimas resultaron con heridas graves. También 20 secuestros, uno cada dos días". Entretanto, Montoneros –que comienza dando su apoyo al gobierno– inicia contactos con el radicalismo para frenar los avances de López Rega, pero el asesinato de Arturo Mor Roig a manos de uno de sus comandos, acaba pronto con el diálogo. El asesinato del ex ministro, cometido el 15 de julio, es una "provocación gratuita", como bien dicen Floria y García Belsunce, quienes describen los sucesos posteriores:

> "Dos días después fue muerto el director del diario El Día, de La Plata, y antes de terminar el mes, Montoneros se pronunció contra Isabel y López Rega. El 31 de julio fue ase-

sinado Rodolfo Ortega Peña, de la 'Tendencia Revolucionaria' de la izquierda peronista y en agosto se realizaron operaciones militares antisubversivas en Córdoba, Catamarca y Tucumán. [...] Nuestra sociedad, sin aliento, vivía una escalada terrorista en la que morían gremialistas, funcionarios y ex funcionarios, militares, intelectuales como Silvio Frondizi y Jordán Bruno Genta, e incluso refugiados extranjeros, como el general chileno Carlos Prats y su esposa."

En respuesta a estos hechos, la Triple A hace llegar cartas a los domicilios de militantes o simples manifestantes, donde los destinatarios deben buscarse en una extensa lista para enterarse de que han sido condenados a muerte. Miguel Bonasso llama "septiembre negro" a la sucesión de asesinatos que la Triple A comete ese mes: Atilio López, ex vicegobernador de Córdoba; Julio Troxler, sobreviviente de los fusilamientos de junio de 1956; Alfredo Curuchet, un bebé de cuatro meses, hijo del ex rector de la UBA Raúl Laguzzi (que muere por efecto de una bomba). Los exilios provocados por amenazas se multiplican: Rodolfo Puiggrós, el matrimonio Laguzzi, los hermanos de Troxler, el ex ministro Righi, el ex gobernador Obregón Cano, el diputado Héctor Sandler, los periodistas Carlos Ulanovsky, Silvia Rudny y Jorge Bernetti, entre otros, y figuras de la cultura y el espectáculo como Pedro Orgambide, Ricardo Halac, Luis Brandoni, Martha Bianchi y Nacha Guevara.

El 6 de septiembre de 1974 Montoneros anuncia explícitamente su regreso a la lucha guerrillera y clandestina: "Volcar todas las fuerzas para encabezar la resistencia popular contra la ofensiva imperialista y oligárquica que ha copado posiciones del gobierno". Miles de miembros "de superficie" de la JP que trabajan o estudian y no abandonan su vida corriente, quedan, de pronto, expuestos. Trece días después, con la conducción ejecutiva de Rodolfo Galimberti, el secuestro de los hermanos Juan y Jorge Born, propietarios de empresas comercializadoras de granos, reporta a las arcas montoneras 61 millones de dólares de rescate. En vísperas del 17 de octubre, Montoneros roba los restos de Aramburu y pide a cambio el cuerpo de Evita, que es recuperado, finalmente, el 17 de noviembre, a dos años exactos del regreso de Perón.

El 6 de noviembre de 1974 es asesinado Alberto Villar, el jefe de policía iden-

El relato de la muerte de Aramburu,
una reivindicación de la lucha armada.

tificado como símbolo de la temible Coordinación Federal (con sus falcon verde sin placa) y comandante de hecho de la Triple A. Será el pretexto esperado para que el gobierno decrete el estado de sitio.

El ERP, entretanto, intenta implantar una guerrilla rural en el monte tucumano. La compañía "Ramón Rosa Jiménez" sobrevive en pésimas condiciones durante poco más de un año. El 5 de febrero de 1975 Isabel firma un decreto secreto por el cual dispone que el Ejército "procederá a ejecutar las operaciones militares que sean necesarias a efectos de neutralizar y/o aniquilar el accionar de los elementos subversivos" en Tucumán, y que el Ejecutivo "pondrá a disposición y bajo control operacional del Comando General del Ejército los efectivos y medios de la Policía Federal que sean requeridos". El máximo dirigente radical Ricardo Balbín no tarda en respaldar el decreto y declara que no tiene "ningún reparo de tipo constitucional para oponerse". La represión comandada por el general Acdel Vilas logra aislar a los guerrilleros, cortando sus fuentes de abastecimiento; después de sostener algunas escaramuzas, un incendio provocado en los cañaverales donde se esconden, acabará finalmente con ellos.

Importantes dirigentes montoneros y de la JP son apresados: Dardo Cabo, J. C. Dante Gullo y el fundador de las FAR, Roberto Quieto, entre otros. La militarización del país no se limita, sin embargo, a enfrentar grupos clandestinos; ocho militantes del PST de La Plata son secuestrados y asesinados y una fuerza militar de 4.000 hombres interviene en un conflicto obrero en Villa Constitución.

Obreros, estudiantes, abogados, intelectuales, sacerdotes, militantes de izquierda y guerrilleros son colocados bajo el mismo calificativo, como destacan Ciancaglini y Granovsky: "Ya no se hablaba de 'guerrilleros' o 'terroristas' [sino] de 'subversivos' [...] incluía a cualquier izquierdista o cualquier opositor, aunque no empuñase armas ni formase parte de grupos guerrilleros. El escenario de posibles víctimas se amplió brutalmente".

La caída del lopezreguismo

El shock *de Rodrigo*

Aunque el plan económico del ministro Alfredo Gómez Morales es bien recibido por los sectores más tradicionales, una orientación conservadora no es suficiente. La creciente polarización social y la militarización del país tientan al tándem Isabel-López Rega a imponer un plan económico de *shock*, aunque encierre el peligro de aislarse de la sociedad.

Gómez Morales es reemplazado por Celestino Rodrigo, quien diseña un programa drástico. El 2 de junio anuncia una devaluación superior al 100 % y un aumento de precios del sector público de hasta un 200 %. La inflación, que lleva tres décadas con fluctuaciones de entre el 2 y el 3 % mensual, salta a un índice cercano al 50 %. Las convenciones paritarias acuerdan un aumento general del 38 %.

El programa de Rodrigo no difiere sustancialmente de los objetivos de cualquier sector de centro-derecha, pero como señala Di Tella: "Los métodos empleados, las connotaciones fascistas y la intensidad de las medidas suscitaron objeciones".

La protesta obrera crece y las tensiones sociales se agravan. *La Nación*, el 20 de junio, afirma que es "la crisis más honda que se recuerde en la vida contemporánea de la República".

El poderoso gremio metalúrgico, conducido por Lorenzo Miguel, manifiesta en Plaza de Mayo el 24 de junio. Los dirigentes sindicales quieren dirigir los dardos contra Rodrigo y López Rega y, por el contrario, agradecer a la Presidenta el posible abandono de las medidas haciéndola aparecer como manipulada. "Gracias, Isabel", dicen las banderas verdes de la Juventud Sindical, que exige la ratificación presidencial del convenio colectivo, para asegurar un aumento salarial del 160 %.

El 27 de junio la CGT, acorralada por las múltiples huelgas y manifestaciones que surgen desde las fábricas y oficinas, lanza un paro y movilización pero Isabel, con notorio enojo, anuncia por televisión la anulación de los convenios y establece un incremento salarial del 50 %, más un 15 % para octubre y enero siguientes, lo que genera un amplio rechazo entre los asalariados.

Antes de ser rebasada por las crecientes presiones desde las bases, la CGT dispone una huelga general para el 7 y el 8 de julio, que logra un éxito rotundo. Isabel cede y su ministro de Trabajo Cecilio Conditti anuncia la homologación de los convenios colectivos de trabajo con efecto retroactivo al 1º de junio, en los que se han pactado aumentos salariales muy superiores a los topes fijados por el gobierno.

Desde el fallecimiento de Perón se contabilizan 510 muertes como consecuencia de la violencia terrorista guerrillera o la estatal y paraestatal. Sin embargo, es la entrada en escena de la movilización obrera lo que provoca cambios políticos sustanciales. López Rega renuncia el 11 y sale del país –con una supuesta misión diplomática– el 19. Rodrigo, Numa Laplane y Lastiri, presidente de la Cámara de Diputados, pierden sus posiciones. En su lugar, ascienden los sindicatos, comandados por Lorenzo Miguel, José Rodríguez y Casildo Herreras; figuras del peronismo "histórico", como Antonio Cafiero, Ítalo Luder, Carlos Ruckauf y Ángel Robledo, de buena relación con los partidos del arco parlamentario, y el Ejército, con el general Jorge Videla como nuevo comandante en jefe.

Luder y Robledo, la alternativa

El 23 de agosto el Congreso del Partido Justicialista ratifica a la viuda de Perón como presidenta del Consejo Directivo Nacional pero designa una nueva conducción. Cafiero asume en Economía, abandona la política de *shock* –que, en realidad, ha sido barrida– y aplica un plan de "minidevaluaciones", once en seis meses de gestión. La situación parece enderezarse.

El nuevo grupo asociado en el gobierno, bajo la batuta de Robledo, logra aparentemente equilibrar el peso de los sindicatos y abrir cauces fluidos con la oposición y las Fuerzas Armadas, reduciendo la presencia de Isabel a una instancia formal. La puesta en fuga de López Rega provoca la desaparición de la Triple A y el retroceso de los grupos clandestinos de derecha, que continúan su accionar pero pasan a llamarse "Comando Libertadores de América".

Con la autocrítica y los cambios realizados, sin embargo, no alcanza. Isabel debe tomar una licencia por enfermedad y delega el mando en el presidente provisional del Senado, Ítalo Luder. Mientras la Presidenta destaca que "el país queda en buenas manos", el diario *La Opinión* asegura: "La llegada del doctor Ítalo Argentino Luder a la Casa de Gobierno y sus primeros actos como presidente interino llenaron de euforia a los medios políticos".

En agosto, la destitución de Numa Laplane pone fin al intento del peronismo de contar con un ejército subordinado. Su reemplazante Jorge Videla, asegura Fraga, "es el representante del ejército ante el poder político. [...] Surge de una imposición de la cúpula del ejército [que ejerce] en plenitud su capacidad de acción como factor de poder". El nuevo comandante evita caer en el paternalismo y el caudillismo que caracterizaron a varios de sus predecesores y se aferra a un perfil reglamentarista de conducción institucional apegado a las tradiciones militares. Con ese estilo, y en equipo con el jefe de estado mayor Roberto Viola, garantiza la cohesión de la fuerza.

Durante los veintiocho días que Luder ocupa el sillón de Rivadavia no da precisamente la imagen de un ejecutivo "provisional". Reemplaza al ministro del Interior, coronel Vicente Damasco –muy resistido por las Fuerzas Armadas–, por Ángel Robledo, un político respetado. También responde con dureza ante las nuevas tácticas ofensivas de Montoneros: el 6 de octubre firma el decreto 2772 que ordena a las Fuerzas Armadas "ejecutar las operaciones militares y de seguridad que sean necesarias a efectos de aniquilar el ac-

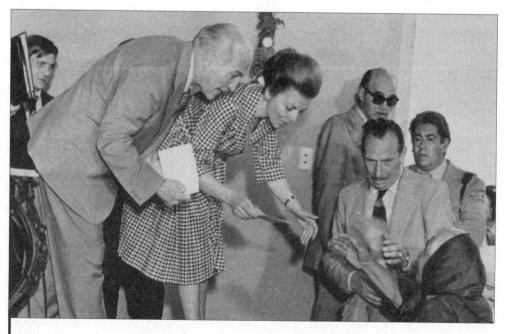

Isabel-López Rega: un dúo que alentó y amparó la represión parapolicial.

cionar de los elementos subversivos en todo el territorio del país" extendiendo el marco que hasta entonces se limitaba a Tucumán.

La ley 20.840, llamada "antisubversiva", se convierte en un instrumento apto para perseguir gente por sus ideas, reprimir los reclamos obreros, suprimir el derecho de huelga y conculcar la libertad de prensa. El proyecto presentado por el ministro Robledo incluye la creación de los Consejos de Defensa Nacional y de Defensa Interior; el Ejército concentra el poder represivo y ejerce, de hecho, el mando de la Policía Federal, la Gendarmería, las policías provinciales y el servicio penitenciario, y controla, además, los cuarteles y las comisarías. Un diagrama nacional divide al país en áreas, zonas y subzonas que facilitan su operatividad.

Con la autorización legal y una nueva jefatura, el Ejército se lanza a "aniquilar" al enemigo, un término elegido en el decreto que se considera peligroso porque, se asegura, da "luz verde" para que las fuerzas estatales cometan violaciones a los derechos humanos, anticipando el terrorismo de Estado que regirá después. Las primeras denuncias de excesos en Tucumán se publican en Francia, Suecia y España. Los que avalan al Ejército replican que desde el 25 de mayo de 1973 ningún guerrillero ha sido condenado judicialmente.

En octubre de 1975 Videla participa en la XIª Conferencia de Ejércitos Americanos (CEA) celebrada en Montevideo, donde instala la "lucha antisubversiva" como eje categórico para toda Latinoamérica. El anuncio de lo que vendrá queda así expuesto:

> "Si es preciso, en la Argentina deberán morir todas las personas necesarias para lograr la paz del país. El esfuerzo actual de las Fuerzas Armadas lo seguiremos haciendo a costa de cualquier sacrificio en un todo de acuerdo con el gobierno político de mi país."

Al mes siguiente, personal militar ocupa las instalaciones de HIPASAN, en Sierra Grande, para poner término a una huelga que ya lleva cuarenta y dos días. Paralelamente, Montoneros busca conformar un cauce político de acción legal y estructura el Partido (Peronista) Auténtico. Se suman en él peronistas combativos y otros desplazados del Justicialismo, como Armando Cabo, Andrés Framini, y los ex gobernadores Obregón Cano, Bidegain, Martínez Baca y Jorge Cepernic.

Entretanto, el 5 de noviembre, cuando se especula con la definitiva separación de la Presidenta de su cargo (o una renovada licencia, debido a los reiterados problemas de salud), Isabel ratifica su regreso.

Pero ella no es justamente un "piloto de tormentas" y el país presenta demasiados flancos críticos. Entre octubre y noviembre, la fuerza que ha tomado el movimiento obrero suena como una alarma que es necesario acallar. *La Opinión* señala que las 62 Organizaciones procuran "asumir unilateralmente la representación global del peronismo, hipertrofiando" su papel; *La Prensa* se expresa en términos similares. Coincidentemente, los empresarios del sector agropecuario y los nucleados en la nueva central APEGE llevan a cabo *lock-outs*. No sólo se ha realizado con éxito la primera huelga general contra un gobierno peronista sino que también los patrones innovan sus métodos y realizan "paros". El peronismo, sin duda, está llegando al final de un ciclo.

Los noventa días

Son muchas ya las voces que reclaman un papel político más decidido de las Fuerzas Armadas. En la Iglesia, por ejemplo, al tono mesurado del arzobispo de Santa Fe, Vicente Zazpe, se oponen otros, como el de monseñor Victorio Bonamín, vicario general de las Fuerzas Armadas:

"¿Cuántas veces Dios se ha servido de personas morales como si fueran personas físicas, individualidades, para sus fines. ¿Y no querrá algo más de las Fuerzas Armadas, que esté más allá de su función de cada día, en relación a una ejemplaridad para toda la Nación."

La caída de Isabel es ya cuestión de tiempo. El 18 de diciembre, en un alzamiento de la Aeronáutica con la conducción de Jesús Orlando Capellini, desde aviones y helicópteros se arrojan proclamas sobre Plaza de Mayo exigiendo la renuncia del comandante del arma, Héctor Fautario. Tras algunos días de negociaciones y la mediación del obispo de Paraná, monseñor Tortolo, los golpistas deponen su actitud. El alzamiento evidencia la debilidad de las instituciones democráticas ante el poderío militar: los sublevados quedan impunes, sólo Capellini recibe una detención transitoria impuesta por sus mandos y, poco después, Fautario es reemplazado para el brigadier Orlando Agosti.

El 23 el ERP –con respaldo de los Montoneros– intenta copar el Batallón de Arsenales de Monte Chingolo. Es una acción desesperada y suicida que, además, deja a la vista que su estructura está infiltrada por los servicios de inteligencia: el Ejército conoce el plan y espera el ataque con un operativo que les causa un descalabro. El ERP pierde entre 80 y 100 de sus combatientes, muchos de ellos jóvenes recién captados para la organización y con escaso adiestramiento. A partir de esta tentativa, la capacidad operativa de los grupos guerrilleros les impedirá emprender acciones de cierta envergadura.

En vísperas de Navidad, Videla habla a las tropas de Tucumán. Su mensaje, en realidad, está destinado al gobierno y a la opinión pública:

"La delincuencia subversiva, si bien se nutre de una falsa ideología, actúa favorecida por el amparo que le brinda una pasividad cómplice. [...] Miramos consternados a nuestro alrededor y observamos con pena, pero con la sana rabia del verdadero soldado, las incongruentes dificultades en las que se debate el país, sin avizorarse soluciones. Frente a esta tiniebla la hora del despertar del pueblo argentino ha llegado."

Militares leales a la cúpula del Ejército comienzan a asumir puestos clave: el general Albano Harguindeguy pasa a revistar como jefe de la Policía Federal y el general (RE) Otto Paladino ocupa la dirección del Servicio de Informaciones del Estado (SIDE).

A comienzos del '76 Isabel intenta instrumentar un plan: entregar el poder de hecho a las Fuerzas Armadas, disolver el funcionamiento parlamentario, pero mantener la figura presidencial como imagen de "continuidad". La profundidad de la crisis no permite ponerlo en práctica y termina con el alejamiento del ala moderada, que representan Cafiero y Robledo.

El nuevo ministro de Economía, Emilio Mondelli, lanza un "Plan Nacional de Emergencia", una réplica atenuada del "Rodrigazo": autoriza aumentos en las tarifas públicas, devalúa el peso un 82 por ciento, solicita apoyo del FMI y otorga minúsculos aumentos salariales. El plan Mondelli y el anuncio del adelantamiento de las elecciones –con la expresa salvedad de que Isabel no se postularía para la reelección– son dos medidas que el gobierno cree que servirán para "calmar" a los militares y ganar tiempo. Como un calco de las jornadas de junio-julio, una ola de huelgas se levanta en todo el país y, otra vez, los líderes sindicales vacilan: una Coordinadora de Gremios en Lucha moviliza a los obreros y llama a parar contra el nuevo plan.

Di Tella dice que los grupos de poder aplican sobre el gobierno la estrategia de la manzana podrida: "Dejar que se pudriera hasta que la demanda pública de intervención militar fuese unánime". Similar es la caracterización de Rock:

> "Mientras intensificaba la guerra con las guerrillas, el Ejército esperó hasta que los últimos vestigios del apoyo popular al gobierno se derrumbasen y el peronismo quedase deshecho."

Tal vez pueda verse el fenómeno desde el ángulo inverso y, en ese caso, la estrategia pasa a ser la del "limón exprimido": sacar al gobierno todo el jugo posible (incitándolo a la ofensiva económica y represiva), antes de deshacerse de él. Sea como fuere, como parte de esas presiones, se sostiene a la Presidenta "con la soga al cuello"; en el Parlamento se le inicia una causa por corrupción en el manejo de los fondos de la Cruzada de Solidaridad Justicialista –un ente benéfico– y se presentan pedidos de juicio político que no se efectivizan.

El 16 de marzo, con tono conmovedor, Balbín, que antes había pedido poner coto a la "guerrilla fabril", asegura al país: "No tengo salidas" y explicita su apoyo a un golpe de Estado. Se trata –exhorta a la ciudadanía el jefe del principal partido opositor– de "no poner piedras". En un tenor similar, aunque más verborrágico, se expresa Oscar Alende. Deolindo Bittel del PJ busca variantes institucionales de alternativa a la crisis pero otros políticos, con menos ambigüedades, como Francisco Manrique, son terminantes: "El pronunciamiento militar es inevitable ya que el vacío de poder alguien lo tiene que llenar".

Los Montoneros, por fin, lejos de apostar a que la lucha social pueda poner freno al inminente golpe, redoblan sus acciones provocadoras y lanzan la "Tercera Campaña Militar Nacional Montonera":

> "Debemos enfrentar a un ejército que todavía es más poderoso que el nuestro –baja línea *Evita Montonera*– y nuestra respuesta debe ser una guerra de desgaste, [...] que nos permita rehuir todo enfrentamiento decisivo [y que] tiene por objetivos reducir, desmoralizar y desgastar las fuerzas del enemigo. [...] Debemos multiplicar las pequeñas operaciones de hostigamiento con aniquilamiento de hombres y recuperación de armamento. Esto significa el ataque (indiscriminado) contra todo representante de instituciones represivas."

En la semana previa al golpe, informan Anguita y Caparrós en *La voluntad*, mueren 16 policías y otros 10 quedan heridos y se concretan diversos actos de sabotaje, "elevando la moral de combate". Por su parte, las fuerzas militares se han desplegado notoriamente en los dos últimos días. El vespertino *La Razón* del 23 de marzo de 1976 destaca: "Es inminente el final. Todo está dicho".

El 24 de marzo

El rapto de una presidenta

En la madrugada del 24, miles de obreros van a las fábricas; muchos de ellos se preparan para la asamblea en la que discutirán cómo continuar las medidas de lucha contra el plan económico y algunos militantes ofrecen sus periódicos y volantes. El despliegue militar, sin embargo, resulta inusual y aquellos que escuchan la radio informan a los demás. La Presidenta ha sido depuesta y virtualmente raptada: en un confuso operativo aéreo, se la conduce hacia el Sur del país sin destino conocido. El comunicado número uno de la Junta Militar, firmado por el general Videla, el almirante Massera y el brigadier Agosti, comunica a la población:

> "A partir de la fecha, el país se encuentra bajo el control operacional de la Junta de Comandantes Generales de las Fuerzas Armadas. Se recomienda a todos los habitantes el estricto acatamiento de las disposiciones y directivas que emanen de la autoridad militar, de seguridad o policial, así como extremar el cuidado en evitar acciones y actitudes individuales o de grupo que puedan exigir la intervención drástica del personal en operaciones."

La misma voz radiofónica comunica más tarde que sigue vigente el estado de sitio y que "cualquier manifestación será severamente reprimida"; a las tres y media, se informa que la Junta Militar ordena el cumplimiento de todos los servicios y transportes públicos. Mientras Lorenzo Miguel es perseguido y detenido (ha dicho: "No caeremos sin pena ni gloria"), el secretario general de la CGT Casildo Herreras, huye del país.

El autodenominado "Proceso de Reorganización Nacional" da a conocer el mismo día –un reflejo de la larga preparación que tiene el golpe– sus documentos básicos o "leyes fundamentales": proclama, acta que enuncia propósitos y objetivos, bases para la intervención de las Fuerzas Armadas y estatuto. El nuevo régimen clausura y disuelve las legislaturas nacional y provinciales y los cuerpos municipales, reorganiza la Justicia, censura y amordaza la prensa y prohíbe la actividad política. Todo ello, según el Acta, es para "la posterior restauración de una democracia republicana, representativa y federal, adecuada a la realidad y exigencias de solución y progreso del pueblo argentino". Entre los objetivos enuncia "la vigencia plena del orden político y social". El discurso se centra en atacar la corrupción y la subversión:

"Las Fuerzas Armadas –en cumplimiento de una obligación irrenunciable– han asumido la conducción del Estado. [...] Esta decisión persigue el propósito de terminar con el desgobierno, la corrupción y el flagelo subversivo y sólo está dirigida contra quienes han delinquido o cometido abusos de poder. Es una decisión por la Patria y no supone, por lo tanto, discriminación contra ninguna militancia cívica ni sector social alguno."

En un operativo perfectamente preparado, esa misma noche diversos grupos de tareas salen a buscar a notorias figuras políticas y gremiales. En junio la CONAREPA (Comisión Nacional de Responsabilidad Patrimonial) establece sanciones para la ex presidenta y, por separado, enuncia las resoluciones que incumben a una importante serie de dirigentes, entre ellos, Cámpora, Abal Medina, Lastiri, Gelbard, Carlos Menem, Lorenzo Miguel, Carlos Ruckauf, López Rega y Diego Ibáñez.

Cinco partidos de inspiración marxista (PST, PO, PCR, PCML y POR-T) son declarados ilegales, mientras que otros sólo sufren la suspensión de actividades; entre ellos el Partido Comunista. La complicidad del PC con los militares no debe sorprender: se explica por las buenas relaciones comerciales que entablan la dictadura y la URSS. El PC, durante años, mantendrá la postura de formar un "gobierno cívico-militar" y apoyar a las "alas democráticas de las Fuerzas Armadas", que comprenden, en su política, el eje Videla-Viola.

El viernes 26 de marzo jura el nuevo presidente de los argentinos: Jorge Rafael Videla, poco conocido para la opinión pública. Dos días después, el Comando en Jefe del Ejército hace circular su currículum vitae en las redacciones periodísticas, donde aparece como un "celoso defensor de la democracia y de las instituciones republicanas". Esta pre-

Emilio Massera, Jorge Videla y Orlando Agosti, la Junta Militar de 1976.

sentación será acompañada por una serie de gestos, reuniones públicas y declaraciones que tratan de construir un perfil público de hombre democrático.

La revista *Gente* afirma: "No se habla de un militar, de un político y ni siquiera de un militar político. Se habla de un moralista, 'de un hombre de otro tiempo'". También recibe elogios de *La Opinión*, de presunto perfil centroizquierdista:

"Si los argentinos, como se advierte en todos los sectores –aun dentro del ex oficialismo– agradecen al Gobierno Militar el haber puesto fin a un vasto caos que anunciaba la disolución del país, no menos cierto es que también agradecen la sobriedad con que actúan."

No puede haber un golpe de Estado exitoso si no cuenta con una base social que lo sostenga; los elogios reflejan el sentir y los deseos de una parte considerable de la población, en particular de una clase media hastiada del desorden. Esas esperanzas se reflejan también en la gran prensa internacional. El *New York Times* dice que el gobierno de Isabel "creó un tremendo vacío de poder que amenazó con lanzar a la Argentina al abismo de la desintegración económica y la anarquía política"; con términos similares aplauden el golpe *Le Monde*, el *Washington Post* y otros formadores de opinión. La mayoría de los gobiernos del mundo reconoce enseguida al nuevo gobierno argentino.

El verdadero objetivo

Las víctimas fueron muchas, pero el verdadero objetivo eran los vivos, el conjunto de la sociedad que, antes de emprender su transformación profunda, debía ser controlada y dominada por el terror y la palabra. El Estado se desdobló: una parte, clandestina y terrorista, practicó una represión sin responsables, eximida de responder a los reclamos. La otra, pública, apoyada en un orden jurídico que ella misma estableció, silenciaba cualquier otra voz. No sólo desaparecieron las instituciones de la República, sino que fueron clausuradas autoritariamente la confrontación pública de opiniones y su misma expresión. Los partidos y la actividad política toda quedaron prohibidos, así como los sindicatos y la acción gremial; se sometió a los medios de prensa a una explícita censura, que impedía cualquier mención al terrorismo estatal y sus víctimas, y artistas e intelectuales fueron vigilados. Sólo quedó la voz del Estado, dirigiéndose a un conjunto atomizado de habitantes.

Su discurso, masivo y abrumador, retomó dos motivos tradicionales de la cultura política argentina y los desarrolló hasta sus últimas y horrorosas consecuencias. El adversario –de límites borrosos, que podía incluir a cualquier posible disidente– era el no ser, la "subversión apátrida" sin derecho a voz o a existencia, que podía y merecía ser exterminada. Contra la violencia no se argumentó en favor de una alternativa jurídica y consensual, propia de un Estado republicano y de una sociedad democrática, sino de un orden que era, en realidad, otra versión de la misma ecuación violenta y autoritaria.

El terror cubrió la sociedad toda. Clausurados los espacios donde los individuos podían identificarse en colectivos más amplios, cada uno quedó solo e indefenso ante el Es-

¿Dictablanda?

Estas campañas dan pie a la leyenda de que el nuevo régimen tiene un carácter transitorio, de emergencia. Sin prestar atención a lo que los mismos militares anuncian, un amplio arco de la sociedad apuesta a volver al "orden" y, por acción u omisión, insufla razones al discurso oficial: lo imperioso es poner fin a la corrupción y la violencia.

El contexto internacional brinda un marco especial. Con el golpe militar en la Argentina se completa el tablero de dictaduras en el Cono Sur de Latinoamérica. Los Estados Unidos –que atraviesan una fuerte crisis política e intentan reponerse de la derrota en Vietnam– parecen tomar un giro contrario: ahora detenta la presidencia el demócrata Jimmy Carter. Sin embargo, puede afirmarse que este país tiene un papel decisivo en la articulación de la represión conjunta en la región, denominada "Plan Cóndor", y que conoce a la perfección los propósitos de las Fuerzas Armadas. Una nota secreta del secretario para Asuntos Interamericanos William Rogers, dirigida a Henry Kissinger y fechada el 13 de febrero de 1976 –publicada en *Clarín* el 22 de marzo de 1998–, es elocuente:

"Hemos tenido numerosos informes sobre los planes castrenses [...] con respecto a la forma de gobierno que se instituiría tras el golpe [...] cuando intensifique su lucha contra

tado aterrorizador, y en una sociedad inmovilizada y sin reacción se impuso –como ha señalado Juan Corradi– la cultura del miedo. Algunos no aceptaron esto y emigraron al exterior –por una combinación variable de razones políticas y profesionales– o se refugiaron en un exilio interior, en ámbitos recoletos, casi domésticos, practicando el mimetismo a la espera de la brecha que permitiera volver a emerger. La mayoría aceptó el discurso estatal, justificó lo poco que no podía ignorar de la represión con el argumento del "por algo será", o se refugió en la deliberada ignorancia de lo que sucedía a la vista de todos. Lo más notable, sin embargo, fue una suerte de asunción e internalización de la acción estatal, traducida en el propio control, en la autocensura, en la vigilancia del vecino. La sociedad se patrulló a sí misma, se llenó de *kapos*, ha escrito Guillermo O'Donnell, asombrado por un conjunto de prácticas que –desde la familia a la vestimenta o las creencias– revelaban lo profundamente arraigado que en ella

estaba el autoritarismo que el discurso estatal potenciaba.

El gobierno militar nunca logró despertar entusiasmo ni adhesión explícita en el conjunto de la sociedad, pese a que lo intentó, a mediados de 1978, cuando se celebró el Campeonato Mundial de Fútbol y las máximas jerarquías asistieron a los estadios donde la Argentina obtuvo el título, y a fines de ese año cuando, agitando el más turbio sentimiento chauvinista, poco faltó para iniciar una guerra con Chile. Sólo obtuvo pasividad, pero le alcanzó para encarar las transformaciones profundas que –en su prospecto– habrían de eliminar definitivamente los conflictos de la sociedad, y cuyas primeras consecuencias –la fiebre especulativa– contribuyeron por otra vía a la atomización de la sociedad y a la eliminación de cualquier posible respuesta.

Luis A. Romero,
Breve historia contemporánea de la Argentina

la guerrilla es casi seguro que el gobierno militar en la Argentina cometerá violaciones a los derechos humanos que generen críticas internacionales. En los Estados Unidos ello podrá generar presiones públicas y del Congreso que complicarían nuestras relaciones con el nuevo régimen."

El primer discurso presidencial de Carter, el 20 de enero de 1977, anuncia que el tema de los derechos humanos será una preocupación para su administración. Los militares argentinos, acostumbrados a Gerald Ford, que acaba de indultar a Nixon por su responsabilidad en el escándalo de Watergate, acusan recibo de la novedad pero son conscientes de que cuentan con el respaldo del *stablishment*.

La estrategia diplomática del régimen militar comprende, además, preservar buenas relaciones con la URSS y Cuba, de gran importancia para frenar posibles condenas en el marco de las Naciones Unidas. La administración Carter, que en la OEA califica como "una afrenta a la conciencia del hemisferio" las violaciones a los derechos humanos cometidas por Chile, Uruguay y Paraguay, mantiene un silencio encubridor respecto de las atrocidades que comienzan a suceder en la Argentina. Esta maraña de complicidades internacionales promueve la creencia de que la dictadura argentina no es "pinochetista". *Gente*, erguida en vocera de la "mayoría silenciosa", presenta una carta abierta en abril:

> "Los únicos que debían temer eran los delincuentes. A nadie lo iban a perseguir por sus ideas. No se actuaba 'contra' nadie [...] Todos estamos de acuerdo o por lo menos una gran mayoría. Así debe entender Ud., Señor Presidente, la respetuosa aceptación de los hechos que vivimos y la serena confianza que se respira. La pesadilla se cortó [...] queremos sumarnos a su plegaria y rogar que tenga suerte en el camino que tomó."

Mientras la represión clandestina se mantiene en estricto secreto (los diarios tienen prohibido referirse al tema) y la mayoría de la gente piensa que es mucho menor de lo que en realidad es, ciertos excesos, sin embargo, provocan preocupación. Un millón de libros editados por el Centro Editor de América Latina son quemados en la localidad de Sarandí y su jefe editor, Boris Spivacow, debe exiliarse. Más de cien mil libros de EUDEBA corren igual suerte; Ediciones de la Flor es clausurada en abril de 1977 y sus dueños, Daniel Divinsky y Kuki Miler, sufren cárcel; la mexicana Siglo XXI debe cerrar. Otras editoriales deben entregar las ediciones de autores como Juan Gelman, Enrique Medina e incluso el australiano Morris West, para que sean consumidas por el "fuego sacro".

A pesar de ello, la imagen democrática y abierta de Videla se cultiva meticulosamente. El 19 de mayo un abanico de hombres de las letras y la cultura lo visitan: Jorge Luis Borges, Ernesto Sabato, el padre Leonardo Castellani y el presidente de la SADE, Dr. H. Ratti. Al día siguiente *Clarín*, *La Nación* y *La Prensa* ofrecen coincidentes declaraciones del autor de *Sobre héroes y tumbas*:

> "El general Videla me dio una excelente impresión. Se trata de un hombre culto, modesto e inteligente. Me impresionó la amplitud de criterio y la cultura del Presidente".

Borges, aun a mediados del '79, expresa su apoyo total al régimen en un comentario del artículo "La Argentina soñada" publicado en *Todo es Historia*:

"Yo tuve la suerte de vivir un muy buen decenio en la historia del país, en los principios de este siglo. Pero después aparecieron los radicales, que en mi opinión fueron los peronistas de su época. Ahora tenemos un gobierno militar y creo en él. Confío porque se trata de un gobierno de caballeros, y no un gobierno de truhanes y rufianes como el que soportamos hasta 1976."

El régimen mantiene su discurso y tiene a una parte de la población con él. El 6 de marzo de 1977, cuando las cárceles clandestinas están superpobladas, Videla, enfáticamente, afirma que los derechos humanos son "justamente la bandera nuestra" y en mayo responsabiliza a "la delincuencia subversiva [porque] ha cometido el imperdonable delito de violar la vida humana".

El plan Martínez de Hoz

El desembarco del 2 de abril

José Alfredo Martínez de Hoz, miembro de una tradicional familia terrateniente y con presencia en la banca y en la industria azucarera y siderúrgica –presidió Acindar–, es elegido para dirigir la economía. Varios meses antes de que se consumara el golpe, elabora un plan al que finalmente se lo identificará con su apellido. Sus teorías aplican de modo ortodoxo las recomendaciones de la escuela de Chicago o "monetarista", fundada por Milton Friedman.

El 2 de abril, tras ocho días de feriado cambiario y bancario, el ministro argumenta que los problemas no se reducen a la alta inflación sino que son de tipo cultural y estructural y que es necesario atacar expresamente dos pilares de la economía argentina de posguerra: la participación del Estado y la autarquía relativa (o "economía cerrada" o "de sustitución de importaciones"), porque producen "un aislamiento no sólo material sino también mental". Promete una economía de producción, pero lejos de eso, durante varios meses la Bolsa es antro de un voraz juego especulativo. La política aperturista no implica inversión para desarrollar ramas estratégicas de la producción.

La situación económica mundial tampoco es favorable. Desde 1974 el aumento de los precios internacionales del petróleo pone fin a la hipótesis de desarrollo industrial sostenido sobre despreciables valores energéticos y la Argentina comienza un proceso de estanflación que combina recesión con inflación.

El modelo impuesto modifica los sistemas de cambio, crédito, impuestos, comercio exterior y el régimen laboral, para concentrar la economía en pocas manos y entregar el patrimonio nacional a empresas multinacionales. Las recetas básicas son sencillas y se han vuelto a utilizar varias veces después: disminuir gastos sociales, rebajar salarios, presionar al trabajador ocupado con altos índices de desempleo y subempleo. Además, en este caso, incrementando los gastos militares.

Aumentar la desocupación para depreciar la fuerza de trabajo es una de las estrategias básicas. Entre 1975 y 1980, 450 mil obreros industriales pierden su empleo y a mediados de 1981 se estiman en 1,5 millón los desocupados absolutos y en cerca de 4 millones los subocupados o trabajadores "informales". La represión a este sector es la única forma de asegurar el plan, que decanta en una fuerte caída de la participación de los asalariados en la renta nacional: mientras que en 1974 su parte es cercana a la mitad del PBI, hacia 1977 apenas alcanza el 20 por ciento.

El gobierno impone la "Ley de Prescindibilidad" y estimula los "retiros voluntarios", que reducen drásticamente el personal de las reparticiones y empresas públicas.

Empeoraron todos los índices

Las Bases del Proceso establecían su filosofía pública, que se ejecutaría en tres fases "sin solución de continuidad ni lapsos de duración preestablecidos": asunción del control, reordenamiento institucional y consolidación. Las tres fases serían explicadas "en su oportunidad". El Estatuto establecía la forma de designación y causales de remoción del Presidente, reservaba inicialmente la designación de los miembros de la Justicia, y atribuía las facultades legislativas en cuanto a la formación y sanción de las leyes a una Comisión de Asesoramiento Legislativo. La Junta Militar actuaba "en ejercicio del poder constituyente". Era, con todo, un *golpe de Estado*.

El *régimen militar* se estableció entre 1976 y 1983. Surgió a propósito de un diagnóstico político severo y de un diagnóstico económico y moral igualmente duro. Preciso es decir, en síntesis provisoria, que el régimen militar fue atravesado por oposiciones faccionales, con lo cual fue en realidad una sucesión de gobiernos. Que derrotó a la subversión, con alto precio en vidas, pero que se discute aún la justificación de los procedimientos. Que comenzó ganando cierto crédito internacional perdiéndolo todo en la guerra de las Malvinas, precisamente en el "mundo occidental y cristiano" desarrollado, donde quería insertar al país. Que el diagnóstico económico incluía el endeudamiento externo —hacia 1976: 9.000 millones de dólares—, la situación precaria de ese sector, la caída del producto, el nivel de inflación y el desmedido poder sindical. "Irónicamente, seis años después —señala Di Tella—, con excepción de la reducción del poder sindical efectivamente conseguida —pero que no llevó a la disminución de la inflación—, el gobierno militar había empeorado todos y cada uno de esos índices, demostrando quizá las raíces profundas de algunos de los problemas del país, más profundas y más generales que lo que en su momento habían parecido". La hibernación de la política no permitió la ventilación ni la renovación de la dirigencia, y los resultados del nivel moral de la sociedad militar y de la sociedad civil no fueron los anunciados. La declinación argentina continuó y el "pecado de tristeza" fue la tentación de los argentinos.

CARLOS FLORIA Y CÉSAR A. GARCÍA BELSUNCE,
Historia de los argentinos

El recurso, sin embargo, no significa una optimización del servicio y, menos aún, reducción de costos, ya que las tareas pasan a manos privadas, que cobran montos muy superiores a los anteriores.

La toma de préstamos en el exterior arruina al Estado. En 1975 la deuda externa es de 8.000 millones de dólares y cinco años después se cuadruplica hasta representar la mitad del PBI. Un mecanismo perverso aumenta la deuda y enriquece a los bancos, como describe Brailovsky:

"A partir de 1978, y con las reservas internacionales en alza, la Argentina comenzó a pedir préstamos a la banca privada internacional para no usarlos. Se obtenían divisas pagando por ellas los intereses más altos del mundo –porque la Argentina aparecía como un área de riesgo financiero, por su alto grado de endeudamiento– y se volvían a depositar, a un interés menor, en los mismos bancos que las habían prestado. [...] Se regalaron millones de dólares en intereses pagados a los bancos internacionales por préstamos que el país no utilizó para nada. En ningún momento se proporcionó una explicación que justificara esta conducta."

Una cara engañosa oculta a buena parte de la clase media que está sobre una bomba de tiempo. La fijación de un peso sobrevaluado artificialmente permite a miles de argentinos gozar de la "plata dulce", viajar al exterior y hacerse famosos en Miami por el "déme dos" que los hace creer nuevos ricos. "José Mercado compra todo importado", ironiza Charlie García, "pasa la vida comprando porquerías".

El plan cuenta con otros adherentes entusiastas. David Rockefeller lo considera un "milagro económico" y expresa "su absoluta confianza en el camino emprendido". El comentario no es gratuito: una de sus empresas petroleras, Amoco (Standard Oil de Indiana) firma concesiones con Videla que se extienden hasta fines de siglo, y el Chase Manhattan Bank se apropia de un banco argentino. Una reunión de 110 *managers* de empresas multinacionales derrochan alegría en la mesa redonda organizada por *Bussiness International:* "El Proceso de Reorganización Nacional abre oportunidades de inversión y negocios que las empresas multinacionales no desaprovecharán". Henry Kissinger, de visita en el país, también avala a Videla. La política y la economía, favorables a los Estados Unidos, se dan la mano con el oprobio.

La crisis

En 1980 aparecen inocultables signos de crisis del modelo. En la primera mitad del año el déficit comercial llega a 500 millones de dólares. El brusco colapso del BIR (Banco de Intercambio Regional), que había atraído inversores pagando tasas de interés descomedidas, produce pánico y una estampida. Entre abril y junio, una cifra cercana a los 2.000 millones de dólares "cortoplacistas" busca otro horizonte para especular fuera del país y la "plata dulce" cambia rápidamente su sabor.

En julio se producen nuevas bancarrotas, y entre ellas la del poderoso Grupo SASE-

TRU, exportador de cereales, a pesar de que la Argentina no se pliega al boicot cerealero contra la URSS "ordenado" por los Estados Unidos como represalia a la invasión soviética a Afganistán. La URSS se ha convertido en un socio comercial fundamental.

En cascada, sobreviene una primera ola de cierres de entidades bancarias, financieras y grupos empresarios: al BIR y a SASETRU los acompaña el desplome de Los Andes, Internacional, Oddone y SIDESA y el grupo Grecco. La incontenible inflación y el temor a lo que podría ocurrir con el fin de la "tablita cambiaria" de minidevaluaciones programadas, marcan la inquietud económica a lo largo de 1979 y 1980. Agravando la situación, la dictadura realiza pésimos negocios –para el país– en la construcción de la represa de Yacyretá, que comienza a perfilarse como el "monumento a la corrupción", y a fines de 1978 hay nuevas consecuencias económicas desfavorables por el armamentismo que se incentiva ante los problemas limítrofes con Chile. Floria y García Belsunce remarcan que "sus efectos desastrosos en el tema de la deuda externa y la corrupción son frecuentemente soslayados".

En 1981 Aldo Ferrer alerta que "a partir de aquí hay que aceptar que la Argentina es un país en una situación muy semejante a la de aquellos salidos de la guerra de 1945". Algunos miembros del elenco oficial reconocen la gravedad de la situación; como Livio Kühl, ministro de Industria en 1981, quien declara que es "la peor crisis, si no de la historia argentina, por lo menos de este siglo". El país, después de Videla-Martínez de Hoz, retrocede en efecto más de cuarenta años. La parte de la torta que les toca a los trabajadores, los retrotrae a niveles de la década del 30.

La larga noche

Una "guerra sucia"

La legislación represiva incluye la creación de consejos de guerra para delitos presuntamente conexos con la actividad "subversiva", y además de instaurar de hecho la pena de muerte, se la incorpora al Código Penal. Por otro lado, suprime el derecho de opción, consagrado en la Constitución Nacional. Varios miles que salen del país, de acuerdo con la nueva legislación, pueden ser condenados hasta con cuatro años de prisión si retornan. Los exiliados, según Viola, son "enemigos de Dios y de la Patria" y se crea la figura de presos "a disposición del Poder Ejecutivo Nacional": las personas quedan encarceladas sin ser acusadas de nada.

La peor parte, sin embargo, es la represión clandestina que convierte al Estado en una organización terrorista. El secuestro y detención en centros clandestinos, las ejecuciones sumarias, la tortura, el vejamen, el reparto de bebés y bienes y otras prácticas deleznables y consideradas internacionalmente como delitos "de lesa humanidad", son parte de un plan sistemático. La tortura ha sido aprendida por oficiales argentinos en la "Escuela de las Américas", donde se "formaron" junto a muchos de los jefes que intervinieron en Vietnam y Camboya practicando –además de las torturas clásicas– técnicas para destruir la personalidad de los prisioneros.

Videla, Massera y Agosti, el primer triunvirato que comanda las acciones, divide las áreas de responsabilidad: la Marina asume la represión de los Montoneros y para ello transforma la Escuela de Mecánica de la Armada (Esma) en un centro de operaciones y exterminio, que sólo encuentra parangón histórico en los campos de concentración del nazismo. Allí reinan su director, el contraalmirante Rubén Jacinto Chamorro, los grupos de tareas dedicados a los secuestros y, dentro de la Escuela, un todopoderoso capitán de corbeta Jorge "Tigre" Acosta.

El Ejército se concentra en el ERP y lo desarticula completamente en poco tiempo. En un edificio de Villa Martelli (localidad bonaerense que linda con la Capital), el 19 de julio de 1976 culminan con éxito las tareas de infiltración. Un grupo especial comandado por el capitán Juan Carlos Leonetti, descubre un departamento en el que están Mario Santucho, el máximo líder del ERP, y otros miembros principales de la organización. Santucho y su lugarteniente Benito Urteaga mueren al mediodía y, en fuego cruzado, matan a Leonetti. Además son capturados o muertos otros militantes, como Domingo Mena, miembro de la máxima dirección, y el hijo de Urteaga, de dos años. La noticia se conoce a las once de la noche, cuando la difunde Radio Colonia.

La represión se ensaña también con refugiados de países vecinos: son asesinados el ex presidente de Bolivia general Juan José Torres y, el 22 de mayo de 1976, los ex parlamentarios uruguayos Zelmar Michelini y Héctor Gutiérrez Ruiz. Algunos cientos de refugiados logran salir del país bajo la protección del alto comisionado de las Naciones Unidas. En la noche del sábado 3 de julio son asesinados tres sacerdotes y dos seminaristas palotinos de la parroquia de San Patricio, en el barrio Belgrano de Buenos Aires, y el 4 de agosto el obispo de La Rioja, monseñor Enrique Angelelli fallece en un fraguado accidente automovilístico. También son detenidos Solari Yrigoyen y el diputado radical Mario Abel Amaya, que muere en la cárcel dos meses después.

En diciembre de 1977 las monjas francesas Alice Domón y Leonie Duquet y la madre de un detenido-desaparecido, Azucena Villaflor de Devincenti, son víctimas de un trabajo de infiltración del capitán de corbeta Alfredo Astiz, que deshace así el primer grupo organizador de las Madres de Plaza de Mayo. Su tarea de recaudar

La represión, el sustento de la dictadura.

fondos para publicar una solicitada se concreta a pesar de que Astiz roba todo lo reunido hasta entonces. "No pedimos más que la verdad" es el título de la solicitada que con 237 firmas publica *La Prensa*. Adolfo Pérez Esquivel –dirigente del Servicio de Paz y Justicia (Serpaj), que en 1980 recibirá el Premio Nobel de la Paz– permanece detenido durante catorce meses, entre abril de 1977 y junio de 1978, y luego vive otros catorce meses bajo el régimen de "libertad vigilada".

A pesar de los ataques a figuras de la Iglesia, estas acciones reciben la bendición de prominentes figuras eclesiásticas. El obispo Victorio Bonamín asegura que la represión es "un baño de sangre purificador por los pecados del pueblo argentino" y el arzobispo de Paraná, monseñor Adolfo Tortolo, justifica las torturas a excepción –quién sabe por qué– de la picana eléctrica. (Pérez Esquivel, mordaz, presume que "para ahorrar electricidad".)

Los dictadores se convierten en dueños de la vida de la población. En septiembre de 1976 el general Leopoldo Galtieri asume la Comandancia del IIº Cuerpo de Ejército con asiento en Rosario. Una maestra, Adriana Eva Arce, que ha sufrido un aborto provocado en cautiverio, cuenta que, en estado de "desaparecida", un día de julio de 1978 "nos dieron mate cocido con azúcar y nos hicieron bañar. El comandante entrevistó a cada uno [de los detenidos] personalmente. A mí me preguntó si sabía quién era él y me dijo que era el único que podía decidir sobre mi vida". Adriana recuerda cada palabra del diálogo. Galtieri le advirtió: "Yo soy el que tiene el poder de decidir la vida y la muerte y usted, que se llama igual que mi hija, va a vivir, así lo dispongo yo".

Numerosas personalidades de la cultura y el espectáculo son silenciados. El 5 de mayo de 1976 desaparece el escritor Haroldo Conti; el 27 la policía detiene al director de cine Raymundo Gleyzer, que permanece desaparecido, y el 17 de junio el Ejército mata al poeta Francisco Urondo. El gobierno argentino recibe reclamos de la comunidad cultural internacional: piden por la vida de Gleyzer, entre otros, Jack Nicholson, Jeanne Moreau, Jane Fonda, Joseph Losey, Francis Coppola, Arthur Penn y Peter Bogdanovich.

Tampoco se salvan los muy jóvenes y sus maestros. Una noche de septiembre de 1976, en La Plata, una acción desplegada por las fuerzas represivas desarticula al grupo de estudiantes que el año anterior había conformado la Coordinadora de Estudiantes Secundarios y luchado hasta obtener el "carnet estudiantil" para pagar un precio menor por el boleto de colectivo. El secuestro simultáneo de ocho adolescentes, conocido como la "Noche de los lápices", termina con todos ellos torturados y muertos, a excepción de Pablo Díaz, el único sobreviviente, que reconstruye los hechos y permite la filmación, años después, de una película testimonial.

Alfredo Bravo, un maestro socialista, fundador de la Ctera, central sindical de educadores, y de la Apdh (Asamblea Permanente por los Derechos Humanos), es secuestrado cuando daba clase en una escuela de Caballito, el 8 de septiembre de 1977, y gracias a una fuerte campaña internacional de presión es liberado el 16 de junio de 1978, después de sufrir fuertes torturas.

Ford y Renault

Sería pretencioso tratar de reemplazar la abundante documentación relativa a las violaciones a los derechos humanos de la época; nos limitaremos a presentar algunos casos ilustrativos. Según el informe *Nunca más*, la distribución de desaparecidos según profesión u ocupación arroja que el 30 % son obreros, el 21 % estudiantes, el 17,8 % empleados, un 10,7 % profesionales y un 5,7 % docentes. El restante 15 % se conforma de conscriptos y personal subalterno de fuerzas de seguridad, amas de casa, autónomos, periodistas, actores, artistas y religiosos. La represión se ensaña, especialmente, con los trabajadores fabriles.

En Ford, en cuyo campo de deportes de General Pacheco el I Cuerpo de Ejército instala una guarnición, son detenidos más de 100 delegados, desmembrándose la Comisión Gremial Interna. Los obreros deben acostumbrarse a convivir con la presencia de uniformados armados. En Córdoba, donde el sindicato mecánico sigue controlado por sectores clasistas, el 24 de marzo es detenido y desaparecido el secretario general René Salamanca. En las grandes fábricas automotrices hay, al principio, una represión selectiva, dirigida contra los activistas más destacados, pero el 30 de abril, la ocupación militar de Renault pone fin a toda organización gremial interna: se producen más de un centenar de despidos y arrestos.

En octubre un importante conflicto de los trabajadores de Segba provocado por 260 cesantías y el intento de disolver las estructuras gremiales, culmina con la detención, encarcelamiento y asesinato de varios trabajadores, entre ellos, Oscar Smith, secretario general del sindicato de Luz y Fuerza.

Un documento del Ejército del 17 de diciembre de 1976 titulado "Instrucciones para operaciones de seguridad", que cita Juan Gelman en *Página/12*, da cuenta de precisiones relativas al control sobre las fábricas:

> "Con el personal de huelguistas o perturbadores: a) no se consentirá la permanencia injustificada de grupos de tres o más personas en: 1. Inmediaciones de las instalaciones y establecimientos vitales; 2. Paradas de vehículos de transporte de colectivos o estaciones inmediatas; 3. Cafés u otros locales donde elementos perturbadores puedan desarrollar sus planes.
>
> "Se procederá a la inmediata detención de: 1. Los que integren piquetes de huelga; 2. Los que inciten a la huelga (propaganda oral, distribución de panfletos, fijación de carteles o leyendas, etc.)."

Aunque la propaganda oficial se escuda en la "guerrilla", cuando este documento se da a conocer, el ERP ya había sido virtualmente desmantelado. Sólo los Montoneros se mantienen activos y no dejan de dar pretextos a la represión. Durante 1976 realizan unas 400 operaciones y provocan 300 muertes entre militares, policías y empresarios. En algunos golpes audaces ponen bombas al jefe de la Policía Federal, en Coordinación Federal y en otras sedes de fuerzas de seguridad. También recibirán ataques, connotados personajes del régimen, como el general Bignone, Guillermo Klein y el doctor Juan E. Alemann, secretario de Hacienda.

Galería del horror

Una recopilación sumaria de afirmaciones de los máximos jefes del Proceso nos exime de mayores comentarios y permite apreciar ideas, estrategias y propuestas de quienes encabezan el período más negro de la historia argentina. El interventor de la provincia de Buenos Aires, general Ibérico Saint-Jean, corrige los enunciados de propósitos hechos en el Acta original del "Proceso":

"Primero vamos a matar a todos los subversivos; después a los colaboradores; después a los simpatizantes; después a los indiferentes y, por último, a los tímidos."

 Un negocio rentable

La influencia de los militares sobre la sociedad había alcanzado nuevas alturas. No sólo los generales se repartían los cargos públicos, sino que cientos de oficiales retirados y en actividad asumían posiciones en los directorios de compañías privadas y en puestos gerenciales de las corporaciones multinacionales. Los miembros de la inteligencia militar y civil comenzaron a apersonarse en los hogares y en las oficinas de los familiares de desaparecidos y de disidentes en peligro. Informaciones, pasaportes, pistas, o el simple hecho de no asesinarlos..., todo era posible por un precio. En Buenos Aires y en Córdoba los militares establecieron negocios de muebles y artefactos para el hogar surtidos de mercadería saqueada de los hogares de los desaparecidos. En parte, las pretensiones políticas de Massera eran financiadas por lo que se les robaba a los prisioneros o lo que se les usurpaba a los familiares. El ministro del Interior, general Albano Harguindeguy, dirigía un círculo de secuestros extorsivos, formado por policías, desde su oficina. (Los empresarios judíos eran los blancos favoritos.) Varios oficiales militares y de la policía resultaron muertos o heridos por sus compañeros en reyertas suscitadas por el modo de repartir el botín. Los crímenes se presentaban a la sociedad como obra de guerrilleros.

A los seis meses del golpe la codicia se había convertido en la motivación principal de muchos guerreros sucios. La incertidumbre sobre el modo en que se llevaba a cabo la represión era aquietada con el pago doble a causa del estado de sitio. El acceso libre al botín obtenido de manera ilegal era otro modo de persuadir a los reacios para que siguieran adelante. "En operaciones conjuntas con el Ejército", dijo un oficial de la Policía Federal que participó en múltiples operativos, "apenas franqueábamos la puerta cuando ellos comenzaban un gran revuelo, buscando cosas para afanar. Ni tomaron las precauciones más elementales en el caso [de] que hubiera un guerrillero allí escondido. La situación llegó a tal punto que tuve que amenazar con retirar a mi gente".

Martin Andersen,
Dossier secreto. El mito de la guerra sucia

La frase será desmentida por el autor tiempo después en carta al *New York Times*, pero muchas evidencias atestiguan que refleja bien su pensamiento. El 7 de enero de 1974, con tono premonitorio, Galtieri había dicho que el país sufría "una grave enfermedad" que no se podía curar "con medicamentos": "Tendrán que extirparse todas las células, aun las que dejen dudas". Jorge Videla, el Jefe, evita los giros y conceptualiza con criterio abarcativo: "Para nosotros es subversivo todo aquel que en el plano de las ideas quiere cambiar nuestro sistema de vida occidental y cristiano". Mientras Massera, dentro de la misma idea, destaca: "Debemos defendernos de algunos enemigos muy nítidos, como son los subversivos y los corruptos, pero también deberemos defendernos de otros, mucho más difusos, aparentemente menos peligrosos y a los que ni siquiera se les puede atribuir perversas intenciones".

El 9 de julio de 1977 Massera afirma que la "lucha antisubversiva" está terminando. Sin embargo, ese pretexto se continuará esgrimiendo durante varios años más:

"Se están cumpliendo los tramos finales de una lucha exitosa, contra un poder extraño y cruel. [...] En vías de concretarse la victoria en el terreno de las armas, queda todavía un largo camino por recorrer y quiera Dios que no confundamos la paz con el mero silencio de los explosivos. [...] Desgraciadamente, en los ideales dominantes de nuestro tiempo, suele haber un tremendo desprecio por la vida humana."

¿Cuándo termina la lucha? Lo aclara el mismo Massera en un acto de homenaje a los muertos caídos por la patria en la ESMA, celebrado el 2 de noviembre de 1976: "No vamos a combatir hasta la muerte; vamos a combatir hasta la victoria, esté más allá o más acá de la muerte".

La victoria debe ser sobre todos los enemigos. ¿Dónde anidan y abrevan, quién los alimenta? Massera responde cuando agradece a la Universidad del Salvador que le confiera el título de Profesor Honoris Causa, título que también le otorgará la Universidad John Kennedy:

"En las postrimerías del siglo XIX, Marx publica los tres volúmenes de *Das Kapital* y cuestiona el carácter inviolable de la propiedad privada; a principios del siglo XX, el espacio sagrado del fuero íntimo es agredido por Freud en su libro *La interpretación de los sueños*, y en la que queda en crisis la condición estática e inerte que se protegía en la solidez inmutable de los valores; Einstein anuncia en 1905 la 'Teoría de la relatividad', en la que queda en crisis la condición estática e inerte de la materia. Es entonces cuando el hombre occidental empieza a sentir el deslizamiento de sus convicciones."

El ministro Harguindeguy, según informa la revista *Tribuna de la República* de octubre de 1978, no va en zaga en cuanto a arriesgar hipótesis teóricas; en su caso, demográficas: "[Es] necesario atraer contingentes migratorios de cuño europeo siempre y cuando pretendamos seguir siendo uno de los tres países más blancos del mundo".

En 1977 las denuncias sobre graves violaciones a los derechos humanos comienzan a recorrer el mundo. Solari Yrigoyen, que logra salir del país el 17 de mayo, escribe en una revista venezolana en octubre de ese año:

"Los secuestros atribuidos a los grupos paramilitares o parapoliciales, ya no fueron firmados por las organizaciones terroristas de derecha y pasaron a ser ejecutados directamente por comisiones especiales de las Fuerzas Armadas. Tales secuestros se efectúan en horas de madrugada con métodos de extraordinaria violencia. La víctima es reducida, golpeada, vendada, amordazada, maniatada de pies y manos y además encapuchada. Su casa es saqueada, su automóvil robado y en muchos casos su familia, vejada y maltratada. Los detenidos son llevados a las llamadas 'mazmorras' que son cárceles clandestinas que se han instalado en dependencias o cuarteles militares, donde permanecen en esas condiciones amarrados a las camas, o durmiendo en el suelo. Todos son vejados y torturados, sean o no interrogados. Las mujeres son sometidas a abusos sexuales. Muchos son muertos. Otros son pasados luego a cárceles legales, donde sufren un régimen inhumano."

La terrible descripción del ex senador radical será plenamente confirmada años después e, incluso, no alcanza a cubrir toda la gama de atrocidades cometidas y las formas de exterminio aplicadas, como el robo y la sustracción de identidad de niños, los "simulacros de fusilamiento" y los "vuelos de la muerte". La censura logra, sin embargo, un éxito relativo. Mientras en el exterior empiezan a hacerse comunes denuncias como la anterior, dentro del país la inmensa mayoría ignora la magnitud del genocidio, y aún muchos comulgan con el discurso oficial que justifica la represión, con el famoso "algo habrán hecho...".

Campeones del mundo

Al aproximarse el inicio del mundial de fútbol de 1978, la revista *Gente* logra una gran repercusión, con una tirada que supera el medio millón de ejemplares. Sus enfoques no coinciden con la gran prensa europea. El 1º de junio, el diario *La Prensa*, con la firma de su editor Máximo Gainza (h), reporta una síntesis de comentarios aparecidos en esos días en diarios del Viejo Continente:

"En la revista *Time Out* [...] aparecía la caricatura de un militar con las infaltables gafas negras, bajo un cartel que da la bienvenida a la Argentina, País de la Libertad, indicando a un par de escoceses el camino al estadio: 'Primera a la izquierda después del campo de concentración; derecha después del centro de interrogación; enfrente al cementerio de presos políticos'. Peor mal gusto demostraba el diario *Le Monde* [...] al publicar un pequeño comentario [en el cual] se imaginaba a los equipos internacionales disputándose el campeonato con un cráneo por pelota de fútbol."

La fuerte campaña propagandística que el gobierno argentino despliega en el exterior –contrata costosas empresas de publicidad, como Burson Marsteller y KBS Associates de los Estados Unidos; crea una oficina especial de "Difusión en el Exterior" e instala en París un "Centro Piloto" encargado de la promoción en Europa– no logra mejorar el prestigio de Videla y la Junta.

La dictadura usa los triunfos deportivos en forma reiterada. Carlos Monzón, campeón mundial de boxeo, y Guillermo Vilas, uno de los mejores tenistas del mundo, están entre los visitantes ilustres con los que Videla gusta departir... y fotografiarse. En 1979 la Argentina, con Maradona y Ramón Díaz, gana también el mundial juvenil de Tokio. El equipo tiene una increíble recepción a su regreso. "Fuimos utilizados", cuenta Jorge Piaggio, aguerrido defensor de aquel equipo:

> "Había una comisión de derechos humanos investigando. Nuestra llegada les venía al pelo [...]. En la radio el gordo Muñoz decía 'Salgan a recibir a los muchachos'. Y después nos recibió Videla y nos dijo que éramos un ejemplo para la juventud argentina [...] querían demostrar, como decía el eslogan, que los argentinos éramos derechos y humanos. Había que demostrarle eso a la CIDH."

El joven futbolista, que tiene familiares desaparecidos pero que siente entonces que su pasión es el fútbol, es un fiel reflejo del otro "proceso", el que, de a poco, va despertando a la sociedad. Los hechos cimentan una intensa duermevela que empieza a sentir sobresaltos ante las pesadillas.

Madres de Plaza de Mayo, el símbolo de la resistencia.

Argentinos "derechos y humanos"

Después del Mundial del '78 la Junta Militar se modifica. Roberto Viola ocupa el lugar de Videla y el almirante Armando Lambruschini reemplaza a Massera. Por las dudas, el ministro Harguindeguy desalienta a los optimistas:

"El país deberá olvidarse por mucho tiempo de los partidos políticos, y quiero dejar bien en claro que ningún integrante de las Fuerzas Armadas ha hablado de apertura del diálogo con los partidos. No ha habido, ni hay, ni habrá diálogo por largo tiempo con los partidos políticos."

Hay cambios de hombres pero las ideas que los nutren, la Doctrina de Seguridad Nacional, continúan y evolucionan. Hay dos premisas básicas e inmutables: la bipolaridad entre Occidente y el comunismo, y la necesidad de batallar una guerra total y permanente en defensa del orden tradicional.

Los militares argentinos, imbuidos de mesianismo, consideran que ser los más decididos represores del Cono Sur los convierte en reserva moral. La "agresión marxista" ha sido desbaratada coordinando acciones con todas las dictaduras de la región. En un documento secreto de 1978 se afirma que el proyecto de integrar económica y políticamente al Cono Sur es "el mandato más importante e impostergable de la hora geopolítica argentina"; la dictadura local postula, pretenciosamente, que por herencia, tradición y ubicación estratégica, el país está llamado a pilotear a sus vecinos.

La decadencia de Occidente es otro *leitmotiv* del régimen. "Nadie lo busque en el mapa –alerta Massera–. Occidente es hoy una actitud del alma que ya no está atada a ninguna geografía". Descansa sí, a no dudarlo, en los jefes del Proceso, devenidos en celosos cruzados de esa civilización. El almirante busca la comprensión del presidente Carter y se queja:

"De haber tenido éxito la ofensiva terrorista [...] toda Latinoamérica se hubiera transformado ideológicamente. [...] De ahí nuestra sorpresa, nuestro desconcierto y nuestra decepción cuando [...] el gobierno de los Estados Unidos nos responde involucrándonos en la campaña por los derechos humanos haciendo gala de una miopía que debemos suponer involuntaria."

Un informe de 1978 afirma que "el gobierno de las Fuerzas Armadas ha recuperado para sí el monopolio de la fuerza" y que "la subversión se halla prácticamente vencida en el territorio nacional". A mediados de 1979 Viola dice que a los desaparecidos se los debe considerar como "desaparecidos para siempre" y el 30 de junio Harguindeguy reconoce la existencia de campos de concentración, a los que llama "ámbitos de reeducación". Una nueva figura legal modifica el Código Civil y permite declarar a los desaparecidos como "ausentes con presunción de fallecimiento". El decreto genera angustia y multiplica la necesidad de luchar. Las madres, que ya han avanzado en su organización, reafirman: "Con vida los llevaron, con vida los queremos". A pesar de estas iniquidades, el discurso oficial persevera en embanderarse con los derechos humanos. El 29 de mayo de 1979, en el tradicional discurso del Día del Ejército, Viola subraya: "Aquí no ha habido, no podía haberla en un país históricamente pionero en los derechos del hombre, violación alguna a los derechos humanos".

En ese marco, llega al país la Comisión Interamericana de Derechos Humanos (CIDH), que realiza inspecciones y toma declaraciones entre el 3 y el 20 de septiembre. La mayoría de las atrocidades del régimen aún no han salido a la luz pero la visita de la Comisión es una oportunidad. Entretanto, el locutor de fútbol José María Muñoz convoca: "Vamos a la Plaza de Mayo a demostrarle a esa gente que la Argentina no tiene nada que ocultar" y el gobierno distribuye obleas autoadhesivas blanquicelestes: "Los argentinos somos derechos y humanos". A pesar de la campaña intimidatoria, miles de familiares de presos y desaparecidos hacen largas colas en Avenida de Mayo para ser recibidos.

El 20 de septiembre de 1979 la CIDH se reúne con Videla y dos de sus ministros y les entrega un documento con recomendaciones preliminares. Algunas de las ideas alertan al gobierno que se incuba un serio problema: "Las implicancias morales, familiares, sociales y jurídicas [del problema de los desaparecidos] están afectando hondamente a la sociedad argentina". Al día siguiente Harguindeguy, que se siente inimputable, exhibe que un problema tan terreno lo tiene sin cuidado: "Debe quedar claro que no nos hemos confesado ante la CIDH. La Argentina de hoy sólo se confiesa ante Dios".

El informe de la CIDH insume 294 páginas y deja constancia de asesinatos de prisioneros, detenciones indiscriminadas, el empleo de torturas y vejaciones degradantes, la carencia de justicia alguna razonable y el derecho de defensa, la desaparición del *habeas corpus,* la ausencia de libertad de expresión e información, la modificación o anulación arbitraria de derechos laborales y sociales, la falta de respeto al derecho de asilo. También reclama por la vida en las cárceles, que se ha modificado en abril del '79. La CIDH pide al gobierno que tome:

> "Las medidas pertinentes para que los detenidos [...] no sigan privados de condiciones elementales para su salud física y psíquica, tales como la luz solar, lectura y ejercicios físicos, reducir el tiempo excesivo de permanencia en las celdas y evitar la imposición de castigos por faltas triviales."

Recién el 18 de abril de 1980 la presidencia y la cancillería difunden el informe de la Comisión, al que Videla califica de "injusto, excesivo y subjetivo; yo diría, incluso, falto de responsabilidad". Pero las condenas internacionales se multiplican. En 1979 la CIOSL (Confederación Internacional de Organizaciones Sindicales Libres) que delibera en Madrid, denuncia la represión y los secuestros en la Argentina y en 1981 Amnesty International asegura tener registrados 9.000 casos de desaparecidos en el país, una cifra muy parecida a la que figura en el *Nunca más* elaborado por la CONADEP, que es de 8.960. Un congreso de mujeres escritoras que se realiza en Ottawa está al borde de expulsar a la delegación argentina, sospechada de complicidad con el régimen por el solo hecho de vivir en el país.

A pesar de todo, los máximos dictadores continúan aferrados a sus mentiras y a su cinismo. En diciembre de 1979, Videla declara ante periodistas:

"En toda guerra hay personas que sobreviven, otras que quedan incapacitadas y otras que desaparecen. La desaparición de algunas personas es una consecuencia no deseada de es-

---

 ### El setentista arrepentido

En este módico paisaje ideológico, el setentista arrepentido suele abjurar de los años locos de su militancia. Ha entrado en la edad de la razón y pertenece, por fin, a la legión de las personas sensatas. Por lo general no se trata de una súbita mutación, sino de un proceso que el setentista arrepentido inició al fin de la dictadura, con la llegada del gobierno constitucional. Desde entonces a hoy tuvo tiempo para calmar sus impaciencias y adecuarse a las nuevas circunstancias. Es una persona razonable con la que se puede dialogar acerca de los viejos buenos tiempos, sin temor a que reaparezcan y soliciten su participación.

El setentista arrepentido no se permitiría ese desliz, ese brote tardío de rebeldía que, de antemano, sabe condenado a la derrota. "El mundo ha cambiado", dice con un dejo de nostalgia y otro de tranquilidad. Entonces uno se pregunta por ese mundo –añorado y cuestionado a la vez– del setentista arrepentido. Uno trata de recorrer en la memoria esos años en que la Argentina era un sensible receptor de los cambios que ocurrían dentro y fuera de su territorio. Las luchas de liberación de África, Asia y América latina no sólo transformaban el mapa geopolítico de aquel tiempo sino el mapa cultural, que desplazaba sus centros de interés desde un polémico Sartre a un recién descubierto Franz Fanon. Quien hoy abjura de la violencia pensaba entonces que ella era un motor de la historia, la que se expresaba, con diferente signo, en la revolución cubana o en la guerra de Vietnam. Para los intelectuales, el Mayo francés de 1968 podía ser el referente ine-

quívoco de ese tiempo y "La imaginación al poder", algo más que una utópica metáfora. Entretanto, para buena parte de la clase obrera argentina (con activa participación estudiantil y una amplia adhesión popular) la violencia insurreccional en respuesta a la represión del gobierno, se daba en el Cordobazo de 1969.

A veces el setentista arrepentido parece olvidar esos antecedentes y repite el argumento falaz de los dos demonios (represión estatal/guerrilla) que vacía de contenido la compleja trama de los acontecimientos de esos años. Si bien a comienzos de los 70 ya habían aparecido las organizaciones armadas (FAR, Montoneros, ERP), éstas respondían a movimientos más amplios, como la Juventud Peronista en el caso de Montoneros, o el Partido Revolucionario de los Trabajadores (PRT) en el caso del ERP. Ya entonces el foquismo como tal había fracasado en la experiencia efímera del pequeño Ejército Guerrillero del Pueblo, derrotado en Salta. No era la guerrilla el principal enemigo de quienes detentaban el poder. Su principal oposición estaba en la clase trabajadora, en los sindicatos organizados y combativos, en dirigentes como Agustín Tosco, Raimundo Ongaro o Atilio López.

Esa historia real, con el escamoteo de la lucha anónima, se ha transformado en ominosa ausencia en los reportajes o apresuradas mesas de opinión, donde la reflexión está ausente.

PEDRO ORGAMBIDE,
Diario de la crisis

ta guerra. [...] Comprendemos el dolor [pero] no podemos dar noticias porque o se pasaron clandestinamente a las filas de la subversión o fueron presa de la cobardía y no pudieron mantener su actitud subversiva; o desaparecieron al cambiarse de nombre y salieron clandestinamente del país; o porque en un encuentro bélico sus cuerpos, al sufrir las explosiones, el fuego o los proyectiles, extremadamente mutilados, no pudieron ser reconocidos. [...] Le diré que frente al desaparecido, en tanto esté como tal, es una incógnita. Si reapareciera tendría un tratamiento equis. Pero si la desaparición se transforma en certeza, su fallecimiento tiene otro tratamiento. Mientras sea desaparecido no puede tener tratamiento especial, porque no tiene entidad, no está muerto ni vivo."

El 9 de febrero de 1980 Galtieri festeja el quinto aniversario del "Operativo Independencia": en la Argentina "no hubo ni pudo haber violación alguna de los derechos humanos", que "tampoco tenemos respuesta alguna a las preguntas que hoy nos hacen" porque es imposible "explicar lo inexplicable", dado que "no podemos dar razón de lo irracional. No podemos justificar el absurdo". Viola, en febrero de 1981, repite: "Fue una guerra. Una guerra impuesta que la Argentina no deseó ni buscó. En una guerra es incorrecto decir que se violan derechos: esa es terminología de paz. ¿Qué nación en guerra —en la historia de la humanidad— puede decir que respetó total y absolutamente los derechos humanos?"... El tiempo pasa y los argumentos se repiten.

Censura y exilio

Ante las atroces vejaciones a la vida humana, la asfixia a la información y a la cultura pueden parecer problemas menores. Sin embargo, mantener ese clima resulta fundamental para sostener las dos caras esenciales del "Proceso": la económica y la represiva.

La prensa sufre permanentes persecuciones y reconvenciones, y recibe "sugerencias". En abril de 1977 el gobierno interviene *La Opinión* que pasa a ser dirigida por un general. El director de *Crónica* Héctor García es citado por Harguindeguy en noviembre de ese año y, exhibiendo títulos y artículos, le dice que "afectan al gobierno y no están dispuestos a permitirlo". El 21 de abril de 1978 un decreto de Videla clausura *Crónica* por tres días, por dar "información falsa" sobre una posible apertura política del gobierno. La censura también afecta a la uruguaya Radio Colonia; Ariel Delgado, responsable del informativo, comenta que en abril de 1980, cuando llegó el momento de difundir el informe de la CIDH: "Kaminsky [dueño de la radio] me comunicó que había pactado silenciar esos hechos. Como no podía ser de otra forma, me negué a seguir dirigiendo, redactando y leyendo informativos que ignoraran la verdad y así quedé desvinculado de las noticias".

Algunos periodistas son funcionales al régimen. Entre ellos, Renée Salas de *Gente* y Bernardo Neustadt, director de *Extra*, quien en enero de 1978 alaba al Presidente:

"El 'cadete' Videla ha llegado a Comandante General del Ejército. [...] Mesurado, educado pero sin remilgos, no utiliza ni la grita ni el desdén para dirigirse a sus subordinados, sea cual fuera su grado militar Es siempre igual: serio, preciso, pulcro, ordenado, correcto, estudioso, respetuoso y firme..."

En abril del '81, ignorando lo mucho que el mundo y el país ya sabían, la entrevistadora Salas lo despide del cargo y transmite agradecimiento:

"No me había equivocado –ni yo ni otros ciudadanos–, cuando veíamos en Ud. a un hombre transparente, sincero, recto, claro, prudente y reservado hasta la exasperación, con la inseguridad de los demasiado responsables y las dudas de los seguros. Su pasión por el país, su patriotismo, su dolor y su impotencia por algunas cosas que no pudieron concretarse, lo convierten a Ud. casi en un símbolo de este desgarramiento argentino que venimos padeciendo desde hace tantos años. Me gustó Ud., Videla. Me gustó como persona, quiero decir, me gustó como compatriota."

La revista, que sepamos, jamás hizo una autocrítica profunda de su línea editorial de aquellos años.

Resistencia y crisis

El fin de una etapa

En 1979 comienzan los síntomas públicos de oposición a la dictadura. Hasta entonces, la resistencia al régimen militar sólo se había expresado en reuniones secretas, publicaciones clandestinas, recitales y peñas musicales o literarias y en la solitaria ronda de las Madres de Plaza de Mayo, de todos los jueves. En abril, un paro nacional convocado por "los 25", una de las fracciones en que se dividió la dirigencia sindical, pese a su limitada repercusión, muestra que el activismo gremial no ha sido erradicado.

Aparece la revista *Humo(R)* y logra gran consenso, se multiplican las apariciones de políticos en algunos medios y se oyen voces críticas, como la de la escritora María Elena Walsh, quien publica una nota donde se distancia del régimen, aunque reafirma su acuerdo inicial con el golpe de Estado. La clase media, en efecto, también comienza a virar de posición.

El 25 de mayo de 1979 una inesperada presencia trastroca el ánimo del general Leandro Anaya, embajador en España. Está en una iglesia madrileña, junto a toda la comitiva diplomática, para celebrar el aniversario de la Patria. Cuando el cura oficiante está por impartir la comunión y el embajador y su esposa se arrodillan ante el altar, la sorpresa, como relata Carlos Gaveta, domina a todos los presentes:

"Hubo un movimiento sincronizado fru-fru de pañuelos blancos. Por la nave central y las laterales avanzaron tres hileras de mujeres, unas cuarenta en total, vestidas de negro y con brillantes pañuelos blancos en la cabeza.

"¡Las locas de Plaza de Mayo! ¿También aquí? No puede ser... El cuchicheo, demasiado nervioso, se escuchó en toda la iglesia. [...]

"Las mujeres confluyeron ante el altar y se arrodillaron junto al embajador y su comitiva de funcionarios, amigos y guardaespaldas, mirándolos fijamente. [...]

"La mujeres permanecieron un largo rato reunidas frente a la iglesia. Una de ellas, con los dientes apretados, dijo a un español que se había acercado para confortarla: 'No los dejaremos en paz. Los perseguiremos hasta el fin del mundo, hasta que sepamos qué fue de nuestros hijos y cese la represión.'"

El 28 de septiembre de 1979 queda integrada una nueva Junta Militar por el general Leopoldo Galtieri, el almirante Armando Lambruschini y el brigadier Omar Domingo Graffigna. Viola espera su próxima designación como presidente de la Nación.

Para entonces, junto con la propagación de la resistencia, son evidentes las consecuencias de la "plata dulce". La crisis y las crecientes expresiones obreras y democráticas alertan a los políticos más expertos, quienes comienzan a tomar clara distancia del régimen. Francisco Manrique, ex marino, ex golpista del '55 y ex ministro de Lanusse, asalta por sorpresa al lector de *Redacción*, en enero de 1981:

"Además de la economía, que se está manifestando como un error, se está cometiendo otro error con esto de negarse a dar respuesta a las reclamaciones sobre el tema de los derechos humanos. [...] Yo quiero aclarar que soy uno de los muchos argentinos agradecidos por todo lo que han hecho las Fuerzas Armadas con respecto a la subversión. Estoy convencido de que en este país no debe hacerse ningún revisionismo sobre el tema, pero para eso es necesario no olvidar que la historia, la memoria y la justicia son implacables."

Antes de que la bomba estalle hay que desactivarla con inteligencia, insiste Manrique, quien sospecha que el proceso se puede ir de las manos.

Balances

Una atinada reflexión sobre los resultados del golpe de Estado y un acertado resumen de las dos caras de la dictadura se hallan en las siguientes palabras de David Rock:

"La guerra del Ejército contra la subversión y el programa de Martínez de Hoz provocaron reacciones contradictorias en observadores extranjeros. [...] En muchos aspectos, sin embargo, las dos políticas eran complementarias e inseparables. El blanco de ambas eran los sectores urbanos: los sindicatos, la industria y gran parte de la clase media. La tarea del Ejército, usando en parte la guerra contra la subversión como pretexto, era destruir su poder de negociación colectiva y sus medios de resistencia; el papel de Martínez de Hoz era debilitar y finalmente destruir la economía de la que subsistían, por ejemplo, eliminando al Estado como fuente importante de empleo y principal agente distribuidor de recursos en la sociedad urbana."

También es necesario discernir entre argumentos y realidades que calaron hondo en buena parte de la sociedad. Amparar la represión diciendo que la "violencia de arriba ha sido engendrada por la violencia terrorista" es insostenible. Aplicar la Ley del Talión en estos términos es pretender poner en pie de igualdad la acción del Estado y las conductas de los particulares. También está claro que nunca hubo una verdadera guerra en el país, aunque muchos guerrilleros entendieron que sí. Se quiso llamar guerra a secuestros de personas de sus casas para conducirlas a un campo de concentración, a la tortura y el exterminio sistemático. Cuando en 1980 todavía se hablaba de "posguerra", se admitía sin embargo que los "enfrentamientos" prácticamente no existieron. Todas estas argumentaciones son, en síntesis, simples falacias.

El intento de exhibirse como "patriotas" y defensores del nacionalismo, que se exagerará en los conflictos limítrofes con Chile y con el desembarco en Malvinas en 1982, se desnuda como una mascarada verborrágica: es inocultable el verdadero carácter de los intereses que defendió el Proceso.

¿El Estado nacional? Queda cruzado por una crisis –esta sí– terminal. Las Fuerzas Armadas se desnaturalizan abocadas a tareas policiales y clandestinas; se corrompen con el robo y la impunidad y se confunden complicadas en funciones estatales y detentando tareas de gobierno: Videla tiene sólo dos ministros civiles y un 15 por ciento de los oficiales superiores activos del Ejército se convierten en burócratas del Estado, interventores de sindicatos y funciones similares que aseguran jugosas jubilaciones. Varios, como el gobernador de Tucumán Domingo Bussi, usarán los cargos *de facto* como trampolín político.

Es necesario reiterar, finalmente, que la estructura económica del país retrocede con un salto de, por lo menos, cuarenta años. La dictadura firma el decreto de renuncia a la posibilidad de una Argentina industrializada y la hace retornar a su modelo agroexportador de la "Argentina próspera".

Pero, con todo, el saldo más lamentable sigue siendo el humano. Verbitsky cuenta "50 mil presos, muertos o desaparecidos". Agreguemos más de 100 mil exiliados, medio centenar de bebés con identidad trastrocada, hijos de padres detenidos-desaparecidos a quienes jamás conocieron… y millones de trabajadores argentinos que hasta entonces respondían al llamado de una sirena de fábrica y que empiezan a saber del trabajo eventual, de la changa, la venta ambulante y la recolección de cartones y diarios, revolviendo la basura por las noches, para sobrevivir.

Sólo enumerar la existencia de más de 350 centros clandestinos de detención distribuidos en once provincias del país –las de mayor importancia política y económica– da una idea de la magnitud del hecho, imposible de ocultar. La búsqueda de la verdad y la justicia sobre lo actuado por la dictadura es una necesidad que una y otra vez reaparecerá en la Argentina en las décadas siguientes, y que ningún subterfugio legal logrará sepultar en el pasado. Muchos de los acontecimientos del futuro tendrán esa marca indeleble, encarnada en la lucha de las Madres y Abuelas de Plaza de Mayo y en los hijos de detenidos-desaparecidos.

El derrocamiento de Isabel Perón no debe pasar a la historia como un hecho "inevitable". Si bien durante su gobierno el país arribó a una situación de caos, no es suficiente motivo para justificar el golpe. Pablo Mendelevich, columnista político de larga trayectoria, apunta:

> "Explicar por esa única vía el golpe del 24 de marzo parece algo más que simplismo. Supone comulgar disimuladamente con la histórica doctrina del mesianismo militar. Los resultados del programa Martínez de Hoz y del plan de la represión ilegal no deberían tolerar a esta altura una ingenuidad semejante."

La dictadura, con sus secretarías de Planeamiento y de Proyecto Nacional y su estratega Genaro Díaz Bessone, elaboró planes para el año 2000. Veinte años antes asiste a su derrumbe. Dos años después de la asunción de Viola deben organizar una salida precipitada del gobierno y quienes detentaron el poder absoluto, pasan las últimas décadas de sus vidas condenados por la sociedad, encerrados en sus casas y, muy pocos, en prisión. Ninguno recibió un castigo ejemplar.

Jorge Rafael Videla

El presidente del Proceso

Nace en Mercedes (Buenos Aires), el 2 de agosto de 1925. Su padre sirve en el regimiento local y el joven Videla se cría en una familia conservadora. En 1942 ingresa en el Colegio Militar y egresa como subteniente de infantería. Cumple diversos destinos, se casa con Alicia Hartridge y, en 1956, es designado agregado militar en la sede diplomática en Washington DC. Regresa en 1958, se incorpora a la Subsecretaría de Defensa y en 1960 es nombrado en la dirección del Colegio Militar. Entre 1962 y 1971 integra el Estado Mayor del arma. En 1969 y 1970, con el grado de coronel, es segundo comandante de la Quinta Brigada del IIº Cuerpo de Ejército y, entre 1971 y 1972, vuelve a cumplir funciones en el Colegio Militar de la Nación.

Durante el tercer gobierno de Perón, es general de brigada y jefe del Estado Mayor del Ejército, y en la gestión de Isabel Perón, adherido al "profesionalismo prescindente" –el grupo golpista–, critica al comandante A. Numa Laplane. Asume como comandante general el 28 de agosto de 1975 y designa a su amigo Roberto Viola como jefe del Estado Mayor. Ambos ejecutan el decreto del presidente interino Italo Luder que, en octubre, extiende a todo el país la "lucha antisubversiva" comenzada en Tucumán y autoriza a "aniquilar" al enemigo. Cohesiona la fuerza y en la madrugada del 24 de marzo de 1976 encabeza el golpe que derroca al gobierno constitucional.

Ocupa la presidencia y trata de presentarse como un defensor de la democracia pero, en las sombras, se desarrollan a su amparo las actividades de los "grupos de tareas" que ejecutan el más feroz plan represivo de la historia nacional. En connivencia con regímenes de países vecinos, instrumenta el "Plan Cóndor" y, en el plano económico, desarrolla una política de apertura que, caracterizada por la penetración de capitales extranjeros, la dependencia de los centros financieros internacionales y el crecimiento de la deuda externa, inicia un nuevo ciclo para el país. En marzo de 1978 pasó a retiro; viaja por el exterior, participa de la Asamblea de los Países No Alineados, entrevista al papa Juan Pablo I y, en noviembre, recibe la visita de los reyes de España. A finales de año la Argentina y Chile se colocan al borde de la guerra por cuestiones limítrofes pero las partes aceptan la mediación papal. Culmina su "mandato" el 29 de marzo de 1981.

Detenido y procesado en 1984, fue juzgado como miembro de la Junta de Comandantes y condenado a cadena perpetua e inhabilitación de por vida en noviembre de 1985, con la accesoria de baja y pérdida del grado militar. Carlos Menem lo indultó a fines de 1990. En 1998 fue procesado y detenido por robo y cambio de identidad de bebés nacidos en cautiverio, hijos de desaparecidos. Permanece un tiempo detenido y, por ser mayor de setenta años, es beneficiado con el régimen de arresto domiciliario. En diciembre de 1999 el juez español Baltasar Garzón solicitó su detención y captura y, ante la negativa argentina, declaró: "El gobierno [de Fernando de la Rúa] ha desconocido la gravísima envergadura de los hechos delictivos que se imputan".

Isabel Martínez de Perón

Un producto de las circunstancias

María Estela Martínez Cartas nació en La Rioja el 4 de febrero de 1931; poco después la familia se traslada a Buenos Aires y la niña, como era tradicional entonces, toma clases de música y danza española, folklórica y clásica. Hacia 1950 se instala en casa de la familia Cresto, que la introduce en las prácticas espiritistas. Inicia su carrera artística en 1952 y adopta el nombre de "Isabel", el mismo de la señora Cresto. Integra grupos de baile que realizan giras por Latinoamérica y, a fines de 1955, se presenta en un espectáculo revisteril en Panamá y conoce a Juan Perón, exiliado tras el golpe que lo derrocara en septiembre.

Acompaña al ex presidente en su periplo por Colón (Panamá), Caracas y "Ciudad Trujillo" (Santo Domingo) hasta recalar en España a principios de 1960, donde la pareja se casa el 15 de noviembre de 1961 y construye la quinta "17 de Octubre", en el barrio Puerta de Hierro, en las afueras de Madrid. En mayo y octubre de 1965 "Isabelita" es enviada por su esposo a la Argentina y Paraguay para detener los intentos de Vandor de construir un peronismo independiente del líder. Retorna a España en julio de 1966, poco después del golpe militar de Onganía. En este viaje hace su aparición José López Rega, que practica con ella ritos esotéricos y se convierte en su principal consejero.

A fines de 1971 Isabel y "el Brujo" López Rega visitan la Argentina y compran una casa en Vicente López. Ella es encumbrada al Consejo Superior partidario y acompaña a su esposo en su regreso al país el 17 de noviembre de 1972. La pareja retorna a España en diciembre e Isabel y su secretario realizan gestiones diplomáticas oficiosas. El 20 de junio de 1973 se concreta el definitivo retorno de Perón. El presidente Cámpora renuncia en julio; Perón-Isabel triunfan en las elecciones presidenciales y asumen el 12 de octubre. En junio de 1974 la vicepresidenta realiza una gira por Europa y es recibida por el papa Paulo VI. Ante la muerte de Perón, el 1º de julio, Isabel asume la presidencia.

Fuertemente influenciada por López Rega, ministro y secretario de la presidencia, Isabel gobierna acosada por la violencia política –en buena medida prohijada desde el propio gobierno–, la inestabilidad económica y los cambios de gabinete. En junio de 1975 intenta aplicar un plan económico de *shock* que es frenado por la primera huelga general realizada a un gobierno peronista. López Rega renuncia e Isabel pide licencia. Retorna al poder en octubre pero su gobierno, desgastado y desprestigiado, es derrocado el 24 de marzo de 1976.

Permanece presa en diversos destinos hasta el 6 de julio de 1981. Ante la apertura política sostiene algunos acercamientos con el almirante Massera y asiste a la asunción presidencial de Alfonsín. Presidenta nominal del Partido Justicialista, firma con Frondizi y Alfonsín el "Acta de la Democracia". Renuncia al cargo partidario el 21 de febrero de 1985 y, desde entonces, descansa en España y disfruta de una cómoda ancianidad.

Emilio E. Massera

Un dictador con ambiciones políticas

Nació en Paraná (Entre Ríos) el 19 de octubre de 1925. Completa su formación como oficial marino y, durante la Revolución Libertadora, es profesor en la Escuela Naval, actividad que volverá a desarrollar en 1971. Cuando Lanusse lanza el Gran Acuerdo Nacional (GAN), "El Negro" Massera es miembro de la Secretaría Política Naval y desde 1972, como contraalmirante, integra la Comisión de Plan Político que instrumenta el diálogo con figuras partidarias.

En diciembre de 1973 asume como comandante general de la Armada e inicia un proceso de disputa del liderazgo militar con el Ejército; traba relación con gremialistas y empresarios justicialistas y, desde 1975, no oculta sus intenciones presidencialistas. Entre 1974 y 1978 impulsa un plan para la construcción de corbetas misilísticas y submarinos, por el cual, en 1978, se crean los astilleros Domecq García. Integró la Junta Militar que derrocó a Isabel Perón. Con base clandestina en la Escuela de Mecánica de la Armada (EsMA), el apodado "Almirante Cero" comandó las operaciones en las que miles de detenidos-desaparecidos fueron lanzados vivos al Río de la Plata. En 1978 pasa a retiro.

Para asegurarse una perspectiva política, Massera se proyecta desde el diario *Convicción*, influencia medios televisivos, funda el Partido para la Democracia Social y se contacta con políticos justicialistas, incluida Isabel Perón –a quien visita en julio de 1983–, y con dirigentes socialdemócratas, como el español Felipe González. Ese año se lo vincula a la logia Propaganda Due de Licio Gelli y a los asesinatos del empresario M. Dupont y la diplomática E. Holmberg. El 10 de agosto, el juez Calvi ordena su detención por el crimen del empresario F. Branca.

En 1984 se inicia el Juicio a las Juntas de Comandantes en Jefe y se dispone su prisión preventiva rigurosa. Fue acusado de 83 asesinatos, 523 detenciones ilegales, 267 torturas, 102 robos, 201 falsificaciones de documentos, 4 usurpaciones de propiedad privada, 23 casos de servidumbre forzada, extorsión, 2 secuestros por rescate, 11 secuestros de menores, retención de documento y 7 torturas seguidas de muerte; se lo encontró culpable de 3 homicidios agravados por alevosía, 69 privaciones ilegítimas de la libertad, 12 tormentos y 7 robos, y el 9 de diciembre de 1985 fue condenado a prisión perpetua.

Carlos Menem lo indulta a fines de 1990. En noviembre de 1998 fue apresado nuevamente por el robo y cambio de identidad de niños; beneficiado por su edad, cumple su condena con arresto domiciliario. En otros procesos está acusado del despojo de bienes a desaparecidos –causa que involucra a una empresa de sus hijos–, reducción a servidumbre, privación ilegal de la libertad y aplicación de sufrimientos físicos y psíquicos. El juez español Baltasar Garzón lo procesa como responsable de terrorismo, genocidio y tortura, y tiene causas y pedidos de extradición pendientes en Francia, Suiza y Nüremberg (Alemania). En 2004 debió indemnizar a Daniel Tarnopolsky, familiar de detenidos-desaparecidos, con 210 mil pesos, que el damnificado donó a las Abuelas de Plaza de Mayo.

José A. Martínez de Hoz

Hacedor de la patria financiera,
la deuda externa y la "plata dulce"

La familia Martínez de Hoz es una de las más poderosas de la provincia de Buenos Aires desde principios del siglo XIX. José Martínez de Hoz, comerciante español, llegó a Buenos Aires en la época colonial y fue cabildante y alcalde de primer voto. Miembros de la familia se convirtieron en ricos hacendados. Son fundadores de la Sociedad Rural Argentina y fueron pioneros en la colonización de ciertas regiones de la provincia, como Quequén y Chapadmalal y en la introducción del ganado Shortorn.

José Alfredo nació en Buenos Aires el 13 de agosto de 1925. Estudia en la Facultad de Derecho y Ciencias Sociales, se gradúa con medalla de oro, recibe el premio "Tedín Uriburu" en 1949 y, desde 1957, es profesor adjunto de Derecho Agrario y Minero. Durante la presidencia de Pedro Aramburu, en 1956 y 1957, es ministro de Economía, Finanzas y Obras Públicas de la intervención federal a la provincia de Salta, año en que asume como vicepresidente de la Junta Nacional de Granos, de la que será presidente en 1958. Entre diciembre de 1962 y mayo de 1963 es secretario de Agricultura y Ganadería, y durante el último período del gobierno de José María Guido, entre mayo y octubre de 1963, ministro de Economía.

Casado con Elvira Bullrich, de otra familia acaudalada, a partir de 1964 fue presidente de Petrosur (fertilizantes), de Acindar y del Centro Azucarero de Salta y Jujuy, y consejero o miembro del directorio de Pan American Airways, ITT, las compañías eléctricas Ítalo y Westinghouse, entre otras. Ocupa nuevamente la cartera de Economía entre 1976 y 1981, acompañando la gestión *de facto* de Videla. Conocido como "Joe", desarrolló una política de apertura comercial, aplicando las recetas monetaristas de la Escuela de Chicago y M. Friedman, lo que provocó caída salarial y sobrevaluación de la moneda, generando el fenómeno conocido como "plata dulce". En su gestión se impulsan algunas obras públicas sobre la base del endeudamiento externo y la especulación, favorecida por la reforma financiera y la elevación de las tasas de interés.

Durante la década menemista los antiguos latifundistas vendieron buena parte de sus tierras girando sus inversiones hacia el negocio bancario y la especulación financiera. A principios de 2002 la jueza María Servini de Cubría lo investigó por fuga de capitales y por eludir ilegalmente al "corralito financiero" por medio del Banco General de Negocios de los hermanos Carlos y Jorge Rohm, en el que Martínez de Hoz integra su directorio. Su nombre figura a la par de otros miembros de familias tradicionales como Blaquier, Bordeu, Zuberbülher, Braun, Betbeder, Anchorena, Dodero, Pereyra Iraola, Heguy y Soldati.

A fines de 2002 continúa, tras cuatro décadas, como prominente figura del Consejo Empresario Argentino (CEA) y es denunciado como el principal deudor fiscal inmobiliario de la provincia de Buenos Aires, con una suma millonaria surgida de impuestos impagos de sus más de dos mil propiedades.

LA GUERRA DE MALVINAS

Los límites de una maniobra

Las figuras del Sha Reza Pahlevi y Anastasio Somoza son emblemáticas. En 1979, la revolución en Irán encabezada por el ayatollah Jomeini y el triunfo del Frente Sandinista de Liberación Nacional en Nicaragua parecen anunciar un proceso global que pondrá fin a las dictaduras, aunque en ninguno de los dos casos se abran paso regímenes democráticos tradicionales.

En los Estados Unidos y en Inglaterra comienzan a gestarse procesos paralelos que llevan al poder, primero a Margaret Thatcher y, al año siguiente, a Ronald Reagan, consolidando una entente conservadora y neoliberal que signará la década del 80.

A la dictadura militar argentina empiezan a terminársele los tiempos. Agotado el pretexto del enemigo terrorista, que ha sido derrotado, el propósito de los militares de alzarse como cruzados de Occidente les plantea el desafío de encontrar nuevos enemigos y causas que despierten alguna adhesión social. Esos intentos de legitimación, sin embargo, culminarán en su estrepitosa caída.

La crisis del régimen militar

El problema del Beagle

El "Acuerdo por el arbitraje" con Chile por las disputas fronterizas en el canal de Beagle es suscripto por el general Gustavo Martínez Zuviría en representación del gobierno argentino el 22 de julio de 1971. En decisión unánime la Corte Arbitral adjudica a Chile las islas Picton, Nueva y Lennox apoyándose en los hechos: las islas del Canal en conflicto están en posesión de Chile. El fallo se difunde el 2 de mayo de 1977. La Corte no encuentra razón en el argumento argentino que afirma "Chile en el Pacífico y Argentina en el Atlántico" y sostiene que el tratado de 1881 no alude a este principio de división bioceánica.

El fallo es rechazado por la dictadura argentina. Ciertos sectores del Ejército, y en particular la Armada, tienen una actitud francamente belicista. En enero de 1978 se reúnen, sin resultados, Augusto Pinochet y Jorge Videla en Plumerillos (Mendoza) y el 25 la Cancillería argentina comunica que el gobierno argentino declara unilateralmente la nulidad del laudo. Un nuevo encuentro de los dos dictadores en Puerto Montt, el 20 de febrero, culmina con la polarización de las posiciones: Pinochet reafirma su adhesión al laudo, Videla replica con palabras improvisadas y Massera, desde Río Grande (Tierra del Fuego), defiende enfáticamente el principio bioceánico: "Se está agotando el tiempo de las palabras", amenaza. Desde entonces comienzan los aprestos y la movilización militar.

Fuerzas argentinas toman posiciones en la frontera –se asegura que algunas llegan a cruzarla– y en las principales ciudades argentinas hay una fuerte campaña antichilena. El triunfo argentino en el mundial de fútbol, en junio, genera un momentáneo exitismo chauvinista que envalentona a los belicistas.

Cuando todo parece indicar que la lucha es inevitable, el papa Juan Pablo II ofrece su mediación y, sobre la Navidad de 1978, el cardenal Antonio Samoré toma cartas en la disputa como representante papal: su presencia se anuncia el 22 y arriba el 27. Las trabajosas negociaciones –mientras miles de argentinos realizan "procesiones" contra la guerra– terminan el 8 de enero de 1979, cuando ambas partes firman el Acta de Montevideo, que acepta la mediación del Vaticano. La nueva propuesta recién llegará en octubre de 1984.

La cuestión Malvinas, entretanto, no ofrece avances diplomáticos desde 1965, cuando, durante el gobierno de Illia, las Naciones Unidas aprobaron la Resolución 2065 que instaba a Gran Bretaña y la Argentina a buscar una solución a la cuestión, subrayando que las islas debían ser descolonizadas, en un implícito reconocimiento de la soberanía argentina.

Crisis del régimen

En el frente interno comienzan a aparecer fisuras. A mediados del '79 se empieza a sentir la necesidad de abrir el juego; el partido más organizado es el radicalismo, bajo la conducción de Balbín. Por otro lado, el tema del Beagle y el de la sucesión presidencial provocan crisis en el seno de la dictadura. Luciano Menéndez, comandante del III Cuerpo y cabeza visible del ala "dura", se alza en Córdoba en septiembre. Se habla ya de halcones y de palomas aunque el comandante Viola niega tales disensos. Massera, entretanto, trata de construir un perfil propio.

En la comandancia general del Ejército Roberto Viola es reemplazado por Leopoldo Fortunato Galtieri el 28 de diciembre de 1979 y se integra una nueva Junta Militar con el almirante Armando Lambruschini y el brigadier Omar Graffigna. Luego de muchos forcejeos, en octubre de 1980 se define la sucesión presidencial para cubrir el período 1981-1984. Viola asumirá condicionado por las "Pautas" que le fija la Junta. En esos días Adolfo Pérez Esquivel recibe el Premio Nobel de la Paz por su militancia en los derechos humanos, un claro signo de condena internacional al régimen.

En el Colegio Militar, Galtieri dice que las "urnas están bien guardadas y van a seguir bien guardadas" y desde Perú Raúl Alfonsín le contesta: "Si el comandante en jefe del Ejército y miembro de la Junta, ha dicho que las urnas electorales están bien guardadas y permanecerán así por buen tiempo, nosotros le respondemos que les vayan pasando el plumero porque las llenaremos de votos".

El agravamiento de las disputas internas tiene como telón de fondo una economía en serios problemas. En febrero de 1981 Martínez de Hoz ha desencadenado una corrida con una devaluación del 10 por ciento. Los capitales extranjeros se retiran y en pocas semanas el país pierde 6.000 millones en reservas. El déficit del Estado, que era moderado en 1975, se ha cuadruplicado luego de cinco años de "saneamiento". La crisis económica empieza a desvelar a una clase media que ha disfrutado de la "plata dulce".

Los trabajadores, por su parte, sólo dan algunos síntomas de movimiento. La central obrera no presenta un frente único. Jorge Triaca encabeza un grupo que conforma la CNT –que se transforma en CGT Azopardo– y que mantiene un actitud conciliadora. Más opositora, la Comisión Nacional de los 25 había organizado una jornada de protesta nacional el 27 de abril de 1979 por aumento salarial y en rechazo a los proyectos de ley de Obras Sociales y Asociaciones Profesionales.

El 29 de marzo de 1981 Viola asume la presidencia. El nuevo dictador niega que esté poniendo en marcha una apertura política pero da signos en ese sentido, lo cual disgusta a los "duros" como Menéndez, Santiago Riveros, Suárez Mason o Díaz Bessone, que se sienten respaldados por el ascenso de Ronald Reagan a la presidencia de los Estados Unidos. Las relaciones con Viola se resienten más aún cuando el gobierno autoriza la libertad de Isabel Perón.

Las opiniones críticas se extienden. La Multipartidaria, que agrupa al peronismo, el radicalismo, la democracia cristiana, el desarrollismo y la intransigencia, se presenta en sociedad el 14 de julio de 1981 y resuelve "dar por iniciada la etapa de transición hacia la democracia". Un mes después, Massera presenta su propio proyecto político, de sesgo populista, el Partido para la Democracia Social, y el diario *Convicción*; Manrique dinamiza la Fuerza Federalista Popular (FuFePo), y el propio Viola trata de articular un "Movimiento de Opinión Nacional" con la concurrencia de partidos provinciales como el Movimiento Popular Jujeño y el Bloquismo sanjuanino. Para la misma época, proclama el comienzo de un diálogo político.

Las medidas económicas de Viola y Lorenzo Sigaut, al contrario de lo previsto, agravan la crisis. El nuevo ministro pronostica: "Esta vez, quienes apuesten al dólar, realmente van a perder", pero se producen cuatro nuevas devaluaciones entre abril y junio. La crisis financiera, según Jorge Schvarzer, "no tenía precedente histórico". El endeudamiento del Estado continúa a un ritmo infernal, mientras los gastos militares aumentan geométricamente: ascienden a más de 1.500 millones de dólares en 1980, superan los 4.000 en 1981 y rozan los 10 mil millones en 1982. Por si todo eso fuera poco, la coima parece ya instalada como una institución nacional.

"Los 25", con el apoyo de Lorenzo Miguel, convocan a una nueva jornada nacional de protesta para el 22 de julio, que como la anterior, es declarada ilegal. La medida logra bastante repercusión en las concentraciones industriales de Buenos Aires, Rosario y Córdoba. En la primavera, la Comisión de los 25 adopta el nombre de CGT Brasil; a la sombra de Miguel, comienza a sobresalir la figura de Saúl Ubaldini, del gremio cervecero. El INDEC precisa que entre enero de 1981 y mayo de 1982 el salario real industrial cae un 46 por ciento; un obrero debe trabajar 15 horas diarias para cubrir los productos de la canasta familiar.

En ese marco, el 9 de septiembre muere Ricardo Balbín, que aparecía como el hombre más dispuesto a concertar una salida con Viola. Ese mismo mes el Presidente padece una dolencia cardíaca que mueve a especulaciones. En ciertas esferas militares, empresarias y políticas, así como en la opinión del gobierno de los Estados Unidos se desconfía de la capacidad de Viola para generar alternativas viables.

La consigna "Paz, pan y trabajo" es convocante para una significativa marcha de protesta realizada en la iglesia de San Cayetano el 7 de noviembre. La presencia se evalúa en más de 30 mil personas y a la cabeza de la columna se presenta Ubaldini. Por primera vez se escucha a una multitud corear: "Se va a acabar, la dictadura militar".

Viola, frágil en todos los planos –económico, político, militar y diplomático–, no puede continuar. El malestar cardíaco ofrece el pretexto perfecto para desalojarlo. Durante un movido diciembre de 1981 la Argentina tendrá cuatro presidentes.

Galtieri en el poder

Viola se interna en un sanatorio y lo reemplaza, en forma interina, el ministro del Interior Horacio Liendo. La Junta, ante el agravamiento del cuadro clínico del Presidente, resuelve removerlo, pero Liendo se niega a reemplazarlo. En su lugar, mientras se anuncia que el general Galtieri será el nuevo presidente, asume el almirante Carlos Alberto

Jorge Videla, Leopoldo Galtieri y Roberto Viola, en épocas de distendidos festejos.

Lacoste, ministro de Bienestar Social y vicepresidente de la Fifa. Los ministros renuncian y Viola protesta: "Yo no renuncié, he sido re-mo-vi-do". Al llegar la Navidad la posición de Galtieri como presidente y comandante en jefe está consolidada.

El nuevo gobierno, si bien reniega del plan de apertura de Viola, también intenta formar una fuerza política continuista, en la que el mismo Galtieri parecería perfilarse como candidato. Así, anuncia la sanción de un Estatuto de los Partidos Políticos y nombra una serie de gobernadores civiles para que ayuden a concretar ese entramado. El ministro de Economía Roberto Alemann anuncia un plan que retoma la ortodoxia liberal. La fuerte recesión, sin embargo, genera fricciones con sectores del empresariado.

El Presidente, entretanto, visita los Estados Unidos y recibe elogios ("es un general majestuoso"). Según informa Rock: "[En] Washington, se decía, había ofrecido a los norteamericanos bases militares en la Patagonia a cambio de inversiones en un nuevo gasoducto y la industria del petróleo". Ofrece, además, ayuda militar, con especialistas en contrainsurgencia, para la zona caliente centroamericana. Los mesiánicos jefes argentinos creen que tienen la misión de "defender a Occidente" y combatir el comunismo. El triunfo del sandinismo en julio de 1979 y la fuerte influencia de la guerrilla salvadoreña habían redoblado el entusiasmo de los dictadores argentinos por involucrarse en una cruzada internacional.

Los operativos de Unitas, el tradicional ejercicio naval conjunto con los Estados Unidos, desde 1980, asumen como hipótesis de conflicto la defensa hemisférica ante una agresión continental, en el marco del enfrentamiento Este-Oeste, la Guerra Fría. La Marina argentina fortalece así su relación con sus pares norteamericanos y se ofrece como garantía de custodia de las aguas del Atlántico Sur. Tal vez de este juego de reciprocidades haya nacido la especulación de que los Estados Unidos, con Reagan presidente, podían ver con buenos ojos que la Argentina retomara las Malvinas para crear una base naval que mantuviera distante a Inglaterra de las estratégicas aguas del Atlántico Sur, el único sector capaz de permitir la vuelta al mundo ante un eventual cierre del Canal de Panamá.

En enero de 1982 Galtieri se refiere superficialmente el tema del Canal de Beagle –como para mantener las brasas encendidas– y luego despliega una pequeña ofensiva diplomática sobre Malvinas. La desprotección militar de las islas hace pensar a la Junta que la recuperación de los tres archipiélagos –Malvinas, Georgias y Sandwich– constituye "la guerra más fácil de todas": allí sólo hay 1.800 *kelpers*, ciudadanos ingleses de segunda clase, y cerca de 50 *Royal Marines*.

Hacia la guerra

Plan para una aventura

Al parecer, hacia enero de 1982 la idea de la invasión está confirmada. El almirante Isaac Anaya encarga a su jefe de Operaciones Navales, vicealmirante Juan J. Lombardo, que elabore un plan secreto y, según informa Félix Luna, el 2 de marzo el general Mario Menéndez ya es notificado por Galtieri de que será el futuro gobernador de Malvinas.

Se barajan simbólicas fechas de invasión (el 25 de mayo y el 9 de julio) pero la agitación social apurará la decisión. Tanto es así que el 1º de abril el gobierno argentino, apresuradamente, intenta transferir fondos depositados en la City de Londres, aunque, según Rock, "sólo con éxito parcial".

Las Fuerzas Armadas no cuentan, sin embargo, con el mejor ejército para hacer la guerra a la otrora "Reina de los mares". La época de la "plata dulce" ha generado un modo aventurero y especulador de resolver los problemas que penetra en buena parte de la oficialidad y la burguesía. Por otro lado, la omnipotencia de haber sido "dueños de la vida" durante cinco largos años –y verse a sí mismos como triunfadores de la "guerra antisubversiva"– los lleva a menospreciar cualquier enemigo. Finalmente, la "vista gorda" hecha por los Estados Unidos sobre los "excesos" –hay constancias de que la embajada, en 1979, dispone de listas y fichas de más de 10 mil "detenciones ilegales" y detallados informes sobre torturas y presos– y los elogios desmesurados hacia Galtieri, convencen a la Junta Militar de que cuenta con un *handicap* especial.

El 19 de marzo de 1982, en la isla San Pedro, de las Georgias del Sur, un grupo de operarios de una empresa argentina, que han sido trasladados en un buque de la Marina, desembarcan con el objetivo de desmantelar una factoría ballenera. Izan la bandera argentina y cantan el Himno, reafirmando de hecho la soberanía argentina sobre el archipiélago. Tres días después, Thatcher envía una nota de reclamo en la que caratula de "intrusos" a los trabajadores, protesta por su presencia allí y reafirma que las islas pertenecen a la jurisdicción del gobernador inglés de las Malvinas, Rex Hunt.

La "Dama de Hierro" anuncia el envío a la región del *HMS Endurance* y la movilización de tres submarinos atómicos hacia aguas del Atlántico Sur. Esta circunstancia no le viene nada mal al gobierno británico que, como consecuencia de aplicar un duro ajuste

---

 ## Un régimen que se agotaba

El programa principal de la dictadura fue en primer lugar aplastar la insurrección armada y cualquier atisbo o gesto de resistencia. Lo logró en medio de una cacería humana cuya crueldad tiene pocos y tenebrosos antecedentes en la historia contemporánea. Aquí hubo secuestros, torturas y actos cuya sola mención erizan de espanto a los hombres civilizados. Todavía esas heridas están abiertas y los dolores no han cesado.

Simultáneamente, los equipos económicos que acompañaron a la dictadura militar echaron las bases de lo que vendría después. Es ocioso detenerse en este punto porque la sociedad conoce en carne propia sus consecuencias.

Pero cuando Leopoldo Galtieri pacta con el jefe de la Armada, almirante Isaac Anaya, dar un golpe de mano para voltear a Viola, ya estaba claro que el impulso que había llevado a las Fuerzas Armadas al poder estaba agotándose. No quiere decir que estuvieran acorralados: la protesta social recién se estaba reorganizando y los políticos comenzaban a coordinar acciones en la Multipartidaria, pero sólo eran fintas.

RICARDO KIRSCHBAUM,
Clarín, 2 de abril de 2002

económico, es acosado por fuerzas de la oposición sindical y del laborismo, que amenazan la estabilidad de la primera ministro. Ante los reclamos británicos, Anaya envía a un grupo comando conocido como "Los Lagartos" en el *ARA Bahía Paraíso* y dos corbetas de apoyo. Planificado o no, el incidente ofrece el pretexto para movilizar tropas a la región.

En el continente, entretanto, las aguas no están calmas. La protesta social encuentra nuevas expresiones. La Multipartidaria realiza con éxito un acto en Paraná, donde reúne cerca de 5.000 personas, y una ronda de las Madres de Plaza de Mayo, acompañada por unos 3.000 manifestantes, toma por sorpresa a la dictadura. La consigna que se populariza exige la "aparición con vida de los desaparecidos". Varios gremios importantes salen a la lucha, entre ellos el SMATA, los empleados públicos y los portuarios. A pesar de la intensa represión, las manifestaciones se suceden sin cesar. El gobierno necesita encontrar una salida política o su cuenta regresiva será inexorable. En un movimiento inesperado, la Junta decide "huir hacia adelante".

Desembarco, movilización e ilusiones

Dos días antes de la batalla, en el centro porteño se pone en marcha la "Operación Virgen del Rosario", embarcando tropas en Puerto Belgrano. En el documental *Malvinas-Falklands. Recuerdos de guerra*, el comandante Carlos Busser declara: "Para la masa fue una sorpresa, recién se enteraron cuando por los parlantes del buque les dimos la información de que íbamos a las Malvinas". A los desprevenidos integrantes de la "masa", se los alienta con estas palabras: "Mañana ustedes serán los vencedores. Mañana mostraremos al mundo una fuerza argentina valerosa en la victoria. Que Dios nos proteja. Ahora dirán conmigo: ¡Viva la Patria!".

El 1º de abril el gobernador británico Rex Hunt advierte a la población de Port Stanley que muy probablemente esa noche desembarquen soldados argentinos para tomar la isla. El Batallón Nº 2 de la Infantería de Marina, una agrupación de comandos anfibios –un cuerpo de elite de hombres entrenados como buzos, paracaidistas y expertos en reconocimiento de mar y tierra–, una sección de tiradores del Ejército y el Regimiento 25 de Infantería son la vanguardia de la acción. Entre ellos desembarca el entrerriano Jacinto Eliseo Batista, de treinta y dos años –cuya imagen recorrerá el mundo cuando, fusil en mano, traslada a tres prisioneros ingleses que se rinden y caminan en fila brazos en alto–, quien aclara: "Teníamos orden de no matar, porque probablemente el plan era tomar las islas y negociar la retirada".

El primer avión aterriza en territorio malvinense el 2 de abril a las 8.40. Es un Hércules C-130 de carga. Poco después de las 9 el gobernador británico se rinde al comandante de las tropas argentinas, general Osvaldo García. La única baja de la toma de las islas es el capitán de corbeta de infantería de marina Pedro Giachino, muerto en el primer asalto a la Casa de Gobierno, por un disparo lanzado desde una línea de árboles.

Mientras se inicia el puente aéreo para trasladar cerca de 10 mil soldados argentinos, las tropas desfilan por las calles de la capital malvinense arrojando caramelos de colores a los niños desde las tanquetas. Los Estados Unidos reclaman el cese de las hostilidades.

Galtieri habla al país por radio y televisión, apela a promover la unidad de las Fuerzas Armadas y el pueblo argentino, asegura que se han agotado las instancias diplomáticas y que espera reiniciar las negociaciones. Enlaza la ocupación de Malvinas con las grandes gestas de la Independencia nacional y transmite convicción:

> "Hemos recuperado, salvaguardando el honor nacional, sin rencores, pero con la firmeza que las circunstancias exigen, las islas australes que integran por legítimo derecho el patrimonio nacional. [...] El paso que acabamos de dar se ha decidido sin tener en cuenta cálculo político alguno. Ha sido pensado en nombre de todos y cada uno de los argentinos, sin distinción de sectores o banderías. [...] Sé, y lo reconocemos con profunda emoción, que ya el país entero vive el alborozo de una nueva gesta y que se apresta a defender lo que le es propio, sin reparar en sacrificios, que es posible debamos realizar."

Sin embargo, el panorama no es lineal. Reagan le advierte a Galtieri:

> "Un conflicto de esta naturaleza repercutirá en todo el hemisferio y creará una situación de grave tensión. [...] Es necesario [...] encontrar una solución pacífica y evitar el uso de la fuerza. [...] Creo que es mi obligación advertir a usted que Gran Bretaña está dispuesta a responder militarmente a un desembarco argentino. Así me lo ha hecho saber el Reino Unido. Además, la señora Thatcher –mi amiga– es una mujer muy decidida y ella no tendría otra alternativa que dar una respuesta militar. El conflicto será trágico y tendrá grandes consecuencias hemisféricas."

En efecto, la respuesta de la primera ministra inglesa no tarda en llegar. Declara la ruptura de relaciones, establece sanciones económicas y el día 5 despacha una flota hacia el Atlántico Sur: la más poderosa movilizada por Inglaterra desde la crisis del Canal de Suez en 1956. A pedido inglés se reúne el Consejo de Seguridad de las Naciones Unidas y se aprueba la Resolución 502, que condena la acción argentina y exige el retiro de las tropas argentinas de las islas y la iniciación de las negociaciones entre ambos países. Es aprobada con diez votos a favor, cuatro abstenciones y uno en contra, el de Panamá. Significativamente, ni China ni la URSS vetan la resolución.

La Comunidad Económica Europea cierra filas con Gran Bretaña y sanciona a nuestro país suspendiendo la importación de productos argentinos; Canadá, Austria y Alemania bloquean la venta o entrega de material bélico a la Argentina. Comienza una ardua tarea diplomática comandada por el canciller Nicanor Costa Méndez mientras las adhesiones en el ámbito nacional se multiplican. Ernesto Sabato declara su apoyo desde París: "Este conflicto es [...] el de un pueblo entero contra el brutal imperialismo". La CGT, el 6 de abril, publica una solicitada titulada "Primero la Patria", en la que declara que para el "Movimiento Obrero Argentino siempre ha estado en primer término de nuestras consideraciones el interés supremo de la Patria, y luego las reivindicaciones de tipo sectorial".

Ese mismo día Busser, comandante del TOAS (Teatro de Operaciones del Atlántico Sur), alerta sobre la limitación de las fuerzas navales propias para lograr y mantener el dominio del mar. El 7 Mario Menéndez asume como gobernador militar de las islas. En el acto están presentes Videla, el ministro Saint-Jean, el líder de la CGT Saúl Ubaldini y varios dirigentes políticos. Port Stanley es rebautizada como Puerto Argentino y se rinde un homenaje al único muerto en combate, el capitán Giachino. Ese día, la fuerza armada británica llega a isla Ascensión, en la región ecuatorial del Atlántico, y dispone unilateralmente una zona de exclusión de 200 millas náuticas alrededor de las islas. El ministro de Defensa británico, J. Nott, expresa: "No estoy seguro de ganar ninguna batalla, pero tenemos que detenerlos antes de que cunda el ejemplo entre otros gobiernos".

Los argentinos, desde distintos puntos del país, también se movilizan. Martín Balza recuerda la despedida popular a su contingente de artillería: "En la estación del ferrocarril estaba todo el pueblo correntino dándonos su apoyo. Como contrapartida, no hubo ningún mando superior que nos despidiera".

Mike Seear, jefe de un regimiento de rifleros gurkas (soldados nepaleses), recuerda que "la guerra es algo de lo que no te podés olvidar jamás. La guerra no es buena, pero si tenés que ir, vas; y nosotros teníamos que ir. Es matar o morir. Y después volvés a la vida cotidiana, pero ya sin orgullo". Los británicos van decididos a matar o morir; pero tienen la seguridad de que sus armas funcionan bien, de que cuentan con todos los medios necesarios para hacer su tarea con profesionalismo. No es el caso de las fuerzas argentinas, como señala el mismo Balza cuando refiere su último día en Bahía Blanca y la sensación que lo embargó al descender en Puerto Argentino:

> "Con dinero personal que tenía ahorrado adquirimos toda clase de comida en latas, especialmente *corned beef, paté, picadillo y duraznos al natural*. Otro tanto hicimos con las pilas para las linternas y las radios que no nos podían faltar, y que, inexplicablemente, no teníamos. A todo ello agregamos [...] la *tela de plástico* [que] resultaría útil tanto para impermeabilizar nuestras propias posiciones como para poner a salvo de la lluvia y la humedad todas las cosas necesarias. Ese plástico, como los alimentos que previsoramente compramos y embarcamos, lo pagué, reitero, con dinero propio. [...] Arribamos a la pista de Puerto Argentino en plena noche, a las 3.30 de la madrugada del 13 de abril. Mi primera impresión fue la de un caos total. La desorganización reinaba en la capital de nuestro archipiélago recién recuperado."

El 9 de abril, en Comodoro Rivadavia, una multitud calculada en 12 mil personas acompaña el sepelio del conscripto Mario Almonacid, fallecido en la ocupación de las Georgias. La gente en las calles constituye el 15 por ciento de la población y testimonia el creciente compromiso con una causa que permanecía adormilada en la conciencia nacional.

Movimientos populares, militares y diplomáticos

Entre las múltiples acciones diplomáticas que se desarrollan por ambas partes, la Argentina advierte que recurrirá al TIAR (Tratado Interamericano de Asistencia Recíproca) si Gran Bretaña ataca. Reagan nombra mediador a su secretario de Estado Alexander

Haig, un civil con larga experiencia en cuestiones militares. Thatcher comunica a Haig que cualquier negociación comienza por el retiro de las tropas argentinas.

Cuando se anuncia el arribo del mediador, el apoyo popular a la recuperación de las islas es masivo entre los argentinos: según una encuesta el 90 por ciento de la población respalda la medida. El 10 de abril, Radio Rivadavia convoca insistentemente a concurrir a la Plaza de Mayo. Ese sábado, desde la mañana, se nota que el llamado –que el gobierno alienta– será un éxito. "Fuera ingleses y yanquis de Malvinas", "Haig remember 1806, 1807 y 1833", "Malvinas pueblo y soberanía" se alcanza a leer en las espontáneas pancartas sin firma. La plaza reúne 150 mil personas, que la pintan de celeste y blanco con vinchas, pañuelos, cintas y banderines. Cuando el helicóptero que transporta a Haig sobrevuela la muchedumbre se produce una rechifla ensordecedora.

Envalentonado por la multitud, Galtieri eleva el tono con su voz resquebrajada y desafía a la *entente* anglobritánica: "Que sepa el mundo que hay un pueblo con voluntad decidida.[...] ¡Si quieren venir que vengan, les presentaremos batalla!".

El clima es entre guerrero y festivo. Los chistes sobre la costumbre de Galtieri de desayunar con whisky se toman a la ligera integrándolos al folklore de esta extraña situación. En las radios y la televisión argentinas se instala la música nacional y muchos autores hasta entonces prohibidos y censurados retornan al aire, mientras los comentaristas reivindican una historia de enfrentamientos y roces con las grandes potencias. Comisiones políticas salen a explicar la posición argentina a diversas partes del mundo. El país más visitado son los Estados Unidos, adonde viajan Fernando de la Rúa, Cafiero y Luder, Francisco Manrique, el coronel Luis Prémoli y Amalia Lacroze de Fortabat. Herminio Iglesias y Carlos Menem se dirigen a Trípoli, la capital de Libia.

El 15 de abril los soldados argentinos apostados en las islas están aún tranquilos, tal vez convencidos, como lo deja traslucir la prensa local, de que nadie morirá. El soldado Sergio Cano escribe a su familia:

> "Siendo ésta la segunda vez que escribo, les digo que la estamos pasando bastante bien, a pesar que hace un poco de frío pero en eso no nos fijamos, lo que nos interesa es tratar de saber si vamos a estar mucho tiempo acá. No quiero, y se los digo una y otra vez, que se preocupen por mí, porque tanto yo como los otros chicos somos capaces de arreglárnosla solos. [...] En la compañía nos entregaron una cajita que contenía un paquetito de cacao, masitas, una lata de mondongo, un calentador y una tirita de caramelos. [...] Fin The End. Yo prefiero el primero, ¿y ustedes?"

Sin embargo, comienzan a aparecer indicios de que no todo funciona como corresponde. Al igual que tantos otros, Gustavo Gabriel Vidal envía una nota (fechada el 24 de abril) y un chocolate a un soldado: "Que este chocolate te endulce un poquito en esos días de frío de las Malvinas. Te saluda un futuro soldado de 7 años. Gracias por defender mi Patria". La golosina nunca llegará a destino; tiempo después, aparece para su venta en un comercio de Comodoro Rivadavia.

El 17 de abril la *Task Force* (Fuerza de tareas) zarpa de la isla Ascensión, pero la dirigencia argentina no se preocupa mucho por esas "menudencias" porque todavía especula con que los Estados Unidos permanecerán neutrales y favorecerán un arreglo pacífico. Galtieri parece tener el convencimiento íntimo de que no habrá guerra. No piensa lo mismo la embajadora Jeane Kirkpatrick:

> "Los argentinos nunca comprendieron cuán estrechas eran las relaciones entre los Estados Unidos y el Reino Unido, no solamente por razones históricas sino porque además Ronald Reagan y Margaret Thatcher eran amigos personales desde antes de llegar al poder. Eran los dos grandes líderes conservadores cuando toda Europa tenía gobiernos socialistas. Defendían la libertad de mercado. No tanto la democracia como la libertad de los mercados."

Para el domingo 25 de abril está claro que no habrá nuevas rondas de negociaciones. El Consejo de Seguridad de la ONU declara a la Argentina como "nación agresora" y Haig termina su misión y propone que se cumpla la Resolución 502, se inicien negociaciones directas con la asistencia de su país y la ONU y se consulte a los isleños, y una administración tripartita interina con tres banderas de los intervinientes, oficiando la de los Estados Unidos como garante.

Los británicos, entretanto, recuperan las Georgias, un hecho que el gobierno intenta minimizar. Días después se conoce que el jefe del destacamento era el teniente de navío Alfredo Astiz. Por una foto, algunas Madres de Plaza de Mayo creen recordarlo. Entretanto, los diarios reproducen comunicados oficiales que dan cuenta de la dura resistencia ofrecida por los "lagartos", infantes de marina especialmente adiestrados. Estos dichos no confunden al enemigo, que, para entonces, ha tomado la posición con suma tranquilidad: todo el costo ha sido un muerto por accidente y un herido en combate. Mucho después, los argentinos se enterarán de que el "Niño Rubio" de la "guerra sucia" y "Jefe lagarto" de la guerra antiimperialista rindió su posición sin combatir: "debido a la superioridad de las fuerzas del enemigo me entrego a las fuerzas británicas". El acta realizada en papel membretado del *HMS Endurance* está datada el 26 de abril. Todavía el 6 de mayo, publicaciones argentinas refieren que los "lagartos" resisten con heroísmo a 20 grados bajo cero.

La movilización popular en el continente –alentada por datos falsos– continúa y, en algunos sectores, incrementa sus demandas. El 26 la CGT Brasil convoca a realizar una movilización a Plaza de Mayo a la que concurren unas 10 mil personas. La dirigencia sindical, aunque luego disminuirá sus exigencias, reclama la incautación de la propiedad inglesa en el país y suspender el pago de la deuda exterior a Inglaterra. Las Madres de Plaza de Mayo, en sus rondas de los jueves, exhiben carteles: "Las Malvinas son argentinas, los desaparecidos también". La población busca organizarse para expresar su solidaridad con los soldados y despliega su iniciativa en acciones espontáneas: las sociedades de fomento, algunos partidos políticos, entidades de defensa civil reciben víveres y son centros de inscripción de voluntarios. Los políticos discrepan y algunos, aunque con sutileza, toman completa distancia del conflicto bélico.

La guerra sacude todo el sistema de seguridad mundial. La ONU, la OTAN, la OEA, se ven inesperadamente arrastradas a intensos debates. Veintiún cancilleres de los países signatarios del TIAR se reúnen y cinco ministros hacen uso de la palabra; Costa Méndez y los representantes de los Estados Unidos, Panamá, Perú y Venezuela. A excepción de Colombia, Chile y Trinidad y Tobago, todos los países de Latinoamérica apoyan los reclamos argentinos tanto en la OEA como en la ONU. El órgano de consulta del TIAR aprueba una resolución solidaria con la Argentina y sus derechos sobre Malvinas pero los Estados Unidos, el 29, expresan su apoyo abierto e incondicional a Gran Bretaña, y el desconocimiento del TIAR.

Con la flota británica ya navegando en el Teatro de Operaciones, Reagan pone las cosas blanco sobre negro: "El principio al que todos debemos ajustarnos es que no se debe permitir que una agresión armada de este tipo tenga éxito".

Los jefes militares, incluidos los que están en Malvinas, continúan pensando que no habrá combates. Balza relata lo que escuchaba de sus superiores:

> "Seguíamos oyendo imbecilidades como que 'los barcos ingleses no van a llegar hasta aquí', o 'ellos creen que éstas son unas islas caribeñas', o 'van a llegar mareados y sin aptitud para combatir', o eso de que 'los norteamericanos están con nosotros y no se van a meter'. Estas pavadas formaron parte de la pésima acción psicológica que llegaba desde el continente mediante panfletos y caricaturas. Después, cuando se sabía que ya estaba la flota en el Atlántico Sur, se insistía: 'Sí, pero no van a intentar un desembarco porque no traen suficiente gente y sufrirían pérdidas'."

 ### Sin armas secretas

La precisión del fuego inglés se debe a los instrumentos de medición, todo por rayo láser, lo que les permitía hacer rápidamente una concentración de fuego en el lugar sin los métodos convencionales y antiguos. Ellos no reglaban, directamente hacían fuego toda la batería.

Los ingleses no usaban ninguna arma secreta. Cualquier arma que usaban estaba en las revistas (*Interarmas, Revista Nacional de Defensa Suiza* o la *Military Review* que publica la Escuela de Comando y Estado Mayor de EE.UU.). En esas revistas están los visores, los intensificadores, etc. En esto sí se destacaron los ingleses. En la cantidad de elementos de lucha nocturna que traían: intensificadores de luz, intensificadores de imágenes térmicas, todo eso les permitía ver a través de la niebla, del humo. Radares localizadores de artillería, radares localizadores de morteros, posibilitándoles abrir fuego contra la batería con precisión. Abrir fuego con morteros era una invitación al suicidio si uno no podía hacer un rápido cambio de posición.

A nosotros no nos sorprendieron esas armas, pero no las teníamos en cantidad suficiente y no teníamos a veces la última generación, como tenían ellos. Además, de algunas de las armas que usaron ellos, no se conocía su empleo práctico en combate.

SUBTENIENTE DE CABALLERÍA GAT,
en Carlos M. Túrolo (h),
Así lucharon

A pesar de las especulaciones, el despliegue militar es ya una realidad. Mientras la Argentina moviliza un total de 12 mil hombres, la *Task Force* reúne 7.000. La Fuerza Aérea Argentina (que se integra, en parte, con fuerzas aeronavales) cuenta con 68 caza-bombarderos Skyhawk, 18 Mirage III –10 de los cuales los provee secretamente el Perú–, 26 Dagger, 45 Pucará, 11 bombarderos Canberra, 5 Super Etendart y 19 helicópteros; la británica se compone de 40 Sea Harrier, 10 bombarderos Vulcan, 2 escuadrones de aviones Nimrod y 40 helicópteros (Sea King, Chinook y Wessex). La diferencia entre las fuerzas navales son notables. Los británicos movilizan 2 portaaviones, 3 submarinos nucleares, 7 fragatas, 6 destructores, 2 cruceros ligeros y 2 transportes adaptados, mientras que la Argentina sólo cuenta con un portaaviones, un crucero, 6 destructores, 3 fragatas A-69 y 4 submarinos.

Entre las fuerzas argentinas se debe considerar, además, que colaboran 900 civiles, entre miembros de la Marina Mercante, pilotos navales, radioobservadores aéreos, trabajadores de Vialidad Nacional, empleados de correo, gas y teléfono –todas empresas del Estado–, médicos y capellanes. Su papel, en la retaguardia o en la logística, es también fundamental.

Cuarenta y cinco días de combate

El hundimiento del Belgrano

El 1º de mayo empieza la guerra. A las 4.42 aviones británicos bombardean Puerto Argentino y la pista de aterrizaje de la Base Aérea Militar Cóndor, en Darwin. La sorpresa causa efecto, "ése fue el día más largo de la guerra", confiesa un oficial. Los efectivos argentinos, de pronto, se encuentran de cara a una cruda realidad: habrá combates, habrá muertos y heridos. La continuidad de los ataques en los días siguientes causa significativas pérdidas materiales y daña seriamente la pista, lo que obliga a los aviadores a operar con la mitad del ancho y tres cuartos del largo. También deberán acostumbrarse a despegar desde improvisadas y peligrosas pistas de turba.

Al día siguiente, las frías aguas del Atlántico Sur alcanzan a helar la sangre de todos los argentinos. El crucero *ARA General Belgrano* sufre un brutal ataque y es hundido provocando cientos de muertos.

El buque, antes llamado *17 de Octubre*, había sido comprado en los Estados Unidos en 1951, doce años después de botado y había sido bombardeado en Pearl Harbor. Tenía un largo de 180 metros y desplazaba 10 mil toneladas. Cuando partió desde Puerto Belgrano, el 16 de abril, lo tripulaban 1.093 hombres. Próximo a la zona de exclusión era escoltado por dos destructores pero no estaba equipado para detectar la presencia de un submarino. El *SSN Conqueror* de 85 metros divisa al crucero el 1º de mayo al mediodía desde una distancia un poco mayor a un kilómetro y comienza a seguirlo. En la madrugada del 2, en el *Belgrano* hay un alerta de ataque que se mantiene hasta las 11.

El ataque se concreta en el atardecer del 2 de mayo y fuera de la "zona de exclusión".

La sorpresa es total. El primer torpedo impacta a las 16.01, hace blanco en la quilla y provoca la muerte de un primer grupo de tripulantes y el corte de la luz. El segundo daña seriamente 15 metros de la proa y provoca el hundimiento. Todo es muy rápido. A las 16.23 se da la orden de abandonar el barco. Con olas de diez metros y vientos de 100 kilómetros por hora bajan con dificultad los gomones y balsas inflables, que quedan del lado más alto de la cubierta. Cuarenta minutos después el buque desaparece bajo las aguas heladas del mar.

Las balsas tienen capacidad para veinte personas. Remando –la mayoría con las manos–, los náufragos logran alejarse del barco que se hunde. Por la noche, cuando el oleaje lo permite, el frío impulsa a los hombres a reunirse para darse calor: muchos pasan a otras balsas menos nutridas, y hacen bien porque el aumento de peso ayuda a la flotabilidad. Al día siguiente, en aquellas balsas que quedaron con pocos tripulantes se constata que todos han muerto por congelamiento.

Los sobrevivientes pasan casi treinta y seis horas "achicando" agua y resistiendo un frío de 20 grados bajo cero. El conscripto Oscar Fornes describe que esa larga noche flotaron "como un corcho en un lavarropas". Para evitar que se tumefacten los pies y el congelamiento domine las piernas conciben un sistema ingenioso: juntan su propia orina en bolsas plásticas y las rotan. A los que "cabecean" hay que mantenerlos despiertos; entre todos, cantan para darse ánimo. Esa misma noche los ingleses hunden el aviso *Sobral*. Todo indica que la orden tiene el expreso consentimiento de la Dama de Hierro.

El ataque hace naufragar también el plan de negociaciones presentado por el presidente peruano Fernando Belaúnde Terry y para la Junta Militar argentina plantea la imposibilidad de retroceder. La confirmación de que se han producido cerca de 300 muertos (323, exactamente, aunque sólo 23 cuerpos pudieron ser rescatados), y que cerca de 250 de ellos estaban descansando o durmiendo porque el personal que había tenido turno de guardia la noche anterior estaba agotado, no hacen sino aumentar el horror y la indignación –con una dosis de estupor– en la población argentina, que hasta entonces quería creer que "la Marina argentina es la mejor de Sudamérica". La crueldad de los enemigos despierta a los confundidos; la realidad de la guerra muestra su rostro inmisericorde.

Un mes de lucha a distancia

El 4 de mayo aviones de la Armada dañan el destructor inglés *Sheffield*, con un misil Exocet lanzado desde un avión Super Etendart. Fallecen veinte británicos y la fragata misilística, moderna y costosa, se hunde. El éxito argentino es un duro golpe para los británicos. La repercusión del suceso es inmediata en Inglaterra: hay manifestaciones que exigen el inmediato fin del conflicto. Entretanto, la mayoría de la población argentina se pone "en pie de guerra": se multiplican las donaciones para un Fondo Patriótico, miles de personas escriben cartas a los soldados, se forman bancos de sangre y se redobla la inscripción de voluntarios. El 16 de mayo los músicos de rock realizan el "Festival de Solidaridad latinoamericana" en los campos de rugby del club Obras Sanitarias. Los organizadores no recaudan dinero sino ropa de abrigo, cigarrillos, pañuelos y comida.

Para el 6 de mayo está claro que el plan de paz del secretario general de la ONU, el peruano Javier Pérez de Cuéllar –que propone un administrador de la ONU en Malvinas mientras duren las negociaciones y que flameen las banderas de la Argentina y Gran Bretaña– no tiene cabida. Seis días después, una impresionante multitud convocada por el Comité Peruano-Argentino de Solidaridad, cercana a las 200 mil personas, marcha por las calles de Lima. El gobierno peruano, en secreto, vende al argentino diez aviones de combate y los trabajadores portuarios y los técnicos y controladores aéreos inician un boicot a las naves inglesas. La solidaridad latinoamericana se extiende. Cuba y Nicaragua, que había sido agredida por los militares argentinos, ofrecen pertrechos que el gobierno argentino rechaza. Hay importantes acciones solidarias en México, Brasil, Venezuela y Colombia. El presidente del Perú presenta otra propuesta de paz que también fracasa. Ese día sale a la calle una famosa edición de *Gente* que se vende por decenas de miles y se titula "Estamos ganando".

En las Malvinas, sin embargo, la conducción confunde a las tropas; su mensaje es que "hay conversaciones positivas" y que, en las islas, no habrá lucha. La realidad niega estas afirmaciones. En la semana del 9 al 16 de mayo los ataques ingleses se hacen constantes y cada vez más precisos. Se intensifican los bombardeos sobre Puerto Darwin y Puerto Argentino; entre el 14 y el 15, grupos comando combinados con bombardeos de naves británicas atacan y destruyen una decena de aviones situados en la isla Borbón, al norte de la Gran Malvina; el 16 los ingleses hunden al mercante argentino *Río*

El destructor Sheffield, *el 4 de mayo de 1982, poco antes de su hundimiento.*

Carcarañá y dañan al *Bahía Buen Suceso*. Siguen los ataques aéreos y navales a las islas y la resistencia argentina impide algunos intentos ingleses de desembarco. Un oficial superior de la Fuerza Aérea, el 17 de mayo expresa su optimismo en *La Nación*: "Rindo tributo a su valor de saber que subirán a un avión que tiene casi treinta años. Es en esos aparatos donde hay que suplir el tecnicismo actual, el misil, los radares y computadoras, por la lucha 'cuerpo a cuerpo' ya que no hay otra escapatoria. Es como quien pelea con un cuchillo contra un revólver".

Muchas de las acciones de los aviadores son heroicas y no necesitan que se las agrande con patrañas. Sin embargo, se recurre a ellas para mantener el espíritu alto. En ataques de los Sea Harrier mueren ocho aviadores argentinos sobre una pista precaria y peligrosa. Uno de ellos, Daniel Jukic, a causa de informaciones pérfidas, cosecha una fama innecesaria, que asegura que murió en combate atacando al portaaviones *Hermes*. Pero "la mentira tiene patas cortas" y, para quienes están en el frente y se preparan para el combate "cara a cara", es inocultable que la Argentina sólo tiene unos pocos misiles Exocet –los de mejor resultado–, que los soldados están mal equipados y con un entrenamiento deficitario, que muchas minas y bombas no explotan, los fusiles son viejos y la munición escasa, que hay unidades sin armas pesadas y sin vehículos, que los soldados se ven obligados a transportar equipos pesados y que hay escasez de alimento y de abastecimiento general. En síntesis, que con la moral no alcanza y menos aún cuando los superiores aplican además castigos corporales ante el menor gesto de insubordinación, y hasta "estaquean" a los conscriptos rebeldes, timoratos o poco eficaces. Nadie duda de que las diferencias técnicas son notables, incluso en cuestiones elementales como el mencionado transporte de pertrechos: "Había muchos helicópteros de ellos –cuenta el oficial entrerriano J.A.E.–; para nosotros mover la munición significaba tal vez tres noches sin parar –bajo el fuego y con la carga [de unos 30 kilos] al hombro–, subir al cerro mientras ellos cómodamente con los helicópteros llevaban el triple de munición en un ratito".

Mientras los soldados argentinos constatan la superioridad tecnológica y profesional del enemigo, el Imperio británico consolida sus apoyos políticos y militares. Los Estados Unidos le brindan la información que recogen sus satélites y aportan armamento estratégico y sofisticado; el Chile de Pinochet sirve de segura retaguardia: los aviones espías de la RAF, disfrazados

SI USTED QUIERE VER Y SABER COMO...

ESTAMOS GANANDO

...HIZO BIEN EN ESPERAR UN DIA MAS ESTE NUMERO DE GENTE.

- ASI ATACAMOS AL HERMES.
- EL HEROE DEL PUCARA.
- LOS SOBREVIVIENTES DEL ATAQUE A TRAICION AL GENERAL BELGRANO.
- ASI HUNDIMOS AL SHEFFIELD.
- SUPER ETENDARD: EL AVION DE LA VICTORIA.
- COMO LOS RECHAZAMOS EN LAS MALVINAS.
- ASI QUEDO LA FLOTA INGLESA.
- EL ARCHIVO SECRETO DE LOS MARINES EN MALVINAS.
- LAS FOTOS QUE SOLO VERA EN GENTE.
- NUEVO DOCUMENTO HISTORICO EXCLUSIVO.
- NUMERO EXTRAORDINARIO.

REVISTA
GENTE

Gente fue uno de los principales voceros de la euforia colectiva.

de chilenos, usan la base de Punta Arenas, desde donde se organizan actividades de inteligencia que se infiltran en Santa Cruz y Tierra del Fuego. El servicio no es gratuito: Chile recibe del Reino Unido aviones, equipamiento y respaldo político.

El 20 de mayo se conoce que el comandante en jefe de las fuerzas británicas de desembarco es Jeremy Moore, un hombre que ha recogido múltiples condecoraciones por acciones contrainsurgentes en Irlanda del Norte, Chipre, Malasia y Borneo. Esa noche centenares de *marines* desembarcan e instalan una cabeza de playa en Bahía San Carlos, en la región noroeste de la isla Soledad, a unos 300 kilómetros de Puerto Argentino. El Estado Mayor Conjunto acepta que el enemigo ha consolidado una posición en tierra pero subraya que los británicos pagan un alto costo cuando la Argentina contraataca desde el aire: es hundida la fragata *Ardent* y dañadas otras cuatro, caen tres aviones Harrier y dos helicópteros. Aviones de la Fuerza Aérea con bombas, y de la Marina atacando también con misiles, hunden la fragata *Argonaut*, dañan seriamente la *Antelope*, atacan el destructor *Coventry* y, con dos Exocet, averían el buque de transporte de helicópteros *Atlantic Conveyor*, provocando la pérdida de más de una docena de aviones.

La sucesión de éxitos aéreos genera un desmedido optimismo que tiende a olvidar que las tropas británicas ya están en tierra y avanzan. La campaña radiotelevisiva no decae, el 27 de mayo los titulares destacan: "Estamos destruyendo a la flota británica"; desde el programa "60 Minutos" el periodista José Gómez Fuentes repite: "¡Vamos ganando!", y cada noche el programa alcanza una audiencia de 3 millones de personas. Costa Méndez, en Nueva York, había declarado: "Me cuesta mucho creer en la posibilidad de que los ingleses ocupen las islas. Es más, la descarto". La seguridad del canciller entronca con la euforia informativa que pronto se convierte en manipulación y acción psicológica, que en lugar de dirigirse al enemigo, se descarga sobre el propio pueblo argentino. Entre otras campañas, es común leer una especie de "culto al atraso" por el cual un avión turbo-hélice Pucará es más apto para operar en la región que un moderno avión a reacción Sea Harrier.

El 28 de mayo comienza el ataque sobre posiciones en *Goose Green* (Ganso Verde) y el 29 se produce la primera batalla terrestre de importancia. Los violentos combates generan 250 bajas argentinas entre muertos, heridos y prisioneros.

Escasa coordinación

Las tropas argentinas no sólo deben resistir los embates de un enemigo claramente superior; también deben sobreponerse a la falta de coordinación de sus superiores. La logística y la inteligencia, por ejemplo, presentan aspectos absurdos, imprácticos en los operativos y de derroche presupuestario. Da la impresión de que a tres armas corresponden tres guerras. Cada fuerza asegura su propio abastecimiento y, en conclusión, suelen sobrar en un lado elementos que dramáticamente faltan en otro.

Los roces entre las fuerzas son graves. Según un documento recientemente desclasificado de la embajada de los Estados Unidos, de junio de 1982, titulado "Malestar en la Junta" y publicado en el suplemento "Zona" de *Clarín*:

"[El brigadier] Lami Dozo está furioso con sus compañeros de Junta por no asumir lo que, para Lami Dozo, es la parte que les corresponde en la lucha del pasado mes. 'Si pudiera, pondría a Galtieri y a Anaya en un asador y los quemaría por no asumir su parte de la carga'. [...] Según [el informante] Taylor, Lami Dozo dijo: 'Me están haciendo perder aviones por algo que debería ser una acción estrictamente de infantes'."

Las rivalidades no sólo impiden la coordinación de las distintas armas. Disputas y celos entre jefes producen, incluso, agresiones entre fuerzas propias. Existen constancias de que el 1º de mayo, por problemas entre brigadieres, nuestra Fuerza Aérea bombardeó a los buques mercantes *Carcarañá* y *Formosa* y que por desinteligencias dos aviones y un helicóptero sucumbieron ante la propia artillería antiaérea.

Los escasos momentos en que se unen las acciones de combate, entre artillería y comandos tácticos, entre radaristas del Ejército e ingenieros misilísticos de la Armada o entre fuerzas de aire y de tierra, los resultados son aceptables. Estas acciones aisladas no pueden, sin embargo, componer las desinteligencias generales ni mucho menos cambiar el rumbo general de la guerra.

Las reivindicaciones y la oportunidad

El dilema es de hierro: nos dan a elegir entre Galtieri o Reagan-Thatcher. Lo mismo hace la Junta Militar en el interior del país. Ellos dicen: No elegimos a Galtieri, elegimos sólo estar al lado de los "justos intereses populares". Pero ¿quién dijo que las Malvinas son en este momento un justo interés popular? ¿Quién dijo que el enemigo principal son en este momento los Estados Unidos e Inglaterra y no las fuerzas militares argentinas de ocupación que tratan de invertir la jerarquización a su favor? ¿Y quién dijo que ese interés lo es, precisamente en momentos en los cuales la soberanía efectiva del país fue arrasada por los mismos militares que la defienden simbólicamente en el enfrentamiento con Inglaterra? Como si los justos intereses populares pudieran ser reivindicados puntualmente, sin inscribirlos en una jerarquía histórica que en cada momento —como elemental regla general— da sentido a toda reivindicación.

La derrota argentina estaba presente ya desde el comienzo. Y era esa lógica inscripta en uno mismo la que se manifestaba como deseo: no deben ganar. Y porque con ese punto de partida que estaba en el origen, la implantación del terror impune, la destrucción de la efectiva soberanía nacional, la carencia de una política de fraternidad con las naciones oprimidas o liberadas de ese mismo imperialismo que —consecuencia inesperada— se salía a combatir con todo eso, en términos estrictos de estrategia militar la victoria era imposible de alcanzar. ¿No era entonces más alocado "desear" que ganaran, cuando ese deseo no correspondía a nada real? Quienes apoyaron la recuperación cayeron en la fantasía abierta por la campaña inicial de los militares argentinos. Nosotros no.

LEÓN ROZITCHNER,
*Las Malvinas: de la guerra sucia
a la guerra 'limpia'*

Catorce días de junio: el fin

Mientras las heladas islas comienzan a teñirse con sangre argentina, Costa Méndez habla desde La Habana. El discurso suena increíble en su boca: se abraza con Fidel Castro y compara a la Argentina con "Argelia, India, Cuba y Vietnam". Antes, en la ONU anunció: "Terminó uno de los últimos vestigios del colonialismo". La bravata tiene aún un marco favorable. La crisis político-militar entre Latinoamérica y los Estados Unidos presenta graves cortocircuitos cuando las marinas de guerra de varios países, en solidaridad con la Argentina, anuncian que no participarán del operativo UNITAS. También jefes militares de Perú, Brasil, Ecuador y Venezuela cuestionan los tratados militares como el TIAR y el ex comandante del Ejército Argentino Jorge Carcagno reclama "hacer un nuevo tratado" con los países ubicados al sur del Río Grande y retirar las misiones diplomáticas en Inglaterra, Estados Unidos y todos los países aliados.

El 8 de junio la Argentina tiene su último triunfo: la Fuerza Aérea hunde la fragata *Plymouth* y los transportes de tropas *Sir Galahad* y *Sir Tristram*. Al día siguiente, dos hechos parecen desplegarse en forma coordinada. En las islas comienza la ofensiva final de los británicos sobre Puerto Argentino, y en Buenos Aires se concreta el arribo del papa Juan Pablo II, que el 11 besa suelo argentino, mientras Galtieri reafirma la decisión de resistir: "El honor argentino no tiene precio" y "la guerra continuará cuanto sea necesario".

La multitud que recibe al Papa proviene de todo el país. Es curioso, los mismos que generosamente donan horas de trabajo y efectos personales apoyando a los soldados en guerra, y denostan a los ingleses, concurren, sin embargo, masivamente a orar por una paz, que, dadas las circunstancias, sólo puede traducirse como una rendición argentina. Juan Pablo II, como señala Luis A. Romero, "oficia misa ante multitudes en Luján y Buenos Aires, implora por la paz y recomienda resignación". La palabra del Santo Padre, que pide "la pacificación de los espíritus y la comprensión de los pueblos", prepara los ánimos de la población para absorber el sufrimiento de la inminente derrota.

Ese viernes 11, coincidentemente, el ataque inglés se intensifica. Un ex combatiente del monte Dos Hermanas dice: "Ese día fue el de más hostigamiento. Nos dieron con todo". Las fuerzas argentinas reci-

La artillería argentina, con un limitado poder de fuego.

ben fuego de artillería de campaña y naval y ataques aéreos con auxilio de aviones y helicópteros que reglan los disparos. Hay choques entre comandos argentinos y las SAS, tropas de elite británicas. Monte Logdon, una elevación de 1.600 metros de largo y 200 metros de ancho, ubicado a 11 kilómetros de Puerto Argentino, es escenario del combate más dramático. Se enfrentan el Regimiento 7 de Infantería, integrado por 278 argentinos, y el Regimiento 3 de Paracaidistas británico, con 600 hombres. La lucha comienza a las 20.30 del 11 de junio. Los argentinos, desgastados después de tres días de intenso bombardeo naval, ingresan extenuados pero pelean con fiereza. El combate es sangriento y al avance británico se le opone, en las sombras de la noche, un contraataque que, sorpresivamente, se topa con otra sección enemiga; la lucha termina en choques cuerpo a cuerpo.

> "Fue un combate franco, de extrema violencia. El campo [...] parecía una autopista iluminada por las bengalas y por las balas trazantes –cuenta el entonces teniente primero Enrique Neirotti–. Peleamos cara a cara con el enemigo, a bayonetazos. [...] Todavía escucho los gritos de terror y los desgarradores alaridos de dolor de nuestros hombres y de los ingleses."

A las 6.45 los británicos toman la cima del monte y quince minutos después las fuerzas argentinas se repliegan. Las bajas son muchas, casi el 20 por ciento de los intervinientes. Las fuerzas propias sufren 29 muertos y 50 heridos, mientras que los atacantes cuentan 23 muertos y 47 heridos.

El 12, cuando los titulares de los diarios son ganados por el mensaje papal realizado en Luján, en las Malvinas se producen violentos combates en los montes Kent, Dos Hermanas, Logdon y Harriet, y en Tumbledown y Moody Brock, últimas defensas terrestres de Puerto Argentino. Finalmente, mil soldados argentinos se rinden tras ser derrotados en Prado del Ganso. En esos momentos, en Palermo, dos millones de personas oran por la paz junto al Papa, a la vez que Galtieri instruye: "No hay que aflojar, hay que poner todo".

Esa misma noche, los soldados se enteran por radios de Buenos Aires, de que los argentinos están especialmente tristes porque la Selección de Fútbol perdió 1 a 0 con Bélgica en el Mundial de España. Demasiados distractores operan sobre el pueblo argentino en horas decisivas. El desenlace se acerca. El cruce de fuego de artillería continúa hasta el mediodía del 14, pero las últimas defensas se desploman y resulta imposible –y suicida– articular la contraofensiva prevista. Puerto Argentino ha caído en manos británicas. Es el fin para setenta y cuatro días de guerra y cuarenta y cinco días de combates.

La rendición

A las 21 del 14 de junio Mario Benjamín Menéndez firma la capitulación. No parece temblarle el pulso al general, a quien sus hombres, según cuenta Martín Balza, sólo han visto de tanto en tanto, "en el centro de Puerto Argentino luciendo un abrigo y birrete no reglamentarios e impecablemente vestido y atildado".

Más de 10 mil soldados arrojan sus armas y quedan prisioneros bajo los términos de la Convención de Ginebra. La Argentina cuenta 649 muertos (cifra que sube a 730 según algunas fuentes) y más de 1.000 heridos. Inglaterra supera también las mil bajas: 255 muertos y 777 heridos. El 15 de junio se invita al pueblo a concurrir a la Plaza de Mayo para escuchar la palabra de Galtieri. Un fuerte vallado policial protege ahora la Casa Rosada. Llegan algo más de 5.000 personas, algunas llorando, exigiendo una explicación: "¿No era que íbamos ganando?". Las consignas suben de tenor y reaparece el "se va a acabar..." congelado desde el 30 de marzo. El Presidente recrimina a la población haciéndola, de hecho, culpable de la derrota y persevera con su discurso antiimperialista en busca de consenso.

Hay confusión y, por grupos, la gente discute en las esquinas. Comienzan varios disturbios y mientras algunos policías lloran y se sacan la gorra, otros acatan las órdenes y lanzan gases lacrimógenos. Los manifestantes, con bronca, tiran las vallas metálicas, un coche policial se incendia y arden también dos colectivos: "Los pibes murieron, los jefes los vendieron" es la consigna que sintetiza el sentimiento general. Del fervor simplista, desmedido, se pasa a un desengaño tortuoso. De calificar la guerra, genéricamente, como "acción patriótica y valerosa" muchos pasan a denigrarla como una "aventura absurda".

A fines de junio, en dos transportes británicos, regresan a Puerto Madryn 6.300 efectivos argentinos. Unos 600 oficiales de las tres armas, de Gendarmería y Prefectura permanecen prisioneros en San Carlos hasta principios de julio. Menéndez y un puñado de oficiales de alto rango son llevados brevemente a Inglaterra para interrogarlos. "El Comando Militar de recibimiento –comenta Balza– impidió que el pueblo concurriera al puerto a recibirnos. Nos condujeron rápido, muy rápido y a escondidas, a la base de la Armada de Trelew, e inmediatamente en avión, a Buenos Aires".

El fin de la dictadura

Una caída en etapas

Finalizada la guerra, se viven momentos de confusión y el estupor parece ganar la opinión pública. Tal como sintetiza Ernesto López, autor de *El último levantamiento*:

"El sacrificio de oficiales, suboficiales y soldados, entonces, quedó en un confuso claroscuro. No se sabía bien si se había exigido como consecuencia de una disputa secular con el Reino Unido o para responder a las necesidades políticas de Galtieri y sus seguidores. [Los participantes] debieron procesar y asimilar una serie de incongruencias. Haber combatido contra la OTAN y al mismo tiempo haber avalado la política de Martínez de Hoz."

Algunos repudian la guerra y las alternativas planteadas ("Galtieri *versus* Thatcher") como una falsa dicotomía; otros en cambio, entre ellos ciertos sectores de la CGT y la izquierda, critican a la conducción político-militar de la guerra por no atreverse a desarro-llarla en todos los terrenos, particularmente el económico, y apoyarse en la movilización solidaria de los pueblos latinoamericanos en la dimensión que la oportunidad permitía. Hay, sin embargo, dos coincidencias fácticas principales: la guerra produce el fin del régimen militar instaurado el 24 de marzo de 1976 y, como precisa Ricardo Kirschbaum, "un terremoto en las Fuerzas Armadas".

Galtieri renuncia el 17 de junio, asume interinamente la presidencia el ministro Saint-Jean. Las Fuerzas Armadas no logran un acuerdo para la salida política e institucional; la Armada y la Fuerza Aérea se retiran y el 23 la Junta Militar se disuelve. Por unos días se

---

 ## La guerra de las cavernas

Como lo relatan los oficiales y soldados que brindaron su testimonio para la redacción de una docena de libros que se han publica-do sobre la guerra, y como lo estableció la co-misión investigadora interfuerzas, la decisión de la Junta Militar de emprender por razo-nes de política interna una guerra para la que no estaban preparadas sus fuerzas, y sobre la cual ni siquiera había hipótesis de Estado Ma-yor elaboradas, hizo que se sumaran vertigi-nosamente imprevisiones e improvisaciones hasta configurar una aventura que terminó de la peor manera.

Faltaron helicópteros, camiones, vehículos de arrastre de artillería y munición, grúas, combustible, alimentos, ropa de abrigo, boti-nes impermeables, agua potable, cocinas, me-dios de zapa. Por impericia se atacaron bar-cos y aviones propios y se ubicaron radares en sitios inadecuados donde quedaron inu-tilizados. Por desconocimiento del terreno y del clima de la hermanita perdida se insta-laron posiciones que a la primera lluvia que-daron anegadas y el personal terminó dur-miendo sobre cajas de explosivos para escapar del agua. Por privilegiar la acción sobre el fren-te interno a la acción sobre el enemigo se pu-so al tanto a los británicos de secretos que debían guardarse con celo. Por déficit de in-teligencia se descartó el lugar de desembar-co elegido por el enemigo. Por disputas inter-fuerzas se crearon cadenas de comando tor-tuosas que no fueron respetadas durante la lucha, lo cual produjo la mayor anarquía. Por preservar la flota se dejó en libertad de ac-ción a la Marina inglesa. Por ingenuidad ante la acción psicológica de Londres se creyó que el ataque final se demoraría una semana, y cuando sucedió los defensores fueron sor-prendidos durmiendo. Por mal mantenimien-to los sistemas más avanzados de armas no funcionaron, como los torpedos hiloguiados de submarino. Por falta de doctrina conjun-ta se cometieron mil desatinos que da ver-güenza repetir. Por ignorancia se arrojaron sobre buques livianos bombas de contacto que en más de la mitad de los casos no es-tallaron. Por falta de pilas no andaban las ra-dios. Por causas no explicadas ni las simples bengalas funcionaron. Por sadismo estaquea-ron a soldados adolescentes a la intemperie deteriorando aún más la moral de la tropa que, con toda razón, no confiaba en muchos de sus jefes.

No libraron las Fuerzas Armadas inglesas la guerra de las galaxias como pretendía el Es-tado Mayor Conjunto, sino las Fuerzas Ar-madas argentinas, la guerra de las cavernas.

HORACIO VERBITSKY,
*Malvinas. La última batalla
de la Tercera Guerra Mundial*

produce un gran vacío de poder. La Multipartidaria se pone en movimiento para "desempolvar las urnas".

La caída del régimen iniciado en 1976 se produce en tres etapas que pueden precisarse con fechas calendarias: la pérdida del apoyo de la clase media cuando el período de la "plata dulce" llega a su fin; la guerra en Malvinas como búsqueda de legitimación tras una causa nacional, y el surgimiento de un nuevo régimen político sostenido en los partidos políticos. La realización de elecciones nacionales prenuncia la luz al final de la pesadilla, y parece indicar la proximidad de un final feliz.

Nuevo gobierno, nuevo régimen

En un hecho inédito en la historia argentina contemporánea, el recién retirado general Reynaldo Bignone asume la presidencia de la Nación con un solo voto, el del comandante en jefe del Ejército, Cristino Nicolaides, quien todavía se anima a sostener: "Hay que profundizar el Proceso".

El 25 de junio de 1982 el presidente designado mantiene una reunión en el Congreso con los principales dirigentes políticos, en la que se acuerda "en general" un plan de apertura política. El 1º de julio Bignone asume la presidencia y fija su horizonte "con una misión clara y concreta: de institucionalizar el país a más tardar en marzo de 1984". El nuevo gabinete se integra con una mayoría de civiles. Entre ellos está Domingo F. Cavallo en la presidencia del Banco Central, desde donde realiza una operación de "salvataje" sobre la abultada deuda externa privada y la "estatiza" transfiriendo las deudas en dólares.

Tiempo después la Junta Militar se recompone con el brigadier Augusto Hughes y el almirante Rubén Franco. El sorpresivo asesinato del publicista Marcelo Dupont promueve investigaciones que vinculan el caso a la anterior muerte de Elena Holmberg, y a ambos hechos al almirante Massera y las influencias de la logia Propaganda Due (P-2) en el país. En marzo de 1983 la muerte de tres dirigentes alineados con Montoneros evidencia que el capítulo de la "guerra sucia" no está clausurado. A poco de iniciarse la primavera de 1982, y a pesar de la prohibición oficial, los organismos de derechos humanos realizan una multitudinaria "Marcha por la Vida".

El 10 de noviembre la Junta hace públicos quince puntos a concertar con los partidos políticos para instrumentar la salida electoral; entre ellos, temas de máxima trascendencia, como desaparecidos, Malvinas, deuda externa y corrupción. La dirigencia política y sindical considera inaceptables tales condiciones y moviliza sus fuerzas para imponer sus condiciones. Las dos centrales obreras (Brasil y Azopardo) realizan una huelga general el 3 de diciembre. Los levantamientos populares se multiplican y el 16 la Multipartidaria, desconociendo el estado de sitio, encabeza la "Marcha de la civilidad por la Democracia y la reconstrucción", que acabará con una dura represión y la muerte del trabajador Dalmiro Flores, un salteño de veintiocho años.

A pesar de estos desencuentros, Bignone logra cogobernar con los partidos políticos que lo critican y lo sostienen a la vez. La disolución del anterior régimen presenta un riesgo de crisis institucional que podría afectar a los propios partidos. Por eso, la solución aceptada por todos es caminar pausadamente hacia las elecciones y el regreso a la democracia, manteniendo un clima conciliatorio.

En el verano, el diálogo político avanza y se acuerda el cronograma electoral: el 28 de febrero Bignone anuncia elecciones generales para el 30 de octubre de 1983 y la entrega del gobierno para el 30 de enero de 1984, aunque, finalmente, el nuevo gobierno asumirá el 10 de diciembre, Día Internacional de los Derechos Humanos.

Por resolución de la Junta Militar del 14 de abril de 1983 quedan sin efecto las sanciones patrimoniales definidas años atrás por la CONAREPA. A fines de ese mes, el gobierno también intenta clausurar el tema de la represión ilegal y da a conocer un "Documento Final" que declara muertos a los desaparecidos, ya que "la información y explicitaciones proporcionadas es todo lo que las Fuerzas Armadas pueden dar a conocer". A pesar de que recibe el aval de algunos sectores eclesiásticos y políticos, el intento fracasa: una multitud de 30 mil personas acompaña a las Madres de Plaza de Mayo para repudiarlo. Otro objetivo gubernamental fracasa en septiembre: la ley 22.924, de "pacificación nacional"; una controvertida autoamnistía. El decreto 2776 de octubre de 1983 sí tiene efectos prácticos: ordena destruir los legajos y carpetas correspondientes a pedidos de paraderos sobre personas desaparecidas, "por el procedimiento que en cada caso se considere más conveniente".

Los dos grandes partidos concitan una afiliación multitudinaria, canalizan el entusiasmo democrático hacia el proceso electoral y las opciones se polarizan entre las dos fuerzas tradicionales. El peronismo, con la fórmula Luder-Bittel, se desprestigia ante los vo-

La derrota de Malvinas provocó una profunda crisis en las Fuerzas Armadas.

tantes cruzado por agresiones, congresos amañados, denuncias de chicaneo y la acción de patotas. En octubre de 1983 la CGT se reunifica y programa un paro, que es total. Lorenzo Miguel, sin embargo, acusado de "traidor", es abucheado el 17 de octubre. Por el contrario, la UCR da con el hombre apropiado: Raúl Ricardo Alfonsín se presenta como un paladín de la civilidad. Su denuncia sobre un presunto pacto sindical-militar, corporativo, violento, logra gran impacto publicitario: "Ellos son el pasado; la democracia [nosotros], el futuro".

El 30 de octubre Alfonsín cosecha el voto de 7,4 millones de ciudadanos. El lema "Con la democracia se come, se cura y se educa" y el recitado del Preámbulo de la Constitución Nacional –que los votantes más jóvenes escuchan por primera vez– son la principal bandera electoral del nuevo presidente.

Las sanciones, los indultos, la memoria

Para analizar las conductas militares en la guerra se conforma una comisión interfuerza presidida por el teniente general Benjamín Rattenbach. Un año después, la Comisión de Análisis y Evaluación de Responsabilidades Políticas y Estratégicas en el Conflicto del Atlántico Sur (CAERCAS) entrega sus conclusiones, que son demoledoras para los once jefes que dirigieron la planificación y la ejecución de la recuperación de Malvinas: destacan las acciones impolíticas, impericia e irresponsabilidad técnica y estratégica, convertir a la guerra en un objetivo en sí mismo y "adoptar [...] actitudes y procedimientos poco razonables [...] en contradicción con los objetivos que se perseguían". En conclusión, solicita Consejo de Guerra para la Junta Militar en pleno y para el gobernador Menéndez.

Las coincidencias de los analistas con el informe son múltiples y, en general, apuntan a señalar la carencia de conducción estratégica. Félix Luna destaca al respecto "el bajo nivel de combatividad de sus cuadros aferrados a las comodidades y reticentes a padecer los sacrificios del combate" y Verbitsky, después de resumir minuciosamente los errores técnicos, concluye: "No libraron las Fuerzas Armadas inglesas la guerra de las galaxias como pretendía el Estado Mayor Conjunto, sino las Fuerzas Armadas argentinas, la guerra de las cavernas".

Las recomendaciones de la CAERCAS pasan al Consejo Supremo de las Fuerzas Armadas (CONSUFA), que en mayo de 1986 dictamina catorce años de reclusión para Anaya, doce para Galtieri y ocho para Lami Dozo. En octubre de 1988 la Cámara Federal de la Capital Federal unifica las penas en doce años para los tres ex comandantes, mantiene la destitución y la baja de los procesados y absuelve a Menéndez; un año después, Menem indulta a los condenados, que conservan su grado y estado militar. En abril de 1991, el "Día de la Reafirmación sobre los derechos argentinos soberanos en Malvinas" pasa a ser el 2 de abril. El feriado nacional, bajo el gobierno de Alfonsín, se había instituido para el 14 de junio, día de la rendición. El 29 de abril de 2001, en un reportaje de *La Nación*, Lami Dozo insiste en que "la calificación de improvisada no obedece a la realidad histórica". El general Balza le contesta: "Fue una guerra improvisada, gestada por una dictadura agotada para perpetuarse en el poder".

Veteranos y desmalvinización

Cuando termina el conflicto bélico en Malvinas, los soldados y oficiales intervinientes reciben la orden de no hablar de la guerra (ni siquiera con sus familiares), no hacer comentarios "que dañen el prestigio de su Unidad" o sobre "apoyo logístico o sus deficiencias: actuación de combate de propia tropa [...] tipo de material empleado". Se prohíbe, asimismo, "participar en encuestas [o] acceder a requerimientos periodísticos". Una cartilla insiste: "Tratará, con respecto a los familiares, de crear conciencia para que no permitan un exceso de visitas a su domicilio, como así también comentarios sobre su persona, aduciendo que necesita descansar y recuperarse".

A los soldados se les da la baja, a los suboficiales se los priva de contacto con el exterior, a los jefes de unidad se los traslada. Se trata de "desmalvinizar": olvidar la guerra, olvidar las responsabilidades y los castigos, sumir en la niebla esa idea peregrina de querer combatir a los imperios...

Pero ya en abril de 1983 resulta evidente que no se puede esconder la historia. El Ejército convoca a los 2.000 efectivos de la 10ª Brigada de Infantería del Cuerpo I, al club Gimnasia y Esgrima de La Plata, y el acto culmina con desórdenes y recriminaciones de todo tipo a los oficiales: mientras los asistentes gritan "Paredón, paredón, a todos los milicos que vendieron la Nación", los padres que perdieron a sus hijos insultan y agreden, no se resignan a cambiarlos por una honorable medalla.

Pasan los años y miles de veteranos olvidados y desocupados son el rostro humano de la desmalvinización. El desamparo y la indiferencia que sienten es una verdadera "onda expansiva" de la guerra sobre todo el núcleo social que los rodea. Dos décadas después del conflicto, la cifra de ex combatientes que se han suicidado iguala ya la de los muertos en suelo malvinense, y en su gran mayoría son ex conscriptos. La estimación más aproximada, proveniente de la Federación de Veteranos de Guerra de la República Argentina, indica que, hasta abril de 2002, se han suicidado unos 270 ex combatientes. La estadística inglesa es más precisa pero no menos escalofriante: 264 suicidios.

El Síndrome de Estrés Postraumático, común en los veteranos de cualquier guerra, afecta a más del 30 % de los ex combatientes argentinos de Malvinas, pero más del 90 % no recibe atención psicológica o psiquiátrica con regularidad. Sus manifestaciones son múltiples y variadas: trastornos de pánico, confusión entre la realidad y el pasado (los sonidos como petardos, caños de escape, o de martillos neumáticos los alteran), estado de alerta ante cualquier estímulo, culpa, resentimiento, irritabilidad, miedo a la muerte, ansiedad. En los sobrevivientes del *Belgrano* prevalece el miedo a la oscuridad; en muchos, se repiten los cuadros de alcoholismo, violencia y drogadicción. Los peores enemigos de un ex combatiente son el aislamiento, la soledad, el silencio. "Queremos que se sepa la verdad. Queremos que alguien nos diga 'gracias por lo que hicieron'", es el reclamo más común de los veteranos.

Las Fuerzas Armadas les negaron retiro como militares y la consiguiente pensión y atención médica. Desde el año 1991, los veteranos tienen asignada una pensión pero este hecho tampoco logra escapar a la corrupción generalizada que todo lo desvirtúa: aparecieron en el padrón de beneficiarios "veteranos" que jamás abandonaron el continente. Las cifras son sorprendentes. De los 14.120 veteranos iniciales, hacia 1999 se computan 22.200. El "incremento" más fabuloso es el correspondiente a la Armada, que pasa de 3.119 veteranos a 10.321, casi veinte años después.

El 14 de diciembre de 1990 la Argentina declara el "cese de hostilidades con el Reino Unido" y se reabren las embajadas. En 1996 los kelpers permiten que los deudos argentinos puedan visitar el cementerio de Darwin dos veces al año. El teniente coronel Neirotti reflexiona:

"Hoy con tristeza y con impotencia veo a mi patria, por la que tantos hombres ofrendaron sus vidas, diezmada por intereses mezquinos. Y tengo miedo de que esa traición sea aún mayor, más terrible y más destructiva que la de hace 20 años. Tampoco hay un día en el que no me pregunte si sirvió de algo el sacrificio de tantos héroes. ¿Usted qué piensa?"

Contra el intento de olvidar y enterrar la verdad hay una memoria presente, todavía joven (en la actualidad los conscriptos de entonces apenas tienen cuarenta años). El aniversario número 20 de la recuperación de Malvinas reúne en Tierra del Fuego cerca de 3.000 ex combatientes, que en muchos casos recorrieron más de 5.000 kilómetros por tierra, viajando cuatro o cinco días, para participar del encuentro. En el desfile transportan una bandera de 2 kilómetros de largo, 2,40 metros de ancho y 620 kilos de peso. En Retiro se hacen importantes actos frente al Monumento a los Caídos y en el Teatro Colón el cantante lírico Darío Volonté, sobreviviente del hundimiento del crucero *General Belgrano*, canta "Aurora".

La gesta de Malvinas es otra herida abierta que los intentos de "desmalvinizar" no logran cauterizar. Jacinto Batista, aquel comando de la foto, en un reportaje de *Clarín* deja una idea inconclusa: "Si la Argentina hubiera tenido la firme convicción de pelear...".

Leopoldo Fortunato Galtieri

El general al que se le "quemaron los papeles"

Nace en Caseros (Buenos Aires) el 15 de junio de 1926. Estudia en el Liceo Militar General San Martín y egresa como subteniente de infantería. Entre sus compañeros de promoción figuran varios generales que alcanzarán notoriedad, como A. Harguindeguy, J. Vaquero, L. Anaya y el futuro presidente R. Alfonsín.

Hacia 1960 su familia se instala en el barrio porteño de Caballito y, devotos católicos, participan de tareas parroquiales. Desarrolla su carrera en diversos destinos, realiza cursos de perfeccionamiento en Panamá, en la Escuela de las Américas dependiente del Ejército de los Estados Unidos y, al comenzar el tercer gobierno de J. Perón, es ascendido a general de brigada.

Es subjefe del Estado Mayor cuando, el 28 de diciembre de 1975, salva su vida de un atentado en el Edificio Libertador. En 1977 asume como comandante del IIº Cuerpo de Ejército con asiento en Rosario y dirige la represión en la región, una de las más extendidas y crueles. En 1979 pasa a comandar el I Cuerpo en reemplazo de C. Suárez Mason y a fin de año asume como comandante en jefe del Ejército integrando la Junta Militar con A. Lambruschini y O. Graffigna. Viaja a los Estados Unidos, es recibido por el presidente R. Reagan, elogiado como un "general majestuoso" por el Departamento de Estado y, sosteniendo el discurso de la "Doctrina de Seguridad Nacional", se suma a la estrategia norteamericana en Centroamérica y envía expertos en represión contrainsurgente a El Salvador.

Con un autogolpe, reemplaza a Viola en la presidencia en diciembre de 1981 y promueve un agrupamiento para que lo respalde; nombra varios gobernadores civiles, asegura que las "urnas están bien guardadas" y reúne miles de "procesistas" en un gigantesco asado en La Pampa. Enfrentado a una oposición creciente, ordena reprimir una marcha de la CGT el 30 de marzo de 1982. Con una nueva Junta Militar, integrada por B. Lami Dozo y J. I. Anaya, dispone el desembarco en las Islas Malvinas el 2 de abril de 1982. En medio de gestiones diplomáticas, las acciones bélicas se inician el 1º de mayo con el ataque inglés al crucero *General Belgrano* y terminan con la rendición argentina, el 14 de junio. La derrota militar precipita el fin de la dictadura; Galtieri renuncia el 17 de junio, pide su retiro y comienza la transición a la democracia.

La "Comisión Rattenbach" sancionó graves errores en la conducción y pidió máximas penas para los comandantes. Por su responsabilidad en la guerra, fue detenido el 21 de febrero de 1984 y destituido y condenado a doce años de prisión, aunque resultó absuelto en el Juicio a las Juntas por violación a los Derechos Humanos. C. Menem lo indulta en diciembre de 1990. Años después fue procesado por España y Alemania, declaró ante el juez B. Garzón en febrero de 1997 y recibió una condena a prisión por asesinato y orden de captura internacional, por lo que no pudo salir de la Argentina.

Enfermo de un cáncer de páncreas, falleció en el Hospital Militar el 12 de enero de 2003. En los últimos tiempos se había presentado en varias ceremonias castrenses.

Margaret Thatcher

La "Dama de Hierro"

Hija de un verdulero, nació en Grantham el 13 de octubre de 1925; su nombre de soltera era Margaret Hilda Roberts. Estudió Química y Derecho y se casó con un exitoso hombre de negocios, de quien tomó su apellido, siguiendo la costumbre sajona. Como abogada se especializó en Derecho Tributario. Se presentó sin éxito en las elecciones legislativas de Dratford como candidata del Partido Conservador.

En 1959 fue elegida parlamentaria por el barrio londinense de Finchley y dos años después fue designada secretaria parlamentaria en el Ministerio de Pensiones y Seguro Nacional. Entre 1970 y 1974 se desempeñó en el puesto de secretaria de Educación y Ciencia.

Tras la derrota de su partido en 1974 adquirió notoriedad como vocera del "gabinete fantasma" y en la Cámara de los Comunes, como portavoz de la oposición en cuestiones ambientales y, después, financieras. Al año siguiente sucede a Edward Heath como jefa del Partido Conservador y la victoria que obtiene su partido en las elecciones del 3 de mayo de 1979 la convierten en la primera mujer primera ministro del Reino Unido, sucediendo en el cargo a J. Callaghan.

Se gana el mote público de "Dama de Hierro" por su perseverante e implacable política neoliberal, que la enfrenta a durísimas luchas sindicales. La misma actitud inflexible e imperial mantuvo en el conflicto del Atlántico Sur en la Argentina y se afirma que la orden de hundir el crucero *General Belgrano* fuera de la zona de guerra fue dada por ella en forma directa. El triunfo militar obtenido en las Islas Malvinas le permitió reconquistar prestigio, que por entonces estaba bastante deteriorado y es reelegida en 1983, y nuevamente en junio de 1987, constituyéndose en el primer líder político local que dirige los destinos del Imperio durante tres períodos consecutivos. Sin embargo su política de franca oposición a la integración europea y los fuertes impuestos que dispuso en lo interno, dividieron a su partido y la obligaron a dimitir al cargo y a su puesto de conducción partidaria, en noviembre de 1990; antes de las siguientes elecciones legislativas fue reemplazada por John Roy Major, que introducirá la libra esterlina en el sistema monetario europeo.

Flamante baronesa, Thatcher se retiró de la política activa; realiza conferencias; presentó un libro, *Statecraft,* donde combate la idea de la integración de Gran Bretaña a la Unión Europea, y ganó nuevamente notoriedad al dar respaldo y brindar su amistad y asistencia al dictador chileno Augusto Pinochet cuando éste era buscado y detenido por la policía internacional, acusado de haber cometido crímenes de lesa humanidad.

Nicanor Costa Méndez

El diplomático que jugó un papel insospechado

Nació en Buenos Aires el 30 de octubre de 1922. Estudió en la Facultad de Derecho y Ciencias Sociales de la UBA y egresó como abogado en 1943. Casado con María M. Robirosa, se dedicó a la docencia y a la asesoría de sociedades anónimas; es profesor en escuelas normales, comerciales y de periodismo, en el Instituto del Seguro, en las Escuelas Superiores de Guerra Naval, Aérea y en el Centro de Altos Estudios del Ejército.

Es asesor en la provincia de San Luis en 1943 y 1944; en 1961, del gabinete de Relaciones Exteriores y Culto, y al año siguiente de la Secretaría, de Comercio, y miembro de la comisión de reformas a la Ley Electoral y el Estatuto de los partidos políticos. En 1963 y 1964 es embajador en Chile.

Católico y nacionalista, es presidente del Ateneo de la República e integra el núcleo afín al presidente Onganía; desde junio de 1966 es ministro de Relaciones Exteriores y Culto; preside la IIIª Conferencia Interamericana Extraordinaria, y en febrero de 1967, la XIª Reunión de Consulta de cancilleres americanos. En octubre de1966 dieciocho países latinoamericanos respaldan la llamada "fórmula Costa Méndez" relativa al conflicto de Cercano Oriente consistente en la doble exigencia del retiro de las fuerzas israelíes, en forma simultánea con la exigencia del cese del fuego. También acuerda con el nuncio vaticano modificar las normas vigentes en las relaciones con la Iglesia, autorizándola a erigir más diócesis o modificarlas y designar directamente arzobispos y obispos. En 1968 recibe la visita del ministro alemán Willy Brandt y en mayo de 1969 realiza una gira por varios países de Europa.

Renuncia después del Cordobazo y se aboca a la actividad privada como presidente de empresas agrícola-ganaderas e integrando el directorio de La Vascongada, Texas Instruments, The Western Telegraph y de inmobiliarias, financieras y empresas metalúrgicas mientras despliega actividad docente en distintas universidades, como las de Oxford y Columbia (Estados Unidos) y la de Jerusalem. Designado ministro por Galtieri en 1981, denuncia el Tratado de Solución Judicial de Controversias firmado con Chile en 1972. Por lo menos hasta abril de 1982 acompaña las operaciones secretas en Centroamérica y el apoyo argentino al régimen salvadoreño de R. d'Aubuisson. Durante la guerra de las Malvinas despliega una intensa actividad diplomática en múltiples frentes, pero sus contados éxitos resultaron poco efectivos.

Tras la derrota militar, renuncia. En agosto de 1984 firma una convocatoria junto a I. Rojas, R. Levingston, H. Iglesias, A. Pedrini, M. Roberto, R. Puigbó y M. Sánchez Sorondo impulsando el voto negativo o la abstención en la consulta popular por el Beagle.

Murió el 2 de agosto de 1992 y, al año siguiente, se publicó su trabajo *Malvinas, ésta es la historia*. Escribió, además, *El cheque cruzado*, *La función pública, ¿institución o contrato?*, *Crítica al* Study of History *de Toynbee y Las reglas de York-Amberes y el Derecho Internacional Marítimo*.

Mario Benjamín Menéndez

Gobernador de las Malvinas recuperadas

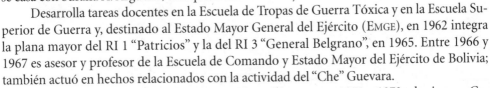

Nació en la Capital Federal el 3 de abril de 1930, hijo de Mario B. Menéndez y Ofelia E. Villarino; ambas familias de larga tradición militar. Cursó la escuela primaria en Chañar Ladeado (Santa Fe); en 1942 se traslada a la Capital Federal; en marzo de 1947 ingresa en el Colegio Militar de la Nación y se gradúa como subteniente de infantería en diciembre de 1949.

Su primer destino fue el Regimiento 11 de Infantería en Rosario; entre 1951 y 1958 se especializa en Tropas Blindadas, en Villa Martelli y Curuzú Cuatiá. En 1961 egresa como oficial de estado mayor. En 1954 se casa con Susana A. Arguello, con quien tendrá tres hijos.

Desarrolla tareas docentes en la Escuela de Tropas de Guerra Tóxica y en la Escuela Superior de Guerra y, destinado al Estado Mayor General del Ejército (EMGE), en 1962 integra la plana mayor del RI 1 "Patricios" y la del RI 3 "General Belgrano", en 1965. Entre 1966 y 1967 es asesor y profesor de la Escuela de Comando y Estado Mayor del Ejército de Bolivia; también actuó en hechos relacionados con la actividad del "Che" Guevara.

Continuó su actividad docente en escuelas militares y, en 1971 y 1972 adquiere en Catamarca la especialidad de paracaidista militar. Cursó el posgrado para oficiales del Estado Mayor y en 1975, con el grado de coronel, fue destinado a la Escuela de Defensa Nacional. En julio asume como jefe de Estado Mayor en Operaciones del "Operativo Independencia", en Tucumán. Durante 1976 y 1977 fue jefe de operaciones del EMGE y en los dos años siguientes dirigió la Escuela de Suboficiales Sargento Cabral.

General de brigada, en 1980 fue comandante de la brigada de montaña en Neuquén y en 1981, jefe del EMGE, participó en Washington de la Conferencia de Comandantes de Ejércitos Americanos. Desarrolló comisiones del servicio en Brasil, Perú, Estados Unidos y Rusia, y recibió condecoraciones en Bolivia y Venezuela.

El 3 de abril de 1982 fue designado gobernador militar de las Islas Malvinas, Georgias y Sandwich del Sur, asumiendo el cargo el 7 de abril. Su dependencia era directa respecto de la Junta Militar y el ministro Saint-Jean. En los últimos días de abril asume también la responsabilidad sobre la guarnición y gana fama por una frase desafiante: "¡Que traigan al Principito!", en referencia al príncipe Andrés de Inglaterra. Consciente de la derrota, Menéndez acepta el cese del fuego propuesto por la comandancia británica, y el 14 de junio rinde las fuerzas argentinas ante el general J. Moore. Su hijo varón Mario Benjamín y su yerno, Eduardo Sabin Paz, también prestaron servicios en Malvinas.

Acusado de graves cargos por la "Comisión Rattenbach", fue procesado. En el juicio del Consejo Supremo de las Fuerzas Armadas sólo recibió una observación disciplinaria en 1986, mientras que resultó absuelto de todas las acusaciones en la sentencia de la Cámara Federal, en 1988. En 1983 colaboró con *Malvinas, testimonio del gobernador*, de Carlos M. Túrolo, presentado como un extenso reportaje.

La crisis de Semana Santa

El principio de la desazón

Durante el invierno de 2002 uno de los temas predominantes en el país es la violencia. El 26 de junio las fuerzas de seguridad atacan con crudeza una manifestación que intentaba cruzar el puente Pueyrredón. Los piqueteros Maximiliano Kosteki y Darío Santillán caen asesinados en el marco de una dura represión que, según informarán los abogados, deja además un saldo de 28 heridos con postas de plomo y 106 detenidos.

Durante los días siguientes, una verdadera ola de secuestros —hasta cinco por día— sacude a la población de la Ciudad de Buenos Aires y el conurbano. La aparición del cuerpo de Diego Peralta en una tolva, después de casi cuarenta días de búsqueda, y la presunción de que en este y otros hechos tuvieron participación miembros de la policía, enardecen a la población el 14 de agosto. La periodista Magdalena Ruiz Guiñazú, cuyo programa radial es el de mayor audiencia en ese tramo horario, formula una elocuente reflexión: "El cáncer viene de muy atrás, cuando se aprobaron las leyes de Obediencia Debida y Punto Final".

Alfonsín y los derechos humanos

La democracia

El ascenso de Raúl Alfonsín al gobierno se da en el marco de un florecimiento del entusiasmo democrático y la aparición de nuevas formas políticas que, en lugar de la confrontación —con la que se identificó la década anterior—, privilegian la búsqueda de consensos y acogen especialmente las variantes pluralistas. El discurso alfonsinista inclinado a la formación de un "tercer movimiento histórico" y el fortalecimiento coyuntural del Partido Intransigente en la centroizquierda, parecen indicar la tendencia predominante en la sociedad, sobre todo en las capas medias.

Por varios años —por lo menos tres— Alfonsín mantiene la iniciativa política y busca mecanismos que canalicen las inquietudes sociales postergadas. Para renovar el obsoleto sistema educativo se convoca a un Congreso Pedagógico, que, finalmente, dejará poco rédito; retomando tradiciones congeladas durante casi veinte años, se alienta la vida universitaria e intelectual y hay estímulo oficial para generar una "movida" cultural de carácter progresista; con una amplia libertad de expresión –no exenta de arrebatos de censura oficial– se busca desentumecer a una población desacostumbrada a discutir sin autoritarismos; con la sanción de la ley de divorcio vincular se procura sacar al país, en la esfera privada, de la era de las cavernas a la que estaban sometidas las relaciones familiares. Estos pasos no se dan sin escollos. El perfil laicista del gobierno genera conflictos con la Iglesia y las propuestas de "democratización" sindical chocan con la tradicional estructura dirigida por la burocracia peronista.

El punto más ríspido, sin embargo, es el de la violación de los derechos humanos cometida durante la dictadura. Cientos de ex represores se convierten en "mano de obra desocupada", y algunos de ellos realizan atentados e inventan la "industria del secuestro"; aquellos que aún se mantienen en los cuadros policiales o militares reivindican su accionar y actúan corporativamente para impedir el juzgamiento de sus crímenes. David Rock recoge las declaraciones del general Camps, uno de los más connotados jefes de la represión, hechas al diario *Tiempo* de Madrid; después de admitir su responsabilidad en el secuestro y la muerte de 5.000 personas, afirma: "No eran 'personas, sino subversivos' que querían 'imponer un sistema político antihumanista, anticristiano'". Por supuesto, no sorprende que poco después exprese: "Tengo mi conciencia tranquila hasta tal punto que puedo dormir sin pastillas".

El 10 de diciembre de 1983 Alfonsín asume la presidencia y cinco días después crea la Comisión Nacional sobre la Desaparición de Personas (CONADEP), presidida por el escritor Ernesto Sabato, para que intervenga "activamente en el esclarecimiento de los hechos relacionados con la desaparición de personas ocurridos en el país, averiguando su destino o paradero como así también toda otra circunstancia relacionada con su localización".

Luego de casi un año de trabajo, la Comisión entrega un informe en el que se detallan casi 10 mil denuncias de desaparición forzada de personas y se reúnen pruebas contra 1.300 miembros de las Fuerzas Armadas y policiales. El informe de la CONADEP, publicado bajo el título *Nunca más* –uno de los libros más leídos en la historia nacional–, describe y testimonia los horrores vividos. La sociedad, con estupor y consternación, comprueba que las denuncias de las Madres y familiares son completamente ciertas: en la Argentina ha existido un nivel de terrorismo de Estado sólo comparable al de la Alemania nazi. Los 300 campos de concentración, los refinados sistemas de torturas, los simulacros de fusilamiento, los "vuelos de la muerte", el robo de niños y de bienes, las fosas comunes, son conocidos en detalle por toda la población y quienes brindan esa información son personalidades insospechables de complicidad con ninguna conjura internacional.

Las perseverantes campañas de Madres y familiares repican sobre la conciencia de la sociedad exigiendo verdad y justicia y el castigo a los culpables. Las Madres, en particular, se aferran a la consigna de "aparición con vida de los desaparecidos", reclamo que progresivamente cederá paso a la exigencia de que se conozca toda la verdad, en la medida que se descubren varias tumbas comunes de muertos "NN". También se reclama la formación de una Comisión Bicameral con amplios poderes, pero Alfonsín lo impide porque teme que los investigadores culminen realizando otro "Juicio de Nüremberg".

El Presidente, desde su campaña electoral, se ha preocupado por establecer que en la represión hubo "niveles de responsabilidad". El gobierno quiere juzgar hombres, no instituciones, y pretende diferenciar a quienes dieron las órdenes de quienes las cumplieron, y dentro de este último grupo, distinguir a aquellos que se excedieron; esta clasificación es rechazada por los organismos de derechos humanos, que proclaman: "No hubo errores ni excesos, son todos asesinos los milicos del Proceso".

El gobierno introduce reformas al Código de Justicia Militar y durante 1984 los tribunales castrenses hacen una parodia de revisión de lo actuado que no arroja resultados concretos. Sin avances, el tema pasa a la Justicia civil, pero las citaciones que reciben los oficiales son sistemáticamente resistidas. En junio de 1984 el comandante del III Cuerpo de Ejército, general Pedro Mansilla, impide el ingreso de la CONADEP en la unidad y expresa su solidaridad con los capitanes Gustavo Alsina y Enrique Mones Ruiz, con orden de prisión preventiva de la Justicia Federal. El incidente culmina con el cambio del jefe de Estado Mayor y el general Ricardo Pianta reemplaza a Jorge Arguindeguy. A fines de ese año el Consejo de Almirantes sale en expresa defensa de Alfredo Astiz, imputado por el secuestro y muerte de Dagmar Hagelin. Astiz es liberado por el Consejo Supremo de las Fuerzas Armadas en marzo de 1985. El caso Hagelin, por ser la víctima sueco-argentina, porque el imputado es

el conocido "lagarto" de las Georgias y porque el abogado de la defensa es el político Luis Zamora, es uno de los más comentados. En *El vuelo*, Verbitsky cita las palabras del contraalmirante (R) Horacio Mayorga: "La gente se asombra por lo de Astiz. ¿Sabe cuántos Astiz hubo en la Armada? Trescientos Astiz. Los oficiales de la ESMA eran personas austeras que mataban por la Patria [...] Lo peor es lo que esa gente tiene que soportar ahora. A muchos la mujer los echó de la casa, otros se extraviaron, se volvieron locos".

Entre abril y diciembre de 1986 se realiza el juicio público a los ex comandantes de las tres primeras Juntas Militares. Comparecen más de 1.500 testigos y algunas de las declaraciones son estremecedoras. Mientras tanto, se repiten las amenazas de bombas a escuelas y los "Familiares de Muertos por la Subversión" (FAMUS) organizan misas mensuales que suelen terminar con escándalos y a los gritos de "¡Muera Alfonsín! y ¡Camps es patria!". El ex jefe de la Policía Bonaerense

Raúl Alfonsín logró encauzar las ilusiones de la población en la democracia.

Ramón Camps es acusado por 600 homicidios y en agosto un tribunal lo condena a veinticinco años de prisión. Paralelamente son extraditados Mario Firmenich, líder de los Montoneros, desde Brasil, y José López Rega, organizador de la Triple A, desde Miami.

El 9 de diciembre se dicta sentencia. Los comandantes son acusados de haber puesto en marcha un "plan criminal articulado" y el juicio demuestra el carácter genocida del "Proceso". Videla, juzgado por su participación en 66 asesinatos y 93 casos de tortura, es

 ## El tercer movimiento histórico

Ya desde el 1° de noviembre de 1983 (el día posterior a la elección en la que una homérica mayoría acababa de colocar a Alfonsín en la cima), se hablaba entre sus allegados de dos perspectivas ciertas. Por un lado, la cantidad de votos a favor y el resquebrajamiento de la oposición significaban la inauguración de un período histórico al estilo de Julio Argentino Roca, de Hipólito Yrigoyen y de Juan Perón. Es decir, de líderes que habían sido decisivos durante muchos años, hubiera estado o no en la conducción formal de la Nación.

Por otro lado, el presidente insistía en un tema ya lanzado con cierto apocamiento durante su campaña: la creación del tercer movimiento histórico, que nucleara en un mismo tronco las dos grandes ramas de la política vernácula, obviamente bajo la conducción de Alfonsín: el radicalismo y el peronismo. Sin embargo, en esos dos primeros escarceos debió callar, presionado por los propios radicales –que le reclamaban que realzara el partido y no el movimientismo, pintado por la coloratura peronista–. Cuando aún no había sucedido la elección, el peronismo también se levantó contra ese discurso que lo enviaba a la morgue.

Después de los comicios, la sensación de Alfonsín se convirtió en certidumbre: el peronismo estaba terminado como partido político en condiciones de ganar consultas populares. Desde ya, el hecho de insistir con el tercer movimiento histórico (considerando el radicalismo yrigoyenista como el primero

y el justicialismo como el segundo) significaba que el peronismo estaba extinguido. Éste era el descubrimiento más hermoso de su existencia: Alfonsín pertenece a una generación de radicales que vivió bajo la tutela electoral del peronismo y que nunca imaginó que su partido se sobrepondría a esa presencia desordenada y aplastante.

Si bien Alfonsín combatió a Balbín cuando éste transigió con Perón, lo hizo por su visceral antiperonismo [...] y porque rescataba el compromiso fundamental de un político: seducir a la gente y ganar elecciones. Creyó que en ese pacto con Perón, Balbín se guiaba por el complejo de eterno perdedor. Pero tampoco él mismo tenía muchas esperanzas mientras no viera destruirse en mil pedazos la herencia política del fundador del justicialismo.

Sin esas quebraduras, por obra y gracia de su propio encanto, estaba ahora ante lo que intuía como la agonía terminal del peronismo. En 1983, Alfonsín podía entrever un extenso lapso con los justicialistas como actores secundarios. El demoledor triunfo había silenciado a los radicales díscolos, que escondieron sus críticas aun cuando no creían en la conveniencia de usar los disfraces del peronismo. Durante los primeros meses del gobierno de Alfonsín, hubo en su escritorio una carpeta, no tan gruesa, con esa inscripción sobre su tapa: "III Movimiento Histórico".

JOAQUÍN MORALES SOLÁ,
Asalto a la ilusión

condenado a cadena perpetua e inhabilitación de por vida; Massera también recibe cadena perpetua; a Viola le corresponden dieciséis años y tres meses de prisión; a Lambruschini, ocho años, y a Agosti, cuatro. Galtieri, destituido y condenado a doce años de prisión por su responsabilidad en la guerra de las Malvinas, es absuelto. A pesar de la repulsa general, el jefe del Ejército general Pianta aprovecha la conmemoración del Operativo Independencia –aquel contra la guerrilla del ERP iniciado en 1975– para decir en Tucumán: "Estamos orgullosos de este operativo". Señala al respecto Luis A. Romero:

> "El fallo, que condenó a los ex comandantes, negó que hubiera habido guerra alguna que justificara su acción, distinguió entre las responsabilidades de cada uno de ellos, y dispuso continuar la acción penal contra los demás responsables de las operaciones. La Justicia había certificado la aberrante conducta de los jefes del proceso, había descalificado cualquier justificación y los militares habían quedado sometidos a la ley civil –circunstancia absolutamente excepcional– y en ese sentido fue un fallo ejemplar. Pero no clausuraba el problema pendiente entre la sociedad y la institución militar, sino que lo mantenía abierto."

Un nuevo jefe del Ejército, Héctor L. Ríos Ereñú y la presencia del brigadier Teodoro Waldner como jefe del Estado Mayor Conjunto, parecen lograr un equipo más afín con la filosofía gubernamental. Hacia diciembre de 1986 el gobierno imparte "instrucciones" a los fiscales sobre cómo conducirse durante los juicios a militares, medida que causa un fuerte repudio popular. La "marcha de la resistencia" del 10 de diciembre y una nueva convocatoria el día 15 son especialmente numerosas.

¿Punto final?

A fines de diciembre de 1986, el gobierno logra la aprobación de la ley 23.492, conocida como de "Punto Final", que pretende limitar la posibilidad de presentar acusaciones por las violaciones a los derechos humanos cometidas antes del 10 de diciembre de 1983, a un plazo de sesenta días. El resultado es una catarata de presentaciones: en los dos meses de ese cálido verano las cámaras federales procesan a cerca de 300 oficiales de las tres fuerzas, la mayoría, del Ejército. El gobierno ahora debe hacer valer su estrategia de "punto final". Como bien resumen los periodistas Grecco y González:

> "El 20 de febrero del '87, Alfonsín anunció en Olivos las medidas previstas contra el personal de las Fuerzas Armadas que se negara a declarar ante los estrados judiciales:
> "1. Destitución de los jefes de unidades que protegieran a insubordinados o no garantizaran su presentación ante la Justicia.
> "2. Cerco sobre cualquier unidad rebelde, ya sea con tropa de la misma fuerza o con la ayuda de las otras dos.
> "3. Corte de víveres, agua, electricidad y gas.
> "4. Difusión nacional e internacional de los sucesos.

"5. Movilizaciones populares en apoyo a las instituciones republicanas.
"6. Utilización de la fuerza si fuera preciso."

Con las nuevas citaciones se inicia el forcejeo. La Corte Suprema informa que un tribunal federal de Córdoba procesará a Luciano Menéndez, ex jefe del III Cuerpo. El 25 de enero de 1987 se da con el paradero de Carlos Suárez Mason en California y se inician los trámites de extradición. Seis almirantes y siete oficiales de la Armada que actuaron en la ESMA se niegan a concurrir a la Justicia civil y son detenidos por su comandante; hay manifestaciones callejeras de oficiales del Ejército que critican a sus jefes acusándolos de inacción y defienden al capitán Mones Ruiz; un oficial de alto rango ataca al "régimen absolutamente marxista que ha ocupado la patria" y el Centro Naval y el Círculo Militar expresan su solidaridad con los oficiales citados.

El 23 de febrero, la fecha del "punto final", los tribunales, según informa *Gente*, deciden continuar con casi 200 casos. El prófugo Raúl Guglielminetti, ex custodio de Alfonsín y miembro de los servicios de inteligencia, se presenta ante la Justicia y queda detenido. Su actitud espontánea resulta llamativa. No es un hombre que dé puntada sin hilo.

Poco después, a comienzos del otoño, llega al país el papa Juan Pablo II, quien permanece seis días y predica en diez grandes concentraciones. El Papa reclama una auténtica reconciliación y defiende la actuación de los obispos durante el Proceso. Nadie imagina que cuatro días después de su partida, cuando muchos se preparan para un descanso reparador y otros se disponen a celebrar con unción las Pascuas, el país se agitará con una conmoción interna.

Cuatro días de crisis y movilización

El mayor Barreiro en rebeldía

El mayor Ernesto Guillermo Barreiro, un porteño de cuarenta años, es citado a declarar ante la Cámara Federal de Córdoba a las 16.30 del miércoles 15 de abril, víspera del feriado de Semana Santa. Es conocido por sus contactos con el peronismo y su fe nacionalista. El mayor tiene más de 80 denuncias en su contra –y cerca de 400 causas conexas– por su actuación en el tristemente famoso campo "La Perla", ubicado en las afueras de la ciudad de Córdoba: se lo identifica como "comando especial" y jefe de "interrogadores bajo tortura".

Su ideología lo destaca. Según ciertas investigaciones, en tiempos del Proceso –cuando se hacía llamar Hernández, Rubio, Nabo y Gringo– llamaba a los mandos del Ejército embanderados con Martínez de Hoz "liberales de mierda" y suponía que en una segunda etapa "una elite de oficiales jóvenes" asumiría el poder porque contaban, organizados, unos 600 oficiales "que ya trabajaban políticamente, distribuyendo materiales de lectura y panfletos. El jefe de esa logia era Seineldín".

Barreiro no es el único. También son citados los capitanes Enrique Mones Ruiz y Gustavo Adolfo Alsina y se disponen dos prisiones más: las de los brigadieres mayor (R) Hipólito Rafael Mariani y César Miguel Comes, acusados de tormentos reiterados en la causa caratulada "I Cuerpo de Ejército".

En un movimiento previsto y con la complicidad del jefe de la unidad, teniente coronel Luis Polo, el mayor se autoacuartela en el Regimiento de Infantería 14 Aerotransportada: el campanazo para una protesta programada está dado.

Ante la negativa de Barreiro, la secuencia que se desencadena no debería ser otra que la anunciada el 20 de febrero. La Cámara Federal lo declara en rebeldía y, por intermedio del Ministerio del Interior se pide su captura a la Policía Federal; el ministro de Defensa, Horacio Jaunarena, ordena su baja. Barreiro pasa la noche protegido por sus camaradas. Una bomba explota esa noche en la filial de la Liga Argentina de los Derechos del Hombre del barrio de Alta Córdoba y en un restaurante de Palermo Chico se produce un atentado a tiros contra dirigentes de la UCR.

Mientras en el Regimiento 14, ubicado camino a La Calera, se produce el acuartelamiento de unos veinticinco oficiales –ya públicamente admitido–, en la mañana del jueves 16 una autoconvocatoria en Campo de Mayo, con la presencia de otras unidades –la mayoría, capitanes–, provoca un estado deliberativo que, de hecho, rompe la cadena de mandos. La mayoría de los autoconvocados son de la Escuela de Guerra, con asiento en Palermo. Durante la mañana se dan a conocer tres tenientes coroneles: Aldo Rico, Enrique Carlos Venturino y Gustavo Zenón Martínez Zuviría.

Los sublevados se adueñaron de los cuarteles, desconociendo la cadena de mandos.

Rico aparece como el líder. Le dicen el "Ñato", por su nariz que deja ver las marcas de una antigua fractura. Su voz y sus gestos son inflexibles. Se comenta de él que fue un comando muy valiente durante la guerra de las Malvinas, pero muchos apenas lo conocen: su destino actual es lejano, como jefe del Regimiento 18 de San Javier, en Misiones.

El comandante Ríos Ereñú ordena a todos los jefes de unidades que permanezcan en sus puestos y durante toda la mañana del jueves, mientras Alfonsín regresa a la Capital desde Chascomús, los informes son confusos. La mayoría de los jefes de unidades expresan su apoyo al régimen constitucional y el vocero presidencial José Ignacio López formula declaraciones a la prensa: "Alfonsín está firmemente resuelto a usar todos los instrumentos que le da la ley para defender el estado de derecho, las instituciones, su investidura y la de la Justicia".

Los partidos políticos, la CGT, las federaciones universitarias, las Juventudes Políticas (MoJuPo) mantienen intensas reuniones –algunos sostienen que se estaba motorizando un golpe de Estado– para movilizarse en defensa de la democracia. Cientos de miles de volantes se imprimen a toda marcha para convocar al pueblo a las 17 frente al Congreso, donde el presidente Alfonsín presidirá una Asamblea Legislativa.

En Córdoba, La Plata, Neuquén, Tucumán y otras ciudades comienzan a producirse manifestaciones partidarias y estudiantiles. Frente al Congreso se concentra una verdadera multitud –los organizadores hablan de 300 mil personas– que corea consignas en defensa de la democracia y repudiando a los genocidas del Proceso. El abanico partidario se extiende.

Ajenos a este proceso, los amotinados –que el gobierno denomina rebeldes o sediciosos– dan otro paso adelante y Rico, a las 19.10, anuncia que se ha hecho cargo de la Escuela de Infantería. Pasadas las 20, desde el sillón de la presidencia de la Cámara baja, Alfonsín habla ante lo que denomina "un verdadero Cabildo abierto de la democracia argentina":

"No he de hacer concesiones ante iniciativa o presión alguna que apunte a restringir el ejercicio de los derechos. Tampoco he de hacer concesiones ante iniciativa o presión alguna que pretenda limitar, condicionar o negociar el igualitario sometimiento de todos los ciudadanos, con o sin uniforme, a los dictados de la ley."

El discurso continúa estableciendo los límites en que se tratará el tema y la doctrina que sostiene el gobierno:

"[Pretenden imponer] una legislación que consagre la impunidad de quienes se hallan condenados o procesados en conexión con violaciones de derechos humanos durante la pasada dictadura. No podemos, en modo alguno, aceptar un intento extorsivo de esta naturaleza. [...] Reafirmaremos en hechos concretos los criterios de responsabilidad que permitan la definitiva reconciliación de los argentinos."

En esta última línea, los buenos entendedores comprenden que el puente hacia los rebeldes está tendido.

Viernes Santo

Llovizna en la noche cordobesa y aunque se descarta la posibilidad de un ataque, en el Regimiento 14 hombres con FAL y morteros demuestran su disposición a resistir. A media mañana los principales jefes militares se reúnen con el Presidente y el ministro de Defensa en la Casa de Gobierno. Rico realiza declaraciones telefónicas para la agencia Noticias Argentinas y deja claro que el movimiento no es golpista: "Queremos que los organismos naturales de nuestro país logren una solución política para una guerra que fue eminentemente política". (La versión íntegra de esta y otras citas está en la completa crónica de Grecco y González.)

En Radio Mitre, la producción de "Cordialísimo" consigue comunicarse con Campo de Mayo. Juan Carlos Mareco, Néstor Ibarra y Rubén Corbacho conversan con Rico, quien, con cuidado, se explaya:

> "Hemos adoptado una actitud pura y exclusivamente institucional. Éste es un problema interno de la fuerza, no es como muchos medios lo han hecho aparecer, un enfrentamiento entre dictadura y democracia, ni contra el gobierno del doctor Alfonsín. [...] Estamos pidiendo que se den las bases para la verdadera reconciliación de la sociedad argentina. [...] El estado en que nuestra fuerza se encuentra hace peligrar su propia existencia, nosotros ya no podemos seguir soportando esta degradación permanente que se lleva a cabo a través de los encarcelamientos y de los ataques en los medios de comunicación social. [...] El Ejército en particular ha pagado un alto precio por... por... este, vamos a reconocerlo, por los errores. Pero no podemos vivir cargando con la culpa de nuestros mayores. Nosotros, cuando ocurrieron los acontecimientos, no teníamos capacidad de decidir."

Indulto, amnistía, ley de "pacificación" o "solución política", Rico muestra predisposición a escuchar variantes. También lanza invectivas contra la cúpula del Ejército, a la que califica de "procesista" y responsable de la actuación en Malvinas, causa que reivindican pero en la que sienten haber sido usados como "carne de cañón".

Miles de vecinos comienzan a acercarse a Campo de Mayo. Muchos son curiosos; otros, la mayoría, quieren expresar su repudio a esos soldados con la cara pintada. Rodean la guarnición y cuando algún oficial se acerca, lo insultan. "¡El pueblo unido, jamás será vencido!", "¡Argentina!, ¡Argentina!", corean. Los acuartelados siguen pensando que la "subversión", derrotada militarmente, tiene mil caras, pero, cumpliendo las órdenes de Rico, se muestran impávidos.

Al mediodía, Ríos Ereñú anuncia un plan de represión: con apoyo de la Fuerza Aérea el IV° Cuerpo responderá a los sublevados cordobeses y el II° Cuerpo se encargará de la Escuela de Infantería de Campo de Mayo. El general Ernesto Alais comienza desplazamientos de fuerzas de toda la Mesopotamia y el Chaco. Dos jueces federales, Gustavo Becerra Ferrer en Córdoba y Alberto Piotti en Buenos Aires, toman intervención e intiman a abandonar los cuarteles ocupados so pena de desalojarlos por la fuerza. El primero, además, busca a Barreiro, pero el mayor se ha esfumado sin destino conocido. Poco después Piotti declara el procesamiento de Rico por rebeldía. El ministro de Interior Antonio Tróccoli hace un vaticinio optimista: "Estimo que en veinticuatro horas más estará solucionada la crisis. Por otra parte, es probable que se pida al Congreso que se declare el estado de sitio", una medida con la que no acuerdan todos los radicales porque puede maniatar a la creciente movilización popular.

La CGT recibe la adhesión de múltiples centrales obreras de puntos distantes del mundo (España, Uruguay, Israel, Brasil, Estados Unidos, Italia) y declara el "estado de alerta y movilización" de las bases trabajadoras. Al hacerse la noche, la mayoría de los manifestantes se retira. Unos cientos permanecen frente a los portones y, varias veces, hay momentos de tensión. Los carapintadas encienden reflectores, mueven un tanque y apuntan a la gente, que se enardece aún más: "Oíd mortales..." comienzan a cantar. El Himno Nacional es enfático pero tranquiliza.

El general Ernesto Alais es el designado para comandar la defensa del orden constitucional. Ascendido a general a fines de 1983, es cuñado del ex titular del I Cuerpo Carlos Suárez Mason. Como teniente coronel había participado de la represión a la guerrilla rural tucumana en 1975 y en 1976 bajo las órdenes de los generales Acdel Vilas y Antonio Bussi, por lo cual muchas de las demandas de Rico y su gente no le resultan ajenas.

Poco antes de cruzar el Paraná, Alais reafirma una vez más su disposición a tomar las zonas de Campo de Mayo que se hallan bajo control rebelde. Sin embargo, las tropas que dirige avanzan con sugestiva lentitud.

Un sábado sin gloria

A primera hora de la mañana Rico, acompañado por el capitán Gustavo Breide Obeid, se reúne con Ríos Ereñú en el Edificio Libertador. El todavía comandante trata de persuadir a su subordinado de que la rebeldía no conducirá a nada y que las cosas, en cuanto a evitar penas para los incriminados en la "guerra sucia", están bien encaminadas. La situación es inusual. En la conferencia que se sostiene a puertas abiertas, el teniente coronel eleva la voz, cierra la posibilidad de cualquier acuerdo y, además, exige la renuncia de su superior, quien admite que terminado el episodio pedirá su retiro. Rico no le cree y se retira.

Los desplazamientos del Ejército "leal" siguen siendo en extremo lentos. Esa circunstancia, que para la gente resulta inexplicable –en la mañana del sábado todavía están en Entre Ríos– y que obviamente no se compadece con la necesidad de "dar un escarmiento", admite explicaciones poco verosímiles: asegurar que los puentes no estén dinamitados, preparar los terrenos donde acampar, alertar a la población civil para evitar desbordes. Alais, cordial, se hace tiempo para conferenciar con funcionarios y medios de prensa. Le preguntan por la situación en Campo de Mayo, su objetivo, y contesta: "No sé, no tengo la menor idea". También, con cierto desparpajo, declara: "Habrá que terminar con esto cuanto antes; si no el dólar va a seguir subiendo". Pasado el mediodía, recala en el *vivac* instalado en Zárate-Campana y ordena que buena parte de las tropas permanezcan del lado oriental del Paraná. Cada vez es más ostensible que el Ejército no tiene ninguna voluntad de reprimir. Además, hay noticias de sublevados en todo el país, se refugian en el argumento de que "responden a los mandos naturales", que nadie sabe a ciencia cierta cuáles son.

Sin embargo, ya sea por comprensión del alcance de los sucesos y de su poder real o para evitar un agravamiento de la situación, Alfonsín se muestra optimista: "Las unidades del Ejército que se desplazan hacia Campo de Mayo están dando un comportamiento ejemplar y han demostrado masivamente que están al servicio de la Nación". Entretanto, Jesús Rodríguez, Antonio Cafiero, Marcelo Stubrin, Federico Storani y otros conspicuos representantes parlamentarios tratan, sin éxito, de persuadir a los insurrectos: "¿Ustedes están locos?", "¿Adónde quieren ir?". Alfonsín implora ante las cámaras televisivas, a las 10.45: "Esperamos que sea un sábado de gloria".

Un relevamiento de fuerzas leales realizado a mediodía permite confirmar que cada vez son más los oficiales de los institutos de Campo de Mayo (Caballería, Artillería, Comunicaciones, de Apoyo de Combate, de Suboficiales) que se niegan a reprimir. Mientras los servicios de inteligencia arriman estos informes desalentadores, sobre el escritorio del Presidente se acumulan los telegramas de solidaridad y respaldo provenientes de líderes mundiales. No es poco, pero tampoco demasiado útil. Rico recibe también esas novedades pero no se mueve ni medio milímetro de sus pretensiones, que reitera ante enviados religiosos y políticos, como el ministro Jaunarena y el obispo castrense Miguel Medina: retiro del generalato, amnistía y fin de la "campaña de desprestigio de las Fuerzas Armadas" en los medios de comunicación.

Ese sábado, por la tarde, se producen movilizaciones en todo el país. Las Juventudes Políticas se reúnen frente al Congreso y luego de recorrer la avenida Corrientes, las fuerzas ordenadas de la Juventud Radical, Peronista, Intransigente, Comunista, socialista del MAS y Centro de ex Combatientes de Malvinas, que reúnen unas 30 mil personas, ingresan en la Plaza de Mayo y son recibidas con el aplauso de otros miles que los esperan ahí. El tiempo pasa, Barreiro sigue prófugo, las tropas de Alais no avanzan y Rico parece dominar el centro del tablero. Los ma-

El general Alais estudió con cuidado sus movimientos.

nifestantes se impacientan: "No se atreven, no se atreven. Si se atreven, les quemamos los cuarteles".

Cuando se produce la desconcentración está clara la convocatoria general para la mañana siguiente: a las 11 los partidos rubricarán un "Acta de defensa del sistema democrático" y el acto será acompañado por una gran marcha popular. Volantes del Partido Comunista invitan a "rodear Campo de Mayo". Algunos grupos permanecen toda la noche en Plaza de Mayo y encienden pequeñas fogatas para entibiarse. Cafiero, Manzano, Grosso y De la Sota se reúnen con el grupo del gobierno encabezado por César Jaroslavsky para redactar el "Pacto de Garantía Democrática". La televisión prolonga sus emisiones y convoca a la movilización del día siguiente: la cita es a las 12, en la Plaza.

¡Felices Pascuas!

A las 11 del "Domingo de Resurrección" los dirigentes más encumbrados de los diversos partidos políticos, asociaciones empresariales y gremiales y organismos de derechos humanos llegan a la Casa de Gobierno. Grecco y González señalan:

"En el acta, de veintisiete líneas, quedaba escrita la firme e inexorable decisión de apoyar con todas las acciones a su alcance la vigencia irrestricta de la Constitución Nacional. Se condenaba todo intento de subvertir estos postulados y se instaba a movilizar a la opinión ciudadana para que con su presencia en las calles y plazas de la República exteriorizara su adhesión en paz a ese compromiso.

"El problema surgió al analizarse el tercer punto.

"'La reconciliación de los argentinos sólo será posible en el marco de la Justicia, del pleno acatamiento a la ley y el debido reconocimiento de los niveles de responsabilidad de las conductas y hechos del pasado', era el párrafo textual.

"A nadie se le escapaba que allí se iba a rubricar el criterio del oficialismo para buscar una solución al problema militar.

"Los niveles de responsabilidad constituían el caballito de batalla de Alfonsín desde los tiempos preelectorales. Los vaivenes políticos impidieron que la idea se concretara durante sus tres años de mandato. Esa constante búsqueda lo había llevado a dibujar intrincadas fórmulas judiciales que no contentaban a nadie."

El texto es rubricado por casi todos los presentes, desde los liberales de la UCeDe hasta Patricio Echegaray del PC, que lo firmó "con reserva pública". Las Madres de Plaza de Mayo-Línea Fundadora, Jorge Altamira del Partido Obrero y Luis Zamora del MAS se niegan. "Es el paso previo a la amnistía", señaló este último. La concentración es multitudinaria. El contrapunto de consignas va desde quienes expresan su solidaridad con "Raúl, por cien años más" a quienes acusan que la situación es consecuencia del "Punto Final".

Manifestaciones similares se desarrollan en todo el país. Cien mil personas recorren el centro cordobés; en Neuquén, Tucumán y Mendoza se organizan comités o frentes de defensa de la democracia, que permanecen en sesión permanente, difunden proclamas por radio y, en algunos casos, llegan a cogobernar con las autoridades durante cuarenta y ocho horas. En Santa Fe la Comisión Permanente de Defensa de la Democracia decide la paralización de actividades en toda la provincia "hasta tanto quede superado el conflicto que tiene en vilo a la población". Cientos de miles de argentinos no apagan sus televisores y están pendientes de cada minuto de los acontecimientos.

Simultáneamente, en una nueva visita, Jaunarena informa a Rico que Ríos Ereñú ya presentó su renuncia pero que se hará efectiva al concluir el incidente y que una ley de "Obediencia Debida" será sancionada en pocos días. El encuentro deja claro al ministro que sólo la presencia del Presidente le dará seguridades a los sublevados. En el portón hay incidentes. Los manifestantes tiran piedras, se trepan a las alambradas amenazando entrar, militantes del Partido Humanista rebasan las guardias y hacen una sentada de protesta. Los oficiales jóvenes que cuidan el ingreso se inquietan. En ese ambiente de nerviosismo,

La opinión de Frondizi

El 5 de abril de 1987 y, visto que los acontecimientos generados desde el gobierno inducían a la sociedad argentina a polarizarse hacia los extremos de la izquierda y de la derecha, lo que podría conducir al país a un verdadero caos, suscribí un documento titulado "Arturo Frondizi opina ante un grave problema nacional", el que salió a la luz pública, como solicitada, el 10 de abril de 1987 en la página 5 del diario *La Nación*.

En el mismo advertí sobre los enfrentamientos larvados, entre el poder civil y los militares, a propósito de los juicios a los responsables de la lucha contrasubversiva y a sus subordinados más directos. A mi entender, esto hacía predecir una visión pesimista sobre el futuro inmediato. Exhorté para que no se condenara al país y a nuestros descendientes al letargo definitivo o a su disolución como sociedad organizada, lo que sucedería de no resolverse los arduos problemas económicos generados en el subdesarrollo.

Lamentablemente, los hechos me dieron la razón. A sólo siete días de publicada la solicitada, el 17 de abril de 1987, un reducido grupo de militares presididos por un teniente coronel, se acuartelaron en la Escuela de Infantería (Campo de Mayo) reclamando se

reivindiquen los valores de los hombres de armas y finalicen los actos de injusticia, arbitrariedad y vejaciones a que eran sometidos desde distintos sectores de la sociedad, comenzando por el mismo gobierno. En una actitud inédita en nuestra nación, ninguna fuerza militar obedeció la orden de reprimir, respondiendo así a una identidad y comunión con el pensamiento de los sublevados.

El Presidente de la República y Comandante en jefe de las FF.AA. debió trasladarse a Campo de Mayo y parlamentar con el jefe de los rebeldes.

Podríamos decir que ésta fue la primera derrota política del doctor Alfonsín y el comienzo del ocaso al frente de su gobierno.

El pretendido desplazamiento de las FF.AA. de su responsabilidad como brazo armado e institución fundamental de la república, su exclusión del proceso de industrialización del país y de su aporte en la elaboración de un proyecto nacional acorde con los reclamos de la sociedad provocaron, sin lugar a dudas, este episodio militar que conmovió al país durante la Semana Santa de 1987.

Arturo Frondizi,
La nación Argentina y sus Fuerzas Armadas

una noticia corre como reguero de pólvora: Alfonsín, con el apoyo del "Acta" y de la numerosa manifestación, decidió ir en persona a Campo de Mayo. Él mismo lo anuncia a los manifestantes, a las 14.30 desde el histórico balcón:

> "Desde el jueves vivimos horas de tristeza. [...] Ustedes y yo, todos en la Argentina, saben lo que estamos arriesgando: estamos arriesgando el futuro nuestro y el futuro de nuestros hijos. Estamos arriesgando sangre derramada entre hermanos, y es por eso que antes de proceder he resuelto y he tomado una decisión: dentro de unos minutos saldré personalmente a Campo de Mayo a intimar la rendición de los sediciosos. [...] Les pido a todos que me esperen acá y, si Dios quiere, si nos acompaña a todos los argentinos, dentro de un rato vendré con la noticia de que cada uno podremos volver a nuestros hogares para darle un beso a nuestros hijos y en ese beso decirles que les estamos asegurando la libertad para los tiempos."

Mientras la mayoría aplaude y entona el Himno Nacional, en los grupos de izquierda, numerosos y compactos, se nota un ambiente de deliberación. El PC amaga retirarse pero no logra una acción coordinada. El MAS, que porta grandes carteles y decenas de banderas rojas que dominan el medio de la Plaza, se retira disciplinadamente. Algunos los increpan: "El pueblo no se va", los socialistas replican "¡Atención!, nos vamos de la plaza contra la negociación". Stubrin y Manzano ven esos movimientos y tratan de evitar que

---

 ### *Hechos inéditos*

Fue en esta tierra donde Enrique Santos Discépolo escribió "Cambalache". La misma de la que huyó Julio Cortázar porque el retumbar de los bombos le impedía escuchar a Béla Bartóck. También argentinos, los historiadores revisionistas y liberales supieron comprobar que Rosas y Perón fueron Dios y el Diablo al mismo tiempo.

Esto es la Argentina. Quizás otros países subdesarrollados quieran pelear privilegios, pero no en todos los lugares existe un general que con tropas hambrientas libertara naciones hermanas, ni un almirante que a falta de buenas armas cruza una cadena sobre un río para detener a poderosas flotas enemigas, ni un gobierno que se declarara oficialmente colonia del imperio británico, ni un guerrillero que comandara una revolución en otro país donde hoy se lo recuerda como héroe nacional, ni un ministro de Estado que desarrollara práctica esotéricas desde la Casa de Gobierno.

Tampoco todos los pueblos inventaron el dulce de leche, el bolígrafo, ni ganaron dos campeonatos mundiales de fútbol ni son primeros exportadores de sapos a los Estados Unidos ni tienen la avenida más ancha del mundo.

Aquí la Biblia y el calefón van de paseo a la Plaza de Mayo, a las iglesias y a los cuarteles. Aquí la farolera se enamora de un coronel, aunque sepa que éste la engaña con un general.

Esto es la Argentina, una fuente continua de pasiones desembozadas y antagonismos permanentes. Es así, y casi sería imposible que no lo fuera, que un país del Sur empobrecido viviera libre de conflictos en un clima pacífico y organizado. Es así, para mal o para bien.

se produzca una desconcentración o que haya desplazamientos hacia Campo de Mayo, por lo que desde los parlantes insisten en permanecer allí.

Acompañado por sus edecanes y por el brigadier Crespo, Alfonsín viaja en helicóptero al encuentro con Rico. Alais y el inspector general José Caridi mueven algunos blindados para apuntar hacia las oficinas donde está el jefe carapintada con su "estado mayor". En rápida maratón automovilística, decenas de dirigentes políticos van detrás de Alfonsín. Los une el afán de facilitar la negociación y evitar desbordes de la gente, que en gran cantidad se agolpa frente a las Puertas 2 y 2 bis, de acceso a la Escuela de Infantería. Las cámaras retratan caras conocidas: Jaroslavsky, Stubrin, Storani, Alende, Estévez Boero, Monserrat, Rabanaque Caballero, Cafiero, Matzkin, Grosso y Cavalieri. También a los dirigentes del empresariado y la Sociedad Rural, Roberto Favelevic y Guillermo Alchourón. Algunos más previsores llevan megáfonos para disuadir con la palabra; otros como Jesús Rodríguez, prácticamente forcejean con la gente para impedir su ingreso en los cuarteles.

Rico, Venturino, Martínez Zuviría y Breide Obeid se trasladan a la cercana Dirección de Institutos Militares, donde los espera Alfonsín. La reunión, secreta, se prolonga casi dos horas. Cuando el Presidente sale, los civiles festejan y muchos de los dirigentes presentes gritan con euforia: "¡Triunfamos!". La gente, al principio, se suma a la algarabía pero, inmediatamente, quiere conocer detalles. No los hay. Se trata de volver a Plaza de Mayo –donde la ciudadanía mantiene su guardia vigilante– y escuchar el mensaje de Alfonsín.

La consagrada escuela radical de oratoria se pone a prueba. Cada palabra debe se-

---

En ese contexto se insertó la asonada militar de abril de 1987, como una continuidad histórica de hechos pasados. Sin embargo, los sucesos de esa Semana Santa guardaron las suficientes particularidades como para diferenciarse perfectamente de otros antecedentes conocidos.

Por un lado, los rebeldes adujeron una y otra vez que su intención no era dar un golpe de Estado. La respuesta política de todos los sectores sociales así pareció demostrarlo: cualquier militar argentino sabe, por experiencia, que es imposible la gestación de un golpe sin el aporte de grupos empresarios, de alguna fracción de dirigentes gremiales, de alguna porción del espectro político y, fundamentalmente, sin el apoyo de alguna potencia extranjera.

Aldo Rico, jefe de los insurrectos, insertó una variante en las argumentaciones de los movimientos armados nacionales cuando afirmó –a poco de iniciado el conflicto– que él se consideraba un obrero dentro del Ejército y que sus reivindicaciones eran estrictamente gremiales.

La respuesta de la población también resultó inédita. Ningún otro levantamiento militar fue enfrentado con la participación conjunta y activa de los dos partidos mayoritarios. Tanto peronistas y radicales como otras fuerzas minoritarias antagónicas entre sí marcharon durante cuatro días sobre plazas públicas de todo el país y sobre los mismos cuarteles alzados.

También por primera vez, después del intento golpista de junio de 1955 contra el presidente Juan Domingo Perón, la Nación estuvo a punto de internarse en una guerra civil de consecuencias imprevisibles.

JORGE GRECCO Y GUSTAVO GONZÁLEZ,
¡Felices Pascuas!

leccionarse meticulosamente para responder a las inquietudes ciudadanas sin menoscabar el orgullo de los sublevados ni ubicarlos en figuras penales que puedan incriminarlos más allá de ciertos límites.

"¡Compatriotas!... ¡compatriotas!... ¡compatriotas!... ¡Felices Pascuas! Los hombres amotinados han depuesto su actitud...

"Como corresponde, serán detenidos y sometidos a la Justicia.

"Se trata de un conjunto de hombres, algunos de ellos héroes de la guerra de las Malvinas, que tomaron esta posición equivocada y que reiteraron que su intención no era provocar un golpe de Estado.

"Pero de todas maneras han llevado al país a esta tensión, a esta conmoción que todos hemos vivido, de la que ha sido protagonista fundamental el pueblo argentino en su conjunto.

"Para evitar derramamiento de sangre he dado instrucciones a los mandos del Ejército para que no se procediera a la represión, y hoy podemos todos dar gracias a Dios: la casa está en orden y no hay sangre en la Argentina.

"Le pido al pueblo que ha ingresado a Campo de Mayo que se retire. Es necesario que así lo haga, y les pido a todos ustedes que vuelvan a sus casas a besar a sus hijos, a celebrar las Pascuas en paz en la Argentina."

El pueblo se movilizó hacia el Congreso y en las principales plazas del país.

Aunque la cúpula del peronismo –en particular el sector renovador, en el que figuran Cafiero, De la Sota, Menem, Grosso y Manzano– ha cerrado filas con el gobierno, es oportuno recordar qué opinaban entonces los principales referentes y futuros precandidatos presidenciales. "A los argentinos nos queda una asignatura pendiente. ¿Cómo terminar con estos reductos de la impunidad, del privilegio y de la prepotencia?", señaló Cafiero, mientras que el riojano destacó: "No es posible que un forajido, a quien lo único que se le pide es que se presente ante la Justicia, tenga en vilo a toda la comunidad. Esta situación hay que terminarla con mano fuerte". En un principio, el análisis de Luis A. Romero no fue compartido por muchos, que caratulaban esta posición como sectaria. Con el paso de los días, sin embargo, fue ganando mayor consenso.

> "Para todos [la solución del conflicto] apareció como una claudicación, en parte porque así lo presentaron tanto los 'carapintadas' amotinados como la oposición política, que no quiso asumir ninguna responsabilidad en el acuerdo. Pero pesó mucho más el desencanto, la evidencia del fin de la ilusión: la civilidad era incapaz de doblegar a los militares. Para la sociedad, era el fin de la ilusión de la democracia. Para el gobierno, el fracaso de su intento de resolver de manera digna el enfrentamiento del Ejército con la sociedad, y el comienzo de un largo y desgastante calvario."

Leyes y motines

La ley de Obediencia Debida

En junio el Congreso, sin el voto del peronismo renovador, sanciona la Ley 23.521, conocida como de "Obediencia Debida", que establece que "sin admitir prueba en contrario, quienes a la fecha de comisión del hecho revistaban como oficiales jefes, oficiales subalternos, suboficiales y personal de tropa de las Fuerzas Armadas, de seguridad, policiales y penitenciarias" no serán punibles de una amplia gama de delitos, pues, como acota el general Balza diez años después:

> "Se consideraba de pleno derecho que el personal mencionado había obrado en estado de coerción, ante órdenes recibidas, sin facultad o posibilidad de inspección, oposición o resistencia a ellas en cuanto a su oportunidad y legitimidad. Estaban exceptuados, y no amparados, los delitos de violación, sustracción y ocultación de menores o sustitución de su estado civil y apropiación extorsiva de inmuebles. Posteriormente amplió el beneficio a los coroneles y generales, que no participaron en la decisión y elaboración de las órdenes. Resulta incomprensible el siquiera suponer que un coronel o un general careciera del poder de inspección de una orden, más aún, de una orden ilegal e inmoral."

La Ley de Obediencia Debida clausura todas las acciones penales, salvo en los casos de violación, sustracción y cambio de identidad de menores. La Corte Suprema establece su constitucionalidad en fallo dividido, por 3 votos a 2, y los organismos de derechos humanos la repudian. Sólo 38 altos mandos, en razón de la jerarquía que durante el Proceso, no logran acogerse a los beneficios de la "obediencia debida", aunque serán desprocesados en octubre de 1989 por el primero de los dos indultos del presidente Carlos Menem.

La sanción de la Obediencia Debida provoca una aguda controversia entre sus sostenedores y sus detractores. Como señalan al respecto Floria y García Belsunce, "el proceso legal fue, preciso es decirlo, una mezcla inextricable y polémica –mezcla que la experiencia comparada demuestra difícil de evitar– de justicia y política. Cuando esto ocurre, sucede también la sensación de que nunca se llega a saber del todo cómo ocurrieron las cosas". El ex presidente Frondizi, por ejemplo, acuerda con el enfoque de los "carapintadas" y pone como ejemplo la actitud de los Estados Unidos al término de la Segunda Guerra Mundial: "En una guerra en la que murieron más de 40 millones de personas, el proceso duró 218 días y los acusados fueron 21 personas, no más".

El coronel Horacio Ballester, de reconocida trayectoria democrática, resume el período que transcurre entre aquel agitado domingo de Pascuas y la sanción de la discutida ley:

"La consternación ciudadana comenzó esa misma noche, cuando en los noticieros de la TV aparecieron los 'carapintadas' de Campo de Mayo, abrazándose alborozados y con las armas en su poder. [...] El golpe final contra la credibilidad popular fue poco después, cuando el sumiso Congreso Nacional –como consecuencia del acuerdo de Campo de Mayo entre el Dr. Alfonsín y los 'carapintadas'– dictó la ley conocida con el nombre de 'Obediencia Debida', la que significó el perdón para todos quienes hubiesen violado los derechos humanos durante la dictadura militar, y aun el de quienes, además, habían cometido delitos conexos para su exclusivo beneficio personal, con el pretexto de que fueron simples cumplidores de órdenes, a pesar de que varios de ellos ostentaban los grados de general, coronel y sus equivalentes en las otras fuerzas."

El general Balza, compañero de Rico en Malvinas, afirma de modo contundente:

"La crisis de Semana Santa tuvo un protagonista y vencedor, Rico, y terminó en un acuerdo. Dicha crisis no fue superada y la casa 'no quedó en orden' como expresó Alfonsín. La crisis continuaría como consecuencia de un Ejército fracturado (Malvinas, secuelas de la LCS [lucha contra la subversión], etc.), carente de liderazgo y con mandos que no estaban decididos a cortar el 'cordón umbilical' con la noche negra del 'Proceso.'"

El 20 de abril de 1987 Ríos Ereñú es reemplazado por el general José Segundo Dante Caridi. Su ascenso provoca el pase a retiro de catorce generales, Polo es puesto en disponibilidad y los tenientes coroneles Venturino, Martínez Zuviría y Rico son detenidos en la Escuela Lemos, aunque en diciembre un cambio de carátula le permite a Rico alojarse en el country "Los Fresnos". El capitán Breide Obeid tiene un proceso en la Justicia Militar pero Barreiro es desprocesado el 23 de junio, por efecto de la aplicación de la nueva ley: como propagandista de los "carapintadas" comenzó a recorrer el país dando charlas y exhibiendo un video titulado *Operativo Dignidad.*

Estas actividades abonan la visión que aporta el grupo de historiadores del Colegio Nacional de Buenos Aires (CNBA), quienes sostienen que aquella "Semana Santa" es la aparición de "un nuevo tipo de militares: oficiales de rango medio y subalterno, politizados en gran medida por la lucha contra la guerrilla y la Guerra de las Malvinas, portadores de ideas nacionalistas [las cuales expresan que] los procesos encarados por la democracia para punir los excesos en la represión [son] el símbolo de la metamorfosis de su victoria armada en derrota política".

Por esta misma razón los sucesos de abril de 1987, si bien desembocan en un final más que aceptable para los sublevados, no serán los últimos. Nuevos levantamientos se repetirán en los años siguientes.

Remezones y algo más

El 15 de enero de 1988 Rico huye de su lugar de detención y promueve otro levantamiento en Monte Caseros (Corrientes) que despierta escaso interés en los medios civiles y militares, aunque cuenta con el apoyo de Polo, Venturino y Breide Obeid. Logra sublevar la unidad local y también se suman algunas unidades dispersas de Tucumán, San Luis, Las Lajas, San Juan y Santa Cruz. El general Caridi, comenta Balza, está íntimamente de acuerdo con Rico; él también "exigía terminar con 'las agresiones de los medios de comunicación' y la 'pronta reivindicación histórica' de la Fuerza", pero, sin otra alternativa, el Ejército cerca a Rico y tres de sus hombres son heridos por efecto de una mina colocada por los sublevados. El 18 detienen al cabecilla, quien divulga que los acuerdos de Semana Santa no han sido respetados, aunque los detalles se mantienen en reserva.

Rico es trasladado y encerrado en el penal militar de Magdalena. Venturino, prófugo unos días, se entrega y también es puesto bajo un régimen de prisión preventiva rigurosa. Todos los otros jefes reconocidos como sublevados son pasados a retiro, aunque en octubre de 1989 serán favorecidos con un indulto. "La situación –analizan los autores de *Historia argentina* del CNBA– estaba lejos de quedar resuelta. Duran-

Alfonsín y Menem, con matices, desplegaron políticas similares en el campo de los derechos humanos.

te todo ese tiempo y en los meses siguientes menudearon los incidentes, actos de indisciplina en varias unidades y operaciones de inteligencia y acción psicológica".

Con Rico detenido, entra en escena el personaje considerado "ideólogo y mentor" de las sublevaciones anteriores: Mohamed Alí Seineldín. El "Camello", afirma Verbitsky, habría actuado como enlace entre el Ejército y la Triple A, integró grupos comando durante el Mundial de Fútbol, participó en un golpe de Estado en Bolivia y entrenó fuerzas especiales del dictador panameño Manuel Noriega. Al igual que Rico, su heroísmo durante la guerra de Malvinas es legendario y se dice que es quien sugirió realizar la recuperación de las islas bajo la advocación de la Virgen del Rosario.

Seineldín unifica a sus comandos –comenta Joaquín Morales Solá– con "el dogma del catolicismo fanatizado y el principio del nacionalismo" bajo la consigna "¡Dios y Patria o Muerte!" y tiende lazos políticos hacia el justicialismo menemista, ganándose la confianza de Zulema Yoma, la futura primera dama.

Pérdida de credibilidad de Alfonsín

Con relación a las instituciones militares, la estrategia de Alfonsín perseguía un doble objetivo: el castigo de los oficiales que habían cometido violaciones de los derechos humanos y la incorporación de las Fuerzas Armadas en el nuevo orden democrático. Por esta razón, el proceso judicial promovido por el gobierno apuntó inicialmente a que los militares se juzgaran a sí mismos; Alfonsín estaba convencido de que una exitosa autodepuración permitiría castigar a los principales responsables de la "guerra sucia" sin antagonizar a las instituciones militares en conjunto. Por tanto, envió al Congreso un proyecto de enmienda del Código de Justicia Militar que otorgaba jurisdicción inicial sobre el personal uniformado al Consejo Supremo de las Fuerzas Armadas. Para forzar un juicio rápido, el proyecto establecía que si después de seis meses de comenzado el trámite jurídico, el tribunal militar no había dado su veredicto, el tratamiento de los casos sería transferido a la justicia civil. La enmienda también limitaba el número de militares a ser incriminados. Durante la campaña electoral Alfonsín había formulado una importante distinción entre tres grupos de personal militar con diferentes niveles de responsabilidad: los que habían dado órdenes de represión, los que habían cometido excesos al cumplir órdenes y los que no habían hecho más que cumplir órdenes. El peso del castigo recaería sobre los dos primeros, en tanto que el tercer grupo sería perdonado por haber actuado de acuerdo con las normas de disciplina militar.

Mientras Alfonsín desplegaba esta estrategia, las organizaciones defensoras de los derechos humanos se movilizaron rápidamente reclamando la formación de una comisión especial del Congreso para la investigación de la desaparición de personas. Ésta era una iniciativa llena de riesgos para los objetivos del gobierno, y para bloquearla fue creada desde la presidencia la Comisión Nacional de Desaparecidos (CONADEP), compuesta por figuras independientes con la única tarea de recibir y verificar acusaciones dentro de un período de seis meses. No obstante esta limitada función, durante el lapso que estuvo en actividad, la CONADEP contribuyó a sensibilizar a la opinión pública, que, al cabo de un período de forzada o voluntaria ignorancia,

El 2 de diciembre de 1988, cuando se entera de que no será ascendido a general ese año, Seineldín pone en marcha la "Operación Virgen del Valle". Ingresa en la Escuela de Infantería en Campo de Mayo y al día siguiente se instala en el Batallón de Arsenales de Villa Martelli. Exige una amplia amnistía y la reivindicación de la institución. Aunque aparentemente logra un convenio de "recuperación de la dignidad militar" que implica terminar con todas las causas judiciales, aumentos salariales y presupuestarios y perdón para todos los rebeldes, queda preso como cabecilla. Todo hace presumir que la situación nuevamente es exitosa para los sublevados, pero los "carapintadas" están muy lejos de concitar algún consenso social. Tampoco Alfonsín, cruzado por una importante crisis económica y social, logra aumentar su prestigio. Ese mismo día, Menem declara en *Clarín* ser contrario a "una eventual ley de amnistía para los militares que violaron los derechos humanos durante la guerra sucia".

¿Hubo pacto? Cada vez que se produce un levantamiento basta ver los sucesos con

fue tomando conciencia de la magnitud de la represión militar, gracias a los testimonios de los parientes de las víctimas, al descubrimiento de centros clandestinos de tortura y de cementerios donde habían sido enterradas personas no identificadas. [...]

Comenzó entonces un período de gran tensión. El 16 de abril [de 1987], como consecuencia de la negativa de un oficial a presentarse en la Cámara Federal de Córdoba, estalló la primera crisis militar abierta del gobierno democrático. En la guarnición de Campo de Mayo, Buenos Aires, el teniente coronel Aldo Rico se declaró en rebeldía junto a un centenar de oficiales, en demanda de una "solución política" al problema de los juicios (en otras palabras, una amnistía) y de la destitución del alto mando del ejército por haber subordinado los intereses de la institución a la conveniencia política de Alfonsín. El Presidente ordenó poner fin a la revuelta; ninguna unidad militar obedeció la orden. Una multitud calculada en 400.000 personas se congregó en la Plaza de Mayo en solidaridad con el gobierno. Alfonsín se trasladó entonces al escenario del amotinamiento y persuadió a los rebeldes a deponer las armas. Los costos del desenlace pacífico del conflicto pronto salieron a la luz. El 13 de ma-

yo, inclinándose ante las exigencias de los rebeldes y después de sustituir al comandante en jefe del Ejército, el gobierno presentó al Congreso un proyecto de ley que especificaba claramente el alcance de la obediencia debida, con el fin de proteger a los niveles intermedios de las Fuerzas Armadas de futuros juicios. El 4 de junio, una vez más, el partido gobernante tuvo que movilizar a sus legisladores para sancionar la ley, contra la fuerte oposición de los diputados peronistas.

La Ley de Obediencia Debida cumplía uno de los objetivos que había estipulado el gobierno desde un principio: limitar las sentencias por violaciones de los derechos humanos a un reducido número de oficiales de alta graduación. Sin embargo, en virtud de las circunstancias que rodearon su aprobación, el gobierno no pudo impedir que las políticas implementadas fuesen percibidas como una capitulación. Su sanción mostró que no todos los ciudadanos eran iguales ante la ley y que la fuerza continuaba siendo un instrumento eficaz para el logro de fines políticos. Todo ello debilitó la credibilidad de Alfonsín cuando sólo faltaban unas semanas para las elecciones.

JUAN CARLOS TORRE Y LILIANA DE LIZ,
Historia de la Argentina

alguna distancia para comprobar sus consecuencias: poco después Caridi es reemplazado en la jefatura del Estado Mayor del Ejército por el general Francisco Gassino.

En enero de 1989, en un confuso episodio, militantes del Movimiento Todos por la Patria (MTP), orientado por el ex jefe del ERP Enrique Gorriarán Merlo, ocupan el Regimiento 3 de Infantería de La Tablada "en defensa de la democracia" y denunciando la inmediata posibilidad de que se realizara un golpe de Estado, en el que involucran a Seineldín, Menem y Lorenzo Miguel. La represión militar y policial a que son sometidos los ocupantes –poco más de cincuenta– durante treinta horas es completamente desmesurada y provoca 39 muertos, 60 heridos, 2 "desaparecidos" y numerosos detenidos, que son procesados y condenados. Las características del hecho nunca se aclararán debidamente pero el movimiento quedará bajo la sospecha de haber sido manipulado por una operación de inteligencia.

El nuevo presidente, Carlos Menem, asume en julio. Parece no recordar las declaraciones hechas apenas unos meses atrás. En octubre decreta el indulto a 277 militares y civiles, entre los que se cuentan importantes jefes del Proceso, los sublevados carapintadas y algunos antiguos dirigentes de Montoneros. Quedan excluidos los ex comandantes miembros de las Juntas Militares y Mario Firmenich.

El 3 de diciembre de 1990, cuando Menem se prepara para recibir al presidente norteamericano George Bush, un grupo militar irrumpe en la sede del Estado Mayor del Ejército, frente a la Casa de Gobierno, y toma el Regimiento I de Patricios. Movimientos solidarios se producen en TAMSE (Boulogne), el Batallón Intendencia 601 (El Palomar) y en Olavarría, Concordia y Villaguay. Menem ordena reprimir con energía, a pesar de que el movimiento es encabezado por su ex asesor Seineldín, recluido en San Martín de los Andes.

Con la conducción de Balza, el Ejército recupera las instalaciones de Palermo, donde los rebeldes matan al teniente coronel Pita y al mayor Pedernera. La represión se centra en el Edificio Libertador, que ha sido tomado por el capitán Gustavo Breide Obeid con un número importante de suboficiales y bajo intenso fuego. Al cabo de quince horas de sitio, los rebeldes se rinden. En total, el motín deja un saldo de catorce muertos y más de un centenar de heridos de distinta consideración. Como sucediera en las otras oportunidades, poco tiempo después hay sensibles consecuencias: el 29 de diciembre Menem anuncia el indulto de los ex comandantes, condenados en 1985, y el de Firmenich.

Seineldín asume la "total responsabilidad" por el alzamiento y asegura que los sublevados cumplieron "órdenes estrictas" impartidas por él. En 1991 la Cámara Federal lo condena a reclusión perpetua.

La verdad, una necesidad

Estos movimientos militares obtienen, progresivamente, lo que pretenden: una amnistía amplia y el fin de todos los procesos judiciales. Al consagrar la impunidad de la mayoría de los crímenes cometidos bajo la dictadura, mediante diversos instrumentos legales, se pretende levantar un manto de olvido sobre el pasado. No obstante, el precedente es costoso. La sociedad en general –y los directos afectados en particular– no pueden olvidar el genocidio; sencillamente, es imposible hacerlo. Y quienes favorecieron esa alternativa con leyes y decretos, como los presidentes Alfonsín y Menem y los ministros, legisladores y jueces que los acompañaron, están sujetos al descrédito político y ético y a un juicio que la historia hace de modo inapelable.

Cultivar la impunidad tiene un alto costo. Estafar la confianza popular le vale a Alfonsín una sucesión de derrotas electorales y tener que abandonar el gobierno cinco meses antes del plazo previsto. Por otro lado, dejar intacto un aparato estatal perverso, acostumbrado a funcionar en la ilegalidad y a gozar de impunidad, fue como sembrar tormentas para cosechar tempestades a futuro.

Las complicidades silenciosas con la dictadura o con los movimientos sediciosos dan lugar a fuertes polémicas y producen escisiones en la intelectualidad argentina, y en las actitudes a asumir para investigar los crímenes del pasado y enfrentar la realidad presente. El mismo movimiento de los derechos humanos asiste a controversias, hasta el punto de dividir a las Madres de Plaza de Mayo. Las "Abuelas", con un objetivo más determinado, buscan denodadamente la verdad y siguen incansables su trabajo.

Las realidades pendientes vuelven de modo insistente. En una sola semana de agosto de 2002, por ejemplo, se anuncia la inmediata presentación de dos nuevas investigaciones testimoniales en dos aspectos cruciales de la dictadura: el robo de bebés y la censura editorial. En *4867-1212*, un documental realizado por Alex Tossenberg y Daniel Carbone, el líder de la oposición italiana Massimo D'Alema, dice:

> "Argentina reconquistó la democracia con un compromiso que ha terminado por sacrificar la búsqueda de la dignidad y la justicia. [...] Las Abuelas de Plaza de Mayo representan la necesidad de que los argentinos sepan y digan la verdad sobre su historia."

Otro reciente y significativo aporte en búsqueda de la verdad es *Un golpe a los libros*, escrito por Hernán Invernizzi y Judith Gociol. Con acceso a documentación de los servicios de inteligencia, que en su momento fue "estrictamente confidencial y secreta", la investigación intenta codificar los planificados y sofisticados mecanismos de la dictadura "para ejercer la censura y el control cultural".

Justicia y verdad son dos caras imprescindibles de una democracia sólida y de contenido, más allá de lo formal. Sin ellas la sociedad funciona con pies de barro.

> "Porque democracia –destaca Bayer– sólo es aquel estado de cosas que se alcanza cuando todos pueden gozar de la libertad, que se integra con el derecho a vivir sin hambre, con techo, abrigo y escuela, con el reconocimiento de la dignidad humana. Cada día que pase sin justicia y sin verdadera democracia es un paso de regreso hacia el pasado de escarnio y terror del que acabamos de despertar."

Esta afirmación es anterior a las rebeliones de Semana Santa, Monte Caseros, Villa Martelli y Edificio Libertador; también a las leyes de Punto Final y Obediencia Debida y a los indultos. La realidad actual, después de veinte años de democracia, la pone sobre el tapete con todo vigor.

Raúl Ricardo Alfonsín

La promesa de la democracia

El primogénito de Serafín Alfonsín y Ana María Foulkes, que tendrá cinco hermanos menores, nació en Chascomús el 12 de marzo de 1927. Al terminar la escuela primaria ingresa en el Liceo Militar. En los tiempos de ascenso del peronismo ya adhiere a la Unión Cívica Radical y, desde 1946, milita en el Movimiento de Intransigencia y Renovación (MIR), mientras estudia Derecho en La Plata. En 1949 se casa con María L. Barreneche, con quien tendrá seis hijos, y al año siguiente se recibe de abogado y es nombrado presidente del Comité de la UCR de Chascomús, donde en 1951 es elegido concejal. Al año siguiente, electo diputado provincial, ejerce la vicepresidencia de su bloque, y se traslada a La Plata.

Acompaña a Balbín en la UCR del Pueblo y es elegido nuevamente diputado provincial en 1958 y en 1960. En 1963 es diputado nacional y preside la Comisión de Presupuesto. Es detenido unos días durante el gobierno de Onganía y, refugiado en el periodismo, expresa su solidaridad con el sindicalismo combativo, lo que le vale el mote de "filocomunista". Funda el Movimiento Renovador (después, Movimiento de Renovación y Cambio) y en 1972 integra una fórmula presidencial con Conrado Storani, que es derrotada en la interna por Balbín-Gamond. En 1975 realiza una gira por América latina, Estados Unidos y Europa. Producido el golpe de 1976, como miembro de la Asamblea Permanente por los Derechos Humanos, realiza gestiones y firma esporádicos reclamos por violaciones que comete la dictadura. Reagrupa a un equipo de partidarios y, tras la muerte de Balbín en 1981, se convierte en el principal referente de la UCR: es presidente del Comité Nacional y candidato presidencial. Su discurso democrático logra consenso y con un margen apreciable triunfa en octubre de 1983 y asume el 10 de diciembre.

Alfonsín reinserta al país en los foros internacionales e intenta ordenar y dar respuesta a tres flancos críticos: el económico, el institucional y el de las Fuerzas Armadas. Aunque el Plan Austral, el *Nunca más* de la Comisión sobre Desaparición de Personas (CONADEP), el juicio a las Juntas de Comandantes, la solución al conflicto del Beagle y el clima de libertades públicas le brindan tres años de gestión con buen respaldo, su gobierno se deteriora aceleradamente desde la crisis de Semana Santa de 1987. Las leyes de Obediencia Debida y Punto Final y el proceso hiperinflacionario de 1989 provocan la derrota política de la UCR; Alfonsín renuncia en julio de 1989 y entrega el poder a Carlos Menem.

La UCR vive una fuerte crisis. Alfonsín reaparece en noviembre de 1993, cuando suscribe con Menem el "Pacto de Olivos" y permite la reelección presidencial. Por un tiempo es presidente de la UCR y en 1997 apoya la alianza de su partido con el FREPASO, y suele negociar de modo directo con el candidato a vicepresidente Carlos "Chacho" Álvarez. Convencional constituyente en 1994 y senador nacional desde 2001. Si bien renunció a la banca el 25 de junio de 2002, continúa siendo el principal líder partidario tras el estrepitoso fracaso del gobierno de Fernando de la Rúa.

Aldo Rico

El jefe de los "carapintadas"

Nace el 2 de marzo de 1943 en una casona de Palermo y pasa buena parte de su infancia en el barrio de Mataderos, donde su padre, asturiano y republicano, regentea un bar frente al hospital Salaberry. Estudia en el comercial "Hipólito Vieytes" y participa con los "laicos" y la izquierda en las movilizaciones estudiantiles de fines de los 50.

Ingresa en el Colegio Militar en 1960; tiene algunas observaciones por indisciplina y finaliza la carrera en julio de 1964. Encargado de la 3ª Compañía de Infantería, se casa con Noemí Crocco y realiza el curso de paracaidista. Años después se entrena como comando, y desde 1971 es oficial instructor en el Colegio Militar, pero es trasladado por manifestar diferencias con la conducción.

En 1974 se incorpora a la División Aerotransportadora del Ejército peruano; entre 1976 y 1979 estudia en la Escuela Superior de Guerra y al año siguiente es jefe de cursos en la Escuela de Infantería y de personal superior y comandos. En la guerra de las Malvinas fue jefe de una compañía de comando que debía infiltrar las fuerzas enemigas, acciones en las que sus hombres demostraron valor. En 1984 y 1985 tuvo destinos en Rosario y San Javier (Misiones).

Desde el 16 de abril de 1987 encabeza el movimiento de Semana Santa. Al culminar la rebelión permanece detenido ocho meses en la Escuela Lemos bajo el régimen de prisión preventiva rigurosa. El 29 de junio se declara la nulidad de la declaración de rebeldía y luego la Corte Suprema dictamina la competencia de la Justicia Militar y su causa sufre un cambio de carátula. En diciembre Rico cumple el arresto en un country, de donde escapa en enero de 1988 para iniciar un nuevo levantamiento en Monte Caseros, que se extiende a distintos puntos del país. Se rinde sin luchar tres días después. Arrestado, fue trasladado al penal militar de Magdalena y el 7 de octubre de 1989 es indultado por el presidente Menem.

Lanzado a la actividad política, en octubre de 1990 funda el MODIN (Movimiento por la Dignidad y la Independencia), que se presenta con un discurso nacionalista y de "mano dura". En las elecciones del 8 de septiembre de 1991 el MODIN logra cerca de 600 mil votos y Rico es electo diputado nacional. Asociado con el peronismo bonaerense, Rico es designado ministro de Justicia y Seguridad de la provincia de Buenos Aires, medida cuestionada por los organismos de derechos humanos.

El rol de los convencionales del MODIN en la Convención Constituyente de 1994, sospechados de connivencia con el "duhaldismo", provoca una crisis en la agrupación. Desde las filas justicialistas Rico es electo intendente de San Miguel en octubre de 1997, completa un período tras una intervención y es reelecto en octubre de 1999 con un alto porcentaje de votos; produce un sonado caso cuando toma militarmente el Hospital Larcade y enjuicia severamente a su personal. En 2003, con el Frente Popular Bonaerense, fue candidato a la gobernación y obtuvo el tercer lugar, con el 11,5 por ciento de los votos.

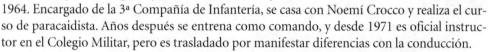

Antonio Francisco Cafiero

Fundó la "renovación peronista"

Nació el 12 de septiembre de 1922 en el barrio porteño de San Telmo. Su padre se dedicaba al mayoreo frutihortícola y su madre era dueña de un conservatorio de música.

Estudia en la Escuela de Comercio Nº 3 y en 1940 ingresa en la Facultad de Ciencias Económicas de la UBA. En 1944, cuando se recibe de contador, funda la Acción Católica Universitaria (ACUCE), de corte nacionalista, mientras trabaja en la empresa National Cash Register Co. entre 1941 y 1946. En marzo de 1945 es detenido por manifestar contra la declaración argentina de guerra al Eje.

En 1946 conoce a Perón y, al año siguiente, recorre el país para lograr adhesiones a la Federación Nacional de Estudiantes Peronistas; es nombrado jefe de la Superintendencia de Seguros de la Nación y a fines de año se suma a la legación en Washington. En 1948 obtiene su doctorado con una tesis sobre "Política sobre Seguros"; en 1951 se integra al Ministerio de Relaciones Exteriores y a los veintinueve años Perón lo designa secretario de Comercio Exterior; luego asciende a ministro del área. En desacuerdo con el giro anticlerical del gobierno renuncia a principios de 1955.

Derrocado Perón, sufre arresto domiciliario y, desde abril de 1956, es encarcelado durante ocho meses. En 1962 acompaña la candidatura de A. Framini y visita a Perón en Madrid; a su regreso es secretario político del Consejo Nacional del PJ; cercano a Vandor, será luego asesor de la CGT. Aunque tenía aspiraciones presidenciales, en 1973 Cafiero es relegado a la Caja Nacional de Ahorro y Seguro y como interventor federal en Mendoza. Es ministro de Economía entre agosto de 1975 y febrero de 1976 y el 20 de marzo asume como embajador ante el Vaticano, pero el golpe lo obliga a retornar y es encarcelado en el buque *Ciudad de la Plata*. Es transferido a Caseros y liberado y absuelto el 25 de noviembre.

Participa de la reorganización del peronismo y desde septiembre de 1982 integra el Movimiento para la Unidad, Solidaridad y Organización (MUSO) y es nuevamente precandidato presidencial, pero el partido opta por Luder. Para enfrentar a L. Miguel, H. Iglesias y J. Triaca, identificados como "los mariscales de la derrota", Cafiero encabeza la renovación partidaria y conforma un triunvirato con Menem y C. Grosso, razón por la que es expulsado del PJ. Es elegido diputado nacional en noviembre de 1985 y durante el alzamiento de Semana Santa de 1987 acompaña la política de Alfonsín.

Reinserto en el PJ, alcanza su presidencia y es candidato a gobernador de Buenos Aires; triunfa en septiembre de 1987 y asume en diciembre. En julio de 1988, acompañado por De la Sota, es derrotado en las internas por Menem-Duhalde. Es senador nacional en diciembre de 1992 y convencional constituyente en 1994. En el 2000 provoca el incidente que culmina en un escándalo por sobornos en la Cámara alta, que entre otras cosas, precipita la renuncia del vicepresidente Carlos Álvarez. Viudo y con diez hijos, en 2002 ocupa nuevamente una banca de senador en reemplazo del presidente Duhalde.

Saúl Edólver Ubaldini

La voz de la CGT

Nace el 28 de diciembre de 1936. Se cría en el porteño barrio de Parque de los Patricios, naturalmente se hace hincha de Huracán y, siendo joven, comienza a trabajar junto a su padre en el frigorífico Lisandro de la Torre, en Mataderos, donde, en 1959, se realiza una gran huelga que culmina con la aplicación del Plan CONINTES y decenas de trabajadores apresados. Ubaldini comienza su actividad gremial en 1962 y la continúa, años después, en el gremio de los cerveceros, cuando ingresa a trabajar en la Compañía Argentina de Levaduras.

Se casa con Margarita Muñoz, con quien tendrá cuatro hijos. En 1972 es elegido congresal ante la Federación de Obreros Cerveceros en representación del Sindicato de Obreros y Empleados de Fermentos y asume como secretario social, y en 1974 ocupa la secretaría gremial.

Su personalidad como dirigente sindical gana reconocimiento público durante las luchas contra la dictadura militar, que asume en 1976. Es representante de su federación ante la Conducción Única de Trabajadores Argentinos (CUTA) e integra la Comisión de los 7 y la Comisión Nacional de los 25 que enfrenta a la actitud conciliadora de la CNT encabezada por J. Triaca. En reclamo de aumento salarial y en rechazo a los proyectos de ley de Obras Sociales y Asociaciones Profesionales, los 25 organizan la primera jornada de protesta nacional el 27 de abril de 1979 y, con el apoyo de L. Miguel y las 62 Organizaciones, realizan una nueva huelga nacional el 22 de julio de 1981. Ubaldini es elegido secretario general de la CGT Brasil –opuesta a la CGT Azopardo– y se transforma en la figura de las dos importantes concentraciones antidictatoriales concretadas en San Cayetano en noviembre de 1981 y en el paro y movilización del 30 de marzo de 1982, en el que fue detenido. Pocos días después viaja a Puerto Argentino y acompaña la asunción del gobernador de las Islas Malvinas recientemente recuperadas.

Reinstalada la democracia, el gobierno de Alfonsín intenta modificar las estructuras sindicales pero su proyecto es resistido por los trabajadores y no es votado en el Senado. Ubaldini es secretario general de la CGT reunificada, que rechaza la política económica y social del gobierno y realiza catorce paros generales, algunos de los cuales logran gran repercusión. Participa de congresos sindicales internacionales y sostiene un duelo verbal con Alfonsín. Exige que "el gobierno cambie o se vaya", el Presidente responde que "algunos mantequitas están llorando quejosos" y Ubaldini replica: "Llorar es un sentimiento, mentir es un pecado".

La actitud combativa se suaviza cuando asume el gobierno justicialista de C. Menem en 1989, a pesar de que las privatizaciones de empresas públicas y la política social agravan las penurias de los trabajadores y aumentan la desocupación de modo constante. Desde el 10 de diciembre de 1999 Ubaldini es diputado nacional en el bloque Justicialista para el período 2001-2005, y preside la Comisión de Legislación del Trabajo.

LA ARGENTINA EN LA GLOBALIZACIÓN

Tres gobiernos y una crisis terminal

A principios de la década del 60 el asesinato de una muchacha, Mirta Penjerek, mantuvo en vilo a la prensa y a la sociedad durante meses. Años después, otros sonados casos policiales, como el del asesino Carlos Robledo Puch y los hermanos Pablo y Sergio Schoklender causaron un efecto similar.

Terminados los "años de plomo" de la dictadura, la sociedad tuvo la esperanza de que llegarían horas de pacificación y convivencia democrática.

En los 90, sin embargo, las tres muertes que más impresionan presentan ribetes políticos. El asesinato de María Soledad Morales culmina con el derrumbe del imperio de la familia Saadi en Catamarca; la caída del helicóptero de Carlos Menem "Junior" queda envuelta en sospechas; el brutal crimen del fotógrafo José Luis Cabezas involucra a poderosos políticos y empresarios cercanos al poder. Ello, sin contar los terribles atentados contra la Embajada de Israel y la AMIA, que dejan un saldo de más de cien muertos y quinientos heridos y que aún no han sido esclarecidos.

El año 2002, parido con los cacerolazos y la salvaje represión de diciembre anterior, está sacudido por una sistemática violencia. Cada día hay nuevos "casos Penjerek" que, sin embargo, la sociedad parece absorber con relativo acostumbramiento: ganan titulares en las crónicas por unos días hasta ser reemplazados por otros hechos similares. En la vorágine informativa suelen quedar desdibujados los alcances —nunca vistos— de la violencia social que aparejan la marginalidad y la desocupación.

La economía en primera fila

Los sucesos de Semana Santa significan un gran frustración ciudadana y el comienzo de un sostenido desgaste del modelo preconizado, que intentaba convencer a la población de que el centro de su participación como ciudadano era, cada tantos años, votar entre las opciones que se le presentaban. El declive se hace especialmente pronunciado en octubre del 2001, cuando el "voto castigo", ya sea por medio de la abstención, el voto en blanco, la impugnación premeditada o el sufragio a candidatos "antisistema", alcanza cifras inesperadas, particularmente en la Ciudad de Buenos Aires, que suele funcionar como termómetro político del país.

Esa expresión de repudio a "los políticos" es resultado de la acumulación de años de frustraciones y desengaños, y el anuncio de que la impaciencia hacia el gobierno de De la Rúa llegaba a niveles explosivos.

Pero volvamos a aquella conmoción de Semana Santa que, para algunos observadores como Mempo Giardinelli, es el inicio concreto de la crisis de confianza hacia el sistema. Aquella desilusión que evidenció que la democracia no tenía la fortaleza necesaria para hacer justicia, se combinó con otro frente de tormentas que Alfonsín debe enfrentar desde el inicio de su mandato: la grave situación económica dominada por una abultada deuda externa. En efecto, su ciclo presidencial terminará abruptamente como consecuencia del estallido de la crisis. Será también la economía –en este caso, el Plan de Convertibilidad y la desregulación– lo que permitirá al siguiente presidente, Carlos Menem, gozar de cierta popularidad y ser reelegido para extender su mandato a casi diez años. Finalmente, la debacle de ese mismo plan elaborado por el ministro Domingo Cavallo motivará la caída de De la Rúa a fines de 2001. En síntesis, los tres últimos hechos que cambian el destino del país en 1989, en 1991 y en el 2001, reconocen idéntica raíz.

¿Suspensión de pagos de la deuda externa?, ¿investigación sobre su legitimidad?, ¿moratoria unilateral o concertada?, ¿renegociación? El tema y su impacto sobre la economía del país es crucial durante la gestión de Alfonsín, que en este plano tuvo éxito sólo durante unos pocos meses de ejecución del Plan Austral en 1985, anunciado como una "economía de guerra". Persisten durante todo su mandato un abultado déficit fiscal, una inflación que carcome los sueldos y genera inestabilidad, una cultura especuladora y un sistema de subvenciones a grupos y sectores económicos que parasitan el Estado y las empresas públicas. En 1985 la inflación anual alcanza al 86 por ciento la mayor desde 1975. Las huelgas generales de la CGT –catorce en total– se convierten en rutina.

En agosto de 1988 Alfonsín instrumenta el Plan Primavera con el objetivo de controlar la inflación con una nueva estrategia, similar al Plan Austral pero más drástica. La primavera es efímera: el 6 de febrero de 1989 se ordena una fuer-

En 1989, la primera ola de saqueos precipitó la renuncia de Alfonsín.

te devaluación y la economía inicia un proceso de descontrol: el dólar y los precios sufren aumentos vertiginosos y se desemboca en la hiperinflación. El 14 de mayo la fórmula justicialista Menem-Duhalde ("Lo peor del peronismo... la Biblia y el calefón", según sus rivales internos Cafiero-De la Sota) triunfa por amplio margen. La sociedad privilegia la equidad social, el trabajo y apoya las promesas de un hombre que habla de "revolución productiva" y "salariazo". Menem debía asumir el 10 de diciembre pero el descalabro económico provoca una ola de saqueos a supermercados y comercios en diversos puntos del país –especialmente violentos en Buenos Aires y Rosario– y acelera la entrega del gobierno, que se adelanta cinco meses. "Síganme, no los voy a defraudar", había dicho Menem. Sin embargo al asumir, el nuevo presidente designa como asesor a Álvaro Alsogaray y nombra en Economía a hombres del grupo Bunge & Born. El "salariazo" es abandonado y la alianza con el sindicalismo, reemplazada por una nueva coalición con sectores históricamente enfrentados al peronismo. Menem se pone la camiseta de la "economía popular de mercado" del neoliberalismo. Su ascenso coincide con cambios decisivos en el mapa político mundial.

Un país globalizado

La caída del Muro de Berlín, en noviembre de 1989, desencadena el fin de los regímenes comunistas de Europa Oriental y cierra el período de la Guerra Fría. La "globalización" pasa a ser la denominación *aggiornada* del control mundial por parte de las grandes corporaciones imperialistas.

El perfil del nuevo presidente es casi provocador, farandulero y escandaloso; no es, lo que se dice, un gobierno prolijo. El ministro del Interior José Luis Manzano afirma con escaso pudor: "Yo robo para la Corona", y el "Jefe" se convierte en un hábil comunicador que encuentra rápidos argumentos para refutar críticas y fundamentar proyectos.

Después de varios ensayos fallidos y dos picos hiperinflacionarios y tras un enroque ministerial, el canciller Domingo Cavallo fija un nuevo rumbo económico basado en el estímulo de la apertura y la desregulación iniciada por sus predecesores, la flexibilización laboral y la reglamentación del derecho de huelga y el fortalecimiento de la moneda, para lo cual se instrumenta una drástica reducción de gastos, que implica severos recortes a los presupuestos de educación y de salud y la paralización de las obras públicas.

Esta desregulación también implica la privatización de empresas públicas que en muchos casos se realiza de modo acelerado y desprolijo. El gobierno se dedica, con apuro, a vender "las joyas de la abuela". En sólo tres años privatiza ENTEL, Aerolíneas Argentinas, el petróleo, los puertos, los elevadores de granos, Gas del Estado, los ferrocarriles, SEGBA, Obras Sanitarias, SOMISA, la Fábrica Militar de Aviones, la Caja de Ahorro, los bancos provinciales, la mayoría de las empresas eléctricas provinciales. Cavallo, que se presume casi infalible, asegura que "también se hicieron mal las privatizaciones de aeropuertos y de correos, después que yo dejé el Ministerio de Economía".

Menem recuerda los momentos hiperinflacionarios y repite: "Yo o el caos". Es indudable que la estabilidad conquista un amplio consenso social, pero los índices de desocupación alcanzan niveles nunca vistos y la crisis de la industria desemboca en una recesión abierta. El gobierno acompaña esta política con gestos diplomáticos: estimula las "relaciones carnales" con los Estados Unidos y la reapertura de los canales diplomáticos con Gran Bretaña. Además, promoviendo la "reconciliación" de la sociedad, indulta a los miembros de las Juntas Militares con condena, y a Mario Firmenich.

Mientras tanto, sonados escándalos sacuden al país. La "valija" de Amira Yoma, cuñada del Presidente, que se presume involucrada en el lavado de dinero proveniente del narcotráfico; la venta de leche no apta para el consumo promovida por el secretario presidencial Miguel Ángel Vicco; las maniobras de "famosos" que importan a bajo costo autos para discapacitados; el vino adulterado con alcohol metílico que provoca veinte muertes; las coimas que se descubren en el PAMI y que involucran directamente a su directora Matilde Menéndez y las fabulosas sumas pagadas por el Banco Nación a la IBM en "reintegro" por un contrato informático. Entre 1991 y 1994 se producen sendos brotes de cólera y meningitis, el asesinato de María Soledad Morales y las explosiones que derrumban los edificios de la Embajada de Israel y la AMIA.

A pesar de esta acumulación de graves problemas, el éxito en haber detenido la inflación brinda aún al gobierno un fuerte apoyo electoral que se manifiesta en 1991 y 1993. El 14 de noviembre de 1993 Menem y Alfonsín firman el llamado "Pacto de Olivos" mediante el cual acuerdan una reforma constitucional acotada. El año siguiente la Asamblea reunida en Paraná modifica la Constitución: por un lado, autoriza la reelección de Menem por un período de cuatro años más, y por otro, da un barniz modernizador a algunas instituciones aunque preserva un sistema antidemocrático en la distribución de las bancas de senadores intentando asegurar el modelo bipartidista.

"¡Síganme!", la consigna de la campaña electoral de Menem-Duhalde.

Durante tres años consecutivos el PBI crece a un ritmo superior al 7 % anual, la moneda se mantiene estable y casi no hay inflación. Pero los índices de desocupación crecen año tras año: del promedio histórico de 6 % trepa a un récord de 18,6 % en 1995. Ese año se enciende la luz amarilla para el plan: el PBI, además, cae un 4 %. Los severos ajustes en las provincias provocan fuertes protestas en distintas localidades de Tierra del Fuego, Tucumán, Córdoba y Río Negro. A mediados de 1996 Cavallo renuncia. Antes de retirarse denuncia la connivencia del gobierno y Alfredo Yabrán, un poderoso empresario del rubro postal, al que describe como "mafioso", y poco después asegura que el gobierno tiene jueces corrompidos manejados desde la secretaría privada de la presidencia.

La Alianza: de la cima...

Muchos votantes, en buena medida descontentos con el pacto radical-justicialista, se vuelcan al FREPASO, una agrupación multipartidaria de fuerzas de centroizquierda. Graciela Fernández Meijide cosecha un 46 por ciento de votos en la Ciudad de Buenos Aires. La nueva ola de confianza no durará mucho: años después, como ministra, se verá involucrada en un caso de corrupción. En Tucumán triunfa el ex general procesista Antonio Bussi, a quien se le descubrirán cuentas bancarias secretas depositadas en Suiza.

Poco antes de los comicios muere el hijo del Presidente, Carlos "Junior", y su madre Zulema Yoma insiste en que se trata de un atentado: se habla de venganzas y de mafias que rodean al poder. El 25 de enero de 1997, además, el brutal asesinato del fotógrafo y periodista José Luis Cabezas en Pinamar pone la interna peronista al rojo vivo: las disputas entre Menem y el gobernador Duhalde se hacen feroces. "Sacarme una foto es como pegarme un tiro", había dicho Yabrán, acusado de ser el instigador del crimen. Pero "El Cartero" vende sus empresas, elude la orden de detención y aparece muerto de un escopetazo en la cabeza, en una de sus estancias. Luis Alberto Romero destaca cierta desazón en los sectores progresistas:

> "Poco alienta en el presente a una respuesta optimista, salvo quizá la posibilidad de uno de esos bruscos cambios de escenario, tan comunes en nuestra historia reciente. Salvo, también, la confianza de que la sociedad que hoy está ausente del debate público reencuentre la voz, la convicción y los intérpretes que ha perdido, y con ellos, la posibilidad de pensar en un país diferente."

Los triunfos electorales de De la Rúa y Fernández Meijide en 1997, así como el alejamiento de Cavallo, parecen responder a la expectativa ciudadana vaticinada por el historiador: constituyen el inicio de un sostenido proceso de desgaste que afectará al gobierno hasta el final de su gestión. Ese año aparecen nuevas formas de lucha, como los "piqueteros" y "fogoneros" que realizan cortes de ruta en Cutral Có (Neuquén) y Tartagal (Salta). Muchos son antiguos trabajadores petroleros y participan también jóvenes desocupados. Los HIJOS de desaparecidos popularizan los "escraches" a represores, que luego se extenderán a muchos otros personajes repudiados.

En agosto de 1997 la UCR conforma

El Presidente, en diciembre de 1999.
Una esperanza que se desvaneció rápidamente.

con el FREPASO, la "Alianza para la Justicia, el Trabajo y la Educación". La coalición parece ser esa "posibilidad de pensar en un país diferente". Así lo dicen sus principales líderes. Fernando de la Rúa, candidato presidencial en las elecciones de 1999, conquista un perfil definido con un logrado spot publicitario:

"Dicen que soy aburrido, ¡ja! Será porque no manejo Ferraris. Será para los que se divierten mientras hay pobreza; será para quienes se divierten mientras hay desocupación, para quienes se divierten con la impunidad. ¿Es divertida la desigualdad de la Justicia, es divertido que nos asalten y nos maten en las calles, es divertida la falta de educación? Yo voy a terminar con esta fiesta para unos pocos. Voy a construir una Argentina distinta, que va a educar a nuestros hijos, va a proteger a la familia, va a encarcelar a los corruptos. Y al que no le guste, que se vaya. No quiero un pueblo sufriendo mientras algunos pocos se divierten. Quiero un país alegre, quiero un pueblo feliz."

Entretanto, el candidato presidencial del PJ, Eduardo Duhalde asegura que "el modelo está agotado" y afirma que rebajará los impuestos y estimulará la producción, pero su resultado electoral es magro. La Alianza recoge el 48,5 por ciento de los votos y aventaja al justicialismo por más de 10 puntos. A pesar del triunfo, el nuevo presidente, acompañado por el líder frepasista Carlos "Chacho" Álvarez, presenta flancos débiles: el PJ gana en 14 provincias, entre ellas Buenos Aires, Santa Fe y Córdoba, y tiene mayoría en Senadores.

 ### Desempleo, pobreza y delincuencia

—*Usted viaja por América latina. ¿El escenario es similar?*

—Con otro matiz. Por un lado, hay respuestas orgánicas como los Sin Tierra de Brasil, o los mineros desplazados en Bolivia, o el repunte del Partido Comunista en Chile. Por otro lado, están el gran brote violento que uno encuentra en Caracas y los levantamientos en las provincias argentinas, que tienen un carácter espontáneo y sin organización. Y en un tercer plano, observamos el aumento de la delincuencia como respuesta a la falta de salidas políticas. Como no hay formas colectivas de actuar, la tendencia es a entrar en el contrabando, en la droga y en actividades de pandillas. Es una manera de conseguir los recursos que faltan en los canales legales. Es que hay una relación inversa: cuando hay más actividad colectiva y mayor espacio para la politización, la delincuencia no queda eliminada pero sí contenida. Hasta en las mismas comunidades estructuradas, los mismos pobres controlan a la delincuencia cuando tienen una organización propia. Por ejemplo, hoy dicen que los suburbios de Rosario son peligrosos. Pero estos suburbios no existían o no tenían ese carácter cuando los padres de estos jóvenes trabajaban en los frigoríficos y en la industria.

—*¿De modo que ha desaparecido ese actor social que representa a los sectores castigados?*

—Y es muy difícil reconstruir organizaciones sociales con desocupados por todo ese mecanismo de desestructuración de que hablamos para el caso de España.

Los que esperan un cambio, celebran: finalizada la "fiesta menemista", muchos anhelan con que se ponga coto a la corrupción, se supere la gran segmentación social y se ataque la creciente inseguridad. Después de siete años de "menemismo", al Estado no le quedan empresas importantes en propiedad, la deuda externa ha trepado a la escalofriante suma de 130 mil millones de dólares, el déficit comercial es de 2.300 millones y los niveles laborales alcanzan cifras patéticas: 14,5 % de desocupados y 14,9 % de subocupados.

De la Rúa repite fórmulas usadas, la "pesada herencia", la necesidad de hacer "duros sacrificios", la construcción de un "futuro prometedor" y pone el acento en el déficit fiscal cercano a los 10 mil millones de dólares. Ni bien asume, instrumenta una reforma impositiva y reúne a 147 funcionarios de primera línea y les lee veinte consejos que deben seguir, como una suerte de código de ética que pone énfasis en la austeridad y la "implacable lucha contra la corrupción".

Los docentes enrolados en CTERA, después de 1.003 días, el 31 de diciembre levantan su "Carpa blanca" de protesta instalada frente al Congreso, todo un símbolo de la resistencia al menemismo. María Julia Alsogaray, Víctor Alderete, Claudia Bello y más de veinte caracterizados funcionarios del menemismo son acusados por evasión fiscal, enriquecimiento ilícito, malversación de fondos o corrupción desde la función pública; el propio ex presidente y varios de sus ministros deben presentarse ante la Justicia por diversas causas, como el tráfico ilegal de armas a Ecuador y Croacia. Todo parece ir "viento en popa". Pero hay negros nubarrones en el cielo.

—¿Entonces, es pesimista sobre el horizonte de la Argentina?

—Hace cinco años yo pensaba que el proceso de respuestas al neoliberalismo se iba a profundizar y que la oposición ganaría fuerza. Lo que no preví es que la respuesta sería menos orgánica, es decir con levantamientos y protestas espontáneos. En segundo lugar, subestimé el poder de seducción que tiene el gobierno y su capacidad para asimilar a la oposición política que se vio en estos años. De hecho, en lugar de criticar el modelo socioeconómico, la oposición pasó a criticar los problemas éticos y la corrupción, que son importantes pero que no cuestionan la lógica misma del modelo. Por eso se observa que la situación política de la Argentina está estancada, a pesar de que es el país con la peor *performance* de todos los gobiernos neoliberales de América latina.

—¿En qué consiste la peor performance?

—En que se trata del país de la región donde más ha crecido la pobreza urbana. La Argentina tiene el récord de crecimiento en América latina. Es, también, el país que muestra la menor capacidad de crear un tejido industrial porque no logra atraer capital para generar nuevas industrias. Entonces, el modelo acá ya no tiene futuro y, por otro lado, hay un estancamiento político en cuanto a plantear nuevas respuestas. Por lo tanto, en la medida en que sus jóvenes no encuentren nuevas alternativas para insertarse en el sistema y tampoco dispongan de formas orgánicas de representar sus problemas y demandas, el riesgo es que aumente la violencia delictiva. Y no veo, por el momento, que los argentinos deliberen acerca de este gran problema.

REPORTAJE A JAMES PETRAS (1996),
en *Pensar el mundo*, de Jorge Halperín

...al abismo

En junio *La Nación* publica un artículo donde el reconocido periodista Joaquín Morales Solá se refiere al "uso de favores y prebendas" para lograr el voto de una ley laboral. Los rumores de soborno se multiplican y salpican a connotados senadores, como "Palito" Ortega. El cacique cegetista Hugo Moyano divulga que el ministro de Trabajo, el frepasista Alberto Flamarique, le había asegurado que contaba con fondos especiales para conseguir votos y el 21 de agosto un fax anónimo detalla las cifras, que, se supone, habrían recibido los senadores sobornados. El escándalo crece y la senadora neuquina Silvia Sapag asegura haber sido tentada con una coima para votar a favor de ciertos negocios petroleros. Desde la última reforma constituyente, la Cámara alta está conformada por dos senadores por la mayoría y uno por la minoría de cada provincia, consolidando un mecanismo que garantiza la continuidad de un Senado poco proclive a los cambios.

Consciente de ello, Álvarez, que preside la Cámara, toma cartas en el asunto. La transparencia ha sido una de las banderas levantadas por la Alianza durante la campaña electoral. Confiando en el apoyo de De la Rúa, el Vicepresidente afirma: "La batalla por el Senado está ganada". Pero al cabo de una reorganización ministerial, siente que su distancia respecto del presidente De la Rúa se ha ensanchado tanto que ya no puede compartir más el gobierno y presenta su renuncia. En conferencia de prensa, el 6 de octubre de 2000 concluye:

> "Lo hago para poder decir con libertad lo que siento y lo que pienso. Y al mismo tiempo, para no perjudicar al Presidente ni alterar la vida institucional. [...] Me da mucha vergüenza que un joven de 16, 17, 18 años sienta que la política sea similar al delito; sienta que los que hacemos política, y los que tenemos cargos, los tenemos para incrementar nuestro patrimonio. Me da mucha vergüenza que se sigan promocionando figuras que son las responsables de que la gente asocie la política al delito. No lo vamos a permitir. Y vamos a seguir luchando para cambiar esta situación."

Fiel a su estilo, que algunos tildan de "autista", De la Rúa al día siguiente afirma con decisión: "Quiero decir que aquí no hay crisis ni problemas". Pero la conformación del poder se modifica. Entra en escena Patricia Bullrich y, tras la renuncia del ministro aliancista Machinea, Domingo Cavallo vuelve a la cartera de Economía y Chrystian Colombo asume como jefe de gabinete.

Al año siguiente, con un enfático Cavallo, un mesurado Colombo y un poco visible De la Rúa, los medidores de imagen registran una fuerte caída de la "imagen positiva" presidencial. Los problemas internos –la recesión, la desocupación, la incertidumbre laboral y la inseguridad– no se disipan a pesar de que la opinión pública es absorbida por el sorpresivo ataque a las torres gemelas de Nueva York y el Pentágono, el presunto atentado contra la Casa Blanca y los posteriores miedos sembrados por envíos postales de cepas de Ántrax que, según el ministro de Salud Héctor Lombardo, también amenazan a nuestro país.

Con un tono irónico y sin apartarse de los hechos y de la percepción que éstos generaron, Gustavo Martínez Pandiani, especialista en comunicación y en marketing político, reseña algunos episodios mediáticos que sumaron a Fernando de la Rúa en el descrédito:

"Cada vez que concurre a programas de alto rating, sus inocultables rasgos de lentitud mental y desvarío no hacen más que afianzar la difundida sensación de estar frente a un presidente 'tonto'. En plena crisis de inseguridad y desempleo, Susana Giménez reflexiona en vivo acerca de las graves circunstancias que atraviesa la Argentina, cuando es interrumpida por un acongojado De la Rúa que dice: '...Y sí, Susana, es increíble que se haya acabado la merluza en nuestro mar...'. La diva no sale de su asombro y, estupefacta, pide un piadoso corte.

"Como si aquel papelón no alcanzara, su ministro de Salud y médico personal no tiene mejor idea que anunciar en una improvisada conferencia de prensa que 'De la Rúa sufre de arteriosclerosis', enfermedad que en el lenguaje popular es entendida como 'estar gagá'. De inmediato, los humoristas lanzan sus irónicas imitaciones y la figura presidencial sufre un acelerado proceso de ridiculización. El golpe final lo recibe en *El Show de Videomatch*, el espacio mediático de mayor audiencia de la época.

"En dicha ocasión, el titular del Ejecutivo fracasa en su intento por cambiar su lapidaria imagen tras protagonizar una seguidilla de equivocaciones elementales y movimientos torpes. Ante la mirada atónita de Marcelo Tinelli, confunde los nombres del ciclo y de la esposa del conductor, lo felicita por el 'reciente nacimiento' de su hijo cuando éste en realidad ya tiene dos años y, al final de la nota, no encuentra la salida y choca contra los decorados del estudio central de Telefé. Todo ello, en vivo y en directo. A partir de entonces, el otrora superhéroe electoral pierde la poca credibilidad que le quedaba."

Los cuestionamientos a la lentitud y la inacción gubernamentales se generalizan y De la Rúa hace gala de una sordera creciente ante los reclamos populares. El resultado se deja ver en las elecciones legislativas del 14 de octubre. El PJ triunfa con comodidad, alcanza la mayoría en la Cámara alta y la primera minoría en la de Diputados, pero el verdadero síntoma de la decepción popular se expresa en los votos en blanco o nulos –que suman el 40 por ciento y expresan lo que se llama "voto castigo"– y en el sorpresivo crecimiento electoral de la izquierda en la Ciudad de Buenos Aires, que conquista un 20 por ciento del electorado. Los datos los resume Jorge Camarasa:

"Aquel domingo, sobre un padrón de 24.883.991 votantes, 10.218.924 no habían elegido candidatos y habían hecho que los partidos políticos en su conjunto perdieran casi 4,7 millones de votos respecto de las elecciones anteriores de 1999.

"Al ausentismo electoral de 6.297.163 personas, que había marcado un nuevo récord desde el fin de la dictadura, había que sumar los 3.921.761 votos en blanco y nulos, además de otros 150.000 sufragios entre recurridos e impugnados.

"En una lectura comparada de resultados entre esa elección y la anterior, publicada en el diario *La Nación*, se advertían también otros datos curiosos.

"Aunque la caída más estrepitosa la había sufrido el oficialismo en la Capital Federal, que de un millón de votos en 1999 había descendido a 285 mil, tampoco al peronismo ganador le había ido bien.

"En 1999 Duhalde había obtenido 2.738.000 votos, y el 14 de octubre obtuvo 2.032.000. En Santa Fe, gobernada por Carlos Reutemann, el partido cayó de 535.000 votos a 339.971, y el justicialismo cordobés bajó de 404.000 a 350.149.

"¿Qué había pasado con esos votos fugados de los partidos tradicionales? Un fenómeno nuevo en la política argentina: salvo los que permitieron el crecimiento de la izquierda en la Capital Federal, en lugar de irse a otros partidos, esos sufragios se diluyeron en el aire.

"[...] De los votantes en blanco interrogados, el 90,8 por ciento dijo que lo había hecho como 'una manera de demostrar el enojo con la clase política', y el 61,5 de ellos reconoció que esa opción no iba a servir para cambiar la realidad. La encuesta revelaba, además, que en su mayoría (el 65 por ciento) los votantes en blanco habían sido hombres de nivel de educación media y amplia, de entre 18 y 34 años."

Los dos principales protagonistas sacaron sus propias conclusiones. Duhalde tuvo una percepción de que los plazos de De la Rúa se habían acortado incluso más que aquellos famosos noventa días de plazo impuestos por los golpistas Rojas y Videla en 1955 y 1976. En declaraciones a *La Nación* el senador por Buenos Aires ofreció un anticipo propio de un oráculo: "La gente tiene la sensación de que el Presidente no llega al 2003. No quieren esperar dos años más. Y esa sensación puede convertirse en una profecía autocumplida". De la Rúa –que había perdido casi 5 millones y medio de votos en sólo dos años–, de viaje por España, el martes 16 de octubre declaró: "Los resultados electorales del domingo último muestran un relativo equilibrio de fuerzas". La parálisis gubernamental se manifiesta pocos días después, frente a la imposibilidad de realizar en tiempo y forma el censo nacional previsto para fines de octubre.

De acuerdo con los mecanismos constitucionales vigentes, tras la renuncia de Álvarez el senador radical Mario Losada queda en la primera línea de sucesión presidencial. En una atmósfera política cada vez más enrarecida, Losada es reemplazado por el justicialista misionero Ramón Puerta. Días después, el diputado bonaerense Eduardo Camaño, también justicialista, es elegido presidente de la Cámara de Diputados. El PJ se coloca así en el centro del tablero. El tratamiento del presupuesto para el año siguiente se complica, como si el justicialismo evaluara que no vale la pena tratarlo...

Cacerolazos y renuncias

La inestabilidad política potencia la crisis económica. En los últimos días de noviembre se produce una corrida bancaria: miles de ahorristas retiran sus depósitos, en particular los que están en dólares.

El ministro Cavallo, que goza de "superpoderes" otorgados por los legisladores, en uso de esas atribuciones el 1º de diciembre decreta un conjunto de medidas que, como el

Plan Bonex de 1990, implican una incautación de hecho de los depósitos bancarios. Cavallo insta a la población a utilizar "dinero plástico" y la obliga a "bancarizarse". Las largas colas en los bancos y los controles sobre los retiros de fondos impacientan a la gente.

 ## Globalización

Los dos temas principales que resuenan a lo largo de los quinientos años de conquista europea son el sometimiento del Sur y la colonización y el saqueo de la mayoría de la propia población nacional. Algunos son lo bastante sinceros para exponer con claridad los principios básicos. Después de la Segunda Guerra Mundial, Winston Churchill escribió que "el gobierno del mundo debe confiarse a las naciones satisfechas", a "hombres ricos que vivan en paz en sus moradas", a hombres cuyo "poder nos situó por encima de los demás". En el mundo académico, un destacado especialista en ciencia política resumió, treinta años después [...]: "Es evidente que el orden depende de que se pueda obligar de algún modo a los estratos recién movilizados a volver a una condición de pasividad y derrotismo". Esas mismas doctrinas se aplican a los propios países ricos. En un importante estudio de la Comisión Trilateral, que representa a las elites liberales de Europa Occidental, Estados Unidos y Japón, se volvían a sacar las mismas lecciones. Se llegaba a la conclusión de que había una "crisis de la democracia", debido a que en la década de los sesenta el público en general empezó a organizarse para exponer sus intereses y preocupaciones, y para participar en la actividad política con el propósito de alcanzar sus objetivos. Los ingenuos llamarían "democracia" a esto, pero los cultivados entienden que mina la "democracia", un sistema que han de administrar los ricos, cuyo poder los sitúa por encima del resto. En las mansiones de los ricos, todos, salvo unos pocos, han de quedar relegados a la zona de servicio, donde han de volver a la pasividad y al derrotismo.

En un período anterior, los dueños de las grandes empresas adoptaron un modelo del que Henry Ford fue pionero: para garantizar un beneficio a los ricos, es necesario crear un mercado de consumo de modo que lo que se fabrica pueda ser adquirido en el país. Con la globalización de la economía, ese modelo resulta menos atractivo para los que mandan. La clase obrera interior ha conseguido demasiados derechos y ya es menos necesaria como mercado. En la economía mundial moderna, los desesperados y oprimidos del Tercer Mundo pueden constituir una fuerza laboral numerosa y fácil de explotar, mientras el mercado se desplaza cada vez más hacia los sectores ricos del propio país y del Tercer Mundo. Estas cosas se plantean a veces con toda franqueza en los órganos ideológicos de los que mandan. La General Motors cierra 21 fábricas en Norteamérica y va a abrir una planta de montaje de 700 millones de dólares en Alemania Oriental. Con grandes expectativas, según el *Financial Times* de Londres. Con un paro de un 40 %, los trabajadores están dispuestos a "trabajar más horas que sus colegas mimados de Alemania Occidental" por un 40 % del salario y con menos beneficios, explica entusiasmado el principal diario de negocios del mundo. A raíz de la oleada de huelgas de la primavera pasada, el presidente del inmenso conglomerado industrial alemán Daimler-Benz advirtió que trasladaría la producción a cualquier otra parte, incluida Rusia, con su abundante provisión de trabajadores especializados, sanos y (se tiene la esperanza) dóciles.

Noam Chomsky,
Política y cultura a fines del siglo XX

Voces contrarias al gobierno surgen desde todos los rincones. Los obispos aseveran que "la Nación se torna ingobernable", y afirman que "la injusta deuda social que pesa sobre nuestro pueblo pone en peligro [...] la paz de la patria". El 13 de diciembre, un paro general convocado por la CGT obtiene fuerte adhesión.

Al día siguiente se producen saqueos de supermercados y tomas de sedes del Estado y sucursales bancarias en distintos puntos del país. Desocupados y piqueteros exigen alimentos. Muchos comerciantes bajan las persianas de sus negocios. La policía comienza a intervenir y se producen enfrentamientos: piedras de un lado, gases y balas de goma del otro. El sábado 15 los bancos abren para atender a un público que los desborda.

Cuatro días después, la furia estalla en todo el país, aunque reviste especial virulencia en el Gran Buenos Aires. Según cifras oficiales, el saldo de la jornada del 19 son 6 muertos, más de 108 heridos y 328 detenidos. De la Rúa, bien entrada la noche, anuncia: "El estado de sitio se decidió para asegurar la ley y el orden y terminar con los incidentes de las últimas horas". En breve alocución, también acusó a "grupos enemigos del orden y la República. [...] Hay que distinguir a los necesitados de los violentos que se aprovechan de sus penurias".

Su discurso provoca una fuerte reacción. En decenas de barrios de Buenos Aires, miles de personas salen, espontáneamente, a las calles golpeando cacerolas y portando banderas argentinas; poco después, se encolumnan y toman rumbo hacia la Plaza de Mayo. El gobierno —en especial, Cavallo— está agotado. Una de las manifestaciones rodea la Quinta Presidencial de Olivos, otra se agolpa frente a la casa del ministro de Economía en Avenida del Libertador y Ortiz de Ocampo, y fuerza su dimisión, que se anuncia cerca de la medianoche.

La mañana del 20 muestra un país que atraviesa una verdadera crisis revolucionaria: el Presidente no detenta un poder efectivo y no se sabe a ciencia cierta quién se hará cargo del gobierno. Las parciales explicaciones de algunos "voceros" hacen sospechar que, en realidad, hay un vacío de poder. La gente en las calles se manifiesta por decenas de miles y, por momentos, las refriegas contra la policía se transforman en verdaderos combates callejeros. En medio del descontrol, De la Rúa intenta un último compromiso del peronismo para sostenerse, pero tres horas después presenta su renuncia manuscrita.

Un helicóptero lo traslada a la quinta de Olivos al anochecer. Los enfrentamientos en las calles tienden a menguar pero, a lo lar-

Los factores de la crisis pueden convertirse en el motor de un nuevo giro histórico.

go del día, han cobrado por lo menos 23 vidas, 6 de ellas a pocas cuadras de Plaza de Mayo y en un lapso aproximado de una hora. Los caballos de la policía montada arrollan manifestantes y grupos no uniformados ni identificados irrumpen con armas largas y descargan plomo sobre ellos. El 20 de diciembre termina con casi 1.000 heridos civiles y 172 policías con lesiones, y cientos de negocios saqueados. El análisis que aporta Mora y Araujo resulta ajustado:

> "El cacerolazo va mucho más allá de De la Rúa y Cavallo. Es contra la dirigencia política [...] la gente está harta, sin distinción de partidos. Haciendo la salvedad de que no todos los políticos y los empresarios son ladrones, vivimos en la Argentina circunstancias históricamente excepcionales de ladrones nómadas y establecidos, que han achicado el país y roban protegidos por una Justicia que funciona muy mal. Yo creo que contra eso reaccionó la gente. Las familias que fueron a la plaza no buscaban la anarquía y el caos."

Una accidentada sucesión

Ramón Puerta, presidente del Senado, asume provisoriamente el Poder Ejecutivo y convoca a una Asamblea Legislativa que se realiza el 21 al mediodía: se acepta la renuncia de De la Rúa y se realiza un homenaje a los muertos durante la represión izando la Bandera nacional a media asta. Puerta es proclamado Jefe de Estado; por cuarenta y ocho horas. Una nueva Asamblea Legislativa, el sábado 22 designa al gobernador de San Luis, Adolfo Rodríguez Saá, como reemplazante de transición hasta el 3 de marzo de 2002, cuando se deben realizar elecciones para completar el mandato hasta diciembre del 2003. Rodríguez Saá anuncia un plan de emergencia que consiste en emitir bonos, declarar la cesación de pagos a los organismos internacionales (el célebre *default*) y el mantenimiento del "corralito financiero" para sostener la convertibilidad y el "uno a uno".

El FMI cuestiona la orientación económica. Afirma que la coexistencia del abultado déficit fiscal con el *default* y el régimen de paridad cambiaria "no es sostenible". En pocos días, sin respaldo interno ni externo, Rodríguez Saá también renuncia: "Yo así no puedo seguir. No voy a ser más presidente y tampoco seré gobernador. Me voy a San Luis a renunciar y golpear una cacerola. Es lo único que me queda por hacer". Su declinación es saludada por nuevos y masivos "cacerolazos". En ellos empieza a oírse un reclamo que conquista adhesiones: la exigencia de "que se vayan todos" implica también el alejamiento de los legisladores, la Corte Suprema de Justicia y los ejecutivos provinciales. Los tiempos políticos parecen precipitarse. Los gobernadores de Córdoba y Santa Cruz, De la Sota y Kirchner, insisten en la necesidad de convocar a elecciones para marzo, pero la propuesta es desestimada. Ramón Puerta, que debería reasumir, dimite y se va a Misiones. El 31 de diciembre por la tarde asume entonces el Ejecutivo, en forma provisional, el "duhaldista" Eduardo Camaño, presidente de la Cámara de Diputados, y convoca a una nueva Asamblea Legislativa. Mientras en las inmediaciones se producen fuertes trifulcas entre manifestantes peronistas y de la Izquierda Unida, la Asamblea elige jefe de Estado al abogado y senador –ex concejal, ex intendente, ex diputado, ex vicepresidente, ex gobernador y ex candidato presidencial– Eduardo Alberto Duhalde, de sesenta años.

El martes 1º de enero la Asamblea Legislativa, con 262 votos favorables, 21 en contra y 18 abstenciones, lo autoriza a ejercer el mandato hasta el 10 de diciembre del 2003. Curiosamente, el candidato que ha sido ampliamente derrotado en elecciones dos años antes ahora es encumbrado en el poder. La profunda crisis argentina acaba de establecer, posiblemente, un récord mundial: tener cinco presidentes en sólo trece días.

"Mi compromiso es sentar las bases de un nuevo modelo, capaz de recuperar la producción, el trabajo, el mercado interno y promover una distribución más justa de las riquezas. [...] La Argentina está quebrada. La Argentina está fundida. [...] Arrojó a la indigencia a dos millones de compatriotas, destruyó a la clase media, quebró nuestras industrias y pulverizó el trabajo de los argentinos. [...] Este gobierno que empieza hoy se propone alcanzar tres objetivos básicos: reconstruir la autoridad política e institucional; garantizar la paz social y sentar las bases para el cambio del modelo económico y social. [...] A los afectados por el corralito les digo que el Estado no permitirá que sean víctimas del sistema financiero. Van a ser respetadas las monedas en que hicieron originariamente sus depósitos. El que depositó dólares, recibirá dólares; el que depositó pesos, pesos. [...] No lo duden ni un instante, la Argentina tiene futuro."

Sus promesas se harán célebres, por incumplidas. Al compromiso de devolver los depósitos en la moneda original se sumarán otros no menos falaces o fallidos: "el 9 de julio festejaremos el despegue", "el acuerdo con el FMI está cerca", o el impulso de una reforma constitucional que aseguraría "bajar los gastos de la política". También confirma que las futuras elecciones se realizarán el segundo domingo de septiembre de 2003. La perspectiva fijada, sin embargo, no cierra la crisis político-institucional ni mejora el terrible cuadro socioeconómico. El 6 de enero de 2002 la Cámara de Diputados sanciona el abandono de la paridad cambiaria entre el peso y el dólar y al día siguiente se fija el dólar oficial a 1,40 pesos. El dólar libre comienza a oscilar hasta flotar, cuatro meses después, por encima de los 3,50 pesos y se hace evidente la estafa a los ahorristas, cuyos depósitos fueron pesificados al 40 % de su valor real. En distintas localidades del país se repiten los cacerolazos y cortes de ruta en repudio a las nuevas medidas. Los bancos ponen tapias y cortinas metálicas para protegerse de la furia popular. El 13 Duhalde trata de persuadirlos: "El 'corralito' –dice– es una bomba de tiempo muy difícil de desactivar". Y asegura: "El poder político en el país está reconstruido", para terminar con un nuevo vaticinio: "¡Voy a llegar al 2003!".

En Buenos Aires y sus alrededores se conforman "Asambleas vecinales"; al principio, muchas de ellas alcanzan cierta masividad. Experimentando nuevos mecanismos, se adoptan iniciativas participativas y se discuten y aprueban democráticamente propuestas alternativas ante la crisis. Reiteradamente la gente hace oír sus cacerolas o bocinas con estruendo. Agregan a sus reclamos la exigencia de que renuncie la Corte Suprema de Justicia, caracterizada como corrupta. En el parlamento, los pedidos de juicio político en su contra –más de cuarenta– se acumulan pero el tiempo pasa y no reciben tratamiento sobre tablas. Los mecanismos que relacionan a los tres poderes constitucionales se deterioran por las internas políticas y no logran funcionar aceitadamente.

El presidente Duhalde, que debía culminar su mandato el 10 de diciembre de 2003, renuncia también anticipadamente y adelanta la convocatoria a elecciones presidenciales para marzo del 2003 y compromete la entrega del bastón presidencial a su sucesor en el aniversario de la Revolución de Mayo. Un grupo de nuevas organizaciones políticas, en las que despuntan dirigentes con una aceptable intención de voto, como Elisa Carrió y Luis Zamora, impugna la convocatoria exigiendo la caducidad de todos los mandatos y la convocatoria a una Convención Constituyente.

Tras el alejamiento del primer ministro de Economía, Jorge Remes Lenicov, y del ministro de Producción, José Ignacio de Mendiguren –convertidos en fusibles de una crisis indomable–, la incorporación de Roberto Lavagna al gabinete aportó cierta estabilidad. El año 2002, de todos modos, mantendrá como una constante la movilización de los ahorristas estafados y de los trabajadores desocupados, que se organizan en estructuras "piqueteras". En una de sus protestas realizada en las cercanías del Puente Pueyrredón, el 26 de junio, son salvajemente asesinados –"fue una atroz cacería", reconoció Duhalde ante la evidencia– Maximiliano Kosteki y Darío Santillán, de la Coordinadora de Trabajadores Desocupados Aníbal Verón. El hecho precipita al gobierno a adelantar las elecciones presidenciales, que, finalmente, se realizan el 27 de abril de 2003.

Hacia fines de 2002, cuando parece haber indicadores de una leve mejoría, se aprecian cifras devastadoras: el PBI se había derrumbado un 10,9 %, el desempleo llegaba al 21,5 %, más del 60 % de los niños menores de 14 años vivía en la pobreza y unas cien mil personas habían abandonado el país. Cada día, 25 mil cartoneros revuelven la basura de la Capital mientras en Tucumán se ve la peor cara del abismo en los quince mil niños que sufren desnutrición. Los secuestros extorsivos se convierten en una noticia cotidiana y producen alta exposición mediática cuando involucran a personas de la farándula o el deporte. Algunos tienen final feliz, pero no faltan los casos en que los secuestrados son asesinados, incluso tras pagarse el rescate. Se sospecha además que esta nueva industria involucra a agentes policiales o de fuerzas de seguridad. Los comienzos del año siguiente no son halagüeños: miles de santafesinos quedan bajo las aguas por una enorme crecida del río Salado que cubre un 75 por ciento de la capital provincial y provoca –en los días inmediatos– más de veinte muertos. No mejora la autoestima nacional cuando se difunden las opiniones del presidente uruguayo Jorge Batlle, sin saber que eran grabadas por un canal de cable: "Por favor, no nos compare con los argentinos, que son una manga de ladrones, del primero al último", para comentar que Duhalde "no sabe dónde está parado".

La magnitud de la crisis política e institucional se manifiesta en la dispersión y descomposición interna de los partidos tradicionales. Tres postulantes se presentan como herederos políticos de Juan Perón y otros tres son originarios de las filas del partido de Hipólito Yrigoyen. En los tres grupos "peronistas", comandados por Menem, Rodríguez Saá y Néstor Kirchner (quien cuenta con el apoyo de Duhalde), las diferencias parecen establecerse entre las cuotas de populismo y neoliberalismo; en las variantes "radicales", encabezadas por Ricardo López Murphy, Leopoldo Moreau y Elisa Carrió, resultan más nítidas las diferencias programáticas. Los tres primeros –dos ex presidentes y todos gobernadores de basta trayectoria en sus provincias– pueden exhibir una mayor experiencia "ejecutiva".

El santacruceño Kirchner –que gustará identificarse como "el pingüino"– trata de crear una imagen de hombre común y llama a votar por "un país en serio". Logra el apoyo e integra en la fórmula al otrora menemista Daniel Scioli, y con él, suma la presencia de su esposa, la ex modelo Karina Rabolini, que junto con la esposa del candidato, la senadora Cristina Fernández, otorgan una presencia muy *fashion* a la fórmula. Menem, que luce la compañía de su también bella esposa Cecilia Bolocco y anuncia que tendrán un hijo, incorpora a su binomio al acaudalado gobernador de Salta Juan Carlos Romero y ataca impiadosamente a su opositor: Kirchner "es el De la Rúa de Duhalde", mientras en afiches callejeros se lo muestra como un "chirolita", en referencia al muñeco de un famoso ventrílocuo.

Es sintomático que en estas elecciones muchas agrupaciones se identifiquen –incluso desde el nombre– con la necesidad de refundar o recrear el país. Sin embargo, más allá de alguna campaña ingeniosa, como la realizada por López Murphy, los debates de fondo son omitidos.

"Las primeras elecciones presidenciales del nuevo milenio –destaca Martínez Pandiani– ingresan en la historia argentina sin pena ni gloria. Una vez más se repite la acostumbrada frustración que deja a millones de ciudadanos sin debate televisivo entre los principales postulantes. La orfandad de ideas y propuestas, así como la carencia de formatos comunicativos innovadores convierten a la campaña de 2003 en el momento más pobre en veinte años de videopolítica vernácula."

Manteniéndose un elevado caudal de abstenciones y votos en blanco –fenómeno al que se intenta soslayar–, Menem triunfa por escaso margen en la primera ronda electoral –conquista el 25 % de los votos positivos– y, a pesar de que prudentemente trata de evitar las apariciones públicas de su tren fantasma (Víctor Alderete, Matilde Menéndez, Herminio Iglesias, Adelina de Viola, y otros personajes de muy mala imagen) y de que presenta un futuro gabinete integrado por personalidades prestigiosas, el 14 de mayo, tres días antes del *ballotage*, anuncia que se "baja" de su candidatura: "Estimo conveniente no participar en la segunda vuelta". Asegura ser una víctima de Duhalde, "que a través de una maniobra frustró la realización de las internas en el Partido Justicialista". El previsible resultado lo colocaba ante una segura derrota por amplio margen.

De este modo, Néstor Carlos Kirchner, automáticamente, se convierte en presidente de la Nación y asume el 25 de mayo. Su caudal electoral propio, de apenas un 22 %, es menor que el de Arturo Illia en 1963. Parece iniciar así un gobierno débil, pero a poco de asumir las encuestas le otorgan un alto margen de credibilidad, imagen positiva y confianza popular.

El nuevo presidente recurre a un estilo directo y, a veces, poco ortodoxo, pero, en los límites que impone la realidad, suele esbozar un discurso que no se condice totalmente con los hechos. Ideológicamente, se ubica cerca de los mandatarios latinoamericanos progresistas que han ganado posiciones en los últimos tiempos, como Luiz "Lula" da Silva de Brasil, Ricardo Lagos de Chile, el alcalde frenteamplista de Montevideo –y posible futuro presidente del Uruguay– Tabaré Vázquez y el polémico Hugo Chávez de Venezuela. Hay quienes interpretan que nuevos vientos soplan en el país, con aire del Sur... pero eso ya es parte de la actualidad.

Carlos Saúl Menem

El "Jefe" de los años 90

Hijo de un comerciante sirio, nace en La Rioja el 2 de julio de 1930. Cursa abogacía en Córdoba; alumno poco aplicado exhibe en cambio gran afición por los deportes. Hacia 1958 es reconocido como interventor de la Juventud Peronista riojana. En 1964 su madre lo lleva a Siria para pactar su matrimonio con Zulema Yoma, de otra familia árabe con arraigo en La Rioja; de regreso, visita a Perón en Madrid y abre un estudio con su hermano Eduardo.

En 1968 y 1970 nacen sus hijos Carlos y Zulema, y en 1973 es gobernador de La Rioja. Ante la muerte del Líder y la crisis del "isabelismo" intenta ubicarse en la carrera presidencial pero el golpe de marzo de 1976 lo lleva a la cárcel. Permanece en diversos destinos hasta marzo de 1980, cuando pasa a régimen de libertad condicional. Luego es trasladado a Las Lomitas (Formosa) hasta su definitiva liberación, en febrero de 1981.

Se instala en Buenos Aires, colabora en un estudio jurídico y se alinea con el "verticalismo", aunque no logra el respaldo de Isabel Perón. En octubre de 1983 es electo gobernador de La Rioja; se separa de su esposa, de quien se divorciará años después. A fines de 1985 se suma a la "Renovación peronista", y con la corriente Federalismo y Liberación y el respaldo de Eduardo Duhalde alcanza el tercio de los votos en las internas bonaerenses. En bloque con el sindicalismo tradicional y fuerzas varias, en julio de 1988 derrota a Cafiero y se consagra candidato presidencial del PJ. Con la promesa de un "salariazo" y una "revolución productiva"; triunfa en las elecciones presidenciales de mayo de 1989 y asume, anticipadamente, el 8 de julio.

En la presidencia, se asocia a poderosos grupos económicos y nombra asesores y ministros, como Alsogaray y Cavallo, identificados con el neoliberalismo. Su orientación económica, que gracias al Plan de Convertibilidad y al ingreso de divisas por las privatizaciones de empresas públicas, otorga estabilidad a la moneda, genera alta desocupación, recesión y aumento del endeudamiento, y se multiplican la corrupción y los escándalos que involucran a funcionarios públicos. Menem pone fin al servicio militar obligatorio y, en dos etapas, indulta a todos los procesados por violación a los derechos humanos. La reforma constitucional de 1994 aprueba la posibilidad de reelección presidencial y en 1995 Menem inicia un segundo período. Ya no es igual. El gobierno se desprestigia porque no esclarece los atentados a la Embajada de Israel y la mutual judía AMIA, por los asesinatos de María S. Morales y el fotógrafo J. Cabezas, los suicidios de varios personajes relevantes y otros hechos sombríos.

Entrega el mando el 10 de diciembre de 1999 y se casa con Cecilia Bolocco. Enfrenta múltiples procesos judiciales por contrabando, corrupción y otras causas por las que, incluso, es recluido durante un breve período. Candidato presidencial en 2003, ganó en primera vuelta pero, ante su previsible derrota, se retiró del *ballotage*. Vive en Chile.

Domingo Felipe Cavallo

El "padre del modelo"

Nació en San Francisco (Córdoba) el 21 de julio de 1946, en un hogar de clase media, hijo de un fabricante de escobas. Completa el secundario en cuatro años e ingresa en la Facultad de Ciencias Económicas de la Universidad de Córdoba con dieciséis años. Milita en agrupaciones estudiantiles, en 1967 se gradúa de contador público, al año siguiente de licenciado en Economía y dos años después cumple con la tesis para su doctorado. Se emplea en la Dirección Provincial de Turismo y Transporte, se casa con Sonia I. Abrazian, con quien tendrá tres hijos, y a principios de los 70 es designado director del Banco de Córdoba, a la par que ejerce la docencia universitaria.

En 1977 recibe el doctorado en Economía de la Universidad de Harvard. A su regreso es director fundador del Instituto de Estudios Económicos de la Fundación Mediterránea, tarea que desempeña hasta 1987. En 1982, durante el último gobierno de la dictadura militar, es presidente del Banco Central y promotor de la estatización de la deuda externa de empresas privadas. En 1987 es diputado nacional por Córdoba; entre 1989 y 1991, ministro de Relaciones Exteriores del gobierno de Carlos Menem, y tras un enroque en el gabinete asume como ministro de Economía y Obras y Servicios Públicos, hasta julio de 1996. Pone en marcha el Plan de Convertibilidad y Desregulación que estabiliza la moneda a un cambio de "uno a uno" con el dólar, logro que preserva a costa de privatizar las empresas públicas y aumentar la desocupación. El éxito alcanzado inicialmente le brinda reconocimiento internacional, asesora a otros países y en 1992 las revistas *Latin Finance* y *Euromoney* lo distinguen como "Hombre del Año" y "Ministro de Finanzas del Año".

Funda el partido Acción por la República y es electo diputado nacional en 1997. En 1999 es candidato presidencial y seis meses después, en alianza con otro ex ministro menemista, G. Beliz, es candidato a jefe de Gobierno de la Ciudad de Buenos Aires, pero es derrotado por A. Ibarra, de la Alianza UCR-FREPASO. En abril de 2001 el presidente De la Rúa lo designa ministro de Economía. Para mantener la estabilidad y un enunciado "déficit cero" en un marco recesivo, rebaja los salarios de los empleados públicos y ciertas jubilaciones un 13 por ciento y aplaza los pagos de los proveedores del Estado. Hacia fines de año, tras una corrida bancaria, crea el "corralito financiero", y acuciado por manifestaciones y "cacerolazos", renuncia en la noche del 19 de diciembre, un día antes que el Presidente. En 2002 es detenido, procesado en el marco de la investigación por la venta ilegal de armas a Croacia y Ecuador.

Se radica en los Estados Unidos y en octubre de 2002 formula polémicas declaraciones cuando afirma que la Argentina se ha convertido en un país "insignificante". Es Doctor Honoris Causa en las universidades de Génova, Turín y la Ben Gurión de Néguev, autor de varios libros y de numerosos artículos en publicaciones especializadas.

Fernando de la Rúa

Dos años de gobierno y un estrepitoso fracaso

Nació el 15 de septiembre de 1937 en la ciudad de Córdoba. Su padre, Antonio, abogado, fue ministro del gobernador A. Sabattini. A los once años, ingresa en el Liceo Militar General Paz, donde se lo recuerda como un alumno estudioso pero poco dado a las tareas físicas. Hacia 1956 se afilia a la UCR y completa estudios de Derecho, realizando posgrados en México e Italia. En 1958 ocupa la cátedra de Derecho Procesal en la Universidad de Córdoba, y luego es docente en la de Buenos Aires y en la Universidad Católica Argentina. Durante la presidencia de Illia, el joven "Chupete" es jefe de gabinete del ministro J. Palmero.

En la actividad profesional asesora, entre otras empresas, al Grupo Bunge & Born; en 1968 escribe *Recurso de la Casación en el Derecho Positivo Argentino*, y en 1970 se casa con Inés Pertiné, con quien tendrá tres hijos: Agustina, Antonio y Fernando. En 1973 es electo senador nacional por la Capital Federal, y en septiembre secunda a R. Balbín en la fórmula presidencial. Durante la dictadura iniciada en 1976 realiza una discreta actividad, y en contacto con el mundo empresario traba relación con D. Cavallo y la Fundación Mediterránea.

En 1983 es elegido senador y titular del Comité Nacional de la UCR. Es el candidato más votado en 1989 pero no ocupa la banca senatorial por una componenda entre E. Vaca y M. J. Alsogaray. En 1991 es diputado nacional y jefe del bloque partidario, y al año siguiente recupera la senaduría y es encumbrado como presidente partidario.

En 1996 gana la jefatura del Gobierno de la Ciudad de Buenos Aires, el primer electo en la historia porteña. Conformada la Alianza UCR-FrePaSo, se impone en las elecciones internas y encabeza la fórmula presidencial que triunfa en octubre de 1999, aunque el peronismo logra mayoría en la Cámara de Senadores, y el gobierno de la mayoría de las provincias, entre ellas, Buenos Aires, Córdoba y Santa Fe.

Austero, mesurado, solemne y hasta monótono se postuló como la antítesis del modelo menemista, pero su gobierno, técnicamente continuista del menemismo, no logró sacar al país de la recesión económica y, por el contrario, aumentó el desempleo y la deuda externa. En octubre de 2000 renuncia el vicepresidente Carlos Álvarez y se abre una crisis política que provoca una fuerte derrota electoral en octubre de 2001, y dos meses después, una séptima huelga general y un estallido social. De la Rúa renuncia el 20 de diciembre de 2001, después de imponer un dramático "corralito financiero" y un fallido intento de establecer el estado de sitio. Su gestión terminó repudiada por la población, que organizó "cacerolazos" de protesta y fue reprimida en las calles con violencia. Es el quinto presidente radical que, desde 1928, no termina su mandato.

Desde entonces, permanece recluido en su quinta de Villa Rosa (Pilar). Es autor de cuatro leyes nacionales: la del Deporte, la del Reconocimiento del Aborigen, la del Trasplante de Órganos y la Ley contra la Discriminación.

Eduardo Alberto Duhalde

El hombre que cubrió el "vacío de poder"

Nació el 5 de octubre de 1941, en Lomas de Zamora. Hijo de un empleado bancario, estudió abogacía en la UBA, trabajó en la municipalidad local y se afilió al Partido Justicialista; colaboró con las 62 Organizaciones e integró diversas agrupaciones profesionales peronistas. En 1971 es presidente del PJ de Lomas de Zamora y contrae matrimonio con Hilda "Chiche" González, con quien tendrá cinco hijos.

Posicionado en el Sindicato de Trabajadores Municipales, es elegido concejal y en 1974 se convierte en intendente durante la gobernación de Victorio Calabró, hombre de "las 62". Tras el golpe de marzo de 1976 retorna a su bufete y se dedica al negocio inmobiliario. Triunfa en las elecciones municipales de 1983 y asume como intendente de Lomas de Zamora el 10 de diciembre. Adscripto al sector renovador, junto con Cafiero y Menem, es expulsado del PJ. Reincorporado, es elegido presidente local del partido en 1986 y diputado nacional en septiembre de 1987, Cámara en la que ocupará la vicepresidencia. Aliado a Menem, integra el binomio presidencial que triunfa en 1989 y el 8 de julio asume la vicepresidencia de la Nación. Renuncia para presentarse como candidato a gobernador de Buenos Aires, cargo que asume el 10 de diciembre de 1991.

Su gestión le deja una imagen positiva relacionada con la concreción de obras públicas y planes de ayuda social (por medio de la organización de "manzaneras" dirigidas por su esposa), pero transita períodos polémicos al calificar a la Policía Bonaerense –con miembros implicados en el atentado a la Amia y en el asesinato del fotógrafo J. L. Cabezas– como "la mejor policía del mundo", o años después, al afirmar que los dirigentes argentinos (incluyéndose) eran unos "políticos de mierda". En 1994 es convencional constituyente y, habilitado para la reelección, la consigue en mayo de 1995, en fórmula con R. Romá. Mantiene un franco enfrentamiento con Menem, sobre todo desde que éste pretende perpetuarse en un tercer mandato presidencial.

Candidato presidencial en 1999, junto a R. Ortega, es derrotado por la Alianza UCR-FrePaSo y anuncia su retiro de la política. Tras mudar su decisión, es elegido senador nacional y presidente del Congreso Justicialista. Luego de las renuncias de De la Rúa, Puerta, Rodríguez Saá y Camaño, asume como presidente provisional de la Nación el 2 de enero de 2002, para completar el mandato hasta el 9 de diciembre de 2003, pero, tras el asesinato de dos piqueteros en Puente Avellaneda, adelantará la entrega del mando para el 25 de mayo.

Diagnosticando que el país está "quebrado", impone una brusca devaluación del peso, el congelamiento de sueldos y el aumento de los principales insumos y el combustible, produciendo una enorme transferencia de recursos de los sectores pobres y medios hacia los empresarios y banqueros, y la mayor caída salarial de la historia reciente. Tras la asunción de Kirchner, fue nombrado presidente de los Representantes Permanentes del Mercosur.

EPÍLOGO

E l 1º de julio de 2002 una encuesta radial arroja un resultado singular: el 94 por ciento de los oyentes cree que Alfredo Yabrán, sepultado en una austera ceremonia difundida por televisión, aún está vivo. Un país que vive con este tipo de certezas y sospechas requiere, sin duda, de cambios profundos que devuelvan credibilidad a los relatos de la realidad.

Esta necesidad es percibida por el conjunto de la población y para una buena parte de ella –marginados sociales, desocupados, subocupados, trabajadores temporales y jubilados– se ha convertido en una cuestión de vida o muerte. Creemos que el diagnóstico de que el país sufre una crisis terminal es compartido por una amplia franja social que expresa su hartazgo por mecanismos muy diversos. Qué hacer, cómo hacerlo, en qué tiempos y quién o quiénes serán los sujetos sociales y políticos, son cuatro difíciles cuestiones a resolver.

Los hechos que cambiaron la historia argentina ha intentado señalar los momentos que produjeron las grandes quiebras históricas y buscar algunas respuestas a los interrogantes planteados.

* * *

La creencia argentina –¿porteña?– de estar dotados por una fecunda originalidad producida por el "crisol de razas" es aprovechada políticamente para infundir a la población de un optimismo mesiánico: somos distintos o, como dijera Eduardo Duhalde, "estamos condenados al éxito". Esa aseveración, sin embargo, había tenido tempranos detractores que, en años de bonanza, fueron oportunamente denigrados. En las primeras décadas del siglo, con agudeza y a contramano de la opinión general, el escritor colombiano J. M. Vargas Vila sostuvo:

"La absoluta falta de originalidad es lo que distingue a Buenos Aires en todos sus aspectos, desde sus escritores... hasta sus revolucionarios, inclusive sus lustrabotas... nada original, nada nuevo, nada que sea suyo propio... todo importado, todo transportado, todo imitado... es la Patria del Plagio."

Moya, un estudioso español del proceso inmigratorio, cita a Vargas Vila y caracteriza esta opinión como "una caricatura exagerada", pero, a la vez, recuerda aquel dicho popular que definía a los argentinos como "italianos que hablan castellano y se creen británicos": "Aquella atmósfera ecléctica –subraya– había producido, decididamente, una de las culturas urbanas más peculiares y vibrantes del mundo".

El tema de la definición de la "argentinidad", o de la infructuosa búsqueda de ciertas notas salientes que configuren un hipotético "ser nacional", retornó con todas sus fuerzas cuando la crisis de 2001 volteó de un solo golpe –además de a un gobierno– a varios mitos de fuerte arraigo. En momentos cargados de escepticismo, hubo quienes recordaron entonces al Borges que en 1931, desde las páginas de *Sur*, había recalcado la "penuria imaginativa" de los argentinos y lamentado "la fruición incontenible de los fracasos", o volvieron a las miradas críticas y de algún modo pesimistas de Martínez Estrada, buscando alguna explicación para que al país de Gardel, Piazzolla, Maradona, Monzón, Evita, el Che Guevara, Cortázar... y del mismo Borges, en el que se inventó el colectivo, la birome y el dulce de leche, y que tiene una ciudad con la avenida más ancha y la más larga en todo el mundo, le fuera tan mal. Algunos miraban la actualidad de Canadá y Australia y se preguntaban qué habría pasado si los ingleses hubieran triunfado hace doscientos años. ¿Hay un mal de origen? Beatriz Sarlo intentó un resumen:

> "Martínez Estrada pone en el centro de su reflexión la pregunta sobre cómo hemos sido constituidos, o mejor dicho, por qué el fracaso de nuestra identidad como naciones. Existe un Mal radical que inficiona la sociedad y que, desde sus orígenes, define las relaciones sociales, atraviesa el mundo cultural [...] América se origina en la violación de la india por el español (afirma Martínez Estrada, en *Muerte y transfiguración del Martín Fierro*) y esta primera violencia se ve duplicada, siglos después, por la liquidación del indio. Estos comienzos marcados por el Mal, definen los males particulares del presente: el caudillismo político, la institucionalidad débil, la cultura aparente y pretenciosa."

La violación "de la mujer, de la naturaleza y de la ley" son temas que Liliana Weinberg identifica también como sustanciales en *Radiografía de la Pampa*, otra de las principales obras de Martínez Estrada. En círculos menos intelectuales se intentan explicaciones más simplistas, del tipo de "que toda la culpa la tiene Perón", o la increíble afirmación –lamentablemente aún popular– de que "aquí nadie quiere trabajar", porque el país es generoso ("aquí tirás una semilla y crece") pero el pueblo, haragán.

Los abordajes explicativos, como se ve, pueden ser múltiples: más abstractos o teóricos, genéricos y hasta prosaicos y vulgares, pero la búsqueda de las causas de la crisis y su definición, para determinar un programa integral de cambio, es tarea de la política. Lo que está claro es que esa búsqueda, ese debate, que cruza todos los estamentos de la sociedad –y básicamente a los que desean modificarla–, es expresión de la crisis de un modelo y de las creencias que lo sostuvieron y la exigencia de una redefinición de ideas básicas, categorías dadas por ciertas, como un a priori. En efecto, opiniones hasta entonces poco relevantes pasan a ser significativas mientras que los mitos sostenidos sin una base lógica se desmoronan.

La historia, como otras ciencias, sólo juega un rol auxiliar. Tal vez, revisar el pasado sirva para determinar errores, aquello que no se quiere, lo que se debe evitar y superar; lo que no puede resolver la historia es la construcción del futuro.

* * *

Al período fundacional de la Argentina le siguieron varias décadas de acumulación capitalista y aunque el proceso se deformó debido al régimen de tenencia de la tierra, la dependencia económica de Inglaterra y el poderío del puerto de Buenos Aires, subyacía aún un proyecto de país compartido de manera amplia por la clase dirigente. Era el país en construcción de Alberdi, Sarmiento, Urquiza y Mitre, que se expresó en dos generaciones: la del '37, precursora, que dibujó trazos gruesos del horizonte nacional y la del '80, que plasmó la Argentina moderna.

La década de 1930 marcó el inicio de una etapa de industrialización y redistribución de la renta nacional que comenzó a diseñar otro perfil: sin negar el anterior modelo, se le superpuso. La dictadura militar de 1976, finalmente, estructuró las bases del modelo que rige actualmente, cerrando del modo más violento la posibilidad de otro curso. El Plan Martínez de Hoz, el Plan Austral y el Plan de Convertibilidad no hacen más que profundizar en un mismo modelo de capitalismo dependiente. De este modo, en el último cuarto del siglo XX se vuelve con insistencia sobre los mismos recursos fallidos: los procesos inflacionarios y las violentas devaluaciones, la brusca caída de los ingresos de los trabajadores y la reiterada confiscación de ahorros. Veinte años de democracia no alcanzan a torcer ese rumbo. Y hoy no se halla explicación que justifique los indignantes datos de la miseria extrema que acosa a más de la mitad de la población. El 4 de enero de

2002 la BBC –en su sitio de Internet BBC mundo.com– reporta la nueva situación bajo un título escalofriante: "Argentina: un nuevo pobre cada minuto":

> "Es una vuelta cruel del lenguaje: si hace unos años en América latina se hablaba de los 'nuevos ricos', hoy en la Argentina el tema son los 'nuevos pobres'. Un estudio de la consultora Equis muestra una realidad desgarradora: cada día en la Argentina surgen 2.000 nuevos pobres, es decir, más de uno por minuto, que sobreviven con menos de 4 pesos diarios.
>
> "Sorpresivamente, la mayoría no proviene del desempleo, sino del constante deterioro de los salarios tanto en las empresas estatales como en las privadas. Esto ha generado un fenómeno inédito y, desgraciadamente, masivo: el de millones de argentinos deslizándose de la clase media a la pobreza. Según la investigación de Equis –basada en datos del Instituto Nacional de Estadística y Censos (INDEC)–, el 60 % de los nuevos pobres de la capital, Buenos Aires y el conurbano hace un año pertenecía a la clase media. [...] Hoy, los pobres en la Argentina suman 14 millones, alrededor de un 40 % de la población. Sólo en la capital viven 4,5 millones. Sólo en 2001, 730.000 personas cruzaron la línea de la pobreza, cifra que refleja el agudo agravamiento del problema."

Con sobradas razones, el investigador Peter Waldman expresa: "En ningún otro país de América latina, excepto Cuba, las estructuras de la sociedad y del Estado han sido sacudidas más profunda y persistentemente que en la Argentina".

Para algunos, capaces de encontrar razones sencillas, "la experiencia argentina se lee así: esto es lo que le pasa a los mejores alumnos del FMI. El desastre no se produce por no escuchar al FMI, sino precisamente por escucharlo". Esto lo afirma –en *El malestar en la globalización*– nada menos que el premio Nobel de Economía 2001 y ex vicepresidente del Banco Mundial, Joseph E. Stiglitz.

✳ ✳ ✳

Un dicho muy popular en México asegura que "no se puede tapar el sol con un dedo"; la realidad, en efecto, cambia y se impone. Nuevas disyuntivas se suman a los temas pendientes y desbordan cualquier intento de ocultamiento. Y bien, es lo que creemos haber expresado en estas páginas: la Argentina ha sumado meticulosamente problemas sin detenerse a darles solución.

Ahí están los miles de desaparecidos, sus hijos robados y sus familiares sufrientes; los veteranos de la guerra de Malvinas, olvidados y arrojados al suicidio; las tenazas de la deuda externa; los millones de desocupados lanzados a la marginalidad; los ancianos y jubilados abandonados; los ahorristas estafados; las víctimas de los excesos policiales; los cientos de torturadores, ladrones y represores impunes. También, la Justicia cuestionada, la corrupción estructural, la educación y la salud que el Estado desatiende y privatiza, la desnutrición infantil que en algunas provincias alcanza cifras alarmantes, la inseguridad, la falta de vivienda, la acumulación obscena de riquezas en un polo minoritario de la sociedad.

Los temas que se pretende convertir en históricos son acuciantes en la realidad presente y han alcanzado una dimensión tan intolerable que, sin duda, serán los motores de un profundo giro en el rumbo del país.

* * *

A comienzos del siglo XX la lucha social, con radicales, demócratas, progresistas, socialistas y anarquistas, culminó en la conquista de la regulación del trabajo infantil, las ocho horas de trabajo, el "sábado inglés" y el voto universal y la instauración de un régimen democrático parlamentario. A mediados de siglo, con el peronismo embanderado con la "justicia social", el pueblo argentino alcanzó importantes niveles en la distribución del ingreso y señaladas mejoras laborales y sociales. La sensación de una buena parte de la sociedad actual, sacudida por la crisis económica y el desempleo, es que los mecanismos tradicionales de representación política han cumplido un ciclo histórico y que se impone realizar transformaciones de fondo en la estructura institucional.

También cabe preguntarse si el surgimiento de los dos "movimientos históricos" no tuvo también –además de las causas objetivas, los procesos económico-sociales y las banderas levantadas expresamente– un componente "psicológico": la sensación popular de hartazgo hacia la venalidad, la corrupción y el despilfarro de las oligarquías instauradas en los años 80 y con la Década Infame.

* * *

Un modelo de país ha muerto o está, por lo menos, en estado agónico. Ciertos círculos políticos parecen ignorar este hecho y se desentienden de la realidad.

Aún no puede precisarse qué sistema social, qué estructura de régimen político y qué gobiernos de "carne y hueso" articularán un nuevo proyecto. Pero podemos afirmar con certeza que el próximo hecho que cambie el país –que tal vez, con otra perspectiva, reconozcamos en el "voto castigo" del 14 de octubre, o en el cacerolazo del 19 de diciembre de 2001 y las espontáneas manifestaciones del día siguiente– tendrá algunos componentes definidos: una participación democrática más horizontal (como parecen anunciarlo ciertas organizaciones asamblearias, comunitarias y vecinales) y la demanda de transparencia, verdad y justicia efectiva. Estas cuestiones implican una reformulación del Estado y el replanteo de los canales tradicionales de representación (los sindicatos, los partidos políticos, el rol de los medios de comunicación, el sistema tradicional de sufragio). La sociedad parece haber demostrado que los intentos gattopardistas serán de vida efímera.

En ese mismo sentido, sin embargo, es oportuno considerar un agudo comentario del lingüista Noam Chomsky:

"Una consecuencia de la guerra incesante por el control de la opinión pública es que la mayoría de la gente apenas tiene idea de lo que ocurre a su alrededor. Un estudio académico que apareció poco antes de las recientes elecciones presidenciales estadounidenses indicaba que los ciudadanos que conocían la opinión de los candidatos en temas decisivos no llegaba al 30 %, pero un 86 % sabía cómo se llamaba el perro de George Bush. He aquí la esencia de la 'democracia' en su sentido orwelliano: hay que distraer y dispersar al público, mantenerlo en la ignorancia, para que no plantee problemas a los gobernantes."

Y, aunque proviene de una tradición política diferente, el alerta del Nobel José Saramago de algún modo es coincidente:

"La manipulación de las conciencias ha llegado a un punto intolerable... Forma parte de una operación de banalización que es cultivada sistemáticamente. Revistas que antes eran de reflexión y pensamiento son ahora frívolas; la televisión, que puede ser un instrumento de educación extraordinario, se ha convertido en eso que algunos llaman muy bien 'telebasura'. Y hay gente muy interesada en ello, en que sea así. En el fondo esto no es nuevo. Ya en la época de los romanos se daba la política de 'pan y circo'. Un golpe de efecto genial de las sociedades modernas ha sido convertirnos a todos en actores. Todo hoy es un gran escenario: es la panacea universal, porque ha hecho que todos estemos interesados en aparecer como actores. Y desvelamos nuestra intimidad sin pudor: se relatan miserias morales y físicas, porque pagan por eso. Vivimos en un mundo que se ha convertido en un espectáculo bochornoso, en el que se muestra en directo la muerte, la humillación..."

¿En qué medida la cultura de los argentinos ha ido absorbiendo las diferentes formas de manipulación? ¿En qué medida, también, el nuevo proceso social tiende a romper efectivamente con esta rémora? Las respuestas a estos interrogantes serán decisivas para el futuro del país.

* * *

El nuevo modelo que se esboza en el horizonte, cada vez con más claridad, parece anunciar el fin de un sistema representativo que derivó en verticalismo, clientelismo, caudillismo y autoritarismo. Es de esperar que ese cambio cultural eche por tierra la inveterada costumbre de esperar la llegada de un personaje providencial en quien se depositen las ilusiones y esperanzas, y las estructuras políticas sostenidas en los nefastos "punteros", o su versión moderna, aquellos que manejan subsidios monetarios sujetos a "peajes", ambos eslabones primarios de la corrupción.

Más que una expresión de deseos, estos enunciados parecen señalar una dinámica social objetiva manifestada en la confluencia de los diversos cauces que hoy cruzan con distinta intensidad la vida de los argentinos. A pesar de su tono ultimatista –que causa prevenciones–, la expresión popular "¡Que se vayan todos!", pregonada con tenacidad, confirma, de algún modo, el inicio de una nueva etapa y un alerta: es una frase testigo del hartazgo. La organización social y las instituciones políticas que predominaron en el siglo XX, más allá de cuáles sean los mecanismos instrumentales del cambio, han caducado.

¿Cuánto tiempo transcurrirá para que la mutación social y política que se presiente se haga efectiva? Los grandes hechos de la historia argentina que cambiaron el país tuvieron diferentes tiempos de maduración, diferentes ritmos. Desde la declaración de la Independencia hasta el Acuerdo de San Nicolás pasaron tres largas décadas plagadas de guerras civiles y otra más fue necesaria para unificar el país. Desde el levantamiento de la Unión Cívica en 1890 hasta la conquista del sufragio universal pasaron veinticuatro años. El peronismo, en cambio, sólo necesitó dos años para surgir e instalarse, al calor de una coyuntura internacional muy favorable. Desmontar la Argentina productiva y llevarla a niveles de decadencia nunca soñados, a través de la propuesta neoliberal, requirió de un cuarto de siglo, desde el Rodrigazo hasta el "Plan Cavallo II", y es aún un proceso en curso.

En todos los casos, los cambios implicaron luchas y enfrentamientos, fueron traumáticos y contradictorios, jamás lineales. Nada indica en el presente que los hechos se precipiten en el corto plazo pero es indudable que el doble proceso de desgaste en un polo y el comienzo de maduración ideológica y organizativa en el otro –como sucediera en 1837, en 1890 y en 1943– ha dado signos de vitalidad, dinamizada por la agudización de la crisis económica.

* * *

La creciente distorsión de los roles ha conducido a situaciones perversas. Una nueva ética social y una nueva cultura política, de las que ya hay interesantes ejemplos, parecen alumbrar. Una década atrás, en el cierre de *Historia de los argentinos*, Floria y García Belsunce destacaban premonitoriamente:

"Como colofón diremos que nuestra historia de las últimas décadas ha sido percibida como una suerte de oportunidades perdidas a raíz de la inconsistencia de la articulación necesaria entre libertad, igualdad y justicia. Esta articulación consistente debe darse no sólo en las dimensiones política y económica sino también en la dimensión ético-cultural de la vida pública. La persistencia en la búsqueda de esta articulación puede abrir cauces positivos al crecimiento material y espiritual de la sociedad argentina. Y en ello reside nuestra esperanza."

Utopías y realidades. Los hombres de Mayo y los de las generaciones del '37 y el '80, más o menos idealistas, alzaron las banderas de "libertad, igualdad y fraternidad" o su fe positiva en el progreso y muchos de ellos soñaron además con la unidad hispanoamericana. Con esas miras, elaboraron programas y estrategias que guiaron sus propuestas libertadoras y de organización nacional. Los románticos y combativos años 60 se nutrieron, también, tanto de ideales individuales y colectivos como de acción y desprendimiento concretos. El proyecto del nuevo país que anhelamos, sin duda, necesita recrear utopías. Aunque por definición sean irrealizables, sólo ellas iluminan el futuro.

CRONOLOGÍA

En el mundo

1901: Muere la reina Victoria. Primera entrega de los Premio Nobel. Constitución de Australia. Vuelo aéreo a motor

1902: Pogroms en Rusia. Alfonso XIII, rey de España. Wright: vuelo dirigido. Primer Tour de Francia — Sudáfrica: colonia inglesa. Europa: exigencia de voto universal Construcción de la represa de Asuán

1904: Japón derrota a Rusia. Revolución en San Petersburgo. Noruega y Finlandia, autónomas. Irlanda: nace el Sinn Fein. Einstein: teoría de la relatividad — *Entente cordiale* entre Francia e Inglaterra. Hambrunas y represión en África. Corea, protectorado japonés

1905: Erupción del Vesubio. Teatro: E. Duse *versus* S. Bernhardt

1906: China: revueltas del Kuomintang. Picasso: cubismo; M. Montessori: la autoeducación. Rally automovilístico Pekín-París. Fundación de los boy-scouts

1907: Austria anexa Bosnia y Herzegovina. Conferencia de paz en La Haya. Debate sobre la Corte Internacional de Arbitraje

1908: Revuelta anarquista en Barcelona. Peary llega al Polo Norte. Ballets rusos

1909: Unión Sudafricana, con dominio británico. Portugal, una república. China sin esclavitud. Pintura abstracta. Stravinski y Mahler. Cometa Halley

En América

1901: J. P. Morgan compra la Carnegie Steel Corp. Guerra civil en Colombia

1902: Cuba, una república. Países europeos bloquean Venezuela por la deuda externa

1903: Panamá se independiza de Colombia. J. Batlle y Ordóñez, presidente liberal del Uruguay

1904: T. Roosevelt presidente de EE.UU.

1906: Terremoto arrasa San Francisco. EE.UU. ocupa Cuba. México: liberales "magonistas" y huelga en Cananea — Congreso Centroamericano. México: huelga y masacre en Río Blanco

1907: Dictadura de J.V. Gómez en Venezuela (por 27 años). Ford T

1910: Cae la dictadura mexicana, Madero presidente

En la Argentina

1901: Ruptura entre Pellegrini y Roca. Unificación de la deuda. Ley de Servicio Militar Obligatorio. Nace Alumni

1902: Pactos de Mayo

1903: Convención de Notables. Ley de Residencia. Lola Mora: fuente de las Nereidas

1904: Yrigoyen dirige sublevación radical. Hotel de Inmigrantes. Ley orgánica del ejército. J.B. Justo funda "El Hogar Obrero". Univ. Nac. de La Plata — Asumen Quintana-Figueroa Alcorta; A. Palacios, diputado. Desfile cívico en conmemoración de la Revolución del Parque. Automóvil Club Argentino

1906: Reuniones secretas de Yrigoyen y el Presidente. Huelga de inquilinos. Ley laboral sobre trabajo de mujeres y niños. Petróleo en Comodoro Rivadavia — Fallecen Mitre, Irigoyen, Quintana y Pellegrini. Figueroa Alcorta, dicta una amnistía; UCR: abstención electoral

1908: Figueroa Alcorta clausura el Congreso. Teatro Colón. Rally Buenos Aires-Córdoba. Aero Club Argentino

1909: Represión al acto del 1° de Mayo y "semana roja". S. Radowitzky mata al coronel R. Falcón

1910: **Celebración del Centenario.** Huelga de la FORA. Ley de Defensa Social y reglamentación de admisión de extranjeros. Estado de sitio. R. Sáenz Peña, presidente. Soberanía argentina sobre la isla Martín García

1901 1902 1903 1904 1905 1906 1907 1908 1909 1910

Cronología 1911–1920

Contexto internacional (fila superior)

- **1912:** China, una república. Juegos olímpicos de Estocolmo. Naufragio del *Titanic*
- **1911:** Gran Bretaña: rey Jorge V. Italia ocupa Libia; España, Alemania y Francia se disputan Marruecos. Amundsen llega al Polo Sur
- **1913:** Magnicidio en Sarajevo; Primera Guerra Mundial (hasta 1918), Argentina, neutral
- **1915:** Skagerrack: 262 barcos en gran batalla naval anglo-alemana. Muertes masivas en Verdún. Inglaterra incorpora los tanques. Muere Francisco José I. Insurrección derrotada del Sinn Fein. Dadaísmo
- **1918:** Tratado de Brest-Litovsk. Derrota militar alemana, nacen Austria, Hungría, Checoslovaquia y las Naciones Sudeslavas. Revolución espartaquista
- **1920:** Fin del Imperio Otomano. El Ejército Rojo soviético derrota a los blancos

- **1912:** Gandhi contra la discriminación racial en Sudáfrica. Modelo de átomo de Bohr
- **1914:** Turquía realiza un genocidio en Armenia. Italia en guerra con el Imperio Austrohúngaro
- **1917:** Revolución bolchevique en Rusia: gobierno soviético. Alzamiento sindicalista en España
- **1919:** Tratado de Versalles. Sociedad de las Naciones. Alemania: ejecución de K. Liebknecht y R. Luxemburg. Bauhaus: unir las artes

América (fila media)

- **1911:** México: revolución zapatista. El cine, en Hollywood
- **1913:** Fordismo: línea de montaje
- **1915:** EE.UU. entra en la Guerra. Colombia exporta café. ABC: Argentina, Brasil y Chile integran una comisión para solucionar disputas
- **1917:** V. Carranza presidente constitucional de México
- **1918:** En Perú, la "patria nueva". Fundación de la RCA y de United Artist
- **1918:** Fundación de la Confederación Regional Obrera Mexicana (CROM)
- **1920:** EE.UU.: supremacía republicana y ley seca. México: asesinato de Carranza
- **1914:** Canal de Panamá. Para EE.UU., Centroamérica es su "patio trasero"

Argentina (fila inferior)

- **1911:** La UCR levanta la abstención. Primer subterráneo
- **1912:** R. Sáenz Peña delega el mando en V. de la Plaza. Aparece *Crítica*. El tango, de moda en París. Racing Club campeón de fútbol
- **1914:** Leyes Cafferata. Crucero inglés *Orama* apresa al *Presidente Mitre*. División sindical: FORA del IX Congreso
- **1917:** Infantes de marina reprimen huelga de Berisso
- **1919:** **La Semana Trágica.** Liga Patriótica Argentina. La UCR es mayoría en Diputados

- **1912:** Ley 8871: voto obligatorio y secreto para los hombres. Grito de Alcorta; Federación Agraria Argentina. Escuela de Aviación Militar. Se cae la piedra movediza de Tandil
- **1913:** Mueren Sáenz Peña y Roca. Nace la Democracia Progresista. Emergencia económica; Caja Nacional de Ahorro Postal. Muere J. Newbery y se consagran Gardel y Razzano
- **1916:** Elecciones con la Ley Sáenz Peña; triunfa la UCR: Yrigoyen-Luna. Centenario de la Independencia. Visitas de I. Duncan y Ortega y Gasset
- **1918:** Luchas en "La Forestal" (hasta 1921). Reforma Universitaria en Córdoba, FUA. Duelo hípico entre Botafogo y Grey Fox. Nieva en Buenos Aires
- **1920:** Centenario de M. Belgrano. Argentina se retira de la Liga de las Naciones. Fundan Partido Comunista. Primera transmisión radial

1911 1912 1913 1914 1915 1916 1917 1918 1919 1920

	1921	1922	1923	1924	1925	1926	1927	1928	1929	1930
En el mundo		Mussolini en Italia. Guerra civil en Irlanda. Nace la URSS. Stalin, secretario general del PCUS. H. Carter abre el sepulcro de Tutankamon. J.Joyce: *Ulysses*. Se funda la BBC		Muere Lenin. Primer gobierno laborista en Gran Bretaña. Grecia, república. *Manifiesto surrealista* de A. Breton		Japón: se corona el emperador Hirohito. Pilsudski dirige la independencia polaca. J. Keynes presenta sus teorías		Chiang Kai-Shek presidente de China. Nace el Opus Dei. Fleming descubre la penicilina. *Graf Zeppelin* une Alemania y EE.UU. Olimpíadas con deporte femenino		"Marcha de la sal": Gandhi en desobediencia civil. Stalinismo: colectivización forzosa del agro. España: cae Primo de Rivera. M. Dietrich despierta pasiones
	Aliados ocupan Alemania. Se descubre la insulina. Einstein, Nobel de Física. C.Chaplin: *El Pibe*. Ajedrez: Capablanca destrona a Lasker		República turca. Hitler fracasa en Baviera. Intenso terremoto en Japón. España: dictadura de P. de Rivera. Schönberg: música dodecafónica		Tratado de Locarno: paz europea. Dinastía Pahlevi en Persia. Cine: *El acorazado Potemkin*. Art Decó		URSS: Stalin desplaza a Trotsky. C. Lindbergh cruza el Atlántico en avión		Acuerdo de Letrán; creación del Vaticano	
En América	Venezuela explota el petróleo. EE.UU. indemniza a Colombia por Panamá		Rebelión obrero-estudiantil en Perú. "La pelea del siglo": L. Firpo y J. Dempsey		Revolución "juliana" en Ecuador. Fraude y corrupción en Cuba. Jazz: Hot Five de L. Armstrong		Sandino y F. Martí enfrentan a marines. EE.UU: ejecución de Sacco y Vanzetti. Cine sonoro: *El cantor de jazz*		Crack de Wall Street, depresión mundial. Mafia en EE.UU. Muralismo: Rivera, Siqueiros, Orozco	
				Haya de la Torre funda el APRA. L. Lugones: discurso de Ayacucho. Gershwin: *Rhapsody in Blue*		Alzamiento cristero en México. Perú: J.C. Mariátegui funda *Amauta*. Muere R. Valentino		Debut del ratón Mickey		Dictadura en Rep. Dominicana. Vargas presidente del Brasil. Primer Mundial de Fútbol
En la Argentina	**Huelgas y represión en la Patagonia.** Teatro Cervantes y federaciones de natación y básquet		Reglamento de servicio del clero castrense		Visitas de E. de Windsor (Eduardo VIII), M. Chevalier y A. Einstein. Gira europea de Boca Juniors		Fábrica Militar de Aviones. L. Melo-V. Gallo, candidatos de la Confederación de Derechas		Asesinato del caudillo mendocino C. Lencinas	
		Alvear presidente: prosperidad. E. Mosconi, director de YPF. I. Leguisamo inicia su trayectoria		En la UCR, antipersonalistas vs. yrigoyenistas. Visita de H. de Saboya. Grupos de "Florida" y "Boedo"; revista *Martín Fierro*		Ley de derechos civiles para las mujeres. El hidroavión *Plus Ultra* une Europa y Sudamérica. Refinería de petróleo en La Plata		Triunfo electoral de Yrigoyen. Aparecen *Criterio* y *El Mundo*		**Primer golpe de Estado.** Uriburu depone a Yrigoyen: Década Infame. Se organiza la Confederación General de Trabajadores. Éxito de *Yira, yira*

1921 1922 1923 1924 1925 1926 1927 1928 1929 1930

Japón invade Manchuria. Segunda República española. Von Ardenne y Loewe: televisión

Hitler canciller del Reich

Mussolini invade Abisinia. Restauración monárquica en Grecia. Voto de las mujeres en Turquía

Bombardeo alemán en Guernica. Se inflama el *Hindenburg*, fin de los dirigibles

Alemania invade Polonia, Segunda Guerra Mundial (hasta 1945). Pío XII, nuevo papa. España, franquista

Separatismo vasco. Portugal: "Estado novo"; Salazar gobierna 35 años. Nace Arabia Saudí

Mao Tsé-Tung dirige la "larga marcha". Nazismo en Austria. Revolución en Asturias. Fibras sintéticas: la era del plástico

Frentes Populares en Francia, España y Bélgica. Guerra Civil Española (h. 1939). Mueren R. del Valle Inclán, M. Unamuno; F. García Lorca es fusilado. Hitler pacta con Japón e Italia. Egipto, Estado soberano; tropas inglesas en Suez

Alemania anexa Austria

Los nazis ingresan en París. Japón e Italia, con Hitler. Inglaterra defiende su espacio aéreo. Argentina neutral

Golpe de Estado en El Salvador y dictadura en Venezuela. Empire State. *Tarzán*

F. Batista, jefe de Estado Mayor en Cuba

A. Somoza, presidente de Nicaragua. Saavedra Lamas, Nobel de la Paz. Aparece *Life*

Nacionalismo en Puerto Rico. Muere C. Vallejo

Primer film de Cantinflas

F.D. Roosevelt preside Estados Unidos: *New Deal*. Guerra del Chaco paraguayo-boliviana. Efímera "república socialista" en Chile

Asesinato de Sandino. Cárdenas presidente de México. Armisticio en el Chaco

G. Vargas: el "Estado novo" de Brasil, dictatorial

El *Graf Spee*, hundido en el Río de la Plata. Frente Popular en Chile. *Lo que el viento se llevó*

Disolución de los partidos; enseñanza religiosa obligatoria. Elecciones anuladas y levantamientos radicales. Legión Cívica. Fusilamiento de Di Giovanni. Fútbol profesional

Pacto Roca-Runciman. Argentina en la Sociedad de las Naciones. Muere Yrigoyen. Miles de radicales detenidos

Debates sobre la carne, asesinato de E. Bordabehere. A. Sabattini, gobernador de Córdoba. Nace FORJA; se crea el Banco Central. Muere Gardel

Triunfo con fraude de Ortiz-Castillo. Suicidio de H. Quiroga

Suicidio de L. de la Torre. Universidad N. de Cuyo. *Boom* editorial. Fútbol: brilla Independiente

R. Levene preside la Academia Nacional de la Historia; J. Irazusta, E. Palacios y J.M. Rosa: revisionismo. L. Lugones y A. Storni se suicidan

A. Barceló: fraude en Buenos Aires. Del Castillo, gobernador de Córdoba. Ortiz con licencia. Notoriedad de S. Ocampo, Bioy Casares y Borges. Rive Plate, una "máquina"

Justo presidente. Revuelta radical. Se concluye la Basílica de Luján. J. C. Zabala gana el maratón en Los Ángeles

Congreso Eucarístico Internacional, con el cardenal E. Pacelli (Pío XII). Llega el *Graf Zeppelin*. Sale *Leoplán*

M. Fresco gobernador de Buenos Aires. Huelga general en la construcción. Se inauguran el edificio Kavanagh y el Obelisco

| 1931 | 1932 | 1933 | 1934 | 1935 | 1936 | 1937 | 1938 | 1939 | 1940 |

	1941	1942	1943	1944	1945	1946	1947	1948	1949	1950
En el mundo	Japón ataca Pearl Harbor, EE.UU. en guerra. Alemania invade la URSS y ocupa los Balcanes. Primera computadora digital electromecánica	Los aliados invaden Italia, cae el *Duce*. Derrotas alemanas en El Alamein y Stalingrado. *Ghetto* de Varsovia			Bombas atómicas en Japón. El Eje capitula. Fin de la Guerra Mundial. Acuerdo de Potsdam: bipolaridad		Plan Marshall y Doctrina Truman: la Guerra Fría. India y Paquistán, independientes. La UN divide Palestina: un Estado judío, otro árabe		Revolución maoísta en China. Se funda la OTAN. Dos Alemanias, RFA y RDA. República de Irlanda. G. Orwell: *1984*	
		"Solución final" alemana: campos de exterminio. Batallas de Stalingrado y Midway		Desembarco aliado y liberación de París. Soviéticos en Varsovia; Tito controla Yugoslavia		Juicio de Nüremberg. Sesionan las Naciones Unidas. Filipinas independiente. Cine: Festival de Cannes		Creación del Estado de Israel. El Este europeo, en la órbita soviética; Sudáfrica vota el *apartheid*. Gandhi muere asesinado		Guerra de Corea (hasta 1953). En Taiwán, China Nacionalista. Rainiero III, príncipe de Mónaco
En América		Conferencia Interamericana en Rio de Janeiro. *Casablanca*, un film legendario		Guatemala: intento democrático de J. Arévalo			Argentina aprueba el TIAR. Nicaragua: golpe de "Tacho" Somoza. B. Houssay: Nobel de Fisiología y Medicina			EE.UU.: macarthismo. Guerrillas campesinas en Colombia. Fútbol: Uruguay derrota a Brasil en la final del mundo
	En Venezuela se funda Acción Democrática		Bolivia: golpe de Estado. A. de Saint-Exupéry: *El Principito*		Conferencia Interamericana; Actas de Chapultepec: Argentina declara la guerra al Eje. G. Mistral: Nobel de Literatura			"Bogotazo"; golpe en Venezuela. Marimón gana el Gran Premio Buenos Aires-Caracas		
En la Argentina	Siguen los fraudes. Estado de sitio. Avenida General Paz, Fabricaciones Militares. Debuta M. Legrand		Mueren Justo y Alvear. Golpe: Ramírez al gobierno, el GOU al poder. Perón ministro de Guerra y secretario de Trabajo. Disolución de la FUA y Centros de estudiantes. V. Dumas		Marcha de la Constitución y la Libertad. **17 de octubre: Perón retorna al poder.** Partido Laborista. Declaración de Avellaneda. Primera colada de hierro en Zapla. Sale *Clarín*		Plan quinquenal, creación del IAPI, nacionalizaciones y Acta de la Independencia Económica. Evita en Europa. Voto femenino. Se elimina la autonomía universitaria. En la UCR, nace el MIR		Reforma constitucional: permite la reelección. Huelga azucarera en Tucumán. Partido Peronista Femenino	
		Ortiz renuncia y muere. Buques argentinos atacados por submarinos alemanes		Terremoto de San Juan. Farrell presidente, Perón vice. Estatuto del Peón. Aparece *Rico Tipo*		Perón, presidente. UCR: "Bloque de los 44". Estatuto del Periodista		Gatica, ídolo popular. Argentina logra tres oros olímpicos en Londres. *Sur*, de Manzi y Troilo		Balbín preso. Debutan Los Chalchaleros. Argentina, campeón mundial de básquet

1951	1952	1953	1954	1955	1956	1957	1958	1959	1960
W. Churchill, primer ministro británico. Irán nacionaliza el petróleo	África: cae el rey Faruk (Egipto); revuelta Mau Mau en Kenia	Paz y división de Corea. Levantamiento en la RDA. República de Egipto. Muere Stalin. Se corona Isabel II de Inglaterra. Ascensión al Everest. Sale *Playboy*	La RFA en la OTAN. Derrota francesa en Vietnam. Guerra de Argelia. Nasser en Egipto	N. Khrushev jefe de la URSS. Nacen el Movimiento de Países No Alineados y el Pacto de Varsovia. J. Salk: vacuna contra la poliomielitis	Alzamientos democráticos en Hungría y Polonia. Khrushev anuncia la desestalinización. Crisis en el Canal de Suez	*Sputnik I*: la era espacial. Comunidad Económica Europa (CEE)	Francia: C. De Gaulle, la V república. "Gran salto adelante": China se industrializa. American Express	Doce países firman el Tratado Antártico. Se funda ETA	Independencia de 17 Estados africanos. Píldora anticonceptiva
Televisión color en EE.UU. Bolivia: triunfo de Paz Estenssoro (MNR)	Eisenhower, presidente de EE.UU.; Puerto Rico, "estado libre asociado". Insurrección obrera en Bolivia	Cuba: el "26 de Julio" asalta La Moncada	La CIA interviene: A. Stroessner en Paraguay y caída de J. Arbenz en Guatemala	Se inaugura Disneylandia. Muere J. Dean, el *Rebelde sin causa*	Asesinato de Somoza, asume su hijo Luis. Elvis Presley, rey del rock and roll	Disturbios raciales en EE.UU. Cuba: guerrilla en Sierra Maestra	Uruguay: gobiernan los "blancos". Venezuela: cae Pérez Jiménez. Fútbol: con Pelé, Brasil campeón mundial	Castro en Cuba. Venezuela: asume R. Betancourt	J. Kubitschek inaugura Brasilia. *Psicosis*, de A. Hitchcock
Expropiación de *La Prensa*. Cabildo Abierto: renunciamiento de Evita. Huelga ferroviaria. Asonada del gral. Menéndez. Voto femenino y reelección de Perón. Televisión. Yatasto, ídolo del turf. Fangio campeón	Plan de Austeridad y entrevistas con opositores. Muere Evita	Bombas en acto peronista; quema del Jockey Club y locales partidarios y detención de opositores. Negociaciones con Standard Oil	Inversiones extranjeras. Conflicto de Perón con la Iglesia. Frondizi preside la UCR	Acto opositor en Corpus Christi. Junio: intento golpista y bombardeo; réplica: incendio de iglesias. **Revolución Libertadora: cae Perón**. Intervención de la CGT, disolución del Partido Peronista	Levantamiento de J. Valle; fusilamientos de J.L. Suárez. Epidemia de polio	Resistencia peronista y 62 Organizaciones. Ruptura de la UCR: Balbin vs. Frondizi. Convención Constituyente. Crédito del FMI. Creación del Territorio Nac. de Tierra del Fuego. Fangio, "el quíntuple"	Frondizi presidente: contratos petroleros y "laica o libre". Las "62": paro general	Huelga de obreros de la carne y Plan CONINTES. Frondizi visita EE.UU. Alsogaray: "Hay que pasar el invierno". Sale *Tía Vicenta*	Sesquicentenario de Mayo. Planteos militares. Teatro San Martín

	1961	1962	1963	1964	1965	1966	1967	1968	1969	1970
En el mundo	Muro de Berlín. Asesinato de P. Lumumba. Y. Gagarin, el hombre en el espacio		Marcha de M.L. King por los derechos civiles. Muere Juan XXIII, asesinato de Kennedy. Independencia de Kenia		EE.UU. bombardea Hanoi. Asesinato de Malcom X. La ONU actualiza el reclamo argentino sobre las Malvinas. M. Quant, la minifalda		Guerra de los Seis Días. Grecia: golpe de los coroneles. C. Barnard: trasplante de corazón. Twiggy, un emblema de la década		*Apolo XI*: el hombre en la Luna. Israel: Golda Meir, primera ministra; Arafat, líder de la OLP. Choques entre China y la URSS. Disturbios en Irlanda. Muere B. Jones	
		Concilio Vaticano II. Independencia de Argelia. Los Beatles; muere M. Monroe		URSS: L. Brezhnev y A. Kosiguin. Reunión de los No Alineados en El Cairo. C. Clay, campeón mundial. Pop Art		Revolución cultural china. I. Gandhi, primera ministra de la India. Indonesia: golpe de Suharto		Ofensiva del Vietcong. Europa bulle: Primavera de Praga y Mayo francés; ETA cobra su primera víctima		Biafra, el hambre. Guerra indochina, en Camboya y Laos. Muere Nasser. Rock y drogas: mueren J. Hendrix, y J. Joplin
En América	J.F. Kennedy presidente: Alianza para el Progreso y Bahía Cochinos. Argentina ratifica la ALALC			Brasil: golpe de Estado. E. Frei, presidente de Chile		Colombia: las FARC agrupan la guerrilla		Masacre de estudiantes en Tlatelolco (México). Asesinan a M.L. King		Chile: S. Allende, la "vía pacífica al socialismo". L. Echeverría preside México
		Crisis de los misiles. Uruguay: MLN Tupamaros. En la OEA, el tema cubano			Santo Domingo: desembarco norteamericano. Perú: reunión continental de ejércitos		Bolivia: matan al "Che". Sacerdotes tercermundistas. *Boom* literario: García Márquez		R. Nixon presidente de EE.UU. Woodstock: rock y hippismo	
En la Argentina	Frondizi: giras y encuentro con Guevara. A. Palacios, senador		Onganía comandante del Ejército. Elecciones: triunfo de A. Illia; neoperonismo. Instituto Di Tella; aparece *Crónica*. Mueren dos ídolos, J. Gálvez y Gatica. J. Cortázar: *Rayuela*		Viene Isabelita: verticalistas vs. vandoristas. *Extra* y *Confirmado*. Música "beat", M. Sosa en Cosquín. Box, H. Accavallo y "Ringo" Bonavena; rugby, los Pumas en Sudáfrica		Plan Krieger Vasena. La "nueva izquierda". Prohibición de *Bomarzo*. *Todo es Historia*, de F. Luna		**Malestar social: Cordobazo.** Asesinato de Vandor. *Balada para un loco*, Almendra y Manal	Guerrilla urbana. Asesinatos de Aramburu y Alonso. Cae Onganía; R. Levingston presidente. La Hora del Pueblo. L.F. Leloir: Nobel de Química. C. Monzón campeón en Roma. Aparecen *Hortensia*, *Pelo* y *Polémica*
		Triunfo peronista; cae Frondizi. Guido presidente. *Shock* económico y disolución del Parlamento. **Azules vs. Colorados**		Perón en Puerta de Hierro. Plan de lucha de la CGT. Frustrado Operativo Retorno. Aparece *El Mundo*		**Destitución de Illia; Onganía y la Revolución Argentina.** B. Spivacow funda el CEAL. *La Balsa*, por Los Gatos		CGT de los Argentinos. N. Locche y Estudiantes de La Plata, campeones mundiales		
	1961	**1962**	**1963**	**1964**	**1965**	**1966**	**1967**	**1968**	**1969**	**1970**

Guerra e independencia de Bangladesh. Uganda: golpe de Idi Amín. Suiza: voto femenino. Greenpeace. Muere J. Morrison

Vietnam: derrota militar de EE.UU. Cuarta guerra árabe-israelí. España: ETA mata al presidente Carrero Blanco. Argentina es "No Alineado". Muere P. Picasso

Muere Franco; Juan Carlos I, rey de España. Conferencia de Helsinki. Pol Pot: terrorismo en Camboya. Líbano en guerra civil

España: elecciones libres tras 41 años

Islamismo: Jomeini derroca al Sha de Irán. Parlamento Europeo. M. Thatcher, primera ministra. URSS invade Afganistán, y Vietnam, Camboya. Irak: S. Hussein

---

Nixon visita China; acuerda "desarme" con Brezhnev. Irlanda: "lunes sangriento". Munich: comando palestino ataca deportistas israelíes

Portugal: Revolución de los Claveles; independencia de Angola y Mozambique. Golpe en Etiopía. Cae la dictadura griega

Sudáfrica: Rebelión de Soweto. Angola: guerra civil. Muere Mao Tsé-Tung

Acuerdo egipcio-israelí de Camp David. Juan Pablo II, nuevo papa. Italia: asesinato de A. Moro. L. Brown, primer bebé de probeta

Polonia: huelgas, *Solidarnösc* y L. Walesa. Guerra Irak-Irán. Resistencia mujaidín afgana. Es asesinado J. Lennon

---

Bolivia: golpe de H. Banzer. Accidente aéreo: 16 rugbiers uruguayos sobreviven en la cordillera

Watergate: derrotado en Vietnam, renuncia Nixon. Venezuela: C. A. Pérez, presidente

Terremoto en Guatemala: 25 mil muertos

Nicaragua: asesinato de P. J. Chamorro

El Salvador: asesinato de mons. Romero y masacre de fieles. Éxodo de cubanos

Haití: muere un dictador, lo sucede su hijo. Nobel para P. Neruda

Pinochet en Chile y autogolpe de Bordaberry en Uruguay

Perú: Morales Bermúdez reemplaza a Velasco Alvarado

EE.UU.: J. Carter acuerda con Torrijos por el canal de Panamá. Muere E. Presley

Nicaragua: revolución sandinista

Frondizi-Perón, el FRECILINA. Córdoba: Viborazo y SITRAC-SITRAM. Asume Lanusse: elecciones y GAN. Restitución del cuerpo de Evita. *La Opinión*

Amnistía a presos políticos, Pacto Social. **Regreso definitivo de Perón:** triunfa con el 62 % de los votos. Aparecen *El Descamisado* y *Crisis.* Triple A

Operativo Independencia. Rodrigazo y huelga general: licencia para Isabel: Luder presidente y Videla jefe del Ejército. Acciones militares y guerrilleras. Adiós, Sui Generis

Desde abril, las Madres de Plaza de Mayo. El Tribunal de La Haya falla sobre el Beagle. D. Maradona debuta en la Selección; G. Vilas descolla en tenis

Los "25": paro a la dictadura. Alzamiento de L. Menéndez. Visita de la CIDH. Junta Militar: Galtieri, Lambruschini y Graffigna

Duelo Lanusse-Perón. Fuga de presos y masacre de Trelew. Perón regresa; el FREJULI, con Cámpora. Sale *Satiricón*

Perón agrede a la JP y Montoneros, muere y asume Isabel: lopezreguismo. Crímenes políticos. Sale *Diario Popular.* Reutemann en F 1

Golpe de Estado: Videla, Massera, Agosti. El Proceso. Plan Martínez de Hoz. Miles de detenidos-desaparecidos. Aparece *Somos*

Visita de los Reyes de España. Oficial: más de 3.000 presos políticos. Cuestión limítrofe: mediación papal. Argentina campeón mundial. AU 25 de Mayo. *Humo(R)*

Crisis financiera afecta a 350 mil ahorristas. A. Pérez Esquivel: Nobel de la Paz

---

1971   1972   1973   1974   1975   1976   1977   1978   1979   1980

	1981	1982	1983	1984	1985	1986	1987	1988	1989	1990
En el mundo	F. Mitterand en Francia; R. Reagan en EE.UU. Asesinato de Sadat. Son heridos Reagan y Juan Pablo II. Transbordadores espaciales. El SIDA	Filipinas, asesinato de B. Aquino. De moda la gimnasia aeróbica, los pasos de M. Jackson y Madonna. *E.T.* Israel invade el Líbano. Sabra y Chatila: masacre de palestinos. Con F. González, triunfo del PSOE		Atentado: muere I. Gandhi. Acuerdo chino-británico sobre Hong-Kong	M. Gorbachov, jefe del Kremlin: *glasnost* y *perestroika*. España en la CEE. Una bomba hunde al *Rainbow Warrior* de Greenpeace. Agujero de Ozono	Chernobyl: catástrofe nuclear. Asesinato de O. Palme. EE.UU. ataca Libia. Caso Irán-Contras. Filipinas: Marcos depuesto, C. Aquino nueva presidenta. Explota el *Challenger*	Intifada palestina	La Urss se va de Afganistán. Irán-Irak: alto el fuego. B. Bhutto gobierna Pakistán	Caen el Muro de Berlín y los regímenes de Europa oriental. Elecciones en la URSS. Muere Jomeini. Masacre en Tiananmen	Disgregación de la URSS; Yeltsin, presidente de Rusia. Reunificación alemana. Japón: Akihito emperador. Irak invade Kuwait
En América		Nobel para García Márquez		Nicaragua: triunfo electoral del FSLN. Democracia en Uruguay: Sanguinetti presidente	Brasil: J. Sarney presidente civil, tras 21 años. Sismo en México		Nicaragua: tregua en la guerra civil. Plan de paz en Centroamérica	México: triunfo de Salinas de Gortari, denuncias de fraude	Paraguay: cae Stroessner. EE.UU. invade Panamá. Chile: Aylwin presidente. El Salvador: ofensiva final del FMLN	Perú: Fujimori presidente
En la Argentina	Viola presidente. Multipartidaria. Muere Balbín. Galtieri reemplaza a Viola. Argentina: el país más endeudado del mundo	30 de marzo: CGT en Plaza de Mayo. **Desembarco en Malvinas.** Hunden el *General Belgrano*. Junio: visita del Papa y rendición. Asume Bignone. Huelgas y marcha por la democracia. Aparece *La Voz*	Elecciones e intento de autoamnistía. C. Nicolaides: destruir documentos sobre represión. Alfonsín, presidente	Juicio a las Juntas: Divisiones en el PJ. Consulta sobre el Beagle: 80 % por el Sí. La CONADEP y el *Nunca más*. C. Milstein: Nobel de Medicina	Plan Austral y huelgas de la CGT. Menem y Cafiero, renovadores. Condenas a las Juntas. Oscar para *La historia oficial*	Leyes de divorcio y Punto Final. Cuatro paros de la CGT. Argentina, con Maradona, campeona en México. Muere J.L. Borges; se consagra J. Bocca	**Rebelión carapintada en Semana Santa:** Ley de Obediencia Debida. Visitas de Juan Pablo II, Pavarotti y Sting. *Página/12*	Asonadas: Rico en Monte Caseros y Seineldín en Villa Martelli. Menem, candidato del PJ	Asalto al cuartel de La Tablada. **Devaluación e hiperinflación.** Mayo: Menem-Duhalde triunfan (49 %). Saqueos, Alfonsín renuncia. Menem decreta 277 indultos	Plan Bonex. Ampliación de la Corte. C. Álvarez y "los Ocho". Alzamiento carapintada; indulto a ex comandantes y a Firmenich

Tratado de Maastricht. Yugoslavia se disgrega: guerra civil. En la ex URSS, nace la CEI. Tras 16 años, paz en el Líbano

Autonomía palestina en Gaza y Jericó. España: F. González triunfa por cuarta vez consecutiva

Asesinan a J. Rabin

Victoria laborista en Gran Bretaña. Muere Lady Di. En Zaire cae el dictador Mobutu Sése-Séko

Europa estrena el Euro. La OTAN interviene en Serbia y Kosovo, y derrota a Yugoslavia. Ocallan, del PT Kurdo, es detenido en Kenia y extraditado a Turquía. Protestas

Sudáfrica: N. Mandela, primer ministro negro. Ruanda: masacres entre hutus y tutsis. Rusia invade Chechenia. Se inaugura el Eurotúnel. Schumacher, campeón de F1

Israel y España: B. Netanyahu y J. M. Aznar, en el gobierno. El grupo Talibán toma el poder en Afganistán

Alemania: triunfo socialdemócrata-verde. Tras 16 años se retira Helmuth Kohl. Indonesia: cae Suharto

Crisis palestino-israelí. Ofensiva contra la ETA. Yugoslavia: cae Milosevic; nazis en Austria. *Harry Potter*

Se agrava la guerra civil en la ex Yugoslavia

Tratado de Asunción: el MERCOSUR

B. Clinton en la Casa Blanca. Tratado de Libre Comercio

Bariloche: V Cumbre Iberoamericana, con el rey de España y F. Castro. Bomba en Oklahoma. México: crack de la Bolsa

Problemas comerciales en el MERCOSUR

Chávez presidente de Venezuela. Pinochet, con pedido de extradición protegido por M. Thatcher

Cae Fujimori. México: el PAN desaloja al PRI, tras 71 años. Pinochet arrestado. Atentados en EE.UU.: Bush declara una guerra mundial

Cumbre de Rio por un desarrollo sustentable. Perú: autogolpe de Fujimori

México: el EZLN ocupa localidades de Chiapas

Huracán "Mitch" azota Centro-américa

Acuerdo final con Chile. **Ley de Convertibilidad y Plan Cavallo.** Duhalde, gobernador. Yomagate. En Catamarca, caso M. Morales

Pacto de Olivos. Ley Federal de Educación: 10 años obligatorios. Comienza la venta de acciones de YPF

Mueren Menem "Junior" y S. Oltra. Menem reelecto; C. Ruckauf, vice. El ex cap. Scilingo declara sobre los "vuelos de la muerte". Autocrítica del gral. Balza

J.L. Cabezas, de *Noticias*, asesinado en Pinamar. Nace la Alianza UCR-FREPASO. Protestas: piqueteros y fogoneros, y Carpa Blanca. Fracasa la "re-reelección"

Gran apagón en Buenos Aires. Repsol compra YPF. Elecciones: triunfan De la Rúa-Álvarez; Ruckauf gobernador. Deuda externa: el doble que en 1990, 160.000 mill. de dól.

Coimas en el Senado: renuncia C. Álvarez. **Cortes de ruta, corralito, cacerolazos, saqueos: cae F. de la Rúa.** Interregno R. Saá, Duhalde presidente

Bomba en la Embajada de Israel. Escándalo: Manzano "roba para la corona". El PBI crece. Mueren J.A. Piazzolla y A. Yupanqui

Atentado en la AMIA. Fin del servicio militar obligatorio. Convención Constituyente. Álvarez y Solanas, el Frente Grande. Biblioteca Nacional

Affaire IBM-Banco Nación. Renuncia Cavallo. De la Rúa: jefe de Gobierno de la Ciudad de Buenos Aires. Ronda 1.000 de Madres de Plaza de Mayo

Nüremberg: investigan la represión. Videla y otros, detenidos por robo de bebés

| 1991 | 1992 | 1993 | 1994 | 1995 | 1996 | 1997 | 1998 | 1999 | 2000 |

Bibliografía

Abad de Santillán, Diego: *Gran Enciclopedia Argentina*, Ediar SA Editores, Buenos Aires, 1966.

Abós, Álvaro: *Las organizaciones sindicales y el poder militar (1976-1983)*, Centro Editor de América Latina, Buenos Aires, 1984.

Academia Nacional de la Historia: *Nueva historia de la Nación Argentina*, coordinación editorial Dr. Miguel Ángel de Marco, 10 tomos, Planeta, Buenos Aires, 1999.

Alfonsín, Raúl: *Qué es el radicalismo*, Sudamericana, Buenos Aires, 1985.

Almaraz, Roberto; Corchon, Manuel, y Zemborain, Rómulo: *¡Aquí FUBA!*, Planeta, Buenos Aires, 2001.

Altamirano, Carlos: "Frondizi", *Los nombres del poder*, Fondo de Cultura Económica, Buenos Aires, 1997.

Álvarez, Carlos, y Morales Solá, Joaquín: *Sin excusas*, Sudamericana-La Nación, Buenos Aires, 2002.

Amadeo, Octavio R.: *Vidas argentinas*, Ciordia, Buenos Aires, 1957.

Andersen, Martin E.: *Dossier secreto. El mito de la guerra sucia*, Planeta, Buenos Aires, 1993.

Anguita, Eduardo, y Caparrós, Martín: *La voluntad*, 3 tomos, Norma, Buenos Aires, 1998.

Atlántida, tomo I, Nº 1, 1º de enero de 1911.

Ballester, Cnel. (R) Horacio P.: *Memorias de un coronel democrático*, Ediciones de la Flor, Buenos Aires, 1996.

Balvé, Beba C., y Balvé, Beatriz S.: *El '69. Huelga política de masas. Rosariazo, Cordobazo, Rosariazo*, Contrapunto, Buenos Aires, 1989.

Balza, Martín: *Dejo constancia. Memorias de un general argentino*, Planeta, Buenos Aires, 2001.

Barrios, Américo: *Con Perón en el exilio*, Treinta Días, Buenos Aires, 1964.

Bartucci, Viviana E.: "Oferta y demanda. Mujeres trabajadoras en la presidencia de Justo", Xº Congreso Nacional y Regional de Historia Argentina, Santa Rosa, 6 al 8 de mayo de 1999, Academia Nacional de la Historia, Buenos Aires, 1999.

Baschetti, Roberto (recop.): *Documentos de la Resistencia Peronista. 1955-1970*, Puntosur, Buenos Aires, 1988.

Bayer, Osvaldo: *La Patagonia rebelde. El vindicador*, Planeta, Buenos Aires, 1997.

— *La Patagonia rebelde. Los bandoleros*, Planeta, Buenos Aires, 1993.

Belenky, Silvia L. (recop.): *Frondizi y su tiempo*, Centro Editor de América Latina, Buenos Aires, 1984.

Bignone, Reynaldo B.A.: *El último de facto. La liquidación del Proceso*, Planeta, Buenos Aires, 1992.

Bonasso, Miguel: *El presidente que no fue*, Planeta, Buenos Aires, 1997.

Botana, Helvio: *Memorias. Tras los dientes del perro*, Peña-Lillo, Buenos Aires, 1985.

Botana, Natalio R.: *El orden conservador*, Hyspamérica, Buenos Aires, 1985.

474

— y Gallo, Ezequiel: *De la República posible a la República verdadera (1880-1910)*, Espasa Calpe, Buenos Aires, 1997.

Botana, Natalio; Gallo, Ezequiel, y Fernández, Eva B.: *La crisis de 1930*, Archivo Alvear, Nº 1, Instituto Torcuato Di Tella, Buenos Aires, 1997; *La abstención del radicalismo 1931-1934*, Nº 2, 1998; *El final de la abstención 1934-1936*, Nº 3, 2000.

Brailovsky, Antonio E.: *1880-1982 Historia de las crisis argentinas*, Ediciones de Belgrano, Buenos Aires, 1982.

Brennan, James P.: *El cordobazo. Las guerras obreras en Córdoba (1955-1976)*, Sudamericana, Buenos Aires, 1994.

Bunge, Alejandro, y García Mata, Alejandro: "Setenta años de inmigración", *Revista de Economía Argentina*, vol. XX, Nº 120, Buenos Aires, 1928.

Camacho Hidalgo, Santiago: *Las cloacas del Imperio*, El Ateneo, Buenos Aires, 2004.

Camarasa, Jorge: *Días de furia*, Sudamericana, Buenos Aires, 2002.

Campo, Hugo del: *Sindicalismo y peronismo. Los comienzos de un vínculo perdurable*, Consejo Latinoamericano de Ciencias Sociales, Buenos Aires, 1983.

Cámpora, Héctor J.: *La revolución peronista*, Eudeba, Buenos Aires, 1973.

Cantón, Darío: *Elecciones y partidos políticos en la Argentina*, Siglo XXI, Buenos Aires, 1973.

Caraballo, Liliana; Charlier, Noemí; Garulli, Liliana: *Documentos de historia argentina (1870-1955)*, Universidad de Buenos Aires, Buenos Aires, 1995.

— *La dictadura (1976-1983). Testimonios y documentos*, Universidad de Buenos Aires, Buenos Aires, 1997.

Cardoso, Oscar R.; Kirschbaum, Ricardo, y Van der Kooy, Eduardo: *Malvinas. La trama secreta*, Sudamericana-Planeta, Buenos Aires, 1983.

Casas, Nelly: *Frondizi. Una historia de política y soledad*, La Bastilla, Buenos Aires, 1973.

Cavallo, Domingo, en diálogo con Juan C. de Pablo: *Pasión por crear*, Planeta, Buenos Aires, 2001.

Cerruti, Gabriela: *El jefe: Vida y obra de Carlos Saúl Menem*, Planeta, Buenos Aires, 1994.

Chomsky, Noam: *Política y cultura a finales del siglo XX*, Espasa Calpe, Buenos Aires, 1998.

Ciancaglini, Sergio, y Granovsky, Martín: *Nada más que la verdad: el juicio a las Juntas*, Planeta, Buenos Aires, 1995.

Cichero, Marta: *Alicia Moreau de Justo*, Planeta, Buenos Aires, 1994.

Columba, Ramón: *El Congreso que yo he visto*, 3 tomos, ed. del autor, Buenos Aires, 1951.

Correspondencia de Juan Domingo Perón, 3 tomos, Corregidor, Buenos Aires, 1985.

Correspondencia Perón-Cooke, 3 tomos, Parlamento, Buenos Aires, 1985.

Cristófori, Alejandro; Ribas, Gabriel A., y San Román, María C.: *Historia argentina*, Colegio Nacional de Buenos Aires y Página/12, Buenos Aires, 1999.

Crónica del siglo XX, Plaza & Janés, Barcelona, 1999.

Cruz Machado, Daniel: *Frondizi*, Soluciones, Buenos Aires, 1957.

de Privitellio, Luciano: "Justo", *Los nombres del poder*, Fondo de Cultura Económica, Buenos Aires, 1998.

de Tena, Torcuato Luca; Calvo, Luis, y Peicovich, Esteban: *Yo, Juan Domingo Perón*, relato autobiográfico, Planeta, Barcelona, 1976.

Del Mazo, Gabriel: *El radicalismo. Notas sobre su historia y doctrina*, Raigal, Buenos Aires, 1955.

DELEIS, Mónica; DE TITTO, Ricardo, y ARGUINDEGUY, Diego: *Cartas que hicieron la historia*, Aguilar, Buenos Aires, 2001.

— *Mujeres de la política argentina*, Aguilar, Buenos Aires, 2001.

— *El libro de los presidentes argentinos del siglo XX*, Aguilar, Buenos Aires, 2000.

DELICH, Francisco: *Crisis y protesta social: Córdoba 1969-1973*, Siglo XXI, Buenos Aires, 1974.

DI TELLA, Guido: *Perón-Perón. 1973-1976*, Hyspamérica, Buenos Aires, 1986.

DÍAZ BESSONE, R.: *Guerra revolucionaria en la Argentina. 1959-1978*, Fraterna, Buenos Aires, 1986.

DICKMANN, Enrique: *Recuerdos de un militante socialista*, La Vanguardia, Buenos Aires, 1949.

FERNÁNDEZ BITAR, Marcelo: *Historia del rock en Argentina*, 3ª edición, Distal, Buenos Aires, 1999.

FERRER, Aldo: "Argentina: alternativas económicas del nuevo gobierno", *Comercio Exterior de México*, México, mayo de 1973.

FERRERO, Roberto A.: *Sabattini y la decadencia del yrigoyenismo*, tomo 2, Biblioteca Política Argentina, Nº 82, Centro Editor de América Latina, Buenos Aires, 1984.

FLORIA, Carlos A., y GARCÍA BELSUNCE, César A.: *Historia de los argentinos*, Larousse, Buenos Aires, 1992.

FRAGA, Rosendo: *Ejército: del escarnio al poder (1973-1976)*, Planeta, Buenos Aires, 1988.

— *El general Justo*, Emecé, Buenos Aires, 1993.

FREEDMAN, Lawrence, y GAMBA-STONEHOUSE, Virginia: *Señales de guerra. El conflicto de las Islas Malvinas de 1982*, Vergara, Buenos Aires, 1992.

FRONDIZI, Arturo: *La Nación Argentina y sus Fuerzas Armadas*, Círculo Militar, Buenos Aires, 1992.

— *El movimiento nacional: fundamentos de su estrategia*, Losada, Buenos Aires, 1975.

— *Petróleo y política*, Raigal, Buenos Aires, 1954.

GALLETTI, Alfredo: *Vida e imagen de Roca*, EUDEBA, Buenos Aires, 1965.

GALLO, Ezequiel, y CORTÉS CONDE, Roberto: *Argentina. La república conservadora*, Paidós, Buenos Aires, 1972.

GÁLVEZ, Manuel: *Vida de Hipólito Yrigoyen. El hombre del misterio*, 4ª edición, Tor, Buenos Aires, 1951.

GAMBINI, Hugo: *El 17 de Octubre*, Centro Editor de América Latina, Buenos Aires, 1971.

— *Historia del peronismo*, 2 tomos, Buenos Aires, Planeta, 1998.

GARCÍA COSTA, Víctor: *Alfredo Palacios*, Planeta, Buenos Aires, 1998.

GARCÍA MOLINA, Fernando, y MAYO, Carlos A.: *Archivo del general Uriburu: autoritarismo y ejército*, tomo 2, Biblioteca Política Argentina, Nº 162, Centro Editor de América Latina, Buenos Aires, 1986.

GARCÍA, Héctor R.: *Cien veces me quisieron matar*, Planeta, Buenos Aires, 1998.

GERCHUNOFF, Alberto: *Los gauchos judíos*, Aguilar, Buenos Aires, 1975.

GERMANI, Ana A.: *Gino Germani*, Taurus, Buenos Aires, 2004.

GERMANI, Gino: *La estructura social de la Argentina*, Raigal, Buenos Aires, 1955.

GIARDINELLI, Mempo: *El País de las Maravillas. Los argentinos en el fin del milenio*, Planeta, Buenos Aires, 1998.

GILLESPIE, Richard: *Soldados de Perón*, Grijalbo, Buenos Aires, 1991.

GODIO, Julio: *Historia del movimiento obrero argentino*, Tiempo Contemporáneo, Buenos Aires, 1973.

— *La semana trágica de enero de 1919*, Hyspamérica, Buenos Aires, 1985.

GOLDAR, Ernesto: *Buenos Aires: vida cotidiana en la década del 50*, Plus Ultra, Buenos Aires, 1992.

GONZÁLEZ JANZEN, Ignacio: *La Triple A*, Contrapunto, Buenos Aires, 1986.

GONZÁLEZ, Ernesto: *Qué fue y qué es el peronismo*, Pluma, Buenos Aires, 1974.

GONZÁLEZ, Joaquín V.: *El juicio del siglo* [1910], CEAL, Buenos Aires, 1979.

GORBATO, Viviana: *Montoneros soldados de Menem. ¿Soldados de Duhalde?*, Sudamericana, Buenos Aires, 1999.

GRANOVSKY, Martín: *El divorcio*, El Ateneo, Buenos Aires, 2001.

GRECCO, Jorge, y GONZÁLEZ, Gustavo: *Argentina: El Ejército que tenemos*, Sudamericana, Buenos Aires, 1990.

— *¡Felices Pascuas!*, Planeta, Buenos Aires, 1988.

GUTMAN, Margarita, y REESE, Thomas (eds.): *Buenos Aires 1910. El imaginario para una gran capital*, EUDEBA, Buenos Aires, 1999.

HALPERIN DONGHI, Tulio: *Historia contemporánea de América*, Alianza, Madrid, 1992.

HALPERÍN, Jorge: *Pensar el mundo*, Planeta, Buenos Aires, 1997.

HENAULT, Mirta: *Alicia Moreau de Justo*, Biblioteca Política Argentina, Centro Editor de América Latina, Buenos Aires, 1983.

HILB, Claudia, y LUTZKY, Daniel: *La nueva izquierda: 1960-1980 (Política y violencia)*, Centro Editor de América Latina, Buenos Aires, 1984.

Historia Visual de la Argentina, José Luis Romero (dir.), Clarín, Buenos Aires, 2000.

Historia, Colección Mayo, 5 tomos, Raúl A. Molina (dir.), Theoría, Buenos Aires, 1960-1961.

IBARGUREN, Carlos: *La historia que he vivido*, Peuser, Buenos Aires, 1955.

ILLIA, Ricardo: *Arturo Illia, su vida, principios y doctrina*, Corregidor, Buenos Aires, 2000.

JAMES, Daniel: *Resistencia e integración. El peronismo y la clase trabajadora argentina. 1946-1976*, Sudamericana, Buenos Aires, 1990.

JAURETCHE, Arturo: *Manual de zonceras argentinas*, Peña Lillo, Buenos Aires, 1968.

JITRIK, Noé (dir. de obra); SAÍTTA, Sylvia (dir. de vol.), *et al.*: *Historia crítica de la literatura argentina*, vol. IX, Emecé, Buenos Aires, 2004.

JOFRE BARROSO, Haydeé M.: *La política de los argentinos*, Galerna, Buenos Aires, 1990.

JUNTA CONSULTIVA NACIONAL DE LA REPÚBLICA ARGENTINA, Reuniones Ordinarias, versiones taquigráficas, Buenos Aires, 1956. Gentileza Archivo revista *Redacción Económica*.

JUSTO, Liborio (Quebracho): *Prontuario (una autobiografía)*, Gure, Buenos Aires, 1956.

KANDEL, Pablo, y MONTEVERDE, Mario: *Entorno y caída*, Buenos Aires, Planeta, 1976.

KIRSCHBAUM, Ricardo; CARDOSO, Oscar, y VAN DER KOOY, Eduardo: *Malvinas, la trama secreta*, Sudamericana, Buenos Aires, 1984.

La Razón 75 Aniversario 1905-1980. Historia viva, La Razón, 1980.

La Segunda Guerra Mundial. Causas y desarrollo, 3 tomos, Centro Editor de Amércia Latina, Buenos Aires, 1969-1976.

LAFFORGUE, Edmundo: "La escuela popular. Su evolución y proyección", *Cuadernos* 207, EUDEBA, Buenos Aires, 1980.

LAIÑO, Félix: *De Yrigoyen a Alfonsín. Relato de un testigo del drama argentino*, Plus Ultra, Buenos Aires, 1985.

LANNOT, Jorge O.; AMANTEA, Adriana, y SGUIGLIA, Eduardo (comp.): *Agustín Tosco, conducta de un dirigente obrero*, Centro Editor de América Latina, Buenos Aires, 1984.

LANUSSE, Alejandro A.: *Confesiones de un general*, Planeta, Buenos Aires, 1994.

— *Mi testimonio*, Laserre, Buenos Aires, 1977.

— *Protagonista y testigo*, Marcelo Lugones, Buenos Aires, 1988.

Las Bases, órgano del Movimiento Nacional Justicialista, N°s 51, 55 y 106, Buenos Aires, 1973-1974.

LEVENE, Gustavo G.: *Historia de los presidentes argentinos*, Sanchez Teruelo, Buenos Aires, 1992.

LLAMBÍ, Benito: *Medio siglo de política y diplomacia (Memorias)*, Corregidor, Buenos Aires, 1997.

LLANES, Ricardo M.: *Historia de la calle Florida*, Sala de Representantes de la Ciudad de Buenos Aires, 1976.

— *La Avenida de Mayo*, Kraft, Buenos Aires, 1955.

— *Biografía de la avenida Santa Fe*, Municipalidad de la Ciudad de Buenos Aires, 1974.

LONARDI, Ernesto: *Dios es justo*, Itinerarium, Buenos Aires, 1958.

LONARDI, Marta: *Mi padre y la revolución del 55*, Cuenca del Plata, Buenos Aires, 1980.

LÓPEZ, Alfredo: *Historia del movimiento social y de la clase trabajadora argentina*, Programa, Buenos Aires, 1971.

LÓPEZ, Ernesto: *El último levantamiento*, Legasa, Buenos Aires, 1988.

LUDER, Ítalo A.: *Ensayos y conferencias*, Ideas y Propuestas, Círculo de Lectores, Buenos Aires, 1983.

— *La crisis argentina*, s/d, Buenos Aires, 1988.

LUGONES, Leopoldo: *Roca*, Imprenta y Casa Editorial Coni, Buenos Aires, 1938.

LUNA, Félix: *Diálogos con Frondizi*, Desarrollo, Buenos Aires, 1963.

— *Ortiz. Reportaje a la Argentina opulenta*, Sudamericana, Buenos Aires, 1978.

— *Alvear*, Hyspamérica, Buenos Aires, 1986.

— *El 45*, Hyspamérica, Buenos Aires, 1984.

— *Historia Integral de la Argentina*, tomos IV a X, Planeta, Buenos Aires, 1995.

— *Lo mejor de Todo es Historia*, tomos 4 y 5, Taurus, Buenos Aires, 2002.

— *Nuestro siglo. Historia de la Argentina*, Hyspamérica y Sarmiento, Buenos Aires, 1992-1994.

— *Yrigoyen*, Raigal, Buenos Aires, 1956; Sudamericana, Buenos Aires, 1988.

LYNCH, John; CORTÉS CONDE, Roberto; GALLO, Ezequiel; ROCK, David; TORRE, Juan C., y DE RIZ, Liliana: *Historia de la Argentina*, Crítica, Buenos Aires, 2002.

MACCHI, Manuel E.: "La adolescencia de Arturo Frondizi en Concepción del Uruguay", en Roberto Pisarello Virasoro y Emilia Menotti (dirs.): *Arturo Frondizi. Historia y problemática de un estadista*, tomo II, "El intelectual", Depalma, Buenos Aires, 1984.

MACGANN, Thomas F.: *Argentina, Estados Unidos y el sistema interamericano (1880-1914)*, EUDEBA, Buenos Aires, 1960.

MARCÓ DEL PONT, Augusto: *Roca y su tiempo*, Imprenta L. J. Rosso, Buenos Aires, 1931.

MARONI, José J.: *Breve historia física de Buenos Aires*, Municipalidad de la Ciudad de Buenos Aires, Buenos Aires, 1969.

MAROTTA, Sebastián: *El movimiento sindical argentino*, tomos I y II, Lacio, Buenos Aires, 1960-1961; tomo III, Calomino, Buenos Aires, 1970.

MARTÍNEZ, Tomás E.: *Las memorias del general*, Planeta, Buenos Aires, 1996.

MARTÍNEZ PANDIANI, Gustavo: *Homo Zapping*, Ugerman Editor, Buenos Aires, 2004.

MAS, Fernando: *De Nüremberg a Madrid. Historia íntima de un juicio*, Grijalgo, Buenos Aires, 1999.

MASSERA, Emilio E.: *El camino a la democracia*, El Cid, Buenos Aires, 1979.

MAZZEO, Miguel: *John William Cooke. Textos traspapelados (1957-1961)*, La Rosa Blindada, Buenos Aires, 2000.

MCADAM, Andrew: *Cafiero, el renovador*, Corregidor, Buenos Aires, 1996.

MÉNDEZ, Eugenio: *Confesiones de un montonero*, Sudamericana-Planeta, Buenos Aires, 1980.

MENOTTI, Emilia: *Arturo Frondizi, biografía*, Planeta, Buenos Aires, 1998.

MONZALVO, Luis: *Testigo de la primera hora del peronismo*, Pleamar, Buenos Aires, 1974.

MOREAU DE JUSTO, Alicia: *Qué es el socialismo en la Argentina*, Sudamericana, Buenos Aires, 1983.

MORO, Rubén O.: *La guerra inaudita. Historia del conflicto en el Atlántico Sur*, Pleamar, Buenos Aires, 1985.

MORO, Rubén O.: *La guerra inaudita. Historia del conflicto del Atlántico Sur*, Pleamar, Buenos Aires, 1985.

MOYA, José C.: *Primos y extraños*, Emecé , Buenos Aires, 2004.

Nunca más, informe de la Comisión Nacional sobre la Desaparición de Personas, 9ª edición, EUDEBA, Buenos Aires, 1985.

ODENA, Isidro: *Libertadores y desarrollistas*, La Bastilla, Buenos Aires, 1977.

PAGE, Joseph A.: *Perón. Una biografía*, Grijalbo, Buenos Aires, 1999.

PALACIOS, Alfredo L.: *Estadistas y poetas*, Claridad, Buenos Aires, 1952.

PANDOLFI, Rodolfo: *Frondizi por sí mismo*, Galerna, Buenos Aires, 1968.

PELLETTIERI, Osvaldo, y otros: *Testimonios culturales argentinos: la década del 10*, Ediciones de Belgrano, Buenos Aires, 1980.

PEÑA, Milcíades: *El peronismo*, Fichas, Buenos Aires, 1973.

— *La clase dirigente argentina frente al imperialismo*, Fichas, Buenos Aires, 1973.

— *Masas, caudillos y elites*, Fichas, Buenos Aires, 1973.

PERÓN, Eva: *Discursos completos 1946-1948*, Megatón, Buenos Aires, 1984.

PERÓN, Juan D.: *Discursos proféticos y conferencias*, Vespa, Buenos Aires, 1973.

Perón-Cooke. Correspondencia, seleccionada por Alicia Eguren, 2 tomos, Granica, Buenos Aires, 1973.

PIESKE, Fernando R.: *Hombre de prensa*, Plus Ultra, Buenos Aires, 1987.

PISARELLO VIRASORO, Roberto G.: *Cómo y por qué fue derrocado Frondizi*, Biblos, Buenos Aires, 1996.

Polémicas de Jauretche, introducción y comentarios de Norberto Galasso, Los Nacionales Editores, Buenos Aires, 1981.

PONT, Elena S.: *El Partido Laborista: Estado y sindicatos*, Centro Editor de América Latina, Buenos Aires, 1984.

POTASH, Robert A.: *El Ejército y la política en la Argentina. De Yrigoyen a Perón (1928-1945)*, Buenos Aires, Sudamericana, 1981; *1945-1962: De Perón a Frondizi*, Sudamericana, Buenos Aires, 1981; *1962-1973: De la caída de Frondizi a la restauración peronista*, 2 volúmenes, Sudamericana, Buenos Aires, 1994.

Privitellio, Luciano de, y Romero, Luis A.: *Grandes discursos de la historia argentina*, Aguilar, Buenos Aires, 2000.

Puccia, Enrique H.: *Breve historia del carnaval porteño*, Municipalidad de la Ciudad de Buenos Aires, Buenos Aires, 1978.

Puiggrós, Rodolfo: *La democracia fraudulenta*, Corregidor, Buenos Aires, 1972.

Pujol, Sergio: *La década rebelde*, Planeta, Buenos Aires, 2002.

Quién es quién en la Argentina, 9ª edición, Kraft, Buenos Aires, 1968.

Ramos Mejía, Ezequiel: *Mis memorias 1853-1935*, La Facultad, Buenos Aires, 1936.

Ravina, Aurora; Cristófori, Alejandro, y otros: *Historia argentina. Desde la prehistoria hasta la actualidad*, Colegio Nacional de Buenos Aires y Página/12, Buenos Aires, 1999.

Reinoso, Roberto (comp.): *El periódico "CGT" (1932-1937)*, Centro Editor de América Latina, Buenos Aires, 1987.

Reyes, Cipriano: *Yo hice el 17 de octubre*, 2 volúmenes, Centro Editor de América Latina, Buenos Aires, 1984.

Rocca, Carlos J.: *Juan B. Justo y su entorno*, Editorial Universitaria de La Plata, La Plata, 1998.

Rock, David: *Argentina 1516-1987. Desde la colonización española hasta Raúl Alfonsín*, 2ª edición, Alianza, Buenos Aires, 1991.

Rodríguez Lamas, Daniel: *La presidencia de José María Guido*, Centro Editor de América Latina, Buenos Aires, 1990.

Roldán, Belisario: *La Venus del arrabal y otras novelas*, Agencia General de Librería y Publicaciones, Buenos Aires, 1920.

Romero, José L.: *Breve historia de la Argentina*, Eudeba, Buenos Aires, 1965.

— *Las ideas políticas en Argentina*, Fondo de Cultura Económica, Buenos Aires, 1981.

Romero, Luis A.: *Argentina. Una crónica total del siglo XX*, Aguilar, Buenos Aires, 2000.

— *Breve historia contemporánea de la Argentina*, Fondo de Cultura Económica, Buenos Aires, 1996.

Roth, Roberto: *Los años de Onganía*, Ediciones La Campana, Buenos Aires, 1981.

Rouquié, Alain: *Poder militar y sociedad política en la Argentina*, 2 tomos, 11ª edición, Emecé, Buenos Aires, 1994.

Rozitchner, León: *Las Malvinas: de la guerra sucia a la guerra 'limpia'*, BPA, Ceal, Buenos Aires, 1985.

Sánchez, Aurora M.: *Julio Argentino Roca*, Círculo Militar, Buenos Aires, 1969.

Sanguinetti, Horacio: *Los socialistas independientes*, Ediciones de Belgrano, Buenos Aires, 1981.

Sebreli, Juan J.: "La dolorosa transición", *Todo es Historia* Nº 317, Buenos Aires, diciembre de 1993.

Seibel, Beatriz: *Crónicas de la semana trágica*, Corregidor, Buenos Aires, 1999.

Selser, Gregorio: *El Onganiato*, Carlos Samonta Editor, Buenos Aires, 1973.

Seoane, María: *El burgués maldito*, Planeta, Buenos Aires, 1998.

Seoane, María, y Muleiro, Vicente: *El dictador. La historia secreta y pública de Jorge Rafael Videla*, Sudamericana, Buenos Aires, 2001.

Silva de la Riestra, Juan: *Académicos de derecho y hombres de gobierno*, Biblioteca de la Academia Nacional de Derecho y Ciencias Sociales de Buenos Aires, Serie II, Obras, Nº 5, Abeledo-Perrot, Buenos Aires, 1969.

SOLARI YRIGOYEN, Hipólito: *Los años crueles*, Bruguera, Buenos Aires, 1983.

SOURROUILLE, Juan V.: *El complejo automotor en Argentina*, Nueva Imagen, México, 1980.

SPALDING, Hobart (comp.): *La clase trabajadora argentina (Documentos para su historia, 1890/1912)*, Galerna, Buenos Aires, 1970.

STAHRINGER DE CARAMUTI, Ofelia: *Política migratoria argentina*, Ediciones De Palma, Buenos Aires, 1975.

STIGLITZ, Joseph E.: *El malestar en la globalización*, Taurus, Buenos Aires, 2002.

TERRAGNO, Rodolfo: *Los 400 días de Perón*, Ediciones de la Flor, Buenos Aires, 1974.

TORRE, Juan C. (comp.): *La formación del sindicalismo peronista*, Legasa, Buenos Aires, 1988.

— *La vieja guardia sindical y Perón. Sobre los orígenes del peronismo*, Sudamericana-Instituto Torcuato Di Tella, Buenos Aires, 1990.

TORYHO, Jacinto: *Aramburu, confidencias, actitudes, propósitos*, Líbera, Buenos Aires, 1973.

TOSCO, Agustín: *La lucha debe continuar*, 2ª edición, Libros para el Tercer Mundo, Buenos Aires, 1975.

TÚROLO, Carlos M. (h): *Así lucharon*, 6ª edición, Sudamericana, Buenos Aires, 1985.

VAZEILLES, José: *Los socialistas*, Jorge Álvarez, Buenos Aires, 1968.

VÁZQUEZ, María E.: *Victoria Ocampo. El mundo como destino*, Planeta, Buenos Aires, 2002.

VEDIA, Mariano de: *El general Roca y su época*, Ediciones de la Patria, Buenos Aires, 1942.

VERBITSKY, Horacio: *El vuelo*, Planeta, Buenos Aires, 1995.

— *Ezeiza*, Planeta, Buenos Aires, 1995.

— *Malvinas. La última batalla de la Tercera Guerra Mundial*, Sudamericana, Buenos Aires, 2002.

— *Un mundo sin periodistas*, Buenos Aires, Planeta, 1997.

Vidas de grandes argentinos, Antonio Fossati, Buenos Aires, 1963.

VILLAR, Daniel: *El Cordobazo*, Centro Editor de América Latina, Buenos Aires, 1971.

WAIDATT HERRERA, Domingo: *El perfil auténtico e histórico de una mujer predestinada*, T. G. Kucanis, Buenos Aires, 1974.

WALSH, Rodolfo: *El violento oficio de escribir. Obra periodística 1953-1977*, 2ª edición, Planeta, Buenos Aires, 1998.

WHITE, John W.: *The life story of a nation*, The Viking Press, Nueva York, 1942.

WRIGHT, Ione S., y NEKHOM, Lisa M.: *Diccionario histórico argentino*, Emecé, San Pablo, Brasil, 1990.

ZANOTTI, Luis J.: "Etapas históricas de la política educativa", *Cuaderno* Nº 192, EUDEBA, Buenos Aires, 1984.

Otras publicaciones

Caras y Caretas; CGT *(1932-1937)*; CGTA *(1968-1970)*; *Clarín*; *Diario de Sesiones* de la Cámara de Diputados de la Nación; *El Obrero Ferroviario*; *Gente y la actualidad*; *Ideas, artes y letras en los tiempos de Crisis*; *Investigaciones y Ensayos* de la Academia Nacional de la Historia (enero-julio, 1978); *La Nación*; *La Prensa*; *La Protesta*; *La Razón*; *La Vanguardia*; *Madres de Plaza de Mayo*; *Página/12*; *Palabra Argentina*; *Palabra Obrera*; *PBT*; *Primera Plana*; *Propósitos*; *Redacción*; *Revista de Derecho, Historia y Letras*; *Todo es Historia*.

ÍNDICE ONOMÁSTICO

Personajes

Organizaciones y agrupaciones

Publicaciones y medios de comunicación

Autores citados